2012

湖北调查年鉴

Hubei Survey Yearbook

国家统计局湖北调查总队　编

Survey Office of National Bureau of Statistics in Hubei

中国统计出版社

China Statistics Press

© 中国统计出版社 2012
版权所有。未经许可，本书的任何部分不得以任何方式在世界任何地区以任何文字翻印、拷贝、仿制或转载。

© 2012 China Statistics Press
All rights reserved. No part of the publication may be reproduced or transmitted in any form or by any means, electronic or mechanical, including photocopying, recording, or any information storage and retrieval system, without written permission from the publisher.

图书在版编目（CIP）数据

湖北调查年鉴. 2012 : 汉英对照 / 国家统计局湖北调查总队编. -- 北京 : 中国统计出版社, 2012.9
ISBN 978-7-5037- 6689-3

Ⅰ. ①湖… Ⅱ. ①国… Ⅲ. ①统计资料－湖北省－2012－年鉴－汉、英 Ⅳ. ①C832.63-54

中国版本图书馆 CIP 数据核字（2012）第 211690 号

湖北调查年鉴-2012

作　　者/国家统计局湖北调查总队
责任编辑/佘竞雄
封面设计/李雪燕
出版发行/中国统计出版社
通信地址/北京市丰台区西三环南路甲 6 号　邮政编码/100073
电　　话/邮购（010）63376909　书店（010）68783171
网　　址/http://csp.stats.gov.cn
印　　刷/河北天普润印刷厂
经　　销/新华书店
开　　本/880mm×1230mm　1/16
字　　数/750 千字
印　　张/23.75
版　　别/2012 年 10 月第 1 版
版　　次/2012 年 10 月第 1 次印刷
定　　价/360.00 元　Price: 360.00 yuan (RMB)

本书附同版本 CD-ROM 一张，光盘内容以书面文字为准。
如有印装差错，由本社发行部调换。

2011 年 8 月 24 日，国家统计局局长马建堂在湖北省常务副省长李宪生陪同下视察湖北总队

2011 年 8 月 24 日，国家统计局局长马建堂在李宪生陪同下视察湖北总队

2012 年 2 月 7 日，国家统计局副局长张为民视察湖北总队并与总队领导班子合影

2012 年 3 月 28 日，国家统计局纪检组长罗兰视察湖北总队并听取工作汇报

2012 年 2 月 21 日，国家统计局副局长谢鸿光视察湖北市县调查队

2012 年 6 月 18 日，国家统计局副局长谢鸿光接见参加全国国家调查队工作会湖北代表团

2012 年 2 月 1 日，湖北省委副书记张昌尔视察湖北总队并与总队领导班子合影

2012 年 2 月 6 日，湖北省常务副省长王晓东听取湖北总队工作汇报并与总队领导班子合影

2011 年 9 月 17 日，总队长李晓超在随州参加中稻实割实测

2012 年 3 月 21 日，总队长李晓超在咸宁查看记账户账本并填写访户记录

2012 年 4 月 25 日，总队长李晓超在襄州参加农作物对地调查

2011 年 6 月 8 日，总队长李晓超在汉川队检查规范化建设

2011 年 6 月 9 日，总队长李晓超在襄阳队检查数据处理工作

2011 年 5 月 12 日，副总队长范传强在基层调研

2011 年 9 月 16 日，副总队长李刚在随州农村调研

2011 年 1 月 13 日，时任纪检组长姚建墉介绍湖北调查系统廉政文化展览

2011 年 12 月 6 日，副总队长程良世在鄂州采价点实地采价

2011 年 12 月 29 日，纪检组长梁冰在黄冈队讲廉政党课

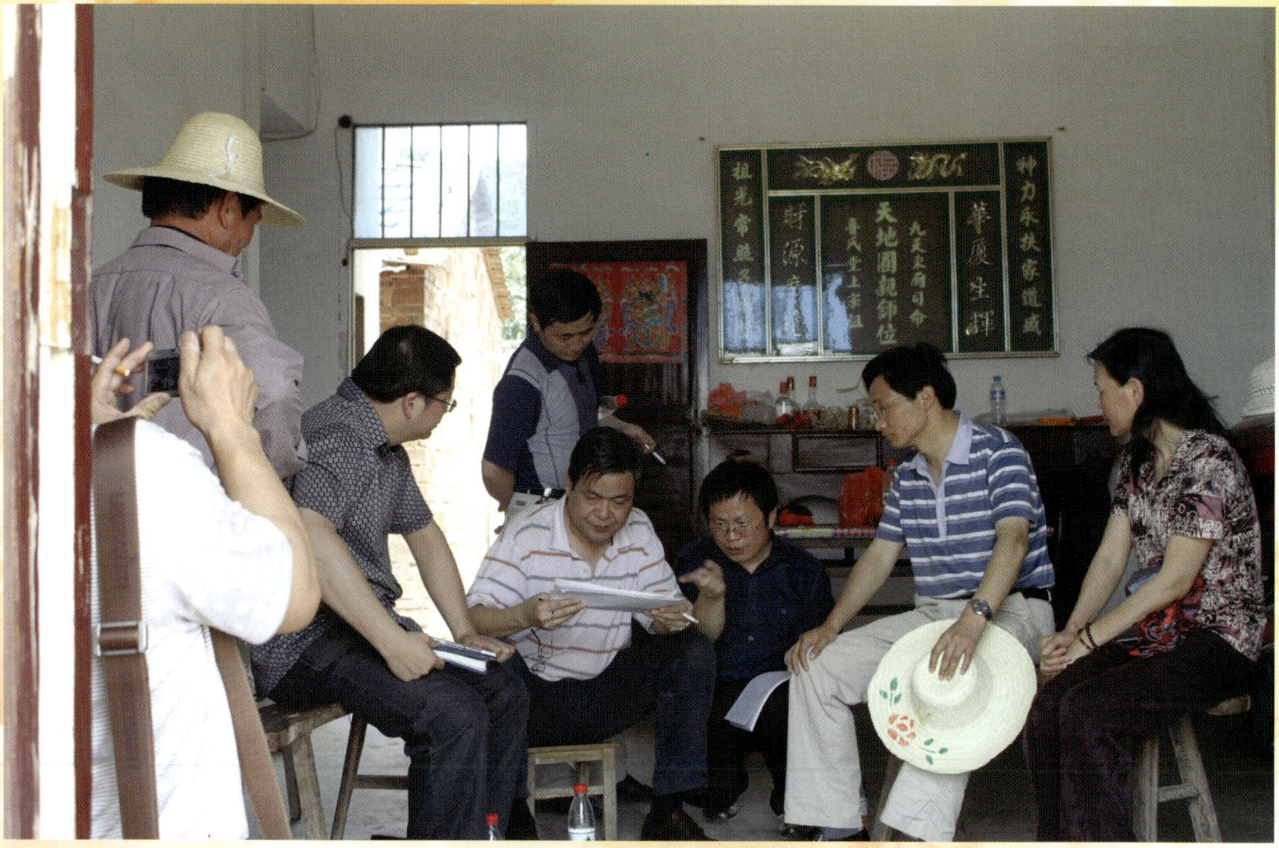

2012 年 4 月 1 日，副巡视员陈小清在黄冈查看记账户账本

2012 年 6 月 18 日，部分市州县队长在国家统计局参观中国统计资料馆

2012年1月5日，总队举办迎新春乒乓球友谊赛

2012年1月18日，总队举办新春联欢会

2011 年 1 月 21 日，总队机关迎新春大众广播体操比赛

2010 年 1 月 29 日，总队创作的《统计六口茶》获全国统计系统汇演一等奖。

《湖北调查年鉴-2012》
编委会和编辑人员

编 委 会

主　　任：李晓超

副 主 任：范传强　李　刚　程良世　梁　冰　陈小清

编　　委：（以姓氏笔划为序）

马俊凯　王併生　王建录　王　林　刘水国　刘国强　朱小明

许晓红　余东碧　别友平　宋　蔚　张小青　张世华　张必洪

张建华　时明国　李　平　李昌文　李俊超　肖庆华　邱　波

周银华　屈凯军　姜才金　胡先红　胡国亮　夏泽宽　徐　亮

徐桂祥　龚其民　舒振斌　蒋宇飞　魏自豫

编辑工作人员

总 编 辑：许晓红

副总编辑：周家庆　汪剑锋　王　敏

执行编辑：周家庆

照片采编：王光纯

英文翻译：郭　栋　佘竞雄

封面设计：李雪燕

光盘设计：王立群

Hubei Survey Yearbook 2012

Editorial Board and Editorial Staff

I. Editorial Board

Chairman: Li Xiaochao

Vice- chairman: Fan Chuanqiang Li Gang Cheng Liangshi Liang Bing Chen Xiaoqing

Editorial Board: (in order of number of strokes of the Chinese character of the surname)

Ma Junkai Wang Lin Wang Bingsheng Wang Jianlu Liu Shuiguo
Liu Guoqiang Zhu Xiaoming Xu Xiaohong Yu Dongbi Bie Youping
Song Wei Zhang Xiaoqing Zhang Shihua Zhang Bihong Zhang Jianhua
Shi Mingguo Li Ping Li Changwen Li Junchao Xiao Qinghua Qiu Bo
Zhou Yinhua Qu Kaijun Jiang Caijin Hu Xianhong Hu Guoliang
Xia Zekuan Xu Liang Xu Guixiang Gong Qimin Shu Zhenbin
Jiang Yufei Wei Ziyu

II. Editorial Staff

Editor-In-Chief: Xu Xiaohong

Associate Editor-In-Chief: Zhou Jiaqing Wang Jianfeng Wang Min

Executive Copy-Editor: Zhou Jiaqing

Photo Editor: Wang Guangchun

English Translators: Guo Dong She Jingxiong

Cover Designer: Li Xueyan

CD-ROM Designer: Wang Liqun

编者说明

一、《湖北调查年鉴—2012》是国家统计局湖北调查总队首次独立编辑出版的资料性年刊。本年鉴主要收录了2005-2011年全省农村、城市和企业等方面的各项统计调查数据，以及全国和各省（市、区）重要历史年份主要统计调查数据。

二、本年鉴统计调查数据分为6个篇章，即：1.综合； 2.农业调查； 3.企业调查； 4.人民生活； 5.价格调查； 6.全国及各省、市、区主要指标。为方便读者使用，各篇章末附有《主要统计指标解释》。

三、本年鉴所使用的度量衡单位均采用国际统一标准计量单位，并统一使用最新颁布实施的产品目录。

四、本年鉴中部分统计调查数据合计数或相对数由于单位取舍不同而产生的计算误差，均未做机械调整。

五、符号使用说明:年鉴各表中的“空格”表示该项统计指标数据不足本表最小单位数、数据不详或无该项数据；“#”表示其中的主要项；“*”或“①”表示本表下有注解。

Editor's Notes

Ⅰ. *Hubei Survey Yearbook 2012* is an annual statistical publication compiled by Survey Office of National Bureau of Statistics in Hubei for the first time, which reflects comprehensively the rural , urban and enterprise of Hubei province. It covers data from 2005 to 2011 and key statistical data in recent years and some historically important years at the national level and the local levels of province, autonomous region and municipality directly under the Central Government.

II. The Yearbook contains 6 chapters: 1.General Survey; 2.Rural Survey; 3. Enterprise survey; 4. People's Living Conditions; 5. Price Survey; 6. Main Statistics of Provinces(autonomous regions, municipalities)in the Whole Country. Explanatory Notes on Main Statistical Indicators is attached to the end of each chapter to help the readers to use the statistical data in this book.

Ⅲ. The units of measurement used in this yearbook are internationally standard measurement units, and newly published and implemented Product Categories are uniformly used.

Ⅳ. Statistical discrepancies on totals and relative figures due to rounding are not adjusted in the Yearbook.

V. Notations used in the yearbook：(blank space) indicates that the figure is not large enough to be measured with the smallest unit in the table, or data are unknown, or are not available; "#" indicates a major breakdown of the total; and "*"or "①"indicates footnotes at the end of the table.

目　　录

Contents

一、综　　合

Chapter 1　General Survey

2011 年国民经济与民生发展调查报告（专文）

粮食生产再获丰收 …… 3

生猪生产平稳发展 …… 6

规下工业逆势而上 …… 9

企业景气平稳运行 …… 11

农业价格持续上扬 …… 14

工业生产价格趋涨 …… 19

投资价格普遍上涨 …… 23

消费价格高位回落 …… 25

部分服务业发展快 …… 29

农民务工形势向好 …… 31

城镇居民收入增加 …… 34

农民收入再上台阶 …… 37

1-1　土地面积与行政区划 …… 42
Land Area and Administrative Division

1-2　市、州行政区划 …… 44
Administrative Division of Municipalities and Prefecture

1-3　各市、县(市、区)名称(2011 年底) …… 45
Municipalities and Counties (End of 2011)

1-4　部分调查指标总量 …… 46
Aggregate Indicators of National Economic and Social Development and Their Indices and Growth rates

主要统计指标解释 …… 48
Explanatory Notes on Main Statistical Indicators

二、农业调查

Chapter 2　Rural Survey

2-1　主要农作物播种面积、产量和单位面积产量(2011 年) …… 50
Total Sown Areas, Output and Yield per Unit Area of Farm Crops (2011)

2-2 主要农作物播种面积 …… 51
Total Sown Areas of Farm Crops
2-3 主要农作物产量 …… 52
Output of Farm Crops
2-4 主要农作物单位面积产量 …… 53
Yield per Unit Area of Farm Crops
2-5 分品种主要农作物播种面积(2000-2011 年) …… 54
Total Sown Areas of Farm Crops by Type (2000-2011)
2-6 分品种主要农作物产量 …… 56
Output of Farm Crops by Type
2-7 分品种主要农作物单位面积产量 …… 58
Yield per Unit Area of Farm Crops by Type
2-8 主要农作物播种面积比上年增长情况 …… 60
Rate of Increase over Preceding Year of Total Sown Areas of Farm Crops
2-9 主要农作物产量比上年增长情况 …… 62
Rate of Increase over Preceding Year of Output of Farm Crops
2-10 主要农作物单位面积产量同比上年增减 …… 64
Rate of Increase over Preceding Year of Yield per Unit Area of Farm Crops
2-11 主要畜禽生产情况 …… 66
Number of Livestock or Poultry
2-12 生猪调出大县年末生猪存栏 …… 67
Number of Hogs in Stock at End of Period by Region
2-13 生猪调出大县能繁殖母猪年末存栏 …… 68
Number of Sows in Stock at End of Period by Region
2-14 生猪调出大县生猪出栏 …… 69
Number of Slaughtered Hogs by Region
2-15 生猪调出大县猪肉产量 …… 70
Output of Pork by Region
2-16 中晚稻中间消耗 …… 71
Mid-consumption of Middle-season and Late Rice
2-17 小麦中间消耗 …… 72
Mid-consumption of Wheat
2-18 玉米中间消耗 …… 73
Mid-consumption of Corn
2-19 油菜籽中间消耗 …… 74
Mid-consumption of Rapeseeds
2-20 棉花中间消耗 …… 75
Mid-consumption of Cotton
2-21 活鸡中间消耗 …… 76
Mid-consumption of Live Chickens
2-22 生猪中间消耗 …… 77
Mid-consumption of Live Hogs

2-23 退耕还林农村居民家庭基本情况 ······ 78
Basic Conditions of Rural Households Conduct Grain for Green Projects
2-24 退耕还林县级监测情况 ······ 80
Monitor Situation of Grain for Green by County-level
2-25 退耕还林农村居民家庭收入与支出(2011 年) ······ 82
Income and Expenditure of Rural households in Grain for Green (2011)
2-26 退耕还林农村居民家庭现金收入与支出 ······ 83
Cash Income and Expenditure of Rural households in Grain for Green
主要统计指标解释 ······ 84
Explanatory Notes on Main Statistical Indicators

三、企业调查

Chapter 3 Enterprise survey

3-1 企业家信心指数(2011 年) ······ 89
Enterpriser Confidence Index(2011)
3-2 企业景气指数(2011 年) ······ 90
Enterprise Boom Climate Index(2011)
3-3 工业企业景气指数(2011 年) ······ 91
Industrial Business Climate Index(2011)
3-4 建筑业企业景气指数(2011 年) ······ 91
Architectural Business Climate Index(2011)
3-5 交通运输、仓储及邮电通信业企业景气指数(2011 年) ······ 92
Business Climate Index in Transportation and Communication, Storage and Postal-service (2011)
3-6 批发和零售业企业景气指数(2011 年) ······ 92
Business Climate Index in Boom in Whole-sale and Retail (2011)
3-7 房地产业企业景气指数(2011 年) ······ 93
Business Climate Index in Real Estate (2011)
3-8 社会服务业企业景气指数(2011 年) ······ 93
Business Climate Index in Social Service (2011)
3-9 信息传输、计算机服务和软件业企业景气指数(2011 年) ······ 94
Business Climate Index in Information Transmission, Computer Service and Software (2011)
3-10 住宿和餐饮业企业景气指数(2011 年) ······ 94
Business Climate Index in Social Service (2011)
3-11 企业生产总量景气指数(2011 年) ······ 95
Business Climate Index in Enterprises Production(2011)
3-12 企业盈利(亏损)变化景气指数(2011 年) ······ 96
Corporate Profit(loss)Changes in Sentiment Index(2011)
3-13 企业流动资金景气指数(2011 年) ······ 97
Business Climate Index in Enterprises Working Capitals(2011)
3-14 企业货款拖欠景气指数(2011 年) ······ 98

Business Climate Index in Enterprises Loan in Arrear(2011)
3-15 企业劳动力需求景气指数(2011 年) …… 99
Enterprise Demand for Labor Sentiment Index(2011)
3-16 企业固定资产投资景气指数(2011 年) …… 100
Business Climate Index in Industrial Fixed Assets Investment(2011)
3-17 企业产品订货景气指数(2011 年) …… 101
Business Climate Index in Enterprises Order(2011)
3-18 企业融资景气指数(2011 年) …… 102
Business Climate Index in Industrial Financing(2011)
3-19 企业家信心指数和企业景气指数 …… 103
Entrepreneur Confidence Index and Business Climate Index
3-20 主要行业企业景气指数 …… 104
Major Industry Business Climate Index
3-21 综合企业经营景气指数 …… 106
Integrated Business Climate Index
3-22 规模以下工业主要指标 …… 107
Main Indicators of Industrial Enterprises Under Designated Size
3-23 历年规模以下工业主要经济指标(2006-2011) …… 107
Main Indicators of Industrial Enterprises below Designated Size (2006-2011)
3-24 规模以下工业企业按类型分组主要指标(2011 年) …… 108
Main Indicators of Industrial Enterprises below Designated Size by Type (2011)
3-25 规模以下工业企业分行业主要指标(2011 年) …… 110
Main Indicators of Industrial Enterprises below Designated Size by Sector (2011)
3-26 个体经营工业分行业主要指标(2011 年) …… 114
Main Indicators of Industrial Self-employed Individuals by Sector (2011)
3-27 部分服务业企业主要经济指标(2011 年) …… 116
Main Indicators of Partly Service Enterprises (2011)
3-28 装卸搬运和其他运输服务业企业主要经济指标(2011 年) …… 116
Main Indicators of Loading, Unloading and Other Transport Services (2011)
3-29 仓储业企业主要经济指标(2011 年) …… 117
Main Indicators of Storage Services (2011)
3-30 商务服务业企业主要经济指标(2011 年) …… 117
Main Indicators of Business Services (2011)
主要统计指标解释 …… 118
Explanatory Notes on Main Statistical Indicators

四、人民生活

Chapter 4 People's Living Conditions

4-1 城镇居民家庭人均收支及恩格尔系数(1980-2011 年) …… 123
Per Capita Annual Income and Expenditure & Engle's Coefficient of Urban Households(1980-2011)

4-2　城镇居民家庭基本情况(2011 年) …… 124
Basic Conditions of Urban Households(2011)
4-3　城镇居民家庭人均收入与支出情况(2011 年) …… 128
Per Capita Income and Expenditures of Urban Households(2011)
4-4　城镇居民家庭人均消费支出情况(2011 年) …… 132
Per Capita Consumption Expenditure of Urban Households(2011)
4-5　城镇居民家庭人均购买商品数量(2011 年) …… 140
Per Capita Annual Purchases of Commodities of Urban Households(2011)
4-6　城镇居民家庭平均每百户耐用消费品拥有量(2011 年) …… 150
Ownership of Major Durable Consumer Goods Per 100 Urban Households(2011)
4-7　主要城市居民家庭人均收入与支出情况 …… 152
Per Capita Income and Expenditure of Major Urban Residents
4-8　城镇居民家庭基本情况 …… 154
Basic Conditions of Urban Households
4-9　城镇居民家庭人均现金收支情况 …… 155
Per Capita Cash Income and Expenditures of Urban Households
4-10　城镇居民家庭平均每百户耐用消费品拥有量 …… 158
Ownership of Major Durable Consumer Goods Per 100 Urban Households
4-11　农村居民家庭人均收支及恩格尔系数(1981-2011 年) …… 159
Per Capita Annual Income and Expenditure & Engle's Coefficient of Rural Households(1981-2011)
4-12　按收入五等份分组农村居民家庭人均收入情况(2011 年) …… 160
Per Capita Income of Rural Households by Five Equal Parts of Income(2011)
4-13　农村居民家庭人均总收入及构成 …… 161
Per Capita Total Income and Composition of Rural Households
4-14　农村居民家庭人均纯收入及构成 …… 161
Annual net Income of Rural Households per Capita and Composition
4-15　农村居民家庭人均现金收入及构成 …… 162
Per Capita Cash Income and Composition of Rural Households
4-16　按收入五等份分组农村居民家庭人均支出情况(2011 年) …… 162
Per Capita Expenditures of Rural Households by Five Equal Parts of Income(2011)
4-17　农村居民家庭人均总支出及构成 …… 163
Per Capita Total Expenditure and Composition of Rural Households
4-18　农村居民家庭人均现金支出及构成 …… 164
Per Capita Cash Expenditure and Composition of Rural Households
4-19　按收入五等份分组农村居民家庭基本情况(2011 年) …… 165
Basic Conditions of Rural Households by Five Equal Parts of Income(2011)
4-20　农村居民家庭基本情况 …… 166
Basic Conditions of Rural Households
4-21　农村居民家庭每百户耐用消费品拥有量 …… 167
Ownership of Major Durable Consumer Goods Per 100 Rural Households
4-22　农村居民家庭拥有生产性固定资产情况 …… 167
Productive Fixed Assets of Rural Households

4-23 农村居民家庭人均主要食品消费量 …… 168
Per Capita Main Food Consumption of Rural Households
4-24 农村居民家庭年人均出售主要农副产品情况 …… 169
Annual Selling of Farm and Sideline Products of Rurl Households per Capita
4-25 农村居民家庭主要生活用品购买量 …… 170
Annual Purchases of Articles for Baily ues of Rural Households per Capita
4-26 农村居民家庭固定资产投资情况 …… 171
Fixed Assets Investment of Rural Households
4-27 湖北省农村全面小康实现程度(2005 年) …… 172
Realization degree of Building a well-off society in an all-round way in Hubei (2005)
4-28 湖北省农村全面小康实现程度(2006 年) …… 172
Realization degree of Building a well-off society in an all-round way in Hubei (2006)
4-29 湖北省农村全面小康实现程度(2007 年) …… 174
Realization degree of Building a well-off society in an all-round way in Hubei(2007)
4-30 湖北省农村全面小康实现程度(2008 年) …… 174
Realization degree of Building a well-off society in an all-round way in Hubei(2008)
4-31 湖北省农村全面小康实现程度(2009 年) …… 176
Realization degree of Building a well-off society in an all-round way in Hubei(2009)
4-32 湖北省农村全面小康实现程度(2010 年) …… 176
Realization degree of Building a well-off society in an all-round way in Hubei(2010)
4-33 湖北省农村全面小康实现程度(2011 年) …… 178
Realization degree of Building a well-off society in an all-round way in Hubei(2011)
4-34 扶贫开发重点县农民家庭平均每人总收入 …… 178
Per Capita Annual Income of Rural Household in Poverty Focused Counties
4-35 扶贫开发重点县农民家庭平均每人总支出 …… 180
Per Capita Annual Expenditures of Rural Household in Poverty Focused Counties
4-36 扶贫开发重点县农民家庭平均每人纯收入 …… 182
Per Capita Annual Net Income of Rural Household in Poverty Focused Counties
4-37 扶贫开发重点县农民家庭平均每人现金收入 …… 182
Per Capita Annual Cash Income of Rural Household in Poverty Focused Counties
4-38 扶贫开发重点县农民家庭平均每人现金支出 …… 184
Per Capita Annual Cash Expenditures of Rural Household in Poverty Focused Counties
主要统计指标解释 …… 186
Explanatory Notes on Main Statistical Indicators

五、价格调查

Chapter 5 Price Survey

5-1 居民消费、商品零售、农业生产资料价格总指数(1984-2011 年) …… 197
Consumer Goods Retail, Agricultural Production Materials Price Index(1984-2011)
5-2 居民消费价格分类指数(2011 年) …… 198

Consumer Price Indices by Category(2011)
5-3 分月居民消费价格指数(2011 年) …… 206
Consumer Price Indices by Month(2011)
5-4 居民消费价格分类指数 …… 222
Consumer Price Indices by Category
5-5 主要城市居民消费价格总指数(1984-2011 年) …… 224
Major Urban Consumer Price Index(1984-2011)
5-6 主要城市居民消费价格分类指数(2011 年) …… 225
Major Urban Consumer Price Index(2011)
5-7 商品零售价格分类指数(2011 年) …… 229
Retail Price Indices by Category(2011)
5-8 商品零售价格分类指数 …… 236
Retail Price Indices by Category
5-9 主要城市商品零售价格总指数(1984-2011 年) …… 238
Major Cities in Overall Retail Price Index(1984-2011)
5-10 主要城市商品零售价格分类指数(2011 年) …… 239
Major Cities in the Retail Price Index(2011)
5-11 农业生产资料价格分类指数(2011 年) …… 243
Price Indices of Means of Agricultural Production(2011)
5-12 分月农业生产资料价格指数(2011 年) …… 244
Price Indices of Means of Agricultural Production by Month(2011)
5-13 农业生产资料价格分类指数 …… 246
Price Indices of Means of Agricultural Production
5-14 工业生产者出厂价格分类指数（1990-2011 年） …… 247
Producer Price Indices for Industrial Products by Category (1990-2011)
5-15 按工业部门分工业生产者出厂价格指数（1990-2011 年） …… 248
Producer Price Indices for Industrial Products by Sector (1990-2011)
5-16 分月工业生产者出厂价格指数（2011 年） …… 250
Producer Price Indices for Industrial Products by Month(2011)
5-17 分行业工业生产者出厂价格指数（2011 年） …… 252
Producer Price Indices for Industrial Products by Industry(2011)
5-18 分月工业生产者出厂价格环比指数（2011 年） …… 262
Producer Price Chain Indices for Industrial Products by Month(2011)
5-19 分行业工业生产者出厂价格环比指数（2011 年） …… 264
Producer Price Chain Indices for Industrial Products by Industry(2011)
5-20 工业生产者购进价格指数（1990-2011 年） …… 274
Purchasing Price Indices for Industrial Products (1990-2011)
5-21 分月工业生产者购进价格指数（2011 年） …… 276
Purchasing Price Indices for Industrial Products by Month(2011)
5-22 分月工业生产者购进价格环比指数（2011 年） …… 276
Purchasing Price Chain Indices for Industrial Products by Month(2011)
5-23 武汉市房地产价格指数(2011 年) …… 278

Price Indices for Real Estate of wuhan Cities(2011)
5-24 宜昌市房地产价格指数(2011 年) …… 279
Price Indices for Real Estate of yichang Cities(2011)
5-25 襄阳市房地产价格指数(2011 年) …… 280
Price Indices for Real Estate of xiangyang Cities(2011)
5-26 固定资产投资价格指数(2011 年) …… 281
Price Indices of Investment in Fixed Assets(2011)
5-27 固定资产投资价格指数(1991-2011 年) …… 281
Price Indices of Investment in Fixed Assets(1991-2011)
5-28 农产品生产价格指数(2011 年) …… 282
Producers Price Indices for Farm Products(2011)
5-29 分季度农产品生产价格指数 …… 286
Producers Price Indices for Farm Products by Quarter
5-30 农产品生产价格指数 …… 290
Producers Price Indices for Farm Products
5-31 农产品集贸市场价格(2011 年) …… 294
Rural Market Fairs Prices of Agricultural Products(2011)
5-32 农产品集贸市场价格指数(2011 年) …… 296
Rural Market Fairs Price Indices of Agricultural Products(2011)
5-33 农产品集贸市场价格环比指数(2011 年) …… 298
Rural Market Fairs Price Chain Index of Agricultural Products(2011)
5-34 农产品集贸市场价格及指数 …… 300
Rural Market Fairs Prices of Agricultural Products and Indices
主要统计指标解释 …… 308
Explanatory Notes on Main Statistical Indicators

六、全国及各省、市、区主要指标

Chapter 6. Main Statistics of Provinces (autonomous regions, municipalities) in the Whole Country

附录 1 全国及各省市区城镇居民家庭人均收入 …… 315
Per Capita Income of Urban Households by Provinces and Regions
附录 2 全国及各省市区城镇居民家庭人均总支出 …… 316
Per Capita Total Expenditures of Urban Households by Provinces and Regions
附录 3 全国及各省市区城镇居民家庭人均消费支出 …… 317
Per Capita Consumption Expenditures of Urban Households by Provinces and Regions
附录 4 全国及各省市区农村居民家庭人均总收入 …… 325
Per Capita Total Income of Rural Households by Provinces and Regions
附录 5 全国及各省市区农村居民家庭人均总支出 …… 326
Per Capita Total Expenditures of Rural Households by Provinces and Regions
附录 6 全国及各省市区农村居民家庭人均纯收入 …… 327

Per Capita Annual Net Income of Rural Households by Provinces and Regions
附录 7　全国及各省市区农村居民家庭人均经营收入 ········ 328
Per Capita Household Business Income of Rural Households by Provinces and Regions
附录 8　全国及各省市区农村居民家庭人均经营费用支出 ········ 329
Per Capita Household Business Expenditure of Rural Households by Provinces and Regions
附录 9　全国及各省市区农村居民家庭人均现金收入 ········ 330
Per Capita Cash Income of Rural Households by Provinces and Regions
附录 10　全国及各省市区农村居民家庭人均现金支出 ········ 331
Per Capita Cash Expenditure of Rural Households by Provinces and Regions
附录 11　全国及各省市区农村居民家庭人均生活消费支出 ········ 332
Per Capita Living Expenditure of Rural Households by Provinces and Regions
附录 12　湖北与全国主要分类价格指数 ········ 333
Consumer Price Indices by Category in China and Hubei
附录 13　全国及各省市区居民消费价格指数 ········ 335
Consumer Price Indices by Provinces and Regions
附录 14　全国及各省市区商品零售价格指数 ········ 336
Retail Price Indices by Provinces and Regions
附录 15　全国和 36 个大中城市居民消费价格指数 ········ 337
Price Indices of Consumer in China and 36 Large and Medium-sized Cities
附录 16　全国和 36 个大中城市商品零售价格指数 ········ 338
Price Indices of Retail in China and 36 Large and Medium-sized Cities
附录 17　全国及各省市区工业生产者出厂价格指数（2011 年） ········ 339
Producer Price Indices for Industrial Products by Provinces and Regions(2011)
附录 18　全国及各省市区工业生产者购进价格指数（2011 年） ········ 341
Purchasing Price Indices for Industrial Products by Provinces and Regions (2011)
附录 19　全国及各省市区工业生产者出厂价格指数 ········ 343
Producer Price Indices for Industrial Products by Provinces and Regions
附录 20　全国及各省市区固定资产投资价格指数(2011 年) ········ 344
Price Indices of Investment in Fixed Assets by Provinces and Regions(2011)
附录 21　全国及各省市区固定资产投资价格指数 ········ 345
Price Indices of Investment in Fixed Assets by Provinces and Regions
附录 22　各省市区企业家信心指数 ········ 346
Confidence Index of Entrepreneur by Provinces and Regions
附录 23　各省市区企业综合经营景气指数 ········ 347
Overall Climate Index by Provinces and Regions
附录 24　全国粮食作物播种面积 ········ 348
Sown Area of Grain Crops by Regions
附录 25　全国粮食作物总产量 ········ 349
Total Output of Grain Crops by Regions
附录 26　全国及各省市区粮食作物播种面积 ········ 350
Sown Area of Grain Crops by Provinces and Regions
附录 27　全国及各省市区粮食作物总产量 ········ 351

Total Output of Grain Crops by Provinces and Regions
附录 28 全国及各省市区稻谷播种面积 …… 352
Sown Area of Rice by Provinces and Regions
附录 29 全国及各省市区稻谷产量 …… 353
Output of Rice by Provinces and Regions
附录 30 全国及各省市区小麦播种面积 …… 354
Sown Area of Wheat by Provinces and Regions
附录 31 全国及各省市区小麦产量 …… 355
Output of Wheat by Provinces and Regions
附录 32 全国及各省市区玉米播种面积 …… 356
Sown Area of Corn by Provinces and Regions
附录 33 全国及各省市区玉米产量 …… 357
Output of Corn by Provinces and Regions
附录 34 全国及各省市区粮食作物单位面积产量 …… 358
Output of Grain Crops Per Hectare by Provinces and Regions
附录 35 全国及各省市区稻谷单位面积产量 …… 359
Output of Rice Per Hectare by Provinces and Regions
附录 36 全国及各省市区小麦单位面积产量 …… 360
Output of Wheat Per Hectare by Provinces and Regions
附录 37 全国及各省市区玉米单位面积产量 …… 361
Output of Corn Per Hectare by Provinces and Regions
附录 38 全国及各省市区棉花产量 …… 362
Output of Cotton by Provinces and Regions
附录 39 全国及各省市区油菜籽产量 …… 363
Output of Rapeseeds by Provinces and Regions

一 综　　合

Chapter 1

General Survey

资料整理：周家庆

粮食生产再获丰收

近几年来，湖北在粮食生产上明确提出了“稳定面积、提高单产、改善品质、增加效益”的总体要求，努力从“高产创建、耕地建设、防灾减灾”等方面挖掘增产潜力，提高单位面积产量，做了大量工作，取得了明显成效。2011 年全省粮食总产 2388.52 万吨，比上年增加 72.72 万吨，增长 3.14%，实现连续 8 年丰产，总产稳居全国第 10 位。

一、粮食面积稳步增长是增产的重要保障

近几年来，湖北粮食播种面积虽然在年度之间略有起伏，但总体仍呈稳步增长态势（如图所示）。

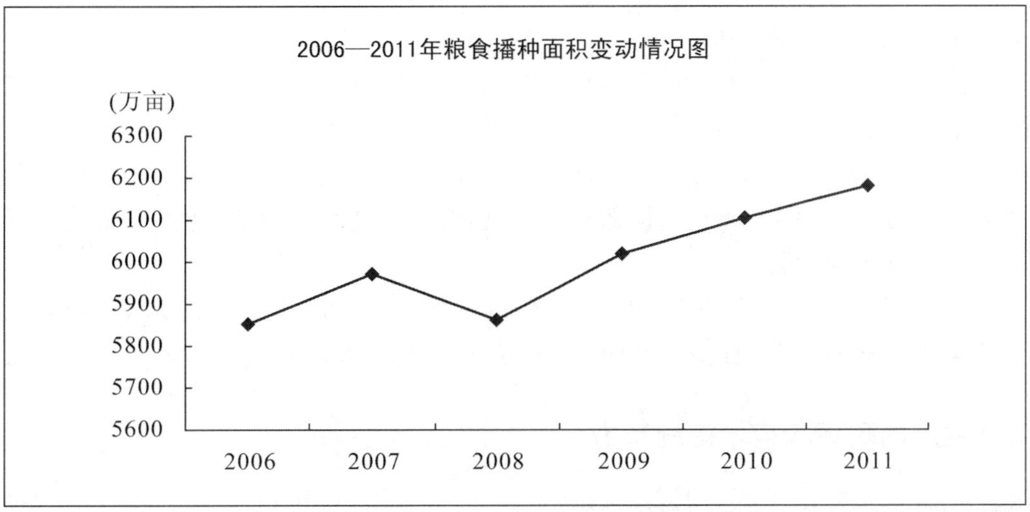

2011 年，尽管全省因旱缺水导致早稻播种面积下降，但主要作物中，夏粮面积 1956 万亩，比上年增加 2.98%；秋粮面积 3707 万亩，比上年增加 1.15%。调查结果显示，2011 年全年粮食作物播种面积 6183 万亩，比上年增加 1.32%。

2011 年主要粮食品种播种面积情况

单位：万亩

	2011 年	2010 年	增减幅（%）
一、粮食作物	6183.11	6102.56	3.14
（一）夏粮	1956.39	1899.75	1.24
其中：小麦	1520.42	1500.17	0.5
马铃薯	301.73	259.89	16.1
（二）早稻	519.56	537.9	-1.29
（三）秋粮	3707.16	3664.91	4.13
其中：中稻	1922.37	1893.53	6.07
晚稻	612.32	625.83	-2.07
玉米	824.49	797.07	5.82

粮食种植面积稳步增长的主要原因是近几年国家陆续出台一系列稳定粮食生产的惠农政策，如粮食保护价格不断上升（2011 年小麦、稻谷等主要品种最低收购价格比上年提高 10%以上），种粮效益增加，且收益预期稳定，加上粮食生产直补力度大大高于其他作物，提高了农民粮食生产的积极性。农户种植结构由经济作物向粮食生产上倾斜，2011 年全省粮食面积占总播种面积的 55.46%，比上年提高 0.57 个百分点。

二、气候条件有利于粮食生产

2011 年，全省遭遇历史罕见的冬春连旱，给夏粮生产及早稻播种造成了较大影响，但 6 月以后气候状况对农业生产变得较为有利，秋粮生产获得丰收。秋粮产量为 1765.63 万吨，比上年增加 70.08 万吨,增长 4.13%，占全年增产总量的 96.37%，成为全年粮食大幅增产的决定性因素。

（一）干旱使夏粮单产有所下降，但好于预期

2011 年夏粮单产水平比上年下降 1.69%，其中小麦下降 0.84%，马铃薯下降 3.43%。单产水平下降的主要原因是冬春连旱导致小麦基本苗不足，生育期普遍推迟，长势不平衡。但生长后期气候条件较为有利，特别是 5 月 9－10 日湖北出现了较明显的降雨过程，且雨后迅速转晴，此时正值小麦灌浆后期，这场及时雨使小麦灌浆彻底而致麦粒饱满。如果不是后期气候条件对夏粮生产较为有利，湖北夏粮单产减幅将更大。

（二）秋收粮食实现较大幅度增产

中稻是粮食的当家品种，其面积占粮食总面积的 31%。2011 年全省中稻总产 1169.75 万吨，比上年增加 66.96 万吨，增长 6.07%。中稻大幅增产主要得益于气候条件较为有利。一是中稻秧苗期全省光温适宜，降水量基本能满足中稻播插需求。二是分蘖末期我省大部晴雨相间、气温适宜，气候条件有利于中稻正常生长发育，弥补了前期干旱和局部地区洪涝造成的不利影响。三是抽穗前期出现一段凉爽天气，对大部地区中稻抽穗有利，利于形成大穗。

玉米播种时受干旱影响出苗不整齐；出苗后旱情得以缓解，气候条件直至玉米抽雄吐丝均较为有利。玉米单产比上年增加 2.30%，总产比上年增加 15.18 万吨，增长 5.82%。

三、粮食生产的政策和技术措施有力

（一）抓好防灾减灾工作，有效减轻灾害损失

面对历史罕见的旱情，全省紧急启动农业重大自然灾害突发事件应急预案三级响应，各级政府广泛动员，快速反应，采取切实有效的工作措施，确保抗旱所需的人力、物力、财力进村入户。省政府及时下拨 3.3 亿元抗灾资金；首次安排 1000 万元水稻集中育秧资金，重点支持专业合作社、种植大户集中育秧，解决了部分农户无水育秧的问题；为帮助各地抗旱保丰收，全省 10 万名“三万”工作队员全部转为抗旱工作队，深入田间地头开展抗旱抢播和田间管理的协调、指导和服务，帮助解决实际困难和问题。各地创新防灾减灾工作思路，建立抗灾机制体系，大力推广避灾防灾生产技术，最大限度地减轻灾害损失。

（二）大规模开展土地整理和粮食高产创建，带动大面积平衡增产，提高粮食生产集中度

各地切实做好农村土地整治工作，大力推进农业综合开发和高标准农田示范工程建设，结合实际制定县级规划，整合资金，按照统筹规划、分工协作、集中投入、连片推进的要求，大规模建设旱涝保收高标准农田。2011 年，在监利县、枣阳市开展粮食高产创建整县推进，在襄州、随县等 23 县市开展粮食高产创建整乡推进，高产创建工作覆盖到了所有县市、所有作物，共建设粮食高产创建万亩示范片 257 个，推动高产创建示范片的提档升级，提高粮食生产集中度。据统计，2011 年监利、枣阳等 9 个受国家表彰的粮食大县共生产粮食 823 万吨，占全省粮食总产的 34.5%。

（三）抓技术指导，促进品质效益提升

为促进粮食生产向优质、高产、高效方向发展，农业部门发布了春夏播主要农作物主导品种和主导肥料产品公告，分作物印发了水稻、玉米等技术指导意见，并利用广播、电视、报纸、网络等媒体广泛宣传，

着力解决农民“选种难”、“选肥难”等问题。各级农业部门也结合实际，积极组织农技人员深入村组指导服务，从品种选择、高产栽培、肥料施用和机械作业等方面开展主体培训，大力推广高效种植模式和轻简化栽培技术，努力提高技术到户到田率。据有关部门统计，2011 年全省春播主导品种覆盖率达到 90%以上，测土配方施肥实现了全覆盖，特别是水稻旱育秧面积比上年扩大 17 万亩，在大旱之年既提高了秧苗素质，又节约了秧田，尽可能保住了种植面积。

（撰稿：罗昭斌）

生猪生产平稳发展

2011 年，湖北针对生猪市场的变化情况，狠抓“两个努力确保”（努力确保不发生区域性重大动物疫情，努力确保不发生重大农产品质量安全事件）不放松，把握加快现代畜牧业建设的重大任务，以加快转变生猪发展方式为主线，以全面深入推进标准化规模养殖和产业化为抓手，以完善畜产品质量安全监管体系和防控重大动物疫病为保障，有效促进了生猪生产的持续稳定发展。全省全年生猪出栏达到 3871.38 万头，比上年增长 1.15%，总量保持全国第 5 位，标志着湖北生猪生产规模水平已进入一个较高层次，对全国生猪消费市场的稳定作用增强。

一、生猪生产主要特点

（一）生猪出栏量连续 5 年保持增长，总量已处于一个较高平台

2006 年以来，湖北生猪生产保持高速发展的态势，特别是国家生猪调出大县奖励政策实施以来，全省规模化养殖比重逐年提高，生猪产业的提档升级走在了全国的前列。2011 年在全国生猪出栏比上年减少的情况下，仍然保持了平稳增长，在全国的排名由 2006 年的第 9 位上升到 2010 年的第 5 位，2011 年继续保持全国第 5 位。5 年来出栏量增长 24.86%，年均增长 4.54%；总量占全国的比重由 2006 年的 5.1%上升到 2011 年的 5.9%。

图1　2006-2011年湖北省生猪出栏情况走势图

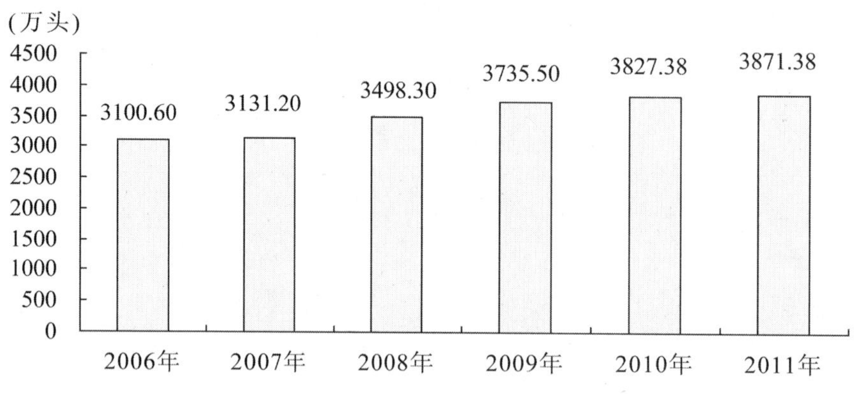

（二）生猪生产价格持续高位运行，生猪存栏持续下滑局势得到遏制

2011 年 1-5 月，生猪生产价格缓慢回升，到 5 月底开始一路飚升并持续高位运行，7 月中旬生猪价格达 20 元/公斤后，除中间出现小幅震荡外，一直维持此高价位，10 月下旬开始回落，全年价格达到 16.42 元/公斤。农产品价格调查显示，全年牧业产品价格指数为 128.86，其中生猪价格指数为 133.15。随着生猪市场行情看涨和养殖效益的大幅提高，社会资本投资发展生猪养殖业的积极性明显回升，一些养殖企业和养殖大户纷纷填槽补栏。全省生猪存栏持续下滑的局势在 2011 年得到根本扭转（见图 2），能繁母猪存栏量也开始逐步回升。2011 年，全省生猪存栏 2533.05 万头，比上年增长 2.30%。

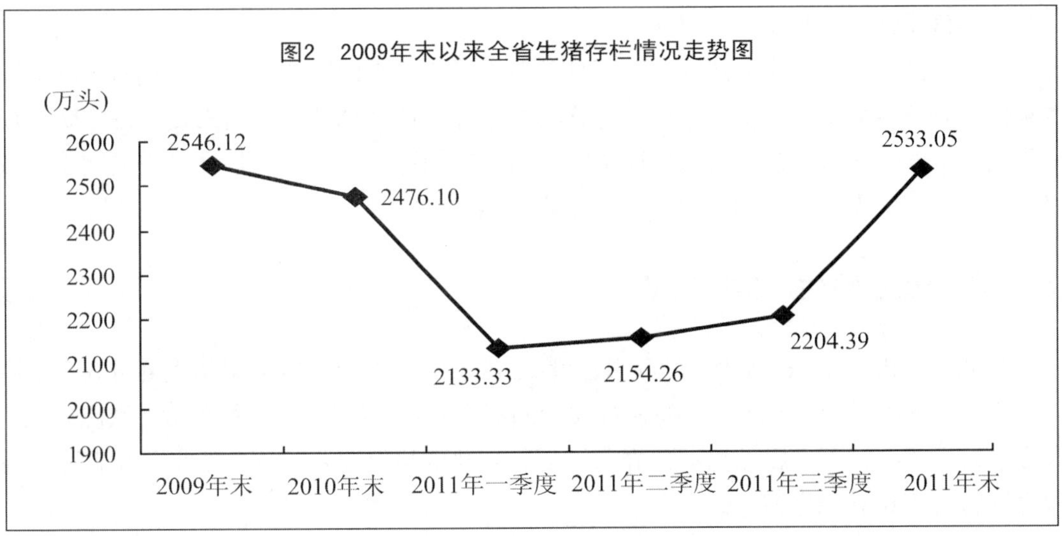

（三）生猪生产规模化、标准化、产业化水平进一步提高

2011 年，全省畜禽养殖标准化创建速度快，畜禽养殖标准化水平显著提高。据有关部门统计，全省标准化万头猪场达到 508 个，全年新增标准化万头猪场 69 个，万头猪场数量居全国第一位。生猪“150”模式发展迅猛，全年新增“150”模式标准化猪舍 4300 栋以上，累计已达到 18000 栋以上。与此同时，从抓龙头带基地入手，生猪生产的产业化水平明显提高，极大地带动了全省生猪生产方式的转型。2011 年，全省生猪规模化（年末存栏 500 头以上）养殖比重达到 39.5%，比上年提高 4.2 个百分点。

（四）生猪疫情总体上较为平稳

采取“预防为主”的综合防控措施，有效防止了生猪重大动物疫情的发生。特别是在 2010 年冬和 2011 年初，全国范围内大面积爆发仔猪流行性腹泻，给生猪生产带来了沉重的打击，由于湖北处于特殊地理位置，防控形势尤其严峻，但全省上下防患于未然，防控工作主动，全省生猪疫情总体上平稳，未发生区域性重大动物疫情。

（五）生猪产品安全保障措施对全省生猪生产起到了稳定作用

2011 年 3 月“瘦肉精”事件发生后，湖北以专项整治“瘦肉精”为契机，强化行业监管，保障畜产品质量安全。全省各级政府和畜牧兽医部门都成立了“瘦肉精”整治工作专班，广泛张贴《严禁使用“瘦肉精”等违禁物告知书》，严格按照农业部“瘦肉精”查处五不放过的原则，净化养殖经营环境。农业部对湖北例行监测中，“瘦肉精”监测合格率为 100%；3 月份以后每月一次的拉网监测和例行监测合格率均为 100%。

二、生猪生产中几个值得关注的问题

（一）散养户退出市场过快将对后续生产产生不利影响

在大力发展生猪规模养殖化、标准化的同时，占全省生猪生产 60.5%的散养户生产积极性受市场风险加大的影响，空栏户比重进一步上升。调查数据显示，2011 年在全省生猪存栏增长 2.30%的情况下，散户存栏同比下降 5.05%。主要原因，一是受成本上涨和养殖预期效益下降影响。2011 年三季度后，全省仔猪价格虽有回落，但仍处历史较高位，加之饲料价格居高不下，农户不敢贸然补栏。二是由于劳动力相对短缺，人工费等养殖成本上升，导致农户养殖意愿不强。

（二）能繁母猪下降趋势仍未得到有效遏制

2010 年以来，全省能繁母猪存栏逐步下降，到 2011 年底，仍未走出下降通道。2011 年末，全省能繁母猪存栏为 247.69 万头，同比下降 0.17%，其中，散养户能繁母猪存栏降幅达 9%，全省生猪生产后劲存在隐忧。

（三）市场不确定性风险加剧

主要表现在：一是疫病高风险依然存在，而且随着规模化养殖比重的上升，疫病带来的风险加大。二是养殖成本刚性增长的压力加大，饲料价格、仔猪价格、养殖场（单位）人员工资、疫病防控成本增加等都会推高生猪生产成本，养殖效益也会随着成本的不断上升而逐步下降。三是食品安全因素导致人们的消费恐惧心理，增加了消费需求的不确定性，影响生产发展。

三、2012 年全省生猪生产走势判断

2011 年，生猪生产价格上涨高峰时幅度超过 40%，国家陆续出台了能繁母猪饲养补贴、生猪标准化改造、生猪良补等一系列政策措施，随着这些扶持政策的落实到位，2012 年畜禽产品将供应充足，生猪市场价格将呈现缓慢回调趋势，不会剧烈波动。春节过后，生猪价格已逐步回落，后期价格回落幅度会放缓，全年生产和价格将处于相对稳定态势。

值得注意的是，这一轮生猪养殖的周期性波动，伴随着养殖规模结构的剧烈变化，周期走向和振幅会较为复杂。当前生猪生产仍处于关键时期，仔猪价格仍保持较高位；生猪疫病防控形势依然严峻，疾病风险导致部分养殖者养殖意愿下降；生猪生产成本刚性上升，后期养殖效益预期将会有所下降；全省能繁母猪存栏基数下降，特别是散养户在高价面前并没有表现出生产热情甚至不断退出市场，生产后劲相对不足。短期内生猪生产呈谨慎乐观态势。

总体上，随着全省生猪生产规模化养殖水平的进一步提高，居民对猪肉消费的刚性需求以及猪肉产品加工能力的稳步提升，生猪生产的稳定性将进一步增强，预计 2012 年生产将继续保持平稳增长态势。

（撰稿：张在金）

规下工业逆势而上

2011年，在全省经济平稳较快增长的背景下，规模以下工业（简称小微工业，下同）保持了稳步增长态势，生产总量继续扩大、运行质量不断提高、盈利状况良好。但综合成本上升、融资困难、用工紧张、管理落后等制约着企业的发展。据统计调查，2011年全省规模以下工业实现工业增加值735.3亿元，比上年增长8.5%。

一、2011年规模以下工业运行特点

（一）生产增长较快

2011年全省规模以下工业全年实现工业总产值2264.54亿元,增加值735.3亿元，比上年增长8.5%；实现出口产品销售收入30.2亿元，同比增长31.1%。

（二）盈利状况较好

2011年全省规模以下工业企业，累计实现营业利润136.1亿元，盈利企业占规模以下企业总数的86.1%。在调查中涉及的37个行业大类中，盈利增长的有34个，盈利面占91.9%，其中化纤制造、木材加工、食品加工、有色金属冶炼加工、塑料制品行业营业利润增幅均在八成以上。

（三）财务状况良好

2011年规模以下工业企业产品产销率达98.6%，资产负债率为36.4%。主营收入利润率为8.93%，提高1.11个百分点；交纳税金52.51亿元，增长34.7%；支付职工薪酬141.4亿元，增长29.3%，职工年均薪酬17029元，比上年的15641元，增长8.8%。

（四）企业用工增加

2011年规模以下工业企业从业人员为83.03万人，比去年同期增加13.15万人，同比增加18.8%。

二、企业生产经营中面临的困境

（一）综合成本上升过快

随着能源和原材料价格的不断上涨，企业生产成本大幅上升，压缩了企业利润空间。一是原材料上涨导致企业主营成本的增长快于主营收入增长速度，1-11月调查的859家样本企业主营成本为20.1亿元，同比增长30.5%，主营成本增幅高于主营业务收入增幅1.7个百分点；其次，劳动力成本上升也影响了企业的利润。近年来，由于劳动力成本因最低工资标准的不断调整提高，造成大部分企业生产成本有较大上升，影响企业利润增长。据对859家样本企业调查，2011年职工年均薪酬19008元，比2010年的16830元，增长12.9%。三是运输成本增加，今年成品油价格上涨，导致企业运输成本增加，扩大了企业的生产性支出。

（二）融资难度仍然较大

资金短缺一直是制约小微工业发展的“瓶颈”。一直以来，国有商业银行对融资企业的生产经营情况、信用等级、可提供抵押物等方面要求比较严格，规模以下工业企业中的绝大部分满足不了放贷条件，加之民间融资成本高，因此，多数规模以下工业企业存在融资难、融资成本高的问题。据对487家企业年内向银行贷款情况的问卷调查显示，有282家企业有借款需求，占调查企业数的57.9%，其中有借款需求但没有借到资金的企业97家，占34.4%；有借款需求并能全部借到的企业只有23家，占8.2%。另一方面，湖

北规模以下工业企业有些集中在乡镇驻地，乡镇的主要金融机构是农村信用社，虽比国有商业银行的放贷门槛低，但执行利率较高，且放贷规模小、放贷周期短、续贷时本金要全额还清等，对资金流积累不足的小型、微型企业来说，会大大提高企业的财务管理成本，因此，融资难、高成本融资导致企业利润空间小，流动资金紧缺。

（三）劳务用工仍然紧张

2011 年，用工问题一直困扰着中小企业，各行业普遍存在用工缺口。一是工作环境差、劳动强度大的企业缺工情况较为突出。如：黄石晟华制鞋有限公司年初缺工 100 人左右，虽陆续招进了一些人进来，但都因工作环境差、工作时间长等原因而离职，现企业仍缺工 60 人左右；大冶立峰纺织机械有限公司一直处于缺工状态，由于劳动强度大，夏季高温，厂房酷热难耐，同时，周边地区新建了大批工厂，扩大了就业机会，务工者更愿意到工作环境好、劳动报酬高、发展前景好的公司就业，造成人员流失严重，今年初新招进的 300 名工人现仅剩 1/3。二是熟练工人缺乏。企业的转型升级和做大做强后需要大量的管理人才和技术工人，而众多技术类、管理类的人才纷纷涌向规模较大的企业，涌向经济发达的地区，人才匮乏影响了小型工业企业的技术和管理创新。

（四）设备管理比较落后

规模以下工业企业多为劳动密集型企业和低附加值型企业，经营理念陈旧，生产工艺落后，低档次产品多，高技术产品少，市场竞争力弱，影响企业生存发展。在调查 859 家样本企业中，2011 年因管理不善、经营亏损而关闭 159 家、停产 139 家，占样本企业的 34.7%。如湖北黄石金屏选矿厂一直沿用以前的老设备进行生产加工，该设备生产效率低、环境污染严重，由于企业科技创新意识淡薄，并没有改进生产设备的意愿，最终因污染严重被当地政府责令停产。

三、发展小型微型工业的对策建议

（一）积极应对成本上升压力，提高企业竞争力

一是强抓产品质量。以质量来促产量，有质量的产量才是可以持续的，才能保证生产的顺利进行；二是狠抓企业内部管理。进一步加强资产管理、成本管理，降低费用,提高效率；三是降低产品成本，减少损耗。密切关注原材料市场价格走向，积极寻找货源，抓住时间差，通过采用期货交易等方法，努力降低采购成本。

（二）引导企业技术创新，增强企业发展后劲

一方面，要积极引导企业重视产品创新、工艺创新，加大技术改造的投入，实现对传统技术、传统工艺的改造与提升；另一方面，通过相关政策激励措施，引导和扶持部分实力强的小企业，大力吸纳科技人才，不断调整产业结构，增强技术创新的活力，提升产品市场的核心竞争力，增强企业发展后劲。

（三）拓宽融资渠道，增强企业发展活力

通过政府、企业、银行三方的共同努力，改善融资环境，拓展融资渠道，以解决中小企业流动资金不足的问题，为规模以下工业企业的发展提供资金支撑。

（撰稿：敖和金）

企业景气平稳运行

全省企业景气调查结果显示，2011 年企业景气指数和企业家信心指数均在“较景气”区间运行，企业生产经营活力较强。但资源约束、市场开拓等压力增大。

一、企业综合景气状况良好

2011 年，在一揽子宏观经济刺激政策逐步退出，以及国内外复杂多变的经济社会环境影响下，全省企业景气逐季小幅波动，总体上运行平稳。调查显示，2011 年 1-4 季度全省企业景气指数分别为 136.1、131.9、128.9、130.2，企业家信心指数分别为 139.5、127.4、128.5、125.1，均在“较景气”区间运行。全年综合景气形势处于历史高位（见下图）。

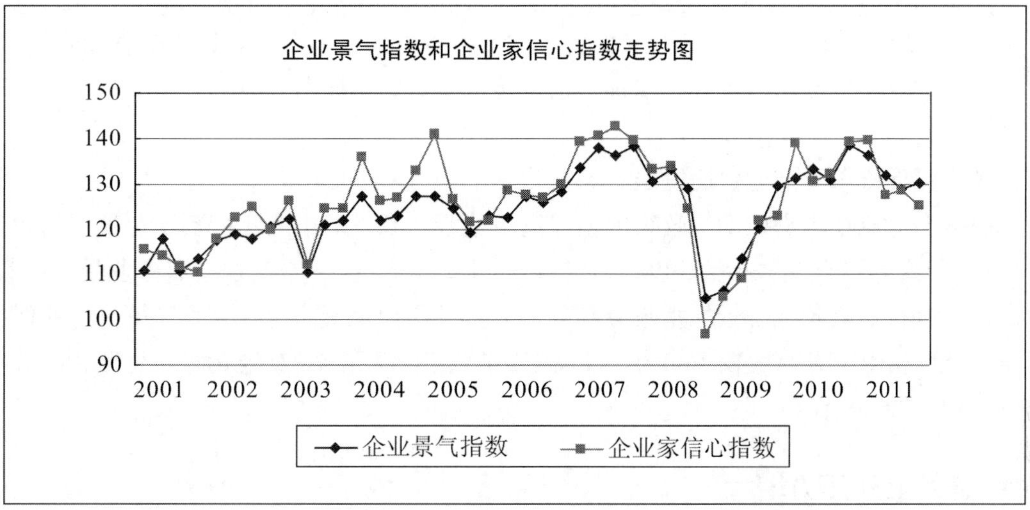

（一）工业企业保持平稳发展

在产业振兴和结构调整政策推动下，工业企业生产经营态势良好，2011 年景气指数 127.4，处于“较景气”区间。现代制造业的增长是工业景气回升最主要的动力。医药制造业、信息传输、计算机服务和软件业等新兴产业企业家信心不断增强，行业盈利稳步上升。在武汉“综合性国家高技术产业基地”示范效应推进下，新兴产业逐渐成为全省科技创新和产业升级的重要引擎。

（二）大型企业支柱作用明显

2011 年 4 季度大型企业景气指数 146.7，比 3 季度上升 14.8 点；列入企业景气监测的全省 4 家国家试点企业集团、22 家国家重点企业、68 家上市公司企业景气指数分别比 3 季度上升 25.4、17.5、2.6 点。

（三）外商发展信心增强

2011 年 1-4 季度外商企业家信心指数均在“较景气”区间运行，高于同期其他类型企业。认为 2012 年湖北宏观经济开局“偏好”或“稳定”的外商企业比例达 92.2%。

二、企业生产经营活力较强

（一）产销稳定增长促进效益逐步回升

企业积极适应市场变化，加措施、调结构、促转型，产销能力不断增强。2011 年生产总量景气指数

121.9，达到历史较好水平。各行业在市场竞争中加快产品结构调整，市场占有率稳步提高，营销能力显著增强，工业销售继续在景气临界值以上运行；工业产成品库存景气指数 123.5，库存保持合理水平。产销良好促进了效益回升。2011 年综合盈利景气指数保持历史高位运行，其中 4 季度盈利景气指数 110.0，比 3 季度上升 4.1 点,其主要原因是主要行业原材料的购进价格景气指数逐季回升。2011 年主要行业原材料购进价格景气指数见下表。

2011 年主要行业原材料购进价格景气指数

行　业	指　　数			
	1 季度	2 季度	3 季度	4 季度
工业	35.6	41.7	50.8	72.0
建筑业	36.0	27.8	44.2	71.3
批发零售业	49.5	55.1	59.0	86.5

从上表可以看出，企业原材料购进价格逐步回落，减少了成本压力，带来了增盈空间。

（二）科技创新投入加大，景气内生动力增强

2011 年工业企业科技创新景气指数 119.1，比 2010 年上升 0.9 点，其中大型工业企业科技创新景气指数达 124.5，分别高于全省和中小企业 5.4、6.6 点。加强科技创新成为企业共识。全省投资结构逐步好转，符合产业政策的制造业科技创新投入继续增加，信息传输、计算机服务和软件业潜力较大，3 季度景气指数创 154.0 的历史新高。

（三）扩大内需促进第三产业快速发展

消费型和服务型行业在内需拉动等政策因素促进下稳步增长。3 季度住宿餐饮业景气指数创 134.0 的历史新高；4 季度批发零售业景气指数 149.4，比 3 季度上升 6.7 点；4 季度社会服务业景气指数 138.2，同比上升 7.9 点。这些行业全年综合景气指数分别创造或接近历史最好水平。4 季度第三产业保持了较好的盈利能力，与 3 季度相比上升幅度较大的为：批发零售业上升 17.3 点，交通运输、仓储和邮政业上升 16.4 点，住宿和餐饮业上升 7.9 点。

三、企业景气上升压力增大

（一）原材料、资金、劳动力等生产要素瓶颈制约突出

1.紧缩流动性货币政策引发企业资金紧张状况加重。2011 年 1-4 季度企业融资景气指数分别为 87.2、84.5、82.4、78.9，流动资金景气指数分别为 97.5、93.1、93.3、87.4，总体逐季下滑。中小企业资金紧张状况更为明显。虽然一系列支持中小企业发展的政策措施陆续出台，但企业反映资金紧张状况仍未有效缓解。4 季度中小企业融资景气指数 74.4，比 3 季度下降 3.2 点，比全省低 4.5 点；流动资金景气指数 84.4，比 3 季度下降 5.0 点，比全省低 3.0 点。

2. 原材料及能源供应紧张。2011 年 4 季度有 62.2%的工业企业认为原材料及能源供应“一般”或“偏差”。随着冬季供暖需求增加，以及煤炭价格上涨影响，4 季度电力、热力的生产和供应业景气指数同比大幅下降 29.0 点。

3.劳动力需求较强与招工难、人工成本上升矛盾凸显。一方面，劳动力需求比较旺盛，2011 年全省劳动力需求景气指数 121.4，为历史最好水平；另一方面，招工难和人工成本上升又成用工掣肘，餐饮、住宿等服务类行业、以及纺织、服装等传统制造业行业普遍反映基层工、熟练工短缺。

（二）企业开拓市场压力加大

2011 年 1-4 季度企业产品订货景气指数分别为 117.4、115.6、114.4、109.2，呈逐季下滑之势。工业企业国外订货景气指数分别为 95.5、97.7、92.7、88.2，均在景气临界值以下运行，其中 4 季度同比和环比分别下降6.4、4.5点，仅9.5%的企业反映国外订单增加。纺织服装、鞋、帽制造业、化学原料及化学制品制造业、通用设备制造业、有色金属冶炼及压延加工业等传统制造业国外订单同比均下降10.0点以上。

（三）政策进退效应对房地产、汽车等行业影响较大

房地产调控政策重拳频出，房企销售、盈利和资金链面临较大考验。2011年1-4季度房地产业企业景气指数分别为131.1、120.6、117.3、102.6，企业家信心指数分别为122.2、117.2、121.4、98.2，总体逐季下滑。其中4季度房地产业景气形势在八大行业中降幅最大，企业景气指数同比和环比分别下降24.6、14.7点，企业家信心指数同比和环比分别下降30.5、23.2点。2011年商品房预售和销售均在“不景气”区间运行，企业融资景气指数迭创新低。随着房产调控政策效应继续显现，近八成企业家对2012年房市预期不乐观。

目前，传统汽车行业面临需求增速放缓、成本推高、政策效应偏空的局面。2011年全省交通运输设备制造业景气指数126.3，比2010年下降14.2点，其中3季度跌至111.8，为近3年来最低点。

（撰稿：王楠）

注：企业景气区间划分标准：140以上为“非常景气”区间，[140-125]为“较景气”区间，[125-110]为“相对景气”区间，[110-100]为“微景气”区间，100为景气临界点，[100-90]为“微不景气”区间，[90-75]为“相对不景气”区间，[75-55]为“较不景气”区间，55以下为“严重不景气”区间。

农业价格持续上扬

2011 年，国家为保护农民种粮积极性，再度出台提高稻谷、小麦最低收购价格政策；同时，持续干旱加剧了人们对农产品价格上涨预期。在各种因素综合作用下，农、林、牧、渔四大行业产品生产价格全面上涨，农产品生产价格上涨 11.70%。四大行业中，畜产品价格上涨幅度最大。种植业中，食物产品类价格普涨，棉花价格大跌。农产品生产价格总指数比全国平均水平低 4.8 个百分点，在中部六省中比湖南、江西、安徽分别低 10.2、2.6、1.1 个百分点，居第 4 位。

一、2011 年湖北农产品生产价格变动特点及原因

（一）农产品生产价格持续上涨，涨幅有所回落

2011 年湖北农产品生产价格承袭了上年大幅度上涨的强劲态势，前三季度价格指数逐季升高，只是到四季度受上年同期基数价格较高的影响，涨幅回落为 2.9%。全年农产品生产价格涨幅为 11.7%，比上年回落 0.6 个百分点(见图 1)。

影响农产品价格变动的主要因素，一是外部经济环境不稳定，全球气候异常导致农产品供给结构性短缺；二是部分农产品前几年价格过低，出现恢复性上涨；三是游资介入炒作，放大了市场效应；四是农资、人力资源等成本的上涨推动了生产价格的涨势。

图1　2010—2011年湖北农产品生产价格指数变化情况（上年同期=100）

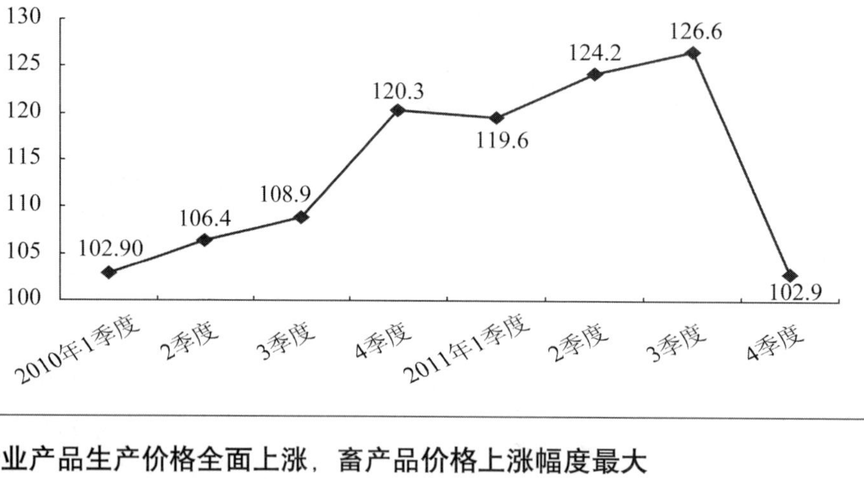

（二）四大行业产品生产价格全面上涨，畜产品价格上涨幅度最大

2011 年，畜牧业、种植业、林业、渔业产品价格全面上涨，其中畜牧业产品价格居四大行业涨幅之首，同比上涨 28.86%，是影响农产品生产价格上涨的主要因素，其次是渔业和林业产品分别上涨 8.40%和 8.36%，种植业上涨 5.54%。四大行业农产品生产价格指数见图 2。

2011 年，生猪价格上涨幅度较大。其中种猪 29.12 元/公斤，上涨 4.12%；仔猪 28.15 元/公斤，上涨 42.7%；中猪 14.45 公斤/元，上涨 34.60%；其它活猪 16.42 元/公斤，上涨 33.15%。

生猪价格大涨的主要原因：一是自 2010 年上半年开始，生猪市场价格低迷，对生猪养殖造成较大打击，市场供应量下滑致使价格上涨。二是一些大城市在猪肉市场供应量不足时投放了较多储备猪肉，随后又补充猪肉库存，推动了猪肉价格上涨，仔猪、活猪价格也继续升高。三是国内生猪市场已经进入周期性上涨通道。2010 年因生猪疫病频发、能繁母猪存栏下降，猪源紧缺，生猪价格步入上升通道。四是粮食、

饲料、人工费等价格上涨，运输成本上升，增加了生猪生产成本，导致猪价上扬。

图2　2011年四大行业农产品生产价格指数（上年同期=100）

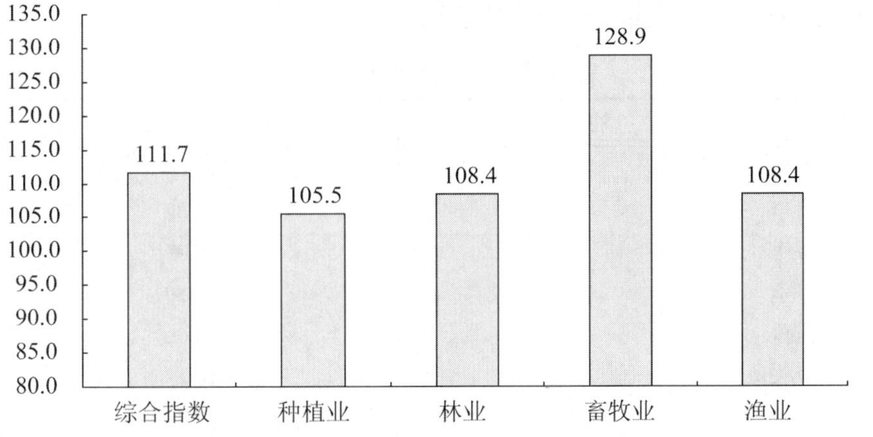

（三）食物产品价格普涨，棉花价格大跌

食品中，水果、油料、蔬菜价格分别上涨 24.15%、7.25%、16.38%，谷物、薯类、小麦分别上涨 14.87%、11.0%、11.48%。但棉花下跌 25.17%，全省种植业产品价格上涨 5.54%。

粮食价格持续增长的原因：一是国家上调粮食最低收购价。为调动农民种粮积极性，促进粮食生产发展，近年来国家不断加大对粮食直补、农资综合直补、良种补贴等各项补贴的力度，提高稻谷等主要粮食作物最低收购价格，政策效应的推动使粮食作物价格坚挺。二是生产成本增加。近年来，化肥、农药、农用薄膜等农业生产资料价格不断上涨，土地流转费用、农业用工成本不断增加，从一定程度上推动了粮食价格的上涨。三是国际粮价大幅上涨的拉动。2010 年以来，受恶劣气候、自然灾害频发影响，全球粮食生产大幅度减产，引发全球粮食价格持续上涨。一些国家由于粮食减产而限制粮食出口的做法也助推了国际市场粮价上涨。四是需求激增导致供求关系偏紧。一方面，全球粮食供给不足，另一方面人口快速增长以及粮食作为一种生物能源的发展需求也推动了粮价不断上涨。

棉花价格下跌的主要原因：一是 2010 年棉花价格偏高。二是 2011 年全球棉花产量达到创纪录的 2680 万吨，而需求量下降为 2420 万吨左右，棉花市场供过于求，且外棉价格大幅下跌已低于国内棉价。三是国内棉花丰收，需求与上年相比略有减少，供需缺口缩小。四是欧美市场不景气，棉纺织品需求缩减，国内纺织企业外贸订单减少，生产经营困难，棉纱价格难以提升。五是国内劳动力成本和原材料成本上升，棉纺织品成本提高，国际竞争力下降，外贸订单向东南亚一些低成本国家转移。六是 2011 年新棉上市以来，棉籽价格大幅下滑。据测算，在皮棉价格不变的情况下，棉籽价格每公斤下跌 0.10 元，籽棉收购价格每公斤就要下调 0.06 元左右，也就是说，与上年相比因棉籽价格下跌就造成籽棉收购价格下滑 1.00 元/公斤左右。

（四）渔业产品生产价格呈快速上涨态势

2011 年,湖北省渔业产品价格上涨 8.4%。渔业产品价格上涨的原因：一是人工费、饲料费、燃油费等养殖、捕捞成本增加。二是水产品价格恢复性上涨。前几年受国际金融危机的影响，部分渔业产品出口受阻，价格下跌幅度较大，2010 年以来全球经济开始复苏，出口量增加，渔业产品价格出现恢复性上涨。三是灾害天气。2011 年初受寒潮侵袭，大量鱼虾被冻死；夏季部分鱼感染链球菌，引起鱼大量死亡，造成淡水鱼减产，供应量偏少，价格上升。四是 2011 年长江干流来水较少，江、湖、库等库存水量偏少，特别是进入 4 月份以后旱情日趋严重，持续干旱对水产养殖业造成不利影响。五是蔬菜、肉类等农产品价格上涨，联带推动了水产品价格上涨。具体水产品价格涨势见表 1。

（五）林业产品价格涨势明显

2011 年，湖北省林产品价格上涨 8.36%。其中：育种和育苗类上涨 10.02%，林产品上涨 11.41%,竹材采伐产品上涨 8.44%，木材采伐产品 7.59%。究其原因，一是随着城镇化的发展，城市的绿化、美化加大了对苗木的需求；二是受连续干旱少雨天气影响，苗木灌溉成本增长且成活率降低，苗木市场供应较往年偏少；三是化肥、农药、种子、人工等成本不断增长，引发苗木价格持续攀升；四是近几年来，国家加大了生态环境和林业资源保护力度，实施从木材和林产品生产为主向生态建设为主的战略转变，木材等重要林产品供给增速放缓，推动了林产品生产价格持续上涨。

表 1　主要水产品价格上涨情况表

品　种	涨幅（%）
黄鳝	18.04
青鱼	17.87
泥鳅	17.09
草鱼	15.59
鲢鱼	10.56
胖头鱼	10.18
蟹	7.72
鲤鱼	6.58
鲫鱼	3.58

（六）农产品生产价格涨幅低于全国平均水平

2011 年湖北农产品生产价格总指数比全国平均水平低 4.8 个百分点，在中部地区，比湖南、江西、安徽分别低 10.2、2.6、1.1 个百分点，居第 4 位。

2011 年，尽管湖北谷物、油料、蔬菜、水果、茶叶、畜牧业产品价格指数高于全国平均水平，但由于棉花、林业产品、渔业产品价格指数低于全国平均水平，特别是棉花所占权重比较大，造成湖北农产品生产价格指数低于全国平均水平。与湖南比较，虽然谷物、油料、畜牧业有点差别，最显著的差别还是因为棉花。详见表 2 和表 3。

表 2　全国及中部省农产品生产价格指数对比

	生产价格总指数	种植业产品	其中					
			谷物	油料	棉花	蔬菜	水果	茶叶
全国	116.5	107.8	109.7	112.1	79.5	103.4	106.2	113.3
山西	111.0	107.7	108.6	99.7	102.5	103.5	111.3	
安徽	112.8	106.1	110.3	113.9	73.7	101.9	114.3	116.2
江西	114.3	110.7	114.7	114.6	90.8	106.6	85.9	112.7
河南	111.5	103.8	105.9	108.6	107.2	80.3	117.3	
湖北	111.7	105.5	114.9	117.3	74.8	116.4	124.2	117.1
湖南	121.9	116.1	117.7	119.6	125.4	107.5	109.2	117.2

表 3　全国及中部省农产品生产价格指数对比

	林业产品	畜牧业产品	猪（毛重）	渔业产品	淡水养殖产品
全国	114.9	126.2	137.0	110.0	109.5
山西	109.9	116.9	127.0	102.7	102.7
安徽	110.7	126.7	138.1	112.5	112.5
江西	108.7	125.3	129.7	104.3	104.3
河南	101.9	124.2	129.9	105.7	105.7
湖北	108.4	128.9	133.2	108.4	108.4
湖南	107.2	131.2	137.5	108.1	108.1

表 2、表 3 价格指数均以上年为 100。

二、对 2012 年农产品价格走势的判断

2011 年，湖北在复杂多变的宏观经济环境影响以及自然灾害频发的条件下，各地强化各项支农惠农政策落实力度，农业生产仍然保持了稳步发展的好势头，农产品生产价格呈现出较大幅度的增长态势，对 2012 年农产品价格走势有着十分重要的影响：

（一）粮食价格将继续呈稳步上扬的态势

2012 年，国家再次提高了粮食最低收购价格，对粮食价格上扬形成强有力的支撑。国内小麦库存充足，调节有度，尤其是国家连续出台小麦定向销售，保供稳价等政策进行引导，充分保证粮食市场供给。从国际上看，国际粮食如玉米、小麦期货价格已经出现高位回落的走势，对国内粮食价格传导压力减弱。在国家保证市场有效供给和粮食价格处于合理范围内的宏观调控的前提下，通过目前比较成熟的粮食供应机制的合理调控，预计 2012 年粮食价格总水平仍将稳步上涨。

（二）生猪生产在恢复阶段，市场供求状况在短时间内不会有大的改变，牲畜价格将在一段时间内维持高位

2011 年以来，生猪、牛、羊、家禽价格持续上涨，尤其是生猪价格在 5 月份后大幅上涨，已经创出历史新高。目前，生猪养殖成本大幅上升，特别仔猪价格大幅上涨，随着各种节日以及冬季生猪消费旺季的到来，2012 年生猪、羊、家禽价格将在一段时期依然维持在高位。

（三）油料价格仍有上升空间

2010 年油菜籽减产，对油料市场价格产生一定的影响，油料价格出现持续上扬态势。我国油料市场对外依存度高，价格形成受国际价格影响大，南美干旱造成大豆减产，国际大豆商品期价保持高位强势调整状态，国际大豆价格对国内油料市场价格传导影响较强，预计 2012 年油料价格将保持强势。

（四）渔业产品价格将会总体稳定，不会大起大落

随着中央渔业救灾资金的全面到位，渔业生产将逐渐恢复，水产品产量也将稳中略增，水产品价格会随着经济的发展而整体稳步微涨，但不会像猪肉那样出现大涨大跌，出现周期性的“过山车”现象。

总之，2012 年，在国家加强物价调控特别是对游资炒作加强管理的大背景下，受国际农产品价格传导、资金流动性过剩以及一些农产品生产成本增加的推动、部分农产品供求关系趋紧等因素影响，2012 年湖北农产品生产价格还将呈现平稳上升态势。

三、维持农产品价格合理水平的对策建议

农产品价格与居民生活息息相关，加强和重视农业生产，实现农产品供求基本平衡，维护农产品正常的生产流通和价格秩序，保持农产品价格在合理水平，对于缓解通胀压力，保障广大人民群众的切身利益尤为重要。

（一）重视发展农业生产，保持农产品供求平衡

影响农产品生产稳定发展的最大威胁是气象灾害和病虫害的发生，以及农资价格的波动。有关部门要做好预防和应急管理工作，发展农业保险和疫情、疫病防控体系，增强农业的抗灾能力。加快建立农产品生产和价格的稳定机制，保持农产品的供求平衡，加强主要农产品的储备，逐步减少农产品生产和价格的波动。

（二）完善和强化对农业的扶持保护政策

各级政府要进一步贯彻落实中央一号文强农惠农的政策措施，继续加大财政支农的投入力度。加强农业基础设施建设，改善农业生产条件和物质技术装备水平。增加农业生产补贴，加大对种粮、种菜、养猪等涉农补贴，适当扩大补贴范围和提高补贴标准，完善补贴方式。建立农资价格上涨与对农民补贴挂钩的

联动机制，保护和调动农民生产积极性，增加农民收入。

（三）加强对农产品市场的监管

政府有关部门要加强对农产品收购、流通环节等市场交易和价格行为的监管，重点加强对主要农产品批发、零售环节的监管，控制流通环节利润过高，严厉打击囤积居奇、哄抬农产品价格等炒作行为，坚决维护农产品市场正常流通秩序，防范农产品价格短期内不合理的上升，努力保持农产品价格在合理水平。建立和完善农业生产预警机制监测生产和反馈信息，让农民与市场信息保持对称，以避免农业生产的大起大落。加强农产品的产销对接，为农产品购销搭建平台。

（撰稿：李红 李兆能）

工业生产价格趋涨

2011 年，受国际局势动荡加剧，特别是欧洲债务危机恶化以及国内宏观经济调控政策等诸多因素影响，全年能源、冶金、纺织等行业产品价格波动频繁，工业生产者价格呈现出前高后低，指数总体上扬的走势特点。2011 年，湖北工业生产者出厂价格上涨 6.6%，购进价格上涨 11.5%。与居民消费价格相比，工业生产者价格涨幅高出 0.8 个百分点。

一、2011 年湖北工业生产者价格运行主要特征

（一）工业生产者出厂价格同比涨幅呈“前高后低”走势

以 8 月为分界点，1-8 月，全省工业生产者出厂价格同比涨幅在 6.9%至 8%区间内窄幅震荡。其中 2 月涨幅最大，同比上涨 8%，5 月回落至最低，涨幅为 6.9%，6-8 月价格涨幅为 7.3%。8 月份以后，随着欧洲主权债务危机的蔓延，国际市场大宗商品价格纷纷回调。前期强力推高工业生产者价格的输入性影响因素逐步减弱，工业生产者价格涨幅随之回落，其中 9 月份 7.1%，10 月份 5.9%，11 月份 3.8%，12 月份 3.2%。从环比看，9-11 月工业生产者出厂价格均呈跌势，分别下跌 0.1%、0.1%和 0.4%。（见下图）

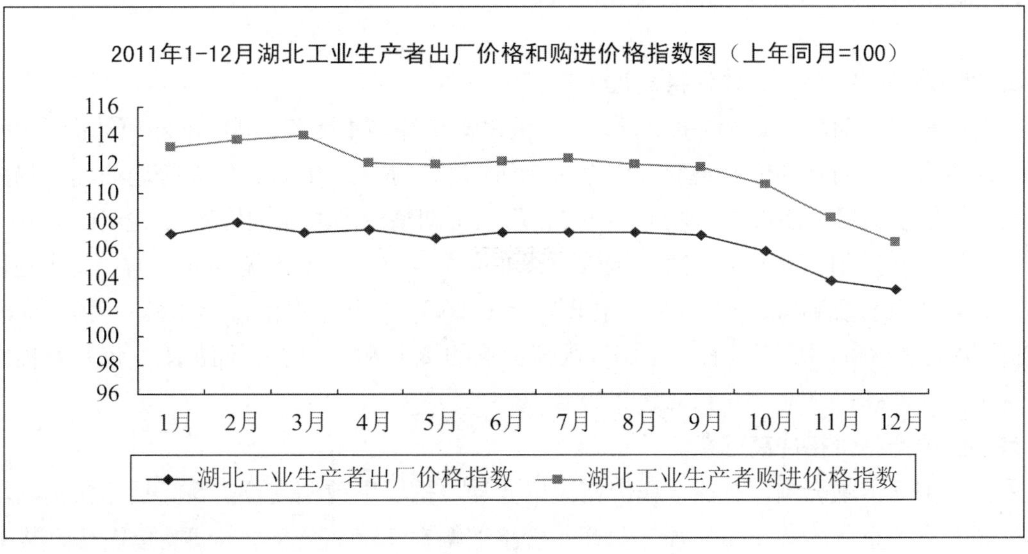

（二）购进价格涨幅高于出厂价格，工业生产成本压力较大

工业生产者购进价格运行轨迹与出厂价格相似（如上图），但涨幅明显高于出厂价格，全年累计上涨 11.5%，涨幅较出厂价格高出 4.9 个百分点。分类来看，九大类原材料购进价格全面上涨，其中两位数涨幅的有：燃料动力类、纺织原料类、化工原料类、黑色金属材料类和建筑材料及非金属类，分别较上年上涨 15%、14.5%、14.3%、10.7%和 10%。

购进价格的上涨，加大了工业企业成本压力。以煤为代表的动力资源价格高位运行,并对中、下游相关行业产生较大影响。2011 年，黄石市华电股份有限公司为弥补由于煤炭价格攀升造成的严重亏损，缓解逐步加剧的电荒，于 6 月、12 月二次上调电价。2011 年，黄石市火力发电价格上涨 6.9%。由于电价上涨对工业生产成本影响较大，因此电力价格将成为拉动工业生产者价格总水平上升的重要因素。

（三）生产资料、生活资料产品价格双双上涨

2011年，湖北生产资料产品出厂价格上涨7.3%。其中采掘类上涨20.2%，原料类上涨6.8%、加工类上涨6.7%。虽然采掘类产品价格上涨幅度较大，但由于所占比重较小，对生产资料价格影响有限。分月看，1-8月，生产资料产品出厂价格同比涨幅均在7.9%以上，随后涨幅逐月回落，9月份上涨7.5%，10月份上涨5.8%，11月份上涨3.5%、12月份降至2.8%。

2011年，湖北生活资料产品价格上涨4.5%。其中食品类价格上涨8.4%，衣着类价格上涨9.1%，一般日用品类价格上涨8.3%，耐用消费品类价格下降5.3%。

（四）冶金、能源以及农副食品加工等行业成为拉动工业生产者价格上涨的重要因素

在调查的38个行业大类中，除交通运输设备制造业、仪器仪表和文化办公用机械制造业分别下跌1.8%和3.4%外，其余36个行业均呈涨势，行业价格上涨面为94.7%。其中冶金、能源以及农副食品加工等行业成为拉动工业生产者出厂价格上涨的重要因素。黑色金属冶炼及压延加工业上涨6.4%、石油加工、炼焦及核燃料加工业上涨16.3%、农副食品加工业上涨14%、纺织业上涨18.4%、化学原料及化学制品制造业上涨9.4%、非金属矿物制品业上涨12.6%，以上六大行业共拉动总指数（6.6%）上涨4.2个百分点，占全部涨价因素的63.6%。

（五）工业生产者价格指数高于全国平均水平

2011年，湖北工业生产者出厂价格上涨6.6%，高出全国平均水平0.6个百分点，在31个省市中居第17位；中部六省中，居第6位。其他省份涨幅分别为：江西11.3%、河南7.2%、山西7.5%、湖南8.5%、安徽8.3%。

二、主要工业行业产品出厂价格变动特点

（一）石油价格宽幅震荡，总体保持高位

2011年，受中东局势动荡、欧债危机蔓延、美元量化宽松等多重因素影响，国际原油价格持续上演“过山车”行情。前四个月，国际油价一路飙升；之后有所下滑，进入10月，伊朗等地的紧张局势促使国际油价再度上扬，并呈现剧烈震荡格局。为此，国家先后三次调整国内成品油价格（二次上调汽、柴油价格，累计每吨分别上调850元和750元；一次下调汽、柴油价格，每吨分别下调300元）。受上述因素影响，湖北石油加工、炼焦及核燃料加工业产品价格全年上涨16.3%。其中汽油价格上涨17%、煤油价格上涨26.8%，柴油价格上涨16%。从环比看，受调价因素影响的2月和4月，石油加工、炼焦及核燃料加工业产品价格分别上涨3.2%和5.3%，10月下跌2.2%。

（二）有色金属产品价格冲高回落

今年以来，受国际市场影响，有色金属价格大幅波动，呈现出前期高位震荡，后市快速回落的走势特点。上半年，湖北有色金属冶炼及压延加工业产品价格涨幅在15.6%至27.4%间高位震荡，其中2月份为全年最高。进入下半年,受欧美债务危机影响，国际主要资源品价格出现大幅下滑，特别是国际原油和有色金属期货价格的下跌，带动了有色金属相关行业价格的快速回落。从调查数据看，7-12月有色金属冶炼及压延加工业产品价格涨幅呈逐月收窄之势，11月由正转负，下跌1.6%，12月份，跌至全年最低，跌幅为4.6%。但综合来看，由于上半年产品价格的高位运行，有色金属冶炼及压延加工业全年价格水平同比上涨14.1%，其中电解铜上涨14.1%、铅上涨2.6%、锌上涨1%。

（三）黑色金属冶炼及压延加工业产品价格先扬后抑，总体小幅上涨

2011年，湖北黑色金属冶炼及压延加工业产品价格上涨6.4%。主要产品中，线材上涨14.7%、厚钢板上涨7.6%、中厚宽钢带上涨6.5%、钢筋上涨11.1%。分月看，黑色金属冶炼及压延加工业产品价格先扬后抑、波动频繁。1-7月，在市场需求增加、铁矿石、煤炭、石油等原材料成本价格上涨的推动下持续走高，同比累计上涨7.6%，环比累计上涨6.9%。进入8月份，受国际欧债危机、国内市场需求减弱以及

资金面紧张等多重因素影响下，产品价格开始进入下跌通道，8 月环比下跌 1.6%、9 月下跌 0.5%、11 月下跌 3.3%、12 月下跌 0.9%。

（四）农副食品加工业产品价格保持高位

受国际市场农产品价格上涨、国内干旱、上游农作物和养殖业成本推动等因素影响，2011 年，全省农副食品加工业产品价格持续走高，上涨 14%，影响全省 PPI 总水平上涨 0.98 个百分点。从环比看，农副食品加工业产品价格除 11 月微跌 0.1%外，其余月份均呈涨势。从具体产品看，大米上涨 15.9%、混合饲料上涨 24.5%、精制食用植物油上涨 12.2%、鲜冷藏肉上涨 17%。

（五）纺织业产品价格高开低走，总体呈涨势

2010 年以来棉价大幅波动，从年初的 15000 元/吨一路攀升到 2011 年 3 月的 34870 元/吨，然后又暴跌到 6 月的 24130 元/吨，并延续下行走势，2012 年初为 19500 元/吨。原材料价格的大涨大跌，影响纺织业产品价格波动频繁。1-4 月，纺织业环比价格持续上涨，涨幅在 1.1%—1.9%间，进入 5 月份，纺织业价格开始大幅下跌，环比价格连续 5 个月呈现跌势：5、6 月份均下跌 1.2%，7 月份下跌 0.7%，8 月份下跌 1.4%，9 月份下跌 2.1%,累计下跌了 6.6%。

但与上年相比，纺织业产品价格上涨 18.4%，其中已梳皮棉上涨 8.2%、纱上涨 29.5%、布上涨 10.3%。

后期纺织产品价格连续下跌的原因：一是国际范围内棉纺织品价格普遍回落对国内市场产生影响；二是由于下游企业对棉花需求疲软，不少企业把囤积的棉花降价抛出，原材料价格下跌，企业生产成本降低；三是受人民币汇率提高和纺织出口退税率下调等因素影响，纺织业出口优势不明显，外需市场萎缩；四是国家出台控制通胀政策，对纺织产品价格上涨起到了抑制作用。

三、影响工业生产者价格变化的主要因素

（一）全球经济形势复杂多变，大宗商品价格大幅波动

2011 年上半年，在中东局势紧张、发达经济体经济复苏加快以及需求预期上涨等因素推动下，原油、有色金属、粮价、黄金等国际大宗商品价格出现轮番上涨，国际原油价格一度冲上 120 美元/桶，年初铜价突破 1 万美元/吨、玉米 2460 元/吨、豆油 10200 元/吨。国际大宗商品价格的大幅上涨，进一步加剧国内生产成本的提升，助推了工业生产者价格总水平及相关行业产品价格的上涨。

下半年，随着全球性通货膨胀压力进一步增大，经济复苏放缓、美国信用评级下调、欧债危机升级等因素影响，全球经济发生转折，国际大宗商品价格开始回落，外部输入型价格上涨压力减弱，加之同期基数相对高位运行等诸多因素影响，湖北工业生产者价格随之回落。

（二）国家宏观经济政策的影响

2011 年，中央继续实施扩大内需和改善民生的政策，增加保障性住房建设以及对新能源、新材料、新能源汽车的鼓励产业政策，这些产业的建设与发展都离不开对基础工业品的需求。同时，随着国内产业结构调整力度的加大以及控制“高耗高污”和产能过剩领域的盲目重复建设，使得化工、水泥和钢铁等行业产量下降，需求的增加拉动了建筑钢材、水泥以及有色金属等相关行业价格的强势上扬。后期，随着持续从紧的货币政策、严格的房地产宏观调控政策效果的逐步显现，部分基础产品市场需求受到抑制，冶金、建材等产品价格随之回落。

（三）上下游产品价格传导影响

受需求拉动影响，上游产品累积的涨价压力，在企业承受生产成本增加的压力下向下游产品传导，导致了上半年湖北上游购进产品价格在释放成本中持续走高。同时，随着上游生产资料如煤炭、钢材、铁矿石价格的持续上涨，下游企业在有利于涨价的市场环境出现后，开始通过提价方式来转嫁原材料上涨的负担，形成较大的上下游产品价格连锁反应。9 月份之后，随着上游产品价格的急速下跌，下游产品价格随之回落。但值得关注的是，当下游的企业出厂价格处于下行区间时，前期高价购入的原材料经过一定的生

产周期后，产成品投入市场时，其销售价格已低于企业的前期成本价，投入和产出价格即形成倒挂，企业利润大幅缩水，那些抵御风险能力差的企业只能选择减产、停产甚至倒闭。

（四）以交通运输制造业为主的产业结构影响湖北工业生产者价格的上涨

从湖北的产业结构来看，以汽车制造为主体的交通运输制造业所占比重高达近二成，其价格变动对湖北工业生产者价格走势影响较大。但由于市场供给大于实际需求增长，汽车国产化率进一步提高以及市场竞争不断加剧等因素影响，2011 年湖北汽车价格持续走低，交通运输制造业与上年相比下跌 1.8%，影响价格总指数下跌 0.3 个百分点。其中整车制造下跌 4.6%，汽车车身制造下跌 0.6%。

四、对后期工业生产者价格变动趋势初步预判

受上述国内外因素影响，2012 年全球经济复苏存在诸多不确定因素，我国经济面临较大挑战：一是在美国经济、欧债危机持续发酵以及国内一系列紧缩政策的叠加作用下，我国经济增速放缓，市场对基础工业品需求减弱，价格缺乏上行拉力。二是货币政策持续收紧，企业融资难度增加，给企业生产经营的积极性带来较大影响。三是 2011 年下半年，原材料购进价格运行处于下降通道，原油、钢材、有色金属、棉花等大宗产品价格均有明显下跌，输入型价格上涨压力可能继续减缓，将在一定程度上拉低工业生产者出厂价格。四是我国出口受外部市场环境影响，增速可能放缓，国内市场竞争加剧，价格下行可能性较大。五是 2011 年上半年 PPI 涨势明显，下半年价格明显回落，基数因素将影响 2012 年上半年 PPI 涨幅回落。

综合以上因素判断，预计 2012 年湖北工业生产者价格涨幅将有所回落。

（撰稿：余　南）

投资价格普遍上涨

受投资需求拉动，2011年湖北省固定资产投资价格水平上涨7.3%，涨幅较上年扩大2.6个百分点。价格总水平呈现出前二季度持续上涨、三季度平稳、四季度回落的走势。 全年固定资产投资价格涨幅高出全国平均水平0.7个百分点，在30个省市中居第7位，在中部6省中，居第4位。其他省份涨幅分别为:江西8.4%、安徽8.1%、河南7.4%、湖南7.2%、山西5.5%。

一、固定资产投资价格走势特点

2011年，湖北固定资产投资价格总水平呈现前高后低，冲高回落的走势，一季度上涨6.3%，二季度上涨8.6%，下半年涨幅逐渐降低，三季度上涨8.3%，四季度上涨6.0%。从结构上看，构成固定资产投资价格指数的三大类价格指数均呈上涨态势。其中，建筑安装、装饰工程投资价格上涨9.3%，其他费用价格上涨6.6%，设备、工器具购置价格上涨0.4%。

（一）建安、装饰工程价格持续上涨

2011年，湖北建筑安装、装饰工程价格走势呈冲高回落态势。分季度看，涨幅两头低、中间高。其中，一季度上涨8.1%，二季度上涨11.2%，三季度上涨10.7%，四季度上涨7.3%。

1. 人工费价格涨幅较大。2011年，湖北建筑安装、装饰工程人工费价格上涨12.2%。与近年人工费价格的上涨幅度相比，高于2009年5.6个百分点，高于2010年2.8个百分点，为近三年内最高涨幅。分类别看，工程管理人员工资价格上涨8.8%，工程技术人员工资价格上涨9.7%，普通工人工资价格上涨13.4%。

2. 材料费价格全面上涨。随着“十二五”规划重点项目的实施，湖北省固定资产投资力度不断加大，建筑用材料需求不断上升，同时原材料、人工成本等费用持续增大，材料费价格在水泥、钢材、电料等三大主要建材价格上涨的带动下上涨9.1%。调查的七大类建材价格涨幅呈现全面上升态势。其中：水泥价格涨幅涨幅达13.8%，建筑用钢材价格上涨9.9%，其他依次为地方建筑材料、化工材料、其他材料、电料及木材价格分别上涨7.6%、6.7%、5.3%、5.0%和4.9%。

水泥价格上涨是拉动材料费上涨的主要因素。由于加强了“节能减排”的宏观调控，关停了产品能耗高、排放大、质量低劣的小水泥厂，产业结构得到了合理调整。加之随着工业化、城镇化建设的推进，基础设施建设拉动需求上升，导致其价格大幅上涨。其中通用水泥上涨15.3%，是拉动水泥价格上涨的主要因素。

其次是钢材价格的上涨，国际铁矿石价格保持高位，国内工业企业项目建设、基础设施建设和房地产投资等方面的需求，拉动钢材价格上涨。其中螺纹钢上涨11. 3%，中型钢材上涨12.4%，钢筋上涨9.0%。

木材价格上涨4.9%。近年来，全球木材资源紧缺信号频出，在现阶段资源减少、汇率和运输费用上涨等诸因素的共同作用下，国家原木的性价比已大幅降低，而其在国际市场上的主动权却不降反增。受此影响，国内木材供应状况偏紧，国产普通锯材价格上涨5.6%，胶合板价格上涨7.3%，特种锯材上涨3.8%。

地方建筑材料受生态环境保护、规范建筑市场以及市场需求的影响，市场价格全面上涨，其中砖上涨7.1%，石灰上涨6.3%，砂子上涨5.5%，混凝土上涨7.7%，石子上涨7.0%。

化工材料价格2011年1-4季度涨幅分别是6.0%、7.7%、8.2%和5.1%。不同类型材料品种的价格，市场表现差异明显，结构分化比较严重，其中清漆上涨3.7%，沥青漆上涨11.8%。

电料价格上涨5.0%。随着国际有色金属价格的大幅上涨，同时化工材料价格也在上涨，导致电料价格的上涨，其中主要是绝缘线、护套线分别上涨5.5%、7.2%。

3. 各类机械使用费价格全面上涨。2011年湖北省机械使用费价格上涨4.3%，因供求程度不同，各类机械使用费价格涨幅差异较大。其中，土石方及筑路机械费用价格上涨 6.1%，泵类机械上涨 1.1%，其他类别机械费价格涨幅均在 1-6%之间。

（二）其他费用价格平缓上涨

2011 年，部分新建、扩建和技改项目的实施，导致土地交易价格的上扬，因此其他费用价格上涨 6.6%。从结构构成来看，四项费用均有不同幅度的上涨，土地取得费上涨 5.6%，前期工程费用上涨 6.5%；施工工作费用上涨 6.2%；建设单位其他费用上涨 8.1%。

（三）设备、工器具购置价格波动不大

2011 年，设备、工器具购置价格波动不大，全年小幅上涨 0.4%。分季度看，一季度下降 0.4%，二季度上涨 1.2%，三季度下降 0.2%，四季度上涨 0.8%，各季度间价格指数波动不大。

二、固定资产投资价格变动的主要原因

（一）固定资产投资较快增长，拉动了投资价格的上涨

2011 年湖北固定资产投资总额 12566.2 亿元，增长 28.9%。工业投资增幅 40.4%，其中房地产投资 2063.2 亿元，同增长 27.5%。同时各级政府采取积极措施，加大了农林水利、交通、能源、社会事业等薄弱环节的投入；加大了对机械、化工、食品、纺织等支柱产业的技术改造和产业结构调整的投入，加快城区改造和城市新区建设，这些因素的综合作用，拉动了固定资产投资价格的上涨。

（二）能源、原材料价格的上涨，推动了固定资产投资价格上扬

受国际原油、钢材等大宗商品价格上涨影响，国内铁矿石、钢坯、焦炭、原油等基础性原材料价格继续上涨，企业生产成本提高，此外，运费价格上涨等因素也是推动建筑材料价格上涨的重要原因。2011 年，比重占固定资产投资价格六成的建筑安装、装饰工程价格上涨 9.3%。能源、原材料价格的上涨，推动了下游投资产品价格的上涨，同时推动了固定资产投资价格总水平的上升。

（三）用工成本上升，人工费、机械使用费价格上涨助推固定资产投资价格上涨

一是固定资产投资规模扩大，用工需求不断上升，促使企业提高工资待遇来招募工人，上调了工资基数，或增加了职工的安全责任金，使相应的人工费大幅提高。二是居民消费价格持续上涨，推高人工费价格；三是居民改善住房条件需求提升，使得建筑工程技术含量也在不断增加，企业为留住熟练技术工人也相应提高工资待遇；四是最低工资标准的提高，导致企业最低工资标准月平均提高，一定程度上推动了建筑单位工人工资上涨。

（四）融资成本推高导致固定资产投资价格上涨

央行多次上调存款准备金率和存贷款利率，建设单位融资难度加大，项目建设期应付利息上升。融资成本升高，导致建设单位财务费、管理费等其他费用上涨；二是土地资源日益短缺，土地征用及房屋拆迁费补偿标准不断提高，建设单位为取得土地使用权支付的各项费用较快上涨；三是工程质量要求的提高，使设计、审批等前期费用提高。另外，随着固定资产投资规模的加大，新开工项目的增加，对大型机械的需求量加大，以及汽油、柴油等产品价格持续高位运行等影响，推动了机械使用费价格的上升。

三、2012 年固定资产投资价格走势预计

从国际环境看，欧洲债务危机持续发酵，世界经济增长预期下降，引发国际市场大宗商品价格高位下降，输入性通胀压力趋缓，国内石油、钢材、有色金属等价格下降。从国内宏观经济环境看，国家从上年四季度开始执行的从紧货币政策已见成效，PPI、CPI 涨幅已从高位回落，因此，我们预计，2012 年湖北省固定资产投资价格总水平将继续保持涨势，但涨幅将有所回落。

（撰稿：刘凯军）

消费价格高位回落

2011 年湖北居民消费价格指数（CPI）月度同比涨幅从年初的 5%，到 6 月份最高值 6.8%，创下了 36 个月的新高，在“市场无形手”和“调控有形手”的共同作用下，四季度物价涨幅出现较大幅度回落。与上年相比，2011 年全省居民消费价格上涨 5.8%，涨幅比上年扩大 2.9 个百分点，高于全国平均水平 0.4 个百分点，居全国第 7 位。

一、2011 年市场价格走势的基本特点

（一）价格总水平高位运行

与上年相比，全省居民消费价格指数上涨 5.8%。分季度看，一季度上涨 5.4%，二季度上涨 6.1%，三季度上涨 6.5%，四季度上涨 5.0%。四季度价格总水平下降主要原因：一是翘尾因素减弱，二是宏观调控初见成效。全年分月价格走势见下图：

图1　湖北居民消费价格分月走势图（上年同月=100）

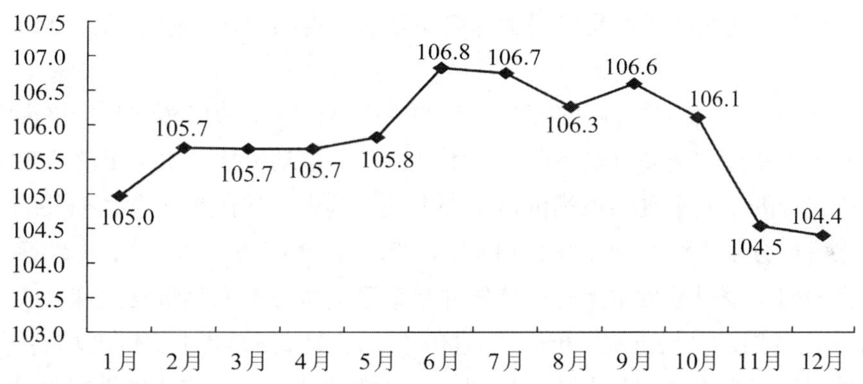

（二）八大类商品价格全部上涨

与上年相比，八大类商品出现普涨格局。食品、居住、烟酒、医疗保健、衣着、家庭设备、交通通讯、娱乐教育类价格分别上涨 11.6%、5.8%、4.1%、3.8%、3.6%、2.7%、1.1%和 0.5%，涨幅分别比上年扩大 5.8、2.4、2.6、0.6、2.7、1.3、0.8 和 0.3 百分点。但从影响程度看，食品和居住依然是影响居民消费价格上涨的主要因素。据测算，以上两类共影响价格总水平上涨 4.6 个百分点，占全部涨幅的 79.3%。

（三）农村价格涨幅略高于城市

分城乡看，全省城市和农村价格分别上涨 5.5%和 6.3%。调查的八大类商品农村与城市相比呈“三高二低三平”，其中农村衣着、食品及交通通信价格分别比城市上涨幅度高 2.7、1.5 和 1.4 个百分点。

主要原因：一是中央出台的一系列支农惠农政策措施效果显现，促进了农业增效和农民增收，为农村消费增长创造了条件；二是农村市场流通环节过多，流通成本高于城市；三是农村的公共基础设施建设水平远低于城市，公共财政投入有限，公共产品提供不足，公共服务相对滞后，农村居民要付出更大的负担；四是城市对粮油等农产品价格的调控以及对垄断行业的监管力度和价格的改革力度均大于农村，可以更好地稳定平抑市场价格。

（四）湖北居民消费价格总水平涨幅高于全国

2011 年，全省 CPI 比全国平均水平高 0.4 个百分点（全国 5.4%）,居全国第 7 位；在中部六省处于第

1 位，分别高于山西（5.2%）、江西（5.2%）、湖南（5.5%）、安徽（5.6%）和河南（5.6%）。

主要原因在于湖北新涨价因素高。2011 年，全国和湖北的新涨价因素分别为 2.8 和 3.1 个百分点。从分类来看，八大类商品价格指数湖北与全国相比呈“七高一低”，总指数和八大类指数比较如下：

图2　湖北与全国总指数八大类价格涨幅比较

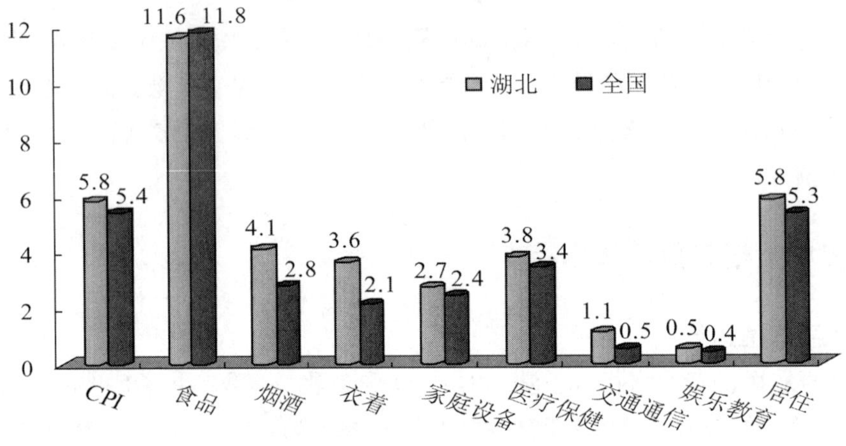

二、影响 CPI 大幅上涨的因素分析

（一）以粮食、猪肉为龙头的农产品价格上涨势头强劲，食品价格大幅上涨是推动价格总水平处于高位的主要因素

受多种因素的综合影响，以粮食、猪肉等为龙头的农产品价格上涨引领食品价格大涨，推动物价总水平持续高位运行。与上年相比，全省食品类价格上涨 11.6%，拉动价格总水平上涨 3.5 个百分点，占全部涨幅的 60.3%。调查统计的十六个食品中类价格全部上涨，其中与居民生活息息相关的粮、油、肉、蛋、水产品、鲜菜、鲜果价格分别上涨了 16.3%、14.9%、22.1%、13.7%、10.7%、0.2%和 24.3%。

（二）上游产品价格上涨引起成本上升，传导并带动了消费环节商品价格上涨

2011 年，工业生产者出厂价格上涨 6.6%，购进价格上涨 11.5%，其上涨幅度均高于下游的消费价格。生产资料、劳动力价格和资金成本同步上涨传导到下游产业的商品中，使全省消费品价格上涨 6.6%，涨幅比上年扩大 3.3 个百分点，对价格总水平处于高位起着助推作用。

（三）资源价格继续上行

受资源价格上调影响，全省居住和交通价格分别上涨 5.8%和 1.1%，两项共影响价格总水平上涨 1.2 个百分点，占全部涨幅的 20.7%。汽油、柴油、液化石油气、管道燃气、城市间交通费价格分别上涨 13.3%、13.3%、12.3%、6.5%和 2.6%。

（四）服务项目价格涨幅扩大

全省服务项目价格上涨 3.8%，涨幅比上年扩大 2.2 个百分点，对价格总水平的拉动作用由上年的 0.4 个百分点提高到 1.1 个百分点。其中，个人服务、家庭服务、衣着加工服务费、家庭设备加工维修服务、旅行社收费、车辆使用维修和文娱费价格分别上涨了 11.3%、9.7%、8.2%、8.0%、6.0%、4.3%和 2.0%。

（五）翘尾影响起着推波助澜作用

2010 年物价总水平呈“前稳后高”的走势，对 2011 年形成了上推的翘尾影响。据测算，全省居民消费价格上涨 5.8%，其中翘尾影响约为 2.7 个百分点，占全部涨幅的 46.5%。

三、对 2012 年价格形势的基本判断

2012 年是实施“十二五”规划承上启下的重要一年，治理通胀、稳定物价是 2012 年的主要任务。一

方面，物价快速上涨势头在 2011 年底虽然得到一定程度的抑制，但造成物价快速上涨的主要因素并没有发生根本变化。另一方面也应该看到，党中央、国务院在部署 2012 年经济工作时，已经明确提出要“控物价”，将继续采取综合措施，保持物价总水平基本稳定，防止价格走势出现反弹。因此，2012 年价格变动应在可控范围之内。

（一）控制 2012 年物价上涨的难点

1. 农产品价格将呈现长期上涨的趋势。目前，我国正处在工业化、城镇化快速发展过程中，劳动力、资本、土地资源逐步向大中城市聚集，农产品生产三大“基础成本”——生产要素、劳动力和土地价格刚性上涨已成常态，长期被低估的农产品价格正理性回归。

从国际形势看，随着人口的增加、发展中国家经济水平的提升、居民收入的增长以及消费水平的提高，农产品需求呈刚性增长态势，而短期内供给增加的潜力十分有限，加上部分地区自然灾害和局部战乱等影响加剧了农产品供求矛盾。

从国内形势看，一方面，国家对粮食、小麦等农产品继续实行最低保护价，农资价格呈总体上涨态势，农民种粮成本增加和流通成本的逐年上涨必将推动农产品价格长期上涨。2012 年，小麦最低收购价提高方案现已出台，白小麦（三等，下同）、红小麦和混合麦最低收购价均提高到每 50 公斤 102 元，比 2011 年分别提高 7 元、9 元和 9 元，食品价格上行仍是大势所趋；另一方面，自然灾害和不确定气候也会使农产品在生长、收获和运输等环节受到影响。因此，农产品价格会在周期性波动中呈现出长期上涨趋势。

2. 资源价格改革将在一定程度上推高物价总水平。随着 2011 年国内通胀出现由累积释放转为逐步缓解迹象，2012 年价格翘尾因素将显著降低，搁置已久的资源价格改革的力度必将加大。全国价格工作会议传递出推动资源要素价格改革的信号预示着会有新调价政策出台。虽然资源类公用事业产品价格在 CPI 构成中所占比重不大，但它对居民生活相关环节的传导影响较大，因此，资源价格改革将在一定程度上推高物价水平。

3. 原材料和劳动力价格上涨的影响短期内难以扭转。长期以来，工业消费品一直处于供大于求的局面，其价格相对平稳，对平抑物价总水平起到了很大作用。但随着经济结构进入深度调整期，提高劳动报酬，让全体居民享受改革开放成果的呼声日益高涨，加上劳动力人口增速下降，人工成本和原材料价格双双上涨，必将导致企业生产经营成本提高，企业难以完全消化成本上升的压力，部分市场需求较大的工业品价格上涨在所难免。

4. 流动性过剩的问题并未得到根本改变。从国内看，因长期外贸顺差而多发的货币和 2009 年前后为“保增长”增加的贷款还需要较长时间进行消化。据央行统计，到 2011 年 12 月末，全国广义货币(M2)余额为 85.16 万亿元，流动性依然保持较为宽裕的状态。从国际来看，欧债危机继续蔓延至欧元核心国家，欧美为应对债务危机而进行的货币宽松政策将带来新的流动性泛滥。

5. 输入性通胀的压力仍然很大。国际经济未来企稳后，全球流动性泛滥将促使热钱流入商品及资本市场，大宗商品有被炒高的危险。由于中国是国际大宗商品最主要的需求国，因此一旦涨价就可能传导至国内，因此中长期看，输入性通胀压力依然存在。

6. 翘尾因素影响不可忽视。据测算，2012 年全省 CPI 全年翘尾影响为 1.4 个百分点，其中上半年为 2.0 个百分点，下半年为 0.7 个百分点。

（二）保持 2012 年物价平稳运行的有利条件

1. 政府将继续采取多元化调控手段。2011 年，政策组合拳力度较大，一揽子调控物价的政策措施密集出台，对物价上涨的收缩效应已经逐步显现。2012 年，党中央、国务院明确提出要“控物价”，继续采取综合措施，保持物价总水平基本稳定，防止价格走势出现反弹。货币金融政策将继续温和调整，逐步推进经济发展方式转变和经济结构调整，有效实施价格调节基金和价格监测预警，不断加强价格监管力度，对于当前和未来物价稳定都将起到重要作用。

2. 农产品供给充裕，食品价格平稳可控。国际市场上粮食供求偏紧，但国内粮食库存充裕，2011 年粮食生产再获丰收，总产量达到11424亿斤，比2010年增长4.5%，实现“八连增”，增产将从供给面和通胀预期两个方面制约粮食价格上涨。粮价稳，百价稳，为“控通胀”提供最基本的资源保障和信心支撑；从生猪生产看，生猪存栏量和能繁母猪量仍处于持续上涨之中；对于蔬菜，各级政府在加大生产投入的同时，将对流通环节免征增值税，通过加强农业生产、规范流通秩序，降低流通成本，保持价格总水平基本稳定。

3. 经济放缓和生产性需求减少，缓解CPI部分压力。从货币供应来看，一系列稳健政策的实施，货币量的持续收紧对物价产生了一定的收缩效应。加快淘汰落后产能，控制过剩产业产能盲目开发，在保障社会供给的同时，降低能源和资源消耗，弱化因能源、原材料上涨推动PPI、PPI再推动CPI的传导过程，对控制物价产生积极效果。

综上所述，我们预计2012年全省CPI涨幅应明显低于2011年，涨幅可控制在5%以内。

四、政策建议

应该看到，本轮价格上涨为成本推动型通货膨胀，与需求拉动型通货膨胀相比，涨幅相对温和，发展过程相对缓慢。2012年，物价上行的压力仍然较大，需要更科学地因势利导、综合应对。

（一）切实推进经济发展方式转变

粗放式、外延式经济增长是近年价格大幅波动的基础性因素之一。应抓住通胀压力趋缓的机遇，深化资源要素价格改革，加快经济结构的战略性调整和经济发展方式的转变。重视保障和改善民生，进一步把政府资源投向就业、社保、教育、医疗、保障性住房等公共服务领域。推进战略性新兴产业发展，加快服务业发展，落实区域发展规划。夯实农业基础，加大对农业和农村事业的投入，增加农民收入。另外，为了提高经济增长的质量和效益，必须在一定程度上容忍经济增速的回落和价格总水平的适度上涨。

（二）促进生产，保障供应

继续强化“米袋子”、“菜篮子”行政首长负责制，抓好粮食生产和蔬菜保供，稳步提高粮食最低收购价、提高种粮补贴标准，提高农民种粮积极性，并因地制宜，合理规划，解决好粮经作物用地矛盾。对蔬菜生产，要落实好城市菜地最低保有量制度，鼓励城郊农民多建城郊菜地，建立新的菜农进城市、进市场的渠道和规则，提高城市蔬菜自给能力。创新鲜活农产品流通模式，提高流通组织化程度，完善流通链条和市场布局，减少流通环节，降低流通成本，建立完善高效、畅通、安全、有序的鲜活农产品流通体系。由于猪肉价格在CPI中的特殊作用，各级政府还应该建立“猪圈子”工程，在生产、流通、收储等方面对猪肉生产进行逆周期调控，避免猪肉价格的大起大落。

（三）择机合理推进资源价格改革

要想保持价格长期稳定，价格矛盾宜疏不宜堵。应择机理顺资源价格水平，科学有序推进水、电、气、油等资源价格改革，发挥价格机制资源配置作用，促进资源节约和节能减排。

（四）继续实行临时价格补贴措施

物价上涨，中低收入家庭受冲击最大，全国绝大多数省（区、市）都已建立社会救助和保障标准与物价上涨挂钩的联动机制，政府临时发放价格补贴,保证低收入居民家庭生活不受大的影响，这一机制覆盖到城乡低保户、优抚对象等，从制度上保证低收入群众生活不因物价上涨而“受伤”。

（五）强化市场监管，引导价格预期

加强价格检查监督和趋势预测工作，建立应对市场价格异常波动机制，建立农产品等重要价格的信息发布制度。运用价格调节基金，调控好粮、油、肉等重要商品的收购、储备和进出口。严厉查处乱涨价、乱收费等价格违法行为，维护市场秩序，稳定市场价格和通胀预期。与此同时，还要继续抓好价格调控目标责任制的贯彻落实，形成各地区、各部门齐抓共管局面。

（撰稿：杨琳）

部分服务业发展快

据对部分服务业抽样调查（见注），2011 年 1-11 月全省部分服务业呈现快速增长势头，营业收入大幅增长，资产总量不断扩大。

一、运行特点

（一）收入增长，规模扩张

据调查推算，2011 年 1-11 月全省部分服务业企业全部营业收入为 670.7 亿元，同比增长 29.5%，呈快速增长态势。全省部分服务业资产总计达 5516.7 亿元，比上年同期增长 17.4%；部分服务业固定资产原价 852.1 亿，同比增长 9.2%。

（二）提效增速，示范增强

在调查 931 家有效样本企业中，规模较大的企业营业收入增长强劲。1-11 月，931 家企业中营业收入超亿元的 37 家，其营业收入比上年同期增长 49.1%，占有效样本企业总收入的 67.7%。大型企业的领军示范效应不断增强。

（三）扩大就业，改善民生

1-11 月全省部分服务业从业人员月平均人数为 54.9 万人，与去年同期相比新增 2.2 万人，同比增长 4.1%。就业规模最大的行业是商务服务业，就业人数为 16.9 万人。就业增长速度最快行业是体育业，增速为 29.7%，其次是软件业、科技交流和推广服务业，增速分别为 12.8%、12.5%。服务业发展在扩大就业、改善民生、促进经济平稳较快发展中显示出越来越显著的作用。

（四）工资增长，待遇提高

1-11 月，部分服务业应付工资总额 105.4 亿元，同比增长 13.9%；应付福利费总额 6.7 亿元，同比增长 19.3%；劳动失业养老医疗保险费 12.2 亿元，同比增长 33.9%；住房公积金和住房补贴 2.0 亿元，同比增长 25.3%。就人均工资而言，软件业最高，1-11 月份人均工资总额 3.7 万元，工资增长最快的行业分别是体育业、软件业、仓储业，同比分别增长 59.7%、32.6%、24.7%。

（五）重点产业看好，支撑作用强劲

在调查的 12 个行业中，商务服务业、装卸搬运和其他运输服务业的营业收入所占比重最大，分别达到 29.9%、15.4%。2011 年 1-11 月商务服务业实现营业收入 200.5 亿元，同比增长 22.1%，装卸搬运和其他运输服务业实现营业收入 103.3 亿元，同比增长 40.7%。这两个行业的快速增长为服务业发展提供强势支撑。

（六）新型行业发展提速，活力增强

据抽样推算，2011 年 1-11 月全省软件业实现营业收入 55.8 亿元，同比增长 89.1%。1－11 月全省科技交流与推广服务业营业收入 41 亿元，增长 56.1%。从调查的 60 家科技交流与推广服务业样本企业看，农业技术推广服务快速发展，如随州市龙潭畜牧有限公司、湖北省英山县陶家河乡英山绿源养猪专业合作社、丹江口市福星禽业合作社、随州市谭龙畜禽开发有限公司等企业营业收入增幅分别达到 2.3 倍、1.3 倍、58.8%、37.8%。随着知识要素在服务经济发展中占有越来越重要的地位，知识密集型服务业作为最具创新与活力的新产业，为国民经济注入新的动力。

二、面临的主要问题

（一）企业规模小，抗风险能力差

近年来，部分服务业的经济总量在逐年增大，在经济中发挥的作用也日益凸显，但是企业规模偏小、集中度不高，竞争力不强，融资难度大，效益不佳等问题仍没有得到根本性的转变。在931家有效调查样本企业中，营业收入超过500万的企业所占比重仅为8.1%，多数企业依然停留在规模小、自然经营的状态，缺乏抵御风险的能力。1589家样本企业中，停产企业占2.9%，撤销企业占18.4%。这些关停企业多以小型企业为主，资产在千万元以上的企业整体状况较好。这种不稳定的生存状态直接影响了企业生产经营的连续性和持续发展。

（二）运行成本增加，经营遭遇困难

受燃油价格涨幅居高不下和水电价格上涨、劳动力成本上升等因素影响，及国际经济形势动荡不定给我国经济发展带来的下行压力，湖北部分中小服务业经营中也面临一些困难。1-11月部分服务业营业收入比上年同期虽然大幅提高，但是营业成本同比增长37.0%，远高于营业收入增幅，其中软件业、租赁业营业成本分别增长1.6、1.1倍，企业经营利润进一步被压缩，生存压力大增。

（三）传统服务业为主体，新兴服务业比重过低

2011年1-11月，商务服务业、装卸搬运和其他运输业、仓储业三个行业营业收入占12个行业营业收入比重分别为29.9%、15.4%、14.2%，三项累计占59.5%。而软件业、计算机服务业、科技交流和推广服务业、租赁业等行业的营业收入占全部营业收入的比重分别为8.3%、4.1%、6.1%、1.0%，所占份额相当小。

三、几点建议

（一）科学规划，重点突破，确立以知识密集、辐射力强的现代服务业为主导的服务业体系

从湖北现有的发展优势、产业关联度、成长性和可持续发展等因素考虑，湖北有中部地区最雄厚的科教基础，支柱产业是汽车与钢铁，具有新兴服务业发展的条件和成长空间，要在巩固提高传统服务业的基础上，大力拓宽服务领域，探索新的经营方式，培育新的经济增长点。

（二）化零为整走集群发展之路，提高服务业的竞争能力

政府应发挥调控作用，结合湖北省经济社会发展现状和长期规划，对全省服务业集群式发展进行规划和布局。一是根据湖北服务业发展特点，合理布局，形成各具特色的服务业集聚区。推出配套政策，进一步推动以重点项目和骨干企业相对聚集的服务业园区建设。二是加大产业龙头企业的培育。对零售、物流或运输业务等传统服务行业，要通过联合、兼并，进行资产重组和结构优化，扩大企业规模，向集约化、规模化方向发展，形成具有影响力的企业集团。

（三）进一步优化服务业发展环境

一是加强政策扶持，要在财政、税收、信贷、审批、土地等方面给予优惠政策，加强对服务业关键领域、薄弱环节和新兴行业的投资示范引导，支持其健康快速发展；二是通过完善信贷制度，加大面向中小服务业企业的金融产品推出力度，优化中小企业融资环境，降低融资难度，减轻资金压力；三是增加投入，搭建平台，完善湖北现代服务业发展的基础设施支撑体系。

（撰稿：邓智红）

注：①部分服务业包括装卸搬运和其他运输服务业、仓储业、计算机服务业、软件业、租赁业、商务服务业、科技交流和推广服务业、居民服务业、其他服务业、体育业、娱乐业11个行业大类和物业管理、房地产中介服务2个行业中类。

②本次调查以省为总体共抽选1589家样本企业，其中有效样本931个。

农民务工形势向好

据对全省33个县（市、区）3300户农户家庭农民外出务工情况监测显示：2011年湖北农民工外出就业形势向好，收入水平大幅提高。同时，外出农民工文化程度偏低、权益保障缺失等问题应引起关注。

一、外出农民工就业主要特征

2011年，全省监测的3300户农户中，外出（本乡地域外）农民工3635人，占农户从业劳动力总数的35.5%。其中当年新外出的占外出农民工总数的17.1%。

（一）外出农民工以男性及新生代农民工为主

分性别看，男性外出农民工占62.3%，女性占37.7%。从年龄分布看， 30岁及以下新生代农民工占63.3%，50岁以上农民工只占4.7%，80后、90后已成为外出农民工的主力军。

图1　外出农民工年龄构成

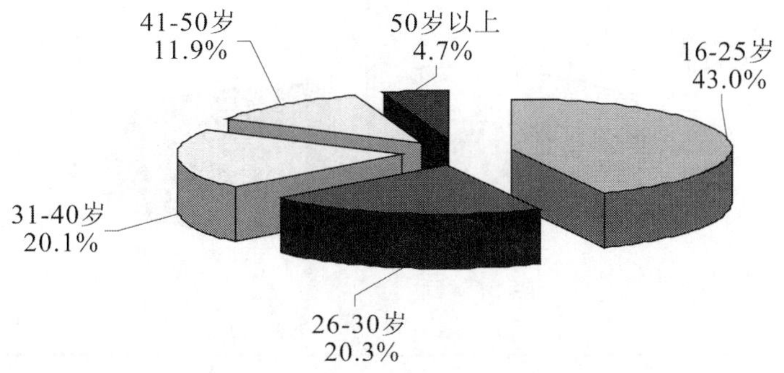

（二）外出务工以东部地区为主，但回流本省就业比重明显提高

从外出地区看，广东、浙江、北京和上海等东部发达地区依然是我省农民工外出从业的主要选择。2011年，在外出农民工中，省外务工占65.0%，其中到东部地区务工的占86.9%。在省内务工的占35.0%,比2010年增加5.3个百分点，其中在乡外县内的占36.3%；在县外省内的占63.7%。“回流”本省趋多的主要原因是，随着中部崛起战略的实施及沿海产业转移，我省经济出现了快速发展，尤其是县域经济突飞猛进，省内对农民工就业吸引力逐步增强，就业机会增多，同时，由于本地务工既能降低生活成本，又可照顾家人，致使外出农民工“回流”本省就业比重上升。

（三）外出农民工主要流向地级以上大中城市

从外出农民工就业地点看，在直辖市务工的农民工占8.7%，在省会城市务工的农民工占28.5%，在地级市务工的农民工占37.7%，在县级市务工的占17.6%，在建制镇务工的占5.7%，在村及其他地区务工的占1.8%。在地级以上大中城市务工的农民工占74.9%，比2010年增加2.6个百分点。

（四）外出农民工以从事制造业、建筑业和服务业为主

在外出农民工中，从事第二产业的占70.7%,从事第三产业（服务业）的占28.8%。分行业看，从事制造业的农民工所占比重最大，占47.8%，其次是建筑业占20.6%，居民服务和其他服务业占8.3%，住宿餐饮业占5.6%，批发零售业占4.9%，交通运输、仓储和邮政业占3.6%，这6个行业农民工就占了外出农民

工总数的九成。

表 1　外出农民工地区分布情况

单位：%

外出地区	2011 年	2010 年
1.本省	35.0	29.7
（1）乡外县内	12.7	10.4
（2）县外省内	22.3	19.3
2.省外	65.0	70.3
东部地区	56.4	60.6
其中：广东	32.5	38.1
浙江	9.1	8.5
北京	3.8	2.6
上海	3.4	2.7
江苏	2.3	3.2
中部地区	5.2	6.3
西部地区	3.1	3.3
其他地区	0.3	0.1

图2　外出农民工分产业构成

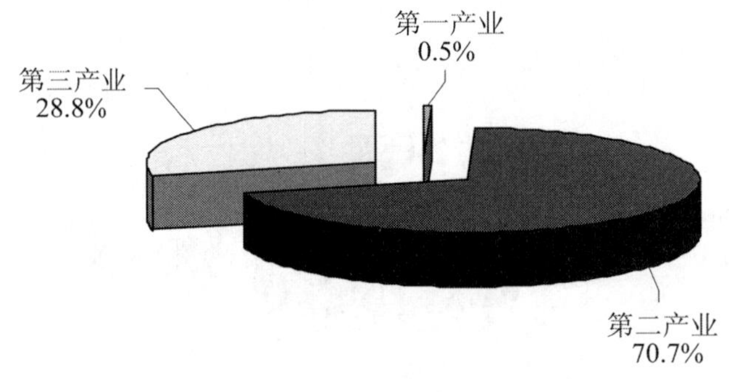

（五）外出农民工务工收入明显提高

2011 年，外出农民工人平月收入为 2214.63 元，比 2010 年增长 23.1%，收入水平明显上升。分收入段看，月均收入较高段人数比重提高较快，其中月均收入在 2400 元以上的占农民工总数的 37.0%，比 2010 年提高了 18.0 个百分点；月均收入在 3000 元以上的占农民工总数的 20.8%，比 2010 年提高了 13.9 个百分点。

表 2　外出农民工按月收入水平分组构成情况

单位：%

月均收入水平	2011 年	2010 年
800 元以下	0.5	0.9
800-1200 元	6.9	13.2
1200-1600 元	18.8	30.5
1600-2400 元	36.8	36.5
2400-3000 元	16.2	12.0
3000 元以上	20.8	6.9

（六）外出农民工就业环境有了改善

随着农民工法制维权工作的加强、社会保障水平的提高、企业自身工作环境的改善，农民工从业环境得到改善。监测数据显示，在外出农民工中，超时间劳动的现象有所减少，每天工作时间超过 8 小时的比例比 2010 年下降 12.4%。大多数农民工都能享受到每周有正常休息日的权利，每月平均工作天数由 2010 年的 26 天减少到了 2011 年的 24.9 天。

二、外出农民工面临的主要问题

（一）农民工外出以自发方式为主，组织化程度不高

从农民工外出方式看，52.1%的农民工是通过自发方式外出，41.7%的通过亲朋好友介绍外出，两种方式占到了 93.8%；通过政府或中介机构组织介绍外出的仍占少数。

（二）外出农民工文化程度不高，劳动技能培训缺乏

随着技术进步和企业向技术密集型转化，企业对知识性、技能性人才的需求越来越大，但全省外出农民工接受培训偏少，文化程度总体偏低。外出农民工中，初中及以下文化程度的占 70.0%;只有 36.9%的人员接受过非农职业技能培训。

（三）外出农民工劳动合同签约率不高，权益缺乏有效保障

以受雇形式从业的外出农民工中，与雇主或单位签订劳动合同的只占 46.0%，农民工合法权益难以得到有效保护。

（四）外出农民工参保水平较低，社会保障亟待提高

外出农民工中，单位或雇主为其缴纳养老保险、工伤保险、医疗保险和失业保险的，分别仅占 11.0%、19.2%、16.3%和 5.0%，参保比例很低。

（五）外出农民工家庭聚少离多，社会问题较大

外出农民工中，在外务工超过 6 个月以上的占 74.8%；已婚的占 58.0%。由于大量青壮年劳动力长期在外，与家人聚少离多，教育子女、赡养老人的矛盾日益突出。留守儿童缺少父母陪护，不利于人格形成、学业的提高；夫妻间缺少关爱，容易出现隔阂甚至感情破裂；空巢老人无人照料，缺少应有的心理抚慰、应急救助以及健康保健等。

三、农民工对政府的四大期盼

一盼政府能够加强劳动技能培训。根据市场的需要，要进一步加强有针对性的技能培训，突出培训的实用性，不断提高外出务工人员的素质和技能，增强竞争能力。

二盼政府能够规范人力资源市场。建立起统一、完备、规范的现代人力资源市场，保证劳动力流动的灵活性，发展多种形式的中介组织，加强就业信息、咨询、职业介绍、培训等在内的社会化的就业服务体系。

三盼政府能够铺路架桥，支持务工人员返乡创业。政府能够制定并落实好一些优惠政策，帮助和支持外出务工人员返乡创业，为返乡创业人员提供一个较好的创业环境。

四盼政府能够解决好留守儿童和老人的问题，解决后顾之忧。留守儿童和老人是外出务工人员最为关心的问题，希望政府能够多出台一些政策，帮助解决老人养老和子女受教育的问题。

（撰稿：田永春）

注：

东部地区：北京、天津、河北、辽宁、上海、江苏、浙江、福建、山东、广东、海南

中部地区：山西、吉林、黑龙江、安徽、江西、河南、湖北、湖南

西部地区：内蒙古、广西、重庆、四川、贵州、云南、西藏、陕西、甘肃、青海、宁夏、新疆

其他地区：港澳台地区及国外。

城镇居民收入增加

2011 年湖北省 GDP 突破 1.9 万亿元，进入全国第一方阵。在经济实现快速发展的同时，省委、省政府把合理调整收入分配关系、提高居民收入水平作为保障和改善民生的重要内容，先后出台了提高企业养老金标准、最低工资标准、津补贴标准等多项惠民政策，取得积极成效。全年城镇新增就业 76.6 万人，城镇居民收入实现较快增长，居民生活质量进一步提升，民众分享了经济发展的成果。2011 年，全省城镇居民人均可支配收入达 18374 元，比上年增加 2316 元，同比增长 14.4%，高于全国平均水平，实现了“十二五”的良好开局。

一、全省城镇居民收入状况及构成

对全省 1900 户城镇居民家庭的抽样调查显示，2011 年我省城镇居民人均总收入 20193 元，比上年增加 2620 元。其中，人均可支配收入达 18374 元，比上年增加 2316 元，增长 14.4%，增速提高 2.6 个百分点。剔除价格因素影响，我省城镇居民人均可支配收入实际增长 8.5%，高出全国平均水平 0.1 个百分点。

城镇居民收入包含工资性收入、经营净收入、财产性收入和转移性收入四部分。从构成来看，工资性收入、转移性收入是城镇居民家庭收入的主要来源，两者占家庭总收入的比重近 90%，直接拉动了居民收入的增长（见表 1）。

表 1　2011 年湖北省城镇居民收入构成（单位：元，%）

指　　标	2011 年	2010 年	增长	占家庭总收入比重	
				2011 年	2010 年
家庭总收入	20193	17573	14.9	100	100
其中：可支配收入	18374	16058	14.4	/	/
1. 工资性收入	12622	11460	10.1	62.5	65.2
2. 经营净收入	1907	1392	36.9	9.4	7.9
3. 财产性收入	357	378	-5.6	1.8	2.2
4. 转移性收入	5307	4342	22.2	26.3	24.7

注：家庭总收入为（一）至（四）项的总和；
可支配收入=家庭总收入—交纳个人所得税—个人交纳的社会保障支出—记账补贴

从表 1 可以看出，2011 年湖北城镇居民收入具有以下几个特点：

（一）工资性收入占主导地位

随着经济的持续发展和各项惠民政策的落实，湖北企事业单位职工工资性收入稳定增长。2011 年，湖北城镇居民人均工资性收入 12622 元，较上年增加 1162 元，增长 10.1%，其中工资及补贴收入 12162 元，增长 10.2%；其它劳动收入 460 元，增长 10.3%。工资性收入占家庭总收入的比重达 62.5%，居于收入的主导地位。

（二）转移性收入成为重要收入来源

居民转移性收入主要由以下几部分组成：离退休金、价格补贴、赡养收入、赠送收入、亲友搭伙费、记账补贴、出售财物收入和其他收入（包括从各种意外事故中得到的补偿和由于各种灾害从非营利性的机构得到的捐赠等收入）。惠民政策的实施成为居民转移性收入增长的主动力。一是2011年1月1日起，湖北在2010年基础上继续调增企业离退休人员基本养老金，月人均增加50元；二是将灵活就业人员纳入基本养老保险范畴，扩大了城镇居民基本养老金的覆盖面，使居民养老金及离退休金稳步增长；三是部分地区加大转移支付力度，提高低保标准，对低保对象发放了一次性补助，使居民获得的社会救济收入快速上涨。2011年，湖北城镇居民人均转移性收入5307元，占家庭总收入的比重达26.3%，较上年增加965元，增长22.2%。

（三）经营净收入成为有力补充

近年来，湖北个体私营经济发展速度明显加快，对全省经济发展起到了强有力的支撑作用，私营企业日渐成为居民就业的重要渠道和居民收入的重要来源。2011年，城镇居民经营净收入人均1907元，较上年增加515元，增长37%。在家庭总收入中所占的比重由2010年的7.9%上升至2011年的9.4%，呈现稳步上升趋势。

（四）财产性收入占比重最小

城镇居民家庭财产性收入是从家庭拥有的动产（银行存款、有价证券）、不动产（如房屋、车辆、土地、收藏品等）所获得的收益。2011年，城镇居民财产性收入人均357元，较上年减少21元，占居民家庭总收入的比重仅为1.8%，对居民家庭收入的拉动作用较弱。

二、湖北收入水平与全国及中部六省的比较

随着社会经济的不断发展，2011年湖北GDP突破1.9万亿元，进入全国第一方阵，湖北城镇居民收入也实现了快速增长，保住了在全国的位次，但与全国平均水平以及中部六省相比差距有所扩大。

（一）增速快于全国

2011年全省城镇居民人均可支配收入达18374元，同比增长14.4%，高于全国平均水平0.3个百分点。

（二）收入居全国位次不变，但差距拉大

2011年湖北城镇居民人均可支配收入居全国第16位，位次不变。但与全国平均水平的差距由2010年的3051元扩大到2011年的3436元。

（三）在中部位次下滑，但与排在第一位的湖南省差距缩小

2011年湖北城镇居民人均可支配收入的绝对值和增幅均由中部六省的第2位下滑到第3位。但与湖南省的差距由2010年的508元缩小到2011年的470元（见表2）。

表2　中部六省2010-2011年人均可支配收入居全国和中部位次

指　标	年份	全　国	湖北省	湖南省	河南省	江西省	安徽省	山西省
人均可支配收入（元）	2011	21809.8	18373.9	18844.1	18194.8	17494.9	18606.1	18123.9
	2010	19109.4	16058.4	16565.7	15930.3	15481.1	15788.2	15647.7
全国位次	2011	—	16	13	17	25	14	21
	2010	—	16	13	17	22	18	20
中部位次	2011	—	3	1	4	6	2	5
	2010	—	2	1	3	6	4	5

三、城镇居民收入的主要特征

（一）收入水平普遍提高

2011年，城镇居民有63.2%的家庭收入在1-4万元之间，比上年提高1.8个百分点；有2.1%的家庭年收入达10万元以上，比上年提高0.2个百分点。

（二）城乡收入差距逐步缩小

2011 年湖北城乡居民收入比为 2.66:1，较 2010 年的 2.75:1 有所缩小。

（三）高、低收入相差悬殊

将调查户按收入高低排序并进行五等份之后可以看出， 2011 年，20%的最高收入家庭人均年收入达 35448 元，而 20%的最低收入家庭人均仅为 8011 元，最高收入组是最低收入组的 4.4 倍。就不同收入水平家庭占收入总量的份额而言，20%最高收入家庭占了全部收入的 37.5%,而 20%最低收入家庭仅占全部收入的 8.5%，相差 29 个百分点，相差悬殊，贫富差距较大（见下图）。

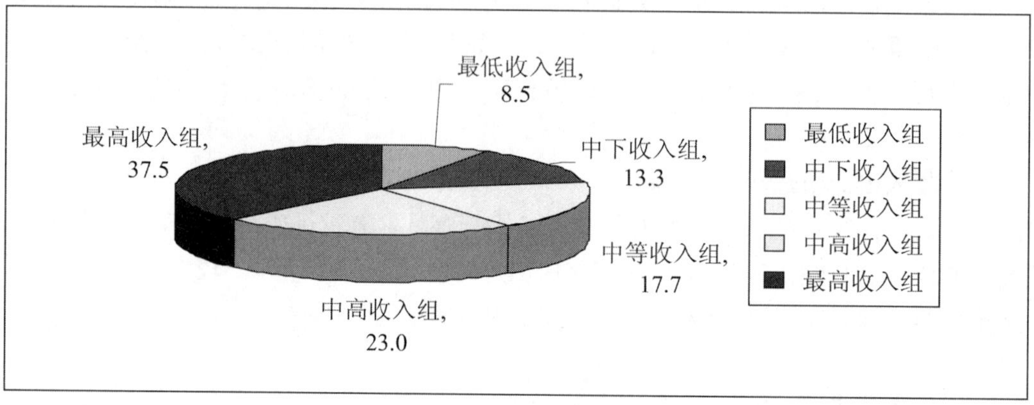

（四）行业收入差距扩大

据行业分类资料汇总显示，2011 年，收入水平居前两位的是房地产业和教育业，居后两位的行业是住宿和餐饮业、租赁和商务服务业。最高收入行业房地产业与最低收入行业租赁和商务服务业之比为 2.15：1。

（撰稿：胡树泉）

农民收入再上台阶

2011 年，虽然遭受诸多不利因素的影响，但由于大部分大宗农产品产量有不同程度增加，农产品价格形势总体较好，县域经济日趋活跃，在本地务工机会和待遇增加等利好因素拉动下，湖北农民收入得到较快增长。全年农民人均纯收入达到 6897.92 元，比上年增加 1065.64 元，增长 18.3%，增长速度高于全国平均水平，也创造了近六年来的新高，为“十二五”实现良好开局。

一、2011 年全省农民收入基本情况

（一）农民收入呈现平稳较快增长的良好局面

据对 3300 个农户抽样调查，2011 年农民人均纯收入达到 6897.92 元，比上年增加 1065.64 元，增长 18.3%，增速创近六年来新高，比上年提高 2.5 个百分点，剔除价格因素影响，实际增长 11.3%。

图1　农民纯收入增长趋势图

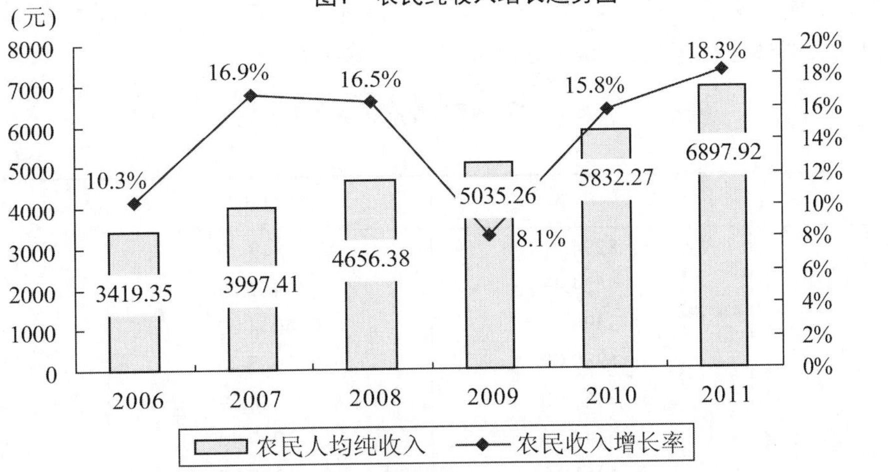

从收入的四大来源看，除财产性收入有所下降外，其余收入都比上年有较大幅度增长。其中人均工资性收入 2703.05 元，比上年增加 516.94 元，增长 23.7%，增速同比提高 8.6 个百分点，占农民人均纯收入的比重从上年的 37.5%提高到 39.2%，提高 1.7 个百分点。

人均家庭经营纯收入 3731.34 元，比上年增加 496.40 元，增长 15.3%，占农民人均纯收入的比重从上年的 55.5%下降到 54.1%。其中，第一产业纯收入为 3169.94 元，比上年增加 353.83 元，增长 12.6%；第二、三产业纯收入分别为 172.55 元和 388.86 元，分别增长 21.9%和 40.2%。

人均财产性收入 84.45 元，比上年减少 22.47 元，降幅 21.0%，占农民人均纯收入的比重从上年的 1.8%下降到 1.2%。财产性收入减少主要是因为统计口径变动，农户土地征用补偿、拆迁补偿等不属于收入流量的范畴，不再计入财产性收入。

人均转移性收入 379.08 元，比上年增加 74.78 元，增长 24.6%，增速同比提高 1.8 个百分点，占农民人均纯收入比重从上年的 5.2%提高到 5.5%。

图2 2011年农民纯收入构成

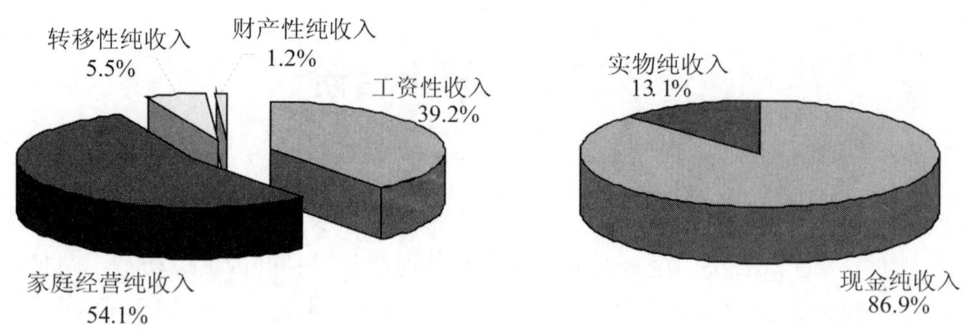

从农民收入两项构成看，现金纯收入的增长速度明显快于实物纯收入的增长速度。

2011 年，全省农民人均现金纯收入 5991.68 元，比上年增加 983.94 元，增长 19.7%，比农民人均纯收入的增幅高出 1.4 个百分点，比上年现金纯收入的增速提高 2.3 个百分点，占农民纯收入的比重达 86.9%；人均实物纯收入为 906.23 元，增加 81.71 元，增长 9.9%，占农民纯收入的比重由上年的 14.1%下降到 13.1%。可见，现金纯收入增长速度的提升以及所占比重加大，使湖北农民收入增长质量得到进一步提高。

（二）全省各地农民收入普遍实现较快增长

2011 年全省各地农民收入普遍实现较快增长，增幅均高于预期。其中，增幅高于全省平均水平的有恩施州、荆门、荆州、襄阳、鄂州、武汉、潜江和天门；增幅低于全省平均水平的有宜昌、仙桃、咸宁、黄石、十堰、黄冈和神农架林区；孝感、随州增长水平与全省持平。

表 1 2011 年市州农民收入表

单位：元、%

地 区	2010 年	2011 年	增幅（%）
武汉市	8294.81	9813.59	18.3
黄石市	5524.47	6487.38	17.4
十堰市	3498.93	4044.00	15.6
宜昌市	5980.00	7055.20	18.0
襄阳市	6365.00	7548.89	18.6
鄂州市	6644.88	7909.40	19.0
荆门市	6951.16	8248.25	18.7
孝感市	5943.00	7028.78	18.3
荆州市	6453.00	7664.23	18.8
黄冈市	4633.79	5438.21	17.4
咸宁市	5605.65	6588.32	17.5
随州市	6279.31	7427.16	18.3
恩施自治州	3254.99	3938.54	21.0
仙桃市	6807.00	8006.00	17.6
潜江市	6486.00	7683.96	18.5
天门市	6207.00	7406.88	19.3
神农架林区	4083.00	4640.33	13.7

（三）农民增收额高于全国平均水平，与全国的差距进一步缩小

2011 年全国农民人均纯收入为 6977.3 元，比上年增加 1058.3 元，增长 17.9%。湖北省增加额比全国平均水平高 7.34 元，增幅快于全国平均水平 0.4 个百分点。从绝对水平来看，湖北农民人均纯收入与全国平均水平的差距由 2010 年相差 86.7 元缩小为相差 79.4 元，在全国各省市、区中仍居于第 13 位，位列中部六省第一。在增长速度上，湖北与山西并列处于中部第 3 位，其他省份增长情况分别为：河南（19.6%）、

江西（19.1%）、安徽（17.9%）、湖南（16.8%）。

表 2　2011 年全国和中部六省农民人均纯收入

单位：元、%

地　区	指标值（元）	全国位次	增幅（%）
全　国	6977.3		17.9
湖　北	6897.9	13	18.3
山　西	5601.4	22	18.3
安　徽	6232.2	20	17.9
江　西	6891.6	14	19.1
河　南	6604.0	16	19.6
湖　南	6567.1	17	16.8

二、农民收入增长的主要原因

2011 年湖北农民收入实现较快增长，主要得益于以下几方面：

（一）工资性收入持续高速增长对农民增收起到主要支撑作用

2011 年，全省农民人均工资性收入 2703.05 元，比上年增长 23.7%，对全年农民增收的贡献率达 48.5%，贡献率较上年大幅提高 12.7 个百分点。

农民工资性收入大幅增长的主要原因：一是近年来，各地、各行业工资标准均有所上调，加上最低工资标准与 CPI 联动机制的建立，农民打工收入水平大幅提升。据农民工监测调查，2011 年湖北农民在本地打工的年收入水平比上年增长 22.4%，外出打工的月收入水平同比增长 23.1%。二是随着中部经济发展战略支点的构建，一系列国家和地方基础设施建设力度加大，加上新农村建设、县域经济发展等良好机遇，让广大农民工就业面扩大，本地务工机会增多。据调查，全省 3300 个调查户中非农就业人数比上年增长 4.1%，其中，在本地非农就业人数比例较上年扩大 8.2 个百分点。

在总体就业规模扩大和收入水平提升双重因素的拉动下，劳务收入成为农民增收的有力支撑。全省农民在本乡地域内劳动得到的收入人平 1082.58 元，增幅达 45.8%；在乡外县内从业得到的收入人平 199.40 元，增幅达 71.6%；从事干部、教师等非企业组织中的劳动收入和在县外省内打工的收入也分别增长 30.7% 和 21.1%。

（二）主要农作物产量稳中有增，农产品价格大幅上升，农民家庭经营一产业收入稳定增长

2011 年农民人均从第一产业得到的纯收入为 3169.94 元，比上年增加 353.83 元，增长 12.6%。其中，种植业纯收入人均增加 292.35 元，增长 13.4%；林业人均增收 3.75 元，增长 6.5%；畜牧业人均增收 31.64 元，增长 8.5%；渔业人均增收 26.08 元，增长 13.0%。

虽然 2011 年农业遭受了自然灾害，但在全省上下的共同努力下，农业生产总体平稳，大多农产品产量稳中有增，价格大幅上升，有力促进了农民从一产业增收。据统计，全年粮食总产 2388.52 万吨，比上年增长 3.1%，实现连续八年丰产，生猪、水产品等农产品产量也都有不同程度增产。另一方面，农产品价格大幅上涨为农民增收打下重要基础，与 2010 年相比，农户出售大宗农产品的价格除棉花下跌以外，其余价格涨幅多在两位数以上。其中，小麦价格平均上涨 10.2%，稻谷上涨 20.2%，油料上涨 22.4%，鱼类上涨 11.5%，蔬菜上涨 4.2%，生猪价格涨幅达到 40.7%。

（三）农户非农产业发展态势良好，拓宽了农民增收渠道

近年来，从中央到地方都出台了一系列鼓励自主创业的优惠政策，在政策的引导下，越来越多的农民工凭借多年在外历练积累的经验和资金纷纷回乡创业，实现了由打工者向创业者身份的转变，不仅实现了自身收入的增长，而且为农民在本地就业提供了机会。调查显示，2011 年湖北平均每 10 个农户中在本地从事非农自营的人数为 1.79 人，比上年增长 17.0%，全省农民人均从家庭经营非农产业得到的纯收入为 561.41 元，比上年增长 34.0%。其中，第二产业纯收入人均增加 31.04 元，增长 21.9%；第三产业纯收入人均增加 111.53 元，增长 40.2%。家庭经营非农产业收入对全年农民增收的贡献率由上年 6.7%提高到 13.4%。

（四）惠农政策持续释放，农民转移性收入增长有保障

2011 年，湖北进一步落实各项惠农政策，扩大新农保试点范围和补贴标准，提高粮食补贴、农机补贴、家电下乡补贴标准，实施针对困难群体的价格补贴联动机制，保障了农民转移性收入的持续增长。农民人均转移性纯收入 379.08 元，比上年增加 74.78 元，增长 24.6%，增速比上年提高 1.8 个百分点。其中，离退休金、养老金人均 84.95 元，比上年增长 1.4 倍；各项补贴收入 155.97 元，比上年增长 29.8%。

三、农民收入增长中存在的问题

过去的一年，在各种利好因素的合力推动下，湖北农民增收实现了“两个高于”的佳绩，但在增收的背后还存在着增长质量不高，收入结构不优等问题，影响农民收入持续稳定增长。

（一）工资性收入和家庭经营非农产业收入比重偏低，农民收入结构有待优化

近年来，工业化、城镇化建设带动了新农村建设发展，为农民就业创造了更多的机会，农民收入得到较快增长，但工资性收入和家庭经营二、三产业收入在农民收入中所占比重偏低的问题仍然比较突出，与全国和发达省份相比，湖北农民收入结构有待优化，增收渠道需要进一步拓宽。

表 3　2011 年湖北与全国农民纯收入结构比较

单位：元、%

指标名称	湖北		全国	
	2011 年	增幅(%)	2011 年	增幅(%)
农民人均纯收入	6897.92	18.3	6977.3	17.9
1.工资性收入	2703.05	23.7	2963.4	21.9
2.家庭经营纯收入	3731.34	15.3	3222.0	13.7
其中：第一产业	3169.94	12.6	2519.9	12.9
第二产业	172.55	21.9	192.6	5.8
第三产业	388.86	40.2	509.4	21.4
3.转移性收入	379.08	24.6	563.3	24.4
4.财产性收入	84.45	-21.0	228.6	13.0
比重(纯收入=100)				
工资性收入	39.2		42.5	
家庭经营纯收入	54.1		46.2	
其中：第一产业	46.0		36.1	
第二产业	2.5		2.8	
第三产业	5.6		7.3	
转移性收入	5.5		8.1	
财产性收入	1.2		3.3	

2011 年，虽然湖北农民人均纯收入增幅超过全国平均水平，绝对额仍居中部第一，但与全国平均水平相比，工资性收入和家庭经营非农产业收入比重明显偏低。数据显示，全省农民工资性收入增幅为 23.7%，比全国平均水平高 1.8 个百分点，但收入绝对额比全国人平少 260.35 元，工资性收入占农民纯收入的比重

也比全国低 3.3 个百分点。在家庭经营非农产业收入方面，全省农民家庭经营二、三产业纯收入增速虽然明显快于全国平均水平，但第二、三产业纯收入绝对额分别比全国人平少 20.05 元和 120.54 元，二、三产业纯收入所占比重也低于全国平均水平。全省农民收入结构有待优化，增收渠道需要进一步拓宽。

（二）农民收入“靠天吃饭”的局面仍然没有根本改变

2011 年，全省农民增收的 33.2%来自于第一产业，其中有 27.4%来自于种植业。第一产业纯收入占农民人均纯收入的比重仍高达 46.0%，其中种植业占比 35.9%，表明湖北农民收入对第一产业尤其是种植业的依赖度较高，由此带来农民增收的不稳定性较大。

湖北粮食已经连续八年增产，在基数较高的情况下继续依靠增产实现增收的难度越来越大。同时，近年来各类农产品价格的大幅上涨，在很大程度上拉动了农民收入增长，但从历年农产品价格波动的状况看具有周期性、不稳定的特点，价格上涨的增收效应难以持久，农产品涨价短期内可以促进农民收入增长，但从长期来看，其对农民增收的影响终究是有限的。据测算，2011 年湖北农民出售农产品增加的收入中，有七成以上来自于价格上涨因素，10 种主要农产品价格上涨让农民人均增收 317.49 元，如果剔除涨价因素，农民一产业纯收入增幅只有 7.5%。因此，农民增收靠天吃饭的局面还有待破解。

（三）生产成本大幅增加挤压了农民增收空间

持续以来的物价上涨，一方面促进农民收入增长，另一方面也使农户生产成本大幅增加，冲抵了部分经营效益。2011 年，湖北农资类价格上涨 13.5%，其中，化肥价格上涨 16.2%，农药上涨 4.9%，饲料上涨 5.1%，种籽上涨 13.0%，农用薄膜上涨 6.7%，农业生产服务价格上涨 3.9%，而种植业产品生产价格仅上涨 5.5%。生资价格不断上涨，使农民生产经营成本持续上升，在一定程度上削减了各项支农惠农政策和农产品价格上涨给农民带来的增收效应。2011 年农民人均家庭经营费用支出为 2199.08 元，比上年增加 485.93 元，增长 28.4%，其中第一产业生产费用支出为 1855.42 元，同比增长 26.2%，均高于同期农民人均纯收入的增幅。

综合 2011 年农民增收的各种因素，有些因素具有一定的可持续性，有些因素的可持续性不强，要保持农民收入持续稳定增长，必须在顺应经济规律的前提下采取更加有力的措施加以应对。

（撰稿：徐菁）

1-1 土地面积与行政区划

项 目	Item	单 位	unit	1990
常住人口	Number of Usual Residents in the Households Surveyed	(万人)	(10 000 persons)	5439.29
土地面积	Land Area	(万平方公里)	(10 000 sq.km)	18.59
耕地面积	Cultivated Area	(千公顷)	(1000 hectares)	3476.77
行政区划	Adinimisrtative Division			
省辖市	Municipality	(个)	(unit)	8
自治州	Prefecture	(个)	(unit)	1
林区	Forest Zone	(个)	(unit)	1
县级市	City	(个)	(unit)	22
省辖行政单位	Adinimistrative Units under the Jurisdiction of Province	(个)	(unit)	
县	County	(个)	(unit)	48
乡政府	Local Government	(个)	(unit)	1121
镇政府	Township Government	(个)	(unit)	844
办事处	Office	(个)	(unit)	
村民委员会	Village Communittee	(个)	(unit)	32765
村民小组	Village Groups	(个)	(unit)	260847

Land Area and Administrative Division

2000	2005	2006	2007	2008	2009	2010	2011
5646.00	5710.00	5693.00	5699.00	5711.00	5720.00	5723.77	5758.00
18.59	18.59	18.59	18.59	18.59	18.59	18.59	18.59
3282.96	3161.17	3201.66	3226.62	3289.33	3308.35	3323.92	3361.86
12	12	12	12	12	12	12	12
1	1	1	1	1	1	1	1
1	1	1	1	1	1	1	1
24	24	24	24	24	24	24	24
3	3	3	3	3	3	3	3
41	39	39	39	39	40	40	40
476	217	211	210	207	204	201	194
853	737	736	734	735	740	742	742
			278	285	283	211	297
32400	26678	26235	26045	26101	26051	26018	26025
259250	212587	207776	208716	209737	209806	209598	206848

1-2 市、州行政区划
Administrative Division of Municipalities and Prefecture

单位：个 (2011年底)(by the End of 2011) (unit)

地 区	Region	县级市 Cities	县 Counties	区 Districts	乡政府 Village Government	镇政府 Township Government	村民委员会 Villager Communittee	村民小组 Villager Groups
全 省	**Total**	**24**	**40**	**38**	**194**	**742**	**26025**	**206848**
武汉市	Wuhan Municipality			13	5	8	2002	18017
黄石市	Huangshi Municipality	1	1	4	1	27	780	7726
十堰市	Shiyan Municipality	1	5	2	38	67	1874	10525
荆州市	Jingzhou Municipality	3	3	2	13	89	2457	20473
宜昌市	Yichang Municipality	3	5	5	22	65	1358	8167
襄阳市	Xiangyang Municipality	3	3	3	4	74	2422	14964
鄂州市	Ezhou Municipality			3	3	18	316	4027
荆门市	Jingmen Municipality	1	2	2	2	50	1396	9831
孝感市	Xiaogan Municipality	3	3	1	23	72	2942	23401
黄冈市	Huanggang Municipality	2	7	1	19	96	4320	36635
咸宁市	Xianning Municipality	1	4	1	12	52	909	10027
恩施自治州	Enshi Prefecture	2	6		44	39	2536	22999
随州市	Suizhou Municipality	1	1	1	4	34	875	5591
仙桃市	Xiantao Municipality	1				15	638	4601
天门市	Tianmen Municipality	1			1	21	778	6801
潜江市	Qianjiang Municipality	1				10	355	2739
神农架林区	Shennongjia Forest Zone				3	5	67	324

注：乡政府、镇政府、村民委员会、村民小组数只涉及农村生产经营单位数。

Notes: the number of village government, township government, villager communittee and villager groups only refer to the number of units run by village production operation.

1-3 各市、县(市、区)名称(2011年底)
Municipalities and Counties (End of 2011)

市	Municipality	县(市、区)数(个) Number of Counties (Unit)	市辖县 Counties	市辖区 Districts	县级市 Cities
武汉市	Wuhan Municipality	13		江岸区、江汉区、硚口区、汉阳区、武昌区、青山区、洪山区、东西湖区、汉南区、蔡甸区、江夏区、黄陂区、新洲区	
黄石市	Huangshi Municipality	6	阳新县	黄石港区、西塞山区、下陆区、铁山区、	大冶市
十堰市	Shiyan Municipality	8	郧县、郧西县、竹山县、竹溪县、房县	茅箭区、张湾区	丹江口市
荆州市	Jingzhou Municipality	8	江陵县、公安县、监利县	沙市区、荆州区	石首市、洪湖市、松滋市
宜昌市	Yichang Municipality	13	秭归县、远安县、兴山县、长阳县、五峰县	西陵区、伍家岗区、点军区、猇亭区、夷陵区	宜都市、当阳市、枝江市
襄阳市	Xiangyang Municipality	9	南漳县、谷城县、保康县	襄城区、樊城区、襄州区	老河口市、枣阳市、宜城市
鄂州市	Ezhou Municipality	3		鄂城区、华容区、梁子湖区	
荆门市	Jingmen Municipality	5	沙洋县、京山县	东宝区、掇刀区	钟祥市
孝感市	Xiaogan Municipality	7	孝昌县、云梦县、大悟县	孝南区	应城市、安陆市、汉川市
黄冈市	Huanggang Municipality	10	团风县、浠水县、蕲春县、黄梅县、英山县、罗田县、红安县	黄州区	麻城市、武穴市
咸宁市	Xianning Municipality	6	通山县、崇阳县、通城县、嘉鱼县	咸安区	赤壁市
恩施自治州	Enshi Prefecture	8	建始县、咸丰县、巴东县、宣恩县、来凤县、鹤峰县		恩施市、利川市
随州市	Suizhou Municipality	3	随县	曾都区	广水市
仙桃市	Xiantao Municipality	1			
天门市	Tianmen Municipality	1			
潜江市	Qianjiang Municipality	1			
神农架林区	Shennongjia Forest Zone				

1-4 部分调查指标总量

Aggregate Indicators of National Ecnonomic and Social Development and Their Indices and Growthrates

指 标	Item	单位	unit	总量指标 Aggregate Data 1978	1990	2000	2005
主要农产品产量	**Output of Major Farm Products**	**(万吨)**	**(10 000 tons)**				
粮食	Grain			1725.63	2475.03	2218.49	2177.38
棉花	Cotton			36.67	51.73	30.43	37.50
油料	Oil-Bearing Crops			23.71	95.75	269.98	293.90
肉类产量	Output of Meat			64.00	146.85	271.19	342.63
水产品	Aquatic Products			11.00	70.98	234.34	318.21
家庭、生活	Family, People's Lvelihood and Environment						
家庭	**Family**						
城镇居民平均每户家庭人口	Average Household size in Urban Areas	(人)	(person)	4.32	3.47	3.14	2.98
农村居民平均每户家庭人口	Average Household size in Rural Areas	(人)	(person)	6.02	4.67	4.11	4.01
居住	**Housing**						
城镇居民人均住房建筑面积	Per Capita Net Floor Space of Urban Residents	(平方米)	(sq.m)		9.80	13.90	29.92
农村居民人均住房面积	Per Capita Net Floor Space of Rural Residents	(平方米)	(sq.m)		25.73	30.11	36.05
生活	**People's Livelihood**						
城镇居民人均可支配收入	Per Capita Annual Disposbale Income of Urban Residents	(元)	(yuan)	325.00	1427.20	5524.50	8786.00
农村居民人均纯收入	Per Capita Annual Disposbale Income of Rural Residents	(元)	(yuan)	110.52	670.80	2268.50	3099.20
物价(上年=100)	**Price (prededing year = 100)**						
商品零售价格总指数	General Retail Price Index			100.5	102.9	97.8	102.1
居民消费价格指数	General consumer Price Index			100.3	104.2	99.0	102.9
工业品出厂价格指数	Ex-factory Price Index of Industrial products				109.0	101.7	104.5

1-4 续表 Continued

指　标	Item	单位	unit	总量指标 Aggregate Data 2008	2009	2010	2011
主要农产品产量	**Output of Major Farm Products**	**(万吨)**	**(10 000 tons)**				
粮食	Grain			2227.23	2309.10	2315.80	2388.53
棉花	Cotton			51.34	48.05	47.18	52.58
油料	Oil-Bearing Crops			285.74	314.05	311.80	304.72
肉类产量	Output of Meat			340.84	367.89	379.42	381.87
水产品	Aquatic Products			313.39	333.90	353.09	365.32
家庭、生活	Family, People's Lvelihood and Environment						
家庭	Family						
城镇居民平均每户家庭人口	Average Household size in Urban Areas	(人)	(person)	2.96	2.94	2.92	2.90
农村居民平均每户家庭人口	Average Household size in Rural Areas	(人)	(person)	4.00	3.99	3.98	3.98
居住	**Housing**						
城镇居民人均住房建筑面积	Per Capita Net Floor Space of Urban Residents	(平方米)	(sq.m)	32.04	32.77	33.20	35.45
农村居民人均住房面积	Per Capita Net Floor Space of Rural Residents	(平方米)	(sq.m)	39.04	40.11	40.99	44.24
生活	**People's Livelihood**						
城镇居民人均可支配收入	Per Capita Annual Disposbale Income of Urban Residents	(元)	(yuan)	13153.00	14367.00	16058.37	18373.87
农村居民人均纯收入	Per Capita Annual Disposbale Income of Rural Residents	(元)	(yuan)	4656.38	5035.00	5832.27	6897.92
物价(上年=100)	**Price (prededing year = 100)**						
商品零售价格总指数	General Retail Price Index			106.3	98.6	103.1	105.6
居民消费价格指数	General consumer Price Index			106.3	99.6	102.9	105.8
工业品出厂价格指数	Ex-factorty Price Index of Industrial products			106.1	95.6	104.9	106.6

主要统计指标解释

户数 包括家庭户(含单身独居)和集体户。

人口数 指一定时点、一定地区范围内有生命的个人的总和。

市镇人口 指市人口和县辖镇人口。

乡村人口 指县辖乡的全部人口。

Explanatory Notes on Main Staistical Indicators

Households include family household (including single household) and collective households.

Total Population refers to the total number of people alive at a certain point of time within a given area.

Urban Population refers to city population and town population.

Country Population refers to the total population under the jurisdiction of country.

二

农业调查

Chapter 2

Rural Survey

资料整理：朱利明　张在金　祁　炜
周雁峰　李　红

2-1 主要农作物播种面积、产量和单位面积产量(2011年)

Total Sown Areas, Output and Yield per Unit Area of Farm Crops (2011)

单位：千公顷、万吨、公斤/公顷 (1000 hectares,10000 ton,kg/hectare)

指　标	Item	播种面积 Total Sown Area	总产量 Total Output	单位面积产量 Yield per Unit Area
农作物总播种面积	**Total Sown Area of Farm Crops**	**8009.57**		
粮食作物总计	Grain Crops	4122.07	2388.53	5794.49
夏收粮食	Summer Grain	1304.26	425.84	3264.99
谷物	Cereals	1038.83	354.58	3413.26
小麦	Wheat	1013.61	344.78	3401.51
大麦	Barley	24.54	9.63	3924.21
蚕豌豆	Broad Bean and Peas	64.28	11.97	1862.17
薯类	Tubers	201.15	59.29	2947.55
马铃薯	Potato	201.15	59.29	2947.55
秋收粮食	Autumn Grain	2817.81	1962.69	6965.30
谷物	Cereals	2588.87	1894.58	7318.17
玉米	Corn//Maize	549.66	276.20	5024.92
早稻	Early-season rice	346.37	197.06	5689.29
中稻	Semilate rice	1281.58	1169.75	9127.41
双季晚稻	Double-crop Late rice	408.21	250.10	6126.75
豆类	Beans	126.45	27.57	2180.31
大豆	Soybean	101.63	23.87	2348.72
绿豆	Green Geans	20.22	3.10	1533.14
红小豆	Red Bean	4.60	0.60	1304.35
薯类	Tubers	102.49	40.54	3955.51
马铃薯	Potato	19.18	8.82	4598.54
油料作物	Oil-bearing Crops	1429.57	304.72	2131.55
花生	Peanuts	192.17	68.74	3577.04
油菜籽	Rapeseeds	1141.38	220.39	1930.91
芝麻	Sesames	89.16	14.59	1636.38
棉花	Cotton	488.66	52.58	1076.00
麻类	Fiber Crops	14.51	2.89	1991.73
苎麻	Ramee	14.41	2.85	1977.79
糖料	Sugar	7.80	32.49	41653.85
甘蔗	Sugar Cane	7.80	32.49	41653.85
烟叶	Tobacco	67.18	14.10	2098.84
烤烟	Flue-cured Tobacco	47.65	9.65	2025.18
蔬菜(含菜用瓜)	Vegetables	1062.20	3358.60	31619.28

2-2 主要农作物播种面积

Total Sown Areas of Farm Crops

单位：千公顷 (1000 hectares)

指 标	Item	2011	2010	2011年比2010年增加 Growth Rate in 2011 over 2010	
				绝对数 Absolute Figures	%
农作物总播种面积	**Total Sown Area of Farm Crops**	**8009.57**	**7997.60**	**11.97**	**0.1**
粮食作物总计	Grain Crops	4122.07	4068.37	53.70	1.3
夏收粮食	Summer Grain	1304.26	1266.50	37.76	3.0
谷物	Cereals	1038.83	1029.25	9.58	0.9
小麦	Wheat	1013.61	1000.11	13.50	1.3
大麦	Barley	24.54	28.38	-3.84	-13.5
蚕豌豆	Broad Bean and Peas	64.28	63.99	0.29	0.5
薯类	Tubers	201.15	173.26	27.89	16.1
马铃薯	Potato	201.15	173.26	27.89	16.1
秋收粮食	Autumn Grain	2817.81	2801.87	15.94	0.6
谷物	Cereals	2588.87	2572.75	16.12	0.6
早稻	Early-season rice	346.37	358.60	-12.23	-3.4
中稻	Semilate rice	1281.58	1262.35	19.23	1.5
双季晚稻	Double-crop Late rice	408.21	417.22	-9.01	-2.2
玉米	Corn//Maize	549.66	531.38	18.28	3.4
豆类	Beans	126.45	128.09	-1.64	-1.3
大豆	Soybean	101.63	101.98	-0.35	-0.3
绿豆	Green Geans	20.22	20.61	-0.39	-1.9
红小豆	Red Bean	4.60	5.50	-0.90	-16.4
薯类	Tubers	102.49	101.03	1.46	1.4
马铃薯	Potato	19.18	18.24	0.94	5.2
油料作物	Oil-bearing Crops	1429.57	1448.70	-19.13	-1.3
花生	Peanuts	192.17	189.30	2.87	1.5
油菜籽	Rapeseeds	1141.38	1159.70	-18.32	-1.6
芝麻	Sesames	89.16	92.50	-3.34	-3.6
棉花	Cotton	488.66	480.05	8.61	1.8
麻类	Fiber Crops	14.51	16.30	-1.79	-11.0
苎麻	Ramee	14.41	16.20	-1.79	-11.1
甘蔗	Sugar Cane	7.80	8.10	-0.30	-3.7
烟叶	Tobacco	67.18	62.30	4.88	7.8
烤烟	Flue-cured Tobacco	47.65	40.80	6.85	16.8
蔬菜(含菜用瓜)	Vegetables	1062.20	1020.84	41.36	4.1

2-3 主要农作物产量
Output of Farm Crops

单位：万吨 (10000 tons)

指 标	Item	2011	2010	2011年比2010年增加 Growth Rate in 2011 over 2010 绝对数 Absolute Figures	%
粮食作物总计	**Grain Crops**	**2388.53**	**2315.80**	**72.73**	**3.1**
夏收粮食	Summer Grain	425.84	420.62	5.22	1.2
谷物	Cereals	354.58	353.72	0.86	0.2
小麦	Wheat	344.78	343.07	1.71	0.5
大麦	Barley	9.63	10.47	-0.84	-8.0
蚕豌豆	Broad Bean and Peas	11.97	14.01	-2.04	-14.6
薯类	Tubers	59.29	52.89	6.40	12.1
马铃薯	Potato	59.29	52.89	6.40	12.1
秋收粮食	Autumn Grain	1962.69	1895.18	67.51	3.6
谷物	Cereals	1894.58	1820.41	74.17	4.1
早稻	Early-season rice	197.06	199.63	-2.57	-1.3
中稻	Semilate rice	1169.75	1102.79	66.96	6.1
双季晚稻	Double-crop Late rice	250.10	255.39	-5.29	-2.1
玉米	Corn//Maize	276.20	261.02	15.18	5.8
豆类	Beans	27.57	30.25	-2.68	-8.9
大豆	Soybean	23.87	25.68	-1.81	-7.0
绿豆	Green Geans	3.10	3.51	-0.41	-11.7
红小豆	Red Bean	0.60	0.73	-0.13	-17.8
薯类	Tubers	40.54	44.52	-3.98	-8.9
马铃薯	Potato	8.82	8.71	0.11	1.3
油料作物	Oil-bearing Crops	304.72	311.80	-7.08	-2.3
花生	Peanuts	68.74	64.45	4.29	6.7
油菜籽	Rapeseeds	220.39	232.57	-12.18	-5.2
芝麻	Sesames	14.59	13.93	0.66	4.7
棉花	Cotton	52.58	47.18	5.40	11.4
麻类	Fiber Crops	2.89	3.26	-0.37	-11.3
苎麻	Ramee	2.85	3.19	-0.34	-10.7
甘蔗	Sugar Cane	32.49	32.36	0.13	0.4
烟叶	Tobacco	14.10	12.38	1.72	13.9
烤烟	Flue-cured Tobacco	9.65	7.83	1.82	23.2
蔬菜(含菜用瓜)	Vegetables	3358.60	3131.50	227.10	7.3

2-4 主要农作物单位面积产量

Yield per Unit Area of Farm Crops

单位：公斤/公顷 (kg/hectare)

指　标	Item	2011	2010	2011年比2010年增加 Growth Rate in 2011 over 2010 绝对数 Absolute Figures	%
粮食作物总计	**Grain Crops**	**5794.49**	**5692.21**	**102.29**	**1.8**
夏粮	Summer Grain	3264.99	3321.12	-56.13	-1.7
谷物	Cereals	3413.26	3436.68	-23.42	-0.7
小麦	Wheat	3401.51	3430.32	-28.82	-0.8
大麦	Barley	3924.21	3689.22	234.99	6.4
蚕豌豆	Broad Bean and Peas	1862.17	2189.40	-327.24	-14.9
薯类	Tubers	2947.55	3052.64	-105.09	-3.4
马铃薯	Potato	2947.55	3052.64	-105.09	-3.4
秋收粮食	Autumn Grain	6965.30	6763.98	201.32	3.0
谷物	Cereals	7318.17	7075.74	242.43	3.4
早稻	Early-season rice	5689.29	5566.93	122.36	2.2
中稻	Semilate rice	9127.41	8736.01	391.40	4.5
双季晚稻	Double-crop Late rice	6126.75	6121.23	5.52	0.1
玉米	Corn//Maize	5024.92	4912.12	112.81	2.3
豆类	Beans	2180.31	2361.62	-181.31	-7.7
大豆	Soybean	2348.72	2518.14	-169.42	-6.7
绿豆	Green Geans	1533.14	1703.06	-169.92	-10.0
红小豆	Red Bean	1304.35	1327.27	-22.92	-1.7
薯类	Tubers	3955.51	4406.61	-451.10	-10.2
马铃薯	Potato	4598.54	4775.22	-176.68	-3.7
油料作物	Oil-bearing Crops	2131.55	2152.27	-20.72	-1.0
花生	Peanuts	3577.04	3405.27	172.39	5.1
油菜籽	Rapeseeds	1930.91	2005.43	-74.52	-3.7
芝麻	Sesames	1636.38	1505.95	130.44	8.7
棉花	Cotton	1076.00	982.81	93.19	9.5
麻类	Fiber Crops	1991.73	2000.00	-8.27	-0.4
苎麻	Ramee	1978.49	1973.80	4.69	0.2
甘蔗	Sugar Cane	41653.85	39950.62	1703.23	4.3
烟叶	Tobacco	2098.84	1978.12	111.68	5.6
烤烟	Flue-cured Tobacco	2025.18	1919.12	106.07	5.5
蔬菜(含菜用瓜)	Vegetables	31619.28	30675.72	943.56	3.1

2-5 分品种主要农作物播种面积(2000−2011年)

单位：千公顷

指　标	Item	2000	2001	2002	2003
农作物总播种面积	**Total Sown Area of Farm Crops**	**7584.10**	**7489.00**	**7355.00**	**7138.30**
粮食作物总计	Grain Crops	4156.16	4015.73	3882.80	3557.80
夏收粮食	Summer Grain	1203.42	1114.69	1084.30	965.00
谷物	Cereals	893.03	789.27	766.13	665.19
小麦	Wheat	845.10	735.90	700.10	603.20
大麦	Barley			64.40	61.00
蚕豌豆	Broad Bean and Peas	92.79	106.63	103.46	94.85
马铃薯	Potato	217.60	218.79	214.71	204.96
秋收粮食	Autumn Grain	2952.70	2901.04	2798.50	2592.70
谷物	Cereals	2436.72	2397.65	2331.27	2155.21
稻谷	Rice	1995.30	1987.90	1932.00	1805.10
早稻	Early-season rice	393.50	369.30	312.10	298.00
中稻	Semilate rice	1097.60	1138.50	1214.70	1132.50
双季晚稻	Double-crop Late rice	504.20	480.10	405.20	374.60
玉米	Corn//Maize	424.10	400.90	390.80	341.10
谷子	Millet	4.20	2.00	1.60	2.40
高粱	Jowar	7.30	4.90	5.00	4.70
豆类	Beans	266.01	255.66	249.54	230.05
大豆	Soybean	224.80	218.20	215.30	195.00
绿豆	Green Geans			27.50	28.60
薯类	Tubers	250.01	247.73	217.69	207.44
马铃薯	Potato	13.66	18.61	18.86	22.13
油料作物	Oil-bearing Crops	1503.40	1465.30	1507.30	1506.00
花生	Peanuts	193.40	210.10	206.00	201.10
油菜籽	Rapeseeds	1158.90	1118.10	1155.30	1174.60
芝麻	Sesames	143.80	129.90	138.90	124.00
棉花	Cotton	318.10	346.70	293.00	355.00
麻类	Fiber Crops	22.80	24.20	28.00	25.80
黄红麻	Jute and Ambary Hemp	3.10	2.70	5.10	3.00
甘蔗	Sugar Cane	22.20	18.90	19.20	17.20
烟叶	Tobacco	74.60	63.40	60.90	55.10
烤烟	Flue-cured Tobacco	48.10	40.40	42.90	39.50
蔬菜(含菜用瓜)	Vegetables	968.60	1086.70	1069.10	1086.90

Total Sown Areas of Farm Crops by Type (2000-2011)

(1000 hectares)

2004	2005	2006	2007	2008	2009	2010	2011
7155.90	**7279.40**	**6900.60**	**7030.00**	**7298.30**	**7527.50**	**7997.60**	**8009.57**
3712.33	3926.82	3902.27	3981.43	3906.69	4012.53	4068.37	4122.07
942.22	1052.12	1244.83	1306.45	1207.75	1227.25	1266.50	1304.26
653.67	766.38	1062.26	1139.57	1031.04	1022.76	1029.25	1038.83
602.90	716.20	1016.93	1096.25	1000.57	993.36	1000.11	1013.61
49.70	49.10	43.91	42.15	29.78	28.63	28.38	24.54
85.29	83.78	67.76	65.57	70.37	66.28	63.99	64.28
203.26	201.96	114.81	101.32	106.33	138.21	173.26	201.15
2770.11	2874.70	2657.44	2674.98	2698.95	2785.28	2801.87	2817.81
2350.39	2472.26	2411.41	2420.05	2452.77	2556.08	2572.75	2588.87
1989.60	2077.40	1975.07	1978.82	1978.94	2045.08	2038.17	2036.16
351.10	365.00	342.38	343.17	341.11	357.38	358.60	346.37
1215.40	1282.30	1230.91	1233.39	1228.21	1271.44	1262.35	1281.58
423.10	430.10	401.78	402.26	409.62	416.26	417.22	408.21
357.50	389.60	431.93	436.34	470.40	507.28	531.38	549.66
0.90	0.60	0.30	0.30	0.10	0.10	0.10	0.06
2.20	3.10	3.50	2.90	3.00	3.16	2.90	2.99
218.82	206.23	142.17	137.05	136.43	129.48	128.09	126.45
183.80	178.70	118.40	114.75	112.31	105.37	101.98	101.63
24.50	23.20	18.79	18.22	19.50	17.96	20.61	20.22
200.90	196.21	103.86	117.88	109.77	99.72	101.03	102.49
6.94	13.24	8.39	18.18	21.17	17.83	18.24	19.18
1476.00	1460.20	1244.90	1171.70	1365.60	1455.04	1448.70	1429.57
173.00	171.70	140.10	137.80	176.00	183.73	189.30	192.17
1186.10	1178.70	1001.20	927.10	1089.61	1165.88	1159.70	1141.38
111.20	102.50	97.20	90.70	93.00	99.64	92.50	89.16
408.30	390.30	496.40	514.22	543.00	460.08	480.05	488.66
23.30	23.60	24.80	25.80	23.50	18.72	16.30	14.51
1.40	1.00	0.70	0.60	0.50	0.35	0.10	0.10
10.00	10.00	3.70	3.60	6.60	10.35	8.10	7.80
55.60	58.40	35.70	32.70	61.30	74.59	62.30	67.18
39.90	43.70	26.50	23.40	46.80	55.87	40.80	47.65
1021.10	1004.80	817.60	918.10	1015.96	1079.25	1020.84	1062.20

2-6 分品种主要农作物产量

单位：万吨

指　标	Item	2000	2001	2002	2003
粮食作物总计	**Grain Crops**	**2218.53**	**2138.49**	**2047.00**	**1921.00**
夏收粮食	Summer Grain	322.39	319.14	232.27	255.65
谷物	Cereals	243.89	225.80	163.77	180.81
小麦	Wheat	233.70	213.00	151.20	165.40
大麦	Barley			12.50	15.30
蚕豌豆	Broad Bean and Peas	16.93	22.62	15.80	15.96
马铃薯	Potato	61.57	70.72	52.70	58.88
秋收粮食	Autumn Grain	1896.14	1819.35	1814.73	1665.35
谷物	Cereals	1718.80	1649.41	1659.45	1511.29
稻谷	Rice	1497.26	1451.90	1469.79	1341.27
早稻	Early-season rice	217.50	212.20	159.68	162.33
中稻	Semilate rice	971.98	960.40	1060.71	943.38
双季晚稻	Double-crop Late rice	307.78	279.40	249.40	235.56
玉米	Corn//Maize	216.70	194.90	187.40	167.50
谷子	Millet	1.00	0.50	0.40	0.40
高粱	Jowar	2.70	1.30	1.30	2.00
豆类	Beans	54.12	51.19	48.91	51.14
大豆	Soybean	45.80	42.80	42.20	44.70
绿豆	Green Geans			5.50	5.20
薯类	Tubers	123.22	118.75	106.37	102.92
马铃薯	Potato	7.80	7.16	6.72	10.02
油料作物	Oil-bearing Crops	287.16	279.45	245.29	272.72
花生	Peanuts	65.71	63.99	72.25	68.37
油菜籽	Rapeseeds	198.49	194.79	151.40	187.10
芝麻	Sesames	21.54	19.55	20.77	16.28
棉花	Cotton	30.43	37.35	32.26	32.50
麻类	Fiber Crops	5.15	5.12	6.54	5.68
黄红麻	Jute and Ambary Hemp	1.83	1.42	2.43	1.24
甘蔗	Sugar Cane	101.66	78.42	91.91	75.97
烟叶	Tobacco	13.73	12.29	10.82	9.34
烤烟	Flue-cured Tobacco	8.22	7.31	7.22	6.27
蔬菜(含菜用瓜)	Vegetables		2990.00	3052.27	3141.78

Output of Farm Crops by Type

(10000 tons)

2004	2005	2006	2007	2008	2009	2010	2011
2100.12	**2177.38**	**2099.10**	**2185.44**	**2227.23**	**2309.10**	**2315.80**	**2388.53**
271.24	302.49	369.08	406.44	386.24	398.54	420.62	425.84
190.77	223.50	325.53	366.74	338.95	342.42	353.72	354.58
176.30	208.90	311.10	353.21	329.19	331.67	343.07	344.78
14.30	14.40	14.10	13.36	9.64	10.62	10.47	9.63
16.52	16.97	13.36	13.00	14.91	14.67	14.01	11.97
63.95	62.02	30.19	26.70	32.38	41.45	52.89	59.29
1828.88	1874.89	1730.02	1779.00	1840.99	1910.56	1895.18	1962.69
1682.35	1732.67	1643.76	1693.30	1762.26	1837.42	1820.41	1894.58
1501.68	1535.32	1437.90	1485.90	1533.70	1591.92	1557.81	1616.91
198.52	206.87	192.00	194.46	198.43	208.32	199.63	197.06
1052.13	1075.40	1012.00	1056.24	1089.24	1132.76	1102.79	1169.75
251.03	253.05	233.90	235.16	246.05	250.84	255.39	250.10
179.10	194.90	203.80	205.08	226.42	244.12	261.02	276.20
0.30	0.20	0.20	0.30	0.10	0.01		0.04
0.90	1.10	1.40	1.10	1.20	1.29	1.40	1.43
49.25	48.04	33.75	32.34	30.07	29.78	30.25	27.57
40.50	43.40	26.60	25.54	25.98	25.59	25.68	23.87
4.20	4.00	3.00	3.09	3.33	3.78	3.51	3.10
97.28	94.18	52.51	53.36	48.66	43.36	44.52	40.54
3.45	6.08	6.81	11.40	9.12	8.55	8.71	8.82
314.38	293.90	254.45	254.75	285.74	314.05	311.80	304.72
63.19	60.19	48.40	48.60	57.50	62.62	64.45	68.74
235.12	219.15	191.83	193.30	214.89	236.51	232.57	220.39
15.38	13.67	13.52	12.10	12.69	14.21	13.93	14.59
39.54	37.50	55.20	55.73	51.34	48.05	47.18	52.58
5.10	4.86	5.37	5.32	4.76	3.82	3.26	2.89
0.57	0.34	0.26	0.21	0.22	0.14	0.07	0.03
46.27	42.90	16.20	14.90	26.47	34.43	32.36	32.49
9.82	11.14	6.82	5.90	11.80	15.21	12.38	14.10
6.56	7.88	4.85	3.90	8.72	10.90	7.83	9.65
2996.21	2916.91	2648.93	2655.35	2890.65	2979.57	3131.50	3358.60

2-7 分品种主要农作物单位面积产量

单位：公斤/公顷

指标名称	Item	2000	2001	2002	2003	2004
粮食作物总计	**Grain Crops**	**5337.93**	**5325.28**	**5271.97**	**5399.40**	**5657.15**
夏收粮食	Summer Grain	2678.95	2863.04	2142.12	2649.22	2878.73
谷物	Cereals	2731.04	2860.87	2137.63	2718.17	2918.45
小麦	Wheat	2765.35	2894.42	2159.69	2742.04	2924.20
大麦	Barley			1940.99	2508.20	2877.26
蚕豌豆	Broad Bean and Peas	1824.55	2121.35	1527.16	1682.66	1936.92
马铃薯	Potato	2829.50	3232.32	2454.47	2872.76	3146.22
秋收粮食	Autumn Grain	6421.63	6271.37	6484.65	6423.23	6602.19
谷物	Cereals	7053.74	6879.28	7118.22	7012.26	7157.75
稻谷	Rice	7503.93	7303.69	7607.61	7430.45	7547.65
早稻	Early-season rice	5527.32	5746.01	5116.31	5447.32	5654.23
中稻	Semilate rice	8855.50	8435.66	8732.28	8330.07	8656.66
双季晚稻	Double-crop Late rice	6104.32	5819.62	6154.99	6288.31	5933.11
玉米	Corn//Maize	5109.64	4861.56	4795.29	4910.58	5010.63
谷子	Millet	2380.95	2500.00	2500.00	1666.67	3333.33
高粱	Jowar	3698.63	2653.06	2600.00	4255.32	4090.91
豆类	Beans	2034.51	2002.27	1960.01	2223.00	2250.71
大豆	Soybean	2037.37	1961.50	1960.06	2292.31	2203.48
绿豆	Green Geans			2000.00	1818.18	1714.29
薯类	Tubers	4928.60	4793.53	4886.31	4961.43	4842.21
马铃薯	Potato	5710.10	3847.39	3563.10	4527.79	4971.18
油料作物	Oil-bearing Crops	1910.07	1907.12	1627.35	1810.89	2129.95
花生	Peanuts	3397.62	3045.69	3507.28	3399.80	3652.60
油菜籽	Rapeseeds	1712.74	1742.15	1310.48	1592.88	1982.29
芝麻	Sesames	1497.91	1505.00	1495.32	1312.90	1383.09
棉花	Cotton	956.62	1077.30	1101.02	915.49	968.41
麻类	Fiber Crops	2258.77	2115.70	2335.71	2201.55	2188.84
黄红麻	Jute and Ambary Hemp	5903.23	5259.26	4764.71	4133.33	4071.43
甘蔗	Sugar Cane	45792.79	41492.06	47869.79	44168.60	46270.00
烟叶	Tobacco	1840.48	1938.49	1776.68	1695.10	1766.19
烤烟	Flue-cured Tobacco	1708.94	1809.41	1682.98	1587.34	1644.11
蔬菜(含菜用瓜)	Vegetables		27514.49	28549.90	28905.88	29342.96

Yield per Unit Area of Farm Crops by Type

(kg/hectare)

2005	2006	2007	2008	2009	2010	2011
5544.89	**5379.18**	**5489.08**	**5701.07**	**5754.72**	**5692.21**	**5794.49**
2875.05	2964.90	3111.03	3198.01	3247.42	3321.12	3264.99
2916.31	3064.50	3218.23	3287.46	3348.00	3436.68	3413.26
2916.78	3059.21	3221.98	3290.02	3338.87	3430.32	3401.51
2932.79	3211.11	3169.63	3237.07	3709.40	3689.22	3924.21
2025.54	1971.66	1982.61	2118.80	2213.34	2189.40	1862.17
3070.91	2629.56	2635.22	3045.24	2999.06	3052.64	2947.55
6522.04	6510.10	6650.52	6821.13	6859.49	6763.98	6965.30
7008.45	6816.59	6996.96	7184.77	7188.43	7075.74	7318.17
7390.58	7280.25	7509.02	7750.11	7784.15	7643.18	7940.98
5667.67	5607.80	5666.58	5817.19	5829.09	5566.93	5689.29
8386.49	8221.56	8563.71	8868.52	8909.27	8736.01	9127.41
5883.52	5821.59	5845.97	6006.79	6026.04	6121.23	6126.75
5002.82	4718.36	4700.00	4813.35	4812.33	4912.12	5024.92
3333.33	7500.00	8214.30	8333.30	1000.00	1666.70	6666.67
3548.39	3971.40	3806.20	3828.40	4082.28	4793.10	4782.61
2329.44	2373.92	2359.72	2204.06	2299.97	2361.62	2180.31
2428.65	2246.62	2225.71	2313.24	2428.58	2518.14	2348.72
1724.14	1596.59	1695.94	1707.69	2104.68	1703.06	1533.14
4799.96	5055.84	4526.64	4432.91	4348.17	4406.61	3955.51
4592.15	8116.81	6270.63	4307.98	4795.29	4775.22	4598.54
2012.74	2043.94	2174.19	2092.41	2158.36	2152.27	2131.55
3505.53	3454.68	3526.85	3267.05	3408.26	3404.65	3577.04
1859.25	1916.00	2085.00	1972.17	2028.60	2005.43	1930.91
1333.66	1390.95	1334.07	1364.52	1426.13	1505.95	1636.38
960.80	1112.01	1083.78	945.49	1044.38	982.81	1076.00
2059.32	2165.32	2062.02	2025.53	2040.60	2000.00	1991.73
3400.00	3828.20	3615.30	4482.00	4051.43	6209.10	3430.00
42900.00	43783.78	41388.89	40106.06	33265.70	39950.62	41653.85
1907.53	1910.36	1804.28	1924.96	2039.15	1987.16	2098.84
1803.20	1830.19	1666.67	1863.25	1950.96	1919.12	2025.18
29029.76	32398.85	28922.23	28452.40	27607.78	30675.72	31619.28

2-8 主要农作物播种面积比上年增长情况

单位：%

指　标	Item	2001	2002	2003	2004
农作物总播种面积	**Total Sown Area of Farm Crops**	**-1.25**	**-1.79**	**-2.95**	**0.25**
粮食作物总计	Grain Crops	-3.38	-3.31	-8.37	4.35
夏收粮食	Summer Grain	-7.37	-2.73	-11.00	-2.36
谷物	Cereals	-11.62	-2.93	-13.18	-1.73
小麦	Wheat	-12.92	-4.86	-13.84	-0.05
大麦	Barley			-5.28	-18.52
蚕豌豆	Broad Bean and Peas	14.92	-2.97	-8.32	-10.08
马铃薯	Potato	0.55	-1.86	-4.54	-0.83
秋收粮食	Autumn Grain	-1.75	-3.53	-7.35	6.84
谷物	Cereals	-1.60	-2.77	-7.55	9.06
稻谷	Rice	-0.37	-2.81	-6.57	10.22
早稻	Early-season rice	-6.15	-15.49	-4.52	17.82
中稻	Semilate rice	3.73	6.69	-6.77	7.32
双季晚稻	Double-crop Late rice	-4.78	-15.60	-7.55	12.95
玉米	Corn//Maize	-5.47	-2.52	-12.72	4.81
谷子	Millet	-52.38	-20.00	50.00	-62.50
高粱	Jowar	-32.88	2.04	-6.00	-53.19
豆类	Beans	-3.89	-2.39	-7.81	-4.88
大豆	Soybean	-2.94	-1.33	-9.43	-5.74
绿豆	Green Geans			4.00	-14.34
薯类	Tubers	-0.91	-12.13	-4.71	-3.15
马铃薯	Potato	36.24	1.34	17.34	-68.64
油料作物	Oil-bearing Crops	-2.53	2.87	-0.09	-1.99
花生	Peanuts	8.63	-1.95	-2.38	-13.97
油菜籽	Rapeseeds	-3.52	3.33	1.67	0.98
芝麻	Sesames	-9.67	6.93	-10.73	-10.32
棉花	Cotton	8.99	-15.49	21.16	15.01
麻类	Fiber Crops	6.14	15.70	-7.86	-9.69
黄红麻	Jute and Ambary Hemp	-12.90	88.89	-41.18	-53.33
甘蔗	Sugar Cane	-14.86	1.59	-10.42	-41.86
烟叶	Tobacco	-15.01	-3.94	-9.52	0.91
烤烟	Flue-cured Tobacco	-16.01	6.19	-7.93	1.01
蔬菜(含菜用瓜)	Vegetables	12.19	-1.62	1.66	-6.05

Rate of Increase over Preceding Year of Total Sown Areas of Farm Crops

(%)

2005	2006	2007	2008	2009	2010	2011
1.73	**-5.20**	**1.88**	**3.82**	**3.14**	**6.25**	**0.15**
5.78	-0.63	2.03	-1.88	2.71	1.39	1.32
11.66	18.32	4.95	-7.55	1.61	3.20	2.98
17.24	38.61	7.28	-9.52	-0.80	0.63	0.93
18.79	41.99	7.80	-8.73	-0.72	0.68	1.35
-1.21	-10.57	-4.01	-29.35	-3.86	-0.87	-13.53
-1.77	-19.12	-3.23	7.32	-5.81	-3.46	0.45
-0.64	-43.15	-11.75	4.94	29.98	25.36	16.10
3.78	-7.56	0.66	0.90	3.20	0.60	0.57
5.19	-2.46	0.36	1.35	4.21	0.65	0.63
4.41	-4.92	0.19	0.01	3.34	-0.34	-0.10
3.96	-6.20	0.23	-0.60	4.77	0.34	-3.41
5.50	-4.01	0.20	-0.42	3.52	-0.71	1.52
1.65	-6.58	0.12	1.83	1.62	0.23	-2.16
8.98	10.86	1.02	7.81	7.84	4.75	3.44
-33.33	-50.00		-66.67			-40.00
40.91	12.90	-17.14	3.45	5.33	-8.23	3.10
-5.75	-31.06	-3.60	-0.45	-5.09	-1.07	-1.28
-2.77	-33.74	-3.08	-2.13	-6.18	-3.22	-0.34
-5.31	-19.01	-3.03	7.03	-7.90	14.76	-1.89
-2.33	-47.07	13.50	-6.88	-9.16	1.31	1.45
90.78	-36.63	116.69	16.45	-15.78	2.30	5.15
-1.07	-14.74	-5.88	16.55	6.55	-0.44	-1.32
-0.75	-18.40	-1.64	27.72	4.39	3.03	1.52
-0.62	-15.06	-7.40	17.53	7.00	-0.53	-1.58
-7.82	-5.17	-6.69	2.54	7.14	-7.17	-3.61
-4.41	27.18	3.59	5.60	-15.27	4.34	1.79
1.29	5.08	4.03	-8.91	-20.34	-12.93	-10.98
-28.57	-30.00	-14.29	-16.67	-30.00	-71.43	
	-63.00	-2.70	83.33	56.82	-21.74	-3.70
5.04	-38.87	-8.40	87.46	21.68	-16.48	7.83
9.52	-39.36	-11.70	100.00	19.38	-26.97	16.79
-1.60	-18.63	12.29	10.66	6.23	-5.41	4.06

2-9 主要农作物产量比上年增长情况

单位：%

指　标	Item	2001	2002	2003	2004
粮食作物总计	**Grain Crops**	**-3.61**	**-4.28**	**-6.16**	**9.32**
夏收粮食	Summer Grain	-1.01	-27.22	10.07	6.10
谷物	Cereals	-7.42	-27.47	10.40	5.51
小麦	Wheat	-8.86	-29.01	9.39	6.59
大麦	Barley			22.40	-6.54
蚕豌豆	Broad Bean and Peas	33.61	-30.15	1.01	3.51
马铃薯	Potato	14.86	-25.48	11.73	8.61
秋收粮食	Autumn Grain	-4.05	-0.25	-8.23	9.82
谷物	Cereals	-4.04	0.61	-8.93	11.32
稻谷	Rice	-3.03	1.23	-8.74	11.96
早稻	Early-season rice	-2.44	-24.75	1.66	22.29
中稻	Semilate rice	-1.19	10.44	-11.06	11.53
双季晚稻	Double-crop Late rice	-9.22	-10.74	-5.55	6.57
玉米	Corn//Maize	-10.06	-3.85	-10.62	6.94
谷子	Millet	-50.00	-20.00		-25.00
高粱	Jowar	-51.85		53.85	-55.00
豆类	Beans	-5.41	-4.45	4.56	-3.70
大豆	Soybean	-6.55	-1.40	5.92	-9.40
绿豆	Green Geans			-5.45	-19.23
薯类	Tubers	-3.63	-10.43	-3.24	-5.48
马铃薯	Potato	-8.21	-6.15	49.11	-65.57
油料作物	Oil-bearing Crops	-2.68	-12.22	11.18	15.28
花生	Peanuts	-2.62	12.91	-5.37	-7.58
油菜籽	Rapeseeds	-1.86	-22.28	23.58	25.67
芝麻	Sesames	-9.24	6.24	-21.62	-5.53
棉花	Cotton	22.74	-13.63	0.74	21.66
麻类	Fiber Crops	-0.58	27.73	-13.15	-10.21
黄红麻	Jute and Ambary Hemp	-22.40	71.13	-48.97	-54.03
甘蔗	Sugar Cane	-22.86	17.20	-17.34	-39.09
烟叶	Tobacco	-10.49	-11.96	-13.68	5.14
烤烟	Flue-cured Tobacco	-11.07	-1.23	-13.16	4.63
蔬菜(含菜用瓜)	Vegetables		2.08	2.93	-4.63

Rate of Increase over Preceding Year of Output of Farm Crops

(%)

2005	2006	2007	2008	2009	2010	2011
3.68	**-3.60**	**4.11**	**1.91**	**3.68**	**0.29**	**3.14**
11.52	22.01	10.12	-4.97	3.18	5.54	1.24
17.16	45.65	12.66	-7.58	1.02	3.30	0.24
18.49	48.92	13.54	-6.80	0.75	3.44	0.50
0.70	-2.08	-5.25	-27.84	10.17	-1.41	-8.02
2.72	-21.27	-2.69	14.69	-1.61	-4.50	-14.56
-3.02	-51.32	-11.56	21.27	28.01	27.60	12.10
2.52	-7.73	2.83	3.48	3.78	-0.80	3.56
2.99	-5.13	3.01	4.07	4.26	-0.93	4.07
2.24	-6.35	3.34	3.22	3.80	-2.14	3.79
4.21	-7.19	1.28	2.04	4.98	-4.17	-1.29
2.21	-5.90	4.37	3.12	4.00	-2.65	6.07
0.80	-7.57	0.54	4.63	1.95	1.81	-2.07
8.81	4.56	0.63	10.41	7.82	6.92	5.82
-33.33		50.00	-66.67	-90.00	-100.00	
22.22	27.27	-21.43	9.09	7.50	8.53	2.14
-2.46	-29.75	-4.18	-7.02	-0.96	1.58	-8.86
7.16	-38.71	-3.98	1.72	-1.50	0.35	-7.05
-4.76	-25.00	3.00	7.77	13.51	-7.14	-11.68
-3.19	-44.25	1.62	-8.81	-10.89	2.68	-8.94
76.23	12.01	67.40	-20.00	-6.25	1.87	1.26
-6.51	-13.42	0.12	12.16	9.91	-0.72	-2.27
-4.75	-19.59	0.41	18.31	8.90	2.92	6.66
-6.79	-12.47	0.77	11.17	10.06	-1.67	-5.24
-11.12	-1.10	-10.50	4.88	11.98	-1.97	4.74
-5.16	47.20	0.96	-7.88	-6.41	-1.81	11.45
-4.71	10.49	-0.93	-10.53	-19.75	-14.66	-11.35
-40.35	-23.53	-19.23	4.76	-36.36	-50.00	-57.14
-7.28	-62.24	-8.02	77.65	30.07	-6.01	0.40
13.44	-38.78	-13.49	100.00	28.90	-18.61	13.89
20.12	-38.45	-19.59	123.59	25.00	-28.17	23.24
-2.65	-9.19	0.24	8.86	3.08	5.10	7.25

2-10 主要农作物单位面积产量同比上年增减

单位：%

指　标	Item	2001	2002	2003	2004
粮食作物总计	**Grain Crops**	**-0.24**	**-1.00**	**2.42**	**4.77**
夏收粮食	Summer Grain	6.87	-25.18	23.67	8.66
谷物	Cereals	4.75	-25.28	27.16	7.37
小麦	Wheat	4.67	-25.38	26.96	6.64
大麦	Barley			29.22	14.71
蚕豌豆	Broad Bean and Peas	16.27	-28.01	10.18	15.11
马铃薯	Potato	14.24	-24.06	17.04	9.52
秋收粮食	Autumn Grain	-2.34	3.40	-0.95	2.79
谷物	Cereals	-2.47	3.47	-1.49	2.07
稻谷	Rice	-2.67	4.16	-2.33	1.58
早稻	Early-season rice	3.96	-10.96	6.47	3.80
中稻	Semilate rice	-4.74	3.52	-4.61	3.92
双季晚稻	Double-crop Late rice	-4.66	5.76	2.17	-5.65
玉米	Corn//Maize	-4.86	-1.36	2.40	2.04
谷子	Millet	5.00		-33.33	100.00
高粱	Jowar	-28.27	-2.00	63.67	-3.86
豆类	Beans	-1.58	-2.11	13.42	1.25
大豆	Soybean	-3.72	-0.07	16.95	-3.87
绿豆	Green Geans			-9.09	-5.71
薯类	Tubers	-2.74	1.94	1.54	-2.40
马铃薯	Potato	-32.62	-7.39	27.07	9.79
油料作物	Oil-bearing Crops	-0.15	-14.67	11.28	17.62
花生	Peanuts	-10.36	15.16	-3.06	7.44
油菜籽	Rapeseeds	1.72	-24.78	21.55	24.45
芝麻	Sesames	0.47	-0.64	-12.20	5.35
棉花	Cotton	12.62	2.20	-16.85	5.78
麻类	Fiber Crops	-6.33	10.40	-5.74	-0.58
黄红麻	Jute and Ambary Hemp	-10.91	-9.40	-13.25	-1.50
甘蔗	Sugar Cane	-9.39	15.37	-7.73	4.76
烟叶	Tobacco	5.32	-8.35	-4.59	4.19
烤烟	Flue-cured Tobacco	5.88	-6.99	-5.68	3.58
蔬菜(含菜用瓜)	Vegetables		3.76	1.25	1.51

Rate of Increase over Preceding Year of Yield per Unit Area of Farm Crops

(%)

2005	2006	2007	2008	2009	2010	2011
-1.98	**-2.99**	**2.04**	**3.86**	**0.94**	**-1.09**	**1.80**
-0.13	3.13	4.93	2.80	1.55	2.27	-1.69
-0.07	5.08	5.02	2.15	1.84	2.65	-0.68
-0.25	4.88	5.32	2.11	1.48	2.74	-0.84
1.93	9.49	-1.29	2.13	14.59	-0.54	6.37
4.58	-2.66	0.56	6.87	4.46	-1.08	-14.95
-2.39	-14.37	0.21	15.56	-1.52	1.79	-3.44
-1.21	-0.18	2.16	2.57	0.56	-1.39	2.98
-2.09	-2.74	2.65	2.68	0.05	-1.57	3.43
-2.08	-1.49	3.14	3.21	0.44	-1.81	3.90
0.24	-1.06	1.05	2.66	0.20	-4.50	2.20
-3.12	-1.97	4.16	3.56	0.46	-1.94	4.48
-0.84	-1.05	0.42	2.75	0.32	1.58	0.09
-0.16	-5.69	-0.39	2.41	-0.02	2.07	2.30
0.00	125.00	9.52	1.45	-88.00	66.67	299.99
-13.26	11.92	-4.16	0.58	6.63	17.41	-0.22
3.50	1.91	-0.60	-6.60	4.35	2.68	-7.68
10.22	-7.50	-0.93	3.93	4.99	3.69	-6.73
0.57	-7.40	6.22	0.69	23.25	-19.08	-9.98
-0.87	5.33	-10.47	-2.07	-1.91	1.34	-10.24
-7.62	76.75	-22.75	-31.30	11.31	-0.42	-3.70
-5.50	1.55	6.37	-3.76	3.15	-0.28	-0.96
-4.03	-1.45	2.09	-7.37	4.32	-0.11	5.06
-6.21	3.05	8.82	-5.41	2.86	-1.14	-3.72
-3.57	4.30	-4.09	2.28	4.52	5.60	8.66
-0.79	15.74	-2.54	-12.76	10.46	-5.90	9.48
-5.92	5.15	-4.77	-1.77	0.74	-1.99	-0.41
-16.49	12.59	-5.56	23.97	-9.61	53.26	-44.76
-7.28	2.06	-5.47	-3.10	-17.06	20.10	4.26
8.00	0.15	-5.55	6.69	5.93	-2.55	5.62
9.68	1.50	-8.93	11.79	4.71	-1.63	5.53
-1.07	11.61	-10.73	-1.62	-2.97	11.11	3.08

2-11 主要畜禽生产情况

Number of Livestock or Poultry

指 标	Item	单位	Units	2006	2007	2008	2009	2010	2011
畜禽存栏	**Nunber of Livestock or Poultry in Stock**								
猪	Hogs	万头	10 000 heads	2130.80	2290.60	2462.40	2546.10	2476.10	2533.05
其中：能繁殖母猪	Sow	万头	10 000 heads			241.10	251.20	248.11	247.69
牛	Cattle and Buffaloes	万头	10 000 heads	325.10	313.80	317.50	334.00	325.99	320.50
羊	Sheep and Goats	万只	10 000 heads	319.30	344.43	376.20	413.20	401.66	421.98
家禽	Poultry	万只	10 000 heads			26317.90	27828.60	27411.12	29812.34
畜禽出栏	**Number of Slaughtered Livestock or Poultry**								
猪	Hogs	万头	10 000 heads	3100.60	3131.60	3498.30	3735.50	3827.38	3871.38
牛	Cattle and Buffaloes	万头	10 000 heads	102.40	109.60	112.40	118.90	123.08	126.40
羊	Sheep and Goats	万只	10 000 heads	392.55	431.43	461.20	494.00	509.34	501.90
家禽	Poultry	万只	10 000 heads			39548.80	43551.10	46665.00	45885.14
畜禽产品产量	**Output of Livestock or Poultry**								
猪肉	Pork	万吨	10 000 tons	232.50	235.20	260.40	279.90	286.95	290.54
牛肉	Beef	万吨	10 000 tons	14.90	15.70	16.10	17.00	17.69	18.17
羊肉	Mutton	万吨	10 000 tons	6.45	7.06	7.30	7.80	8.09	8.02
禽肉	Poultry	万吨	10 000 tons	47.80	50.70	55.60	61.40	65.80	64.32
禽蛋	Poultry Eggs	万吨	10 000 tons	102.60	110.30	124.10	128.90	132.59	137.03
牛奶	Cow Milk	万吨	10 000 tons	13.88	15.50	15.50	15.50	13.99	14.22

注：2006，2007年为第二次农业普查衔接。

2-12 生猪调出大县年末生猪存栏
Number of Hogs in Stock at End of Period by Region

单位：万头 (10 000 heads)

地　区	Region	2006	2007	2008	2009	2010	2011
江夏区	Jiangxia	34.80	38.42	43.68	45.89	53.23	56.97
黄陂区	Huangpi	42.88	60.96	66.49	44.29	46.28	47.24
夷陵区	Yiling	36.06	42.82	45.29	45.43	48.98	50.32
宜都市	Yidu	31.86	34.19	38.59	48.13	46.94	45.28
当阳市	Dangyang	33.41	44.02	60.27	70.58	68.95	66.79
枝江市	Zhijiang	36.23	43.90	74.85	83.68	80.38	84.69
襄州区	Xiangzhou	53.84	58.15	58.03	51.97	51.40	51.92
南漳县	Nanzhang	36.94	39.90	38.45	41.62	48.62	51.24
老河口市	Laohekou				38.75	39.91	40.35
枣阳市	Zaoyang	41.23	44.53	68.19	67.77	66.50	65.65
宜城市	Yicheng	42.80	46.22	48.89	55.52	54.34	45.28
鄂州市	Ezhou	31.95	34.51	40.30	42.07	47.51	58.55
京山县	Jingshan	49.69	53.84	60.18	57.58	55.98	56.62
沙洋县	Shayang	37.08	40.04	46.53	50.40	49.45	48.07
钟祥市	Zhongxiang	55.81	60.18	83.11	96.83	91.56	80.86
公安县	Gong'an	36.50	39.20	45.13	43.20	52.27	54.48
监利县	Jianli				41.04	42.27	46.31
松滋市	Songzi	54.79	58.06	56.33	61.88	59.75	60.44
武穴市	Wuxue	45.41	48.11	52.00	56.86	65.00	64.71
通城县	Tongcheng	15.64	30.89	34.56	36.30	39.54	40.16
曾都区	Zengdu	51.48	55.60	62.69	60.86	61.77	65.16
恩施市	Enshi	43.51	45.69	44.13	67.94	65.20	59.15
仙桃市	Xiantao	61.06	64.06	58.35	49.28	48.39	48.63
潜江市	Qianjiang	39.69	42.87	39.46	37.93	46.77	53.02
天门市	Tianmen	41.32	45.45	53.18	69.09	66.77	65.41

注：曾都区数据包括随县在内。

2-13 生猪调出大县能繁殖母猪年末存栏

Number of Sows in Stock at End of Period by Region

单位：万头 (10 000 heads)

地　区	Region	2006	2007	2008	2009	2010	2011
江夏区	Jiangxia	2.65	3.54	4.57	4.82	5.14	5.40
黄陂区	Huangpi	2.65	2.92	3.36	4.13	4.73	4.38
夷陵区	Yiling	3.18	4.39	5.85	5.50	5.88	5.25
宜都市	Yidu	2.03	2.61	3.06	3.31	3.24	4.09
当阳市	Dangyang	5.77	7.31	6.11	8.02	8.10	8.30
枝江市	Zhijiang	6.75	11.75	12.17	13.66	12.55	11.57
襄州区	Xiangzhou	7.68	10.01	6.35	6.44	6.36	6.12
南漳县	Nanzhang	3.03	4.25	4.55	4.90	5.07	5.70
老河口市	Laohekou				4.20	4.33	4.41
枣阳市	Zaoyang	3.54	5.86	6.89	7.76	7.41	7.12
宜城市	Yicheng	2.94	4.74	4.98	5.01	4.84	4.95
鄂州市	Ezhou	1.21	2.21	3.94	4.74	4.73	6.09
京山县	Jingshan	2.85	4.17	5.65	5.21	4.75	4.61
沙洋县	Shayang	1.87	3.27	3.86	5.04	4.86	4.76
钟祥市	Zhongxiang	4.36	6.40	9.34	9.69	9.35	7.86
公安县	Gong'an	1.40	2.20	2.55	3.60	4.63	4.56
监利县	Jianli				3.42	3.52	3.97
松滋市	Songzi	3.13	3.99	5.33	6.90	6.66	6.80
武穴市	Wuxue	2.03	3.33	3.77	5.06	4.66	5.34
通城县	Tongcheng	2.92	3.40	4.04	4.21	3.63	3.50
曾都区	Zengdu	3.65	6.93	6.45	6.70	6.45	6.09
恩施市	Enshi	4.02	4.42	7.34	7.73	7.39	6.60
仙桃市	Xiantao	5.54	5.94	4.42	4.73	4.93	5.31
潜江市	Qianjiang	2.35	5.15	5.31	5.03	5.65	6.64
天门市	Tianmen	2.66	6.88	7.13	6.19	6.41	5.70

注：曾都区数据包括随县在内。

2-14 生猪调出大县生猪出栏

Number of Slaughtered Hogs by Region

单位：万头 (10 000 heads)

地 区	Region	2006	2007	2008	2009	2010	2011
江夏区	Jiangxia	43.46	57.01	80.07	81.30	86.54	90.75
黄陂区	Huangpi	68.83	80.09	82.03	81.90	86.92	90.41
夷陵区	Yiling	78.91	80.02	85.34	90.04	95.72	96.35
宜都市	Yidu	52.72	53.00	63.13	68.13	74.27	73.42
当阳市	Dangyang	76.14	80.01	89.54	97.30	98.83	102.85
枝江市	Zhijiang	78.02	80.01	90.59	97.55	103.98	105.81
襄州区	Xiangzhou	99.00	100.01	111.61	113.49	112.52	114.72
南漳县	Nanzhang	60.10	61.43	82.42	88.18	93.80	97.52
老河口市	Laohekou				54.60	59.51	60.41
枣阳市	Zaoyang	75.05	80.05	104.90	108.38	110.52	113.48
宜城市	Yicheng	59.00	60.06	63.57	65.01	75.72	76.89
鄂州市	Ezhou	52.56	52.98	82.75	90.95	91.66	95.77
京山县	Jingshan	79.50	80.73	92.03	92.67	94.87	96.58
沙洋县	Shayang	59.33	60.09	75.24	76.44	86.05	87.40
钟祥市	Zhongxiang	89.30	100.01	109.05	119.88	121.56	120.22
公安县	Gong'an	55.30	55.86	65.22	65.10	74.40	78.85
监利县	Jianli				51.30	55.92	61.83
松滋市	Songzi	94.84	100.00	103.43	112.79	115.12	118.74
武穴市	Wuxue	64.17	80.23	82.00	83.00	91.43	95.05
通城县	Tongcheng	46.46	60.08	70.14	66.19	68.61	70.38
曾都区	Zengdu	84.37	84.96	107.63	117.03	123.98	130.40
恩施市	Enshi	52.43	52.78	72.21	77.88	82.59	85.34
仙桃市	Xiantao	100.87	102.07	116.64	114.75	116.84	118.40
潜江市	Qianjiang	71.44	80.07	84.15	90.65	98.36	95.09
天门市	Tianmen	74.38	80.08	95.24	90.15	99.16	103.06

注:曾都区数据包括随县在内。

2-15 生猪调出大县猪肉产量

Output of Pork by Region

单位：万吨 (10 000 tons)

地 区	Region	2006	2007	2008	2009	2010	2011
江夏区	Jiangxia	3.00	4.08	6.41	6.10	6.67	6.99
黄陂区	Huangpi	5.12	6.01	6.19	6.14	7.23	7.52
夷陵区	Yiling	5.12	4.86	6.26	6.99	7.51	7.56
宜都市	Yidu	3.69	3.71	4.45	5.11	5.77	5.70
当阳市	Dangyang	4.60	4.85	6.43	7.34	7.65	7.96
枝江市	Zhijiang	4.86	4.83	6.76	7.44	8.11	8.25
襄州区	Xiangzhou	7.43	7.51	7.79	8.20	7.90	8.06
南漳县	Nanzhang	4.51	4.61	5.45	6.20	6.58	6.84
老河口市	Laohekou				4.09	4.46	4.55
枣阳市	Zaoyang	5.10	5.15	7.56	7.97	8.22	8.44
宜城市	Yicheng	4.18	4.51	4.71	5.03	5.86	5.95
鄂州市	Ezhou	3.71	3.75	6.54	7.04	7.14	7.46
京山县	Jingshan	5.97	6.07	7.49	7.85	7.95	8.10
沙洋县	Shayang	4.44	4.51	5.66	5.51	6.21	6.31
钟祥市	Zhongxiang	6.70	6.78	8.40	9.60	9.86	9.75
公安县	Gong'an	4.06	4.10	4.83	4.88	5.58	5.92
监利县	Jianli				3.84	4.19	4.63
松滋市	Songzi	6.73	7.06	8.01	9.35	9.61	9.91
武穴市	Wuxue	4.88	6.11	6.15	6.15	6.78	7.05
通城县	Tongcheng	3.72	4.81	5.25	4.81	4.99	5.12
曾都区	Zengdu	6.21	6.29	7.75	8.89	9.62	10.12
恩施市	Enshi	3.88	3.92	5.87	6.45	6.44	6.65
仙桃市	Xiantao	7.46	7.57	9.56	7.94	9.68	9.81
潜江市	Qianjiang	5.29	5.37	6.17	6.32	8.22	7.95
天门市	Tianmen	5.50	5.63	6.56	6.76	7.44	7.74

注：曾都区数据包括随县在内。

2-16 中晚稻中间消耗
Mid-consumption of Middle-season and Late Rice

单位：元/亩 (yuan/mu)

指　标	Item	2006	2007	2008	2009	2010	2011
平均每单位产值	**Output Value per Unit**	**739.83**	**858.71**	**1005.81**	**1093.34**	**1166.15**	**1327.20**
平均每单位中间消耗	**Intermediate consumption per Unit**	**235.09**	**264.38**	**291.79**	**309.00**	**319.92**	**408.69**
物质消耗	**Material consumption**	**166.69**	**188.54**	**204.97**	**211.40**	**214.59**	**279.57**
用种量	Seed Quantity	28.17	35.04	32.48	34.20	41.04	67.79
饲料	Forages				0.02		0.02
肥料	Fertilizers	80.52	97.47	121.49	110.95	105.90	128.49
燃料	Fuels	2.94	3.69	4.17	4.67	3.47	9.99
农膜	Farm Plastic Film	1.45	2.25	1.96	1.60	1.34	0.80
农药	Pesticides	42.30	36.86	38.66	50.03	48.04	61.04
养殖用药	Pesticides for Cultivation						
水费	Water Fee	10.18	11.14	5.15	4.63	6.72	5.26
用电量	Electricity Consumption	0.73	0.80	0.31	4.88	7.34	4.77
棚架材料费	Scaffold Material cost						
小农具	Small Farm Implements	0.35	1.16	0.22	0.18	0.46	0.97
办公用品	Office supplies						
其他	Others	0.05	0.11	0.54	0.24	0.27	0.44
生产服务支出	**Cost of Production services**	**68.39**	**75.84**	**86.82**	**97.61**	**105.33**	**129.12**
修理费	Repair Fee	0.39	0.42	1.12	0.56	0.65	1.00
外雇运输费	Transport Fee	3.71	2.44	1.31	2.40	2.84	3.03
生产性邮电费	Post and Telecommunication Fee	0.13					
外雇排灌费	Irrigation and Drainage Fee	9.46	6.52	3.84	7.20	7.05	5.49
外雇机械作业费	Mechanical Work Fee	48.28	53.56	56.94	75.41	90.24	118.16
配种费	Breeding Fee						
防疫费	Epidemic Prevention Fee						
技术咨询费	Technical Advisory Expense					1.60	
上交管理费	Administrative Expense	1.52	3.23	1.64	0.88		
其他	Others	4.91	9.67	21.98	11.16	2.95	1.43

2-17 小麦中间消耗
Mid-consumption of Wheat

单位：元/亩 (yuan/mu)

指　标	Item	2006	2007	2008	2009	2010	2011
平均每单位产值	**Output Value per Unit**	**512.12**	**500.38**	**696.10**	**531.53**	**644.85**	**479.76**
平均每单位中间消耗	**Intermediate consumption per Unit**	**199.05**	**204.30**	**225.24**	**233.60**	**237.05**	**248.89**
物质消耗	**Material consumption**	**164.61**	**167.40**	**184.18**	**181.75**	**158.71**	**174.90**
用种量	Seed Quantity	31.34	30.37	33.36	33.91	35.67	57.15
饲料	Forages						
肥料	Fertilizers	93.49	93.40	105.72	102.90	79.54	96.85
燃料	Fuels	15.25	20.29	21.64	21.95	24.27	4.85
农膜	Farm Plastic Film						
农药	Pesticides	16.92	16.92	19.52	22.96	19.20	15.91
养殖用药	Pesticides for Cultivation						
水费	Water Fee						
用电量	Electricity Consumption	0.05	0.05	0.01	0.02	0.02	0.06
棚架材料费	Scaffold Material cost						
小农具	Small Farm Implements	0.10	0.04	0.03		0.01	0.03
办公用品	Office supplies						
其他	Others	7.46	6.34	3.89	0.01		0.04
生产服务支出	**Cost of Production services**	**34.43**	**36.90**	**41.06**	**51.86**	**78.34**	**73.99**
修理费	Repair Fee	0.14	0.01	0.11	0.02	0.35	0.02
外雇运输费	Transport Fee	0.10	0.21	0.13		0.04	0.44
生产性邮电费	Post and Telecommunication Fee		0.04		0.12		
外雇排灌费	Irrigation and Drainage Fee	0.11	0.21	0.15	0.09		0.02
外雇机械作业费	Mechanical Work Fee	33.64	35.67	39.53	50.53	77.40	70.05
配种费	Breeding Fee						
防疫费	Epidemic Prevention Fee						
技术咨询费	Technical Advisory Expense						
上交管理费	Administrative Expense	0.10	0.13	0.13	0.06	0.02	
其他	Others	0.34	0.63	1.00	1.04	0.53	3.46

2-18 玉米中间消耗
Mid-consumption of Corn

单位：元/亩 (yuan/mu)

指标	Item	2006	2007	2008	2009	2010	2011
平均每单位产值	**Output Value per Unit**	**437.74**	**569.30**	**593.57**	**752.80**	**715.02**	**835.93**
平均每单位中间消耗	**Intermediate consumption per Unit**	**121.48**	**121.75**	**151.00**	**142.96**	**156.11**	**278.49**
物质消耗	**Material consumption**	**106.27**	**110.07**	**135.05**	**132.86**	**147.00**	**254.51**
用种量	Seed Quantity	17.11	18.53	17.61	25.34	38.80	64.76
饲料	Forages						0.59
肥料	Fertilizers	54.79	59.47	78.26	70.50	85.40	157.64
燃料	Fuels	1.37	10.97	13.28	7.99	10.02	18.07
农膜	Farm Plastic Film	0.20	0.34	0.50	0.20	0.22	0.14
农药	Pesticides	30.40	20.76	25.10	28.73	12.53	8.41
养殖用药	Pesticides for Cultivation						
水费	Water Fee				0.11		
用电量	Electricity Consumption					0.00	0.07
棚架材料费	Scaffold Material cost						
小农具	Small Farm Implements	2.40		0.24		0.02	0.04
办公用品	Office supplies						
其他	Others			0.05			4.78
生产服务支出	**Cost of Production services**	**15.21**	**11.68**	**15.95**	**10.10**	**9.11**	**23.98**
修理费	Repair Fee			0.05			0.22
外雇运输费	Transport Fee			0.21	0.03	0.50	0.53
生产性邮电费	Post and Telecommunication Fee						
外雇排灌费	Irrigation and Drainage Fee			0.02			
外雇机械作业费	Mechanical Work Fee	14.97	11.02	13.52	7.91	8.62	21.94
配种费	Breeding Fee						
防疫费	Epidemic Prevention Fee						
技术咨询费	Technical Advisory Expense						
上交管理费	Administrative Expense						
其他	Others	0.24	0.66	2.15	2.16		1.29

2-19 油菜籽中间消耗
Mid-consumption of Rapeseeds

单位：元/亩 (yuan/mu)

指 标	Item	2006	2007	2008	2009	2010	2011
平均每单位产值	**Output Value per Unit**	**319.46**	**564.24**	**807.63**	**469.85**	**505.70**	**537.95**
平均每单位中间消耗	**Intermediate consumption per Unit**	**110.97**	**129.77**	**150.80**	**146.52**	**133.57**	**176.68**
物质消耗	**Material consumption**	**98.51**	**111.25**	**136.93**	**121.42**	**111.97**	**124.07**
用种量	Seed Quantity	16.88	21.79	26.82	23.58	15.75	18.44
饲料	Forages						0.02
肥料	Fertilizers	67.32	74.88	92.62	82.00	68.78	91.40
燃料	Fuels	3.77	5.32	5.51	5.12	11.76	1.26
农膜	Farm Plastic Film	0.00	0.09		0.13		0.02
农药	Pesticides	9.03	9.18	11.78	10.23	14.02	13.00
养殖用药	Pesticides for Cultivation						
水费	Water Fee	0.53		0.03	0.29	0.27	0.17
用电量	Electricity Consumption	0.36				1.05	0.37
棚架材料费	Scaffold Material cost						
小农具	Small Farm Implements			0.02	0.02	0.08	
办公用品	Office supplies						
其他	Others	0.62		0.14	0.04	0.25	
生产服务支出	**Cost of Production services**	**12.46**	**18.52**	**13.87**	**25.09**	**21.60**	**52.01**
修理费	Repair Fee	0.08	0.08	0.36	0.19	0.12	0.10
外雇运输费	Transport Fee	0.58	0.48	0.28	0.73	0.79	0.39
生产性邮电费	Post and Telecommunication Fee						
外雇排灌费	Irrigation and Drainage Fee	3.10	0.77	3.23	1.69	0.27	0.42
外雇机械作业费	Mechanical Work Fee	5.70	11.80	9.42	20.30	19.27	43.47
配种费	Breeding Fee						
防疫费	Epidemic Prevention Fee						
技术咨询费	Technical Advisory Expense						
上交管理费	Administrative Expense	1.18	2.57	0.58	1.61	0.73	0.15
其他	Others	1.81	2.82		0.57	0.41	7.48

2-20 棉花中间消耗
Mid-consumption of Cotton

单位：元/亩 (yuan/mu)

指　标	Item	2006	2007	2008	2009	2010	2011
平均每单位产值	**Output Value per Unit**	**1190.20**	**1226.63**	**845.76**	**1233.62**	**1743.30**	**1699.31**
平均每单位中间消耗	**Intermediate consumption per Unit**	**310.49**	**303.86**	**316.15**	**331.68**	**338.90**	**468.16**
物质消耗	**Material consumption**	**290.79**	**284.51**	**301.25**	**313.84**	**315.25**	**419.29**
用种量	Seed Quantity	56.16	65.10	52.66	62.54	70.57	60.48
饲料	Forages						
肥料	Fertilizers	154.15	145.63	172.56	154.71	148.52	265.88
燃料	Fuels	3.71	7.47	10.70	7.43	12.62	14.90
农膜	Farm Plastic Film	3.52	5.95	5.98	11.99	8.18	6.56
农药	Pesticides	70.37	59.20	58.79	75.16	64.62	69.93
养殖用药	Pesticides for Cultivation						
水费	Water Fee			0.15	0.57	3.46	0.06
用电量	Electricity Consumption				0.14	4.75	0.29
棚架材料费	Scaffold Material cost	0.01	0.11				
小农具	Small Farm Implements	1.92	1.05	0.30	0.21	0.48	1.17
办公用品	Office supplies						
其他	Others	0.94		0.10	1.10	2.03	
生产服务支出	**Cost of Production services**	**19.70**	**19.35**	**14.90**	**17.84**	**23.65**	**48.87**
修理费	Repair Fee	0.15	0.15	0.10	1.04	1.53	0.64
外雇运输费	Transport Fee	0.98	0.36		0.31	0.22	1.99
生产性邮电费	Post and Telecommunication Fee						
外雇排灌费	Irrigation and Drainage Fee	2.75	1.26	1.23	1.53	3.70	2.45
外雇机械作业费	Mechanical Work Fee	12.49	11.77	12.01	11.68	14.21	43.67
配种费	Breeding Fee						
防疫费	Epidemic Prevention Fee						
技术咨询费	Technical Advisory Expense					0.86	
上交管理费	Administrative Expense	0.59	1.83	1.10	1.54	1.08	
其他	Others	2.74	3.99	0.47	1.74	2.07	0.13

2-21 活鸡中间消耗
Mid-consumption of Live Chickens

单位：元/只 (yuan/head)

指　标	Item	2006	2007	2008	2009	2010	2011
平均每单位产值	**Output Value per Unit**	**27.00**	**39.57**	**38.64**	**38.12**	**39.02**	**20.22**
平均每单位中间消耗	**Intermediate consumption per Unit**	**14.07**	**16.75**	**22.88**	**19.35**	**21.30**	**15.91**
物质消耗	**Material consumption**	**13.32**	**15.79**	**20.96**	**18.67**	**20.59**	**15.74**
用种量	Seed Quantity	1.56	2.10	1.95	1.79	2.51	2.90
饲料	Forages	11.31	13.21	18.71	16.56	17.56	12.33
肥料	Fertilizers						
燃料	Fuels						0.06
农膜	Farm Plastic Film						
农药	Pesticides						
养殖用药	Pesticides for Cultivation	0.42	0.45	0.30	0.25	0.38	0.24
水费	Water Fee						0.03
用电量	Electricity Consumption	0.03	0.03		0.00	0.02	0.09
棚架材料费	Scaffold Material cost						
小农具	Small Farm Implements						
办公用品	Office supplies						
其他	Others				0.07	0.12	0.09
生产服务支出	**Cost of Production services**	**0.75**	**0.97**	**1.92**	**0.67**	**0.71**	**0.17**
修理费	Repair Fee				0.01		0.05
外雇运输费	Transport Fee						0.01
生产性邮电费	Post and Telecommunication Fee						
外雇排灌费	Irrigation and Drainage Fee						
外雇机械作业费	Mechanical Work Fee						
配种费	Breeding Fee						
防疫费	Epidemic Prevention Fee	0.75	0.96	0.37	0.26	0.56	0.10
技术咨询费	Technical Advisory Expense			0.02			
上交管理费	Administrative Expense						
其他	Others			1.54	0.39	0.15	0.01

2-22 生猪中间消耗

Mid-consumption of Live Hogs

单位：元/头 (yuan/head)

指　标	Item	2006	2007	2008	2009	2010	2011
平均每单位产值	**Output Value per Unit**	**682.29**	**1051.80**	**1443.96**	**1164.12**	**1161.58**	**1737.52**
平均每单位中间消耗	**Intermediate consumption per Unit**	**650.35**	**887.92**	**1234.57**	**1100.62**	**1119.28**	**1246.00**
物质消耗	**Material consumption**	**622.55**	**826.29**	**1202.41**	**1064.11**	**1083.16**	**1213.21**
用种量	Seed Quantity	69.02	204.76	312.12	201.15	192.79	254.29
饲料	Forages	534.09	575.79	842.73	813.51	844.26	903.17
肥料	Fertilizers				0.01		
燃料	Fuels	1.74	3.00	1.03	0.22	0.20	4.15
农膜	Farm Plastic Film						
农药	Pesticides						
养殖用药	Pesticides for Cultivation	11.27	26.65	21.38	20.92	21.98	34.72
水费	Water Fee	0.15	0.10	0.23	0.08	0.19	0.79
用电量	Electricity Consumption	6.01	15.58	21.05	26.88	22.32	6.84
棚架材料费	Scaffold Material cost			0.01			
小农具	Small Farm Implements	0.11	0.31	0.02	0.01	0.00	0.12
办公用品	Office supplies	0.15	0.09	1.32	1.23	1.23	0.00
其他	Others	0.01	0.01	2.53	0.10	0.18	9.14
生产服务支出	**Cost of Production services**	**27.80**	**61.63**	**32.16**	**36.51**	**36.12**	**32.79**
修理费	Repair Fee	1.63	6.00	5.00	14.26	13.34	2.64
外雇运输费	Transport Fee	7.30	10.64	6.05	0.77	0.84	3.20
生产性邮电费	Post and Telecommunication Fee	0.44	0.66	0.25	0.02	0.00	
外雇排灌费	Irrigation and Drainage Fee						
外雇机械作业费	Mechanical Work Fee						
配种费	Breeding Fee	0.04	0.13	0.04	0.06	0.01	0.02
防疫费	Epidemic Prevention Fee	5.09	10.25	9.72	5.88	5.45	22.66
技术咨询费	Technical Advisory Expense	0.04	0.01	0.02	0.01		
上交管理费	Administrative Expense	4.36	25.91	0.18	0.19	0.40	
其他	Others	8.89	8.02	10.91	15.32	16.08	4.27

2-23 退耕还林农村居民家庭基本情况

指标	Item	单位	Units
家庭基本情况(调查户数)	Basic Conditions(Number of Households Surveyed)	户	household
年末常住人口	Number of Usual Residents at Year-end	人	person
年末劳动力	Number of Labour Force at Year-end	人	person
其中：从事非农产业的劳动力	Non-agricultural Labour Force	人	person
本年内外出从业的劳动力	Migrant Labour Force During the Year	人	person
年末在校学生	Number of Students at Year-end	人	person
享受农村最低生活保障的人数	Number of Persons Receiving Minimum Living Allowance in Rural Areas	人	person
参加农村新型合作医疗的人数	Persons Covered of New Rural Cooperative Medical System	人	person
参加农村养老保险的人数	Persons Covered of Rural Old-age Insurance	人	person
居住及生活设施情况	Residence Condition		
拥有住宅数	Residential Buildings	处	set
拥有住宅的建筑面积	Floor Space of Residential Buildings	平方米	sq.m
其中:出租面积	Leased	平方米	sq.m
拥有住宅的估价	Value of House		
年末居住的住房建筑面积	Floor Space of Residential Buildings at Year-end	平方米	sq.m
砖混	Brick and Wood Structure	户	household
钢筋混凝土	Reinforced Concrete Structure	户	household
其他	Others	户	household
年末居住的住房是否通电	Supply and Use of Electric Power at Year-end		
是	yes	户	household
否	no	户	household
年末主要饮水来源	Tap Water by Source at Year-end		
经过净化处理的饮用水	Drinking Water after Purificatio	户	household
雨水	Rainwater	户	household
深井水	Deep Well	户	household
浅井水	Shallow Well	户	household
江河湖水	Rivers and lakes	户	household
池塘水	Pond		
其他	Others	户	household
年末生活用主要燃料	Fuels for Residential Use at Year-end		
柴草	Firewood	户	household
煤	Coal	户	household
沼气	Biogas	户	household
太阳能	Solar	户	household
燃气	Gas Supply	户	household
其他	Others	户	household
年末实有耕地面积	Cultivated Area at Year-end	亩	mu
本年末退耕地造林种草累计面积	Area of Grain for Green Projects at Year-end	亩	mu
其中：实际保存面积	Real Area	亩	mu
粮食播种面积	Sown Area of Grain Crops	亩	mu
经济作物播种面积	Sown Area of Cash Crops	亩	mu

Basic Conditions of Rural Households Conduct Grain for Green Projects

2007	2008	2009	2010	2011
1500.00	1500.00	1500.00	1500.00	1500.00
6434.00	6405.00	6395.00	6391.00	6376.00
4219.00	4290.00	4203.00	4154.50	4165.00
		1997.00	1969.00	1879.00
1647.00	1670.00	1679.00	1641.00	1604.00
		901.00	867.00	851.00
			252.00	326.00
			6157.00	6124.00
			561.00	2832.00
		1601.00	1595.00	1605.00
		232635.00	234312.60	235833.10
		691.00	957.00	1000.50
		3374.00	3522.00	3641.00
217696.00	223444.00	218506.00	225638.60	228598.60
515.00	572.00	778.00	804.00	878.00
327.00	284.00	129.00	129.00	106.00
658.00	644.00	593.00	567.00	516.00
1500.00	1500.00	1500.00	1499.00	1499.00
			1.00	1.00
186.00	240.00	231.00	208.00	204.00
		70.00	11.00	12.00
		313.00	264.00	263.00
956.00	861.00	725.00	848.00	852.00
		141.00	116.00	122.00
		19.00	20.00	8.00
358.00	399.00	1.00	33.00	39.00
1270.00	1273.00	1245.00	1207.00	1208.00
203.00	187.00	188.00	175.00	183.00
			59.00	51.00
				2.00
		47.00	57.00	53.00
7.00	8.00	20.00	2.00	3.00
6549.00	6682.00	6830.00	6683.10	6713.00
9276.00	9305.00	9576.00	9540.07	9446.72
9266.00	9010.00	9543.00	9517.97	9424.62
7806.00	7803.00		7831.51	7386.09
			3277.29	3327.55

2-24 退耕还林县级监测情况

指　标	Item	单位	Units
退耕还林工程情况	Conditions of Grain for Green Projects		
截至本年末累计完成退耕还林面积	Area of Grain for Green Projects at Year-end	公顷	hectare
其中：实际保存面积	Real Area	公顷	hectare
按工程类型分：	By Type of Projects		
退耕地造林	Grain for Green Projects	公顷	hectare
荒山荒地造林	Afforestation of Barren Hills and Wasteland	公顷	hectare
封山育林	Close Hillsides to Facilitate Afforestation	公顷	hectare
按林种分：	By Type of Forest		
生态林	Ecological Forest	公顷	hectare
经济林	By-product Forest	公顷	hectare
草	Grass	公顷	hectare
年末退耕还林总户数	Number of Rural Households Conduct the Conversion Work at Year-end	万户	10 000 households
年末退耕还林总人口	Population Conduct the Conversion Work at Year-end	万人	10 000 persons
本年退耕还林补助资金	Grant Funds for Grain for Green Projects During the Year	万元	10 000 yuan
原政策到期补助资金	Grant Funds After the Existing Arrangement	万元	10 000 yuan
完善退耕还林补助资金	Grant Funds for Perfecting the Outcome of the Conversion	万元	10 000 yuan
巩固退耕还林成果专项资金	Special Fund for Concreting the Outcome of the Conversion	万元	10 000 yuan
荒山造林补助资金	Grant Funds for Afforestation of Barren Hills and Wasteland	万元	10 000 yuan
封山育林补助资金	Grant Funds for Close Hillsides to Facilitate Afforestation	万元	10 000 yuan
退耕还林成果巩固情况	Conditions of Concreting the Outcome of the Conversion		
国家规划基本口粮田累计完成面积	Area of The Basic Grain Ration Cropland by National Planning	公顷	hectare
新能源建设	New Energy		
其中：截至本年末建成沼气池累计个数	Number of Marsh gas pool at Year-end	个	Units
截至本年末节煤节柴灶累计个数	Number of Coal and Firewood Saving Stove at Year-end	眼	Units
截至本年末太阳灶累计个数	Number of Solar Cooker at Year-end	个	Units

Monitor Situation of Grain for Green by County-level

2007	2008	2009	2010	2011
257562.70	261108.10	274693.10	279158.30	280972.00
			277646.30	279460.00
			121306.70	121273.10
137714.52	140933.80	151652.10	156118.30	156051.80
		1733.60	1733.60	3647.10
230429.40	233226.96	257177.50	262013.50	263430.20
26799.97	27547.50	17515.60	17144.80	17541.80
333.30	333.30			
64.30	64.50	61.96	59.40	62.00
241.10	248.10	240.96	232.20	232.00
	45157.64	45598.00	47946.10	40852.60
	22095.40	22682.40	19596.40	6817.10
	3776.20	8135.50	11722.60	17655.40
	17152.00	12634.10	15437.10	15086.00
	2134.00	1882.00	1190.00	1195.00
	219.00	264.00		99.00
			3385.50	3727.10
	64910.00	51119.00	150940.00	225518.00
			89571.00	224146.00
			1976.00	6888.00

2-25 退耕还林农村居民家庭收入与支出(2011年)
Income and Expenditure of Rural households in Grain for Green (2011)

单位：元 (yuan)

指 标	Item	2011
总收入	**Total Income**	**38149640.00**
工资性收入	Income from Wages and Salaries	14457027.00
家庭经营收入	Income from Household Operations	20292156.00
第一产业收入	Primary Industry	18217442.00
种植业收入	Planting	11681973.00
林业收入	Forestry	1070775.00
牧业收入	Animal Husbandry	5263006.00
渔业收入	Fishery	201688.00
第二产业收入	Secondary Industry	851835.00
第三产业收入	Tertiary Industry	1222880.00
财产性收入	Income from Properties	285509.00
转移性收入	Income from Transfers	3114947.00
总支出	**Total Expenditure**	**9600556.00**
家庭经营费用支出	Expenditure for Household Operations	6971247.00
第一产业生产费用支出	Primary Industry	6376454.00
第二产业生产费用支出	Secondary Industry	298853.00
第三产业生产费用支出	Tertiary Industry	295940.00
购置生产性固定资产支出	Purchase of Productive Fixed Assets	449169.00
建、造生产性固定资产雇工支出	Build of Productive Fixed Assets	
税费支出	Taxes and Fees	732.00
财产性支出	Expenses on Properties	7025.00
转移性支出	Expenses on Transfers	2172383.00
纯收入	**Net Income**	**30091750.00**
工资性收入	Wages Income	14457027.00
家庭经营纯收入	Net Income from Household Operations	12692230.00
第一产业纯收入	Primary Industry	11292840.00
农业收入	Farming	8686676.00
林业收入	Forestry	670408.00
牧业收入	Animal Husbandry	1819431.00
渔业收入	Fishery	116324.00
非农产业纯收入	Not Farming Industry	1399390.00
财产性纯收入	Property Income	285509.00
转移性纯收入	Transfer Incom	2656983.00

2-26 退耕还林农村居民家庭现金收入与支出

Cash Income and Expenditure of Rural households in Grain for Green

单位：元 (yuan)

指　标	Item	2007	2008	2010	2011
期内现金收入	**Cash Income**	**17878498**	**20824346**	**25080543**	**30239124**
工资性收入	Income from Wages and Salaries	7102893	8566271	11859368	14451027
家庭经营现金收入	Income from Household Operations	7841652	9274446	10163941	12345754
第一产业现金收入	Primary Industry	6658498	7942193	8352385	10271040
种植业现金收入	Planting	3683372	4001166	4835846	5590552
林业现金收入	Forestry	549492	785564	802052	951500
牧业现金收入	Animal Husbandry	2255189	2925897	2583980	3455151
渔业现金收入	Fishery	170445	229567	130507	273837
第二产业现金收入	Secondary Industry	341860	448136	683631	851835
第三产业现金收入	Tertiary Industry	841294	884116	1127925	122880
财产性现金收入	Income from Properties	113938	108177	358606	331537
转移性现金收入	Income from Transfers	2820014	2875453	2698629	3110806
期内现金支出	**Cash Expenditure**	**17105163**	**20167916**	**7256727**	**7557191**
家庭经营费用支出	Expenditure for Household Operations	3546789	4163557	4537174	4934449
第一产业生产费用支出	Primary Industry	3162160	3812768	4006300	4339656
农业生产费用支出	Planting	1758148	1934829	2261875	2405521
林业生产费用支出	Forestry	339633	334133	3472200	338123
牧业生产费用支出	Animal Husbandry	1005512	1500610	1336899	1521042
渔业生产费用支出	Fishery	58868	43196	60326	74969
第二产业生产费用支出	Secondary Industry	145709	145780	192877	298853
第三产业生产费用支出	Tertiary Industry	238921	205008	337997	295940
购置生产固定资产支出	Purchase of Productive Fixed Assets	357693	509048	448352	449169
税费支出	Taxes and Fees	13049	10687	1470	732
财产性支出	Expenses on Properties	43150	55712	11730	7025
转移性支出	Expenses on Transfers	1085932	1660455	2089025	2165816

主要统计指标解释

粮食产量　指全社会的产量。包括国有经济经营的、集体统一经营的和农民家庭经营的粮食产量，还包括工矿企业办的农场和其他生产单位的产量。粮食除包括稻谷、小麦、玉米、高粱、谷子及其他杂粮外，还包括薯类和豆类。其产量计算方法，豆类按去豆荚后的干豆计算；薯类（包括甘薯和马铃薯，不包括芋头和木薯）1963 年以前按每 4 公斤鲜薯折 1 公斤粮食计算，从 1964 年开始改为按 5 公斤鲜薯折 1 公斤粮食计算。城市郊区作为蔬菜的薯类（如马铃薯等）按鲜品计算，并且不作粮食统计。其他粮食一律按脱粒后的原粮计算。1989 年以前全国粮食产量数据主要靠全面报表取得，1989 年开始使用抽样调查数据。

猪、牛、羊肉产量　指当年出栏并已屠宰、除去头蹄下水后带骨肉（即胴体重）的重量。包括全社会范围内的产量。1996 年前为各级逐级上报数据。1996 年第一次农业普查以后，由于畜牧业产品年报数据与普查数据之间存在一定的差距，国家统计局农调总队对畜牧业年报数据与普查数据进行衔接。1999 年以后，国家统计局开展了猪、牛、羊、禽等主要畜禽品种的抽样调查，并用抽样数据作为国家定案数据使用。未开展抽样调查的品种，仍使用各级统计部门逐级上报数据。

期初（末）畜禽存栏头（只）数　指报告期初（末）农村各种合作经济组织和国营农场、农民个人、机关、团体、学校、工矿企业、部队等单位以及城镇居民饲养的大牲畜、猪、羊、家禽等畜禽的存栏数。数据上报方式及数据调整情况同猪、牛、羊肉产量。

当年出栏头数　指农林牧渔企业生产单位饲养的，供屠宰并已出栏的全部牲畜头数。包括交售给国家，集市上出售的部分。

常用耕地　是指耕地总资源中专门种植农作物并经常进行耕种、能够正常收获的土地。包括当年实际耕种的熟地；弃耕、休闲不满三年，随时可以复耕的地；开荒利用三年以上的土地。在统计口径上包括南方小于 1 米、北方小于 2 米宽的沟、渠、路和田埂。不包括临时种植农作物的坡度在 25 度以上的陡坡地；在河套、湖畔、库区临时开发的成片或零星土地；也不包括已列为国家和省（区、市）退耕计划但临时耕种的土地。常用耕地是国家需要重点保护的耕地，是反映我国农业综合生产能力的一个重要指标。

农作物播种面积　指实际播种或移植有农作物的面积。凡是实际种植有农作物的面积，不论种植在耕地上还是种植在非耕地上，均包括在农作物播种面积中。在播种季节基本结束后，因遭灾而重新改种和补种的农作物面积，也包括在内。它是反映我国耕地面积利用情况的一个重要指标。目前，农作物播种面积主要包括粮食、棉花、油料、糖料、麻类、烟叶、蔬菜和瓜类、药材和其他农作物九大类。

农林牧渔业中间消耗　指农业生产过程中所投入和消耗的各种物质产品和劳务价值总和。分为中间物质消耗和中间劳务消耗。

Explanatory Notes on Main Staistical Indicators

Grain Output refers to the total output in the whole country including grains produced by state farms, collective units, rural households, as well as by farms affiliated to industrial and mining enterprises and other production units. Grain includes rice, wheat, corn, sorghum, millet and other miscellaneous grains as well as tubers and bean. Output of beans refers to dry beans without pods. The output of tubers (sweet potatoes and potatoes, not including taros and cassava) was converted into that of grain at the ratio 4:1, i.e. 4 kilograms of fresh tubers was equivalent to 1 kilogram of grain up to 1963. Since 1964 the ratio for conversion has been 5:1. Tubers supplied as vegetables (such as potatoes) in cities and suburbs are calculated as fresh vegetables and their output is not included in the output of grain. Output of all other grains refers to husked grain. Data on grain production before 1989 were obtained through Comprehensive Statistical Reporting System. Since 1989, data from sample surveys are used.

Output of Pork, Beef, and Mutton refers to the meat of slaughtered hogs, cattle, sheep and goats with head, feet, and offal taken away. Data refers to the production of the whole country. The first agriculture census of China in 1996 revealed some discrepancy between the production of animal products from the annual reports and that from the census. Efforts were made by the Rural Socio-economic Survey Organization of NBS to adjust the output value of animal husbandry to make the figures from the annual reports consistent with the census data. Since 1999, NBS conducted sample survey for the major animal husbandry products, such as hogs, cattle, sheep and goats and fowls, and the data from sample surveys are used as national finalized data. Those products, which are not covered by the sample survey, are still reported by statistical agencies level by level.

Number of Livestock or Poultry in Stock at Beginning (or End) refers to the total number of large animals, pigs, sheep, fowls, etc. raised by rural cooperative organizations, state farms, rural individuals, government agencies, schools, industrial and mining enterprises, army, and urban residents at the beginning （or end）of the reference period. Data reporting system and data adjustment are the same as that in the output of pork, beef and mutton.

Number of Livestock Slaughtered refers to the total number of animals for butchering by farming, forestry, animal husbandry and fishery, including parts of selling to country and markets.

Regularly Cultivated Land refers to farmland among the total land resources, which is exclusively used for farming and is under regular cultivation with harvest in normal years. Included are currently cultivated land, land that has been abandoned or put in idle for less than 3 years and could be re-used for cultivation at any time, and new-claimed land that has been put into cultivation for more than 3 years. According to statistical coverage, it includes the gouges, dykes, roads and ridges of field with 1 meter wide in Southern areas and 2 meters wide in Northern areas. Excluded under this category are steep slope land over 25 degrees under temporary cultivation, land (large or small plots) that is claimed along river bends, lake sides or banks of reservoirs, as well as land that has been designated under the "Green for Grain" programme of the state and provincial governments but is still temporarily under cultivation. The regularly cultivated land is the key protection land of the nation, an important indicator reflecting the comprehensive productivity of agriculture of China.

Sown Area of Crops refers to area of land sown or transplanted with crops regardless of being in cultivated area or non-cultivated area. Area of land re-sown due to natural disasters is also included. This is an important indicator that can reflect the utilization condition of the cultivated land in China. At present, the sown area of crops mainly include the following 9 categories of crops: grain, cotton, oil-bearing crops, sugar crops, fiber crops, Tobacco, Vegetables and melons, medicinal materials and other farm crops.

Intermediate consumption of Farming, Forestry, Animal Husbandry and Fishery refers to total value input and consumption in the process of agriculture production and various physical products. It is classified into intermediate material consumption and intermediate service consumption.

三

企业调查

Chapter 2

Enterprise survey

资料整理：敖和金　蔡利平　郭　峰

3-1 企业家信心指数(2011年)
Enterpriser Confidence Index(2011)

指 标	Item	一季度 First Quarter	二季度 Second Quarter	三季度 Third Quarter	四季度 Fourth Quarter
企业家信心指数	**Entrepreneur Confidence Index**	**139.5**	**127.4**	**128.5**	**125.1**
按行业门类分	Grouped by Sector				
工业	Industry	138.1	119.4	121.2	119.1
采掘业	Mining and Quarrying	132.9	141.5	154.6	154.6
制造业	Manufacturing	138.7	118.7	120.6	117.6
电力、煤气及水生产供应业	Production & Supply of Power, Gas and Water	133.2	122.4	117.5	125.9
建筑业	Construction	155.1	154.7	150.3	144.6
交通运输、仓储及邮电通信业	Transportation, Storage, Posts and Telecommunications	126.3	124.6	122.8	123.2
批发和零售业	Wholesale, Retail and Catering	155.3	145.6	144.3	140.5
房地产业	Real Estate	122.2	117.2	121.4	98.2
社会服务业	Social Services	129.4	126.5	139.4	144.1
信息传输、计算机服务及软件业	Information Transmitting, Computer Services and Software	142.6	146.6	142.8	138.3
住宿和餐饮业	Hotel and Eateries	139.7	141.9	141.1	137.3
按企业登记注册类型分	Grouped by Status of Registration				
国有企业	State-owned Enterprises	138.3	125.8	126.7	123.0
集体企业	Collective-owned Enterprises	128.8	130.5	127.5	126.8
股份合作企业	Cooperative Enterprises	105.6	116.7	94.4	105.9
有限责任公司	Limited Liability Corporations	134.9	120.8	124.7	121.5
股份有限公司	Shar-holding Corporations Limited	147.9	136.0	134.9	131.0
私营企业	Private Enterprises	135.9	127.8	135.8	132.2
港、澳、台投资企业	Hong Kong, Macao and Taiwan Invested Enterprises	162.6	155.9	149.2	132.7
外商投资企业	Foreign Invested Enterprises	160.3	151.1	148.4	132.1
按企业规模分	Grouped by Size of Enterprises				
大型	Large Enterprises	144.6	114.5	119.5	109.6
中型	Medium Enterprises	146.8	133.9	135.7	131.9
小型	Small Enterprises	129.1	123.3	121.9	120.6
按特殊群体分	Grouped by Special Group				
国家重点企业	Key State Enterprises	134.2	80.7	95.0	93.2
出口企业	Export Enterprises	145.3	120.5	124.3	116.0
上市公司	Listed Companies	152.7	146.7	142.2	139.5
国有控股企业	State-owned Enterprises	142.7	125.0	129.5	125.2

3-2 企业景气指数(2011年)

Enterprise Boom Climate Index(2011)

指　　标	Item	一季度 First Quarter	二季度 Second Quarter	三季度 Third Quarter	四季度 Fourth Quarter
企业景气指数	**Entrepreneur Business Climate Index**	**136.1**	**131.9**	**128.9**	**130.2**
按行业门类分	Grouped by Sector				
工业	Industry	132.2	127.9	124.0	125.4
采掘业	Mining and Quarrying	82.6	132.4	154.1	152.2
制造业	Manufacturing	133.9	128.5	124.9	125.7
电力、煤气及水生产供应业	Production & Supply of Power, Gas and Water	124.8	119.3	103.7	114.8
建筑业	Construction	141.1	145.0	144.8	147.0
交通运输、仓储及邮电通信业	Transportation, Storage, Posts and Telecommunications	134.6	124.1	118.3	122.0
批发和零售业	Wholesale, Retail and Catering	155.9	153.3	142.7	149.4
房地产业	Real Estate	131.1	120.6	117.3	102.6
社会服务业	Social Services	129.4	129.4	139.4	138.2
信息传输、计算机服务及软件业	Information Transmitting, Computer Services and Software	152.9	141.4	146.7	154.0
住宿和餐饮业	Hotel and Eateries	132.7	128.0	134.0	133.3
按企业登记注册类型分	Grouped by Status of Registration				
国有企业	State-owned Enterprises	142.2	134.4	134.8	130.6
集体企业	Collective-owned Enterprises	116.0	125.5	135.7	114.3
股份合作企业	Cooperative Enterprises	122.2	133.3	105.6	105.9
有限责任公司	Limited Liability Corporations	130.3	127.8	124.2	127.2
股份有限公司	Shar-holding Corporations Limited	143.7	137.9	134.0	135.6
私营企业	Private Enterprises	122.1	131.3	118.8	129.8
港、澳、台投资企业	Hong Kong, Macao and Taiwan Invested Enterprises	136.4	147.4	147.4	139.0
外商投资企业	Foreign Invested Enterprises	153.0	128.1	133.4	139.9
按企业规模分	Grouped by Size of Enterprises				
大型	Large Enterprises	158.2	143.9	131.9	146.7
中型	Medium Enterprises	138.8	136.1	132.4	133.1
小型	Small Enterprises	124.1	120.5	120.3	118.3
按特殊群体分	Grouped by Special Group				
国家重点企业	Key State Enterprises	151.1	139.0	121.6	139.1
出口企业	Export Enterprises	144.5	138.2	129.3	135.5
上市公司	Listed Companies	155.8	149.6	144.9	147.5
国有控股企业	State-owned Enterprises	143.5	137.1	132.5	136.7

3-3 工业企业景气指数(2011年)

Industrial Business Climate Index(2011)

指　标	Item	一季度 First Quarter	二季度 Second Quarter	三季度 Third Quarter	四季度 Fourth Quarter
企业家信心指数	**Entrepreneur Confidence Index**	**138.1**	**119.4**	**121.2**	**119.1**
企业景气指数	Enterprises Business Climate Index	132.2	127.9	124.0	125.4
生产成本	Production Cost	47.4	52.1	55.1	64.5
生产总量	Total Output	104.9	133.8	119.1	113.5
产品订货	Product Order	121.6	119.9	112.3	106.9
# 国外订货	# Orders from Abroad	95.5	97.7	92.7	88.2
产品销售	Product Sales	108.0	122.3	117.8	113.0
产品销售价格	Product Sales Price	118.1	109.8	102.2	91.7
产成品库存	Products Stocks	127.9	128.8	123.6	113.6
盈利(亏损)变化	Profit(Loss)Changes	107.8	110.2	103.5	107.0
流动资金	Working Capital	90.3	88.1	88.7	81.2
企业融资	Enterprise Financing	87.1	85.8	80.0	78.4
货款拖欠	Loan in Arrear	111.7	99.4	100.2	99.9
劳动力需求	Labor Force Requirement	126.9	121.6	120.5	116.6
固定资产投资	Fixed Assest Investment	109.2	117.3	111.9	110.8
科技创新	Technology Innovation Material	119.7	121.2	116.6	119.0
主要原材料及能源购进价格	Mainly Original Material and Energy Purchase Price	35.6	41.7	50.8	72.0
主要原材料及能源供应	Mainly Original Material and Energy Supply	125.6	119.1	123.6	127.5

3-4 建筑业企业景气指数(2011年)

Architectural Business Climate Index(2011)

指　标	Item	一季度 First Quarter	二季度 Second Quarter	三季度 Third Quarter	四季度 Fourth Quarter
企业家信心指数	**Entrepreneur Confidence Index**	**155.1**	**154.7**	**150.3**	**144.6**
企业景气指数	Enterprises Business Climate Index	141.1	145.0	144.8	147.0
工程合同	Number of Project contract	113.5	153.0	139.4	133.4
# 国(境)外合同	# State(Habitat)Outside Contracts	118.1	111.5	95.1	100.7
建筑工程量	Number of Construction Project	112.2	163.1	152.1	136.1
新开工工程量	Number of Newly Building Project	109.8	150.8	141.6	129.1
技术设备能力	Volume of Techno-equipment Capability	131.9	142.3	150.5	143.1
工程进度	Degree in Carrying on the Project	140.1	153.1	150.5	141.7
工程结算收入	Project Income	97.5	148.8	133.6	137.7
建筑材料购进价格	Building Material Purchasing Price	36.0	27.8	44.2	71.3
工程结算成本	Cost of Project Settlement	63.6	39.6	41.8	53.7
盈利(亏损)变化	Profit(Loss)Changes	109.2	126.0	121.0	124.0
流动资金	Working Capital	104.1	92.1	86.4	83.3
企业融资	Enterprise Financing	83.3	81.8	76.6	73.4
工程款拖欠	Loan in Arrear	114.9	80.8	84.3	97.5
劳动力需求	Labor Force Requirement	116.3	158.7	146.7	135.3
固定资产投资	Fixed Assest Investment	86.6	130.3	116.8	103.7

3-5 交通运输、仓储及邮电通信业企业景气指数(2011年)
Business Climate Index in Transportation and Communication, Storage and Postal-service (2011)

指　　标	Item	一季度 First Quarter	二季度 Second Quarter	三季度 Third Quarter	四季度 Fourth Quarter
企业家信心指数	**Entrepreneur Confidence Index**	**126.3**	**124.6**	**122.8**	**123.2**
企业景气指数	Enterprises Business Climate Index	134.6	124.1	118.3	122.0
业务预订	Business in Order	126.1	96.0	109.1	108.3
业务量	Volume of Business	140.0	98.3	112.8	119.3
业务收费价格	Business Charges Price	121.2	96.4	107.1	106.4
业务成本	Business Cost	58.4	48.8	60.6	51.3
盈利(亏损)变化	Profit(Loss)Changes	116.1	90.1	91.9	108.3
流动资金	Working Capital	87.9	73.5	73.3	69.4
企业融资	Enterprise Financing	72.5	66.7	71.2	66.5
货款拖欠	Loan in Arrear	97.9	102.8	102.0	108.6
劳动力需求	Labor Force Requirement	121.7	103.1	120.7	109.7
固定资产投资	Fixed Assest Investment	113.4	117.5	116.3	108.8

3-6 批发和零售业企业景气指数(2011年)
Business Climate Index in Boom in Whole-sale and Retail (2011)

指　　标	Item	一季度 First Quarter	二季度 Second Quarter	三季度 Third Quarter	四季度 Fourth Quarter
企业家信心指数	**Entrepreneur Confidence Index**	**155.3**	**145.6**	**144.3**	**140.5**
企业景气指数	Enterprises Business Climate Index	155.9	153.3	142.7	149.4
购货合同	Purchase Contract	110.7	108.3	107.1	112.4
商品购进价格	Commodity Purchase Price	49.5	55.1	59.0	86.5
商品销售	Commodity Sales	141.0	139.1	124.5	140.7
# 出口	# Exports	105.5	116.3	82.1	101.3
商品销售价格	Commodity Sales Price	146.5	147.7	133.2	107.5
商品库存	Commodity Stocks	97.9	100.9	92.0	90.6
经营费用	Business Charges	67.6	72.0	71.2	56.6
竞争能力	Competitive Capability	154.5	148.4	142.1	141.3
盈利(亏损)变化	Profit(Loss)Changes	138.6	125.7	113.1	130.4
流动资金	Working Capital	126.6	127.7	127.2	123.3
企业融资	Enterprise Financing	104.5	94.6	113.6	96.1
货款拖欠	Loan in Arrear	101.7	107.2	110.0	116.3
劳动力需求	Labor Force Requirement	126.8	112.4	126.6	121.7
固定资产投资	Fixed Assest Investment	113.4	124.4	117.2	117.0

3-7 房地产业企业景气指数(2011年)

Business Climate Index in Real Estate (2011)

指 标	Item	一季度 First Quarter	二季度 Second Quarter	三季度 Third Quarter	四季度 Fourth Quarter
企业家信心指数	**Entrepreneur Confidence Index**	**122.2**	**117.2**	**121.4**	**98.2**
企业景气指数	Enterprises Business Climate Index	131.1	120.6	117.3	102.6
土地开发	Land Development	93.9	111.2	108.4	97.2
完成投资	Completed Investment	105.1	115.2	116.8	103.2
新开工情况	Information in Newly Building	90.6	102.1	98.1	86.2
房屋竣工	Completed House	81.6	97.2	101.9	91.2
商品房预售	Sales for Commercial Residence be Constructed	94.6	88.2	92.4	76.4
商品房销售	Commercial Residence Sales	89.6	83.2	92.2	73.2
商品房销售价格	Commercial Residence Sales Price	124.0	118.0	114.6	104.0
空置商品房	Commercial Residence Idiom Area	134.0	133.5	139.5	132.0
盈利(亏损)变化	Profit(Loss)Changes	111.9	98.0	96.4	82.6
流动资金	Working Capital	102.2	82.2	87.1	69.6
企业融资	Enterprise Financing	82.0	69.3	68.9	62.2
货款拖欠	Loan in Arrear	122.2	120.2	116.3	105.1
劳动力需求	Labor Force Requirement	112.7	98.1	95.0	90.0
固定资产投资	Fixed Assest Investment	99.1	100.6	106.0	90.6

3-8 社会服务业企业景气指数(2011年)

Business Climate Index in Social Service (2011)

指 标	Item	一季度 First Quarter	二季度 Second Quarter	三季度 Third Quarter	四季度 Fourth Quarter
企业家信心指数	**Entrepreneur Confidence Index**	**129.4**	**126.5**	**139.4**	**144.1**
企业景气指数	Enterprises Business Climate Index	129.4	129.4	139.4	138.2
服务预订	Service Order	91.2	85.3	124.2	105.9
竞争能力	Competitive Capability	141.2	129.4	142.4	158.8
旅游客源	Tourist Source	115.4	116.7	130.8	115.4
收费(服务)价格	Charges(Service)Price	94.1	94.1	100.0	94.1
业务量	Volume of Business	111.8	114.7	130.3	123.5
营业成本	Business Cost	44.1	55.9	51.5	61.8
盈利(亏损)变化	Profit(Loss)Changes	94.1	94.1	109.1	105.9
流动资金	Working capital	88.2	94.1	100.0	105.9
企业融资	Enterprise Financing	64.7	70.6	69.7	73.5
货款拖欠	Loan in Arrear	111.8	100.0	75.8	105.9
劳动力需求	Labor Force Requirement	120.6	114.7	124.2	108.8
固定资产投资	Fixed Assest Investment	111.8	126.5	121.2	129.4

3-9 信息传输、计算机服务和软件业企业景气指数(2011年)
Business Climate Index in Information Transmission, Computer Service and Software (2011)

指　标	Item	一季度 First Quarter	二季度 Second Quarter	三季度 Third Quarter	四季度 Fourth Quarter
企业家信心指数	**Entrepreneur Confidence Index**	**142.6**	**146.6**	**142.8**	**138.3**
企业景气指数	Enterprises Business Climate Index	152.9	141.4	146.7	154.0
产品销售	Business in Sales	148.3	122.2	130.4	142.3
产品订货	Business in Order	131.2	101.3	119.3	133.4
竞争能力	Competitive Capability	140.0	126.9	134.3	129.5
销售(收费)价格	Sales(Charges)Price	87.8	67.2	76.6	67.1
营业收入	Business Income	132.1	122.8	117.4	140.7
营业成本	Business Cost	68.6	59.4	61.8	47.9
盈利(亏损)变化	Profit(Loss)Changes	124.8	105.1	118.7	109.7
流动资金	Working Capital	132.0	116.9	115.5	114.9
企业融资	Enterprise Financing	113.2	113.0	101.3	107.4
货款拖欠	Loan in Arrear	114.4	100.9	105.4	101.9
劳动力需求	Labor Force Requirement	130.3	117.2	114.9	123.6
固定资产投资	Fixed Assest Investment	125.8	140.0	129.4	138.6

3-10 住宿和餐饮业企业景气指数(2011年)
Business Climate Index in Social Service (2011)

指　标	Item	一季度 First Quarter	二季度 Second Quarter	三季度 Third Quarter	四季度 Fourth Quarter
企业家信心指数	**Entrepreneur Confidence Index**	**139.7**	**141.9**	**141.1**	**137.3**
企业景气指数	Enterprises Business Climate Index	132.7	128.0	134.0	133.3
业务预订	Business Order	115.6	102.2	122.1	107.2
业务量	Volume of Business	121.2	100.6	125.2	107.2
竞争能力	Competitive Capability	139.1	133.7	136.4	130.0
客房出租	Guest Room Rent	98.6	91.3	100.0	91.4
收费(服务)价格	Charges(Service)Price	107.5	108.8	113.2	110.1
营业收入	Business Income	116.0	99.7	127.2	105.5
营业成本	Business Cost	63.2	65.8	58.4	65.0
盈利(亏损)变化	Profit(Loss)Changes	112.4	105.1	110.4	118.3
流动资金	Working Capital	103.8	109.7	107.9	107.8
企业融资	Enterprise Financing	86.7	84.4	88.2	79.6
货款拖欠	Loan in Arrear	96.4	97.3	101.3	103.6
劳动力需求	Labor Force Requirement	131.4	115.2	137.5	128.8
固定资产投资	Fixed Assest Investment	99.8	99.3	108.5	121.3

3-11 企业生产总量景气指数(2011年)

Business Climate Index in Enterprises Production(2011)

指　标	Item	一季度 First Quarter	二季度 Second Quarter	三季度 Third Quarter	四季度 Fourth Quarter
企业生产景气指数	**Business Climate Index inExnterprises Production**	**113.9**	**131.3**	**123.2**	**119.3**
按行业门类分	Grouped by Sector				
工业	Industry	104.9	133.8	119.1	113.5
采掘业	Mining and Quarrying	52.2	152.2	121.3	149.8
制造业	Manufacturing	105.9	133.0	117.2	115.1
电力、煤气及水生产供应业	Production & Supply of Power, Gas and Water	110.9	139.7	142.3	82.8
建筑业	Construction	112.2	163.1	152.1	136.1
交通运输、仓储及邮电通信业	Transportation, Storage, Posts and Telecommunications	140.0	98.3	112.8	119.3
批发和零售业	Wholesale, Retail and Catering	141.0	139.1	124.5	140.7
房地产业	Real Estate	105.1	115.2	116.8	103.2
社会服务业	Social Services	111.8	114.7	130.3	123.5
信息传输、计算机服务及软件业	Information Transmitting, Computer Services and Software	148.3	122.2	130.4	142.3
住宿和餐饮业	Hotel and Eateries	121.2	100.6	125.2	107.2
按企业登记注册类型分	Grouped by Status of Registration				
国有企业	State-owned Enterprises	114.5	138.6	134.4	109.0
集体企业	Collective-owned Enterprises	118.7	126.4	119.6	127.4
股份合作企业	Cooperative Enterprises	111.1	150.0	100.0	88.2
有限责任公司	Limited Liability Corporations	108.8	120.9	117.2	120.2
股份有限公司	Shar-holding Corporations Limited	119.3	146.7	123.8	126.8
私营企业	Private Enterprises	112.7	122.4	118.9	126.9
港、澳、台投资企业	Hong Kong, Macao and Taiwan Invested Enterprises	116.4	151.3	125.5	115.9
外商投资企业	Foreign Invested Enterprises	126.0	100.0	130.2	109.8
按企业规模分	Grouped by Size of Enterprises				
大型	Large Enterprises	101.9	154.0	138.4	105.7
中型	Medium Enterprises	113.8	133.5	125.3	131.0
小型	Small Enterprises	116.9	117.5	113.4	109.2
按特殊群体分	Grouped by Special Group				
国家重点企业	Key State Enterprises	64.8	150.9	130.5	102.5
出口企业	Export Enterprises	109.9	145.3	127.3	117.7
上市公司	Listed Companies	122.1	158.4	133.3	111.8
国有控股企业	State-owned Enterprises	115.1	142.1	131.6	120.5

3-12 企业盈利(亏损)变化景气指数(2011年)

Corporate Profit(loss)Changes in Sentiment Index(2011)

指标	Item	一季度 First Quarter	二季度 Second Quarter	三季度 Third Quarter	四季度 Fourth Quarter
企业盈利(亏损)景气指数	**Corporate Profit(loss)Changes in Sentiment Index**	**111.8**	**110.1**	**105.9**	**110.0**
按行业门类分	Grouped by Sector				
工业	Industry	107.8	110.2	103.5	107.0
采掘业	Mining and Quarrying	47.8	134.8	152.2	152.2
制造业	Manufacturing	108.8	110.7	103.0	107.5
电力、煤气及水生产供应业	Production & Supply of Power, Gas and Water	113.9	97.1	94.3	87.2
建筑业	Construction	109.2	126.0	121.0	124.0
交通运输、仓储及邮电通信业	Transportation, Storage, Posts and Telecommunications	116.1	90.1	91.9	108.3
批发和零售业	Wholesale, Retail and Catering	138.6	125.7	113.1	130.4
房地产业	Real Estate	111.9	98.0	96.4	82.6
社会服务业	Social Services	94.1	94.1	109.1	105.9
信息传输、计算机服务及软件业	Information Transmitting, Computer Services and Software	124.8	105.1	118.7	109.7
住宿和餐饮业	Hotel and Eateries	112.4	105.1	110.4	118.3
按企业登记注册类型分	Grouped by Status of Registration				
国有企业	State-owned Enterprises	119.7	109.2	108.5	98.6
集体企业	Collective-owned Enterprises	118.9	126.3	117.1	128.1
股份合作企业	Cooperative Enterprises	111.1	116.7	83.3	82.4
有限责任公司	Limited Liability Corporations	106.1	107.2	108.1	114.4
股份有限公司	Shar-holding Corporations Limited	129.3	118.6	98.9	118.4
私营企业	Private Enterprises	98.3	112.9	103.7	119.1
港、澳、台投资企业	Hong Kong, Macao and Taiwan Invested Enterprises	111.9	128.9	121.7	107.4
外商投资企业	Foreign Invested Enterprises	108.9	87.1	103.7	107.4
按企业规模分	Grouped by Size of Enterprises				
大型	Large Enterprises	134.7	108.1	89.1	106.3
中型	Medium Enterprises	110.3	117.0	112.0	115.6
小型	Small Enterprises	106.7	102.1	103.3	105.4
按特殊群体分	Grouped by Special Group				
国家重点企业	Key State Enterprises	117.7	111.3	71.9	91.4
出口企业	Export Enterprises	121.1	117.0	102.5	111.2
上市公司	Listed Companies	125.3	112.7	80.1	106.6
国有控股企业	State-owned Enterprises	119.7	112.7	103.9	111.4

3-13 企业流动资金景气指数(2011年)

Business Climate Index in Enterprises Working Capitals(2011)

指　　标	Item	一季度 First Quarter	二季度 Second Quarter	三季度 Third Quarter	四季度 Fourth Quarter
企业流动资金景气指数	**Business Climate Index in Enterprises Working Capitals**	**97.5**	**93.1**	**93.3**	**87.4**
按行业门类分	Grouped by Sector				
工业	Industry	90.3	88.1	88.7	81.2
采掘业	Mining and Quarrying	87.0	91.3	106.3	110.6
制造业	Manufacturing	90.4	88.0	88.3	79.5
电力、煤气及水生产供应业	Production & Supply of Power, Gas and Water	88.3	87.2	84.9	91.1
建筑业	Construction	104.1	92.1	86.4	83.3
交通运输、仓储及邮电通信业	Transportation, Storage, Posts and Telecommunications	87.9	73.5	73.3	69.4
批发和零售业	Wholesale, Retail and Catering	126.6	127.7	127.2	123.3
房地产业	Real Estate	102.2	82.2	87.1	69.6
社会服务业	Social Services	88.2	94.1	100.0	105.9
信息传输、计算机服务及软件业	Information Transmitting, Computer Services and Software	132.0	116.9	115.5	114.9
住宿和餐饮业	Hotel and Eateries	103.8	109.7	107.9	107.8
按企业登记注册类型分	Grouped by Status of Registration				
国有企业	State-owned Enterprises	96.5	90.9	91.3	83.0
集体企业	Collective-owned Enterprises	82.7	82.7	90.5	87.4
股份合作企业	Cooperative Enterprises	83.3	88.9	83.3	58.8
有限责任公司	Limited Liability Corporations	91.4	88.7	87.5	84.8
股份有限公司	Shar-holding Corporations Limited	115.5	112.1	113.2	95.2
私营企业	Private Enterprises	91.6	97.1	92.1	81.4
港、澳、台投资企业	Hong Kong, Macao and Taiwan Invested Enterprises	114.7	126.0	128.1	107.6
外商投资企业	Foreign Invested Enterprises	124.0	105.6	115.5	119.7
按企业规模分	Grouped by Size of Enterprises				
大型	Large Enterprises	104.8	114.5	114.9	99.8
中型	Medium Enterprises	104.7	95.6	95.9	91.2
小型	Small Enterprises	86.8	83.5	82.7	77.5
按特殊群体分	Grouped by Special Group				
国家重点企业	Key State Enterprises	96.2	101.7	96.1	84.7
出口企业	Export Enterprises	91.1	91.5	89.8	81.0
上市公司	Listed Companies	129.2	134.4	133.2	101.1
国有控股企业	State-owned Enterprises	101.0	100.9	96.7	89.5

3-14 企业货款拖欠景气指数(2011年)

Business Climate Index in Enterprises Loan in Arrear(2011)

指 标	Item	一季度 First Quarter	二季度 Second Quarter	三季度 Third Quarter	四季度 Fourth Quarter
企业货款拖欠景气指数	**Business Climate Index in Enterprises Loan in Arrear**	**110.3**	**99.8**	**99.8**	**102.6**
按行业门类分	Grouped by Sector				
工业	Industry	111.7	99.4	100.2	99.9
采掘业	Mining and Quarrying	130.0	145.9	125.6	128.0
制造业	Manufacturing	112.0	97.0	98.8	98.2
电力、煤气及水生产供应业	Production & Supply of Power, Gas and Water	102.1	111.5	109.2	110.3
建筑业	Construction	114.9	80.8	84.3	97.5
交通运输、仓储及邮电通信业	Transportation, Storage, Posts and Telecommunications	97.9	102.8	102.0	108.6
批发和零售业	Wholesale, Retail and Catering	101.7	107.2	110.0	116.3
房地产业	Real Estate	122.2	120.2	116.3	105.1
社会服务业	Social Services	111.8	100.0	75.8	105.9
信息传输、计算机服务及软件业	Information Transmitting, Computer Services and Software	114.4	100.9	105.4	101.9
住宿和餐饮业	Hotel and Eateries	96.4	97.3	101.3	103.6
按企业登记注册类型分	Grouped by Status of Registration				
国有企业	State-owned Enterprises	104.9	100.3	97.7	111.7
集体企业	Collective-owned Enterprises	116.2	116.0	102.7	119.6
股份合作企业	Cooperative Enterprises	127.8	111.1	116.7	117.7
有限责任公司	Limited Liability Corporations	113.4	99.6	97.6	97.5
股份有限公司	Shar-holding Corporations Limited	111.1	105.5	108.6	98.3
私营企业	Private Enterprises	118.4	96.5	107.2	108.7
港、澳、台投资企业	Hong Kong, Macao and Taiwan Invested Enterprises	113.1	107.4	110.8	107.1
外商投资企业	Foreign Invested Enterprises	110.3	99.8	105.8	106.0
按企业规模分	Grouped by Size of Enterprises				
大型	Large Enterprises	112.8	99.5	107.6	107.6
中型	Medium Enterprises	105.5	97.0	97.2	102.1
小型	Small Enterprises	114.2	104.3	102.1	100.5
按特殊群体分	Grouped by Special Group				
国家重点企业	Key State Enterprises	115.2	94.7	93.7	99.0
出口企业	Export Enterprises	111.1	93.2	100.7	98.9
上市公司	Listed Companies	106.2	104.5	106.3	89.4
国有控股企业	State-owned Enterprises	106.1	101.1	100.2	106.5

3-15 企业劳动力需求景气指数(2011年)

Enterprise Demand for Labor Sentiment Index(2011)

指 标	Item	一季度 First Quarter	二季度 Second Quarter	三季度 Third Quarter	四季度 Fourth Quarter
企业劳动力需求景气指数	**Enterprise Demand for Labor Sentiment Index**	**124.8**	**120.9**	**122.7**	**117.2**
按行业门类分	Grouped by Sector				
工业	Industry	126.9	121.6	120.5	116.6
采掘业	Mining and Quarrying	96.1	128.5	121.7	143.5
制造业	Manufacturing	129.6	123.2	121.8	116.4
电力、煤气及水生产供应业	Production & Supply of Power, Gas and Water	104.4	100.2	103.7	111.8
建筑业	Construction	116.3	158.7	146.7	135.3
交通运输、仓储及邮电通信业	Transportation, Storage, Posts and Telecommunications	121.7	103.1	120.7	109.7
批发和零售业	Wholesale, Retail and Catering	126.8	112.4	126.6	121.7
房地产业	Real Estate	112.7	98.1	95.0	90.0
社会服务业	Social Services	120.6	114.7	124.2	108.8
信息传输、计算机服务及软件业	Information Transmitting, Computer Services and Software	130.3	117.2	114.9	123.6
住宿和餐饮业	Hotel and Eateries	131.4	115.2	137.5	128.8
按企业登记注册类型分	Grouped by Status of Registration				
国有企业	State-owned Enterprises	107.8	108.1	118.3	109.6
集体企业	Collective-owned Enterprises	114.3	108.4	114.2	109.7
股份合作企业	Cooperative Enterprises	127.8	144.4	122.2	105.9
有限责任公司	Limited Liability Corporations	123.3	122.0	122.4	117.0
股份有限公司	Shar-holding Corporations Limited	132.8	124.4	122.4	122.9
私营企业	Private Enterprises	133.0	123.0	122.0	122.3
港、澳、台投资企业	Hong Kong, Macao and Taiwan Invested Enterprises	128.8	134.3	132.6	128.0
外商投资企业	Foreign Invested Enterprises	153.5	110.5	132.0	134.3
按企业规模分	Grouped by Size of Enterprises				
大型	Large Enterprises	111.1	119.3	123.4	113.6
中型	Medium Enterprises	131.5	126.1	127.0	124.0
小型	Small Enterprises	123.0	113.5	116.7	111.5
按特殊群体分	Grouped by Special Group				
国家重点企业	Key State Enterprises	103.9	127.9	105.6	111.8
出口企业	Export Enterprises	131.6	129.6	128.5	126.9
上市公司	Listed Companies	133.7	128.4	120.8	117.8
国有控股企业	State-owned Enterprises	116.9	118.5	119.5	113.9

3-16 企业固定资产投资景气指数(2011年)

Business Climate Index in Industrial Fixed Assets Investment(2011)

指　　标	Item	一季度 First Quarter	二季度 Second Quarter	三季度 Third Quarter	四季度 Fourth Quarter
企业固定资产投资景气指数	**Business Climate Index in Industrial Fixed Assets Investment**	**107.7**	**118.9**	**113.8**	**111.8**
按行业门类分	Grouped by Sector				
工业	Industry	109.2	117.3	111.9	110.8
采掘业	Mining and Quarrying	104.4	139.1	152.2	134.8
制造业	Manufacturing	110.7	118.0	110.4	108.9
电力、煤气及水生产供应业	Production & Supply of Power, Gas and Water	90.4	102.8	119.4	125.6
建筑业	Construction	86.6	130.3	116.8	103.7
交通运输、仓储及邮电通信业	Transportation, Storage, Posts and Telecommunications	113.4	117.5	116.3	108.8
批发和零售业	Wholesale, Retail and Catering	113.4	124.4	117.2	117.0
房地产业	Real Estate	99.1	100.6	106.0	90.6
社会服务业	Social Services	111.8	126.5	121.2	129.4
信息传输、计算机服务及软件业	Information Transmitting, Computer Services and Software	125.8	140.0	129.4	138.6
住宿和餐饮业	Hotel and Eateries	99.8	99.3	108.5	121.3
按企业登记注册类型分	Grouped by Status of Registration				
国有企业	State-owned Enterprises	102.5	108.8	107.6	108.0
集体企业	Collective-owned Enterprises	101.8	110.0	110.0	113.0
股份合作企业	Cooperative Enterprises	111.1	122.2	111.1	123.5
有限责任公司	Limited Liability Corporations	105.4	118.5	113.7	111.8
股份有限公司	Shar-holding Corporations Limited	110.4	129.5	121.2	116.9
私营企业	Private Enterprises	105.2	111.2	113.5	115.4
港、澳、台投资企业	Hong Kong, Macao and Taiwan Invested Enterprises	101.7	132.8	129.1	123.2
外商投资企业	Foreign Invested Enterprises	119.4	114.8	123.6	106.0
按企业规模分	Grouped by Size of Enterprises				
大型	Large Enterprises	91.7	119.8	104.6	102.7
中型	Medium Enterprises	113.3	119.1	117.1	113.4
小型	Small Enterprises	106.2	113.3	110.8	110.6
按特殊群体分	Grouped by Special Group				
国家重点企业	Key State Enterprises	90.3	96.6	92.2	90.6
出口企业	Export Enterprises	106.7	119.4	105.7	100.8
上市公司	Listed Companies	109.1	145.6	123.2	116.9
国有控股企业	State-owned Enterprises	102.0	118.1	113.3	112.4

3-17 企业产品订货景气指数(2011年)
Business Climate Index in Enterprises Order(2011)

指　标	Item	一季度 First Quarter	二季度 Second Quarter	三季度 Third Quarter	四季度 Fourth Quarter
企业产品订货景气指数	**Business Climate Index in Enterprises Order**	**117.4**	**115.6**	**114.1**	**109.2**
按行业门类分	Grouped by Sector				
工业	Industry	121.6	119.9	112.3	106.9
采掘业	Mining and Quarrying	98.1	150.2	132.4	152.2
制造业	Manufacturing	121.5	118.3	111.2	106.7
电力、煤气及水生产供应业	Production & Supply of Power, Gas and Water	128.4	129.4	116.2	94.9
建筑业	Construction	113.5	153.0	139.4	133.4
交通运输、仓储及邮电通信业	Transportation, Storage, Posts and Telecommunications	126.1	96.0	109.1	108.3
批发和零售业	Wholesale, Retail and Catering	110.7	108.3	107.1	112.4
房地产业	Real Estate	94.6	88.2	92.4	76.4
社会服务业	Social Services	91.2	85.3	124.2	105.9
信息传输、计算机服务及软件业	Information Transmitting, Computer Services and Software	131.2	101.3	119.3	133.4
住宿和餐饮业	Hotel and Eateries	115.6	102.2	122.1	107.2
按企业登记注册类型分	Grouped by Status of Registration				
国有企业	State-owned Enterprises	118.0	111.4	117.0	98.3
集体企业	Collective-owned Enterprises	109.8	124.7	116.5	120.1
股份合作企业	Cooperative Enterprises	144.4	150.0	105.6	105.9
有限责任公司	Limited Liability Corporations	110.8	110.7	113.5	110.4
股份有限公司	Shar-holding Corporations Limited	126.4	122.5	115.3	117.3
私营企业	Private Enterprises	111.0	121.4	110.8	115.8
港、澳、台投资企业	Hong Kong, Macao and Taiwan Invested Enterprises	112.4	133.4	110.5	93.8
外商投资企业	Foreign Invested Enterprises	135.0	117.7	99.3	120.7
按企业规模分	Grouped by Size of Enterprises				
大型	Large Enterprises	125.8	127.6	115.2	101.9
中型	Medium Enterprises	120.4	120.3	117.2	117.1
小型	Small Enterprises	111.5	104.0	107.9	100.9
按特殊群体分	Grouped by Special Group				
国家重点企业	Key State Enterprises	123.3	119.4	107.3	104.3
出口企业	Export Enterprises	128.0	124.9	116.5	112.2
上市公司	Listed Companies	127.0	129.4	118.3	104.8
国有控股企业	State-owned Enterprises	117.8	116.0	116.2	107.5

3-18 企业融资景气指数(2011年)
Business Climate Index in Industrial Financing(2011)

指　标	Item	一季度 First Quarter	二季度 Second Quarter	三季度 Third Quarter	四季度 Fourth Quarter
企业融资景气指数	**Business Climate Index in Industrial Financing**	**87.2**	**84.5**	**82.4**	**78.9**
按行业门类分	Grouped by Sector				
工业	Industry	87.1	85.8	80.0	78.4
采掘业	Mining and Quarrying	71.5	80.2	97.6	80.2
制造业	Manufacturing	87.7	85.8	79.3	78.1
电力、煤气及水生产供应业	Production & Supply of Power, Gas and Water	83.1	86.2	80.8	80.2
建筑业	Construction	83.3	81.8	76.6	73.4
交通运输、仓储及邮电通信业	Transportation, Storage, Posts and Telecommunications	72.5	66.7	71.2	66.5
批发和零售业	Wholesale, Retail and Catering	104.5	94.6	113.6	96.1
房地产业	Real Estate	82.0	69.3	68.9	62.2
社会服务业	Social Services	64.7	70.6	69.7	73.5
信息传输、计算机服务和软件业	Information Transmitting, Computer Services and Software	113.2	113.0	101.3	107.4
住宿和餐饮业	Hotel and Eateries	86.7	84.4	88.2	79.6
按企业登记注册类型分	Grouped by Status of Registration				
国有企业	State-owned Enterprises	86.8	83.9	84.6	72.7
集体企业	Collective-owned Enterprises	64.4	69.2	68.6	71.7
股份合作企业	Cooperative Enterprises	55.6	55.6	72.2	41.2
有限责任公司	Limited Liability Corporations	82.5	79.3	73.7	75.3
股份有限公司	Shar-holding Corporations Limited	106.1	104.3	103.3	94.9
私营企业	Private Enterprises	79.4	80.7	84.2	75.9
其它内资企业	Other Domestic-funded Enterprises				
外商及港、澳、台投资企业	Foreign and Hong Kong, Macao, Taiwan-invested Enterprises				
按企业规模分	Grouped by Size of Enterprises				
大型	Large Enterprises	125.5	117.3	106.6	101.7
中型	Medium Enterprises	91.1	87.1	86.3	84.0
小型	Small Enterprises	70.0	70.2	68.5	64.5
按特殊群体分	Grouped by Special Group				
国家重点企业	Key State Enterprises	126.2	119.2	82.7	95.5
乡镇企业	Town and Township Enterprises				
上市公司	Listed Companies	129.9	129.9	128.6	116.0
国有控股企业	State-owned Enterprises	94.6	91.7	88.9	82.2

3-19 企业家信心指数和企业景气指数

Entrepreneur Confidence Index and Business Climate Index

年 份	Year	企业家信心指数 Entrepreneur Confidence Index	企业景气指数 Enterprises Business Climate Index
2001	**2001**		
一季度	First Quarter	115.6	110.8
二季度	Second Quarter	114.0	117.8
三季度	Third Quarter	111.8	110.7
四季度	Fourth Quarter	110.3	113.4
2002	**2002**		
一季度	First Quarter	117.9	117.5
二季度	Second Quarter	122.4	118.8
三季度	Third Quarter	125.0	117.7
四季度	Fourth Quarter	119.8	120.6
2003	**2003**		
一季度	First Quarter	126.1	122.3
二季度	Second Quarter	112.2	110.5
三季度	Third Quarter	124.7	120.8
四季度	Fourth Quarter	124.5	121.7
2004	**2004**		
一季度	First Quarter	135.8	127.1
二季度	Second Quarter	126.3	121.8
三季度	Third Quarter	127.0	122.8
四季度	Fourth Quarter	132.8	127.1
2005	**2005**		
一季度	First Quarter	141.0	127.2
二季度	Second Quarter	126.4	124.4
三季度	Third Quarter	121.4	119.2
四季度	Fourth Quarter	122.0	122.9
2006	**2006**		
一季度	First Quarter	128.6	122.5
二季度	Second Quarter	127.5	127.3
三季度	Third Quarter	126.9	125.8
四季度	Fourth Quarter	129.8	128.1
2007	**2007**		
一季度	First Quarter	139.3	133.7
二季度	Second Quarter	140.5	138.1
三季度	Third Quarter	142.6	136.1
四季度	Fourth Quarter	139.5	138.1
2008	**2008**		
一季度	First Quarter	133.1	130.6
二季度	Second Quarter	133.8	133.4
三季度	Third Quarter	124.6	129.0
四季度	Fourth Quarter	96.7	104.9
2009	**2009**		
一季度	First Quarter	105.0	106.4
二季度	Second Quarter	109.0	113.5
三季度	Third Quarter	121.7	120.2
四季度	Fourth Quarter	122.8	129.4
2010	**2010**		
一季度	First Quarter	138.8	131.3
二季度	Second Quarter	130.4	133.2
三季度	Third Quarter	132.2	130.9
四季度	Fourth Quarter	139.2	138.6

3-20 主要行业企业景气指数

Major Industry Business Climate Index

指　标	Item	2006 一季度 First Quarter	2006 二季度 Second Quarter	2006 三季度 Third Quarter	2006 四季度 Fourth Quarter
工业	Industry	118.2	126.9	122.9	127.6
建筑业	Construction	118.3	134.6	127.9	129.9
交通运输、仓储及邮电通信业	Transportation, Storage, Posts and Telecommunications	121.0	114.1	120.9	118.3
批发和零售业	Wholesale, Retail and Catering	139.2	136.5	135.1	138.5
房地产业	Real Estate	132.7	134.4	136.1	138.7
社会服务业	Social Services	117.9	128.6	132.1	116.7
信息传输、计算机服务和软件业	Information Transmitting, Computer Services and Software	139.2	121.3	117.9	117.8
住宿和餐饮业	Hothel and Eateries	116.2	108.0	128.5	126.9

3-20 续表 1 Continued

指　标	Item	2007 一季度 First Quarter	2007 二季度 Second Quarter	2007 三季度 Third Quarter	2007 四季度 Fourth Quarter
工业	Industry	132.6	141.0	137.8	138.9
建筑业	Construction	127.3	131.9	132.1	144.6
交通运输、仓储及邮电通信业	Transportation, Storage, Posts and Telecommunications	130.2	131.6	121.3	125.0
批发和零售业	Wholesale, Retail and Catering	150.3	152.2	152.9	154.6
房地产业	Real Estate	134.6	136.9	139.0	138.7
社会服务业	Social Services	124.1	131.0	135.7	132.1
信息传输、计算机服务和软件业	Information Transmitting, Computer Services and Software	135.1	104.6	109.6	105.1
住宿和餐饮业	Hothel and Eateries	126.1	116.9	117.3	124.2

3-20 续表 2 Continued

指　标	Item	2008 一季度 First Quarter	2008 二季度 Second Quarter	2008 三季度 Third Quarter	2008 四季度 Fourth Quarter
工业	Industry	131.2	134.7	128.2	91.6
建筑业	Construction	134.4	134.4	136.9	137.2
交通运输、仓储及邮电通信业	Transportation, Storage, Posts and Telecommunications	131.8	113.6	115.5	94.3
批发和零售业	Wholesale, Retail and Catering	130.9	145.4	145.8	142.9
房地产业	Real Estate	143.5	138.3	122.0	98.2
社会服务业	Social Services	121.4	127.6	113.3	124.1
信息传输、计算机服务和软件业	Information Transmitting, Computer Services and Software	108.3	129.1	124.8	117.7
住宿和餐饮业	Hothel and Eateries	123.9	113.8	128.7	113.0

3-20 续表 3 Continued

指 标	Item	2009 一季度 First Quarter	二季度 Second Quarter	三季度 Third Quarter	四季度 Fourth Quarter
工业	Industry	100.0	109.4	116.5	126.8
建筑业	Construction	128.9	132.3	133.4	142.8
交通运输、仓储及邮电通信业	Transportation, Storage, Posts and Telecommunications	105.5	111.9	110.8	107.2
批发和零售业	Wholesale, Retail and Catering	124.6	130.4	136.0	148.3
房地产业	Real Estate	112.9	104.6	117.7	135.9
社会服务业	Social Services	100.0	110.3	117.2	124.1
信息传输、计算机服务和软件业	Information Transmitting, Computer Services and Software	111.2	115.0	130.7	135.0
住宿和餐饮业	Hothel and Eateries	90.9	98.0	113.3	115.5

3-20 续表 4 Continued

指 标	Item	2010 一季度 First Quarter	二季度 Second Quarter	三季度 Third Quarter	四季度 Fourth Quarter
工业	Industry	127.6	135.1	129.3	139.4
建筑业	Construction	136.9	140.2	143.3	151.3
交通运输、仓储及邮电通信业	Transportation, Storage, Posts and Telecommunications	132.9	108.1	120.0	120.9
批发和零售业	Wholesale, Retail and Catering	144.0	137.7	142.9	151.9
房地产业	Real Estate	132.0	121.6	116.3	127.2
社会服务业	Social Services	127.3	139.4	148.5	130.3
信息传输、计算机服务和软件业	Information Transmitting, Computer Services and Software	142.7	142.5	130.7	128.8
住宿和餐饮业	Hothel and Eateries	129.0	129.3	116.5	131.3

3-20 续表 5 Continued

指 标	Item	2011 一季度 First Quarter	二季度 Second Quarter	三季度 Third Quarter	四季度 Fourth Quarter
工业	Industry	132.2	127.9	124.0	125.4
建筑业	Construction	141.1	145.0	144.8	147.0
交通运输、仓储及邮电通信业	Transportation, Storage, Posts and Telecommunications	134.6	124.1	118.3	122.0
批发和零售业	Wholesale, Retail and Catering	155.9	153.3	142.7	149.4
房地产业	Real Estate	131.1	120.6	117.3	102.6
社会服务业	Social Services	129.4	129.4	139.4	138.2
信息传输、计算机服务和软件业	Information Transmitting, Computer Services and Software	152.9	141.4	146.7	154.0
住宿和餐饮业	Hothel and Eateries	132.7	128.0	134.0	133.3

3-21 综合企业经营景气指数
Integrated Business Climate Index

指标	Item	2006				2007			
		一季度 First Quarter	二季度 Second Quarter	三季度 Third Quarter	四季度 Fourth Quarter	一季度 First Quarter	二季度 Second Quarter	三季度 Third Quarter	四季度 Fourth Quarter
生产总量	Total Output	110.7	125.8	125.7	124.2	116.3	135.2	132.0	133.6
盈利(亏损)变化	Profit(Loss)Changes	109.7	118.2	116.8	120.9	119.7	130.0	115.3	120.4
流动资金	Working Capital	90.3	89.5	87.2	90.5	95.6	92.1	93.7	93.1
货款拖欠	Loan in Arrear	102.3	96.1	99.8	100.0	101.6	98.8	99.9	103.5
劳动力需求	Labor Force Requirement	111.1	104.6	106.2	108.4	110.4	114.3	112.6	115.9
固定资产投资	Fixed Assest Investment	103.5	116.6	119.0	116.0	100.8	120.6	117.9	116.8
产品订货	Product Order	110.5	114.8	117.0	114.9	121.1	128.6	125.8	127.5
企业融资	Enterprise Financing	78.9	82.5	80.4	81.7	85.3	88.6	87.7	84.6

3-21 续表 1 Continued

指标	Item	2008				2009			
		一季度 First Quarter	二季度 Second Quarter	三季度 Third Quarter	四季度 Fourth Quarter	一季度 First Quarter	二季度 Second Quarter	三季度 Third Quarter	四季度 Fourth Quarter
生产总量	Total Output	112.6	132.0	118.0	87.7	90.5	117.8	125.3	124.5
盈利(亏损)变化	Profit(Loss)Changes	111.0	115.3	104.5	86.9	88.7	103.0	114.4	117.2
流动资金	Working Capital	94.2	90.1	90.3	75.8	81.9	82.4	87.4	92.7
货款拖欠	Loan in Arrear	104.8	98.0	99.8	95.5	99.1	97.9	99.8	101.3
劳动力需求	Labor Force Requirement	120.0	120.9	109.7	87.9	93.5	102.6	111.1	110.1
固定资产投资	Fixed Assest Investment	108.3	123.9	119.3	106.8	96.1	105.9	110.4	118.7
产品订货	Product Order	119.2	119.7	110.2	82.5	89.2	99.4	114.3	117.7
企业融资	Enterprise Financing	85.7	79.4	78.6	74.1	83.2	80.4	83.8	86.1

3-21 续表 2 Continued

指标	Item	2010				2011			
		一季度 First Quarter	二季度 Second Quarter	三季度 Third Quarter	四季度 Fourth Quarter	一季度 First Quarter	二季度 Second Quarter	三季度 Third Quarter	四季度 Fourth Quarter
生产总量	Total Output	115.4	127.0	122.7	136.3	113.9	131.3	123.2	119.3
盈利(亏损)变化	Profit(Loss)Changes	113.0	117.4	114.1	128.3	111.8	110.1	105.9	110.0
流动资金	Working Capital	99.2	99.2	98.4	100.3	97.5	93.1	93.3	87.4
货款拖欠	Loan in Arrear	103.3	98.9	98.8	104.1	110.3	99.8	99.8	102.6
劳动力需求	Labor Force Requirement	122.1	117.0	118.9	123.4	124.8	120.9	122.7	117.2
固定资产投资	Fixed Assest Investment	109.2	117.2	117.6	120.4	107.7	118.9	113.8	111.8
产品订货	Product Order	119.1	118.8	113.4	124.3	117.4	115.6	114.1	109.2
企业融资	Enterprise Financing	89.2	87.3	90.5	90.2	87.2	84.5	82.4	78.9

3-22 规模以下工业主要指标

Main Indicators of Industrial Enterprises Under Designated Size

单位：亿元 (100 million yuan)

指　标	Item	2010	2011
总体估计量	Population Estimator		
单位数(万个)	Number of Enterprises(10 000 unit)	18.49	19.03
期末从业人数(万人)	Number of Employed Persons at the Year-end(10 000 persons)	99.09	133.05
工业总产值(当年价格)	Gross Industrial Ouptput Value(current prices)	1575.59	2348.09
企业子总体估计量	Population Estimator Of Enterprise		
企业数(万个)	Number of Enterprises(10 000 unit)	3.57	4.23
期末从业人数(万人)	Number of Employed Persons at the Year-end(10 000 persons)	50.1	83.03
工业总产值(当年价格)	Gross Industrial Ouptput Value(current prices)	771.76	1543.60
主营业务收入	Revenue from Principal Business	745.62	1524.22
应交税金	Payable Tax	26.48	52.52
工资总额	Total Wages	88.28	141.39
折旧	Depreciation	50.07	94.67
个体子总体估计量	Population Estimator Of Individual		
单位数(万个)	Number of Enterprises(10 000 unit)	14.92	14.80
期末从业人数(万人)	Number of Employed Persons at the Year-end(10 000 persons)	48.99	50.02
营业收入	Business Income	803.83	804.49

注：1.以上数据是以湖北为总体进行抽样调查推估而得，其中工业总产值为抽样核心指标，抽样误差较小；而其他指标不是抽样核心指标，抽样误差可能较大。
2.2010年启用了新的样本进行调查，所以与2009年的数据会有一些差异。

Source: 1.The above data are surveyed and projected base on samples for Hubei,The projected value of the indicators are certain sampling error.
2.In 2010 enabled new samples were investigated, and the 2009 data will have some differences.

3-23 历年规模以下工业主要经济指标(2006-2011)

Main Indicators of Industrial Enterprises below Designated Size (2006-2011)

年　份 Year	单位数合计 Number of Units 万个 (10000 Units)	企业 Enterprise	个体 Self-employed Individuals	从业人员合计 Number of Staff and Workers (万人) (10000 persons)	企业 Enterprise	个体 Self-employed Individuals	工业增加值合计(亿元) Rate of Increase (100 million yuan) 本期 Current	增幅(%) Rate of Increase (%)
2006	18.34	2.04	16.30	99.43	47.23	52.20	348.68	6.1
2007	18.93	2.30	16.63	109.45	55.65	53.81	404.46	9.5
2008	18.85	2.23	16.62	107.66	53.56	54.10	429.40	4.4
2009	19.39	2.57	16.82	107.47	52.70	54.77	452.71	8.5
2010	18.49	3.57	14.92	99.09	50.10	48.99	495.84	10.4
2011	19.03	4.23	14.80	133.05	83.03	50.02	735.30	8.5

注：规模以下工业部分所有指标均为抽样调查数据，指数均按可比价格计算。2011年以前工业增加值为企业年营业收入在500万元以下推算数，2011年工业增加值为样本企业年营业收入在2000万元以下推算数。

a)Data in this table were the figures of Sample Survey，the indices was calculated on the basis of constant coverage.Before 2011,industrial value-added was calculated according to all industrial enterprises with renenue from principal business below 5 million yuan,while according to the sample of corporate below 20 million yuan.

3-24 规模以下工业企业按类型分组主要指标(2011年)

单位：万元

分　组	Item	单位数（个）Number of Units (Units)
总　计	**Total**	**42276**
按登记注册类型分组	By Status of Registration	
内资企业	Domestic Funded Enterprises	41899
国有企业	State-owned Enterprises	372
集体企业	Collective-owned Enterprises	1567
股份合作企业	Cooperative Enterprises	314
联营企业	Joint Ownership Enterprises	97
有限责任公司	Limited Liability Corporations	2789
股份有限公司	Share-holding Corporations Ltd.	829
私营企业	Private Enterprises	34833
其他企业	Other Enterprises	1097
港、澳、台商投资企业	Enterprises with Funds from Hong Kong, Macao and Taiwan	80
与港澳台商合资经营企业	Joint Venture Enterprises with Funds from Hong Kong, Macao and Taiwan	7
与港澳台商合作经营企业	Cooperative Enterprises with Funds from Hong Kong, Macao and Taiwan	
港澳台商独资经营企业	Enterprises with Sole(exclusive) Investment from Hong Kong, Macao and Taiwan	73
港澳台商投资股份有限公司	Share-holding Corporations Ltd. with Investment from Hong Kong, Macao and Taiwan	
外商投资企业	Enterprises with Foreign Investment	298
中外合资经营企业	Joint Venture Enterprises with Foreign Investment//Joint-venture Enterprises	267
中外合作经营企业	Cooperative Enterprises with Foreign Investment//Cooperative Enterprises	9
外资企业	Enterprises with Sole(exclusive) Foreign Investment//Enterprises with Sole Funds	22
外商投资股份有限公司	Share-holding Corporations Ltd. with Foreign Investment	

Main Indicators of Industrial Enterprises below Designated Size by Type (2011)

(10000 yuan)

工业总产值 Gross Industrial Output Value	营业收入 Business Revenue	期末从业人员（人） Number of Engaged Persons (Person)	资产总计 Total Assets	主营业务成本 Cost of Principal Business	应付职工薪酬 Wages Payable
15436014	**15242186**	**830300**	**13992841**	**12108344**	**1413941**
14820394	14626077	778734	13626200	11635325	1330043
205592	189857	24109	481998	137280	33997
529453	523640	46608	1089016	397610	56258
144704	140559	6033	516248	94669	12152
1560	1560	137	593	1170	246
1706263	1717204	64647	1757536	1300364	124177
359804	349432	16367	379231	274765	23324
11787794	11621513	614657	9309357	9364617	1071854
85226	82313	6177	92221	64850	8035
224149	221886	23622	194804	162285	18162
8613	8614	1506	15321	6589	1760
215534	213270	22116	179483	155695	16402
349860	352637	27945	171836	278401	60226
332093	334287	26820	164097	263588	57107
17759	18342	1125	7739	14806	3117

3-25 规模以下工业企业分行业主要指标(2011年)

单位：万元

分组	Item	单位数（个） Number of Units (Units)
总　计	**Total**	**42276**
煤炭开采和洗选业	Mining and Washing of Coal	360
石油和天然气开采业	Extraction of Petroleum and Natural Gas	2
黑色金属矿采选业	Mining and Processing of Ferrous Metal Ores	622
有色金属矿采选业	Mining and Processing of Non-ferrous Metal Ores	178
非金属矿采选业	Mining and Processing of Non-metal Ores	2338
其他采矿业	Mining of Other Ores	255
农副食品加工业	Processing of Food from Agricultural Products	2998
食品制造业	Manufacture of Foods	689
饮料制造业	Manufacture of Beverage	1787
烟草制品业	Manufacture of Tobacco	
纺织业	Manufacture of Textile	1901
纺织服装、鞋、帽制造业	Manufacture of Textile Wearing Apparel, Footwear and Caps	2025
皮革、毛皮、羽毛(绒)及其制品业	Manufacture of Leather, Fur, Feather and Its Products	323
木材加工及木、竹、藤、棕、草制品业	Processing of Timber, Manufacture of Wood, Bamboo, Rattan, Palm and Straw Products	1225
家具制造业	Manufacture of Furniture	776
造纸及纸制品业	Manufacture of Paper and Paper Products	737
印刷业和记录媒介的复制	Printing, Reproduction of Recording Media	1169
文教体育用品制造业	Manufacture of Articles for Culture, Education and Sport Activities	102
石油加工、炼焦及核燃料加工业	Processing of Petroleum, Coking, Processing of Nuclear Fuel	49
化学原料及化学制品制造业	Manufacture of Raw Chemical Materials and Chemical Products	1479
医药制造业	Manufacture of Medicines	259
化学纤维制造业	Manufacture of Chemical Fibre	67
橡胶制品业	Manufacture of Rubber	277
塑料制品业	Manufacture of Plastics	1287
非金属矿物制品业	Manufacture of Non-metallic Mineral Products	9229
黑色金属冶炼及压延加工业	Smelting and Pressing of Ferrous Metals	309
有色金属冶炼及压延加工业	Smelting and Pressing of Non-ferrous Metals	126
金属制品业	Manufacture of Metal Products	1564
通用设备制造业	Manufacture of General Purpose Machinery	2566
专用设备制造业	Manufacture of Special Purpose Machinery	1303
交通运输设备制造业	Manufacture of Transport Equipment	1938
电气机械及器材制造业	Manufacture of Electrical Machinery and Equipment	866
通信设备、计算机及其他电子设备制造业	Manufacture of Communication Equipment, Computers and Other Electronic Equipment	351
仪器仪表及文化、办公用机械制造业	Manufacture of Measuring Instrument and Machinery for Cultural Activity and Office Work	314
工艺品及其他制造业	Manufacture of Artwork and Other Manufacture	615
废弃资源和废旧材料回收加工业	Recycling and Disposal of Waste	231
电力、热力的生产和供应业	Production and Supply of Electric Power and Heat Power	820
燃气生产和供应业	Production and Supply of Gas	44
水的生产和供应业	Production and Supply of Water	1099

Main Indicators of Industrial Enterprises below Designated Size by Sector (2011)

(10000 yuan)

工业总产值 Gross Industrial Output Value	营业收入 Business Revenue	期末从业人员(人) Number of Engaged Persons (Person)	税金总额 Total Tax	#所得税 Income Tax	营业利润 Operating Profit
15436014	**15242186**	**830300**	**525162**	**83300**	**1361216**
302846	308797	20990	24487	3770	89035
2284	2855	32	8		124
321319	312152	7337	13449	1817	20151
27467	27513	1586	283	53	-423
465070	462582	18794	17973	2471	18721
82185	83500	3964	508	109	3799
1981458	1914491	57025	46514	5492	228280
305045	292323	11499	17074	3082	28341
705999	690631	27875	22096	2990	65397
1210740	1190751	68205	10595	2896	51814
681902	676180	91790	28507	4606	62640
119868	108337	24138	3346	287	12136
392604	390985	18770	15939	1984	31300
111014	107613	7813	2955	769	11080
87278	85683	4750	1750	44	2695
490654	484151	21908	8999	669	38383
27409	26102	1096	670	308	421
52888	52657	740	866	71	6454
365426	362753	16853	10680	2630	30906
75333	76104	4002	3192	1557	3792
24660	24078	1385	736	115	968
76760	81800	5999	3930	868	4386
609441	595683	33526	21872	4278	22335
2964069	2986041	171509	85904	19140	339855
125561	122787	5036	2220	165	8254
129764	129893	1470	1235	21	2532
421014	417110	33685	35400	2458	28136
942439	917005	36619	41416	1174	60016
437716	427895	23317	17011	778	19075
781567	769880	31516	14393	1048	68877
172740	182331	15273	11711	818	10674
157201	154807	9441	13135	9638	4397
129170	134085	7754	2475	305	7181
183324	182274	7683	7721	178	8572
60085	58589	4980	3782	20	8313
241546	240830	14563	24175	5686	42253
10585	9163	572	260	8	1023
159583	151779	16806	7895	995	19326

3-25 续表

分 组	Item	应付职工薪酬 Wages Payable
总 计	**Total**	**1413941**
煤炭开采和洗选业	Mining and Washing of Coal	54502
石油和天然气开采业	Extraction of Petroleum and Natural Gas	70
黑色金属矿采选业	Mining and Processing of Ferrous Metal Ores	13863
有色金属矿采选业	Mining and Processing of Non-ferrous Metal Ores	4228
非金属矿采选业	Mining and Processing of Non-metal Ores	24382
其他采矿业	Mining of Other Ores	7965
农副食品加工业	Processing of Food from Agricultural Products	113682
食品制造业	Manufacture of Foods	21822
饮料制造业	Manufacture of Beverage	44663
烟草制品业	Manufacture of Tobacco	
纺织业	Manufacture of Textile	81167
纺织服装、鞋、帽制造业	Manufacture of Textile Wearing Apparel, Footwear and Caps	133317
皮革、毛皮、羽毛(绒)及其制品业	Manufacture of Leather, Fur, Feather and Its Products	25386
木材加工及木、竹、藤、棕、草制品业	Processing of Timber, Manufacture of Wood, Bamboo, Rattan, Palm and Straw Products	32227
家具制造业	Manufacture of Furniture	17850
造纸及纸制品业	Manufacture of Paper and Paper Products	14555
印刷业和记录媒介的复制	Printing, Reproduction of Recording Media	30292
文教体育用品制造业	Manufacture of Articles for Culture, Education and Sport Activities	1905
石油加工、炼焦及核燃料加工业	Processing of Petroleum, Coking, Processing of Nuclear Fuel	1648
化学原料及化学制品制造业	Manufacture of Raw Chemical Materials and Chemical Products	32037
医药制造业	Manufacture of Medicines	10466
化学纤维制造业	Manufacture of Chemical Fibre	14089
橡胶制品业	Manufacture of Rubber	13597
塑料制品业	Manufacture of Plastics	45069
非金属矿物制品业	Manufacture of Non-metallic Mineral Products	290200
黑色金属冶炼及压延加工业	Smelting and Pressing of Ferrous Metals	12155
有色金属冶炼及压延加工业	Smelting and Pressing of Non-ferrous Metals	2881
金属制品业	Manufacture of Metal Products	53403
通用设备制造业	Manufacture of General Purpose Machinery	56853
专用设备制造业	Manufacture of Special Purpose Machinery	42924
交通运输设备制造业	Manufacture of Transport Equipment	58616
电气机械及器材制造业	Manufacture of Electrical Machinery and Equipment	26589
通信设备、计算机及其他电子设备制造业	Manufacture of Communication Equipment, Computers and Other Electronic Equipment	26974
仪器仪表及文化、办公用机械制造业	Manufacture of Measuring Instrument and Machinery for Cultural Activity and Office Work	20993
工艺品及其他制造业	Manufacture of Artwork and Other Manufacture	14710
废弃资源和废旧材料回收加工业	Recycling and Disposal of Waste	9196
电力、热力的生产和供应业	Production and Supply of Electric Power and Heat Power	32462
燃气生产和供应业	Production and Supply of Gas	1330
水的生产和供应业	Production and Supply of Water	25874

Continued

本期折旧 Depreciation This Year	资产总计 Total Assets	固定资产原值 Original Value of Fixed Assets	固定资产净值 Net Value of Fixed Assets	应收帐款 Accounts Receivable	利息支出 Interest
946684	**13992841**	**7359355**	**5556730**	**1566921**	**111912**
23211	236990	183306	150429	10234	2538
99	2503	689	595	874	52
4598	104797	56911	49654	19514	591
3741	23624	12749	8626	1035	28
23181	479651	199283	154653	31632	1707
3215	52454	33837	29559	4404	516
36420	1387279	397098	353878	72235	5309
29393	646461	225479	189050	19952	10348
15890	431484	209626	172314	79393	4830
36764	610781	338017	272416	74470	7729
24125	363447	241778	209620	48954	5918
3229	61785	43431	39469	14078	1484
8282	218170	141398	125204	19047	4536
5802	115607	54447	47784	7784	775
6636	91361	56979	43301	9125	612
33538	477395	172527	135382	134896	3168
1045	28788	10631	8472	10827	184
1320	34948	14118	4607	11214	
10277	286976	159401	149378	90152	3402
4991	77044	41666	18221	6057	542
1979	42449	30936	24745	3136	115
2742	54367	30257	22804	9664	267
93674	1143216	357809	199688	72078	2221
116199	2085688	1544310	1311264	212724	19267
39760	240820	114781	77051	19313	717
1027	44210	12817	9589	7109	35
25482	481778	296387	241859	46900	4140
145009	1445157	605526	312142	241445	9843
61646	432780	230628	146013	25489	3144
19741	426937	205145	154282	88246	3527
25025	227052	137438	78840	31080	1944
6942	149031	118156	77997	15401	1259
5009	118929	47592	18200	30692	169
16054	165851	153611	67796	38607	1517
5328	113144	71721	63062	10092	226
66492	675856	493742	329778	29003	3790
177	8437	4752	3904	372	171
38639	405593	310376	255107	19692	5289

3-26 个体经营工业分行业主要指标(2011年)

单位：万元

分　组	Item	企业数 (个) Number (Unit)
总　计	**Total**	**147951**
煤炭开采和洗选业	Mining and Washing of Coal	
石油和天然气开采业	Extraction of Petroleum and Natural Gas	
黑色金属矿采选业	Mining and Processing of Ferrous Metal Ores	919
有色金属矿采选业	Mining and Processing of Non-ferrous Metal Ores	
非金属矿采选业	Mining and Processing of Non-metal Ores	856
其他采矿业	Mining of Other Ores	
农副食品加工业	Processing of Food from Agricultural Products	45019
食品制造业	Manufacture of Foods	7110
饮料制造业	Manufacture of Beverage	12400
烟草制品业	Manufacture of Tobacco	
纺织业	Manufacture of Textile	5614
纺织服装、鞋、帽制造业	Manufacture of Textile Wearing Apparel, Footwear and Caps	8996
皮革、毛皮、羽毛(绒)及其制品业	Manufacture of Leather, Fur, Feather and Its Products	2394
木材加工及木、竹、藤、棕、草制品业	Processing of Timber, Manufacture of Wood, Bamboo, Rattan, Palm and Straw Products	10379
家具制造业	Manufacture of Furniture	8493
造纸及纸制品业	Manufacture of Paper and Paper Products	984
印刷业和记录媒介的复制	Printing, Reproduction of Recording Media	661
文教体育用品制造业	Manufacture of Articles for Culture, Education and Sport Activities	
石油加工、炼焦及核燃料加工业	Processing of Petroleum, Coking, Processing of Nuclear Fuel	
化学原料及化学制品制造业	Manufacture of Raw Chemical Materials and Chemical Products	257
医药制造业	Manufacture of Medicines	
化学纤维制造业	Manufacture of Chemical Fibre	
橡胶制品业	Manufacture of Rubber	
塑料制品业	Manufacture of Plastics	595
非金属矿物制品业	Manufacture of Non-metallic Mineral Products	12956
黑色金属冶炼及压延加工业	Smelting and Pressing of Ferrous Metals	339
有色金属冶炼及压延加工业	Smelting and Pressing of Non-ferrous Metals	739
金属制品业	Manufacture of Metal Products	19426
通用设备制造业	Manufacture of General Purpose Machinery	1812
专用设备制造业	Manufacture of Special Purpose Machinery	653
交通运输设备制造业	Manufacture of Transport Equipment	3033
电气机械及器材制造业	Manufacture of Electrical Machinery and Equipment	186
通信设备、计算机及其他电子设备制造业	Manufacture of Communication Equipment, Computers and Other Electronic Equipment	
仪器仪表及文化、办公用机械制造业	Manufacture of Measuring Instrument and Machinery for Cultural Activity and Office Work	
工艺品及其他制造业	Manufacture of Artwork and Other Manufacture	3638
废弃资源和废旧材料回收加工业	Recycling and Disposal of Waste	148
电力、热力的生产和供应业	Production and Supply of Electric Power and Heat Power	228
燃气生产和供应业	Production and Supply of Gas	
水的生产和供应业	Production and Supply of Water	117

Main Indicators of Industrial Self-employed Individuals by Sector (2011)

(10000 yuan)

期末从业人员(人) Number of Engaged Persons(Person)	营业收入 Business Revenue	生产支出 Production Expenses	应付职工薪酬 Wages Payable	资产总计 Total Assets
500167	**8044908**	**4550925**	**849687**	**2179866**
18421	89462	66344	17176	48234
6411	68528	26780	11597	8557
114381	1928909	1072488	183505	459431
19916	268168	150288	36127	82831
43746	736632	402725	71440	135329
10870	139866	69359	18793	29863
30209	566446	363105	55916	84812
5293	82500	43050	10250	10322
36760	441551	232773	54346	147398
25495	400521	209796	45265	101862
5715	74115	35907	10554	173908
2641	30414	19060	4027	9450
1118	5404	1880	1627	4175
5262	106870	32223	8788	17120
83675	1365350	696593	135789	397504
1849	15054	4328	3926	4788
2071	32858	19196	3983	6664
56053	1219816	812798	108267	220355
5534	86274	53743	13136	49235
1658	32047	24274	3026	10481
9674	152600	94222	28696	23777
1783	57670	49997	4648	106602
9969	110560	59445	15413	39105
590	14843	4192	1119	4414
607	13733	6205	1530	1517
469	4718	153	742	2133

3-27 部分服务业企业主要经济指标(2011年)
Main Indicators of Partly Service Enterprises (2011)

项　目	Item	单　位	Unit	经济总量 Total Economy	比上年增长(%) Rate of Increase over Preceding Year (%)
企　业	**Enterprises**				
企业数	Number of Enterprises	个	Unit	42854.05	8.9
资产总计	Total Assets	万元	10000 yuan	50657340.00	3.8
固定资产原价	Original Value of Fixed Assets	万元	10000 yuan	11817211.00	17.6
本期固定资产折旧	Depreciation of Fixed Assets	万元	10000 yuan	453038.31	-33.5
营业收入	Business Revenue	万元	10000 yuan	8315909.50	25.6
费用合计	Total Expenditure	万元	10000 yuan	2349236.25	30.6
营业利润	Operating Profit	万元	10000 yuan	216385.25	103.0
利润总额	Total Profits	万元	10000 yuan	423304.53	-3.7
应交所得税	Corporate Income Tax	万元	10000 yuan	74932.56	37.9
应付工资总额	Wages Payable	万元	10000 yuan	1203484.50	21.6
应付福利费总额	Welfare Expenses Payable	万元	10000 yuan	63934.64	27.7
保险费	Insurance	万元	10000 yuan	137803.73	34.8
住房公积金和住房补贴	Housing Provident Funds and Housing Subsidies	万元	10000 yuan	23938.40	25.5
从业人员平均人数	Annual Average Number of Employed Persons	人	Person	572680.88	14.7

3-28 装卸搬运和其他运输服务业企业主要经济指标(2011年)
Main Indicators of Loading, Unloading and Other Transport Services (2011)

项　目	Item	单　位	Unit	经济总量 Total Economy	比上年增长(%) Rate of Increase over Preceding Year (%)
企　业	**Enterprises**				
企业数	Number of Enterprises	个	Unit	1788.00	8.1
资产总计	Total Assets	万元	10000 yuan	736163.25	8.6
固定资产原价	Original Value of Fixed Assets	万元	10000 yuan	359457.00	0.7
本期固定资产折旧	Depreciation of Fixed Assets	万元	10000 yuan	22502.67	12.7
营业收入	Business Revenue	万元	10000 yuan	1170402.25	35.4
费用合计	Total Expenditure	万元	10000 yuan	113234.26	6.3
营业利润	Operating Profit	万元	10000 yuan	21639.31	-1.5
利润总额	Total Profits	万元	10000 yuan	28894.25	24.9
应交所得税	Corporate Income Tax	万元	10000 yuan	6828.02	5.2
应付工资总额	Wages Payable	万元	10000 yuan	99314.88	13.4
应付福利费总额	Welfare Expenses Payable	万元	10000 yuan	7020.11	14.4
保险费	Insurance	万元	10000 yuan	19636.89	35.2
住房公积金和住房补贴	Housing Provident Funds and Housing Subsidies	万元	10000 yuan	2872.89	4.0
从业人员平均人数	Annual Average Number of Employed Persons	人	Person	42583.00	3.0

注：部分服务业是指包括装卸搬运和其他运输服务业、仓储业、计算机服务业、软件业、租赁业、商务服务业、科技交流和推广服务业、居民服务业、其他服务业、体育业、娱乐业11个行业大类和物业管理、房地产中介服务2个行业中类。2011年主要经济指标，是以全省为总体共抽选1589家样本企业，其中有效样本931家的调查的资料，推算的部分服务业数据。其中包括装卸搬运和其他运输服务业、仓储业、商业服务业。

3-29 仓储业企业主要经济指标(2011年)

Main Indicators of Storage Services (2011)

项目	Item	单位	Unit	经济总量 Total Economy	比上年增长(%) Rate of Increase over Preceding Year (%)
企业	**Enterprises**				
企业数	Number of Enterprises	个	Unit	543.00	9.3
资产总计	Total Assets	万元	10000 yuan	2643867.75	13.6
固定资产原价	Original Value of Fixed Assets	万元	10000 yuan	379106.22	13.0
本期固定资产折旧	Depreciation of Fixed Assets	万元	10000 yuan	27173.18	17.5
营业收入	Business Revenue	万元	10000 yuan	1113167.25	26.3
费用合计	Total Expenditure	万元	10000 yuan	154345.31	17.1
营业利润	Operating Profit	万元	10000 yuan	-34196.07	7.9
利润总额	Total Profits	万元	10000 yuan	7434.50	-62.8
应交所得税	Corporate Income Tax	万元	10000 yuan	4871.59	-15.3
应付工资总额	Wages Payable	万元	10000 yuan	56402.20	23.2
应付福利费总额	Welfare Expenses Payable	万元	10000 yuan	3123.54	-2.0
保险费	Insurance	万元	10000 yuan	10108.00	31.8
住房公积金和住房补贴	Housing Provident Funds and Housing Subsidies	万元	10000 yuan	2634.94	22.0
从业人员平均人数	Annual Average Number of Employed Persons	人	Person	19738.00	14.4

3-30 商务服务业企业主要经济指标(2011年)

Main Indicators of Business Services (2011)

项目	Item	单位	Unit	经济总量 Total Economy	比上年增长(%) Rate of Increase over Preceding Year (%)
企业	**Enterprises**				
企业数	Number of Enterprises	个	Unit	18512.00	8.5
资产总计	Total Assets	万元	10000 yuan	39365748.00	1.1
固定资产原价	Original Value of Fixed Assets	万元	10000 yuan	8227817.00	27.2
本期固定资产折旧	Depreciation of Fixed Assets	万元	10000 yuan	217790.78	-52.5
营业收入	Business Revenue	万元	10000 yuan	3376602.00	22.4
费用合计	Total Expenditure	万元	10000 yuan	1042957.19	41.5
营业利润	Operating Profit	万元	10000 yuan	192744.22	167.9
利润总额	Total Profits	万元	10000 yuan	289917.41	46.4
应交所得税	Corporate Income Tax	万元	10000 yuan	36360.30	112.0
应付工资总额	Wages Payable	万元	10000 yuan	451963.75	27.4
应付福利费总额	Welfare Expenses Payable	万元	10000 yuan	17635.48	-0.3
保险费	Insurance	万元	10000 yuan	45257.68	30.4
住房公积金和住房补贴	Housing Provident Funds and Housing Subsidies	万元	10000 yuan	8075.11	34.6
从业人员平均人数	Annual Average Number of Employed Persons	人	Person	211631.00	15.4

主要统计指标解释

企业景气调查 是通过对部分企业家定期进行问卷调查，并根据企业家对企业经营状况及宏观经济形势的判断和预期来编制景气指数，从而对现实经济运行状况及其发展趋势进行分析和预测的一种统计调查方法。

景气指数 又称为景气度，它是对企业景气调查中的定性指标通过定量方法加工汇总，综合反映某一特定调查群体或某一社会经济现象所处的状态或发展趋势的一种指标。通过其上升和下降的动态变化，反映经济发展状态及其变化过程。景气指数取值于0～200之间，100为景气指数的临界值；当景气指数大于100时，表明经济状况趋于上升或改善，处于景气状态；当景气指数小于100时，表明经济状况趋于下降或恶化，处于不景气状态。

企业家信心指数 也称宏观经济景气指数，是根据企业家对企业外部市场经济环境与宏观政策的认识、看法、判断与预期而编制的指数，用以综合反映企业家对宏观经济环境的感受与信心。

企业景气指数 也称企业综合生产经营景气指数，是根据企业家对本企业综合生产经营情况的判断与预期而编制的指数，用以反映企业的综合生产经营状况。

国有企业 是指企业全部资产归国家所有,并按《中华人民共和国企业法人登记管理条例》规定登记注册的非公司制的经济组织。不包括有限责任公司中的国有独资公司。

集体企业 指企业资产归集体所有，并按《中华人民共和国企业法人登记管理条例》规定登记注册的经济组织。是社会主义公有制的组成部分。包括城乡所有使用集体投资举办的企业，以及部分个人通过集资自愿放弃所有权并依法经工商行政管理机关认定为集体所有制的企业。

股份合作企业 指以合作制为基础，由企业职工共同出资入股，吸收一定比例的社会资产投资组建，实行自主经营，自负盈亏，共同劳动，民主管理，按劳分配与按股分红相结合的一种集体经济组织。

有限制任公司 指根据《中华人民共和国登记管理条例》规定登记注册，由两个以上，五十个以下的股东共同出资，每个股东以其所认缴的出资额对公司承担有限责任，公司以其全部资产对其债务承担责任的经济组织。

有限责任公司包括国有独资公司以及其他有限责任公司。

股份有限公司 指根据《中华人民共和国公司登记管理条例》规定登记注册,其全部注册资本由等额股份构成并通过发行股票筹集资本,股东以其认购的股份对公司承担有限责任,公司以其全部资产对其债务承担责任的经济组织。

Explanatory Notes on Main Staistical Indicators

Enterprises Climate Survey It is a statistics survey, which compile the climate index by regular paper survey to a section of entrepreneurs, based on entrepreneur's judgement and forecast to the production situation of their own enterprises and the macro-economy situation, and thus we can analyse and predict the current situation and future trend of the economic performance.

Business climate index It is the quantitative disposition and compilation of the qualitative economic indicators of the business climate survey, which can improve a comprehensive description of the real situation or the future trend of a special survey group or a social and economic phenomenon. The business climate index is ranging from 0 to 200. 100 is the critical value, when the climate index is larger than 100, it shows that the economic performance is picking up or improving. When it is lower than 100, it shows that the economic performance is declining or worsening.

Entrepreneur confidence index also called as the macro-economy climate index. It is a index based on entrepreneur's recognition, opinion, judgement and forecast to the market circumstances and macro-policies, It is a comprehensive description of the entrepreneur's impression and confidents of the macro-economy circumstances .

Business climate index also called as the comprehensive production and management climate index of enterprises. It is compiled basing on entrepreneur's judgement on production situation of their own expectation for the future performance. It is the description of the comprehensive production and management situation of the enterprises.

State-owned Enterprises refer to non-corporation economic units where the entire assets are owned by the State and which have registered in accordance with the Regulation of the People's Republic of China on the Management of Registration of Corporation Enterprises. Excluded from this category are sole State-funded corporation in the limited liability Corporations.

Collective-owned Enterprises refer to economic entities registered in accordance with the Regulation of the People's Republic of China on the Management of Registration of Legal Enterprises, where assets are owned collectively. Collective enterprises constitute and integral part of the socialist economy with public ownership. They include urban and rural enterprises invested collectively, and some enterprises registered in industrial and commercial administration agency as collective units where funds are pooled together by individuals who voluntarily give up their right of ownership.

Share-holding Cooperative Enterprises refer to economic units set up on a cooperative basis, with funding partly from employees of the enterprise and partly from outside investment, where the operation and management is decided by all the members who also participate in the production, and the distribution of income is based both on work (labour input) and on shares (capital input) .

Limited Liability Corporations refer to economic units registered in accordance with the Regulation of the People's Republic of China on the Management of Registration of Corporations, with capital from 2 to 49 investors, each investor bears limited liability to the corporation depending on his/her holding of shares, and the corporation bears liability to its debt to the maximum of its total assets.

Share-holding Corporations Ltd. Refer to economic units registered in accordance with the Regulation of the People's Republic of China on the Management of Registration of Corporations, with total registered capitals divided into equal shares and raised through issuing stocks. Each investor bears limited liability to the corporation depending on the holding shares, and the corporation bears liability to its debt to the maximum of its total assets.

四 人民生活

Chapter 4

People's Living Conditions

资料整理：王　楠　　徐　菁　　郁　雁
　　　　　邓　斌　　李兆能

4-1 城镇居民家庭人均收支及恩格尔系数(1980-2011年)

Per Capita Annual Income and Expenditure & Engle's Coefficient of Urban Households(1980-2011)

年 份 Year	城镇居民家庭人均可支配收入 Per Captita Annual Disposable Income of Urban Households		城镇居民家庭人均消费性支出 Average Urban Household Consumption Expenditure		恩格尔系数(%) Engel's Coefficient (%)
	绝对数(元) Value(yuan)	比上年±% Growth Rate Over Preceding Year(%)	绝对数(元) Value(yuan)	比上年±% Growth Rate Over Preceding Year(%)	
1980	413.70		369.30		57.0
1981	456.40	10.3	422.70	14.5	57.1
1982	481.40	5.5	430.70	1.9	57.6
1983	511.20	6.2	465.00	8.0	58.7
1984	590.60	15.5	516.40	11.1	56.4
1985	704.20	19.2	644.20	24.7	50.4
1986	851.30	20.9	751.50	16.7	51.6
1987	951.80	11.8	836.10	11.3	53.0
1988	1128.10	18.5	1058.80	26.6	50.9
1989	1262.60	11.9	1130.70	6.8	53.7
1990	1427.20	13.0	1220.30	7.9	53.5
1991	1592.90	11.6	1380.20	13.1	52.0
1992	1874.20	17.7	1577.70	14.3	50.6
1993	2438.70	30.1	2097.60	33.0	44.9
1994	3346.00	37.2	2733.10	30.3	47.8
1995	4016.70	20.0	3433.80	25.6	48.9
1996	4350.20	8.3	3713.50	8.1	46.6
1997	4673.20	7.4	3855.60	3.8	46.0
1998	4826.40	3.3	4074.40	5.7	43.9
1999	5212.80	8.0	4340.60	6.5	41.1
2000	5524.50	6.0	4644.50	7.0	38.3
2001	5856.00	6.0	4804.80	3.5	37.5
2002	6789.00	15.9	5608.91	16.7	37.2
2003	7322.00	7.9	5963.30	6.3	38.2
2004	8022.80	9.6	6398.50	7.3	39.3
2005	8785.94	9.5	6736.56	5.3	39.0
2006	9802.65	11.6	7397.32	9.8	38.8
2007	11485.80	17.2	8701.18	17.6	39.7
2008	13152.86	14.5	9477.51	8.9	42.2
2009	14367.48	9.2	10294.07	8.6	40.4
2010	16058.37	11.8	11450.97	11.2	38.7
2011	18373.87	14.4	13163.77	15.0	40.7

注：①1980年度数据仅为第四季度；②1992年前可支配收入为生活费收入。

Note: ①The fourth quarter of the year 1980 only a few degrees; ②1992 disposable income beforeDisposable Income for Living Expenses Income.

4-2 城镇居民家庭基本情况(2011年)

项 目	Item	合 计 Total	最低收入户(10%) Lowest Income Households (first decile group)	#困难户(5%) Poor Households (first five percent group)
调查户数(户)	Households Surveyed(household)	1900	190	96
家庭居住人口数(人/户)	Household Size(person/household)	2.90	3.51	3.48
现住房总建筑面积(平方米/人)	Total Floor Space for Current Housing(sq.m/person)	35.45	27.00	27.41
房屋产权(%)	House Property Right(%)			
租赁公房	Rental Public Housing	5.97	10.77	11.06
租赁私房	Rental Privately Owned Housing	1.89	4.80	3.96
原有私房	Original Privately Owned Housing	15.18	31.47	36.09
房改私房	Privately Owned House After Housing Reform	44.54	30.64	27.06
商品房	Commidity House	30.06	18.22	15.33
其他	Others	2.36	4.09	6.49
住宅建筑式样(%)	House Styles(%)			
单栋住宅	One-family House	10.88	18.73	21.04
四居室	Four Room Flat	4.63	2.06	3.14
三居室	Three Room Flat	28.12	17.52	10.88
二居室	Two Room Flat	42.91	31.09	31.52
一居室	One Room Flat	3.90	3.77	4.47
普通楼房	OrdinaryBuildings	7.71	18.88	21.53
平房及其他	One-storey House	1.85	7.96	7.42
建筑年份(户)	Construction year(household)	17.68	20.62	21.40
装修状况(%)	Decoration Situation			
有装修	Decoration	68.17	48.70	46.58
#最近一次装修花费(元/户)	#Most Recent Renovation Cost(yuan/household)	26370.48	11723.84	11463.38
未装修	No Decoration	31.83	51.30	53.42
现有住房按市场价估计值(元/户)	Existing Housing at Market Value Estimates(yuan/household)	299286.97	191224.76	197250.20
租赁房房租(元/户)	Rental Housing Rent(yuan/household)	158.21	248.07	211.10
购房总金额(元/户)	Purchase House Total Amount of Money(yuan/household)	76358.18	32029.95	31075.09
购房实际支出金额(元/户)	Actual Expenditures for Purchase Amount(yuan/household)	73419.62	31210.70	30886.75
饮水情况(%)	Drinking Water(%)			
自来水	Tap Water	98.34	99.57	99.36
矿泉水	Mineral Water	0.21		
纯净水	Pure Water	1.43	0.43	0.64
井、河水	Well or River Water	0.02		
其他	Others			
用水情况(%)	Wataer Utilization(%)			
独用自来水	Privater Tap Water	99.82	98.73	98.57
公用自来水	Public Tap Water	0.18	1.27	1.43
井、河水	Well or River Water			
其他	Others			
卫生设备(%)	Sanitary Install ation(%)			
无卫生设备	Withour Sanitary Installation	0.88	3.27	1.52
有厕所浴室	With Toilet and Bathroom	90.51	73.17	72.10
有厕所无浴室	Only With Toilet	7.33	18.87	20.48
公用	Pulic Toilet and Bathroom	1.27	4.69	5.90

Basic Conditions of Urban Households(2011)

按收入等级分 Grouped by Percentile of Households						
低收入户 (10%) Low Income Households (second decile group)	中等偏下户 (20%) Lower Middle Income Households (second quintile group)	中等收入户 (20%) Middle Income Households (third quintile group)	中等偏上户 (20%) Upper Middle Income Households (fourth quintile group)	高收入户 (10%) High Income Households (ninth decile group)	最高收入户 (10%) Highest Income Households (tenth decile group)	#更高收入户 (5%) Higher Income Households (five percent)
191	377	380	381	192	190	95
3.36	3.06	2.89	2.69	2.63	2.35	2.33
34.70	33.60	34.96	36.76	37.18	47.62	50.53
6.60	5.11	6.06	4.91	5.04	5.78	7.87
1.40	2.27	2.13	0.51		3.28	4.70
24.43	21.60	16.34	6.52	6.05	5.50	5.34
42.34	41.67	46.24	51.04	50.16	41.41	41.16
22.66	27.31	27.83	35.02	36.50	39.91	39.62
2.58	2.04	1.40	2.00	2.25	4.13	1.31
17.79	15.86	10.51	5.38	7.36	4.24	4.69
2.61	2.00	5.11	5.15	4.70	11.23	14.49
19.60	22.92	24.45	33.69	39.73	39.02	35.45
43.97	40.97	45.14	47.64	42.15	42.08	40.46
2.89	5.24	4.80	3.93	3.26	1.29	2.62
12.24	9.88	8.63	3.53	2.32	2.15	2.29
0.90	3.13	1.36	0.68	0.47		
18.55	19.00	18.24	16.86	16.47	13.81	13.47
61.45	60.58	64.62	75.53	79.39	85.70	84.19
16381.65	19706.58	23149.69	30541.65	31783.41	52468.50	54430.13
38.55	39.42	35.38	24.47	20.61	14.30	15.81
208621.36	221977.36	250203.64	334707.79	398169.38	542225.00	606379.90
97.85	155.91	97.79	75.85	59.28	527.54	764.23
42816.93	54986.23	57997.32	98485.27	114359.63	138180.38	129617.41
41890.94	53872.40	56629.60	93056.41	111365.65	130132.05	126583.95
99.80	98.99	99.17	97.30	97.16	96.37	97.96
		0.18	0.42	0.84		
	1.01	0.65	2.28	2.00	3.63	2.04
0.20						
100.00	99.72	99.92	100.00	100.00	100.00	100.00
	0.28	0.08				
0.80	1.82	0.40	0.13	0.65		
81.12	86.76	92.67	95.77	96.99	98.87	99.40
16.77	9.78	5.24	3.77	2.36	1.13	0.60
1.31	1.64	1.68	0.33			

4-2 续表

项目	Item	合计 Total	最低收入户(10%) Lowest Income Households (first decile group)	#困难户(5%) Poor Households (first five percent group)
取暖设备(%)	Warming Facility(%)			
无取暖设备	No Warming Facility	24.66	54.49	58.80
空调设备	Air-conditioned	65.89	36.41	31.92
暖气	Central Heating	4.01	3.16	1.59
其他	Others	5.44	5.95	7.69
炊用燃料使用情况(%)	Cooking Fuel(%)			
煤炭	Coal	5.88	17.30	17.61
罐装液化石油气	Canned Liquified Petroleum Gas	43.39	64.82	61.63
管道液化石油气	Pipeline Liquified Petroleum Gas	2.00	1.91	2.22
管道煤气	Pipeline Gas	5.16	1.84	1.39
管道天然气	Pipeline Natural Gas	42.65	13.29	15.52
柴油	Derv			
其他燃料	Others Fuel	0.92	0.83	1.63
通信设备使用情况	Communications Facilities			
固定电话(部/百户)	Fixed-line Telephone(set/100 household)	61.19	51.92	56.48
移动电话(部/百户)	Mobile Phone(set/100 household)	193.76	147.79	138.69
接入互联网的计算机(台/百户)	Network-connected Telephone(set/100 household)	62.51	28.78	28.64
其他住房情况(套/户)	Other Housing Condition(set/household)	0.12	0.11	0.11
出租房(套/户)	Rental Housing(set/household)	0.07	0.08	0.08
建筑面积(平方米/户)	Building area(sq.m/household)	5.53	4.79	4.70
偶尔居住房(套/户)	Occasionally Living Room(set/household)	0.03	0.02	0.01
建筑面积(平方米/户)	Building area(sq.m/household)	3.07	2.07	2.13
其他用途房(套/户)	Other Uses Room(set/household)	0.02	0.01	0.01
建筑面积(平方米/户)	Building area(sq.m/household)	1.63	0.61	0.55
家庭人口数(人/户)	Family Population(person/household)	2.90	3.52	3.48
人口就业情况	Employment Situation of Population			
有收入者人数	Income Earner	2.15	1.84	1.62
就业人口数	Number of the Employed	1.47	1.27	1.05
国有经济单位职工人数	Employees in the State-owned Enterprises	0.67	0.29	0.18
城镇集体经济单位职工人数	Employees in Urban Collective Economy	0.06	0.05	0.03
其他经济类型单位职工人数	Employees in Other Forms of Economy	0.16	0.15	0.10
城镇个体或私营企业主人数	Number of Households in Urban Private Enterprises and Self-employed Individuals	0.18	0.20	0.21
城镇个体或私营企业被雇人	Number of Engaged persons in Urban Private Enterprises and Self-employed Individuals	0.25	0.37	0.33
离退休再就业人数	Number of the Retired and Reemployed	0.03	0.02	0.01
其他就业人数	Other Employed Population	0.11	0.18	0.18
离退休人数	Number of the Retired	0.62	0.37	0.29
其他有收入者人数	Number of Other Income Earner	0.06	0.20	0.28
无收入者人数	Number of persons with no Income	0.75	1.68	1.86

continued

按收入等级分 Grouped by Percentile of Households						
低收入户 (10%) Low Income Households (second decile group)	中等偏下户 (20%) Lower Middle Income Households (second quintile group)	中等收入户 (20%) Middle Income Households (third quintile group)	中等偏上户 (20%) Upper Middle Income Households (fourth quintile group)	高收入户 (10%) High Income Households (ninth decile group)	最高收入户 (10%) Highest Income Households (tenth decile group)	#更高收入户 (5%) Higher Income Households (five percent)
36.78	30.44	18.92	18.22	16.25	11.49	13.29
49.99	58.82	73.22	73.52	73.49	79.65	77.98
0.80	2.88	1.80	5.17	7.10	8.86	8.73
12.43	7.86	6.06	3.08	3.16		
8.37	8.40	5.10	2.83	1.96	1.09	1.31
65.42	50.75	42.28	36.31	27.68	24.34	21.40
2.08	1.43	1.08	2.63	3.56	2.11	2.62
	2.50	3.72	7.28	12.97	8.39	11.28
23.90	34.82	46.65	50.71	53.83	62.78	62.08
0.24	2.10	1.17	0.23		1.29	1.31
54.49	56.76	59.14	64.15	68.50	74.02	81.64
170.04	179.11	202.37	201.16	222.00	219.33	220.81
33.10	54.46	60.96	75.11	82.04	90.43	87.76
0.06	0.09	0.07	0.12	0.18	0.31	0.35
0.04	0.06	0.04	0.07	0.11	0.16	0.13
2.50	4.66	2.14	5.48	9.21	13.80	10.07
0.01	0.02	0.01	0.03	0.05	0.09	0.12
0.67	1.96	1.29	3.31	5.32	8.96	11.95
0.01	0.01	0.02	0.01	0.01	0.06	0.10
2.36	0.61	1.43	1.28	0.74	5.65	9.21
3.35	3.06	2.90	2.70	2.63	2.36	2.36
2.00	2.12	2.27	2.25	2.20	2.07	2.13
1.39	1.52	1.53	1.46	1.51	1.46	1.42
0.46	0.56	0.72	0.83	0.87	0.78	0.69
0.06	0.08	0.08	0.05	0.07	0.01	0.02
0.10	0.17	0.11	0.15	0.19	0.25	0.23
0.23	0.23	0.20	0.14	0.11	0.18	0.21
0.32	0.34	0.27	0.19	0.14	0.12	0.16
0.01	0.01	0.02	0.03	0.08	0.08	0.09
0.21	0.13	0.12	0.08	0.05	0.04	0.03
0.50	0.53	0.72	0.75	0.68	0.59	0.69
0.11	0.06	0.02	0.04	0.02	0.02	0.02
1.35	0.94	0.63	0.45	0.43	0.29	0.23

4-3 城镇居民家庭人均收入与支出情况(2011年)

单位：元

项目	Item	合计 Total	最低收入户 (10%) Lowest Income Households (first decile group)	#困难户 (5%) Poor Households (first five percent group)
家庭总收入	Total Income	20193.27	7695.90	6586.61
#可支配收入	# Disposable Income	18373.87	6353.10	4906.64
工资性收入	Wages Income	12622.44	4589.21	3840.85
工资及补贴收入	Income and Subsidies	12162.16	4046.47	3151.44
其他劳动收入	Other Labor Income	460.28	542.74	689.42
经营净收入	Net Operation Income	1906.73	813.30	785.74
财产性收入	Property Income	357.15	101.15	110.13
利息收入	Interest Income	53.91	8.63	10.31
股息与红利收入	Dividend and Bonus	55.19		
保险收益	Insurance Proceeds	0.77		
其他投资收入	Income from Other Investments	44.34	5.06	9.85
出租房屋收入	Rental Income	162.64	74.19	77.98
知识产权收入	Intellectual Property Income			
其他财产性收入	Other Property Income	40.30	13.28	11.99
转移性收入	Transferred Income	5306.95	2192.24	1849.89
养老金或离退休金	Pensions and Retirement Pay	4484.67	1295.10	1051.85
社会救济收入	Social Relief	89.85	359.43	417.34
辞退金	Dismiss Pensions			
赔偿收入	Compensation Income	1.35	3.23	
保险收入	Insurance	11.06	13.14	18.22
# 失业保险金	# Unemployment Insurance	9.63	13.14	18.22
赡养收入	Supporting Income	204.45	230.79	122.42
捐赠收入	Donation	346.17	176.34	135.37
提取住房公积金	Withdraw House Accumulation Fund	29.07	10.63	
其他转移性收入	Other Transferred Income	60.55	40.34	42.58
出售财物收入	Property Sale Income	4.17	2.42	2.51
出售住房收入	House Sale Income			
出售其他物品收入	Other Atriclese Sale Income	4.17	2.42	2.51
借贷收入	Lending and Loaning Income	3763.38	1971.95	2926.13
提取储蓄存款	Saving Deposit	3220.02	1505.63	2347.44
借入款	Borrowed funds	297.30	429.62	578.70
收回借出款	Recall ed Loan	9.14	21.87	
收回储蓄性保险本	Recall ed Endowment Assurance	1.33	4.19	
兑售有价证券	Against the Sale of Securities			
收回投资本金	Recalled Original Capital of Investment			
住房贷款	Accomadation Loan	230.42		
汽车贷款	Automobile Loan	2.57		
教育贷款	Rerurned Education Loan	1.72	10.63	
其他贷款	Other Loans	0.56		
其他借贷收入	Other Income on Loan	0.31		

Per Capita Income and Expenditures of Urban Households(2011)

(yuan)

按收入等级分 Grouped by Percentile of Households						
低收入户 (10%) Low Income Households (second decile group)	中等偏下户 (20%) Lower Middle Income Households (second quintile group)	中等收入户 (20%) Middle Income Households (third quintile group)	中等偏上户 (20%) Upper Middle Income Households (fourth quintile group)	高收入户 (10%) High Income Households (ninth decile group)	最高收入户 (10%) Highest Income Households (tenth decile group)	#更高收入户 (5%) Higher Income Households (five percent)
10518.23	13834.48	18138.83	23925.92	30958.42	47432.21	56742.70
9609.62	12589.17	16676.38	21747.22	28076.68	43624.46	52537.67
6283.56	8853.50	11263.40	15425.04	20359.55	27828.95	29336.98
5983.18	8489.22	10921.82	14908.95	20013.17	26743.56	27941.22
300.37	364.28	341.58	516.08	346.37	1085.39	1395.76
1190.88	1381.38	1789.29	1632.21	1983.67	6209.63	10036.22
115.43	175.31	206.51	265.67	698.05	1609.70	2145.48
24.27	27.13	36.20	52.90	99.68	205.60	232.51
3.08	21.72	52.72	45.87	53.99	295.47	441.05
6.79		0.15				
5.61	12.21	24.53	31.74	70.34	265.98	509.84
70.65	105.87	62.61	128.30	451.39	530.00	363.40
5.04	8.37	30.29	6.86	22.66	312.66	598.68
2928.37	3424.30	4879.63	6603.00	7917.16	11783.93	15224.01
2341.89	2876.73	4452.51	5859.82	6903.72	9152.39	11533.24
118.90	150.16	18.31	18.61	0.36	22.71	9.07
			1.31		8.87	
37.74	3.44	9.76	14.43	0.02		
34.24	1.91	6.94	13.75	0.02		
165.90	115.46	122.34	181.94	255.58	628.65	851.29
169.83	170.31	172.60	340.74	582.55	1375.37	1832.19
	3.95	0.53	1.26	49.20	259.48	503.57
33.39	36.89	33.08	96.60	18.89	209.14	368.71
1.76	7.56	4.63	1.61	1.66	8.92	0.12
1.76	7.56	4.63	1.61	1.66	8.92	0.12
1189.34	1536.06	2957.29	4179.47	5309.21	13782.66	18635.68
1006.21	1357.98	2580.50	3764.68	5092.89	10766.78	14584.40
174.18	159.56	252.52	158.01	36.06	1327.25	669.47
3.03	3.31	10.07	9.64	13.48	6.40	10.07
		0.37			9.50	
		113.27	247.03	164.02	1672.73	3371.75
	13.03					
5.53						
0.40	1.21	0.55		1.72		
	0.96		0.11	1.03		

4-3 续表

单位：元

项 目	Item	合 计 Total	最低收入户(10%) Lowest Income Households (first decile group)	#困难户(5%) Poor Households (first five percent group)
家庭总支出	Total Expenditures	18123.42	8583.77	8949.43
消费支出	Expenditure for Consumption	13163.77	6300.51	6218.25
# 服务性消费支出	# Consumption Expenditures in Service	3131.69	1476.47	1609.44
食品	Food	5363.68	3133.71	2853.88
衣着	Clothing	1677.91	509.79	476.13
居住	Residence	1172.11	592.44	578.18
家庭设备用品及服务	Household Facilities Articles and Services	814.81	277.79	273.63
医疗保健	Medicine and Medical Services	915.72	467.80	469.40
交通和通信	Traffic and Communications	1382.20	374.68	355.96
教育文化娱乐服务	Education, Culture and Recreation Articles and Services	1489.67	864.33	1116.64
其他商品和服务	Miscellanecus Commodities and Services	347.68	79.97	94.43
购房与建房支出	Expenditure on House-purchase and Building	879.03		
购房	House-purchase	874.52		
建房	House Building	4.50		
转移性支出	Tranferred Expenditure	2384.97	1009.50	1121.34
交纳所得税	Paid Individual Income Tax	66.63	7.26	10.96
捐赠支出	Donation	1843.31	775.50	842.46
购买彩票	Purchase of Lottery	10.36	0.18	0.14
赡养支出	Support Expenditure	356.09	194.04	255.15
各种非储蓄性保险支出	Non-saving Insurance	42.83	5.36	5.73
其他转移性支出	Other Transferredred Expenditure	65.76	27.15	6.90
财产性支出	Property Expentidture	22.65	1.47	2.93
非生产性贷款利息支出	Payout of the Non-Productive Interests	19.41	1.47	2.93
其他	Others	3.24		
社会保障支出	Social Security Expentidture	1673.00	1272.29	1606.91
个人交纳的养老基金	Personal Paid Pension Fund	834.38	923.77	1163.05
个人交纳的住房公积金	Personal Paid Housing Accumulation Fund	545.46	96.62	96.90
个人交纳的医疗基金	Personal Paid Medical Care Fund	250.08	241.59	337.15
个人交纳的失业基金	Personal Paid Unemployment Fund	29.94	8.13	5.68
其他社会保障支出	Others	13.15	2.18	4.12
借贷支出	Lending and Loaning Expenditures	5067.40	890.08	498.80
存入储蓄款	Savings	4423.85	677.52	267.58
借出款	Lended Funds	55.94	58.43	102.64
归还借款	Rreturned Loan	244.17	63.03	59.25
储蓄性保险支出	Endowment Assurance Expentidture	136.82	62.43	19.36
购买有价证券	Purchase of Securities	49.57		
其他投资支出	Other Investment Expenditure	15.19	7.48	14.91
归还住房贷款	Returned Accomadation Loan	130.54	17.59	35.06
归还汽车贷款	Returned Automobil Loan	8.65		
归还教育贷款	Returned Education Loan	0.10		
归还其他贷款	Returned Others Loan	0.18		
其他借贷支出	Others	2.39	3.61	

continued

(yuan)

按收入等级分 Grouped by Percentile of Households						
低收入户 (10%) Low Income Households (second decile group)	中等偏下户 (20%) Lower Middle Income Households (second quintile group)	中等收入户 (20%) Middle Income Households (third quintile group)	中等偏上户 (20%) Upper Middle Income Households (fourth quintile group)	高收入户 (10%) High Income Households (ninth decile group)	最高收入户 (10%) Highest Income Households (tenth decile group)	#更高收入户 (5%) Higher Income Households (five percent)
9882.37	12163.78	16214.78	21374.79	27266.13	41490.55	50706.90
7592.87	9327.54	11981.75	15516.90	20107.85	27553.72	31760.12
1513.40	1841.67	2445.11	3653.67	5216.90	8458.56	9763.51
3700.11	4468.51	5121.70	6282.16	7160.60	8843.33	9618.01
790.26	1139.80	1632.66	2020.55	2624.11	3782.19	4343.12
683.95	730.84	883.82	1513.66	1868.32	2713.70	3494.24
452.23	610.00	767.01	914.21	1278.45	1793.33	2127.40
510.05	622.17	727.60	1071.42	1366.30	2287.10	2396.01
522.96	700.11	1352.01	1707.95	2615.43	3267.17	4041.98
787.76	864.14	1243.58	1579.36	2504.74	3893.73	4594.04
145.55	191.97	253.37	427.59	689.90	973.17	1145.32
	0.59	641.93	1293.37	981.04	4663.30	8586.60
	0.59	641.93	1270.00	981.04	4663.30	8586.60
			23.37			
1438.26	1675.37	2187.95	2526.44	3449.57	5922.27	6772.82
3.77	23.26	14.57	64.23	128.44	388.53	550.97
1178.23	1359.20	1803.10	2019.72	2574.90	4015.83	4415.69
5.45	7.06	6.55	11.66	37.79	13.04	11.31
218.68	197.26	295.11	338.79	501.18	1130.11	1420.57
1.74	16.00	31.00	36.08	136.29	144.78	216.27
30.40	72.59	37.61	55.97	70.98	229.98	158.00
7.12	5.58	25.77	11.91	81.22	59.36	59.25
7.12	5.24	12.55	11.91	81.18	55.68	51.79
	0.34	13.23		0.04	3.68	7.46
844.12	1154.69	1377.38	2026.17	2646.45	3291.90	3528.12
533.03	658.01	725.61	952.32	1064.53	1270.12	1395.20
181.06	261.15	393.47	724.98	1172.77	1502.82	1617.09
111.91	209.68	217.28	286.55	345.97	424.41	399.69
9.46	17.50	24.79	44.30	51.23	68.61	84.20
8.66	8.36	16.23	18.02	11.95	25.95	31.94
1352.98	2673.48	4123.07	5669.91	7890.33	18372.52	23156.93
1160.70	2294.02	3684.84	5044.69	7038.28	15683.64	20253.40
18.48	78.01	55.41	31.72	21.85	143.48	64.18
94.45	136.28	201.71	273.64	348.72	832.20	1075.93
44.10	74.60	111.21	135.20	203.35	485.05	348.40
	17.81	3.28	24.66	100.49	363.88	64.81
	22.25	0.73	30.11		47.52	96.44
35.23	48.40	61.64	121.77	147.04	756.53	1134.24
	1.98	4.21		25.82	57.40	116.49
					1.18	
			0.96			
	0.12	0.04	7.16	4.77	1.65	3.06

4-4 城镇居民家庭人均消费支出情况(2011年)

单位：元

项目	Item	总平均 Total Average	最低收入户(10%) Lowest Income Households (first decile group)	#困难户(5%) Poor Households (first five percent group)
消费支出	Total Consumption Expenditure	13163.77	6300.51	6218.25
#服务性消费支出	# Consumption Expenditures of Service	3131.69	1476.47	1609.44
食品	Food	5363.68	3133.71	2853.88
粮油类	Grain and Oil	837.70	537.96	463.21
粮食	Grain	541.43	328.88	269.47
大米	Rice	240.81	178.72	159.49
面粉	Flour	15.88	8.76	6.57
其他粮食及制品	Others Grain & Products	284.74	141.40	103.41
淀粉及薯类	Starches and Tubers	28.16	21.88	20.35
干豆类及豆制品	Bean and Its Products	82.97	57.19	53.95
油脂类	Oil or Fat	185.13	130.00	119.44
食用植物油	Edible Oil	181.82	126.76	116.67
食用动物油	Consumption of Animal Oil	3.31	3.25	2.76
肉禽蛋水产品类	Poutry, Eggs and Quatic Products	1488.43	899.81	802.92
肉类	Meat	889.83	561.59	502.83
猪肉	Pork	618.52	428.46	380.81
牛肉	Beef	97.43	52.51	48.38
羊肉	Lamb	29.32	10.67	9.88
其他肉及制品	Others Stewed & Products	144.56	69.96	63.76
禽类	Poultry	193.47	112.08	96.13
鸡	Chicken	100.82	62.39	55.19
鸭	Duck	28.07	12.46	11.74
其他禽类及制品	Others Poultry Processed & Products	64.58	37.23	29.20
蛋类	Eggs	111.11	73.33	64.57
鲜蛋	Fresh Eggs	96.58	62.51	56.26
蛋制品	Eggs Processed Products	14.53	10.82	8.31
水产品类	Aquatic Products	294.01	152.81	139.38
鱼	Fish	219.94	126.83	113.65
虾	Shrimp	23.51	5.97	5.16
其他水产品及制品	Others Aquatic & Products	50.57	20.00	20.56
蔬菜类	Vegetables	653.65	425.78	392.41
鲜菜	Fresh Vegetables	606.16	399.83	368.37
干菜	Dried Vegetables	25.89	12.42	12.77
菜制品	Vegetable Products	21.60	13.53	11.27
调味品	Flavoring	76.33	40.88	34.55
糖烟酒饮料类	Suger, Tobacco, Wine and Beverages	647.15	303.32	311.71
糖类	Carbohydrate Products	38.98	24.75	26.63
烟草类	Tobacco	358.06	158.14	171.18
酒类	Liquors	187.49	83.02	73.88
白酒	Liquors	143.90	68.10	59.94
果酒	Wine	15.51	3.06	2.34
啤酒	Beer	16.33	8.10	7.98
其他酒	Others	11.75	3.76	3.62

Per Capita Consumption Expenditure of Urban Households(2011)

(yuan)

按收入等级分 Grouped by Percentile of Households						
低收入户 (10%) Low Income Households (second decile group)	中等偏下户 (20%) Lower Middle Income Households (second quintile group)	中等收入户 (20%) Middle Income Households (third quintile group)	中等偏上户 (20%) Upper Middle Income Households (fourth quintile group)	高收入户 (10%) High Income Households (ninth decile group)	最高收入户 (10%) Highest Income Households (tenth decile group)	#更高收入户 (5%) Higher Income Households (five percent)
7592.87	9327.54	11981.75	15516.90	20107.85	27553.72	31760.12
1513.40	1841.67	2445.11	3653.67	5216.90	8458.56	9763.51
3700.11	4468.51	5121.70	6282.16	7160.60	8843.33	9618.01
602.89	746.71	877.51	958.97	986.27	1177.03	1236.85
361.86	480.46	580.27	623.49	633.78	786.96	856.96
190.77	230.29	255.43	259.99	276.79	285.12	270.80
9.72	13.20	18.13	17.44	21.58	23.20	16.31
161.37	236.97	306.71	346.06	335.42	478.64	569.86
21.21	24.76	25.92	33.57	31.04	42.91	44.69
64.24	76.74	83.49	94.47	96.48	110.79	106.86
155.58	164.74	187.84	207.44	224.97	236.37	228.34
153.05	161.90	183.54	203.95	222.59	232.78	225.10
2.53	2.84	4.30	3.50	2.38	3.59	3.24
1102.09	1320.87	1508.17	1680.51	1831.83	2228.12	2351.09
696.79	806.91	921.84	990.79	1063.84	1229.64	1289.39
543.50	588.37	659.00	660.16	681.31	751.68	780.74
63.71	84.10	88.40	117.67	142.27	153.93	133.72
15.66	22.08	30.32	36.94	44.15	50.24	58.60
73.92	112.36	144.12	176.02	196.11	273.79	316.32
129.09	173.87	204.92	220.16	233.44	287.50	308.16
69.11	94.08	108.32	115.11	116.80	135.18	137.51
15.95	23.50	28.41	36.03	36.07	45.57	43.33
44.03	56.29	68.19	69.02	80.56	106.74	127.31
84.03	99.50	108.27	125.86	139.04	161.89	155.35
74.54	86.96	94.23	109.05	120.80	139.82	134.27
9.49	12.55	14.04	16.82	18.24	22.07	21.08
192.17	240.59	273.15	343.69	395.52	549.09	598.20
156.93	191.69	210.99	248.51	287.54	363.25	397.17
9.07	12.46	16.58	34.44	32.56	71.82	71.59
26.17	36.44	45.58	60.74	75.41	114.02	129.44
512.09	588.73	668.10	730.10	798.22	895.12	927.07
481.94	549.54	618.93	673.15	731.39	826.90	869.31
16.35	18.73	22.91	32.90	43.42	43.49	35.02
13.80	20.46	26.27	24.06	23.41	24.73	22.74
52.83	61.31	74.16	91.19	104.85	124.91	130.72
342.33	474.20	588.04	832.90	950.90	1252.03	1402.94
26.53	34.62	33.32	45.93	54.61	63.71	64.41
176.36	261.18	336.70	461.36	526.43	693.79	782.12
105.07	130.79	162.24	247.40	274.82	383.96	453.22
80.46	105.45	127.29	183.84	193.50	303.77	376.13
3.73	5.75	9.46	28.13	33.58	35.14	25.29
13.92	12.71	16.05	20.28	21.86	23.60	19.81
6.95	6.88	9.45	15.16	25.88	21.45	31.98

4-4 续表 1

单位：元

项目	Item	总平均 Total Average	最低收入户 (10%) Lowest Income Households (first decile group)	#困难户 (5%) Poor Households (first five percent group)
饮料	Beverage	62.62	37.41	40.03
碳酸饮料	Carbonated Beverages	8.36	4.00	4.11
瓶装饮用水	Bottled Drinking Water	3.00	2.08	1.61
茶叶	Tea	22.37	15.19	19.02
其他饮料	Other Beverages	28.89	16.15	15.28
干鲜瓜果类	Dried and Fresh Melons and Fruits	345.60	182.59	184.37
鲜果	Fresh Fruits	211.50	113.08	115.26
鲜瓜	Fresh Melons	33.17	19.09	18.64
其它干鲜瓜果类及制品	Others Melon and Fruits & Products	100.92	50.42	50.47
糕点、奶及奶制品	Pastry, Milk and Milk Products	311.51	162.56	137.25
糕点	Pastry	106.18	58.44	56.45
奶及奶制品	Milk and Its Products	205.33	104.12	80.80
鲜乳品	Fresh milk	105.97	49.38	38.77
奶粉	Milk Powder	49.14	31.70	22.85
酸奶	Sour Milk	31.91	11.86	10.51
其他奶制品	Other Dairy Products	18.32	11.19	8.66
其他食品	Others Food	70.44	34.46	35.88
饮食服务	Food Service	932.87	546.35	491.57
食品加工服务费	Food Processing Cost	2.26	0.71	0.59
在外饮食	Dinars	930.62	545.65	490.98
非食品类	Non-food			
衣着	Clothing	1677.91	509.79	476.13
服装	Garments	1259.76	364.99	327.11
衣着材料	Clothing Material	12.68	3.35	3.64
鞋类	Shoes	348.92	119.80	118.13
其他衣着用品	Other Clothing Articles	48.92	18.75	23.37
衣着加工服务费	Clothes Processing Service Cost	7.63	2.90	3.88
家庭设备用品及服务	Household Facilities, Articles and Service	814.81	277.79	273.63
耐用消费品	Durable Consumer Goods	317.76	84.37	78.71
家具	Furniture	57.77	4.82	1.57
家庭设备	Household Facilities	206.11	39.61	34.25
洗衣机	Washing Machine	22.98	6.71	0.34
电冰箱	Refrigerator	19.26	0.04	0.06
微波炉	Microwave Oven	6.43	3.29	0.29
空调器	Air Conditioner	44.04	6.74	12.00
淋浴热水器	Shower Water Heaters	17.85	3.52	6.26
消毒碗柜	Xiaodaiwangui	0.63		
洗碗机	Dishwashers	0.61		
其他家庭设备	Others	94.31	19.31	15.30

continued 1

(yuan)

按收入等级分 Grouped by Percentile of Households						
低收入户 (10%) Low Income Households (second decile group)	中等偏下户 (20%) Lower Middle Income Households (second quintile group)	中等收入户 (20%) Middle Income Households (third quintile group)	中等偏上户 (20%) Upper Middle Income Households (fourth quintile group)	高收入户 (10%) High Income Households (ninth decile group)	最高收入户 (10%) Highest Income Households (tenth decile group)	#更高收入户 (5%) Higher Income Households (five percent)
34.37	47.61	55.77	78.20	95.05	110.58	103.18
6.29	6.80	8.30	10.27	12.99	10.74	10.30
2.46	3.11	2.46	3.46	2.84	5.04	5.41
8.65	13.17	18.79	28.92	43.14	41.23	32.12
16.97	24.53	26.23	35.55	36.08	53.56	55.36
239.35	286.34	326.48	403.00	466.13	603.66	617.29
154.29	175.61	197.83	245.90	285.32	363.53	375.10
24.33	29.55	32.92	37.76	43.59	48.89	50.98
60.73	81.18	95.73	119.34	137.21	191.24	191.21
197.35	244.59	279.98	372.39	481.96	548.31	533.02
71.82	87.19	97.50	119.29	161.15	183.97	178.94
125.53	157.40	182.48	253.09	320.80	364.35	354.07
61.94	79.71	88.05	145.06	161.25	188.18	180.79
29.54	34.84	41.95	45.12	91.65	108.70	104.83
21.86	23.63	31.04	42.11	49.81	47.83	51.57
12.19	19.22	21.45	20.80	18.10	19.63	16.88
48.42	58.78	57.01	91.80	121.56	98.78	114.16
602.75	686.99	742.24	1121.32	1418.89	1915.38	2304.89
1.51	2.15	2.57	2.44	2.98	3.37	2.93
601.24	684.84	739.67	1118.88	1415.91	1912.01	2301.96
790.26	1139.80	1632.66	2020.55	2624.11	3782.19	4343.12
592.67	843.26	1238.71	1471.75	1976.62	2953.44	3421.91
5.13	7.61	9.25	17.62	27.46	26.59	41.51
171.69	249.90	328.22	455.62	531.17	695.10	761.15
18.43	33.55	49.08	64.48	79.61	90.87	96.80
2.34	5.48	7.40	11.09	9.26	16.19	21.75
452.23	610.00	767.01	914.21	1278.45	1793.33	2127.40
197.80	245.35	285.24	346.50	519.43	718.82	896.19
33.13	45.38	37.40	56.57	60.77	233.85	324.23
101.39	147.74	180.80	236.52	424.86	432.05	513.19
2.85	17.04	20.56	37.55	51.28	24.29	40.33
10.38	25.82	8.62	25.12	26.44	44.74	45.35
3.61	5.48	6.13	8.72	3.62	14.78	26.41
2.73	35.46	36.76	54.28	86.59	110.55	150.58
6.31	10.53	15.30	26.95	34.70	34.26	26.26
		0.32	0.62	4.69		
0.09	0.79	0.24	1.41	0.83	0.55	1.12
75.42	52.61	92.88	81.87	216.71	202.88	223.14

4-4 续表 2

单位：元

项　目	Item	总平均 Total Average	最低收入户 (10%) Lowest Income Households (first decile group)	#困难户 (5%) Poor Households (first five percent group)
室内装饰品	Interior Decorations	16.79	2.11	1.40
床上用品	Bed Articles	59.74	17.06	19.75
家庭日用杂品	Daily Use Household Articles	369.48	165.05	168.37
家具材料	Furniture Material	15.08	3.36	2.40
家庭服务	Household Service	35.96	5.85	3.00
家政服务	Domestic Service	13.26	1.10	0.37
加工维修服务费	Processing Maintenance Services	19.50	4.21	2.56
医疗保健	Health Care and Medical Services	915.72	467.80	469.40
医疗器具	Medical Appliances	4.68		
保健器具	Constitutional Appliances	13.66	0.66	
药品费	Medicine Expense	395.46	288.82	311.47
滋补保健品	Nourishing Healthful Products	78.28	4.70	1.53
医疗费	Medical Care Expense	408.31	167.51	148.18
其他医疗保健支出	Others	15.33	6.11	8.22
交通和通信	Transport and Communications	1382.20	374.68	355.96
交通	Transport	827.81	148.19	140.83
家庭交通工具	Household Transportation	302.20	11.14	8.03
摩托车	Motor	25.36	3.17	6.32
助力车	Moped	20.98	7.97	1.71
家用汽车	Domestic Car	249.85		
其他交通工具	Other Modes of Transport	6.01		
车辆用燃料及零配件	Fuel and Accessories for Vehicle	176.43	25.72	21.72
燃料	Fuel	119.73	20.66	12.81
零配件	Accessories	6.20	1.39	1.53
其他	Others	7.67	4.11	7.69
交通工具服务支出	Transport Services Spending	67.37	5.30	5.49
维修费	Maintenance Costs	24.22	2.56	1.99
车辆使用税费	Vehicles Using Tax	30.57	0.36	0.22
其它车辆使用费用	Other Vehicles Cost	10.52	1.32	1.90
交通费	Transport	281.81	106.03	105.59
飞机	Aircraft	13.33	0.41	0.20
火车	Train	38.18	14.72	22.98
长途汽车	Long-distance Coach	37.38	25.53	23.92
市内公共交通	City Bus Transport	117.88	42.61	30.81
出租汽车费	Taxi Fees	46.91	15.72	20.45
其他交通费	Other Traffic Charges	28.13	7.04	7.22
通信	Communication	554.39	226.49	215.13
通信工具	Communication Tools	103.55	31.16	36.01
电话机	Telephone	6.20	4.28	0.31
移动电话	Mobile Telephone	78.59	21.22	27.77
其他通信工具	Other Communications Tools	6.56	2.55	3.80
通信服务	Communication Service	450.84	195.33	179.12
电信费	Communications	430.09	191.08	175.41
邮费	Postage	1.71	0.85	0.83
其他通信服务费	Others	19.03	3.40	2.88

continued 2

(yuan)

按收入等级分 Grouped by Percentile of Households						
低收入户 (10%) Low Income Households (second decile group)	中等偏下户 (20%) Lower Middle Income Households (second quintile group)	中等收入户 (20%) Middle Income Households (third quintile group)	中等偏上户 (20%) Upper Middle Income Households (fourth quintile group)	高收入户 (10%) High Income Households (ninth decile group)	最高收入户 (10%) Highest Income Households (tenth decile group)	#更高收入户 (5%) Higher Income Households (five percent)
1.77	6.48	14.00	17.18	35.44	63.26	82.00
25.27	51.10	44.31	73.89	97.63	141.19	183.43
216.54	283.74	364.16	419.65	533.97	731.91	809.18
2.93	5.38	29.92	21.79	8.30	22.30	4.53
7.91	17.95	29.39	35.19	83.68	115.85	152.07
0.54	2.36	6.44	9.72	50.67	53.38	80.15
7.01	13.91	16.83	22.46	28.57	57.21	69.90
510.05	622.17	727.60	1071.42	1366.30	2287.10	2396.01
0.65	2.56	5.07	5.19	5.86	16.98	15.88
2.84	20.63	11.56	15.18	10.54	32.69	47.90
248.89	321.63	332.21	483.96	538.89	685.40	617.58
11.16	25.71	40.26	81.32	315.34	202.20	265.97
237.22	246.52	312.15	473.92	473.31	1319.62	1415.53
9.29	5.12	26.36	11.85	22.37	30.20	33.15
522.96	700.11	1352.01	1707.95	2615.43	3267.17	4041.98
229.46	312.90	836.10	984.85	1751.33	2217.26	2879.75
28.29	61.08	500.05	342.22	790.49	434.63	786.56
11.96	18.60	59.13	37.81			
14.64	18.14	17.61	30.07	16.76	44.33	16.40
	14.21	419.36	270.28	768.00	371.03	752.98
1.69	10.13	3.96	4.06	5.73	19.27	17.18
39.51	66.36	65.91	195.98	317.54	869.66	1141.70
22.29	56.48	46.39	109.59	213.07	616.83	851.54
3.83	3.54	2.10	6.27	12.79	24.21	27.03
1.02	2.63	1.13	3.45	8.06	57.80	97.35
14.21	13.37	20.78	67.73	143.75	368.61	446.41
10.35	7.03	10.27	17.49	54.76	124.90	170.50
1.12	1.87	6.41	34.55	63.18	187.50	235.33
1.70	2.62	1.49	12.44	23.13	55.91	40.26
147.46	172.10	249.36	378.92	499.55	544.36	505.09
0.73	0.80	2.10	17.59	46.15	56.64	46.99
18.13	26.61	26.99	42.05	66.36	107.60	98.02
47.43	36.22	33.99	31.82	35.48	65.08	79.10
44.42	65.89	102.78	177.54	233.30	199.81	193.38
22.39	19.88	41.93	71.00	92.07	87.18	77.98
14.36	22.69	41.58	38.91	26.20	28.04	9.62
293.50	387.21	515.91	723.10	864.10	1049.91	1162.23
49.91	47.11	90.40	137.47	191.23	250.92	263.60
0.88	6.26	3.57	6.54	11.55	15.20	20.43
22.80	29.86	66.51	110.02	155.87	206.86	219.70
8.06	1.38	5.05	7.78	15.48	12.70	1.96
243.59	340.10	425.51	585.63	672.86	798.98	898.63
234.96	325.96	412.22	555.20	615.11	771.31	875.94
1.32	1.53	1.65	1.83	2.49	2.70	2.63
7.32	12.61	11.64	28.59	55.27	24.97	20.06

4-4 续表 3

单位：元

项　目	Item	总平均 Total Average	最低收入户 (10%) Lowest Income Households (first decile group)	#困难户 (5%) Poor Households (first five percent group)
教育文化娱乐服务	Recreation, Education and Cultural Services	1489.67	864.33	1116.64
文化娱乐用品	Recreation, and Cultural Facilities	272.88	115.64	127.98
彩色电视机	Color TV	59.74	14.55	10.27
家用电脑	Home Computer	49.57	17.89	21.69
整机电脑	Unit Computer	41.37	12.79	16.31
计算机外部设备	Computer Peripheral Equipment	3.50	1.16	1.59
各种零配件及耗材	Various Parts & Supplies	4.69	3.94	3.79
组合音响	Machines	0.24		
摄像机	Cameras	1.57	12.92	25.75
照相机	Cameras	13.97	0.59	0.55
钢琴	Piano	2.38		
其他中高档乐器	Other Middle-grade Instruments	0.59	0.02	0.01
健身器材	Fitness Equipment	0.61	0.04	
电子辞典	Electronic Dictionary	2.40		
音像制品及软件	Audio-video Products and Software	1.98	1.81	0.33
体育用品	Sports	6.14	1.28	0.52
书报杂志	Newspapers and Magazines	39.66	21.84	19.38
纸张文具	Paper Stationery	23.82	14.83	18.21
其他文娱用品	Other Cultural Items	70.20	29.89	31.28
文化娱乐服务	Recreation, and Culrural Service	525.92	199.99	319.46
参观游览	Tourists	54.96	10.56	10.60
健身活动	Fitness Activities	19.08	0.98	0.24
团体旅游	Tourist Groups	291.61	147.80	271.53
其它文娱活动	Other Cultural Activities	136.43	35.19	35.36
文娱用品修理服务费	Civic Supplies Repair Services	20.01	1.58	1.66
教育	Education	690.86	548.70	669.20
教材	Text-book	122.57	104.88	151.85
课本及参考书	Textbooks and Reference Books	52.31	54.58	68.90
教育软件	Educational Software	1.38	0.30	0.38
其他教材	Other Materials	15.03	4.69	4.54
教育费用	Education Expense	568.29	443.82	517.35
非义务教育学杂费	Non-compulsory Education Fees	165.96	133.99	109.11
义务教育学杂费	Compulsory Fees	68.52	66.49	69.20
托幼费	Nurseries Charges	48.67	18.16	16.56
成人教育费	Adult Education Fees	32.95	24.96	44.07
家教费	Tutor Fee	38.20	22.90	37.97
培训班	Courses	129.56	87.46	126.53
学校住宿费	Boarding Schools	13.12	3.09	5.99
其他教育费用	Others	69.78	83.68	101.76

continued 3

(yuan)

按收入等级分 Grouped by Percentile of Households						
低收入户 (10%) Low Income Households (second decile group)	中等偏下户 (20%) Lower Middle Income Households (second quintile group)	中等收入户 (20%) Middle Income Households (third quintile group)	中等偏上户 (20%) Upper Middle Income Households (fourth quintile group)	高收入户 (10%) High Income Households (ninth decile group)	最高收入户 (10%) Highest Income Households (tenth decile group)	#更高收入户 (5%) Higher Income Households (five percent)
787.76	864.14	1243.58	1579.36	2504.74	3893.73	4594.04
196.01	191.09	231.44	348.21	404.73	541.97	658.22
66.90	15.58	56.85	60.96	128.82	136.23	209.57
34.43	38.38	21.18	91.69	51.75	108.00	113.64
30.08	30.19	17.42	76.51	44.90	94.12	99.45
2.86	4.41	2.32	4.60	1.81	7.54	5.46
1.48	3.78	1.44	10.59	5.05	6.35	8.73
0.02	0.06	0.04	0.46	0.07	1.42	2.86
			1.11			
3.46	10.30	3.71	20.76	24.88	50.84	89.80
					27.86	
	0.30	1.97	0.52	0.03	0.06	0.01
0.01	0.01	0.09	0.01	6.14		
0.06	2.81	1.32	1.86	9.20	3.84	7.47
0.61	1.18	0.81	2.18	1.94	8.31	11.83
0.76	1.42	5.74	18.32	6.83	2.69	0.73
18.93	33.13	33.95	49.57	57.99	74.86	76.01
17.91	20.72	26.95	24.45	32.49	30.68	33.04
52.92	67.20	78.83	76.32	84.58	97.18	113.26
115.93	204.35	347.11	543.40	984.69	2096.78	2812.44
9.65	16.77	25.63	75.58	101.54	231.63	222.31
4.51	1.97	15.31	25.24	44.31	67.05	90.97
28.99	79.51	124.88	289.64	578.03	1401.99	1981.53
56.73	90.94	122.77	136.05	243.55	384.30	502.78
7.98	13.71	49.98	16.85	13.72	10.88	12.97
475.82	468.69	665.03	687.74	1115.32	1254.98	1123.37
122.90	90.00	167.97	121.40	131.60	97.01	41.96
57.35	42.27	65.59	46.90	48.09	49.57	13.07
0.40	0.24	0.21	2.15	2.39	6.71	4.00
16.48	8.23	19.42	16.43	18.88	23.08	24.01
352.92	378.69	497.06	566.34	983.72	1157.97	1081.41
139.33	111.63	186.48	165.69	314.78	148.52	107.81
64.95	54.35	93.77	68.28	59.76	54.80	52.06
28.09	44.41	29.60	53.01	79.21	126.82	138.94
15.08	23.53	35.83	23.32	39.65	94.37	127.96
5.81	7.93	23.37	26.63	71.57	194.86	197.54
67.71	90.40	84.46	125.53	315.59	267.47	182.73
12.73	9.13	9.81	27.78	18.32	4.73	2.64
19.23	35.44	29.88	76.11	84.83	266.41	271.72

4-5 城镇居民家庭人均购买商品数量(2011年)

项 目	Item	总平均 Total Average	最低收入户 (10%) Lowest Income Households (first decile group)	#困难户 (5%) Poor Households (first five percent group)
消费支出(元)	Total Consumption Expenditure(yuan)	13163.77	6300.51	6218.25
食品(元)	Food(yuan)	5363.68	3133.71	2853.88
粮油类(千克)	Grain and Oil(kg)			
粮食(千克)	Grain(kg)	83.75	60.61	52.01
大米	Rice	50.48	39.93	35.10
面粉	Flour	3.68	2.16	1.65
其他粮食及制品	Others Grain & Products	29.61	18.53	15.26
淀粉及薯类(千克)	Starches and Tubers(kg)	6.65	5.77	5.59
干豆类及豆制品(元)	Bean and Its Products(yuan)	82.97	57.19	53.95
油脂类(千克)	Oil or Fat(kg)	12.93	9.70	8.60
食用植物油	Edible Oil	12.66	9.36	8.42
肉禽蛋水产品类(千克)	Poutry, Eggs and Quatic Products(kg)			
肉类(千克)	Meat(kg)	31.74	20.81	18.71
猪肉	Pork	23.90	16.84	14.99
牛肉	Beef	2.93	1.56	1.41
羊肉	Lamb	0.82	0.28	0.26
其他肉及制品	Others Stewed & Products	4.15	2.17	2.09
禽类(千克)	Poultry(kg)	8.05	4.92	4.23
鸡	Chicken	4.44	2.99	2.62
鸭	Duck	1.50	0.73	0.68
其他禽类及制品	Others Poultry Processed & Products	2.13	1.21	0.93
蛋类(千克)	Eggs(kg)	9.38	6.51	5.72
鲜蛋	Fresh Eggs	8.35	5.67	5.03
蛋制品	Eggs Processed Products	1.03	0.84	0.69
水产品类(元)	Aquatic Products(yuan)	294.01	152.81	139.38
鱼(千克)	Fish(kg)	14.96	9.39	8.35
虾(千克)	Shrimp(kg)	0.62	0.19	0.16
其他水产品及制品(千克)	Others Aquatic & Products	1.84	0.95	0.89
蔬菜类(元)	Vegetables(yuan)	653.65	425.78	392.41
鲜菜(千克)	Fresh Vegetables(kg)	131.06	94.84	85.75
干菜(元)	Dried Vegetables(kg)	25.89	12.42	12.77
菜制品(元)	Vegetable Products	21.60	13.53	11.27
调味品(元)	Flavoring(yuan)	76.33	40.88	34.55
糖烟酒饮料类(元)	Suger, Tobacco, Wine and Beverages(yuan)	647.15	303.32	311.71
糖类	Carbohydrate Products	38.98	24.75	26.63
烟草类	Tobacco	358.06	158.14	171.18
酒类(千克)	Liquors(kg)	6.12	3.22	3.04
白酒	Liquors	2.62	1.32	1.24
果酒	Wine	0.20	0.04	0.03
啤酒	Beer	3.29	1.85	1.76
其他酒	Others	0.01		

Per Capita Annual Purchases of Commodities of Urban Households(2011)

按收入等级分 Grouped by Percentile of Households						
低收入户 (10%) Low Income Households (second decile group)	中等偏下户 (20%) Lower Middle Income Households (second quintile group)	中等收入户 (20%) Middle Income Households (third quintile group)	中等偏上户 (20%) Upper Middle Income Households (fourth quintile group)	高收入户 (10%) High Income Households (ninth decile group)	最高收入户 (10%) Highest Income Households (tenth decile group)	#更高收入户 (5%) Higher Income Households (five percent)
7592.87	9327.54	11981.75	15516.90	20107.85	27553.72	31760.12
3700.11	4468.51	5121.70	6282.16	7160.60	8843.33	9618.01
63.61	77.36	88.65	93.32	98.10	102.76	105.09
42.04	49.61	54.69	53.38	55.00	54.02	50.89
2.31	3.23	4.36	4.17	4.41	4.63	3.53
19.25	24.53	29.61	35.78	38.70	44.13	50.67
5.11	6.36	6.24	7.59	7.22	8.59	8.94
64.24	76.74	83.49	94.47	96.48	110.79	106.86
11.57	11.94	13.50	14.24	14.97	14.23	13.52
11.40	11.72	13.13	13.97	14.80	14.01	13.33
25.40	29.42	33.31	35.27	36.86	41.00	42.07
20.81	23.10	25.69	25.50	25.81	28.13	29.05
1.92	2.52	2.71	3.61	4.23	4.45	3.63
0.44	0.61	0.85	1.02	1.22	1.41	1.54
2.27	3.23	4.12	5.21	5.67	7.07	7.92
5.49	7.37	8.64	9.17	9.49	11.09	11.36
3.14	4.26	4.78	5.01	5.06	5.42	5.31
0.88	1.30	1.58	1.90	1.84	2.20	1.99
1.47	1.83	2.30	2.28	2.62	3.50	4.08
7.26	8.47	9.14	10.65	11.77	12.82	12.36
6.63	7.61	8.14	9.43	10.39	11.41	11.01
0.64	0.86	1.00	1.23	1.38	1.41	1.36
192.17	240.59	273.15	343.69	395.52	549.09	598.20
12.38	13.70	15.08	16.41	18.37	20.60	21.91
0.37	0.40	0.50	0.89	0.82	1.50	1.57
1.25	1.51	1.78	2.18	2.53	3.09	3.26
512.09	588.73	668.10	730.10	798.22	895.12	927.07
113.40	128.55	139.86	139.63	143.67	148.34	154.13
16.35	18.73	22.91	32.90	43.42	43.49	35.02
13.80	20.46	26.27	24.06	23.41	24.73	22.74
52.83	61.31	74.16	91.19	104.85	124.91	130.72
342.33	474.20	588.04	832.90	950.90	1252.03	1402.94
26.53	34.62	33.32	45.93	54.61	63.71	64.41
176.36	261.18	336.70	461.36	526.43	693.79	782.12
5.34	5.05	6.60	7.68	7.35	7.07	5.77
1.89	2.31	3.24	3.28	2.61	2.83	2.62
0.06	0.08	0.13	0.34	0.53	0.37	0.22
3.37	2.65	3.22	4.05	4.20	3.84	2.90
0.01	0.01		0.01		0.01	0.02

4-5 续表 1

项目	Item	总平均 Total Average	最低收入户 (10%) Lowest Income Households (first decile group)	#困难户 (5%) Poor Households (first five percent group)
饮料(元)	Beverage(yuan)	62.62	37.41	40.03
碳酸饮料(千克)	Carbonated Beverages(kg)	1.19	0.64	0.60
瓶装饮用水(千克)	Bottled Drinking Water(kg)	1.06	0.70	0.63
茶叶(千克)	Tea(kg)	0.18	0.08	0.10
其他饮料(元)	Other Beverages(yuan)	28.89	16.15	15.28
干鲜瓜果类(元)	Dried and Fresh Melons and Fruits(yuan)	345.60	182.59	184.37
鲜果(千克)	Fresh Fruits(kg)	27.74	16.42	16.19
鲜瓜(千克)	Fresh Melons(kg)	12.44	8.44	7.99
其他干鲜瓜果类及制品(元)	Others Melon and Fruits & Products	100.92	50.42	50.47
糕点、奶及奶制品(元)	Pastry, Milk and Milk Products(yuan)	311.51	162.56	137.25
糕点(千克)	Pastry(kg)	4.90	3.01	2.89
奶及奶制品(元)	Milk and Its Products(yuan)	205.33	104.12	80.80
鲜乳品(千克)	Fresh milk(kg)	10.31	5.74	4.27
奶粉(千克)	Milk Powder(kg)	0.54	0.39	0.29
酸奶(千克)	Sour Milk(kg)	3.40	1.45	1.26
其他奶制品(元)	Other Dairy Products(yuan)	18.32	11.19	8.66
其他食品(元)	Others Food(yuan)	70.44	34.46	35.88
饮食服务(元)	Food Service(yuan)	932.87	546.35	491.57
食品加工服务费	Food Processing Cost	2.26	0.71	0.59
在外饮食	Dinars	930.62	545.65	490.98
非食品类(元)	Non-food(yuan)			
衣着(元)	Clothing(yuan)	1677.91	509.79	476.13
服装(件)	Garments(piece)	7.87	3.20	2.55
衣着材料(元)	Clothing Material(yuan)	12.68	3.35	3.64
鞋类(双)	Shoes(pair)	2.57	1.26	1.16
其他衣着用品(元)	Other Clothing Articles(yuan)	48.92	18.75	23.37
衣着加工服务费(元)	Clothes Processing Service Cost(yuan)	7.63	2.90	3.88
家庭设备用品及服务(元)	Household Facilities, Articles and Service(yuan)	814.81	277.79	273.63
耐用消费品(元)	Durable Consumer Goods(yuan)	317.76	84.37	78.71
家具(元)	Furniture(yuan)	57.77	4.82	1.57
家庭设备(元)	Household Facilities(yuan)	206.11	39.61	34.25
洗衣机(台/百户)	Washing Machine(set/100 household)	4.65	1.74	0.15
电冰箱(台/百户)	Refrigerator(set/100 household)	2.20		
微波炉(台/百户)	Microwave Oven(set/100 household)	3.19	1.83	0.19
空调器(台/百户)	Air Conditioner(set/100 household)	4.52	0.84	1.43
淋浴热水器(台/百户)	Shower Water Heaters(set/100 household)	3.29	0.33	0.49
消毒碗柜(台/百户)	Xiaodaiwangui(set/100 household)	0.12		
洗碗机(台/百户)	Dishwashers(set/100 household)	0.11		
其他家庭设备(元)	Others(yuan)	94.31	19.31	15.30

continued 1

按收入等级分 Grouped by Percentile of Households						
低收入户 (10%) Low Income Households (second decile group)	中等偏下户 (20%) Lower Middle Income Households (second quintile group)	中等收入户 (20%) Middle Income Households (third quintile group)	中等偏上户 (20%) Upper Middle Income Households (fourth quintile group)	高收入户 (10%) High Income Households (ninth decile group)	最高收入户 (10%) Highest Income Households (tenth decile group)	#更高收入户 (5%) Higher Income Households (five percent)
34.37	47.61	55.77	78.20	95.05	110.58	103.18
1.06	1.04	1.02	1.43	1.66	1.70	1.56
1.10	1.22	0.90	1.15	0.88	1.43	1.38
0.06	0.11	0.17	0.23	0.30	0.32	0.25
16.97	24.53	26.23	35.55	36.08	53.56	55.36
239.35	286.34	326.48	403.00	466.13	603.66	617.29
23.10	25.14	28.14	31.05	34.23	37.90	38.84
10.29	11.97	13.09	13.63	14.67	14.39	16.11
60.73	81.18	95.73	119.34	137.21	191.24	191.21
197.35	244.59	279.98	372.39	481.96	548.31	533.02
3.81	4.37	4.67	5.53	6.69	7.06	6.73
125.53	157.40	182.48	253.09	320.80	364.35	354.07
7.12	8.56	8.47	13.93	14.83	15.53	14.33
0.34	0.41	0.49	0.57	0.84	0.99	0.72
2.77	2.92	3.75	4.03	4.52	4.16	4.61
12.19	19.22	21.45	20.80	18.10	19.63	16.88
48.42	58.78	57.01	91.80	121.56	98.78	114.16
602.75	686.99	742.24	1121.32	1418.89	1915.38	2304.89
1.51	2.15	2.57	2.44	2.98	3.37	2.93
601.24	684.84	739.67	1118.88	1415.91	1912.01	2301.96
790.26	1139.80	1632.66	2020.55	2624.11	3782.19	4343.12
5.86	6.17	8.35	8.43	10.46	14.77	19.48
5.13	7.61	9.25	17.62	27.46	26.59	41.51
2.21	2.30	2.87	2.88	3.07	3.30	3.45
18.43	33.55	49.08	64.48	79.61	90.87	96.80
2.34	5.48	7.40	11.09	9.26	16.19	21.75
452.23	610.00	767.01	914.21	1278.45	1793.33	2127.40
197.80	245.35	285.24	346.50	519.43	718.82	896.19
33.13	45.38	37.40	56.57	60.77	233.85	324.23
101.39	147.74	180.80	236.52	424.86	432.05	513.19
0.72	4.03	4.29	6.08	10.89	3.40	5.30
1.44	3.58	1.06	2.50	2.76	3.41	3.31
2.78	2.74	3.34	3.59	2.41	5.13	8.92
0.25	4.22	3.90	5.60	6.92	8.65	10.69
1.46	2.00	2.86	5.63	4.82	4.44	3.70
		0.10	0.18	0.62		
	0.15	0.04	0.23	0.14	0.09	0.18
75.42	52.61	92.88	81.87	216.71	202.88	223.14

4-5 续表 2

项　目	Item	总平均 Total Average	最低收入户(10%) Lowest Income Households (first decile group)	#困难户(5%) Poor Households (first five percent group)
室内装饰品(元)	Interior Decorations(yuan)	16.79	2.11	1.40
床上用品(元)	Bed Articles(yuan)	59.74	17.06	19.75
家庭日用杂品(元)	Daily Use Household Articles(yuan)	369.48	165.05	168.37
家具材料(元)	Furniture Material(yuan)	15.08	3.36	2.40
家庭服务(元)	Household Service(yuan)	35.96	5.85	3.00
家政服务	Domestic Service	13.26	1.10	0.37
加工维修服务费	Processing Maintenance Services	19.50	4.21	2.56
医疗保健(元)	Health Care and Medical Services(yuan)	915.72	467.80	469.40
医疗器具	Medical Appliances	4.68		
保健器具	Constitutional Appliances	13.66	0.66	
药品费	Medicine Expense	395.46	288.82	311.47
滋补保健品	Nourishing Healthful Products	78.28	4.70	1.53
医疗费	Medical Care Expense	408.31	167.51	148.18
其他医疗保健支出	Others	15.33	6.11	8.22
交通和通信(元)	Transport and Communications(yuan)	1382.20	374.68	355.96
交通(元)	Transport(yuan)	827.81	148.19	140.83
家庭交通工具(元)	Household Transportation(yuan)	302.20	11.14	8.03
摩托车(辆/百户)	Motor(set/100 household)	0.15		
助力车(辆/百户)	Moped(set/100 household)	1.71		
家用汽车(辆/百户)	Domestic Car(set/100 household)	0.46		
其他交通工具(元)	Other Modes of Transport(yuan)	6.01		
车辆用燃料及零配件(元)	Fuel and Accessories for Vehicle(yuan)	176.43	25.72	21.72
燃料	Fuel	160.42	18.29	12.13
零配件	Accessories	6.20	1.39	1.53
其他	Others	7.67	4.11	7.69
交通工具服务支出(元)	Transport Services Spending(yuan)	67.37	5.30	5.49
维修费	Maintenance Costs	24.22	2.56	1.99
车辆使用税费	Vehicles Using Tax	30.57	0.36	0.22
其他车辆使用费用	Other Vehicles Cost	10.52	1.32	1.90
交通费(元)	Transport(yuan)	281.81	106.03	105.59
飞机	Aircraft	13.33	0.41	0.20
火车	Train	38.18	14.72	22.98
长途汽车	Long-distance Coach	37.38	25.53	23.92
市内公共交通	City Bus Transport	117.88	42.61	30.81
出租汽车费	Taxi Fees	46.91	15.72	20.45
其他交通费	Other Traffic Charges	28.13	7.04	7.22
通信(元)	Communication(yuan)	554.39	226.49	215.13
通信工具(元)	Communication Tools(yuan)	103.55	31.16	36.01
电话机(部/百户)	Telephone(set/100 household)	8.80	8.72	2.80
移动电话(部/百户)	Mobile Telephone(set/100 household)	34.52	11.18	8.75
其他通信工具(元)	Other Communications Tools(yuan)	6.56	2.55	3.80

continued 2

按收入等级分 Grouped by Percentile of Households						
低收入户 (10%) Low Income Households (second decile group)	中等偏下户 (20%) Lower Middle Income Households (second quintile group)	中等收入户 (20%) Middle Income Households (third quintile group)	中等偏上户 (20%) Upper Middle Income Households (fourth quintile group)	高收入户 (10%) High Income Households (ninth decile group)	最高收入户 (10%) Highest Income Households (tenth decile group)	#更高收入户 (5%) Higher Income Households (five percent)
1.77	6.48	14.00	17.18	35.44	63.26	82.00
25.27	51.10	44.31	73.89	97.63	141.19	183.43
216.54	283.74	364.16	419.65	533.97	731.91	809.18
2.93	5.38	29.92	21.79	8.30	22.30	4.53
7.91	17.95	29.39	35.19	83.68	115.85	152.07
0.54	2.36	6.44	9.72	50.67	53.38	80.15
7.01	13.91	16.83	22.46	28.57	57.21	69.90
510.05	622.17	727.60	1071.42	1366.30	2287.10	2396.01
0.65	2.56	5.07	5.19	5.86	16.98	15.88
2.84	20.63	11.56	15.18	10.54	32.69	47.90
248.89	321.63	332.21	483.96	538.89	685.40	617.58
11.16	25.71	40.26	81.32	315.34	202.20	265.97
237.22	246.52	312.15	473.92	473.31	1319.62	1415.53
9.29	5.12	26.36	11.85	22.37	30.20	33.15
522.96	700.11	1352.01	1707.95	2615.43	3267.17	4041.98
229.46	312.90	836.10	984.85	1751.33	2217.26	2879.75
28.29	61.08	500.05	342.22	790.49	434.63	786.56
0.25	0.25	0.22	0.15			
	0.94	2.39	1.92	1.98	3.95	1.33
		0.29	0.91	1.32	0.66	1.33
1.69	10.13	3.96	4.06	5.73	19.27	17.18
39.51	66.36	65.91	195.98	317.54	869.66	1141.70
33.40	58.91	61.28	185.80	289.52	782.06	1010.40
3.83	3.54	2.10	6.27	12.79	24.21	27.03
1.02	2.63	1.13	3.45	8.06	57.80	97.35
14.21	13.37	20.78	67.73	143.75	368.61	446.41
10.35	7.03	10.27	17.49	54.76	124.90	170.50
1.12	1.87	6.41	34.55	63.18	187.50	235.33
1.70	2.62	1.49	12.44	23.13	55.91	40.26
147.46	172.10	249.36	378.92	499.55	544.36	505.09
0.73	0.80	2.10	17.59	46.15	56.64	46.99
18.13	26.61	26.99	42.05	66.36	107.60	98.02
47.43	36.22	33.99	31.82	35.48	65.08	79.10
44.42	65.89	102.78	177.54	233.30	199.81	193.38
22.39	19.88	41.93	71.00	92.07	87.18	77.98
14.36	22.69	41.58	38.91	26.20	28.04	9.62
293.50	387.21	515.91	723.10	864.10	1049.91	1162.23
49.91	47.11	90.40	137.47	191.23	250.92	263.60
1.39	4.05	4.92	10.24	17.15	20.88	24.69
22.55	12.97	30.19	58.20	45.05	54.76	39.31
8.06	1.38	5.05	7.78	15.48	12.70	1.96

4-5 续表 3

项目	Item	总平均 Total Average	最低收入户(10%) Lowest Income Households (first decile group)	#困难户(5%) Poor Households (first five percent group)
通信服务(元)	Communication Service(yuan)	450.84	195.33	179.12
电信费	Communications	430.09	191.08	175.41
邮费	Postage	1.71	0.85	0.83
其他通信服务费	Others	19.03	3.40	2.88
教育文化娱乐服务(元)	Recreation, Education and Cultural Services(yuan)	1489.67	864.33	1116.64
文化娱乐用品(元)	Recreation, and Cultural Facilities(yuan)	272.88	115.64	127.98
彩色电视机(台/百户)	Color TV(set/100 household)	4.25	1.17	1.10
家用电脑(元)	Home Computer	49.57	17.89	21.69
整机电脑(台/百户)	Unit Computer(set/100 household)	3.23	1.39	1.62
计算机外部设备(元)	Computer Peripheral Equipment	3.50	1.16	1.59
各种零配件及耗材(元)	Various Parts & Supplies	4.69	3.94	3.79
组合音响(台/百户)	Machines (set/100 household)	0.24		
摄像机(架/百户)	Cameras(set/100 household)	0.14	0.80	1.57
照相机(架/百户)	Cameras (set/100 household)	1.44	0.04	0.08
钢琴(架/百户)	Piano(set/100 household)	0.07		
其他中高档乐器(件/百户)	Other Middle-grade Instruments (piece/100 household)	0.28		
健身器材(件)	Fitness Equipment(piece)	0.25	0.17	
电子辞典(部)	Electronic Dictionary(set)	0.46		
音像制品及软件(元)	Audio-video Products and Software	1.98	1.81	0.33
体育用品(元)	Sports	6.14	1.28	0.52
书报杂志(元)	Newspapers and Magazines	39.66	21.84	19.38
纸张文具(元)	Paper Stationery	23.82	14.83	18.21
其他文娱用品(元)	Other Cultural Items	70.20	29.89	31.28
文化娱乐服务(元)	Recreation, and Culrural Service(yuan)	525.92	199.99	319.46
参观游览	Tourists	54.96	10.56	10.60
健身活动	Fitness Activities	19.08	0.98	0.24
团体旅游	Tourist Groups	291.61	147.80	271.53
其他文娱活动	Other Cultural Activities	136.43	35.19	35.36
文娱用品修理服务费	Civic Supplies Repair Services	20.01	1.58	1.66
教育(元)	Education(yuan)	690.86	548.70	669.20
教材	Text-book	122.57	104.88	151.85
课本及参考书	Textbooks and Reference Books	52.31	54.58	68.90
教育软件	Educational Software	1.38	0.30	0.38
其他教材	Other Materials	15.03	4.69	4.54
教育费用(元)	Education Expense(yuan)	568.29	443.82	517.35
非义务教育学杂费	Non-compulsory Education Fees	165.96	133.99	109.11
义务教育学杂费	Compulsory Fees	68.52	66.49	69.20
托幼费	Nurseries Charges	48.67	18.16	16.56
成人教育费	Adult Education Fees	32.95	24.96	44.07

continued 3

按收入等级分 Grouped by Percentile of Households						
低收入户 (10%) Low Income Households (second decile group)	中等偏下户 (20%) Lower Middle Income Households (second quintile group)	中等收入户 (20%) Middle Income Households (third quintile group)	中等偏上户 (20%) Upper Middle Income Households (fourth quintile group)	高收入户 (10%) High Income Households (ninth decile group)	最高收入户 (10%) Highest Income Households (tenth decile group)	#更高收入户 (5%) Higher Income Households (five percent)
243.59	340.10	425.51	585.63	672.86	798.98	898.63
234.96	325.96	412.22	555.20	615.11	771.31	875.94
1.32	1.53	1.65	1.83	2.49	2.70	2.63
7.32	12.61	11.64	28.59	55.27	24.97	20.06
787.76	864.14	1243.58	1579.36	2504.74	3893.73	4594.04
196.01	191.09	231.44	348.21	404.73	541.97	658.22
5.76	1.10	4.78	3.86	7.95	7.01	10.18
34.43	38.38	21.18	91.69	51.75	108.00	113.64
2.43	2.29	1.57	5.42	2.25	7.20	6.87
2.86	4.41	2.32	4.60	1.81	7.54	5.46
1.48	3.78	1.44	10.59	5.05	6.35	8.73
0.07	0.13	0.05	0.51	0.14	0.71	1.39
			0.33			
0.07	1.29	0.58	1.75	1.48	5.26	8.56
					0.66	
	0.37	0.62	0.33		0.06	
	0.03	0.26	0.02	1.64		
0.03	0.67	0.46	0.27	0.99	0.74	1.44
0.61	1.18	0.81	2.18	1.94	8.31	11.83
0.76	1.42	5.74	18.32	6.83	2.69	0.73
18.93	33.13	33.95	49.57	57.99	74.86	76.01
17.91	20.72	26.95	24.45	32.49	30.68	33.04
52.92	67.20	78.83	76.32	84.58	97.18	113.26
115.93	204.35	347.11	543.40	984.69	2096.78	2812.44
9.65	16.77	25.63	75.58	101.54	231.63	222.31
4.51	1.97	15.31	25.24	44.31	67.05	90.97
28.99	79.51	124.88	289.64	578.03	1401.99	1981.53
56.73	90.94	122.77	136.05	243.55	384.30	502.78
7.98	13.71	49.98	16.85	13.72	10.88	12.97
475.82	468.69	665.03	687.74	1115.32	1254.98	1123.37
122.90	90.00	167.97	121.40	131.60	97.01	41.96
57.35	42.27	65.59	46.90	48.09	49.57	13.07
0.40	0.24	0.21	2.15	2.39	6.71	4.00
16.48	8.23	19.42	16.43	18.88	23.08	24.01
352.92	378.69	497.06	566.34	983.72	1157.97	1081.41
139.33	111.63	186.48	165.69	314.78	148.52	107.81
64.95	54.35	93.77	68.28	59.76	54.80	52.06
28.09	44.41	29.60	53.01	79.21	126.82	138.94
15.08	23.53	35.83	23.32	39.65	94.37	127.96

4-5 续表 4

项　目	Item	总平均 Total Average	最低收入户(10%) Lowest Income Households (first decile group)	#困难户(5%) Poor Households (first five percent group)
家教费	Tutor Fee	38.20	22.90	37.97
培训班	Courses	129.56	87.46	126.53
学校住宿费	Boarding Schools	13.12	3.09	5.99
其他教育费用	Others	69.78	83.68	101.76
居住(元)	Residence(yuan)	1172.11	592.44	578.18
住房(元)	Accomadation(yuan)	358.51	63.70	52.52
租赁房房租	Rental Housing Accommodation	40.87	27.48	22.99
住房装潢支出	Housing Expenditure Decorating	246.72	13.65	13.04
维修用建筑材料	Maintenance Materials	41.92	10.71	6.12
其他住房支出	Others	29.00	11.86	10.38
水电燃料及其他(元)	Water, Electricity and Other Fuels	747.25	518.25	516.18
水(吨)	Water(ton)	56.75	39.37	37.51
电(度)	Electricity(wh)	703.38	439.32	461.06
燃料(元)	Fuels(kg)	197.81	163.95	156.97
煤炭(千克)	Coal	12.92	23.43	13.09
罐装液化石油气(千克)	Canned Liquified Petroleum Gas	12.35	13.93	12.57
管道液化石油气(立方米)	Pipeline Liquified Petroleum Gas	4.92	1.65	1.91
管道煤气(立方米)	Pipeline Gas(cu.m)	4.69	0.71	0.28
管道天然气(立方米)	Pipeline Natural Gas	28.18	7.03	6.47
柴油(升)	Derv	0.04		
其他燃料(元)	Others Fuel(yuan)	1.51	1.31	2.08
取暖费(元)	Heating(yuan)	2.75	0.69	0.28
其他相关支出(元)	Others	22.89	18.42	12.92
居住服务费(元)	Esidence Service Fees(yuan)	66.36	10.48	9.48
物业管理费	Property Management Fees	47.01	2.71	1.07
维修服务费	Maintenance Services	7.25	1.93	1.73
其他居住服务费	Others	12.10	5.83	6.67
其他商品和服务(元)	Miscellaneous Commodities and Services(yuan)	347.68	79.97	94.43
其他商品(元)	Miscellaneous Commodities(yuan)	235.60	47.18	50.82
金银珠宝饰品	Gold and Silver Jewelry	36.62	8.85	10.56
手表(只)	Watches(Only)	0.01		
理发美容用具	Barber Beauty Appliances	6.63	0.15	0.12
化妆品	Cosmetic Products	103.70	20.01	18.94
其他杂品	Other Groceries	81.88	17.97	20.94
服务(元)	Services(yuan)	112.08	32.78	43.61
旅馆住宿费	Hotel Accommodations	10.14	7.68	13.68
理发洗澡费	Barber Bathing	36.81	11.28	13.94
美容费	Beauty	22.21	4.53	3.43
其他服务	Other Services	42.35	9.30	12.56

continued 4

按收入等级分 Grouped by Percentile of Households						
低收入户 (10%) Low Income Households (second decile group)	中等偏下户 (20%) Lower Middle Income Households (second quintile group)	中等收入户 (20%) Middle Income Households (third quintile group)	中等偏上户 (20%) Upper Middle Income Households (fourth quintile group)	高收入户 (10%) High Income Households (ninth decile group)	最高收入户 (10%) Highest Income Households (tenth decile group)	#更高收入户 (5%) Higher Income Households (five percent)
5.81	7.93	23.37	26.63	71.57	194.86	197.54
67.71	90.40	84.46	125.53	315.59	267.47	182.73
12.73	9.13	9.81	27.78	18.32	4.73	2.64
19.23	35.44	29.88	76.11	84.83	266.41	271.72
683.95	730.84	883.82	1513.66	1868.32	2713.70	3494.24
69.23	60.35	139.83	547.90	832.66	1378.92	2124.38
16.95	22.33	20.83	24.87	77.20	177.19	274.31
28.51	12.12	80.11	397.31	701.02	931.54	1508.94
12.61	8.69	25.23	80.28	44.93	146.76	185.95
11.15	17.20	13.65	45.43	9.51	123.42	155.17
599.85	646.07	695.08	850.32	906.04	1173.96	1238.46
46.84	48.16	53.36	65.61	71.94	82.39	84.49
524.04	586.27	666.42	823.58	898.54	1133.33	1218.06
186.28	186.99	177.63	214.23	215.73	273.34	288.12
15.27	15.33	16.04	9.61	3.87	1.08	1.69
17.16	14.23	11.36	11.54	9.45	7.50	6.00
1.70	1.27	2.27	9.40	9.52	13.01	11.29
0.03	2.51	3.79	7.00	16.07	4.97	5.99
12.76	22.55	27.11	34.40	35.88	66.96	75.55
			0.02		0.41	
1.68	2.18	0.74	1.70	2.19	0.76	1.54
0.03	0.57	2.06	2.27	2.70	16.67	20.64
16.05	24.79	21.08	24.04	9.94	49.04	45.69
14.88	24.42	48.92	115.44	129.62	160.82	131.40
5.92	12.51	32.71	84.66	100.77	125.19	97.65
3.46	4.13	4.41	14.70	8.80	14.43	14.69
5.50	7.78	11.80	16.09	20.04	21.21	19.06
145.55	191.97	253.37	427.59	689.90	973.17	1145.32
99.10	125.04	171.22	297.26	521.99	602.98	878.33
2.22	10.47	13.37	42.16	134.49	112.85	166.34
	0.01	0.01	0.02	0.02	0.02	0.03
2.75	1.67	4.42	10.96	19.22	12.85	21.12
47.15	55.00	88.15	143.52	212.53	220.04	260.06
45.82	56.01	62.47	85.56	131.70	251.82	420.74
46.45	66.94	82.15	130.33	167.91	370.20	266.99
3.47	5.79	9.16	5.70	16.27	37.47	24.18
20.55	22.19	34.14	55.59	46.03	76.90	62.63
7.00	7.62	14.89	26.18	46.51	79.60	84.60
14.93	31.22	22.83	41.61	58.96	176.23	95.57

4-6 城镇居民家庭平均每百户耐用消费品拥有量(2011年)

项 目	Item	总平均 Total Average	最低收入户 (10%) Lowest Income Households (first decile group)	#困难户 (5%) Poor Households (first five percent group)
摩托车(辆)	Motorcycle (set)	21.85	25.22	24.45
助力车(辆)	Man-drawn Vehicle(set)	18.80	12.39	14.90
家用汽车(辆)	Household Automobile(set)	9.69	1.90	2.42
洗衣机(台)	Washing Machine(set)	97.47	84.13	86.05
电冰箱(台)	Refrigerator(set)	99.37	88.61	87.45
彩色电视机(台)	Color TV (set)	132.01	109.79	105.69
家用电脑(台)	Household Computer(set)	75.49	33.35	33.28
组合音响(套)	Hi-Fi Stereo Component System(set)	28.90	8.35	7.73
摄像机(架)	Video Camera(set)	7.91	1.13	1.52
照相机(架)	Camera(set)	36.53	13.66	8.92
钢琴(架)	Piano(set)	2.63	0.78	1.52
其他中高档乐器(件)	Other Medium Upscale Musical Instrument(piece)	3.82	1.17	0.43
微波炉(台)	Microwave Oven(set)	62.82	24.79	21.02
空调器(台)	Air Conditioner(set)	135.56	64.82	57.57
淋浴热水器(台)	Shower(set)	93.51	75.51	75.05
消毒碗柜(台)	Disinfectant Machine(set)	16.89	4.49	3.52
洗碗机(台)	Dishwasher(set)	1.10	0.35	
健身器材(套)	Healthy Equipment(set)	4.25	0.68	0.70
固定电话(部)	Telephone(set)	61.19	51.92	56.48
移动电话(部)	Hand Telephone(set)	193.76	147.79	138.69
接入有线电视网络的电视机(台)	Cable Television(set)	106.91	91.45	89.80
接入互连网的计算机(台)	Network-connected Computers(set)	62.51	28.78	28.64
接入互连网的移动电话(部)	Network-connected Hand Telephone(set)	30.28	15.12	10.64

Ownership of Major Durable Consumer Goods Per 100 Urban Households(2011)

按收入等级分 Grouped by Percentile of Households						
低收入户 (10%) Low Income Households (second decile group)	中等偏下户 (20%) Lower Middle Income Households (second quintile group)	中等收入户 (20%) Middle Income Households (third quintile group)	中等偏上户 (20%) Upper Middle Income Households (fourth quintile group)	高收入户 (10%) High Income Households (ninth decile group)	最高收入户 (10%) Highest Income Households (tenth decile group)	#更高收入户 (5%) Higher Income Households (five percent)
27.82	30.19	26.32	15.09	12.36	12.19	10.40
21.54	19.25	20.73	19.10	18.79	16.32	11.67
1.78	3.07	7.05	11.23	17.53	29.78	36.78
93.78	94.83	101.54	97.07	101.21	105.32	107.12
95.09	95.57	102.62	102.41	101.94	103.74	105.34
121.13	117.98	131.26	136.37	140.68	169.77	172.65
42.66	65.82	73.26	90.30	100.29	108.21	108.76
18.36	21.03	26.49	38.66	39.17	45.08	51.56
2.00	1.14	5.71	10.26	16.43	22.47	23.35
10.91	26.45	29.11	46.55	58.53	70.36	75.09
0.10	0.15	1.51	5.04	4.22	6.87	8.77
0.56	1.71	3.79	4.62	8.20	6.93	4.67
43.29	51.85	64.16	73.75	86.08	84.27	80.57
85.11	97.94	131.50	156.71	177.57	232.19	247.88
83.09	87.74	94.16	99.44	101.09	107.62	108.70
8.48	10.88	10.50	21.81	30.51	35.45	41.44
0.22	1.08	1.09	1.29	2.14	1.15	1.03
0.50	1.78	3.87	5.48	7.64	10.07	15.66
54.49	56.76	59.14	64.15	68.50	74.02	81.64
170.04	179.11	202.37	201.16	222.00	219.33	220.81
102.72	95.92	108.16	109.94	110.54	131.03	134.69
33.10	54.46	60.96	75.11	82.04	90.43	87.76
20.40	21.61	28.31	34.06	44.86	49.43	42.10

4-7 主要城市居民家庭人均收入与支出情况

单位：元

项 目	Item	武汉市 Wuhan 2010	武汉市 Wuhan 2011	黄石市 Huangshi 2010	黄石市 Huangshi 2011	十堰市 Shiyan 2010	十堰市 Shiyan 2011
可支配收入	Disposable Income	20806.32	23738.09	14665.50	17003.00	12652.52	14171.97
工资性收入	Wages Income	14249.52	16138.34	11489.94	13040.91	10071.38	11285.55
经营净收入	Net Operation Income	1783.43	2302.97	953.43	1599.90	808.21	1413.85
财产性收入	Property Income	490.99	460.93	239.87	374.05	288.14	241.64
转移性收入	Transferred Income	6644.66	7835.35	3523.51	3645.44	2601.47	2488.94
消费性支出	Expenditure for Consumption	14490.07	17140.96	10435.13	11934.87	9216.65	10709.65
食品	Food	5367.36	6782.42	4212.08	4751.93	3572.57	4369.95
衣着	Clothing	1731.35	2186.22	1291.15	1418.22	1217.27	1463.49
家庭设备用品及服务	Household Facilities Articles and Services	1224.92	942.10	751.58	955.22	664.77	710.35
医疗保健	Medicine and Medical Services	903.61	1272.39	546.68	731.48	600.87	733.59
交通和通信	Traffic and Communications	1694.28	2063.79	926.43	976.74	837.87	869.71
教育文化娱乐服务	Education, Culture and Recreation Articles and Services	1480.81	2098.82	1448.70	1430.28	1017.43	1257.33
居住	Residence	1581.09	1386.31	969.72	1247.57	820.19	932.71
其他商品和服务	Miscellanecus Commodities and Services	506.66	408.91	288.80	423.44	340.18	385.03

4-7 续表

单位：元

项 目	Item	荆州市 Jingzhou 2010	荆州市 Jingzhou 2011	黄冈市 Huanggang 2010	黄冈市 Huanggang 2011	咸宁市 Xianning 2010	咸宁市 Xianning 2011
可支配收入	Disposable Income	13285.45	14946.97	12832.00	14731.21	12968.21	14874.52
工资性收入	Wages Income	8746.41	8107.18	10070.00	11851.83	8695.49	9077.97
经营净收入	Net Operation Income	1302.09	2287.23	888.00	1235.27	2129.87	2646.11
财产性收入	Property Income	370.67	523.70	332.00	452.83	280.40	486.68
转移性收入	Transferred Income	3777.57	5058.06	2068.00	2243.86	2633.17	3487.83
消费性支出	Expenditure for Consumption	9982.17	10834.19	9282.00	11334.46	9791.23	11188.53
食品	Food	4362.58	4759.41	3432.00	4125.16	3880.45	4636.95
衣着	Clothing	1163.05	1254.09	1101.00	1334.28	1062.80	1274.14
家庭设备用品及服务	Household Facilities Articles and Services	614.54	565.49	696.00	875.42	722.60	799.82
医疗保健	Medicine and Medical Services	675.10	1123.90	634.00	758.17	613.06	634.89
交通和通信	Traffic and Communications	674.89	730.87	864.00	1077.27	1309.28	1011.07
教育文化娱乐服务	Education, Culture and Recreation Articles and Services	1061.82	1009.54	1153.00	1377.98	1027.28	1192.77
居住	Residence	1071.09	1085.20	1066.00	1366.51	925.74	1390.92
其他商品和服务	Miscellanecus Commodities and Services	359.12	303.89	337.00	419.69	250.03	247.97

Per Capita Income and Expenditure of Major Urban Residents

(yuan)

宜昌市 Yichang		襄阳市 Xiangyang		鄂州市 Ezhou		荆门市 Jingmen		孝感市 Xiaogan	
2010	2011	2010	2011	2010	2011	2010	2011	2010	2011
14281.55	16451.41	13332.67	15351.65	14787.95	17008.14	13600.63	15526.06	13796.20	15887.83
11836.87	12367.61	9847.15	10623.25	12894.43	13620.05	9953.06	11511.02	10654.04	11317.28
716.91	945.33	1206.04	1737.68	406.30	1499.19	861.42	1166.15	1202.44	364.64
208.93	200.93	325.37	199.05	66.62	173.79	283.33	924.92	366.67	83.30
3106.43	4383.09	2925.05	4021.37	2452.21	2795.63	3539.58	3267.66	2487.91	869.45
10514.25	12015.43	9789.13	10649.70	10348.95	10837.25	9336.41	10950.72	8974.59	10006.75
4039.53	4894.07	3832.26	4451.41	4650.05	4902.45	3722.86	4412.94	3901.04	4544.63
1488.45	1692.11	1269.27	1396.52	1577.18	1999.31	1180.64	1427.84	1206.54	1365.66
759.42	865.61	726.75	660.72	729.48	870.20	568.87	801.53	526.31	936.08
601.70	798.02	654.06	793.78	372.58	494.17	730.38	790.36	524.49	603.57
1014.64	1109.60	1024.78	801.17	859.02	644.39	788.70	945.41	705.01	513.40
1253.44	1294.90	1127.93	1424.30	1136.82	959.72	1132.05	1130.36	1030.59	713.87
1051.93	995.51	896.46	702.76	807.86	836.16	807.91	976.78	802.10	1050.29
305.15	365.62	257.60	419.05	215.96	130.84	405.01	465.54	278.50	279.25

continued

(yuan)

随州市 Suizhou		恩施州 Enshi		仙桃市 Xiantao		潜江市 Qianjiang		天门市 Tianmen		神农架林区 Shennongjia	
2010	2011	2010	2011	2010	2011	2010	2011	2010	2011	2010	2011
13824.25	15870.32	11406.15	13174.00	13021.12	15052.00	13879.14	15560.86	12209.85	13885.75	11146.00	12312.00
10458.71	11906.72	7112.52	8295.54	9261.08	10825.61	11217.16	12592.53	8416.31	7849.27	9168.00	9898.00
1945.67	2360.10	1938.46	2216.25	1643.03	2301.02	1539.07	1700.20	1185.99	2447.41	584.00	638.00
629.01	755.48	496.21	752.09	434.59	473.19	261.51	287.50	52.54	281.00	183.00	212.00
1306.79	1681.00	2369.35	2647.74	1953.26	2395.41	2549.63	2777.46	3199.47	4147.97	1013.00	1104.00
9922.78	11484.26	8412.06	9661.79	8108.19	9111.95	8952.18	9246.46	8961.06	9727.49	10823.00	12014.00
3991.85	4722.51	3260.41	3665.21	3936.32	4490.15	3937.79	4166.05	3608.95	4329.98	4252.00	4850.00
1547.51	1753.76	1091.75	1268.11	1308.79	1487.34	1218.48	1267.43	1189.38	1279.30	2595.00	2778.00
741.68	830.34	620.53	760.01	361.08	381.66	566.54	513.44	492.80	504.44	998.00	1120.00
455.43	567.18	665.99	710.38	433.49	477.88	474.76	497.44	768.18	617.59	572.00	612.00
1048.65	1155.06	703.79	868.83	694.34	712.10	805.84	844.43	1004.35	899.58	976.00	993.00
942.01	1136.85	797.35	991.71	561.31	684.59	904.18	934.59	963.60	1018.37	564.00	645.00
1011.71	1049.14	1072.11	1152.90	696.15	746.91	671.16	684.99	680.17	852.38	728.00	864.00
183.94	269.43	200.14	244.64	116.71	131.33	337.43	338.09	253.63	225.84	138.00	152.00

4-8 城镇居民家庭基本情况

Basic Conditions of Urban Households

项　目	Item	2007	2008	2009	2010	2011
调查户数(户)	Number of Households Surveyed(household)	1850	1900	1900	1900	1900
可支配收入(元/人)	Disposable Income(yuan/person)	11485.80	13152.86	14367.48	16058.37	18373.87
家庭居住人口(人/户)	Household Size(person/household)	2.95	2.95	2.94	2.92	2.90
现住房总建筑面积(平方米/人)	Total Floor Space for Current Housing(sq.m/person)	32.29	32.04	32.77	33.18	35.45
家庭人口数(人/户)	Household Size(person/household)	2.95	2.96	2.94	2.93	2.90
有收入者人数(人/户)	Income Earner(person/household)	2.10	2.08	2.09	2.09	2.15
就业人口数	Number of the Employed	1.59	1.50	1.48	1.46	1.47
国有经济单位职工人数	Employees in the State-owned Enterprises	0.91	0.75	0.75	0.73	0.67
城镇集体经济单位职工人数	Employees in Urban Collective Economy	0.10	0.07	0.08	0.07	0.06
其他经济类型单位职工人数	Employees in Other Forms of Economy	0.21	0.18	0.18	0.17	0.16
城镇个体或私营企业主人数	Number of Households in Urban Private Enterprises and Self-employed Individuals	0.13	0.15	0.15	0.15	0.18
城镇个体或私营企业被雇人数	Number of Engaged persons in Urban Private Enterprises and Self-employed Individuals	0.14	0.26	0.24	0.24	0.25
离退休再就业人数	Number of the Retired and Reemployed	0.03	0.02	0.02	0.02	0.03
其他就业人数	Other Employed Population	0.08	0.06	0.07	0.07	0.11
离退休人数	Number of the Retired and Reemployed	0.47	0.52	0.54	0.56	0.62
其他有收入者人数	Number of Other Income Earner	0.03	0.06	0.07	0.07	0.06
无收入者人数(人/户)	Number of persons with no Income(person/household)	0.85	0.88	0.86	0.84	0.75

4-9 城镇居民家庭人均现金收支情况
Per Capita Cash Income and Expenditures of Urban Households

单位：元 (yuan)

项　　目	Item	2007	2008	2009	2010	2011
期初手存现金	Initial Deposit Cash in Hand	417.26	339.73	681.62	1079.37	679.30
家庭总收入	Total Income	12421.75	14174.27	15698.11	17572.83	20193.27
#可支配收入	#Disposable Income	11485.80	13152.86	14367.48	16058.37	18373.87
工资性收入	Wages Income	8809.80	9474.87	10331.51	11460.49	12622.44
工资及补贴收入	Income and Subsidies	8481.94	9061.72	9802.91	10873.38	12162.16
其他劳动收入	Other Labor Income	327.86	413.16	528.60	587.11	460.28
经营净收入	Net Operation Income	693.10	1114.58	1232.29	1391.83	1906.73
财产性收入	Property Income	165.75	244.13	296.63	378.34	357.15
利息收入	Interest Income	38.04	40.56	63.19	47.53	53.91
股息与红利收入	Dividend and Bonus	112.49	73.76	93.24	66.31	55.19
保险收益	Insurance Proceeds	0.68	1.84	2.64	0.71	0.77
其他投资收入	Income from Other Investments	1.45	7.54	17.31	84.35	44.34
出租房屋收入	Rental Income	52.11	112.74	116.41	153.47	162.64
知识产权收入	Intellectual Property Income		0.19			
其他财产性收入	Other Property Income	13.09	7.49	3.84	25.96	40.30
转移性收入	Transferred Income	2753.10	3340.69	3837.68	4342.17	5306.95
养老金或离退休金	Pensions and Retirement Pay	2334.75	2732.35	3077.45	3554.16	4484.67
社会救济收入	Social Relief	16.07	32.38	59.07	66.53	89.85
辞退金	Dismiss Pensions	7.50	3.39	3.52	17.30	
赔偿收入	Compensation Income	0.11	0.50	2.06	10.40	1.35
保险收入	Insurance	15.55	30.84	20.04	8.80	11.06
#失业保险金	# Unemployment Insurance	14.84	15.28	11.39	6.97	9.63
赡养收入	Supporting Income	81.00	162.51	178.01	183.85	204.45
捐赠收入	Donation	211.95	278.99	327.38	342.09	346.17
提取住房公积金	Withdraw House Accumulation Fund	18.77	16.56	20.20	33.56	29.07
其他转移性收入	Other Transferred Income	20.34	34.29	73.11	32.30	60.55
出售财物收入	Property Sale Income	14.68	6.06	12.98	48.38	4.17
出售住房收入	House Sale Income	11.53	3.74	12.06	47.13	
出售其他物品收入	Other Atriclese Sale Income	3.16	2.32	0.92	1.25	4.17

4-9 续表 1 continued 1

单位：元 (yuan)

项 目	Item	2007	2008	2009	2010	2011
借贷收入	Lending and Loaning Income	2569.03	2620.82	2742.80	3356.67	3763.38
提取储蓄存款	Saving Deposit	2196.91	2225.50	2367.81	2839.39	3220.02
借入款	Borrowed funds	222.56	288.47	215.41	357.04	297.30
收回借出款	Recall ed Loan	16.88	59.50	25.62	20.70	9.14
收回储蓄性保险本	Recall ed Endowment Assurance	2.47	0.95	0.28	0.58	1.33
兑售有价证券	Against the Sale of Securities	4.44	35.06	12.66		
收回投资本金	Recalled Original Capital of Investment					
住房贷款	Accomadation Loan	71.46	1.41	111.13	135.83	230.42
汽车贷款	Automobile Loan					2.57
教育贷款	Rerurned Education Loan	0.38	4.63	1.69		1.72
其他贷款	Other Loans	9.85	2.99	7.74	2.13	0.56
其他借贷收入	Other Income on Loan	44.08	2.28	0.45	1.00	0.31
家庭总支出	Total Expenditures	11476.66	12470.98	13868.19	15612.28	18123.42
消费支出	Expenditure for Consumption	8701.18	9477.51	10294.07	11450.97	13163.77
#服务性消费支出	# Consumption Expenditures in Service	2180.06	2204.74	2442.94	2658.24	3131.69
食品	Food	3455.98	3996.27	4160.51	4429.30	5363.68
衣着	Clothing	1046.62	1099.16	1210.32	1415.68	1677.91
家庭设备用品及服务	Expenditure for Consumption	550.16	604.40	999.49	1187.54	1172.11
医疗保健	Medicine and Medical Service	525.32	675.32	759.24	867.33	814.81
交通和通信	Transportation, Post and Communications	903.02	890.12	694.61	709.58	915.72
教育文化娱乐服务	Recreation, Education and Cutural Services	1120.29	1037.24	953.69	1205.48	1382.20
居住	Residence	856.97	914.26	1208.46	1263.16	1489.67
其他商品和服务	Miscellaneous Commodities and Services	242.82	260.74	307.75	372.90	347.68
购房与建房支出	Expenditure on House-purchase and Building	364.10	353.19	556.55	651.56	879.03
购房	Puchase of the House	362.85	353.19	540.59	647.15	874.52
建房	House Building	1.25		15.96	4.40	4.50
转移性支出	Transferred Income	1548.48	1703.67	1798.24	2113.91	2384.97
交纳所得税	Paid Personal Income	31.66	41.88	49.61	59.90	66.63

4-9 续表 2 continued 2

单位：元 (yuan)

项　目	Item	2007	2008	2009	2010	2011
捐赠支出	Donation	1046.46	1172.18	1302.52	1609.91	1843.31
购买彩票	Purchase of Lottery	5.93	7.12	10.33	8.00	10.36
赡养支出	Support Expenditure	372.86	389.46	341.07	334.36	356.09
#在外就学子女费用	# Attend Children Expense Outside	226.07	216.43	155.59	154.22	205.14
各种非储蓄性保险支出	No-endowment Assurance Expentidure	24.80	32.49	36.39	29.13	42.83
#车辆保险支出	# Vehicle Insurance	8.25	7.25	8.02	9.61	18.41
其他转移性支出	Others Expenditure for Transferred	66.76	60.52	58.33	72.60	65.76
财产性支出	Property Expenditure	5.69	5.96	15.16	34.46	22.65
非生产性贷款利息支出	Payout of the Non-productive Interests	1.19	1.25	14.19	15.31	19.41
其他	Others	4.51	4.70	0.97	19.16	3.24
社会保障支出	Social Security Expentidure	818.40	930.65	1204.17	1361.38	1673.00
个人交纳的养老基金	Personal Paid Pension Fund	327.41	423.71	564.72	652.94	834.38
个人交纳的住房公积金	Personal Paid Housing Accumulation Fund	366.52	342.24	432.78	478.07	545.46
个人交纳的医疗基金	Personal Paid Medical Care Fund	99.03	139.37	179.40	187.80	250.08
个人交纳的失业基金	Personal Paid Unemployment Fund	16.42	15.97	19.68	23.95	29.94
其他社会保障支出	Others	9.02	9.36	7.60	18.62	13.15
借贷支出	Lending and Loaning Expenditure	3309.11	3923.05	4070.59	5098.21	5067.40
存入储蓄款	Savings	2626.32	3277.33	3513.23	4386.86	4423.85
借出款	Lending Funds	94.80	85.00	52.73	99.59	55.94
归还借款	Returned Loan	155.19	220.52	250.25	191.02	244.17
储蓄性保险支出	Endowment Assurance Expentidure	102.22	120.94	111.94	112.51	136.82
购买有价证券	Purchase of Securities	164.51	55.28	51.57	89.89	49.57
其他投资支出	Other Investment Expenditure	15.74	27.76	8.03	7.19	15.19
归还住房贷款	Returned Accomadation Loan	139.36	109.06	80.39	206.81	130.54
归还汽车贷款	Returned Automobil Loan		16.31	0.69		8.65
归还教育贷款	Returned Education Loan		0.13	0.12	0.13	0.10
归还其他贷款	Returned Others Loan	2.72	7.32	0.25	0.28	0.18
其他借贷支出	Others	8.25	3.41	1.39	3.94	2.39

4-10 城镇居民家庭平均每百户耐用消费品拥有量
Ownership of Major Durable Consumer Goods Per 100 Urban Households

项　目	Item	2007	2008	2009	2010	2011
摩托车(辆)	Motorcycle (set)	18.84	17.63	19.00	19.56	21.85
助力车(辆)	Man-drawn Vehicle(set)	8.31	9.29	11.12	11.56	18.80
家用汽车(辆)	Household Automobile(set)	2.81	3.54	4.41	5.53	9.69
洗衣机(台)	Washing Machine(set)	96.54	96.01	97.46	97.75	97.47
电冰箱(台)	Refrigerator(set)	98.46	97.35	98.75	98.88	99.37
彩色电视机(台)	Color TV (set)	134.97	126.31	130.45	131.57	132.01
家用电脑(台)	Household Computer(set)	52.14	51.84	57.58	58.53	75.49
组合音响(套)	Hi-Fi Stereo Component System(set)	33.68	28.04	29.95	29.69	28.90
摄像机(架)	Video Camera(set)	4.15	4.98	5.38	5.45	7.91
照相机(架)	Camera(set)	37.42	29.37	33.71	33.43	36.53
钢琴(架)	Piano(set)	1.84	1.49	1.62	1.68	2.63
其他中高档乐器(件)	Other Medium Upscale Musical Instrument(piece)	6.29	4.56	5.16	5.32	3.82
微波炉(台)	Microwave Oven(set)	53.85	50.67	52.84	52.81	62.82
空调器(台)	Air Conditioner(set)	112.34	105.90	112.47	114.30	135.56
淋浴热水器(台)	Shower(set)	79.50	79.87	82.79	83.31	93.51
消毒碗柜(台)	Disinfectant Machine(set)	12.33	10.44	11.29	11.16	16.89
洗碗机(台)	Dishwasher(set)	0.52	0.80	0.83	0.84	1.10
健身器材(套)	Healthy Equipment(set)	2.77	3.23	3.82	3.53	4.25
固定电话(部)	Telephone(set)	84.20	70.62	72.40	71.91	61.19
移动电话(部)	Hand Telephone(set)	154.75	154.78	164.01	165.99	193.76
接入有线电视网络的电视机(台)	Cable Television(set)	127.00	115.69	119.49	119.56	106.91
接入互连网的计算机(台)	Network-connected Computers(set)	40.62	41.26	47.64	48.23	62.51
接入互连网的移动电话(部)	Network-connected Hand Telephone(set)	23.76	26.00	14.67	15.40	30.28

4-11 农村居民家庭人均收支及恩格尔系数(1981-2011年)

Per Capita Annual Income and Expenditure & Engle's Coefficient of Rural Households(1981-2011)

年 份 Year	农村居民家庭人均纯收入(元) Per Captita Annual Disposable Income of Rural Households (yuan)	比上年±% Growth Rate Over Preceding Year (%)	农村居民家庭人均生活消费支出(元) Average Rural Households Consumption Expenditure (yuan)	比上年±% Growth Rate Over Preceding Year (%)	#食品消费支出(元) #Food Expenditure (yuan)	比上年±% Growth Rate Over Preceding Year (%)	恩格尔系数(%) Engel's Coefficient (%)
1981	217.44	27.9	183.78	20.3	114.75	16.7	62.4
1982	286.07	31.6	226.96	23.5	140.64	22.6	62.0
1983	299.24	4.6	252.47	11.2	156.03	10.9	61.8
1984	392.29	31.1	305.03	20.8	186.56	19.6	61.2
1985	421.24	7.4	334.63	9.7	197.86	6.1	59.1
1986	445.13	5.7	373.53	11.6	217.19	9.8	58.2
1987	460.66	3.5	408.69	9.4	234.79	8.1	57.5
1988	497.84	8.1	450.62	10.3	258.09	9.9	57.3
1989	571.84	14.9	540.13	19.9	321.72	24.7	59.6
1990	670.80	17.3	607.58	12.5	376.18	16.9	61.9
1991	626.92	-6.5	615.40	1.3	369.18	-1.9	60.0
1992	677.82	8.1	611.84	-0.6	373.39	1.1	61.0
1993	783.18	15.5	722.09	18.0	446.62	19.6	61.9
1994	1170.06	49.4	1012.95	40.3	657.16	47.1	64.9
1995	1511.22	29.2	1245.10	22.9	753.91	14.7	60.6
1996	1863.62	23.3	1630.41	30.9	974.42	29.2	59.8
1997	2102.20	12.8	1660.13	1.8	928.54	-4.7	55.9
1998	2172.24	3.3	1699.43	2.4	918.95	-1.0	54.1
1999	2217.08	2.1	1572.90	-7.4	863.47	-6.0	54.9
2000	2268.50	2.3	1555.61	-1.1	827.25	-4.2	53.2
2001	2352.16	3.7	1649.18	6.0	856.25	3.5	51.9
2002	2444.06	3.9	1745.63	5.8	872.49	1.9	50.0
2003	2566.76	5.0	1801.63	3.2	930.98	6.7	51.7
2004	2890.01	12.6	2088.98	15.9	1076.35	15.6	51.5
2005	3099.20	7.2	2430.19	16.3	1192.26	10.8	49.1
2006	3419.35	10.3	2732.46	12.4	1278.80	7.3	46.8
2007	3997.41	16.9	3090.00	13.1	1479.04	15.7	47.9
2008	4656.38	16.5	3652.57	18.2	1711.34	15.7	46.9
2009	5035.26	8.1	3725.40	2.0	1668.35	-2.5	44.8
2010	5832.27	15.8	4090.78	9.8	1763.05	5.7	43.1
2011	6897.92	18.3	5010.74	22.5	1954.62	10.9	39.0

4-12 按收入五等份分组农村居民家庭人均收入情况(2011年)

Per Capita Income of Rural Households by Five Equal Parts of Income(2011)

单位：元、% (yuan、%)

项目	Item	低收入户 Low Income Households	中低收入户 Lower Middle Income Households	中等收入户 Middle Income Households	中高收入户 Upper Middle Income Households	高收入户 High Income Households
总收入	**Total Income**	**4362.78**	**6104.57**	**8286.51**	**11336.48**	**19992.66**
工资性收入	Wages Income	1022.09	1906.66	2751.79	3695.49	4938.93
家庭经营收入	Net Income for Household Business	3068.38	3714.91	5127.29	7046.41	13898.37
财产性收入	Property Income	22.90	51.01	53.64	82.11	256.89
转移性收入	Transferred Income	249.41	432.00	353.79	512.47	898.47
总收入构成(%)	Composition of Total Income(%)					
工资性收入	Wages Income	23.4	31.2	33.2	32.6	24.7
家庭经营收入	Household Business Income	70.3	60.9	61.9	62.2	69.5
财产性收入	Property Income	0.5	0.8	0.6	0.7	1.3
转移性收入	Transferred Income	5.7	7.1	4.3	4.5	4.5
纯收入	**Net Income**	**2100.53**	**4373.06**	**6335.31**	**8979.37**	**15349.22**
工资性收入	Wages Income	1022.09	1906.66	2751.79	3695.49	4938.93
家庭经营纯收入	Net Income for Household Business	860.31	2112.97	3237.57	4753.87	9382.88
财产性纯收入	Property Income	22.90	51.01	53.64	82.11	256.89
转移性纯收入	Transferred Income	195.23	302.43	292.31	447.89	770.52
纯收入构成(%)	Composition of Net Income(%)					
工资性收入	Wages Income	48.7	43.6	43.4	41.2	32.2
家庭经营收入	Net Income from Household Business	41.0	48.3	51.1	52.9	61.1
财产性收入	Property Income	1.1	1.2	0.9	0.9	1.7
转移性收入	Transferred Income	9.3	6.9	4.6	5.0	5.0

4-13　农村居民家庭人均总收入及构成

Per Capita Total Income and Composition of Rural Households

单位：元、%　　(yuan、%)

项　目	Item	2006	2007	2008	2009	2010	2011
总收入	**Total Income(yuan)**	**4580.79**	**5365.78**	**6266.27**	**6663.13**	**7699.27**	**9387.20**
工资性收入	Wages Income	1199.16	1454.50	1742.33	1900.54	2186.11	2703.05
家庭经营收入	Household Business Income	3252.61	3743.44	4287.96	4435.68	5077.04	6134.62
农业	Farming	2070.89	2316.71	2546.31	2638.00	3115.06	3682.89
林业	Forestry	54.10	60.37	61.54	59.33	65.63	79.26
牧业	Animal Husbandry	580.75	741.27	946.28	863.14	869.13	1013.07
渔业	Fishery	187.16	212.64	271.92	311.80	329.55	389.88
工业	Industry	49.43	46.53	53.95	58.65	69.15	135.22
建筑业	Construction	64.86	83.83	99.12	133.29	154.25	167.18
交通、运输、邮电业	Transport and Telecommunications Industries	91.21	106.20	116.66	127.96	155.76	277.54
批发和零售贸易、餐饮业	Wholesale and Retail Trade, Catering Industry	104.48	118.82	133.06	164.99	220.55	273.17
社会服务和文教卫生业	Social Services and Cultural, Educational, Social Services and Cultural, Educational,	34.93	44.40	44.70	63.47	78.53	91.43
其他行业	Other Industry	13.75	12.22	13.23	14.14	18.79	23.55
财产性收入	Property Income	25.91	37.70	40.82	58.37	106.92	84.45
转移性收入	Transferred Income	103.10	130.15	195.16	268.53	329.20	465.09
总收入构成(%)	**Composition of Total Income(%)**						
工资性收入	Wages Income	26.2	27.1	27.8	28.5	28.4	28.8
家庭经营收入	Household Business Income	71.0	69.8	68.4	66.6	65.9	65.4
财产性收入	Property Income	0.6	0.7	0.7	0.9	1.4	0.9
转移性收入	Transferred Income	2.3	2.4	3.1	4.0	4.3	5.0

4-14　农村居民家庭人均纯收入及构成

Annual net Income of Rural Households per Capita and Composition

单位：元、%　　(yuan、%)

项　目	Item	2006	2007	2008	2009	2010	2011
全年纯收入	**Net Income(yuan)**	**3419.35**	**3997.48**	**4656.38**	**5035.26**	**5832.27**	**6897.92**
工资性收入	Wages Income	1199.16	1454.50	1742.33	1900.54	2186.11	2703.05
家庭经营纯收入	Net Income from Household Business	2095.15	2379.82	2690.83	2828.53	3234.94	3731.34
财产性收入	Property Income	25.91	37.70	40.82	58.37	106.92	84.45
转移性收入	Transferred Income	99.13	125.46	182.40	247.81	304.30	379.08
纯收入构成(%)	**Composition of Net Income(%)**						
工资性收入	Wages Income	35.1	36.4	37.4	37.7	37.5	39.2
家庭经营收入	Net Income from Household Business	61.3	59.5	57.8	56.2	55.5	54.1
财产性收入	Property Income	0.8	0.9	0.9	1.2	1.8	1.2
转移性收入	Transferred Income	2.9	3.1	3.9	4.9	5.2	5.5

4-15 农村居民家庭人均现金收入及构成

Per Capita Cash Income and Composition of Rural Households

单位：元、% (yuan、%)

项 目	Item	2006	2007	2008	2009	2010	2011
现金收入	**Cash Income(yuan)**	**3793.20**	**4498.98**	**5256.32**	**5718.37**	**6664.44**	**8232.92**
工资性收入	Wages Income	1199.10	1454.46	1742.25	1898.93	2185.60	2696.32
家庭经营现金收入	Cash Income from Household Business	2470.20	2888.24	3289.11	3509.20	4063.37	5011.97
农业	Farming	1443.51	1655.22	1782.47	1924.84	2306.34	2807.96
林业	Forestry	48.27	56.01	55.94	55.54	60.38	80.14
牧业	Animal Husbandry	436.72	557.71	722.03	658.16	675.22	773.47
渔业	Fishery	182.48	206.85	266.99	307.25	323.77	380.89
工业	Industry	48.95	46.53	53.95	58.65	69.15	135.22
建筑业	Construction	64.86	83.83	98.93	133.29	154.25	167.18
交通、运输、邮电业	Transport and Telecommunications Industries	91.21	106.20	116.66	127.96	155.76	277.54
批发和零售贸易、餐饮业	Wholesale and Retail Trade, Catering Industry	104.48	118.82	133.06	164.99	220.55	273.17
社会服务和文教卫生业	Social services and cultural and educational sector	34.93	44.40	44.70	63.47	78.53	91.43
其他行业	Other Industry	14.79	12.67	14.38	14.14	19.42	23.55
财产性收入	Property Income	21.75	29.31	30.29	45.52	86.55	63.91
转移性收入	Transferred Income	102.07	126.97	194.68	264.72	328.92	460.73
现金收入构成(%)	**Composition of Cash Income(%)**						
工资性收入	Wages Income	31.6	32.3	33.1	33.2	32.8	32.8
家庭经营现金收入	Cash Income from Household Business	65.1	64.2	62.6	61.4	61.0	60.9
财产性收入	Property Income	0.6	0.7	0.6	0.8	1.3	0.8
转移性收入	Transferred Income	2.7	2.8	3.7	4.6	4.9	5.6

4-16 按收入五等份分组农村居民家庭人均支出情况(2011年)

Per Capita Expenditures of Rural Households by Five Equal Parts of Income(2011)

单位：元、% (yuan、%)

项 目	Item	低收入户 Low Income Households	中低收入户 Lower Middle Income Households	中等收入户 Middle Income Households	中高收入户 Upper Middle Income Households	高收入户 High Income Households
总支出	**Annual Total Expenditures**	**6101.94**	**6011.28**	**7281.68**	**8857.30**	**13070.91**
家庭经营费用支出	Expenditure for Household Business	2015.31	1440.59	1729.80	2089.77	4180.93
购置生产性固定资产支出	Expenditure for Productive Fixed Assets	145.52	114.59	122.57	182.62	679.37
税费支出	Taxes and Fee	8.06	7.18	6.94	11.18	14.54
生活消费支出	Consumption Expenditure	3597.68	4094.67	5028.27	5947.89	7131.11
财产性支出	Property Expenditure	5.06	4.67	9.43	6.64	19.07
转移性支出	Transferred Expenditure	325.64	347.08	384.07	618.58	1037.50
总支出构成(%)	**Composition of Annual Total Expenditures (%)**					
家庭经营费用支出	Expenditure for Household Business	33.0	24.0	23.8	23.6	32.0
购置生产性固定资产支出	Expenditure for Productive Fixed Assets	2.4	1.9	1.7	2.1	5.2
税费支出	Taxes and Fee	0.1	0.1	0.1	0.1	0.1
生活消费支出	Consumption Expenditure	59.0	68.1	69.1	67.2	54.6
财产性支出	Property Expenditure	0.1	0.1	0.1	0.1	0.2
转移性支出	Transferred Expenditure	5.3	5.8	5.3	7.0	7.9

4-17 农村居民家庭人均总支出及构成
Per Capita Total Expenditure and Composition of Rural Households

单位：元、% (yuan、%)

项目	Item	2006	2007	2008	2009	2010	2011
总支出	**Total Expenditure**	**3999.48**	**4565.40**	**5402.06**	**5537.59**	**6131.23**	**7971.52**
家庭经营费用支出	Expenditure for Household Business	1071.50	1262.04	1493.00	1489.40	1713.15	2199.08
农业	Farming	572.13	663.21	759.00	746.68	866.74	1029.67
林业	Forestry	7.00	8.56	6.14	6.69	7.74	16.65
牧业	Animal Husbandry	307.57	369.78	493.71	463.78	470.43	593.09
渔业	Fishery	71.57	77.58	86.30	104.37	125.68	216.01
工业	Industry	16.80	19.20	14.56	16.37	18.89	54.66
建筑业	Construction	27.51	32.56	37.45	45.15	54.95	61.78
交通、运输、邮电业	Transport and Telecommunications Industries	28.63	36.01	35.09	38.14	60.29	107.32
批发和零售贸易、餐饮业	Wholesale and Retail Trade, Catering Industry	28.75	42.36	46.38	51.96	88.76	90.88
社会服务和文教卫生业	Social Services and Cultural, Educational, and Public Health Services	7.41	9.50	10.76	13.73	14.89	19.82
其他行业	Other Industry	4.17	3.28	3.60	2.53	4.78	9.22
购置生产性固定资产及雇工支出	Purchase of Productive Fixed Assets	70.31	75.47	99.92	148.69	142.67	231.28
税费支出	Taxes and Fee	14.62	18.22	13.30	11.21	10.28	9.28
生活消费支出	Consumption Expenditure	2732.10	3090.00	3652.57	3725.40	4090.78	5010.74
食品	Food	1278.80	1479.04	1711.34	1668.35	1763.05	1954.62
衣着	Clothing	146.69	168.64	187.07	195.45	217.61	272.12
居住	Residence	377.20	434.91	651.50	702.62	816.42	1086.86
家庭设备、用品及服务	Household Facilities, Articles and Services	135.53	166.25	234.92	229.32	262.26	359.57
交通通讯	Transport, Post and Telecommunications	246.07	281.12	290.44	307.22	331.35	414.36
文化娱乐用品及服务	Stationery & Recreation Goods and Services	292.30	284.13	267.13	281.68	288.12	341.87
医疗保健	Medicines and Medical Services	172.40	178.77	210.36	236.31	295.24	438.20
其他商品和服务	Other Commodities and Services	83.24	97.13	99.80	104.29	116.73	143.14
财产性支出	Expenditure for Property	6.23	5.17	8.97	8.33	10.74	8.45
转移性支出	Transferred Expenditure	104.31	114.49	134.30	154.70	163.60	512.69
总支出构成(%)	**Composition of Total Expenditure**						
家庭经营费用支出	Expenditure for Household Business	26.8	27.6	27.6	26.9	27.9	27.6
购置生产性固定资产及雇工支出	Purchase of Productive Fixed Assets	1.8	1.7	1.8	2.7	2.3	2.9
税费支出	Taxes and Fee	0.4	0.4	0.3	0.2	0.2	0.1
生活消费支出	Consumption Expenditure	68.3	67.7	67.6	67.3	66.7	62.9
财产性支出	Expenditure for Property	0.2	0.1	0.2	0.2	0.2	0.1
转移性支出	Transferred Expenditure	2.6	2.5	2.5	2.8	2.7	6.4

4-18 农村居民家庭人均现金支出及构成
Per Capita Cash Expenditure and Composition of Rural Households

单位：元、%　　　　(yuan、%)

项　目	Item	2006	2007	2008	2009	2010	2011
现金支出	**Cash Expenditure(yuan)**	**3267.10**	**3740.56**	**4496.87**	**4723.52**	**5294.37**	**7194.75**
家庭经营费用支出	Expenditure for Household Business	972.70	1159.13	1383.60	1368.00	1562.32	2051.67
农业	Farming	538.80	632.72	726.94	707.89	794.43	989.38
林业	Forestry	6.12	7.59	5.69	5.56	7.35	16.57
牧业	Animal Husbandry	244.08	301.53	418.23	387.24	397.50	487.52
渔业	Fishery	70.61	74.50	85.13	99.92	121.66	214.64
工业	Industry	16.77	19.20	14.55	16.09	18.67	54.66
建筑业	Construction	27.51	32.56	37.45	45.01	54.39	61.77
交通、运输、邮电业	Transport and Telecommunications Industries	28.57	36.01	35.09	38.14	60.29	107.23
批发和零售贸易、餐饮业	Wholesale and Retail Trade, Catering Industry	28.75	42.36	46.37	51.96	88.36	90.88
社会服务和文教卫生业	Social Services and Cultural, Educational, and Public Health Services	7.41	9.49	10.57	13.66	14.89	19.81
其他行业	Other Industry	4.17	3.16	3.57	2.53	4.78	9.22
购置生产性固定资产及雇工支出	Purchase of Productive Fixed Assets	70.31	75.47	99.92	148.38	142.17	231.28
税费支出	Taxes and Fee	14.60	18.22	13.29	11.20	10.28	9.28
生活消费支出	Consumption Expenditure	2099.60	2368.68	2857.78	3033.37	3406.12	4382.95
财产性支出	Expenditure for Property	6.23	5.17	8.97	8.33	10.74	8.45
转移性支出	Transferred Expenditure	103.54	113.88	133.30	153.91	162.25	511.12
现金支出构成(%)	**Composition of Cash Expenditure(%)**						
家庭经营费用支出	Expenditure for Household Business	29.8	31.0	30.8	29.0	29.5	28.5
购置生产性固定资产及雇工支出	Purchase of Productive Fixed Assets	2.2	2.0	2.2	3.1	2.7	3.2
税费支出	Taxes and Fee	0.5	0.5	0.3	0.2	0.2	0.1
生活消费支出	Consumption Expenditure	64.3	63.3	63.6	64.2	64.3	60.9
财产性支出	Expenditure for Property	0.2	0.1	0.2	0.2	0.2	0.1
转移性支出	Transferred Expenditure	3.2	3.0	3.0	3.3	3.1	7.1

4-19 按收入五等份分组农村居民家庭基本情况(2011年)

Basic Conditions of Rural Households by Five Equal Parts of Income(2011)

项目 Item	低收入户 Low Income Households	中低收入户 Lower Middle Income Households	中等收入户 Middle Income Households	中高收入户 Upper Middle Income Households	高收入户 High Income Households
家庭常住人口(人) Number of Permanent Residents Per Households(person)	3010.75	2849.00	2687.25	2432.50	2140.00
就业劳动力(人) Number of Employed Persons	2159.00	2178.00	2072.00	1944.00	1792.00
文盲或半文盲 Few Illiteracy and Illiteracy	112.00	111.00	72.00	69.00	60.00
小学程度 Primary School	620.00	590.00	503.00	432.00	331.00
初中程度 Junior Secondary School	1149.00	1136.00	1138.00	1083.00	990.00
高中程度 Senior Secondary School	202.00	218.00	243.00	238.00	278.00
中专程度 Secondary Technical School	41.00	74.00	66.00	62.00	60.00
大专及以上 Junior College and Above	35.00	49.00	50.00	60.00	73.00
人均年末住房面积(平方米) Per Capita Housing Area at the Year-end(sq.m)	37.82	40.09	43.67	47.81	55.47
人均年末经营耕地面积(平方米) Per Capita Arable Land Area Business End(sq.m)	1.04	1.35	1.50	1.86	2.67
人均主要农产品消费量(公斤) Per Capita Consumption of Major Farm Products(kg)					
粮食 Grain	133.44	152.80	161.17	180.75	199.46
蔬菜及制品 Fresh Vegetables and Related Products	116.04	126.05	133.22	144.40	144.76
食用油 Edible Oil	6.70	7.70	8.17	9.10	9.79
卷烟(盒) Cigarette(Boxes)	26.11	28.17	28.55	35.51	40.30
水果 Fruits	6.38	7.31	8.33	9.97	11.25
猪肉 Pork	14.82	15.74	17.09	19.22	21.55
牛羊肉 Butcher	0.43	0.47	0.71	0.80	0.99
家禽 Poultry	2.34	2.59	3.25	3.77	4.72
蛋类及制品 Eggs and Related Products	3.83	4.37	5.13	5.86	6.53
水产品 Aquatic Products	5.34	7.09	8.40	9.69	12.88

4-20 农村居民家庭基本情况
Basic Conditions of Rural Households

项　目	Item	2006	2007	2008	2009	2010	2011
调查户数(户)	Number of Households Surveyed(household)	3300	3300	3300	3300	3300	3300
调查户常住人口(人)	Number of Permanent Residents Per Households (person)	13259	13186	13163	13151	13123	13120
平均每户整半劳动力(人)	Average Full-Time and Part-Time Labors Per Household (person)	3.03	3.06	3.08	3.12	3.14	3.12
平均每个劳动力负担人口(人)	Average Person Supported by Each Labor (person)	1.34	1.30	1.29	1.28	1.27	1.27
劳动力文化程度状况(%)	Education Attainments						
不识字或识字很少	Few Illiteracy and Illiteracy	5.6	5.3	5.1	5.2	5.2	5.2
小学程度	Primary School	24.9	23.7	23.5	23.0	22.8	23.0
初中程度	Junior School	55.4	56.4	56.4	55.0	54.6	54.2
高中程度	Senior Secondary School	10.9	11.1	11.2	11.9	12.1	12.2
中专程度	Secondary Technical School	2.4	2.6	2.8	3.3	3.4	3.5
大专及以上	Junior College and Above	0.8	0.8	1.0	1.6	1.9	1.9
期末实际经营的土地面积(亩/人)	Land Area Dealing in Actually at the End of Term (mu/person)	2.21	2.38	2.38	2.48	2.54	3.27
耕地	Farmland	1.52	1.60	1.59	1.63	1.69	1.62
山地	Mountains	0.55	0.61	0.62	0.67	0.67	1.23
园地	Gardening Land	0.05	0.05	0.05	0.05	0.05	0.11
养殖水面	Aquatic Space	0.10	0.12	0.12	0.12	0.13	0.31
期末住房情况	Housing Conditions at the Year-end						
住房面积(平方米/人)	Dwelling Space(sq.m/person)	36.77	37.96	39.04	40.11	40.99	44.24
住房价值(元/人)	Value of Houses(yuan/person)	6912.11	7932.62	9088.04	10411.90	11971.47	15562.50
住房类型(平方米/人)	Housing Styles(sq.m/person)						
楼房面积	Building Space	22.10	23.28	25.05	26.17	27.37	31.73
砖瓦平房面积	Bungalow Space	11.71	12.04	11.57	11.48	11.33	10.21
住房结构(平方米/人)	Housing Structure(sq.m/person)						
钢筋混泥土结构面积	Reinforced Structure	19.42	20.04	22.23	22.92	24.14	24.90
砖木结构面积	Brick and Wood Structure	14.51	15.19	14.23	14.60	14.54	15.00
期内新建(购)住房情况	Newly-built Houses Within the Year						
新建(购)住房面积(平方米/人)	Newly-built House Space(sq.m/person)	1.05	0.84	1.48	1.10	1.27	1.98
新建(购)住房价值(元/人)	Value in Each Squre Meter(yuan/person)	309.70	299.53	594.91	513.79	641.30	1477.76

4-21 农村居民家庭每百户耐用消费品拥有量

Ownership of Major Durable Consumer Goods Per 100 Rural Households

项 目	Item	2006	2007	2008	2009	2010	2011
自行车(辆)	Bicycle(set)	80.55	73.33	72.45	68.47	63.24	44.76
彩色电视机(台)	Color TV(set)	92.12	98.82	102.24	105.42	109.18	114.36
照相机(架)	Camera(set)	1.76	1.82	2.06	2.58	2.64	3.55
洗衣机(台)	Washing Mathine(set)	30.12	34.68	37.12	41.70	47.97	57.09
电冰箱(台)	Refrigerator(set)	19.18	26.18	30.52	41.36	51.48	73.73
摩托车(辆)	Motorcycle(set)	45.00	51.45	55.52	59.76	64.12	72.33
摄像机(台)	Video Camera(set)	0.76	1.06	0.91	0.52	0.70	1.42
抽油烟机(台)	Exhaust Fan(set)	3.72	5.03	6.10	7.70	10.03	13.70
空调机(台)	Air Conditioner(set)	5.39	7.61	9.91	12.45	18.36	28.58
热水器(台)	Shower(set)	8.79	12.21	16.03	22.73	32.00	48.24
影碟机(台)	Video Disc Player(set)	51.80	50.64	51.45	50.58	49.97	37.82
电话机(部)	Telephone(set)	57.20	58.36	59.33	55.61	55.70	41.94
移动电话(部)	Mobile Telephone(set)	90.10	104.67	117.88	134.21	152.27	204.82
家用计算机(台)	Computer(set)	2.33	2.00	3.00	5.15	7.39	15.58
汽车(生活用)(台)	Automobile(set)	——	0.24	0.36	0.70	0.91	2.06

4-22 农村居民家庭拥有生产性固定资产情况

Productive Fixed Assets of Rural Households

项 目	Item	2006	2007	2008	2009	2010	2011
生产性固定资产原值(元/户)	Initial Value of Productive Fixed Assets(yuan/household)	**4297.2**	**4996.0**	**5435.0**	**6368.8**	**7078.5**	**9636.1**
主要生产性固定资产数量	Major Productive Fixed Assets						
房屋及建筑物(平方米/户)	House and Building(sq.m/household)	22.8	24.4	25.2	26.0	26.3	28.9
汽车(辆/百户)	Automobile(unit/Per 100 Rural Households)	1.0	1.0	1.2	1.3	1.1	2.4
大中型拖拉机(台/百户)	Large and Medium Tractors(set/Per 100 Rural Households)	1.1	1.2	1.6	1.8	0.9	2.2
小型和手扶拖拉机(台/百户)	Mini and Walking Tractors(set/Per 100 Rural Households)	13.9	12.6	12.1	16.1	18.7	16.5
机动脱粒机(台/百户)	Motorized Threshing Machines (set/Per 100 Rural Households)	1.3	1.3	1.8	2.6	4.0	4.8
收割机(台/百户)	Harvesters(set/Per 100 Rural Households)	0.3	0.5	0.8	0.7	1.1	1.4
农用动力机械(台/百户)	Machinery for Agricultural Irrigation (set/Per 100 Rural Households)	7.5	7.1	7.0	7.0	6.5	10.9
水泵(台/百户)	Pumps(unit/Per 100 Rural Households)	24.4	23.9	24.8	25.7	28.1	28.9
役畜(头/百户)	Draught Animals(head/Per 100 Rural Households)	25.6	24.0	24.3	25.2	22.7	13.7
产品畜(头/百户)	Commodity Animals(head/Per 100 Rural Households)	19.7	19.1	20.3	18.0	18.3	14.1

4-23 农村居民家庭人均主要食品消费量
Per Capita Main Food Consumption of Rural Households

单位：千克 (kg)

项　目	Item	2006	2007	2008	2009	2010	2011
粮 食	Grain	210.06	204.47	190.30	188.94	175.15	160.33
#小 麦	Wheat	23.11	21.80	22.02	19.87	17.60	17.41
稻 谷	Paddy	170.17	168.61	155.37	155.18	146.13	135.87
豆类及豆制品	Bean Products	5.87	6.20	5.48	5.49	5.30	5.03
大 豆	Soy Bean	2.73	2.88	2.53	2.52	2.47	2.05
蔬菜及菜制品	Fresh Vegetables and Processed Products	143.75	143.57	132.58	137.04	137.51	131.68
鲜 菜	Fresh Vegetables	138.12	140.57	130.05	134.69	136.22	130.67
油脂类	Oil and Fats	3.56	3.77	4.11	3.85	5.49	8.17
植物油	Edible Vegetable Oil	2.89	3.23	3.58	3.39	5.13	7.71
动物油	Edible Animal Oil	0.67	0.53	0.53	0.47	0.36	0.46
肉禽及其制品	Meat and Processed Products	25.27	22.70	22.21	22.99	22.79	22.90
猪 肉	Pork	20.91	17.83	17.51	18.14	17.98	17.40
牛羊肉	Beef and Mutton	0.53	0.52	0.50	0.48	0.57	0.65
家 禽	Poultry	2.91	3.30	3.23	3.22	2.91	3.23
蛋类及蛋制品	Eggs and Processed Products	4.15	4.17	4.69	4.93	4.47	5.03
奶及奶制品	Milk and Dariy Products	0.33	0.50	0.81	1.11	1.22	1.55
水产品	Aquatic Products	8.51	9.38	8.71	8.34	8.33	8.38
鱼 类	Ffish	8.18	9.03	8.40	7.97	7.93	8.03
瓜 类	Melons	8.08	6.28	4.67	5.87	5.56	7.06
酒 类	Liquor and Drinks	11.93	12.35	11.76	11.41	10.77	11.40
#白 酒	Wine Spirit	4.06	3.87	3.85	3.94	3.70	3.69
啤 酒	Beer	7.83	8.42	7.84	7.40	7.01	7.67
水果类	Fruit	10.87	11.51	10.37	9.97	9.31	8.44
坚果及果仁制品	Nuts and Grain Products	0.80	0.87	0.97	1.00	0.83	0.88

4-24 农村居民家庭年人均出售主要农副产品情况
Annual Selling of Farm and Sideline Products of Rurl Households per Capita

单位：千克 (kg)

项 目	Item	2006	2007	2008	2009	2010	2011
粮 食	Grain	391.24	386.98	390.60	422.65	447.78	451.98
#小 麦	#Wheat	77.67	94.39	76.73	62.01	75.44	86.70
稻 谷	Paddy	288.86	268.94	292.78	320.27	331.71	302.69
棉 花	Cotton	69.22	81.48	70.09	76.43	55.03	88.30
油 料	Oil Producer	62.04	61.27	65.14	77.04	72.15	60.91
糖 料	Sugar	6.28	9.16	4.31	4.48	6.43	0.16
烟 草	Tobacco	2.07	1.55	2.11	2.92	2.77	2.97
蔬 菜	Vegetable	133.11	138.89	136.45	133.11	139.41	137.62
瓜 类	Melon	26.56	16.20	14.80	19.07	19.69	17.40
水 果	Fruits	76.41	82.72	90.38	99.70	78.09	66.13
茶 叶	Tea	1.25	1.56	1.56	1.29	1.95	4.17
猪 肉	Pork	30.80	26.03	26.38	28.70	30.92	22.91
家 禽	Poultry	5.19	4.44	7.16	7.29	8.38	2.28
蛋 类	Eggs	10.69	8.99	8.25	10.94	11.19	10.33
水产品	Aquatic Products	33.06	35.66	37.26	42.12	38.70	43.09

4-25 农村居民家庭主要生活用品购买量

Annual Purchases of Articles for Baily ues of Rural Households per Capita

项目	Item	单位	Unit	2006	2007	2008	2009	2010	2011
粮 食	Grain	(千克/人)	(kg/person)	26.28	25.72	26.56	27.45	29.46	42.35
植物油	Edible Vegetable Oil	(千克/人)	(kg/person)	2.85	3.21	3.55	3.35	3.61	5.20
动物油	Edible Animal Oil	(千克/人)	(kg/person)	0.63	0.50	0.47	0.38	0.33	0.43
蔬菜	Vegetables	(千克/人)	(kg/person)	16.33	16.44	17.85	16.21	17.73	19.40
猪肉	Pork	(千克/人)	(kg/person)	7.46	6.27	6.22	7.04	7.43	8.38
牛羊肉	Beef and Mutton	(千克/人)	(kg/person)	0.42	0.49	0.41	0.41	0.51	0.56
家禽	Poultry	(千克/人)	(kg/person)	0.79	1.08	1.21	1.16	1.17	1.26
鲜蛋	Fresh Eggs	(千克/人)	(kg/person)	0.97	0.97	1.33	1.55	1.30	1.85
鲜活鱼类	Fresh Fish	(千克/人)	(kg/person)	7.07	7.69	7.29	6.97	6.99	7.11
卷烟	Tobacco	(盒/人)	(pack/person)	30.98	29.06	28.88	27.51	27.50	31.12
酒	Wine	(千克/人)	(kg/person)	11.90	12.30	11.70	11.35	10.72	11.37
水 果	Fruits	(千克/人)	(kg/person)	6.34	6.87	6.80	6.72	6.22	6.87
服 装	Clothing	(件/人)	(piece/person)	1.82	1.82	1.99	2.94	1.95	2.46
鞋 类	Shoes	(双/人)	(two/person)	1.45	1.35	1.43	1.28	1.36	1.39
水 泥	Cement	(千克/人)	(kg/person)	108.80	85.93	134.97	137.25	150.72	236.88
钢 材	Steel	(千克/人)	(kg/person)	6.66	5.84	10.45	10.11	10.21	13.85
生活用煤	Coal	(千克/人)	(kg/person)	52.65	49.44	32.82	20.22	19.70	14.77
电视机	TV Sets	(台/百户)	(set/100 households)	6.79	5.79	4.95	3.97	3.70	6.67
洗衣机	Washing Machine	(台/百户)	(set/100 households)	1.79	1.92	2.73	2.67	3.21	6.09
电风扇	Electric Fans	(台/百户)	(set/100 households)	9.73	8.85	9.73	11.45	10.52	10.79
电冰箱	Refrigerators	(台/百户)	(set/100 households)	2.67	4.18	5.64	7.06	7.00	8.30
自行车	Bycicle	(辆/百户)	(set/100 households)	4.50	3.91	4.83	5.29	2.42	3.73
摩托车	Motocycle	(辆/百户)	(set/100 households)	5.00	5.28	4.73	4.26	3.88	6.09
热水器	Shower	(台/百户)	(set/100 households)	1.67	2.06	3.11	3.79	4.36	6.18
电话机	Telephone Sets	(部/百户)	(set/100 households)	6.15	4.52	4.33	4.37	3.36	3.41
手 机	Mobile Phones	(部/百户)	(set/100 households)	8.30	12.97	13.82	14.42	18.92	25.39

4-26 农村居民家庭固定资产投资情况
Fixed Assets Investment of Rural Households

单位：亿元　　(100 million yuan)

项　目	Item	2006	2007	2008	2009	2010	2011
新增固定资产原值	**New Original Value of Fixed Assets**	**128.33**	**176.32**	**214.12**	**267.69**	**283.90**	**437.77**
固定资产投资完成额	**Finished Value of Investment of the Fixed Assets**	**142.13**	**186.78**	**222.55**	**281.00**	**302.79**	**444.85**
按投资来源分	Investment by Source						
国内贷款	Domestic Loans	0.65	0.40	4.74	3.75	4.95	19.91
自筹资金	Self-raising Funds	137.54	180.25	206.02	262.08	279.21	419.70
其他资金	Others	3.94	6.13	11.79	15.17	18.62	5.24
按投资构成分	According to Constitute Sub-investment						
建筑工程	Construction	109.06	150.48	181.58	219.48	247.27	341.67
安装工程	Installation			0.28	0.15		
设备工、器具购置	For Equipment, the Purchase of Equipment	19.98	21.95	21.38	25.16	28.80	70.49
其他	Others	13.10	14.35	19.31	36.21	26.72	32.70
按投资方向分	According to the Investment Direction Pm						
农业	Agriculture	25.75	25.19	27.36	36.52	32.88	84.06
采矿业	Mining	0.02		0.09			
制造业	Manufacturing	2.00	0.28	0.43	1.29	1.50	2.71
电力、燃气及水的生产和供应业	Production and Supply of Electricity, Gas and Water						
建筑业	Construction	4.22	6.06	7.40	7.99	8.33	
交通运输、仓储和邮政业	Transport, Storage and Post	2.85	4.57	6.34	12.17	12.21	40.30
信息传输、计算机服务和软件业	Information Transmission, Computer Services and Software						
批发和零售业	Wholesale and Retail Trades	0.28	0.03	0.02	0.33	0.02	
住宿和餐饮业	Hotels and Catering Services	0.05			0.23	0.04	
金融业	Financial Intermediation						
房地产业	Real Estate	106.94	150.25	179.69	217.72	247.27	311.15
租赁和商务服务业	Leasing and Business Services				0.23		
科学研究、技术服务和地质勘查业	Scientific Research, Technical Services, and Geological Prospecting						
水利、环境和公共设施管理业	Management of Water Conservancy,Environment and Public Facilities						
居民服务和其他服务业	Serices to Households and Other Services	0.05	0.23	1.24	2.43	0.30	6.52
教育	Education						
卫生、社会保障和社会福利业	Health, Social Securities and Social Welfare						
文化、体育和娱乐业	Culture, Sports and Enterainment		0.17			0.26	
公共管理和社会组织	Public Management and Social Organizations						
国际组织	International Organizations						
按具体投资项目分	Based on specific investment projects pm						
房屋	Housing	106.94	150.25	179.69	217.72	247.27	341.67
道路	Road				0.02		
桥梁	Bridge						
设备	Equipment	19.98	21.95	21.38	25.16	28.80	30.19
水利	Water	1.40	0.07	0.06			
其他	Others	13.82	14.51	21.42	38.10	26.72	72.99
施工房屋面积(万平方米)	Acreage of House Construction(10 000 sq.m)	2996.88	3379.52	3688.21	4036.65	4086.90	4896.31
竣工房屋面积(万平方米)	Acreage of House Completion(10 000 sq.m)	2929.43	3249.95	3599.10	3915.18	3755.67	4494.97
竣工房屋投资完成额	Completion Amount of Investment in House	104.67	142.51	177.32	212.35	234.89	334.58

4-27 湖北省农村全面小康实现程度(2005年)

指标分类	Item	序号	指标名称	Item
经济发展	Economic development	1	农村居民人均可支配收入	Per Capita Disposable Income of Rural Residents
		2	第一产业劳动力比重	Proportion of Labor Force of the Primary Industry
		3	农村小城镇人口比重	Proportion of Rural Small Town Population
社会发展	Social development	4	农村合作医疗覆盖率	Coverage Rate of Rural Cooperative Health Care
		5	农村养老保险覆盖率	Coverage Rate of Rural Pension Insurance
		6	万人农业科技人员数	Rural Scientific and Technical Personnel per 10 000 Population
		7	农村居民基尼系数	Gini Coefficient of Rural Residents
人口素质	Population Quality	8	农村人口平均受教育年限	Average Expectation Education Years of Rural Population
		9	农村人口平均预期寿命	Average Life Expectancy of Rural Population
生活质量	Quality of Life	10	恩格尔系数	Engel's Coefficient
		11	居住质量指数	Indices of Rural Residents Residence Condition
		12	农民文化娱乐消费支出比重	Proportion of Rural Expenditure for Cultural and Recreational Services
		13	农民生活信息化程度	Rural Informationization Degree
民主法制	Democracy and Rule of Law	14	农民对村政务公开的满意度	Satisfaction Degree of Rural Residents to Making Village Affairs Public
		15	农民对社会治安的满意度	Satisfaction Degree of Rural Residents to Social Security
资源环境	Resources and Environment	16	常用耕地面积变动幅度	Ratio of Variation of Area of Common Cultivated Land
		17	森林覆盖率	Forest Coverage Rate
		18	万元农业GDP用水量	Water Used per 10 000 yuan Agricultural GDP
分 值	Score			

4-28 湖北省农村全面小康实现程度(2006年)

指标分类	Item	序号	指标名称	Item
经济发展	Economic development	1	农村居民人均可支配收入	Per Capita Disposable Income of Rural Residents
		2	第一产业劳动力比重	Proportion of Labor Force of the Primary Industry
		3	农村小城镇人口比重	Proportion of Rural Small Town Population
社会发展	Social development	4	农村合作医疗覆盖率	Coverage Rate of Rural Cooperative Health Care
		5	农村养老保险覆盖率	Coverage Rate of Rural Pension Insurance
		6	万人农业科技人员数	Rural Scientific and Technical Personnel per 10 000 Population
		7	农村居民基尼系数	Gini Coefficient of Rural Residents
人口素质	Population Quality	8	农村人口平均受教育年限	Average Expectation Education Years of Rural Population
		9	农村人口平均预期寿命	Average Life Expectancy of Rural Population
生活质量	Quality of Life	10	恩格尔系数	Engel's Coefficient
		11	居住质量指数	Indices of Rural Residents Residence Condition
		12	农民文化娱乐消费支出比重	Proportion of Rural Expenditure for Cultural and Recreational Services
		13	农民生活信息化程度	Rural Informationization Degree
民主法制	Democracy and Rule of Law	14	农民对村政务公开的满意度	Satisfaction Degree of Rural Residents to Making Village Affairs Public
		15	农民对社会治安的满意度	Satisfaction Degree of Rural Residents to Social Security
资源环境	Resources and Environment	16	常用耕地面积变动幅度	Ratio of Variation of Area of Common Cultivated Land
		17	森林覆盖率	Forest Coverage Rate
		18	万元农业GDP用水量	Water Used per 10 000 yuan Agricultural GDP
分 值	Score			

Realization Degree of Building a Well-off Society in an All-round Way in Hubei (2005)

单位	Unit	权数	总体小康值	全面小康值	2005年实现值	实现程度	得分
元/人	yuan/person	20	2200	≥6000	2687.00	12.8	2.6
%	%	5	50	≤35	47.4	17.3	0.9
%	%	4	16	≥35	23.5	39.5	1.6
%	%	8	10	≥90	12.5	3.1	0.2
%	%	4	1.8	≤60	9.5	13.2	0.5
人	person	4	1	≥4	1.60	20.0	0.8
—		4	0.35	0.3-0.4	0.31	100.0	4.0
年	year	12	7.4	≥9	7.90	31.3	3.8
年	year	3	69.5	≥75	73.00	63.6	1.9
%	%	4	49	≤40	49.1	-0.7	0.0
%	%	11	18	≥75	26.4	14.7	1.6
%	%	3	2.5	≥7	3.4	19.3	0.6
%	%	5	28	≥60	47.5	60.8	3.0
%	%	3	55	≥85	78.0	76.7	2.3
%	%	3	60	≥85	73.0	52.0	1.6
%	%	3	-0.3	≥0	1.4	100.0	3.0
%	%	2	16.5	≥23	36.0	100.0	2.0
立方米	cu.m	2	2600	≤1500	1370.00	100.0	2.0
							32.3

Realization Degree of Building a Well-off Society in an All-round Way in Hubei (2006)

单位	Unit	权数	总体小康值	全面小康值	2006年实现值	实现程度	得分
元/人	yuan/person	20	2200	≥6000	2883.19	18.0	3.6
%	%	5	50	≤35	47.3	18.0	0.9
%	%	4	16	≥35	25.3	48.9	2.0
%	%	8	10	≥90	36.2	32.8	2.6
%	%	4	1.8	≤60	10.1	14.3	0.6
人	person	4	1	≥4	1.62	20.7	0.8
—		4	0.35	0.3-0.4	0.31	100.0	4.0
年	year	12	7.4	≥9	7.95	34.4	4.1
年	year	3	69.5	≥75	70.50	18.2	0.5
%	%	4	49	≤40	46.8	24.2	1.0
%	%	11	18	≥75	28.8	19.0	2.1
%	%	3	2.5	≥7	3.3	18.4	0.6
%	%	5	28	≥60	50.5	70.2	3.5
%	%	3	55	≥85	81.0	86.7	2.6
%	%	3	60	≥85	78.0	72.0	2.2
%	%	3	-0.3	≥0	0.0	0.0	0.0
%	%	2	16.5	≥23	37.0	100.0	2.0
立方米	cu.m	2	2600	≤1500	1410.00	100.0	2.0
							35.0

4-29 湖北省农村全面小康实现程度(2007年)

指标分类	Item	序号	指标名称	Item
经济发展	Economic development	1	农村居民人均可支配收入	Per Capita Disposable Income of Rural Residents
		2	第一产业劳动力比重	Proportion of Labor Force of the Primary Industry
		3	农村小城镇人口比重	Proportion of Rural Small Town Population
社会发展	Social development	4	农村合作医疗覆盖率	Coverage Rate of Rural Cooperative Health Care
		5	农村养老保险覆盖率	Coverage Rate of Rural Pension Insurance
		6	万人农业科技人员数	Rural Scientific and Technical Personnel per 10 000 Population
		7	农村居民基尼系数	Gini Coefficient of Rural Residents
人口素质	Population Quality	8	农村人口平均受教育年限	Average Expectation Education Years of Rural Population
		9	农村人口平均预期寿命	Average Life Expectancy of Rural Population
生活质量	Quality of Life	10	恩格尔系数	Engel's Coefficient
		11	居住质量指数	Indices of Rural Residents Residence Condition
		12	农民文化娱乐消费支出比重	Proportion of Rural Expenditure for Cultural and Recreational Services
		13	农民生活信息化程度	Rural Informationization Degree
民主法制	Democracy and Rule of Law	14	农民对村政务公开的满意度	Satisfaction Degree of Rural Residents to Making Village Affairs Public
		15	农民对社会治安的满意度	Satisfaction Degree of Rural Residents to Social Security
资源环境	Resources and Environment	16	常用耕地面积变动幅度	Ratio of Variation of Area of Common Cultivated Land
		17	森林覆盖率	Forest Coverage Rate
		18	万元农业GDP用水量	Water Used per 10 000 yuan Agricultural GDP
分　值	Score			

4-30 湖北省农村全面小康实现程度(2008年)

指标分类	Item	序号	指标名称	Item
经济发展	Economic development	1	农村居民人均可支配收入	Per Capita Disposable Income of Rural Residents
		2	第一产业劳动力比重	Proportion of Labor Force of the Primary Industry
		3	农村小城镇人口比重	Proportion of Rural Small Town Population
社会发展	Social development	4	农村合作医疗覆盖率	Coverage Rate of Rural Cooperative Health Care
		5	农村养老保险覆盖率	Coverage Rate of Rural Pension Insurance
		6	万人农业科技人员数	Rural Scientific and Technical Personnel per 10 000 Population
		7	农村居民基尼系数	Gini Coefficient of Rural Residents
人口素质	Population Quality	8	农村人口平均受教育年限	Average Expectation Education Years of Rural Population
		9	农村人口平均预期寿命	Average Life Expectancy of Rural Population
生活质量	Quality of Life	10	恩格尔系数	Engel's Coefficient
		11	居住质量指数	Indices of Rural Residents Residence Condition
		12	农民文化娱乐消费支出比重	Proportion of Rural Expenditure for Cultural and Recreational Services
		13	农民生活信息化程度	Rural Informationization Degree
民主法制	Democracy and Rule of Law	14	农民对村政务公开的满意度	Satisfaction Degree of Rural Residents to Making Village Affairs Public
		15	农民对社会治安的满意度	Satisfaction Degree of Rural Residents to Social Security
资源环境	Resources and Environment	16	常用耕地面积变动幅度	Ratio of Variation of Area of Common Cultivated Land
		17	森林覆盖率	Forest Coverage Rate
		18	万元农业GDP用水量	Water Used per 10 000 yuan Agricultural GDP
分　值	Score			

Realization Degree of Building a Well-off Society in an All-round Way in Hubei(2007)

单位	Unit	权数	总体小康值	全面小康值	2007年实现值	实现程度	得分
元/人	yuan/person	20	2200	≥6000	3214.00	26.7	5.3
%	%	5	50	≤35	47.5	16.7	0.8
%	%	4	16	≥35	25.5	50.0	2.0
%	%	8	10	≥90	80.8	88.5	7.1
%	%	4	1.8	≤60	12.4	18.2	0.7
人	person	4	1	≥4	1.61	20.3	0.8
—		4	0.35	0.3-0.4	0.31	100.0	4.0
年	year	12	7.4	≥9	8.01	38.1	4.6
年	year	3	69.5	≥75	70.50	18.2	0.5
%	%	4	49	≤40	47.7	14.4	0.6
%	%	11	18	≥75	30.4	21.8	2.4
%	%	3	2.5	≥7	3.2	15.1	0.5
%	%	5	28	≥60	74.0	100.0	5.0
%	%	3	55	≥85	81.8	89.3	2.7
%	%	3	60	≥85	77.6	70.4	2.1
%	%	3	-0.3	≥0	-0.1	0.0	0.0
%	%	2	16.5	≥23	37.0	100.0	2.0
立方米	cu.m	2	2600	≤1500	1402.00	100.0	2.0
							43.1

Realization Degree of Building a Well-off Society in an All-round Way in Hubei(2008)

单位	Unit	权数	总体小康值	全面小康值	2008年实现值	实现程度	得分
元/人	yuan/person	20	2200	≥6000	3489.30	33.9	6.8
%	%	5	50	≤35	47.3	18.0	0.9
%	%	4	16	≥35	25.7	51.1	2.0
%	%	8	10	≥90	88.0	97.5	7.8
%	%	4	1.8	≤60	13.9	20.8	0.8
人	person	4	1	≥4	1.60	20.3	0.8
—		4	0.35	0.3-0.4	0.33	100.0	4.0
年	year	12	7.4	≥9	8.00	38.1	4.6
年	year	3	69.5	≥75	70.50	18.2	0.5
%	%	4	49	≤40	46.9	23.3	0.9
%	%	11	18	≥75	30.6	22.1	2.4
%	%	3	2.5	≥7	3.0	11.1	0.3
%	%	5	28	≥60	78.7	100.0	5.0
%	%	3	55	≥85	80.0	83.7	2.5
%	%	3	60	≥85	75.0	58.0	1.7
%	%	3	-0.3	≥0	-0.1	-33.0	-1.0
%	%	2	16.5	≥23	37.0	100.0	2.0
立方米	cu.m	2	2600	≤1500	1395.00	100.0	2.0
							44.2

4-31 湖北省农村全面小康实现程度(2009年)

指标分类	Item	序号	指标名称	Item
经济发展	Economic development	1	农村居民人均可支配收入	Per Capita Disposable Income of Rural Residents
		2	第一产业劳动力比重	Proportion of Labor Force of the Primary Industry
		3	农村小城镇人口比重	Proportion of Rural Small Town Population
社会发展	Social development	4	农村合作医疗覆盖率	Coverage Rate of Rural Cooperative Health Care
		5	农村养老保险覆盖率	Coverage Rate of Rural Pension Insurance
		6	万人农业科技人员数	Rural Scientific and Technical Personnel per 10 000 Population
		7	农村居民基尼系数	Gini Coefficient of Rural Residents
人口素质	Population Quality	8	农村人口平均受教育年限	Average Expectation Education Years of Rural Population
		9	农村人口平均预期寿命	Average Life Expectancy of Rural Population
生活质量	Quality of Life	10	恩格尔系数	Engel's Coefficient
		11	居住质量指数	Indices of Rural Residents Residence Condition
		12	农民文化娱乐消费支出比重	Proportion of Rural Expenditure for Cultural and Recreational Services
		13	农民生活信息化程度	Rural Informationization Degree
民主法制	Democracy and Rule of Law	14	农民对村政务公开的满意度	Satisfaction Degree of Rural Residents to Making Village Affairs Public
		15	农民对社会治安的满意度	Satisfaction Degree of Rural Residents to Social Security
资源环境	Resources and Environment	16	常用耕地面积变动幅度	Ratio of Variation of Area of Common Cultivated Land
		17	森林覆盖率	Forest Coverage Rate
		18	万元农业GDP用水量	Water Used per 10 000 yuan Agricultural GDP
分　值	Score			

4-32 湖北省农村全面小康实现程度(2010年)

指标分类	Item	序号	指标名称	Item
经济发展	Economic development	1	农村居民人均可支配收入	Per Capita Disposable Income of Rural Residents
		2	第一产业劳动力比重	Proportion of Labor Force of the Primary Industry
		3	农村小城镇人口比重	Proportion of Rural Small Town Population
社会发展	Social development	4	农村合作医疗覆盖率	Coverage Rate of Rural Cooperative Health Care
		5	农村养老保险覆盖率	Coverage Rate of Rural Pension Insurance
		6	万人农业科技人员数	Rural Scientific and Technical Personnel per 10 000 Population
		7	农村居民基尼系数	Gini Coefficient of Rural Residents
人口素质	Population Quality	8	农村人口平均受教育年限	Average Expectation Education Years of Rural Population
		9	农村人口平均预期寿命	Average Life Expectancy of Rural Population
生活质量	Quality of Life	10	恩格尔系数	Engel's Coefficient
		11	居住质量指数	Indices of Rural Residents Residence Condition
		12	农民文化娱乐消费支出比重	Proportion of Rural Expenditure for Cultural and Recreational Services
		13	农民生活信息化程度	Rural Informationization Degree
民主法制	Democracy and Rule of Law	14	农民对村政务公开的满意度	Satisfaction Degree of Rural Residents to Making Village Affairs Public
		15	农民对社会治安的满意度	Satisfaction Degree of Rural Residents to Social Security
资源环境	Resources and Environment	16	常用耕地面积变动幅度	Ratio of Variation of Area of Common Cultivated Land
		17	森林覆盖率	Forest Coverage Rate
		18	万元农业GDP用水量	Water Used per 10 000 yuan Agricultural GDP
分　值	Score			

Realization Degree of Building a Well-off Society in an All-round Way in Hubei(2009)

单位	Unit	权数	总体小康值	全面小康值	2009年实现值	实现程度	得分
元/人	yuan/person	20	2200	≥6000	3822.60	42.7	8.5
%	%	5	50	≤35	45.5	30.1	1.5
%	%	4	16	≥35	29.7	72.3	2.9
%	%	8	10	≥90	94.4	105.5	8.4
%	%	4	1.8	≤60	13.9	20.8	0.8
人	person	4	1	≥4	1.60	20.3	0.8
—		4	0.35	0.3-0.4	0.34	100.0	4.0
年	year	12	7.4	≥9	8.00	38.1	4.6
年	year	3	69.5	≥75	70.50	18.2	0.5
%	%	4	49	≤40	44.8	46.9	1.9
%	%	11	18	≥75	34.7	29.3	3.2
%	%	3	2.5	≥7	3.6	24.9	0.7
%	%	5	28	≥60	99.1	100.0	5.0
%	%	3	55	≥85	80.0	83.7	2.5
%	%	3	60	≥85	75.0	58.0	1.7
%	%	3	-0.3	≥0	0.6	100.0	3.0
%	%	2	16.5	≥23	37.0	100.0	2.0
立方米	cu.m	2	2600	≤1500	1400.00	100.0	2.0
							54.2

Realization Degree of Building a Well-off Society in an All-round Way in Hubei(2010)

单位	Unit	权数	总体小康值	全面小康值	2010年实现值	实现程度	得分
元/人	yuan/person	20	2200	≥6000	4320.23	55.8	11.2
%	%	5	50	≤35	41.8	54.8	2.7
%	%	4	16	≥35	30.7	77.2	3.1
%	%	8	10	≥90	97.4	100.0	8.0
%	%	4	1.8	≤60	33.6	54.6	2.2
人	person	4	1	≥4	1.63	21.0	0.8
—		4	0.35	0.3-0.4	0.34	100.0	4.0
年	year	12	7.4	≥9	8.26	53.8	6.5
年	year	3	69.5	≥75	71.11	29.3	0.9
%	%	4	49	≤40	43.1	65.6	2.6
%	%	11	18	≥75	37.5	34.2	3.8
%	%	3	2.5	≥7	4.5	45.1	1.4
%	%	5	28	≥60	76.0	100.0	5.0
%	%	3	55	≥85	80.1	83.7	2.5
%	%	3	60	≥85	74.5	58.0	1.7
%	%	3	-0.3	≥0	0.5	100.0	3.0
%	%	2	16.5	≥23	38.5	100.0	2.0
立方米	cu.m	2	2600	≤1500	665.11	100.0	2.0
							63.3

4-33 湖北省农村全面小康实现程度(2011年)

指标分类	Item	序号	指标名称	Item
经济发展	Economic development	1	农村居民人均可支配收入	Per Capita Disposable Income of Rural Residents
		2	第一产业劳动力比重	Proportion of Labor Force of the Primary Industry
		3	农村小城镇人口比重	Proportion of Rural Small Town Population
社会发展	Social development	4	农村合作医疗覆盖率	Coverage Rate of Rural Cooperative Health Care
		5	农村养老保险覆盖率	Coverage Rate of Rural Pension Insurance
		6	万人农业科技人员数	Rural Scientific and Technical Personnel per 10 000 Population
		7	农村居民基尼系数	Gini Coefficient of Rural Residents
人口素质	Population Quality	8	农村人口平均受教育年限	Average Expectation Education Years of Rural Population
		9	农村人口平均预期寿命	Average Life Expectancy of Rural Population
生活质量	Quality of Life	10	恩格尔系数	Engel's Coefficient
		11	居住质量指数	Indices of Rural Residents Residence Condition
		12	农民文化娱乐消费支出比重	Proportion of Rural Expenditure for Cultural and Recreational Services
		13	农民生活信息化程度	Rural Informationization Degree
民主法制	Democracy and Rule of Law	14	农民对村政务公开的满意度	Satisfaction Degree of Rural Residents to Making Village Affairs Public
		15	农民对社会治安的满意度	Satisfaction Degree of Rural Residents to Social Security
资源环境	Resources and Environment	16	常用耕地面积变动幅度	Ratio of Variation of Area of Common Cultivated Land
		17	森林覆盖率	Forest Coverage Rate
		18	万元农业GDP用水量	Water Used per 10 000 yuan Agricultural GDP
分　值	Score			

4-34 扶贫开发重点县农民家庭平均每人总收入

单位：元

项　　目	Item	2000	2005
全年总收入	**Total Income**	**2083.17**	**2450.07**
工资性收入	Income from Wages and Salaries	482.50	700.38
在非企业组织中劳动得到的收入	Non business organizations	36.40	60.38
在本乡地域内劳动得到的收入	Local employment	213.89	248.89
常住人口外出从业得到的收入	Out-of Work	232.21	391.11
家庭经营收入	Income from Household Operations	1512.44	1593.47
第一产业	Primary Industry	1356.41	1460.07
农业收入	Farming	889.56	935.94
林业收入	Forestry	28.63	35.80
牧业收入	Animal Husbandry	431.80	479.65
渔业收入	Fishery	6.42	8.68
第二产业	Secondary Industry	40.56	34.61
工业收入	Industry	24.75	21.13
建筑业收入	Construction	15.81	13.48
第三产业	Tertiary Industry	115.47	98.79
交通运输、邮电业收入	Transport, Postal and Telecommunication Services	-	48.03
批发和零售贸易、餐饮业收入	Wholesale and Retail Trades and Catering Services	-	21.83
财产性收入	Income from Properties	8.99	27.86
转移性收入	Income from Transfers	79.24	128.36

注：2007年以前为29个扶贫开发重点县数据，2008、2009、2010、2011年为29个国家级扶贫开发重点县数据。

Realization Degree of Building a Well-off Society in an All-round Way in Hubei(2011)

单位	Unit	权数	总体小康值	全面小康值	2011年实现值	实现程度	得分
元/人	yuan/person	20	2200	≥6000	4773.10	67.7	13.5
%	%	5	50	≤35	38.2	78.5	3.9
%	%	4	16	≥35	29.3	69.9	2.8
%	%	8	10	≥90	98.4	100.0	8.0
%	%	4	1.8	≤60	72.0	100.0	4.0
人	person	4	1	≥4	1.60	20.0	0.8
—		4	0.35	0.3-0.4	0.36	100.0	4.0
年	year	12	7.4	≥9	8.30	56.3	6.8
年	year	3	69.5	≥75	71.90	43.6	1.3
%	%	4	49	≤40	39.0	100.0	4.0
%	%	11	18	≥75	41.6	41.4	4.6
%	%	3	2.5	≥7	3.6	24.2	0.7
%	%	5	28	≥60	62.6	100.0	5.0
%	%	3	55	≥85	80.0	83.3	2.5
%	%	3	60	≥85	78.5	74.0	2.2
%	%	3	-0.3	≥0	1.1	100.0	3.0
%	%	2	16.5	≥23	38.4	100.0	2.0
立方米	cu.m	2	2600	≤1500	1420.43	100.0	2.0
							71.1

Per Capita Annual Income of Rural Household in Poverty Focused Counties

(yuan)

2006	2007	2008	2009	2010	2011
2719.86	**3186.33**	**3473.56**	**3914.21**	**4428.61**	**5649.37**
861.94	1025.10	1125.80	1329.67	1524.03	1989.59
67.49	75.22	81.89	85.65	93.54	116.79
324.08	379.98	401.46	515.81	570.71	765.75
470.37	569.90	642.45	728.21	859.78	1107.05
1704.94	1979.15	2135.36	2292.23	2584.36	3246.21
1545.13	1806.17	1948.53	2064.33	2342.95	2815.13
1097.45	1187.26	1219.55	1327.96	1603.56	1781.41
48.21	47.39	53.40	65.61	96.39	85.91
387.74	559.86	657.97	654.79	623.27	925.49
11.73	11.66	17.62	15.98	19.74	22.32
41.55	43.30	42.55	58.23	59.41	109.13
22.89	19.93	20.25	19.90	22.90	63.87
18.65	23.37	22.30	38.33	36.51	45.26
118.27	129.68	144.28	169.67	182.00	321.94
59.12	63.10	73.27	83.56	90.61	156.58
27.56	38.05	38.49	47.47	52.61	102.71
14.86	36.56	26.60	32.50	35.82	35.64
138.12	145.52	185.80	259.81	284.40	377.93

4-35 扶贫开发重点县农民家庭平均每人总支出

单位：元

项　目	Item	2000	2005
全年总支出	**Total Expenditure**	**1872.82**	**2453.49**
家庭经营费用支出	Expenditure for Household Operations	401.98	601.83
第一产业	Primary Industry	369.70	551.71
农业支出	Agriculture	180.20	287.63
林业支出	Forestry	2.32	5.40
牧业支出	Animal Husbandry	186.51	256.83
渔业支出	Fishery	0.67	1.85
第二产业	Secondary Industry	10.98	17.22
工业支出	Industry	6.92	10.80
建筑业支出	Construction	4.06	6.42
第三产业	Tertiary Industry	21.30	32.90
交通运输、邮电业支出	Transport, Postal and Telecommunication Services	-	17.58
批发和零售贸易、餐饮业支出	Wholesale and Retail Trades and Catering Services	-	6.02
购置生产性固定资产支出	Purchase of Productive Fixed Assets	21.35	33.55
税费支出	Taxes and Fees	32.16	3.96
生活消费支出	Expenses on Household Consumption	1337.99	1698.13
食品	Food	774.32	912.75
衣着	Clothing	58.65	76.29
居住	Housing//Residence	163.91	190.10
家庭设备、用品及服务	Household Facilities, Articles and Services	60.10	73.89
交通和通讯	Transport and Communications	47.07	128.58
文化、教育、娱乐用品及服务	Recreation, Education and Culture Articles	162.86	190.77
医疗保健	Health Care	45.75	91.85
其他商品和服务	Others	25.32	33.91
财产性支出	Expenses on Properties	1.03	2.48
转移性支出	Expenses on Transfers	78.31	113.54

注：2007年以前为29个扶贫开发重点县数据，2008、2009、2010、2011年为25个国家级扶贫开发重点县数据。

Per Capita Annual Expenditures of Rural Household in Poverty Focused Counties

(yuan)

2006	2007	2008	2009	2010	2011
2817.57	**3447.58**	**3658.91**	**3888.54**	**4235.52**	**5127.85**
692.28	767.02	813.86	836.31	881.09	1177.24
630.15	705.60	754.58	759.36	800.67	998.37
342.42	351.86	362.24	377.68	434.03	493.73
4.01	5.06	3.63	5.36	14.25	10.88
281.45	345.70	384.84	373.03	349.20	486.11
2.27	2.97	3.88	3.30	3.19	7.66
20.18	14.26	10.29	16.73	19.46	55.96
13.58	8.79	6.49	7.67	9.80	37.65
6.60	5.47	3.80	9.05	9.66	18.30
41.95	47.15	48.99	60.22	60.96	122.91
21.51	21.09	22.31	29.04	36.21	67.31
11.47	17.22	18.00	19.43	18.72	38.54
28.60	57.71	71.61	93.09	53.03	61.98
5.92	4.15	0.33	1.10	0.67	2.71
1954.83	2483.68	2623.85	2748.37	3091.52	3469.52
1005.83	1329.70	1312.37	1383.42	1440.68	1638.61
87.17	109.57	118.06	128.06	150.44	188.29
243.87	366.27	459.72	455.91	547.61	552.66
87.40	104.89	118.70	143.74	183.09	230.16
147.21	176.02	190.82	201.04	242.35	273.58
218.42	208.79	199.06	183.69	215.26	208.08
114.65	139.16	168.27	184.38	240.62	270.74
50.30	49.29	56.85	68.14	71.46	107.39
3.44	2.99	2.23	2.54	3.66	3.15
132.28	129.91	144.94	206.31	204.77	408.73

4-36 扶贫开发重点县农民家庭平均每人纯收入

单位：元

项　目	Item	2006
全年纯收入	**Net Income**	**1940.68**
工资性收入	Income from Wages and Salaries	861.94
在非企业组织中劳动得到的收入	Non business organizations	67.49
在本乡地域内劳动得到的收入	Local employment	324.08
常住人口外出从业得到的收入	Out-of Work	470.37
家庭经营收入	Income from Household Operations	964.73
第一产业	Primary Industry	871.50
农业收入	Farming	728.99
林业收入	Forestry	43.73
牧业收入	Animal Husbandry	89.42
渔业收入	Fishery	9.36
第二产业	Secondary Industry	20.06
工业收入	Industry	8.38
建筑业收入	Construction	11.68
第三产业	Tertiary Industry	73.17
交通运输、邮电业收入	Transport, Postal and Telecommunication Services	35.51
批发和零售贸易、餐饮业收入	Wholesale and Retail Trades and Catering Services	15.69
财产性收入	Income from Properties	14.86
转移性收入	Income from Transfers	99.15

注：2007年以前为29个扶贫开发重点县数据，2008、2009、2010、2011年为25个国家级扶贫开发重点县数据。

4-37 扶贫开发重点县农民家庭平均每人现金收入

单位：元

项　目	Item	2000	2005
全年现金收入	**Cash Income**	**1237.86**	**1592.04**
工资性收入	Income from Wages and Salaries	531.59	700.38
在非企业组织中劳动得到的收入	Non business organizations	35.12	60.38
在本乡地域内劳动得到的收入	Local employment	212.96	248.89
常住人口外出从业得到的收入	Out-of Work	283.51	391.11
家庭经营现金收入	Income from Household Operations	631.43	754.86
第一产业	Primary Industry	4754.00	621.46
农业现金收入	Farming	242.19	324.35
林业现金收入	Forestry	23.68	28.23
牧业现金收入	Animal Husbandry	205.85	262.88
渔业现金收入	Fishery	3.68	6.00
第二产业	Secondary Industry	40.36	34.61
工业现金收入	Industry	24.75	21.13
建筑业现金收入	Construction	15.81	13.48
第三产业	Tertiary Industry	115.47	98.79
交通运输、邮电业现金收入	Transport, Postal and Telecommunication Services	-	48.03
批发和零售贸易、餐饮业现金收入	Wholesale and Retail Trades and Catering Services	-	21.83
财产性收入	Income from Properties	6.37	27.86
转移性收入	Income from Transfers	68.47	108.94

注：2007年以前为29个扶贫开发重点县数据，2008、2009、2010、2011年为25个国家级扶贫开发重点县数据。

Per Capita Annual Net Income of Rural Household in Poverty Focused Counties

(yuan)

2007	2008	2009	2010	2011
2352.76	**2611.11**	**2988.29**	**3460.29**	**4286.19**
1025.10	1125.80	1329.67	1524.03	1989.59
75.21	81.89	85.65	93.54	116.79
379.98	401.46	515.81	570.71	765.75
569.90	642.45	728.21	859.78	1107.05
1169.65	1282.45	1410.92	1657.59	1943.52
1061.36	1157.21	1264.70	1500.34	1726.88
815.03	839.31	929.17	1145.83	1234.25
42.03	49.65	60.04	81.87	74.65
195.70	254.62	262.92	256.22	403.40
8.60	13.62	12.57	16.41	14.58
28.30	31.86	40.58	39.25	49.15
10.59	13.49	11.58	12.74	24.29
17.70	18.37	29.00	26.51	24.86
79.99	93.38	105.64	118.00	167.50
40.43	50.07	52.17	52.04	67.85
20.28	19.97	27.80	33.52	60.28
36.56	26.60	32.50	35.82	35.64
121.45	176.26	215.20	24285.00	317.44

Per Capita Annual Cash Income of Rural Household in Poverty Focused Counties

(yuan)

2006	2007	2008	2009	2010	2011
1861.74	**2178.67**	**2375.99**	**2800.46**	**3169.28**	**4429.98**
861.73	1025.06	1125.44	1328.69	1524.01	1986.73
67.49	75.21	81.89	85.37	93.54	116.44
324.05	379.97	401.46	515.31	570.69	763.40
470.19	569.87	642.09	728.01	859.78	1106.89
853.79	995.90	1049.44	1183.61	1326.31	2030.03
693.97	822.91	862.67	956.06	1085.24	1598.96
397.26	424.83	437.29	522.86	606.44	909.29
39.56	38.52	44.97	55.85	66.87	92.70
246.73	348.34	363.35	362.34	396.13	575.35
10.42	11.22	17.06	15.01	15.79	21.62
41.55	43.30	42.55	57.90	59.08	109.13
22.89	19.93	20.25	19.90	22.90	63.87
18.65	23.37	22.30	38.00	36.17	45.26
118.27	129.68	144.22	169.66	182.00	321.94
59.12	63.10	73.27	83.56	90.61	156.58
27.56	38.05	38.49	47.47	52.61	102.71
10.40	14.08	16.04	30.15	35.51	36.15
135.82	143.63	185.07	258.01	283.45	377.07

4-38 扶贫开发重点县农民家庭平均每人现金支出

单位：元

项目	Item	2000	2005
全年现金支出	**Cash Expenditure**	**1179.58**	**1745.27**
家庭经营费用现金支出	Cash Expenditure for Household Operations	282.09	422.80
第一产业	Primary Industry	250.91	374.54
农业现金支出	Agriculture	184.89	231.42
林业现金支出	Forestry	1.66	3.33
牧业现金支出	Animal Husbandry	63.70	138.01
渔业现金支出	Fishery	0.66	1.78
第二产业	Secondary Industry	10.22	16.68
工业现金支出	Industry	632.00	10.73
建筑业现金支出	Construction	3.90	5.95
第三产业	Tertiary Industry	20.96	31.59
购置生产性固定资产支出	Purchase of Productive Fixed Assets	21.35	33.55
税费支出	Taxes and Fees	31.32	4.12
生活消费支出	Expenses on Household Consumption	766.52	1169.89
食品	Food	242.56	422.39
衣着	Clothing	56.13	76.29
居住	Housing//Residence	128.11	152.22
家庭设备、用品及服务	Household Facilities, Articles and Services	58.71	73.89
交通和通讯	Transport and Communications	47.07	128.58
文化、教育、娱乐用品及服务	Recreation, Education and Culture Articles	162.86	190.77
医疗保健	Health Care	45.75	91.85
其他商品和服务	Others	25.32	33.91
财产性支出	Expenses on Properties	0.98	2.48
转移性支出	Expenses on Transfers	77.32	112.42

注：2007年以前为29个扶贫开发重点县数据，2008、2009、2010、2011年为25个国家级扶贫开发重点县数据。

Per Capita Annual Cash Expenditures of Rural Household in Poverty Focused Counties

(yuan)

2006	2007	2008	2009	2010	2011
1954.92	**2335.33**	**2660.69**	**2928.15**	**3247.45**	**4156.59**
414.50	468.91	625.18	573.17	591.29	875.55
353.23	408.08	492.58	497.61	510.87	701.07
247.48	263.99	289.74	307.25	340.42	412.51
2.94	3.79	2.96	3.53	5.42	10.70
100.53	137.38	196.03	183.53	161.85	270.43
2.27	2.93	3.86	3.30	3.18	7.44
19.93	14.26	10.27	16.44	19.46	55.96
13.53	8.79	6.48	7.67	9.80	37.65
6.40	5.47	3.80	8.77	9.66	18.30
41.34	46.56	48.63	59.12	60.96	118.53
28.60	57.71	71.61	93.09	53.03	61.98
5.92	4.15	0.33	1.10	0.67	2.71
1370.56	1669.97	1888.85	2051.25	2393.40	2801.38
478.30	565.76	636.95	709.62	768.57	983.87
87.16	109.56	116.45	127.65	149.14	186.81
187.52	317.66	402.95	433.65	523.58	541.17
87.01	103.73	117.50	143.09	182.41	229.73
147.21	176.02	190.82	201.04	242.35	273.58
218.42	208.79	199.06	183.69	215.26	208.08
114.65	139.16	168.27	184.38	240.62	270.74
50.30	49.29	56.85	68.14	71.46	107.39
3.44	2.99	2.23	2.54	3.66	3.15
131.68	129.48	144.10	206.17	204.62	407.29

主要统计指标解释

一、城镇住户

城镇家庭人口 指居住在一起，经济上合在一起共同生活的家庭成员。凡计算为家庭人口的成员其全部收支都包括在本家庭中。

城镇家庭就业人口 指城镇居民从事社会劳动并取得劳动报酬或经营收入的人员。就业人口包括通过国家统筹规划和指导由劳动部门介绍就业，自愿组织起来就业和自谋职业等方式，在国有、集体所有制、中外合资、外资在华独资的企事业单位和私营企业单位工作或从事个体劳动的有固定性职业或临时性职业的人口。被聘用和留用的离退休人员也计入就业人口。本指标可以反映城镇居民的就业情况，是计算就业面，负担系数的重要资料

城镇家庭总收入 指家庭成员得到的工薪收入、经营净收入、财产性收入、转移性收入之和，不包括出售财物收入和借贷收入。

城镇家庭可支配收入 指家庭成员得到可用于最终消费支出和其它非义务性支出以及储蓄的总和，即居民家庭可以用来自由支配的收入。它是家庭总收入扣除交纳的所得税、个人交纳的社会保障支出以及记账补贴后的收入。计算公式为:

可支配收入=家庭总收入-交纳所得税-个人交纳的社会保障支出-记帐补贴

城镇家庭总支出 指除借贷支出以外的全部家庭支出。包括消费性支出、购房建房支出、转移性支出、财产性支出、社会保障支出。

城镇家庭消费性支出 指家庭用于日常生活的支出，包括食品、衣着、家庭设备用品及服务、医疗保健、交通和通信、娱乐教育文化服务、居住、杂项商品和服务等八大类支出。

城镇家庭服务性消费支出 指居民家庭用于本家庭支付社会提供的各种文化和生活方面的非商品性服务费用。不包括为别人付款服务。服务消费民商品消费不同，其特点在于其劳动过程和消费过程在时间与空间上的统一。

城镇家庭收入分组方法 是将所有调查户依户人均可支配收入由低到高排队，按 10%，10%，20%，20%，20%，10%，10%的比例依次分成：最低收入户、低收入户、中等偏下收入户、中等收入户、中等偏上收入户、高收入户、最高收入户等七组。总体中最低 5%的户为困难户。

恩格尔系数 指食物支出金额在消费性总支出金额中所占的比例。计算公式为:

$$恩格尔系数=\frac{食品消费支出额}{消费性总支出金额}\times 100\%$$

二、农村住户

农村住户 指农村常住户。农村常住户指长期（一年以上）居住在乡镇（不包括城关镇）行政管理区域内的住户，以及长期居住在城关镇所辖行政村范围内的农村住户。户口不在本地而在本地居住一年及以上的住户也包括在本地农村常住户范围内；有本地户口，但举家外出谋生一年以上的住户，无论是否保留承包耕地都不包括在本地农村住户范围内。

常住人口 指全年经常在家或在家居住 6 个月以上，而且经济和生活与本户连成一体的人口。外出从业人员在外居住时间虽然在 6 个月以上，但收入主要带回家中，经济与本户连为一体，仍视为家庭常住人口；在家居住，生活和本户连成一体的国家职工、退休人员也为家庭常住人口。但是现役军人、中专及以上（走读生除外）的在校学生、以及常年在外（不包括探亲、看病等）且已有稳定的职业与居住场所的外出从业人员，不算家庭常住人口。家庭常住人口主要作为计算农村住户平均每人收入、消费和积累水平及分析家庭人口状况的依据。

整、半劳动力 整劳动力指男子 18 周岁到 50 周岁，女子 18 周岁到 45 周岁；半劳动力指男子 16 周岁到 17 周岁，51 周岁到 60 周岁；女子 16 周岁到 17 周岁，46 周岁到 55 周岁，同时具有劳动能力的人。虽然在劳动年龄之内，但已丧失劳动能力的人，不应算为劳动力；超过劳动年龄，但能经常参

加劳动，计入半劳动力数内。常住人口中的职工，若这些职工为劳动力，就包括在本户的整半劳动力中。

总收入 指调查期内农村住户和住户成员从各种来源渠道得到的收入总和。按收入的性质划分为工资性收入、家庭经营收入、财产性收入和转移性收入。

工资性收入 指农村住户成员受雇于单位或个人，靠出卖劳动而获得的收入。

家庭经营收入 指农村住户以家庭为生产经营单位进行生产筹划和管理而获得的收入。农村住户家庭经营活动按行业划分为农业、林业、牧业、渔业、工业、建筑业、交通运输业邮电业、批发和零售贸易餐饮业、社会服务业、文教卫生业和其他家庭经营。

财产性收入 指金融资产或有形非生产性资产的所有者向其他机构单位提供资金或将有形非生产性资产供其支配，作为回报而从中获得的收入。

转移性收入 指农村住户和住户成员无须付出任何对应物而获得的货物、服务、资金或资产所有权等，不包括无偿提供的用于固定资本形成的资金。一般情况下，是指农村住户在二次分配中的所有收入。

现金收入 指农村住户和住户成员在调查期内得到以现金形态表现的收入。按来源分成工资性收入、家庭经营现金收入、财产性收入、转移性收入。

纯收入 指农村住户当年从各个来源得到的总收入相应地扣除所发生的费用后的收入总和。计算方法:

纯收入=总收入-家庭经营费用支出-税费支出-生产性固定资产折旧-赠送农村外部亲友支出

纯收入主要用于再生产投入和当年生活消费支出，也可用于储蓄和各种非义务性支出。“农民人均纯收入”按人口平均的纯收入水平，反映的是一个地区或一个农户农村居民的平均收入水平。

总支出 指农村住户用于生产、生活和再分配的全部支出。按支出的性质划分为家庭经营费用支出、购置生产性固定资产支出、生产性固定资产折旧、税费支出、生活消费支出、财产性支出和转移性支出。

三、农村小康评价与贫困监测

农村居民人均可支配收入 指每个农村常住人口总收入扣除各项费用支出和转移性支出后，实际可以用于最终消费、投资和储蓄的收入。可支配收入是农村居民在国民收入分配中的最终所得。

可支配收入与纯收入的区别：一是指标的性质不一样，纯收入是一个效益核算指标，可支配收入是一个收入分配指标；二是指标口径略有差别，纯收入指标没有包括再分配收入，反映的是初次分配的结果，可支配收入指标是国民收入分配的最终结果，包括了再分配的收入。我国农村住户调查方案经过几次改革，纯收入的调查内容与可支配收入内容基本接轨，两者数值差别并不大。根据近年农村住户调查资料测算，农民人均纯收入比可支配收入高 40 元左右。为了完全与国际接轨和便于城乡比较，建议把目前农村住户调查中人均纯收入指标转变为人均可支配收入指标，使其名符其实。

第一产业劳动力比重 是指一个国家或地区第一产业（农林牧渔业）从业人员在全社会从业人员中所占的比重。计算公式为：第一产业劳动力比重=(第一产业从业人员/全部从业人员) × 100%。第一产业劳动力比重越小，非农化程度越高，说明农村劳动力转移和非农就业程度越高，经济发展水平也越高。

农村小城镇人口比重 指年末居住在农村小城镇镇区的人口占县（市）年末总人口的比重。小城镇是指按国务院规定的镇的标准并经省级人民政府批准设立的由县一级管理的镇，包括县（含县级市）政府驻地镇（即城关镇）和县以下农村建制镇两部分。计算公式为：农村小城镇人口比重=[全部建制镇（含城关镇）镇区人口/县（市）年末总人口] × 100%。农村小城镇人口比重反映农村城镇化进程，农村小城镇人口比重越高，反映农村城镇化程度越高。

农村合作医疗覆盖率 指参加农村合作医疗的人口占农村总人口的比重。农村合作医疗是我国农村医疗保险的重要形式，它通过农民自愿筹资，国家和集体扶持，建立乡、村级医疗卫生点（站），医疗费用由国家、集体和农民共同负担，以解决农民看病难、就医难问题。计算公式为：农村合作医疗覆盖率=(参加农村合作医疗的人口/农村总人口) × 100%。农村合作医疗覆盖率高，说明农村医疗卫生条件好，农民基本医疗有保障。

农村养老保险覆盖率 指农村60岁以上老年人中享受到足额社会养老保险的人数占农村60岁以上老年人总数的比重。所谓足额社会养老保险是指社会养老保险的金额能够保证老人的基本生活费用。计算公式为：农村养老保险覆盖率=(农村60岁以上老年人享受到足额社会养老保险的人数/农村60岁以上老年人总数)×100%。农村养老保险覆盖率最能反映社会保障水平和社会发展水平。

万人农业科技人员数 指每万个农村居民所拥有的农业科技人员数量。这里的农业科技人员指获得有关部门颁发的农业科技证书，从事农林牧渔生产或与这些生产有关的科研、科普或技术推广人员。计算公式为：万人农业科技人员数=(农村农业科技人员总量/农村总人口）×10000。万人农业科技人员数反映了农村科学技术的研究、推广和应用水平。

农村居民基尼系数 农村居民基尼系数是反映农村居民收入分配差异程度的指标。它的经济含义是：在全部居民收入中用于不平均分配的百分比。基尼系数最小等于0，表示收入分配绝对平均；最大等于1，表示收入分配绝对不平均；实际的基尼系数介于0和1之间。联合国有关组织规定：基尼系数若低于0.2表示收入绝对平均；0.2-0.3表示比较平均；0.3-0.4表示相对合理；0.4-0.5表示收入差距较大；0.6以上表示收入差距悬殊。基尼系数计算公式为：

$$G_i = \sum Y_i + 2\sum W_i(1-V_i) - 1$$

式中，G_i为基尼系数；W_i为人口比重；Y_i为收入比重；V_i为收入累计比重。

农村人口平均受教育年限 指农村6岁及6岁以上不同年龄组人口平均受教育年限与该组人数所占比重之积的和。不同年龄组人口平均教育年限按小学6年、初中9年、高中和中专12年以及大专以上16年计算。计算公式为：农村人口平均受教育年限=(农村6岁及6岁以上人口受教育年限总和/6岁及6岁以上人口数量)。平均受教育年限集中反映了人口的文化素质和智力水平。

农村人口平均预期寿命 指某一时期一个人口群体预期平均存活的年龄（岁），也称为出生时预期寿命。平均预期寿命是一项综合反映人民生活水平和医疗条件的指标，通常收入水平高的国家，人民生活和医疗条件好，人均预期寿命相对较高；而经济落后的国家，生活条件和医疗条件差，人均预期寿命则低。

恩格尔系数 指食物支出占生活消费总支出的比重。计算公式为：恩格尔系数=食物支出/生活消费总支出。恩格尔系数越大，表示生活越贫困；反之，表示生活越富裕。根据国际经验，恩格尔系数0.6以上为贫困，0.5-0.6为温饱，0.4-0.5为小康，0.3-0.4为富裕，0.3以下为最富裕。

农村居民居住质量指数 是反映农村居民居住条件好坏的指标。由人均住房面积、住房结构、住房内部设施配套中的饮用水状况、使用清洁能源、卫生厕所配套状况以及居室外道路条件等6个方面加权计算得到的综合评价指数。在评价中，饮用水状况和卫生厕所状况各占25%的权重、使用清洁能源和居室外道路条件各占15%权重，人均住房面积和住房结构各占10%的权重。

农民文化娱乐消费支出比重 指农村居民用于文化和娱乐方面的消费支出占全部生活消费支出的比重。计算公式为：农民文化娱乐消费支出比重=[(农民文教娱乐支出-学杂费支出)/生活消费总支出)]×100%。用来反映随着农民收入水平和消费水平提高，农民文化生活消费提高的程度。

农民生活信息化程度 用来反映农民对信息产品的消费能力和信息获取能力的综合指标。由彩色电视机普及率、电话普及率和计算机普及率三个指标加权而成，三者的权重分别为20%、40%和40%。其中，彩色电视机普及率是指拥有彩色电视机农户数占总农户数的比率；电话普及率是指拥有固定电话或移动电话农户数占总农户数的比率；计算机普及率是指拥有台式或手提式计算机农户数占总农户数的比率。在全面小康目标中，彩色电视机普及率为95%；电话普及率为85%；计算机普及率为20%，农民生活信息化程度综合指数达到60%。

农民对村政务公开满意程度 指在村民自治中对村政务公开满意或基本满意的成年(18周岁以上，下同)公民占农村成年居民总数的比重。用来反映基层民主政治和农民民主权利的主观指标。该指标的数值需要通过对农民民意的抽样调查取得。

农民对社会安全满意程度 指对社会安全满意或基本满意的农村成年居民占农村成年居民总

数的比重。用来反映社会法制健全和治安情况的主观指标。该指标的数据需要通过对农民的民意抽样调查取得。

常用耕地面积变动幅度 是指常用耕地与基期相比的变动比率。当常用耕地面积增加时，比率为正值；当常用耕地面积减少时，比率为负值。计算公式：常用耕地变动=(常用耕地变动面积/常用耕地基期面积)×100%。

常用耕地是指耕地总资源中条件较好，专门种植农作物并经常进行耕种、能够正常收获的土地。包括当年实际耕种的熟地；弃耕、休闲不满三年，随时可以复耕的地；开荒利用三年以上的地。不包括临时种植农作物，坡度在2 5度以上的陡坡地；在河套、湖畔、库区临时开发的成片或零星土地；也不包括已列为国家和省（区、市）退耕计划但仍在临时耕种的土地。临时耕地，今后要逐步退耕还林还草。但作为常用耕地，一定要严格保护，不应当随意改变其用途，要做到基本稳定，动态平衡，力争略有增长。

森林覆盖率 指一个国家或地区森林面积占土地面积的百分比。在计算森林覆盖率时，森林面积包括郁闭度 0. 2 以上的乔木林地面积和竹林地面积，以及国家特别规定的灌木林地面积、农田林网以及四旁（村旁、路旁、水旁、宅旁）林木的覆盖面积。森林覆盖率是反映森林资源的丰富程度和生态平衡状况的重要指标。计算公式为：森林覆盖率（%）=(森林面积/土地总面积)×100%。森林具有蓄水保土、调节气候、改善环境和提供林产品等功效，森林覆盖率高，反映一个国家或地区生态环境好。

万元农业GDP用水量 指每实现1万元农业增加值的农业用水量。计算公式为：万元农业 GDP 用水量=(农业用水量（吨）/农业增加值（万元）)。农业用水包括农田灌溉用水和林牧渔生产耗用水。这里所用的水是指淡水资源，包括地表水、地下水和其它水，但不包括直接下到田地里的雨水。农业增加值是以现价计算的农（种植）业、林业、畜牧业和渔业增加值。万元农业增加值的农业用水量体现了农业用水效率和节约用水水平。

总收入 指调查期内农村住户和住户成员从各种来源渠道得到的收入总和。按收入的性质划分为工资性收入、家庭经营收入、财产性收入和转移性收入。

总支出 指农村住户用于生产、生活和再分配的全部支出。家庭经营费用支出、购置生产性固定资产支出、生产性固定资产折旧、税费支出、生活消费支出、财产性支出和转移性支出。

现金收入 指农村住户和住户成员在调查期内得到以现金形态表现的收入。按来源分成工资性收入、家庭经营现金收入、财产性收入、转移性收入。

纯收入 指农村住户当年从各个来源得到的总收入相应地扣除所发生的费用后的收入总和。计算方法：

纯收入=总收入-家庭经营费用支出-税费支出-生产性固定资产折旧-赠送农村外部亲友支出

纯收入主要用于再生产投入和当年生活消费支出，也可用于储蓄和各种非义务性支出。“农民人均纯收入”按人口平均的纯收入水平，反映的是一个地区或一个农户农村居民的平均收入水平。

Explanatory Notes on Main Staistical Indicators

I.Urban Households

Population of Urban Households refer to members of the household living and sharing economically together. All income and expenditure of the population of the household are included in the income and expenditure of the household.

Employed Population in Urban Households refers to urban resident engaged in certain work and receiving payment for their labor or income from their business operation, including those who work in stateowned or collective units, joint ventures, foreign-owned units and private units with permanent or temporary jobs. The self – employed individuals and reemployed retirees are also basic data for calculating employment rate and dependency ratio.

Total Income of Urban Households refer to the sum of wage and salary, net business income, income from properties, and income from transfers members of the households during survey period, excluding income from selling of properties and income from borrowings. It is calculated on real income, no matter the income is supplied again or beforehand.

Disposable Income of Urban Households refers to the actual income at the disposal of members of the households which can be used for final consumption, other non-compulsory expenditure and savings. This equals to total income minus income tax, personal contribution to social security and sample household subsidy for keeping diaries. Following formula is used:

Disposable income = total household income - income tax - personal contribution to social security - sample household subsidy for keeping diaries

Total Expenditure of Urban Households refer to all expenditure of the households except expenditure on leading. It includes expenditure on consumption, on purchasing or building houses, on transfers, on properties and on social security.

Consumption Expenditure of Urban Households refers to total expenditure of the sample households for consumption in daily life, including expenditure on eight categories such as food, clothing, household appliances and services, health care and medical services, transport and communications, recreation, education and cultural services, housing, miscellaneous goods and services.

Expenditure of Urban Households on Consumption of Services refer to expenditure of households on services of various kinds provided by the society, not including services paid for other persons. Services are offered and consumed at the same time and place.

Urban Households by Income Group All households in the sample are grouped, by per capita disposable income of the household, into groups of lowest income, low income, lower middle income, middle income, upper middle income, high income and highest income, each group consisting of 10%, 10%, 20%, 20%, 20%, 10% and 10% of all households respectively. The lowest 5% of households are also referred to as poor households.

Engel' s Coefficient refers to the percentage of expenditure on food in the total consumption expenditure, using the following formula:

$$\text{Engel's Coefficient} = \frac{\text{expenditure on food}}{\text{total consumption expenditure}} \times 100\%$$

II.Rural Household

Rural Households refer to resident households in rural areas. Resident households in rural areas are the households residing for more than one year in the areas under the jurisdiction of administration of township governments (excluding county towns), and in the areas under the jurisdiction of administration of villages in county towns. Migrated households residing in the current addresses for over one year with their household registration in other places are included in the resident households of their current addresses. For households with their household registration in one place but all members of the households moving away for living in another place for over one year, they will not be included in the rural households of the area where they are registered, irrespective of whether they still keep their contracted land.

Resident Population refers to population staying at home permanently or for over 6 months during a year and sharing life economically with the household. Members of the household staying away from the household for over 6 months but keeping a close economic relation with the household by sending the majority of income to the household are regarded as resident population of the household. Government staff and workers or retirees living as close members of the household are also considered as resident population. However, servicemen, students of secondary technical schools or schools of higher education and persons with stable jobs and residence outside the household (excluding those visiting relatives or seeking medical service) are not included as resident population of the household. Resident population is used in calculating income, consumption, accumulation on per capita basis of rural households and in analyzing composition of rural households.

Full/Semi Labour Force Full labour force refers to persons capable of work, aged 18-50 for males and 18-45 for females. Semi labour force refers to persons capable of work, aged 16-17 and 51-60 for males and 16-17 and 46-55 for females. Persons at their working ages but not capable of work are not to be included as labour force. Persons not at working ages but participating regularly in work are included in semi labour force. For staff and workers as resident population of the household, they are included as full or semi labour force of the household if they are in the labour force.

Total Income refers to the sum of income earned from various sources by the rural households and their members during the reference period, and is classified as income from wages and salaries, income from household operations, income from properties and income from transfers.

Income from Wages and Salaries refers to income from labour earned by the members of rural households employed by other units or individuals.

Income from Household Operations refers to income by the rural households as units of production and operations. Operations by rural households are classified by economic activities as agriculture, forestry, animal husbandry, fishery, manufacturing, construction, transportation, post and telecommunications, wholesale, retail and catering, social service, culture, education, health, and other household operations.

Income from Properties refers to the income received as returns by owners of financial assets or tangible non-productive assets by providing capitals or tangible non-productive assets to other institutional units.

Income from Transfers refers to the receipt by rural households and their members of goods, services, capitals or rights of assets without giving or repaying accordingly, excluding capitals provided to them for the formation of fixed assets. In general, it refers to all income received by rural households through redistribution.

Cash Income refers to income received by rural households and their members in the form of cash during the reference period. It is classified, by source of income, into income from wages and salaries, cash income from household operations, income from properties and income from transfers.

Net Income refers to the total income of rural households from all sources minus all corresponding expenses. The formula for calculation is as follows:

Net income = total income - household operation expenses - taxes and fees depreciation of fixed assets for production - subsidy for participating in household survey

Net income is mainly used as input for reproduction and as consumption expenditure of the year, and also used for savings and non-compulsory expenses of various forms. "Per capita net income of farmers" is the level of net income averaged by population which reflects the average income level of rural households in a given area.

Total Expenditure refers to total expenses of rural households on production, consumption and redistribution, including expenditure on household operations, on purchase of productive fixed assets, depreciation of productive fixed assets, taxes and fees, expenses on household consumption, expenses on properties and expenses on transfers.

Ⅲ. Evaluation on Full-scale Well-off Society and Poverty Monitoring in Rural Area

Per Capita Disposable Income of Rural Residents refers to the actual income that can be used in final consumption, investment and savings, which equals to total income of each rural usual resident, deducting all kinds of expenditure and expenses on transfers. Disposal income is the final income of rural residents in national income distribution.

The distinction of disposable income and net income: First, the character of the indicators is different, net income is a financial benefit account indicator, and disposal income is an income distribution indicator; Second, there is slightly difference in statistical coverage, net income does not includes re-distribution income, which reflects the result of primary distribution, disposal income is the result of final income of national distribution, which includes the re-distribution income. After several changes of rural households survey scheme, contents of net income survey and disposal income are basically the same, the difference of data are not distinct. According to the measure of rural households survey in recent years, per capital net income of rural residents is 40 yuan above disposable income. To be inline with international norms completely, and for convenience of comparison, it's suggested to change per capita income in rural households survey into per capita disposable income.

Proportion of Labor Force of the Primary Industry refers to the persons engaged in the primary industry (Agriculture, Forestry, Animal Husbandry and Fishery) as the percentage of the total staff and workers in the whole country. The formula is: Proportion of Labour Force of the Primary Industry=(persons engaged in the primary industry/total staff and workers)*100%. The smaller of proportion of labour force of the primary industry and the higher of urbanization, the higher of the rural labour transferring and the higher of rate of non-rural employment, and the higher of level of economic development.

Proportion of Rural Small Town Population refers to the population living in rural small towns as percentage of population in counties (cities) at year-end. Small town refers to the town meeting to the state standard, and authorized by provincial level, and managed by county level, which includes town resided by county government, and rural town below county level. The formula is: proportion of rural small town population=(all town population/county population at year-end)*100%. It reflects urbanization rate, the higher of the proportion, the higher of urbanization rate.

Coverage Rate of Rural Cooperative Health Care refers to population attending rural cooperative health care as percentage of total rural population. Rural cooperative health care is an important form of rural medical insurance, it builds medical health care centers (stations) at county and village level, by financing voluntarily of rural population, and state and collective support, medical expenses are burdened by state, collective unit and individuals, to solve the difficulty of seeing a doctor of rural population. The formula is: coverage rate of rural cooperative health care = (population attending rural cooperative health care / total rural population) * 100%. The higher of coverage of rural cooperative health care, the better condition of rural medical care, the better guarantee of rural basic medical and health care.

Coverage Rate of Rural Pension Insurance refers to rural population above 60 years attending full social pension insurance as percentage of total rural population above 60 years. Full social pension insurance refers that the amount of social pension insurance can meet the living expense of the old people. The formula is: Coverage rate of rural pension insurance=(rural population attending full social pension insurance/total rural population *100%. Coverage rate of rural pension insurance can reflect the level of social security and social development.

Rural Scientific and Technical Personnel per 10 000 Population refers to rural scientific and technical personnel owned per 10 000 rural residents. Rural scientific and technical personnel refers to the personnel that obtained rural scientific certificates issued by relevant department, who engaged in production of agriculture, forestry, animal husbandry and fishery or relevant scientific research, popularization of science or technical promotion. The formula is: Rural scientific and technical personnel per 10 000 population=(rural scientific and technical personnel/total rural population) *10 000. It reflects the level of scientific and technical research, promotion and application.

Gini Coefficient of Rural Residents reflects degrees of income distribution gap of rural residents. Its economic meaning is: percentage of not equal distribution in all residents income. The low bound is

0, which means absolutely equal of income distribution; the up bound is 1, which means absolutely not equal; the actual Gini Coefficient is between 0 and 1. Relevant organization of the United Nations rules: Gini Coefficient below 0.2 means absolute equal of income; 0.2-0.3 means relatively equal; 0.3-0.4 means relatively reasonable; 0.4-0.5 means difference of revenue is relatively large; above 0.6 means income gap is great. The formula is:

$$G_i = \sum Y_i + 2\sum W_i(1-V_i) - 1$$

Of which, G_i is Gini coefficient, W_i is population proportion, Y_i is income proportion, V_i is income accumulated proportion.

Average Expectation Education Years of Rural Population refers to sum of average education years of each age group of rural population of 6 years and above multiply by ratio of corresponding age group. Average expectation education years of age group is: 6 years for primary school, 9 years for junior secondary schools, 12 years for senior secondary schools and specialized secondary schools, and 16 years for college and above. The formula is: average expectation education years of rural population=(sum of expectation education years of rural population at 6 years and above/total rural population at 6 years and above). It reflects people's cultural and intellectual level.

Average Life Expectancy of Rural Population refers to expected average living years for a certain population in a certain period, it also calls life expectancy at birth. It comprehensively reflect people's living conditions and medical conditions, and the higher revenue, the better living and medical conditions in a country, the higher of average life expectancy; the lower of economy development in a country, the poor living and medical conditions, the lower of average life expectancy.

Engel's Coefficient refers to the percentage of expenditure on food to total consumption. The formula is: Engel's Coefficient = expenditure on food/total consumption. The bigger of Engel's coefficient, the poorer of living, and better living vice versa. According to international experience, Engel's coefficient above 0.6 is poverty, 0.5-0.6 is sufficiency of food and clothing, 0.4-0.5 is fairly well-off, 0.3-0.4 is wealth, 0.3 and below is most wealth.

Indices of Rural Residents Residence Condition reflect residence conditions of rural residents. It's as comprehensive evaluation index weighted calculated by 6 indicators below: Per Capita Floor Space of Residential Building, Structure of Houses, drinking water condition in house facilities matched, using clean energy, washroom and toilets conditions matched and road conditions outside the house. The weight is: drinking water and toilets condition as 25%, using clean energy and road outside the house as 15%, per capita floor space of residential building and structure of houses as 10%.

Proportion of Rural Expenditure for Cultural and Recreational Services refers to expenditure for cultural and recreational services of rural population as percentage of total living consumption. The formula is: Proportion of Rural Expenditure for Cultural and Recreational Services=(rural expenditure for cultural and recreational services – tuition and fees)/total living expenditure * 100%. It reflect rural cultural consumption level as promotion of rural income and consumption.

Rural Informationization Degree is a comprehensive index that reflects rural people's consumption ability to information product and ability of obtaining information. It's a weighted index of Popularization of Color TV, Popularization of Telephones, Popularization of Computers, the weight is: 20%, 40% and 40%. Of which, popularization of color TV refers to rural household owning color TV as percentage of rural households, popularization of telephones refers to rural households owning fixed telephones or mobile phones as percentage of total rural households, popularization of computers refers to rural households owning desktop computers or portable computers as percentage of total rural households. In the goal of the all-round well-off society, popularization of color TV is 95%, popularization of telephones is 85%, popularization of computers is 20%, rural informationization Degree is 60%.

Satisfaction Degree of Rural Residents to Making Village Affairs Public refers to adults (18 years old and above) that satisfy to making village affairs public as percentage of total rural adults in self-governing. It's a subjective indicator that reflects grass-root democratic politics and rural democratic rights. The data are obtained from sample survey on satisfaction of rural residents.

Satisfaction Degree of Rural Residents to Social Security refers to rural adults that satisfy or basically satisfy to social safety as percentage of total rural adults. It's a subjective indicator that reflects the development of social legal system and public security situation. The data are obtained from sample survey on satisfaction of rural residents.

Ratio of Variation of Area of Common Cultivated Land refers to ratio of variation of area of common cultivated land to that of reference period. When the area increases, it's a positive figure; when the area decrease, it's a negative figure. The formula is: Ratio of variation of area of common cultivated land=(variation of area of common cultivated land / area of common cultivated land at reference period) * 100%.

Common cultivated land refers to the land in better conditions of the total cultivated land, that specialized in crop, and often be cultivated, can normally harvest. It includes actual cultivated land during the year, abandoned or wasted land less than three years that can cultivate at any time, reclaimed land over three years. It does not include temporally cultivated land, steep slope land over 25 degrees, temporally cultivated land in the river band, lake and reservoir in block or scatter, and also does not include temporally cultivated land in the state or provincial (city, county) plan of shift from agricultural use. Temporally cultivated land, which will convert into forests or grassland later, need to be protected, can't change its application at will. It need to be stable, dynamic balance, increase slightly.

Forest Coverage Rate refers to area of forest as percentage of total land area in a country or region. Forest area includes the area of trees and bamboo grow with a canopy density above 0.2 degree, the area of forest land inside farm land and the area of trees planted by the side of villages, farm houses and along roads and rivers. Forest coverage rate is an important indicator that reflects abundance of forest resources and ecological balance. The formula is: Forest coverage rate (%)= (forest area/total land area)*100%. Forest has the function of storing water, conserving soil, adjusting climate, improving environment and providing forest products. The higher of forest coverage rate, the better ecological environment of a country or region.

Water Used per 10 000 yuan Agricultural GDP refers to water used per 10 000 yuan agricultural GDP. The formula is: Water Used per 10 000 yuan Agricultural GDP =(Agricultural Water Used(ton)/ Value-added of Agriculture (10 000 yuan). Agricultural water used include water for irrigation and water consumption for agricultural, forest, animal husbandry and fishery. The water refers to fresh water, including surface water, groundwater and others, but does not include that rains in the land. Value-added of agriculture refers to value-added of agriculture, forest, animal husbandry and fishery at current price. Water used per 10 000 yuan agricultural GDP reflects water use efficiency and level of saving water in agriculture.

Total Income refers to the sum of income earned from various sources by the rural households and their members during the reference period, and is classified as income from wages and salaries, income from household operations, income form properties and income from transfers.

Total Expenditure refers to total expenses of rural households on production, consumption and redistribution, including expenditure on household operations; purchase of productive fixed assets; taxes and fees; expenses on household consumption; expenses on properties; and expenses on transfers.

Cash Income refers to income received by rural households and their members in the form of cash during the reference period. It is classified, by source of income, into income from wages and salaries, cash income from household operations, income from properties and income from transfers.

Net Income refers to the total income of rural households from all sources minus all corresponding expenses. The formula for calculation is as follows:

Net income = total income - household operation expenses - taxes and fees-depreciation of fixed assets for production - gifts to rural relatives.

Net income is mainly used as input for reinvestment in production and as consumption expenditure of the year, and also used for savings and non-compulsory expenses of various forms. "Per capita net income of farmers" is the level of net income averaged by population, reflecting the average income level of rural population in a given area.

五

价格调查

Chapter 5

Price Survey

资料整理：杨　琳　　文　峰　　余　南
　　　　　张金兰　　刘凯军　　李兆能

5-1 居民消费、商品零售、农业生产资料价格总指数(1984-2011年)
Consumer Goods Retail, Agricultural Production Materials Price Index(1984-2011)

(上年＝100) (preceding year=100)

年 份 Year	居民消费价格指数 Consumer Price Index			商品零售价格指数 Retail Price Index			农业生产资料价格指数 Price Indices of Farming Production Material		
	全 省 Province	城 市 Urban Areas	农 村 Rural Areas	全 省 Province	城 市 Urban Areas	农 村 Rural Areas	全 省 Province	城 市 Urban Areas	农 村 Rural Areas
1984	102.2	102.9	101.4	103.0	102.7	103.2	108.4		108.4
1985	108.4	110.3	106.2	107.5	110.6	105.2	103.8		103.8
1986	105.5	106.0	104.8	104.2	105.4	103.1	100.5		100.5
1987	107.5	108.7	106.4	107.6	108.6	107.0	111.1		111.1
1988	119.0	120.5	117.2	119.5	121.5	117.8	118.1		118.1
1989	116.3	114.1	118.2	117.0	113.9	119.0	121.5		121.5
1990	104.2	103.1	105.1	102.9	102.3	103.3	102.9		102.9
1991	104.9	106.2	103.6	104.3	105.6	103.1	102.3		102.3
1992	109.6	110.5	108.1	107.0	108.4	104.7	106.6		106.6
1993	118.4	118.8	117.6	115.0	116.2	113.2	117.4		117.4
1994	125.3	127.0	124.1	124.6	124.0	125.1	122.4		122.4
1995	120.0	120.1	119.1	116.6	115.1	118.3	129.0		129.0
1996	109.4	110.2	107.9	106.5	106.2	106.9	108.6		108.6
1997	103.2	102.6	103.6	101.5	100.8	102.2	96.0		96.0
1998	98.4	97.9	99.0	97.1	96.3	98.0	91.9		91.9
1999	97.8	97.2	98.3	95.9	95.2	96.7	93.9		93.9
2000	99.0	100.0	98.2	97.8	98.1	97.1	97.6		97.6
2001	100.3	100.4	99.8	97.4	97.0	98.0	99.3		99.3
2002	99.6	99.2	100.8	98.8	98.4	99.5	101.0		101.0
2003	102.2	102.6	101.3	101.2	101.4	100.8	100.8		100.8
2004	104.9	104.5	105.8	104.1	103.1	105.4	111.3		111.3
2005	102.9	102.7	103.3	102.1	101.9	102.4	115.1		115.1
2006	101.6	101.4	101.9	101.1	100.8	101.6	101.4		101.4
2007	104.8	104.7	105.1	104.2	103.4	105.4	108.0		108.0
2008	106.3	105.5	107.4	106.3	105.4	107.6	127.2		127.2
2009	99.6	99.3	100.0	98.6	98.4	98.9	95.3		95.3
2010	102.9	102.8	103.1	103.1	103.0	103.4	101.9		101.9
2011	105.8	105.5	106.3	105.6	105.1	106.2	113.5		113.5

5-2 居民消费价格分类指数(2011年)

Consumer Price Indices by Category(2011)

(上年＝100) (preceding year=100)

指 标	Item	全 省 Province	城 市 Urban Areas	农 村 Rural Areas
居民消费价格总指数	**Consumer Price Index**	**105.8**	**105.5**	**106.3**
非食品价格指数	**Non-food Price Index**	**103.2**	**103.1**	**103.5**
服务项目价格指数	**Items of Service Price Index**	**103.8**	**103.9**	**103.5**
工业品价格指数	**Industrial Product Pprice Index**	**102.8**	**102.4**	**103.5**
扣除食品和能源价格指数	**Deduction Food and Energy Price Index**	**102.8**	**102.7**	**103.2**
扣除鲜菜鲜果总指数	**Deduction Fresh Vegetables Fresh Fruit General Index**	**105.7**	**105.4**	**106.2**
消费品价格指数	**Consumable Price Index**	**106.6**	**106.2**	**107.3**
食品	**Food**	**111.6**	**111.2**	**112.7**
粮食	Grain	116.3	116.5	115.9
大米	Rice	117.9	117.6	118.6
面粉	Flour	109.7	109.8	109.5
粮食制品	Grain Products	115.1	116.6	112.1
淀粉	Starches and Tubers	111.6	112.6	109.5
干豆类及豆制品	Beans and Bean Products	104.9	104.8	105.1
干豆	Beans	103.7	103.3	104.3
豆制品	Bean Products	105.2	105.2	105.4
油脂	Oil or Fat	114.9	112.6	118.8
食用植物油	Oil of Plant	116.1	115.2	116.8
植物油制品	Vegetable Oil Processed Products	111.6	111.0	114.1
肉禽及其制品	Meal,Poultry and Processed Products	122.1	122.0	122.1
食用畜肉及副产品	Edible Domestic Animal's Meat and By-products	129.6	130.1	128.2
猪肉	Pork	135.6	134.9	137.6
牛肉	Beef	107.8	108.7	106.2
羊肉	Mutton	123.0	123.0	123.0
畜肉副产品	Animal By-products	132.9	134.8	130.2
禽	Poultry	113.9	113.3	114.8
鸡	Chicken	114.3	113.4	115.5
鸭	Duck	113.3	113.3	113.4
加工肉禽	Poultry Meat Processed Products	107.3	106.0	111.3
畜肉制品	Domestic Animal's Processed Products	107.7	106.7	110.2
禽制品	Poultry Processed Products	106.9	105.3	112.7
蛋	Eggs	113.7	112.2	117.4
鲜蛋	Fresh Eggs	114.0	112.8	117.2
蛋制品	Eggs Processed Products	112.0	108.5	118.4
水产品	Aquatic Products	110.7	110.3	111.5
鱼	Fish	109.9	109.1	111.3
淡水鱼	Fish in Fresh Water	108.5	106.8	111.2
海水鱼	Fish in Sea Water	120.9	123.8	112.2
其他水产品	Others	112.6	112.8	111.9
虾蟹类	Decapod Crustacean	114.7	114.3	115.9

5-2 续表 1 Continued 1

(上年＝100) (preceding year=100)

指 标	Item	全 省 Province	城 市 Urban Areas	农 村 Rural Areas
菜	Vegetables	101.2	99.7	105.1
鲜菜	Fresh Vegetables	100.2	99.0	103.8
干菜及菜制品	Dried Vegetables and Vegetable Products	107.9	106.4	109.7
薯类	Tubers	110.7	108.9	113.7
调味品	Flavoring	105.7	105.9	105.5
盐	Salt	99.5	100.0	99.0
酱油	Soy Sauce	106.9	106.5	107.6
醋	Vinegar	109.3	109.5	108.8
味精	Monosodium Glutamate	104.3	102.4	106.9
糖	Sweet	110.0	109.5	110.6
食糖	Sugar	124.8	127.0	122.6
糖果	Candy	104.3	102.1	107.1
巧克力制品	Chocolate Goods	102.4	102.1	102.9
糖类小食品	Sugar-coated Food Stuff	110.0	111.9	106.8
茶及饮料	Tea and Beverages	103.9	103.0	105.8
茶叶	Tea	107.2	104.6	110.9
饮料	Beverages	102.7	102.4	103.2
固体饮料	Solid Beverages	95.6	92.7	101.5
液体饮料	Liquid Beverages	104.4	105.1	102.9
冷冻饮品	Frozen Beverages	104.7	104.4	105.4
干鲜瓜果	Dried and Fresh Melons and Fruits	121.6	123.1	117.9
鲜瓜果	Fresh Fruits	124.3	126.2	119.6
干(坚)果	Dried(nut)Fruits and Melon and Fruit Products	114.9	115.5	113.1
糕点饼干面包	Cake,Biscuit and Bread	107.5	107.2	108.7
糕点	Cake	111.1	111.5	110.0
饼干	Cookie	105.9	104.3	110.7
面包	Bread	106.0	106.3	104.4
液体乳及乳制品	Liquid Breast and Dairy Products	102.6	102.7	101.8
巴氏杀菌奶或消毒奶	Pasteurization Milk or Disinfection Milk	101.1	101.1	101.3
酸奶	Sour Milk	106.2	107.3	101.3
奶粉	Milk Powder	104.5	104.9	103.0
在外用膳食品	Picnic Food	106.6	106.1	107.8
主食	Staple Food	108.0	107.1	110.3
炒菜	Fried Dishers	105.2	104.9	105.8
地方小吃	Local Snacks	113.5	113.7	113.0
其他食品	Other Foods	106.1	107.1	104.6
烟酒	**Tobacco,Liquor**	**104.1**	**104.7**	**102.6**
烟草	Tobacco	100.1	100.0	100.6
高档卷烟	Home-made Cigarette	99.5	99.2	100.6
中档卷烟	Imported Cigarette	100.2	100.0	100.6

5-2 续表 2 Continued 2

(上年=100) (preceding year=100)

指 标	Item	全 省 Province	城 市 Urban Areas	农 村 Rural Areas
酒	Liquor	111.3	113.4	106.5
白酒	Liquer	114.7	116.9	108.9
葡萄酒	Wine	102.8	102.5	103.6
啤酒	Beer	103.1	104.7	100.5
衣着	**Clothing**	**103.6**	**102.8**	**105.5**
服装	Garments	104.3	103.7	105.9
男式服装	Men's Garment	104.5	103.5	106.7
大衣	Overcoat	101.8	100.7	103.7
毛线衣	Knitted Woolen Clothes	101.6	99.3	105.6
夹克衫	Jacket	109.6	110.0	108.6
衬衫	Shirt	105.4	105.0	106.5
T恤衫	T-shirts	99.8	98.3	102.4
裤子	Trousers	103.1	100.4	110.3
西服	Suits	106.5	106.5	106.8
运动衫裤	Sport Clothing	103.3	103.5	102.9
内衣	Underwear	106.1	106.2	106.1
羽绒衣	Down Clothing	103.9	100.8	110.1
女式服装	Women's dress	104.0	103.5	105.4
大衣	Overcoat	103.5	104.1	102.3
毛线衣	Knitted Woolen Clothes	104.1	102.7	107.9
羽绒衣	Down Clothing	103.2	101.4	108.4
套装	Suits	105.7	106.9	103.7
衬衫	Shirt	104.3	105.5	101.5
T恤衫	T-shirts	100.4	99.2	103.0
裙子	Skirt	101.4	100.4	104.1
裤子	Trousers	104.7	103.6	108.4
运动衫裤	Sports Wear	106.1	108.1	102.1
内衣	Underwear	106.4	105.4	108.9
儿童服装	Children's Garment	105.1	105.0	105.4
上 衣	Suits	101.2	101.8	100.3
裤子	Trousers	108.9	106.7	113.3
裙子	Skirt	110.3	112.3	105.7
衣着材料	Clothing Material	107.3	106.8	108.2
棉布	Cotton Cloth	111.5	110.8	112.8
化纤布	Chemical Fiber Cloth	107.2	108.1	105.6
毛线	Woolen Threads	104.7	101.8	107.5

5-2 续表 3 Continued 3

(上年＝100) (preceding year=100)

指　标	Item	全　省 Province	城　市 Urban Areas	农　村 Rural Areas
鞋袜帽	Footwear,Socks and Hats	100.9	99.9	102.9
鞋	Shoes	100.5	99.4	102.8
男鞋	Men's Shoes	100.1	99.3	101.7
女鞋	Women's Shoes	99.6	98.6	102.5
童鞋	Children's Shoes	104.8	104.4	105.1
袜子	Socks and Stockings	103.5	103.2	103.9
男袜	Men's Socks	104.6	103.8	105.7
女袜	Women's Socks	102.6	102.7	102.5
帽子	Hats	104.2	108.4	102.0
男帽	Man Cap	104.0	107.1	102.5
女帽	Bonnet	104.4	109.3	101.5
衣着加工服务费	Clothing Processing	108.2	100.8	120.1
缝纫	Sewing	111.9	102.0	122.0
清洗	Washing	107.9	100.7	121.5
家庭设备用品及维修服务	**Household Facilities and Articles**	**102.7**	**102.7**	**102.8**
耐用消费品	Durable Consumer Goods	100.7	100.3	101.5
家具	Furniture	103.9	104.6	102.4
柜	Counters	104.6	105.7	101.4
床	Beds	104.5	105.6	102.7
桌	Desks	103.9	105.5	100.9
椅	Chairs	105.3	102.4	110.5
沙发	Sofas	102.3	102.7	101.1
家庭设备	Household Facilities	99.1	98.1	101.1
洗衣机	Washing Machine	96.3	94.2	99.6
电风扇	Electric Fan	105.3	105.8	104.9
电冰箱(柜)	Refrigerator	98.8	96.9	102.1
吸排油烟机	Smoke Exhauster	98.2	97.0	100.7
空调器	Air Conditioner	100.5	99.9	101.9
热水器	Shower Heater	99.1	99.1	99.2
微波炉	Microwave Oven	94.0	92.5	98.7
室内装饰品	Interior Decorations	103.2	104.1	101.3
纺织装饰品	Fabric Decorations	106.5	108.7	102.0
装饰灯具	Lamp Decorations	101.1	101.1	101.1
床上用品	Bed Articles	107.5	108.8	104.1
被子	Quilts	109.2	110.8	104.0
床上套件	Bed Sets	105.6	106.5	102.9
家庭日用杂品	Daily Use Household Articles	103.4	103.7	102.6

5-2 续表 4 Continued 4

(上年＝100) (preceding year=100)

指　　标	Item	全　省 Province	城　市 Urban Areas	农　村 Rural Areas
茶具	Tea-set	104.3	105.1	103.2
餐具	Cooking-set	105.4	107.8	102.8
厨具	Cook-set	103.0	103.4	102.6
家用手工工具	Family Tool	101.9	102.2	101.6
洗涤用品	Wash Articles	103.4	103.8	102.5
家庭服务及加工维修服务	Household Service and Maintenance	108.0	106.0	114.4
家庭服务	Household Service	109.7	108.4	115.2
加工维修服务	The Processed Upkeep	105.6	102.4	113.7
医疗保健和个人用品	**Medicine and Personal Articles**	**103.8**	**103.9**	**103.6**
医疗保健	Medicine	103.1	103.2	102.9
医疗器具及用品	Edical Appliances and Articles	100.5	100.9	100.0
中药材及中成药	Traditional Chines Herbs	109.8	109.8	109.9
中药材	Chines Herbal Material	121.5	122.3	120.0
中成药	Chines Patent drugs	104.2	104.5	103.5
西药	Western Medicine	101.1	101.2	100.9
抗菌素(抗感染药)	Antibiotics	99.6	99.5	99.6
消化系统用药	digestive system	101.9	102.3	100.7
呼吸系统用药	Respiratory system	100.2	99.6	101.4
解热镇痛药	Antipyretic analgesics	100.9	102.0	98.3
抗肿瘤药	Antineoplastic agents	98.8	98.4	99.9
激素类药	Hormonal drugs	100.8	101.2	100.0
心血管系统用药	Cardiovascular system	102.6	102.7	102.2
中枢神经系统用药	Central nervous system	103.1	101.7	106.9
消毒防腐及创伤外科用药	Disinfectant and preservative and trauma surgery medicine	104.1	104.1	104.3
泌尿系统用药	Urinary system drugs	100.7	100.4	101.5
维生素类	Vitamin	99.3	99.0	100.5
保健器具及用品	Healthy Appliances and Articles	103.2	103.6	102.1
保健器具	Healthy Appliance	99.9	99.3	101.1
滋补保健用品	Tonic and Healthy Goods	104.1	104.5	102.5
医疗保健服务	Medical and Health Service	100.5	100.5	100.5
挂号费	Registering fee	101.2	99.9	103.8
注射费	Injection fee	100.7	101.1	100.0
检查费	Examination fee	100.8	100.5	101.6
手术费	Operation fee	100.2	100.1	100.4
床位费	Bed fee	99.7	100.2	98.9
理疗费	Physiotherapy Fees	100.1	100.5	99.6
化验费	Laboratory Fees	100.8	101.1	100.1
个人用品及服务	Pesonal Articles and Services	105.6	105.9	105.0
化妆美容用品	Making-up Articles	101.9	102.2	101.6
化妆美容器具	Making-up Utensil	100.5	99.9	101.1
美容化妆品	Cosmetic Products	100.6	100.2	101.4

5-2 续表 5 Continued 5

(上年＝100) (preceding year=100)

指　　标	Item	全　省 Province	城　市 Urban Areas	农　村 Rural Areas
护肤品	Skin Care Products	104.2	105.2	102.6
护发美容品	Hair Care Cosmetics	100.6	100.9	100.2
清洁化妆用品	Clean Toiletries	101.9	102.0	101.8
洗发用品	Shampoo Articles	101.2	101.1	101.5
洗浴用品	Bathing Articles	102.1	102.3	101.8
个人饰品	Personal Ornaments	107.6	107.4	108.0
首饰	Jewelry	116.1	115.0	118.6
皮件	Leather Goods	100.9	101.0	100.6
手表	Watchs	104.1	105.8	101.3
领带	Ties	100.5	99.7	102.2
个人服务	Personal Service	111.3	112.4	109.5
美容	Making-up	103.0	102.5	104.0
理(烫)发	Haircut(Perm)	124.2	129.6	117.3
洗浴	Bathing	109.3	115.2	103.4
交通和通信	**Transportation and Communication**	**101.1**	**100.7**	**102.1**
交通	Transportation	102.7	101.9	104.6
交通工具	Transportation Means	101.1	99.9	103.3
助动自行车	Boosting Bicycle	101.5	99.6	103.9
轿车	Car	99.2	99.2	99.4
自行车	Bicycle	102.1	100.8	103.9
车用燃料及零配件	Fuel and Accessories for Vehicle	109.4	108.8	110.0
汽油	Petrol	113.3	113.3	113.4
柴油	Diesel Oil	113.3	113.4	113.2
零配件	Accessories	100.4	100.1	100.9
车辆使用及维修费	Vehicle Using and Maintenance	104.3	103.5	106.3
保险费	Insurance	100.0	100.0	100.0
停车费	Parking fee	105.3	105.9	102.3
车辆修理服务费	Vehicle Maintenance Service	106.3	103.5	112.5
市区公共交通费	City Bus Transport	101.9	100.9	105.8
公共汽车票	Bus Ticket	97.3	96.4	102.5
出租汽车	Taxi	109.5	109.8	108.3
城市间交通费	Inter-city Transportation	102.6	102.7	102.2
飞机票	Plane Ticket	108.6	109.4	105.4
火车票	Train Ticket	100.0	100.0	99.9
长途汽车	Long-distance Coach	103.6	104.6	101.8
短途汽车	Short-distance Coach	104.8	104.0	106.4
通信	Communication	99.2	99.2	99.2
通信工具	Communication Tools	94.8	94.3	95.4
固定电话机	Stationary Telephone	99.9	98.8	100.6

5-2 续表 6 Continued 6

(上年＝100) (preceding year=100)

指　标	Item	全　省 Province	城　市 Urban Areas	农　村 Rural Areas
移动电话机	Mobile Telephone	93.3	93.5	92.8
通信服务	Communication Service	100.2	100.1	100.3
移动通信费	Mobile Communications	100.0	100.0	100.0
市内电话费	Telephone Charge Within a City	100.0	100.0	100.0
长途电话费	Long-Distance call Charge	100.0	100.0	100.0
月租费	Monthly Renting Fee	100.0	100.0	100.0
上网费	Internet Access Fee	100.0	100.0	100.1
邮政邮寄	Postal mail	100.0	100.0	100.0
其他邮寄	Others	104.7	103.8	105.5
娱乐教育文化用品及服务	**Recreation,Education,Culture Articles and Services**	**100.5**	**100.5**	**100.6**
文娱用耐用消费品及服务	Durable Consumer Goods for Recreational	94.1	91.8	98.0
电视机	Television	90.7	87.2	96.0
激光视盘机	Video-disc Player	96.9	93.3	99.6
摄像机	Video-camera	92.1	91.5	96.9
照相机	Camera	91.1	89.8	97.2
家用音响	Stereo-set	98.1	97.8	98.2
便携式音响	Portable Audio	99.3	99.5	99.2
电脑	Computer	94.7	92.7	98.8
修理服务	Repair Service Fee	100.5	99.9	101.2
教育	Education	101.0	101.1	100.9
教材及参考书	Texts and Reference Book	102.1	101.6	102.6
工具书	Reference Book	100.1	100.0	100.3
教材	Text-book	103.6	104.3	102.7
参考书	Reference Book	101.5	100.0	103.6
教育软件	Educational Software	100.0	100.0	100.0
教育服务	Education Services	100.9	101.0	100.6
学前教育	Pre-school Education	102.9	101.2	111.2
中等教育	Secondary Education	100.1	100.5	99.3
高等教育	Higher Education	100.9	101.4	99.9
专业技能培训	Technical Training	100.4	100.0	101.2
文化娱乐类	Cultural Entertainment	101.3	101.2	101.5
文化娱乐用品	Cultural and Recreational Supplies	100.7	100.8	100.5
乐器	Musical Instrument	100.6	100.3	101.2
音像光盘和视盘	Stereo-CD and Tape	99.6	99.3	100.1
电子存储器	Electronic Storage Device	98.3	97.5	100.5
儿童玩具	Toy for Children	101.0	101.3	100.1
纸张本册	Paper List	102.3	102.3	102.2
文具	Stationary	101.1	101.6	99.8

5-2 续表 7 Continued 7

(上年=100) (preceding year=100)

指　标	Item	全　省 Province	城　市 Urban Areas	农　村 Rural Areas
体育用品	Athletic Articles	101.2	101.3	100.7
书报杂志	Newspapers and Magazines	100.3	100.2	100.4
书籍	Books	100.1	100.1	100.0
报纸	Newspaper	100.0	100.0	100.0
杂志	Magazine	101.1	101.0	101.6
文娱费	Recreation	102.0	101.8	102.9
电影票	Video-movie Ticket	104.0	104.0	103.8
景点门票	Attractions Tickets	104.8	105.2	103.7
有线电视	Cabled TV	101.3	101.5	100.5
健身活动	Healthy Activities	102.3	100.0	108.7
旅游	Tourism	104.8	105.3	102.6
旅行社收费	Travel Agency Charges	106.0	106.3	103.7
宾馆住宿	Hotel Accommodation	100.8	101.4	99.5
其他住宿	Other Accommodations	102.0	101.3	104.2
居住	**Residence**	**105.8**	**105.8**	**105.8**
建房及装修材料	Building and Decorating Material	104.8	103.4	106.7
木材	Timber	105.8	108.2	103.0
木地板	Wood Floor	101.3	101.2	101.7
砖	Brick	105.7	102.8	107.3
水泥	Cement	117.3	115.1	118.5
涂料	Paint	103.6	102.2	105.7
板材	Board	102.9	102.8	103.0
玻璃	Glass	104.0	107.5	100.8
粘胶	Glue	104.2	104.0	104.5
厨卫设备	Kitchen Equipment	97.5	94.8	102.6
租房	Tenancy	103.8	103.7	104.2
公房房租	Public Housing rent	100.2	100.0	102.1
私房房租	Talk Accommodation	107.4	108.0	105.6
其他费用	Other Rents	100.4	100.5	100.0
自有住房	Self-owned House	108.7	109.1	107.5
住房估算租金	Rent	113.0	113.0	113.3
物业管理费用	Property Management Fees	100.5	100.0	102.0
维护修理费用	Maintenance Expenses	105.6	105.7	105.5
水、电、燃料	Water,Electricity and Fuels	103.3	103.3	103.4
水	Water	101.5	102.0	100.1
电	Electricity	100.0	100.0	100.0
液化石油气	Liquefied Petroleum Gas	112.3	113.1	110.4
管道燃气	Piped Gas	106.5	106.7	105.8
其他燃料	Other Fuel	107.4	103.1	109.7

5-3 分月居民消费价格指数(2011年)

(上年同月=100)

指　　标	Item	1 月 January	2 月 February	3 月 March
居民消费价格总指数	**Consumer Price Index**	**105.0**	**105.7**	**105.7**
非食品价格指数	**Non-food Price Index**	**103.0**	**102.9**	**103.2**
服务项目价格指数	**Items of Service Price Index**	**104.2**	**103.9**	**104.2**
工业品价格指数	**Industrial Product Pprice Index**	**102.2**	**102.2**	**102.6**
扣除食品和能源价格指数	**Deduction Food and Energy Price Index**	**102.7**	**102.7**	**102.9**
扣除鲜菜鲜果总指数	**Deduction Fresh Vegetables Fresh Fruit General Index**	**104.7**	**105.0**	**105.2**
消费品价格指数	**Consumable Price Index**	**105.3**	**106.4**	**106.3**
食品	**Food**	**109.5**	**111.9**	**111.2**
粮食	Grain	117.5	117.3	118.0
大米	Rice	120.1	119.8	120.8
面粉	Flour	107.7	107.9	108.6
粮食制品	Grain Products	114.3	114.4	114.7
淀粉	Starches and Tubers	113.0	111.6	111.9
干豆类及豆制品	Beans and Bean Products	108.3	109.6	108.1
干豆	Beans	128.4	126.0	124.5
豆制品	Bean Products	103.7	105.8	104.2
油脂	Oil or Fat	113.5	114.9	115.4
食用植物油	Oil of Plant	115.9	117.0	117.7
植物油制品	Vegetable Oil Processed Products	111.4	112.5	111.8
肉禽及其制品	Meal,Poultry and Processed Products	110.0	115.7	117.2
食用畜肉及副产品	Edible Domestic Animal's Meat and By-products	110.2	120.1	123.0
猪肉	Pork	109.7	123.9	128.4
牛肉	Beef	103.7	105.1	102.7
羊肉	Mutton	125.0	124.6	123.2
畜肉副产品	Animal By-products	116.2	120.5	124.9
禽	Poultry	114.1	111.9	110.7
鸡	Chicken	113.4	111.6	110.6
鸭	Duck	116.6	113.2	110.9
加工肉禽	Poultry Meat Processed Products	106.0	106.1	106.4
畜肉制品	Domestic Animal's Processed Products	105.5	105.8	106.2
禽制品	Poultry Processed Products	106.4	106.4	106.6
蛋	Eggs	118.3	117.7	113.7
鲜蛋	Fresh Eggs	120.5	119.3	114.6
蛋制品	Eggs Processed Products	107.3	109.5	109.0
水产品	Aquatic Products	109.2	106.2	104.5
鱼	Fish	110.0	105.6	102.8
淡水鱼	Fish in Fresh Water	109.3	104.4	101.0
海水鱼	Fish in Sea Water	115.4	115.6	116.6
其他水产品	Others	107.2	107.8	108.8
虾蟹类	Decapod Crustacean	106.2	107.2	107.9

Consumer Price Indices by Month(2011)

(the same month last year=100)

4 月 April	5 月 May	6 月 June	7 月 July	8 月 August	9 月 September	10 月 October	11 月 November	12 月 December
105.7	**105.8**	**106.8**	**106.7**	**106.3**	**106.6**	**106.1**	**104.5**	**104.4**
103.2	**103.2**	**103.3**	**103.6**	**103.8**	**103.7**	**103.4**	**102.8**	**102.3**
103.7	**103.7**	**103.9**	**104.2**	**104.1**	**103.9**	**103.6**	**103.1**	**102.6**
102.7	**102.8**	**103.0**	**103.1**	**103.5**	**103.5**	**103.2**	**102.6**	**102.1**
102.8	**102.8**	**102.9**	**103.1**	**103.3**	**103.2**	**103.0**	**102.6**	**102.1**
105.5	**105.6**	**106.4**	**106.7**	**106.7**	**106.7**	**106.2**	**104.9**	**104.2**
106.4	**106.7**	**108.1**	**107.8**	**107.1**	**107.7**	**107.1**	**105.1**	**105.1**
111.4	**112.0**	**115.1**	**114.1**	**111.9**	**113.3**	**112.3**	**108.4**	**109.0**
117.8	117.6	118.5	118.2	117.7	117.3	116.2	111.6	109.1
119.9	119.3	119.7	120.0	119.3	118.9	117.7	112.0	109.3
109.9	110.8	111.3	111.5	111.3	111.1	110.3	108.5	107.4
115.8	116.4	119.0	116.7	116.9	116.4	115.2	112.3	109.5
111.6	112.0	112.7	113.2	112.5	112.6	113.1	108.2	107.5
106.5	103.2	102.5	103.6	103.2	103.6	104.3	103.3	103.3
113.9	96.7	94.2	95.8	93.8	95.4	98.0	98.0	96.7
104.6	105.1	105.1	105.9	106.2	106.1	106.1	104.8	105.2
116.0	115.7	116.8	116.5	117.8	119.9	116.8	110.0	107.4
117.4	117.7	117.9	118.3	119.3	120.7	117.4	109.6	106.5
112.4	111.4	112.3	111.3	113.4	115.8	113.4	107.9	106.5
121.6	123.3	131.3	131.3	127.8	127.9	125.2	118.7	116.3
129.7	132.1	145.3	144.2	137.4	137.2	134.0	124.6	120.9
137.3	140.5	159.0	156.1	145.5	144.7	140.2	127.7	122.6
104.7	105.5	106.9	107.0	108.0	110.3	112.1	113.2	115.0
123.4	123.5	122.7	122.4	122.2	123.4	125.5	121.0	119.9
131.9	134.6	145.4	147.4	142.2	140.6	138.6	129.9	125.1
113.2	115.1	116.2	116.1	116.5	116.6	113.7	112.1	111.3
113.5	115.2	116.3	116.6	117.3	117.5	114.2	113.1	112.5
112.7	115.8	116.8	115.3	115.2	114.9	112.8	109.4	107.5
106.9	107.0	107.5	108.3	108.9	109.5	108.4	106.3	106.5
106.7	106.3	107.1	108.3	109.5	110.6	109.9	108.0	108.4
107.1	107.8	108.0	108.4	108.3	108.4	106.9	104.6	104.5
113.2	116.1	119.7	118.6	117.0	112.5	111.7	106.1	102.5
114.0	117.2	121.1	119.5	117.4	112.0	111.0	104.5	101.0
109.4	111.0	112.4	114.1	114.7	115.4	115.4	114.7	110.6
107.1	108.7	111.9	115.1	115.2	116.2	113.8	110.3	109.7
105.5	107.5	110.9	115.1	115.2	115.6	112.7	108.7	109.0
103.6	105.4	109.3	114.2	114.3	114.5	111.1	106.9	107.5
120.2	123.5	123.7	122.7	122.6	123.8	124.5	121.4	120.0
110.8	111.5	114.3	115.0	115.2	117.6	116.5	114.3	111.6
108.9	110.7	118.0	120.1	120.4	125.8	121.8	116.3	115.0

5-3 续表 1

(上年同月=100)

指　标	Item	1 月 January	2 月 February	3 月 March	4 月 April
菜	Vegetables	103.6	111.9	106.9	97.1
鲜菜	Fresh Vegetables	102.3	111.6	106.4	95.6
干菜及菜制品	Dried Vegetables and Vegetable Products	108.0	107.9	108.5	107.2
薯类	Tubers	135.8	129.0	118.0	114.3
调味品	Flavoring	104.9	104.8	105.3	105.0
盐	Salt	99.5	99.9	100.0	100.0
酱油	Soy Sauce	108.0	108.8	107.6	106.3
醋	Vinegar	105.7	105.5	107.7	108.1
味精	Monosodium Glutamate	106.5	104.2	105.1	104.2
糖	Sweet	109.2	110.0	110.6	110.4
食糖	Sugar	133.8	132.7	130.3	129.8
糖果	Candy	102.4	102.2	104.3	103.2
巧克力制品	Chocolate Goods	101.5	100.5	100.6	101.4
糖类小食品	Sugar-coated Food Stuff	104.5	109.0	109.9	110.3
茶及饮料	Tea and Beverages	102.4	102.2	102.3	101.5
茶叶	Tea	105.1	104.4	104.7	105.1
饮料	Beverages	101.4	101.5	101.5	100.1
固体饮料	Solid Beverages	100.3	100.4	100.9	91.9
液体饮料	Liquid Beverages	102.5	102.5	102.4	102.0
冷冻饮品	Frozen Beverages	99.8	99.8	99.9	103.2
干鲜瓜果	Dried and Fresh Melons and Fruits	129.4	131.8	127.8	131.8
鲜瓜果	Fresh Fruits	135.7	138.5	133.2	138.5
干(坚)果	Dricd(nut)Fruits and Mclon and Fruit Products	114.9	114.8	113.8	113.8
糕点饼干面包	Cake,Biscuit and Bread	106.3	107.7	107.7	107.9
糕点	Cake	107.4	112.2	112.9	112.1
饼干	Cookie	104.4	103.9	103.9	105.2
面包	Bread	107.5	107.8	106.9	107.0
液体乳及乳制品	Liquid Breast and Dairy Products	102.3	102.4	103.4	103.1
巴氏杀菌奶或消毒奶	Pasteurization Milk or Disinfection Milk	101.5	101.4	102.6	101.6
酸奶	Sour Milk	107.8	108.6	109.1	107.1
奶粉	Milk Powder	100.9	101.0	102.1	105.0
在外用膳食品	Picnic Food	105.4	106.1	106.0	106.5
主食	Staple Food	105.6	106.5	106.5	108.1
炒菜	Fried Dishers	105.0	105.3	105.2	105.0
地方小吃	Local Snacks	109.0	111.4	110.8	113.2
其他食品	Other Foods	104.0	104.4	105.1	105.8
烟酒	**Tobacco,Liquor**	**103.2**	**103.1**	**103.1**	**103.1**
烟草	Tobacco	100.4	100.4	100.3	100.2
高档卷烟	High-grade	101.3	101.3	100.4	99.1
中档卷烟	Mid-grade	100.3	100.3	100.3	100.3

Continued 1

(the same month last year=100)

5 月 May	6 月 June	7 月 July	8 月 August	9 月 September	10 月 October	11 月 November	12 月 December
99.6	117.5	103.7	89.9	97.7	95.6	87.7	105.1
98.3	118.1	102.7	87.7	96.9	94.6	85.8	105.7
107.6	109.6	108.6	108.8	107.8	108.0	107.7	105.3
115.4	123.2	118.6	104.2	97.4	95.9	92.6	90.1
105.3	106.0	106.0	106.6	107.2	106.9	105.5	105.4
99.7	99.4	98.9	98.6	98.9	99.5	100.1	100.1
106.7	108.2	108.7	107.9	108.9	108.7	102.6	101.5
108.1	109.2	110.0	112.8	113.1	110.3	109.6	111.2
104.5	103.4	103.4	103.9	104.1	105.7	103.6	103.4
110.2	110.2	110.1	111.0	111.8	111.2	108.1	107.0
129.4	130.2	127.4	127.8	126.6	123.6	109.8	105.4
102.5	102.9	103.5	104.4	106.5	106.8	106.7	106.1
101.3	100.0	101.0	103.7	105.0	104.3	103.8	105.4
110.9	110.4	110.4	110.7	110.9	110.7	111.3	110.8
101.9	103.3	103.9	105.2	105.9	105.8	106.0	106.0
106.2	107.9	108.2	108.6	108.9	109.2	108.8	109.0
100.4	101.6	102.3	103.9	104.8	104.6	105.0	104.9
91.8	92.4	93.7	95.5	95.2	95.2	94.6	94.8
102.1	102.9	103.7	105.5	107.3	106.9	107.8	107.7
103.9	106.5	106.5	107.5	107.4	107.4	107.4	107.4
126.7	115.2	115.6	115.0	117.8	119.8	115.0	113.9
131.2	115.1	114.8	113.4	118.0	121.0	116.0	115.9
114.4	115.5	117.7	118.7	117.2	117.0	112.4	109.0
108.0	107.7	107.6	106.7	107.8	108.0	108.0	106.8
111.2	111.0	111.0	111.4	111.5	111.8	111.0	110.0
105.7	104.8	104.5	105.5	107.7	108.5	108.9	107.9
107.6	107.8	107.8	103.9	104.4	104.0	104.3	102.8
102.6	102.1	102.3	103.3	103.1	102.7	102.2	101.5
100.8	99.9	100.4	101.8	101.7	101.2	100.4	99.9
105.3	104.7	103.8	105.9	105.7	106.1	106.0	104.1
106.2	106.2	106.7	105.8	105.5	105.1	105.3	104.3
106.6	106.9	107.1	106.8	107.1	107.9	106.8	106.3
108.6	108.7	109.2	109.5	109.2	109.4	107.6	106.8
105.0	105.2	105.1	104.5	105.1	106.4	105.3	105.1
113.5	114.9	115.6	115.5	115.5	115.1	114.3	112.5
106.0	106.5	106.6	106.5	107.6	107.5	106.3	106.3
103.4	**104.4**	**104.7**	**104.4**	**104.8**	**104.7**	**105.2**	**104.7**
100.1	100.1	100.0	100.1	100.2	100.0	100.0	99.9
98.3	98.3	98.3	98.5	100.1	100.1	100.1	98.8
100.2	100.2	100.2	100.2	100.3	100.0	100.0	100.0

5-3 续表 2

(上年同月=100)

指 标	Item	1 月 January	2 月 February	3 月 March	4 月 April
酒	Liquor	108.5	108.2	108.3	108.5
白酒	Liquer	111.6	110.9	111.0	111.2
葡萄酒	Wine	101.5	103.0	102.8	102.1
啤酒	Beer	100.8	101.3	101.4	101.7
衣着	**Clothing**	**102.6**	**102.8**	**103.3**	**103.7**
服装	Garments				
男式服装	Men's Garment	103.9	104.6	104.1	104.6
大衣	Overcoat	103.6	104.2	100.9	100.7
毛线衣	Knitted Woolen Clothes	101.0	102.4	103.3	103.6
夹克衫	Jacket	107.0	108.9	108.3	109.3
衬衫	Shirt	103.6	103.0	104.7	107.0
T恤衫	T-shirts	97.3	96.7	97.4	98.7
裤子	Trousers	102.4	102.8	101.6	101.5
西服	Suits	106.8	109.6	107.2	107.5
运动衫裤	Sport Clothing	103.1	103.7	105.0	105.9
内衣	Underwear	104.5	106.3	105.7	106.0
羽绒衣	Down Clothing	106.4	105.0	104.6	104.1
女式服装	Women's dress	102.9	103.2	104.1	104.3
大衣	Overcoat	101.5	102.3	103.6	104.5
毛线衣	Knitted Woolen Clothes	103.2	104.1	105.4	105.1
羽绒衣	Down Clothing	104.6	103.2	104.0	103.1
套装	Suits	107.0	107.5	105.6	105.8
衬衫	Shirt	104.6	104.7	105.6	104.8
T恤衫	T-shirts	97.7	97.7	99.9	101.2
裙子	Skirt	98.9	98.7	99.0	99.9
裤子	Trousers	102.2	101.9	104.5	104.1
运动衫裤	Sports Wear	103.2	104.7	107.0	108.9
内衣	Underwear	105.6	107.7	106.7	106.5
儿童服装	Children's Garment	103.7	103.9	103.5	104.7
套装	Suits	101.5	101.3	99.5	101.8
裤子	Trousers	106.8	107.9	106.9	106.5
裙子	Skirt	104.9	104.8	108.4	109.0
衣着材料	Clothing Material	106.9	106.8	107.3	107.9
棉布	Cotton Cloth	113.4	113.5	113.6	114.5
化纤布	Chemical Fiber Cloth	107.8	107.8	107.8	108.1
毛线	Woolen Threads	100.7	100.7	102.5	103.0

Continued 2

(the same month last year=100)

5 月 May	6 月 June	7 月 July	8 月 August	9 月 September	10 月 October	11 月 November	12 月 December
109.5	112.4	113.3	112.4	113.1	113.2	114.4	113.1
112.4	116.1	117.2	115.8	116.3	116.8	118.6	117.5
102.5	103.6	103.3	103.2	103.3	104.4	103.2	101.3
102.5	103.7	104.2	104.4	105.7	104.2	104.6	103.5
103.5	**103.8**	**103.9**	**105.0**	**104.6**	**104.1**	**103.4**	**102.8**
104.4	104.5	104.7	105.8	105.5	104.8	104.1	103.1
101.6	101.9	101.9	101.9	101.9	103.2	100.9	98.9
101.6	101.6	101.1	101.1	102.5	100.4	101.1	100.2
110.3	111.1	111.1	112.6	112.2	108.8	108.4	107.7
104.5	103.9	104.1	108.0	108.6	106.0	106.2	105.6
98.8	98.3	97.9	100.9	104.2	103.6	102.6	102.2
102.2	102.1	103.1	104.0	103.1	104.5	105.4	104.1
107.6	107.8	107.9	107.9	105.4	104.6	103.8	103.0
105.1	104.8	103.8	103.9	102.3	103.3	100.7	98.4
106.1	107.6	107.9	108.6	107.6	105.6	103.2	104.8
103.9	103.9	104.0	104.1	104.0	105.3	102.2	99.5
104.1	104.2	104.8	105.5	104.7	104.2	103.5	102.9
104.8	104.9	104.9	104.9	104.3	103.9	101.3	101.9
104.6	104.6	104.6	104.6	104.8	101.6	103.2	103.0
103.2	103.5	103.7	103.7	103.7	105.1	101.7	99.5
106.0	106.1	106.4	107.3	106.4	104.2	103.6	103.1
102.2	102.6	104.7	106.2	103.0	104.6	104.6	104.6
97.2	97.1	97.6	100.9	104.7	104.3	104.3	102.8
100.6	101.4	102.6	105.0	104.3	102.7	102.1	101.5
105.0	104.2	105.7	105.6	104.0	105.5	107.0	106.2
110.0	109.7	108.5	108.5	103.5	106.8	102.3	100.7
106.4	106.6	107.7	108.2	108.4	105.6	103.7	104.1
104.9	105.8	106.0	107.7	107.6	105.9	104.3	103.6
101.7	103.3	102.8	103.9	102.6	100.0	98.8	98.1
107.3	106.7	107.8	111.1	113.1	112.6	110.6	109.6
108.8	109.8	110.6	112.7	114.4	114.4	113.2	112.2
108.3	108.9	109.1	109.4	108.6	107.0	104.6	103.6
114.5	114.8	114.9	115.2	111.9	107.9	103.3	103.1
107.9	108.0	108.7	109.0	108.8	105.8	103.6	103.4
103.5	105.0	105.5	106.1	106.7	107.6	107.3	107.4

5-3 续表 3

(上年同月=100)

指　　标	Item	1 月 January	2 月 February	3 月 March	4 月 April
鞋袜帽	Footwear,Socks and Hats	99.8	99.3	100.4	100.7
鞋	Shoes	99.5	98.9	100.1	100.4
男鞋	Men's Shoes	100.2	98.9	99.4	99.5
女鞋	Women's Shoes	97.9	97.5	99.1	99.8
童鞋	Children's Shoes	103.1	103.7	104.9	104.1
袜子	Socks and Stockings	101.6	101.7	102.0	102.6
男袜	Men's Socks	101.9	102.1	103.0	103.6
女袜	Women's Socks	101.3	101.4	101.2	101.9
帽子	Hats	104.4	104.8	104.5	104.6
男帽	Man Cap	104.3	104.8	104.4	104.4
女帽	Bonnet	104.6	104.9	104.5	104.7
衣着加工服务费	Clothing Processing	107.6	106.7	107.6	109.8
缝纫	Sewing	114.9	115.0	115.8	116.0
清洗	Washing	106.6	105.3	106.4	109.4
家庭设备用品及维修服务	**Household Facilities and Articles**	**101.9**	**101.9**	**102.8**	**102.6**
耐用消费品	Durable Consumer Goods	99.9	100.1	100.7	100.6
家具	Furniture	104.9	104.7	105.2	105.0
柜	Counters	104.3	104.3	105.4	106.0
床	Beds	105.7	105.3	105.4	104.4
桌	Desks	105.4	105.8	106.3	106.1
椅	Chairs	108.1	108.0	107.5	107.0
沙发	Sofas	104.4	103.5	103.5	103.0
家庭设备	Household Facilities	97.6	97.9	98.6	98.5
洗衣机	Washing Machine	94.5	94.9	95.1	94.7
电风扇	Electric Fan	103.9	103.7	103.5	104.0
电冰箱(柜)	Refrigerator	96.8	97.4	98.2	97.7
吸排油烟机	Smoke Exhauster	96.5	97.6	97.4	97.5
空调器	Air Conditioner	99.0	99.3	101.1	101.0
热水器	Shower Heater	98.1	98.4	97.9	98.1
微波炉	Microwave Oven	91.5	91.6	92.5	92.0
室内装饰品	Interior Decorations	102.2	102.5	102.8	103.2
纺织装饰品	Fabric Decorations	104.6	105.1	106.0	106.3
装饰灯具	Lamp Decorations	100.0	100.4	100.1	100.8
床上用品	Bed Articles	107.1	107.7	109.3	109.5
被子	Quilts	111.2	111.8	113.3	112.2
床上套件	Bed Sets	106.0	106.2	107.6	107.9
家庭日用杂品	Daily Use Household Articles	101.6	101.7	102.8	103.2

Continued 3

(the same month last year=100)

5 月 May	6 月 June	7 月 July	8 月 August	9 月 September	10 月 October	11 月 November	12 月 December
100.3	101.0	100.3	101.7	101.7	102.0	101.8	101.8
99.8	100.6	99.7	101.2	101.3	101.6	101.5	101.6
99.1	99.8	99.3	100.2	100.3	101.0	101.4	101.4
98.9	100.0	98.9	100.8	100.8	100.9	99.9	100.2
104.6	104.5	103.8	104.7	105.1	105.4	106.9	106.4
103.7	103.2	104.1	105.3	104.4	104.5	104.2	104.2
104.6	103.8	105.3	106.4	106.1	106.2	105.7	105.9
103.0	102.8	103.2	104.5	103.0	103.2	103.0	103.0
104.6	104.7	104.7	104.7	104.7	104.7	103.0	101.1
104.4	104.4	104.4	104.4	104.4	104.2	102.6	101.3
104.7	105.0	105.0	105.0	105.0	105.1	103.4	101.0
110.1	108.5	108.5	109.2	108.4	107.8	107.3	107.1
116.0	112.8	113.2	113.4	108.9	109.0	105.5	103.8
109.4	108.0	107.9	108.7	108.7	107.9	108.1	108.2
103.2	**102.7**	**102.7**	**103.1**	**103.1**	**103.1**	**102.8**	**102.7**
101.7	100.7	100.6	100.7	100.7	100.9	101.0	100.8
104.4	104.1	103.9	103.4	103.2	103.5	102.9	101.9
105.1	104.9	105.1	104.8	104.4	104.3	103.8	102.8
104.3	104.9	104.7	103.9	104.2	104.4	103.8	103.2
104.4	103.6	103.4	102.5	102.1	102.9	102.6	102.2
106.4	105.1	104.9	104.6	104.4	104.0	103.7	100.0
102.9	102.3	101.9	101.6	101.3	102.4	101.0	100.5
100.4	99.0	99.0	99.4	99.4	99.6	100.0	100.2
96.8	96.1	95.6	96.4	97.2	97.6	98.4	98.8
103.5	103.0	105.6	107.2	107.5	108.1	107.1	106.4
99.2	98.7	98.5	99.1	99.4	99.7	100.2	100.7
98.4	98.1	98.0	98.3	98.9	99.1	99.4	99.4
103.9	100.2	100.0	100.4	99.8	100.0	100.5	100.6
99.5	99.7	99.7	99.7	99.7	99.1	99.7	100.0
94.7	94.4	94.6	94.8	94.8	94.8	95.7	96.9
102.8	103.2	103.6	104.1	103.7	104.3	103.2	102.8
106.2	106.9	107.7	108.3	108.3	108.6	106.0	104.6
100.9	101.5	101.4	101.4	101.4	101.8	101.5	102.0
110.2	108.4	108.4	109.0	107.9	107.2	104.2	102.2
111.4	110.4	109.9	110.0	107.9	108.4	104.0	100.9
108.5	106.2	105.8	106.9	106.3	104.8	102.1	100.1
102.9	103.4	103.0	103.9	104.6	104.5	104.5	104.2

5-3 续表 4

(上年同月=100)

指　标	Item	1 月 January	2 月 February	3 月 March	4 月 April
茶具	Tea-set	103.6	104.0	105.6	105.4
餐具	Cooking-set	106.5	108.0	107.6	105.6
厨具	Cook-set	101.2	101.5	101.8	102.5
家用手工工具	Family Tool	100.8	100.8	101.5	101.6
洗涤用品	Wash Articles	100.8	100.6	102.1	103.0
家庭服务及加工维修服务	Household Service and Maintenance	110.3	107.4	108.8	105.8
家庭服务	Household Service	111.6	106.3	110.4	107.2
加工维修服务	The Processed Upkeep	108.5	108.8	106.7	104.0
医疗保健和个人用品	**Medicine and Personal Articles**	**103.8**	**103.8**	**103.9**	**103.6**
医疗保健	Medicine	103.4	103.1	103.0	102.8
医疗器具及用品	Edical Appliances and Articles	103.7	102.1	100.0	99.8
中药材及中成药	Traditional Chines Herbs	109.9	108.9	108.7	107.6
中药材	Chines Herbal Material	118.6	118.2	116.3	115.1
中成药	Chines Patent drugs	106.0	104.7	105.2	104.1
西药	Western Medicine	102.3	102.1	101.8	101.7
抗菌素(抗感染药)	Antibiotics	100.2	100.5	100.1	100.3
消化系统用药	digestive system	103.0	102.5	103.0	102.5
呼吸系统用药	Respiratory system	102.8	100.9	99.4	100.9
解热镇痛药	Antipyretic analgesics	101.3	102.4	102.2	101.6
抗肿瘤药	Antineoplastic agents	102.8	99.2	97.8	97.7
激素类药	Hormonal drugs	99.7	100.3	100.1	100.3
心血管系统用药	Cardiovascular system	104.2	104.1	104.2	103.4
中枢神经系统用药	Central nervous system	101.8	101.7	103.7	103.7
消毒防腐及创伤外科用药	Disinfectant and preservative and trauma surgery medicine	106.6	107.0	106.6	106.0
泌尿系统用药	Urinary system drugs	99.4	100.2	100.5	100.5
维生素类	Vitamin	101.4	101.4	99.6	99.5
保健器具及用品	Healthy Appliances and Articles	101.1	102.1	102.7	103.3
保健器具	Healthy Appliance	99.9	100.3	99.7	100.2
滋补保健用品	Tonic and Healthy Goods	101.5	102.6	103.5	104.1
医疗保健服务	Medical and Health Service	100.4	100.2	100.4	100.3
挂号费	Registering fee	100.7	100.7	101.0	101.3
注射费	Injection fee	100.3	100.3	100.3	100.3
检查费	Examination fee	99.7	99.7	100.3	100.3
手术费	Operation fee	100.1	100.1	100.1	100.1
住院费	In-patient expense	100.2	100.2	100.2	99.4
理疗费	Physiotherapy Fees	100.5	100.5	100.5	100.5
化验费	Laboratory Fees	101.1	100.6	100.6	100.8
个人用品及服务	Pesonal Articles and Services	104.7	105.5	105.9	105.6
化妆美容用品	Making-up Articles	101.4	101.5	102.3	102.2
化妆美容器具	Making-up Utensil	101.5	101.0	100.5	100.5
美容化妆品	Cosmetic Products	100.8	100.8	100.9	100.8

Continued 4

(the same month last year=100)

5 月 May	6 月 June	7 月 July	8 月 August	9 月 September	10 月 October	11 月 November	12 月 December
103.7	103.9	104.2	104.1	104.5	104.6	104.6	103.5
105.0	104.1	104.5	105.4	105.6	105.9	104.1	103.4
103.8	104.0	104.3	104.0	103.2	103.6	103.0	103.0
102.0	102.0	102.0	102.4	102.2	102.7	102.4	102.2
102.4	103.2	102.7	104.3	105.0	105.4	105.9	105.8
106.2	107.4	108.2	108.4	108.2	107.9	107.5	109.6
107.7	109.8	110.4	110.4	110.1	109.5	108.8	114.3
104.0	104.0	105.3	105.7	105.7	105.7	105.7	103.3
103.6	**103.7**	**104.0**	**104.2**	**104.3**	**104.2**	**103.4**	**103.3**
102.7	102.9	103.3	103.4	103.3	103.4	102.8	102.8
100.5	100.0	99.8	99.8	99.8	100.0	100.2	100.3
107.9	108.9	110.6	110.6	111.7	112.4	110.1	110.1
116.0	120.2	124.2	127.1	128.5	129.3	122.5	120.9
104.0	103.5	104.1	102.8	103.7	104.4	103.8	104.8
101.4	101.2	101.2	101.3	100.5	100.2	100.0	99.8
100.0	99.8	99.8	99.8	98.7	98.8	98.8	98.0
102.8	102.3	101.9	101.7	101.4	100.9	100.4	100.1
100.8	100.8	101.1	100.9	100.0	98.5	98.3	97.9
100.9	101.3	100.9	100.1	100.2	100.2	[illegible]	99.6
97.7	98.3	98.4	98.4	98.4	98.4	[illegible]	99.4
100.4	100.9	100.9	100.9	101.1	101.0	101.8	102.0
102.5	101.8	102.1	103.9	102.6	101.6	100.6	100.7
103.1	102.7	103.4	103.3	103.4	104.0	103.4	102.8
105.5	104.5	104.6	105.0	100.9	100.7	101.5	101.6
100.7	100.5	100.6	100.8	101.4	101.4	101.4	101.4
99.5	99.7	99.7	98.5	98.0	98.1	98.3	98.2
103.3	103.3	103.5	103.3	103.1	104.4	104.3	104.4
99.9	100.1	100.1	99.9	99.9	99.8	99.8	99.8
104.2	104.1	104.4	104.3	104.0	105.6	105.6	105.6
100.3	100.4	100.4	100.7	100.7	100.7	100.7	100.7
101.3	101.3	101.3	101.3	101.3	101.3	101.6	101.6
100.9	100.9	100.9	100.9	100.9	100.9	100.9	100.9
100.3	100.3	100.2	101.9	101.9	101.9	101.9	101.9
100.1	100.3	100.3	100.3	100.3	100.3	100.1	100.1
99.1	99.6	99.6	99.6	99.6	99.6	99.6	99.6
100.5	99.9	99.9	99.9	99.9	99.9	99.9	99.9
100.8	100.8	100.8	100.8	100.8	101.0	101.0	101.0
105.6	105.7	105.7	106.1	106.6	106.0	104.9	104.5
102.1	102.4	102.3	102.2	101.8	101.9	101.7	101.5
100.3	99.7	100.5	100.9	100.4	100.2	100.5	100.6
100.7	100.7	100.9	100.5	100.5	100.5	100.2	100.2

5-3 续表 5

(上年同月=100)

指　　标	Item	1 月 January	2 月 February	3 月 March	4 月 April
护肤品	Skin Care Products	102.4	102.4	104.3	104.5
护发美容品	Hair Care Cosmetics	100.4	101.1	101.8	101.3
清洁化妆用品	Clean Toiletries	101.5	101.3	101.6	101.4
洗发用品	Shampoo Articles	101.3	101.2	101.2	101.2
洗浴用品	Bathing Articles	100.8	100.7	101.3	100.8
个人饰品	Personal Ornaments	106.0	107.1	108.2	107.7
首饰	Jewelry	114.3	115.4	118.1	116.9
皮件	Leather Goods	100.7	100.6	100.8	100.8
手表	Watchs	103.7	103.8	104.3	104.4
领带	Ties	100.8	100.8	101.1	100.6
个人服务	Personal Service	110.4	112.7	112.2	111.4
美容	Making-up	101.6	101.5	103.1	102.8
理(烫)发	Haircut(Perm)	124.7	129.4	126.3	125.0
洗浴	Bathing	102.3	109.0	108.9	109.2
交通和通信	**Transportation and Communication**	**100.4**	**100.6**	**100.5**	**100.9**
交通	Transportation	101.3	101.7	101.7	102.4
交通工具	Transportation Means	99.9	100.0	99.9	100.7
助动自行车	Boosting Bicycle	99.7	99.7	99.6	100.6
轿车	Car	98.6	98.6	98.5	98.5
自行车	Bicycle	100.7	101.0	101.0	102.1
车用燃料及零配件	Fuel and Accessories for Vehicle	105.3	106.5	108.5	110.2
汽油	Petrol	107.4	109.0	111.8	114.6
柴油	Diesel Oil	108.2	110.1	113.2	114.7
零配件	Accessories	100.0	100.0	100.1	100.2
车辆使用及维修费	Vehicle Using and Maintenance	101.3	102.9	103.1	103.3
保险费	Insurance	100.0	100.0	100.0	100.0
停车费	Parking fee	99.6	103.0	103.8	103.8
车辆修理服务费	Vehicle Maintenance Service	101.5	103.2	104.4	105.1
市区公共交通费	City Bus Transport	100.4	99.7	101.0	101.2
公共汽车票	Bus Ticket	95.8	94.8	95.8	95.9
出租汽车	Taxi	109.3	106.9	110.2	110.6
城市间交通费	Inter-city Transportation	102.5	103.3	101.4	102.5
飞 机 票	Plane Ticket	104.0	106.8	104.3	112.1
火 车 票	Train Ticket	100.0	100.0	100.0	100.0
长途汽车	Long-distance Coach	104.3	105.6	101.7	103.0
短途汽车	Short-distance Coach	103.8	106.1	103.8	104.6
通信	Communication	99.3	99.3	99.2	99.2
通信工具	Communication Tools	95.4	95.2	94.7	94.6
固定电话机	Stationary Telephone	100.1	100.0	100.0	99.9

Continued 5

(the same month last year=100)

5 月 May	6 月 June	7 月 July	8 月 August	9 月 September	10 月 October	11 月 November	12 月 December
104.9	105.5	105.1	105.2	104.1	104.5	103.9	103.3
100.3	100.5	100.2	100.1	100.1	100.4	100.6	100.7
101.5	101.9	101.7	101.5	102.2	102.5	103.0	102.7
101.7	102.2	101.4	100.9	101.3	100.6	101.0	100.5
100.5	101.1	101.2	101.2	103.3	104.3	105.2	105.2
107.3	107.0	107.1	109.5	110.6	107.2	106.5	106.5
116.0	115.3	115.7	121.8	122.6	113.7	113.2	110.8
101.6	101.4	101.4	101.2	100.9	100.5	100.2	100.7
103.7	103.6	103.4	104.1	104.7	104.7	104.6	104.3
100.8	100.8	100.7	100.7	100.7	100.1	99.7	99.7
112.2	112.2	112.2	111.7	112.4	112.7	108.5	107.3
102.8	102.6	102.6	102.6	103.2	104.3	104.2	104.5
125.8	125.8	125.8	125.9	128.2	127.5	115.9	112.5
109.2	109.7	109.7	110.0	110.4	110.4	111.3	112.1
101.0	**101.2**	**101.4**	**101.6**	**101.7**	**101.4**	**101.5**	**101.5**
102.6	102.9	103.3	103.6	103.6	103.2	103.4	103.3
100.6	100.6	101.1	101.7	102.0	102.2	102.5	102.5
100.7	100.8	101.1	102.3	103.0	103.2	103.5	103.4
98.3	98.3	99.2	99.7	99.7	100.2	100.7	100.7
102.1	102.1	102.5	102.6	102.5	102.5	102.8	103.0
109.7	112.2	112.2	112.0	112.1	109.7	107.3	106.5
114.0	117.6	117.5	117.4	117.4	114.0	110.4	109.3
113.5	117.4	117.3	116.9	116.9	113.4	109.6	108.4
100.2	100.6	100.6	100.6	100.7	100.7	100.7	100.7
104.5	104.5	105.1	105.3	105.6	105.3	105.4	104.8
100.0	100.0	100.0	100.0	100.0	100.0	100.0	100.0
106.5	106.5	107.0	107.3	106.9	106.4	106.4	106.4
107.0	107.3	107.3	107.7	108.5	107.9	108.2	107.9
101.4	101.4	103.2	103.5	102.9	101.7	103.3	103.3
95.9	95.6	99.1	99.1	98.2	97.1	100.4	100.4
111.1	111.8	110.2	110.7	110.7	108.8	107.2	107.2
102.9	103.1	102.5	102.5	102.6	102.7	102.6	102.4
116.7	121.2	106.3	104.5	108.6	109.8	106.8	104.2
100.0	100.0	100.0	100.0	100.0	100.0	100.0	100.0
103.6	103.6	103.7	103.7	103.7	103.7	103.7	103.6
104.7	104.7	104.9	105.0	105.0	105.1	105.1	104.9
99.0	99.1	99.0	99.2	99.3	99.3	99.2	99.2
93.5	93.7	93.9	95.0	95.1	95.3	95.3	95.4
99.3	98.8	99.4	99.8	100.3	100.3	100.2	100.2

5-3 续表 6

(上年同月=100)

指 标	Item	1 月 January	2 月 February	3 月 March	4 月 April
移动电话机	Mobile Telephone	94.1	93.9	93.2	93.1
通信服务	Communication Service	100.2	100.2	100.2	100.2
移动通信费	Mobile Communications	100.0	100.0	100.0	100.0
市内电话费	Telephone Charge Within a City	100.0	100.0	100.0	100.0
长途电话费	Long-Distance call Charge	100.0	100.0	100.0	100.0
月租费	Monthly Renting Fee	100.0	100.0	100.0	100.0
上网费	Namely	100.0	100.0	100.0	100.0
邮政邮寄	Postal mail	100.0	100.0	100.0	100.0
其他邮寄	Others	106.4	106.4	106.4	106.4
娱乐教育文化用品及服务	**Recreation,Education,Culture Articles and Services**	**100.3**	**100.2**	**100.5**	**100.5**
文娱用耐用消费品及服务	Durable Consumer Goods for Recreational	93.1	93.5	93.3	93.2
电视机	Television	89.0	89.7	89.9	89.3
激光视盘机	Video-disc Player	98.1	99.4	97.4	96.5
摄像机	Video-camera	90.5	90.7	90.5	90.2
照相机	Camera	86.9	86.5	87.5	88.8
家用音响	Stereo-set	97.8	99.7	97.7	97.2
便携式音响	Portable Audio	99.5	99.4	99.4	99.2
电脑	Computer	94.8	94.7	94.4	94.4
修理服务	Repair Service Fee	99.9	100.5	100.5	100.5
教育	Education	100.3	101.0	101.1	101.1
教材及参考书	Texts and Reference Book	100.6	101.5	101.5	101.5
工具书	Reference Book	100.0	100.0	100.0	100.0
教材	Text-book	102.6	102.4	102.4	102.4
参考书	Reference Book	98.9	101.3	101.3	101.3
教育软件	Educational Software	100.0	100.0	100.0	100.0
教育服务	Education Services	100.3	100.9	101.0	101.0
学前教育	Pre-school Education	101.2	102.2	102.0	102.0
中等教育	Secondary Education	101.1	100.4	100.3	100.3
高等教育	Higher Education	100.0	101.0	101.0	101.0
专业技能培训	Technical Training	100.0	100.0	100.5	100.5
文化娱乐类	Cultural Entertainment	101.3	101.3	101.3	101.4
文化娱乐用品	Cultural and Recreational Supplies	100.0	100.1	100.3	100.7
乐器	Musical Instrument	100.6	100.5	100.7	100.6
音响光盘和磁带	Stereo-CD and Tape	100.5	100.4	100.5	100.5
电子存储器	Electronic Storage Device	95.4	95.4	95.9	97.6
儿童玩具	Children's Toy	101.5	101.8	101.4	101.9
纸张本册	Paper List	101.0	100.8	100.8	101.1
文具	Stationary	100.5	100.5	100.7	101.3

Continued 6

(the same month last year=100)

5 月 May	6 月 June	7 月 July	8 月 August	9 月 September	10 月 October	11 月 November	12 月 December
91.8	92.2	92.3	93.5	93.6	93.8	93.9	94.0
100.2	100.2	100.1	100.1	100.1	100.1	100.0	100.0
100.0	100.0	100.0	100.0	100.0	100.0	100.0	100.0
100.0	100.0	100.0	100.0	100.0	100.0	100.0	100.0
100.0	100.0	100.0	100.0	100.0	100.0	100.0	100.0
100.0	100.0	100.0	100.0	100.0	100.0	100.0	100.0
100.0	100.0	100.0	100.0	100.0	100.0	100.0	100.0
100.0	100.0	100.0	100.0	100.0	100.0	100.0	100.0
107.0	107.0	104.1	104.1	104.1	104.1	100.5	100.8
100.3	**100.4**	**101.0**	**100.8**	**100.6**	**100.6**	**100.9**	**100.3**
93.2	93.7	93.9	94.6	95.0	95.0	95.4	95.5
89.4	90.1	90.3	91.5	92.0	92.1	92.5	92.8
96.5	96.2	96.8	96.6	96.2	96.3	96.8	96.5
90.9	91.1	92.9	93.4	93.6	93.4	94.0	94.0
89.7	91.5	91.8	93.4	94.8	95.0	94.7	95.0
96.8	97.0	97.4	98.2	98.2	98.6	99.2	99.0
99.4	99.2	99.5	99.5	99.5	99.2	99.2	99.2
93.9	94.2	94.2	94.6	94.9	94.8	95.6	95.5
100.5	100.5	100.5	100.6	100.6	100.6	100.6	100.6
101.1	101.1	101.1	101.1	101.3	101.3	101.3	100.7
101.5	101.5	101.5	101.5	103.4	103.5	103.5	103.5
100.0	100.0	99.9	99.9	100.2	100.4	100.4	100.4
102.4	102.4	102.4	102.4	105.8	105.8	105.8	105.8
101.3	101.3	101.3	101.3	102.6	102.6	102.6	102.6
100.0	100.0	100.0	100.0	100.0	100.0	100.0	100.0
101.0	101.0	101.0	101.0	101.0	101.0	101.0	100.3
102.0	102.0	102.0	102.3	105.0	104.8	104.8	104.8
100.3	100.3	100.3	100.3	99.7	99.7	99.7	99.6
101.0	101.0	101.0	101.0	101.1	101.1	101.1	100.0
100.5	100.5	100.5	100.5	100.5	100.5	100.5	100.5
101.5	101.6	101.6	101.0	101.0	101.0	101.1	100.9
100.7	101.0	100.9	100.8	100.9	101.1	101.1	101.1
100.6	100.7	100.7	100.7	100.7	100.7	100.3	99.8
100.5	100.5	99.9	98.6	98.5	98.5	98.2	98.1
99.3	99.1	99.2	99.2	99.5	98.9	100.2	100.2
100.5	101.3	100.3	100.4	100.6	100.7	100.7	100.6
101.1	102.7	102.7	103.2	103.6	104.1	103.3	102.8
101.4	101.9	101.3	101.4	101.3	101.1	101.0	101.1

5-3 续表 7

(上年同月＝100)

指　　标	Item	1 月 January	2 月 February	3 月 March	4 月 April
体育用品	Athletic Articles	100.1	100.5	101.3	101.5
书报杂志	Newspapers and Magazines	100.2	100.2	100.3	100.3
书籍	Books	100.0	100.0	100.0	100.0
报纸	Newspaper	100.0	100.0	100.0	100.0
杂志	Magazine	101.0	101.0	101.2	101.2
文娱费	Recreation	102.6	102.5	102.4	102.3
电影票	Video-movie Ticket	99.9	100.5	101.0	103.3
景点门票	Attractions Tickets	113.3	112.2	109.4	103.0
有线电视	Cabled TV	102.1	102.1	102.1	102.1
健身活动	Healthy Activities	103.4	102.5	102.3	102.3
旅游	Tourism	107.6	103.5	105.6	105.3
旅行社收费	Travel Agency Charges	110.0	104.3	107.4	106.6
宾馆住宿	Hotel Accommodation	100.5	101.2	100.2	101.7
其他住宿	Other Accommodations	100.2	100.1	100.1	100.9
居住	**Residence**	**106.7**	**106.2**	**106.6**	**106.1**
建房及装修材料	Building and Decorating Material	104.5	104.6	105.0	105.3
木材	Timber	108.2	108.2	109.5	108.4
木地板	Wood Floor	100.1	100.1	101.3	101.2
砖	Brick	104.5	104.7	104.7	105.6
水泥	Cement	113.2	113.3	116.5	120.5
涂料	Paint	101.1	101.2	101.7	103.6
板材	Board	103.7	103.7	104.2	103.5
玻璃	Glass	104.5	104.5	105.1	103.5
粘胶	Glue	103.3	103.3	104.2	104.1
厨卫设备	Kitchen Equipment	100.1	100.1	97.2	96.6
租房	Tenancy	102.5	104.1	104.3	103.9
公房房租	Public Housing rent	100.4	100.4	100.4	100.4
私房房租	Talk Accommodation	104.4	107.6	108.1	107.2
其他费用	Other Rents	101.2	101.2	101.2	101.2
自有住房	Self-owned House	111.5	109.9	110.3	108.7
住房估算租金	Rent	118.6	115.5	116.0	113.1
物业管理费用	Property Management Fees	100.2	100.2	100.5	100.5
维护修理费用	Maintenance Expenses	104.9	105.2	105.5	105.5
水、电、燃料	Water,Electricity and Fuels	103.5	103.1	103.6	103.9
水	Water	101.7	101.7	101.7	101.7
电	Electricity	100.0	100.0	100.0	100.0
液化石油气	Liquefied Petroleum Gas	111.7	109.4	111.5	113.6
管道燃气	Piped Gas	110.1	110.1	110.1	110.1
其他燃料	Other Fuel	105.4	105.7	107.9	107.5

Continued 7

(the same month last year=100)

5 月 May	6 月 June	7 月 July	8 月 August	9 月 September	10 月 October	11 月 November	12 月 December
101.7	101.0	101.0	101.0	101.1	101.8	101.3	101.9
100.3	100.3	100.3	100.3	100.3	100.3	100.3	100.3
100.0	100.0	100.1	100.1	100.1	100.1	100.1	100.1
100.0	100.0	100.0	100.0	100.0	100.0	100.0	100.0
101.2	101.2	101.2	101.2	101.2	101.2	101.2	101.0
102.5	102.6	102.6	101.4	101.3	101.3	101.4	101.1
105.0	105.6	105.6	104.6	105.0	105.0	106.0	106.5
103.5	103.5	103.5	103.5	102.0	102.0	102.0	101.0
102.1	102.1	102.1	100.1	100.1	100.1	100.1	100.1
102.3	102.3	102.4	102.4	102.4	102.4	102.4	100.1
103.7	103.6	107.9	106.0	103.5	102.8	105.1	102.9
104.5	104.4	110.1	107.4	104.2	103.3	106.2	103.3
100.8	101.2	100.5	100.9	100.8	100.7	100.7	100.9
101.5	101.5	103.0	103.0	103.0	103.0	103.5	103.6
106.2	**106.3**	**106.5**	**106.5**	**106.2**	**105.5**	**103.9**	**103.1**
105.1	105.4	105.5	105.6	105.4	105.3	104.4	102.2
106.3	106.1	105.4	104.4	104.1	104.2	103.4	102.4
101.2	101.4	100.9	102.0	101.3	101.7	102.5	101.6
106.0	105.9	106.2	106.8	107.0	106.9	105.5	104.1
121.4	121.5	122.6	123.2	121.7	119.7	113.2	103.9
103.4	103.3	104.7	104.1	105.0	105.2	105.3	104.4
102.3	102.5	102.4	102.3	102.3	102.5	102.6	102.5
103.8	104.5	105.2	105.1	104.5	104.1	103.6	100.4
103.1	103.5	104.7	104.7	104.9	104.7	105.5	104.6
96.6	96.6	96.6	96.5	97.2	97.4	97.4	97.4
104.0	104.0	103.4	104.2	104.0	104.0	103.5	103.5
100.4	100.2	100.4	100.2	100.0	100.0	100.0	100.0
107.7	108.1	106.5	108.3	108.1	108.1	107.1	107.1
100.6	100.0	100.0	100.0	100.0	100.0	100.0	100.0
108.7	109.0	109.4	109.2	108.8	108.1	105.9	105.1
112.8	114.2	114.1	113.6	112.9	111.8	108.0	107.1
100.5	100.5	100.5	100.5	100.5	100.5	100.5	100.5
106.5	103.6	106.0	106.4	106.2	106.2	106.2	104.6
104.3	104.1	104.5	104.3	104.0	102.7	101.0	101.1
101.7	101.7	101.7	101.7	102.5	100.9	100.9	100.9
100.0	100.0	100.0	100.0	100.0	100.0	100.0	100.0
116.0	114.9	117.6	117.6	118.3	113.3	103.1	103.2
110.0	109.9	109.9	107.1	103.1	100.4	100.0	100.0
107.5	108.1	108.1	109.3	108.4	107.5	106.1	107.1

5-4 居民消费价格分类指数
Consumer Price Indices by Category

(上年=100) (preceding year=100)

指　标	Item	2010	2011
居民消费价格总指数	**Consumer Price Index**	**102.9**	**105.8**
非食品价格指数	**Non-food Price Index**	**101.6**	**103.2**
服务项目价格指数	**Items of Service Price Index**	**101.6**	**103.8**
工业品价格指数	**Industrial Product Pprice Index**	**101.5**	**102.8**
扣除食品和能源价格指数	**Deduction Food and Energy Price Index**	**101.2**	**102.8**
扣除鲜菜鲜果总指数	**Deduction Fresh Vegetables Fresh Fruit General Index**	**102.3**	**105.7**
消费品价格指数	**Consumable Price Index**	**103.3**	**106.6**
食品	**Food**	**105.8**	**111.6**
粮食	Grain	110.6	116.3
淀粉	Starches and Tubers	101.4	111.6
干豆类及豆制品	Beans and Bean Products	109.7	104.9
油脂	Oil or Fat	105.1	114.9
肉禽及其制品	Meal,Poultry and Their Products	102.0	122.1
食用畜肉及副产品	Edible Domestic Animal's Meat and By-products	101.0	129.6
禽	Poultry	105.5	113.9
加工肉禽	Poultry Meat Processed Products	102.5	107.3
蛋	Eggs	107.8	113.7
水产品	Aquatic Products	100.5	110.7
鱼	Fish	99.7	109.9
其他水产品	Other Aquatic Products	102.7	112.6
菜	Vegetables	115.4	101.2
调味品	Flavoring	103.0	105.7
糖	Sweet	109.0	110.0
茶及饮料	Tea and Beverages	102.4	103.9
茶叶	Tea	105.6	107.2
饮料	Beverages	101.1	102.7
干鲜瓜果	Dried and Fresh Melons and Fruits	114.8	121.6
糕点、饼干、面包	Cake,Cookie,Bread	102.0	107.5
液体乳及乳制品	Milk and Its Products	102.1	102.6
在外用膳食品	Picnic Food	103.3	106.6
其他食品	Other Food and Food Processing	101.7	106.1
烟酒	**Tobacco,Liquor**	**101.5**	**104.1**
烟草	Tobacco	99.9	100.1
酒	Liquor	104.5	111.3
衣着	**Clothing**	**100.9**	**103.6**
服装	Garments	100.9	104.3
男式服装	Men's Wear	101.8	104.5
女式服装	Women's Wear	100.2	104.0
儿童服装	Children's Clothing	100.4	105.1
衣着材料	Clothing Material	101.3	107.3
鞋袜帽	Footwear,Socks and Hats	100.8	100.9
鞋	Shoes	100.7	100.5
袜子	Socks and Stockings	101.1	103.5
帽子	Hats	101.4	104.2
衣着加工服务费	Clothing Processing	103.7	108.2

5-4 续表 Continued

(上年=100) (preceding year=100)

指　标	Item	2010	2011
家庭设备用品及维修服务	**Household Facilities and Articles**	**101.4**	**102.7**
耐用消费品	Durable Consumer Goods	100.1	100.7
家　具	Furniture	105.5	103.9
家庭设备	Household Facilities	97.2	99.1
室内装饰品	Interior Decorations	102.0	103.2
床上用品	Bed Articles	102.9	107.5
家庭日用杂品	Daily-Use Household Articles	101.5	103.4
家庭服务及加工维修服务	Household Service and maintenance	108.7	108.0
医疗保健和个人用品	**Medic-care and Personal Articles**	**103.2**	**103.8**
医疗保健	Medic-care and health	103.4	103.1
医疗器具及用品	Medical Appliances and Articles	107.0	100.5
中药材及中成药	Traditional Chines Herbs and Patent Drugs	110.0	109.8
西药	Western Medicine	101.2	101.1
保健器具及用品	Healthy Appliances and Articles	102.2	103.2
医疗保健服务	Medical Care and Health Service	101.4	100.5
个人用品及服务	Personal Articles and Services	102.6	105.6
化妆美容用品	Making-up Articles	100.6	101.9
清洁化妆用品	Health Supplies	99.5	101.9
个人饰品	Personal ornaments	107.5	107.6
个人服务	Personal Service	103.6	111.3
交通和通信	**Transportation and Communication**	**100.2**	**101.1**
交通	Transportation	101.7	102.7
交通工具	Transportation Means	99.8	101.1
车用燃料及零配件	Fuels and Accessory for vehicles	109.5	109.4
车辆使用及维修费	Vehicle Use and Maintenance	101.5	104.3
市区公共交通费	City-bus Fares	103.5	101.9
城市间交通费	Inter-city Bus Fares	99.7	102.6
通信	Telecommunication	98.9	99.2
通信工具	Communication Tool	94.0	94.8
通信服务	Communication Service	100.1	100.2
娱乐教育文化用品及服务	**Recreation,Education,Culture Articles and Services**	**100.2**	**100.5**
文娱用耐用消费品及服务	Durable Consumer Goods for Receational Use	94.4	94.1
教育	Education	101.3	101.0
教材及参考书	Text Book and Reference Book	100.7	102.1
教育服务	Education Service	101.4	100.9
文化娱乐类	Cultural and Recreational Articles	101.6	101.3
文化娱乐用品	Cultural and Recreational Goods	99.5	100.7
书报杂志	Newspapers and Magazines	100.6	100.3
文娱费	Recreation Expense	103.5	102.0
旅游	Tourism	102.0	104.8
居住	**Residence**	**103.4**	**105.8**
建房及装修材料	Building and Decoration Materials	102.5	104.8
租房	Tenancy	101.2	103.8
自有住房	Housing	102.1	108.7
水、电、燃料	Water,Electricity and Fuels	104.9	103.3

5-5 主要城市居民消费价格总指数(1984-2011年)

Major Urban Consumer Price Index(1984-2011)

(上年=100) (preceding year=100)

年 份 Year	武汉市 Wuhan	黄石市 Huangshi	十堰市 Shiyan	宜昌市 Yichang	襄阳市 Xiangyang	孝感市 Xiaogan	荆州市 Jingzhou	咸宁市 Xianning
1984	104.1	104.2	103.6	101.0	100.6	101.1	103.5	
1985	111.1	111.3	114.1	110.7	108.7	109.7	112.6	
1986	106.2	106.1	103.4	109.1	106.8	107.9	104.7	
1987	108.2	108.2	106.4	107.5	107.7	111.3	109.9	
1988	120.5	122.2	120.0	126.8	119.7	116.9	120.7	
1989	113.4	117.4	112.3	116.1	113.3	114.9	113.9	113.9
1990	103.0	102.6	107.1	104.1	103.9	102.5	104.4	103.4
1991	107.3	107.8	109.5	107.0	107.4	105.0	105.0	107.4
1992	111.4	111.8	108.2	110.8	111.8	110.5	107.4	110.3
1993	119.8	120.5	119.9	121.8	117.3	111.3	119.8	120.0
1994	126.3	125.9	128.1	136.6	124.8	122.0	127.2	125.6
1995	118.4	120.0	119.8	124.1	118.6	115.5	117.4	122.1
1996	112.2	108.0	110.0	109.6	110.4	108.3	107.3	108.8
1997	103.1	101.0	102.9	101.5	104.4	102.3	99.2	101.5
1998	97.4	97.1	98.4	100.8	97.8	99.2	99.2	98.0
1999	96.1	94.7	97.7	101.5	97.8	97.5	98.0	99.8
2000	100.6	96.9	98.8	101.3	99.8	99.0	100.6	98.6
2001	99.5	98.3	98.8	99.5	99.1	99.1	99.8	99.5
2002	98.6	100.8	98.3	101.2	100.0	99.2	99.8	100.0
2003	102.3	101.4	101.6	104.5	102.5	101.9	102.1	101.3
2004	103.3	104.1	103.6	104.0	104.4	105.0	104.2	106.0
2005	102.7	101.9	102.1	102.4	101.9	101.9	101.5	102.0
2006	101.4	101.3	101.4	101.2	101.3	102.8	102.0	103.2
2007	104.1	104.8	105.8	106.4	105.1	104.7	105.3	106.4
2008	105.7	106.8	106.3	105.1	105.2	106.9	106.4	108.4
2009	99.4	99.5	100.8	100.1	98.7	99.2	98.8	99.3
2010	103.0	102.2	102.7	103.1	102.1	103.2	102.4	103.1
2011	105.2	105.3	106.0	106.8	105.8	105.6	105.3	105.7

5-6 主要城市居民消费价格分类指数(2011年)
Major Urban Consumer Price Index(2011)

(上年＝100) (preceding year=100)

指　标	Item	武汉市 Wuhan	黄石市 Huangshi	十堰市 Shiyan	宜昌市 Yichang
居民消费价格总指数	**Consumer Price Index**	**105.2**	**105.3**	**106.0**	**106.8**
非食品价格指数	**Non-food Price Index**	**103.1**	**102.8**	**102.7**	**103.7**
服务项目价格指数	**Items of Service Price Index**	**104.0**	**102.9**	**104.3**	**105.5**
工业品价格指数	**Industrial Product Pprice Index**	**102.4**	**102.7**	**101.5**	**102.3**
扣除食品和能源价格指数	**Deduction Food and Energy Price Index**	**102.8**	**102.5**	**102.2**	**103.6**
扣除鲜菜鲜果总指数	**Deduction Fresh Vegetables Fresh Fruit General Index**	**105.3**	**105.2**	**105.5**	**106.7**
消费品价格指数	**Consumable Price Index**	**105.8**	**106.3**	**106.7**	**107.4**
食品	**Food**	**110.1**	**111.0**	**113.5**	**114.0**
粮食	Grain	117.1	117.2	112.0	121.6
淀粉	Starches and Tubers	118.1	111.7	94.4	112.1
干豆类及豆制品	Beans and Bean Products	101.7	103.6	115.5	111.8
油脂	Oil or Fat	113.2	114.3	116.5	112.5
肉禽及其制品	Meal,Poultry and Their Products	119.8	123.7	128.0	126.1
食用畜肉及副产品	Edible Domestic Animal's Meat and By-products	126.9	133.8	136.6	132.5
禽	Poultry	112.0	108.5	120.2	119.7
加工肉禽	Poultry Meat Processed Products	103.6	106.3	108.7	112.4
蛋	Eggs	111.1	115.9	113.2	111.7
水产品	Aquatic Products	109.9	107.5	110.5	110.0
鱼	Fish	109.6	107.7	113.4	106.7
其他水产品	Other Aquatic Products	110.7	107.0	104.0	117.8
菜	Vegetables	94.5	103.0	102.9	107.4
调味品	Flavoring	107.5	108.9	108.1	101.6
糖	Sweet	111.9	110.3	110.2	105.5
茶及饮料	Tea and Beverages	102.0	103.5	109.2	102.4
茶叶	Tea	105.9	100.3	107.5	102.0
饮料	Beverages	100.5	104.3	109.6	102.6
干鲜瓜果	Dried and Fresh Melons and Fruits	123.0	114.9	133.2	118.4
糕点饼干	Cake,Cookie,Bread	109.8	110.7	107.8	105.4
液体乳及乳制品	Milk and Its Products	102.6	107.0	99.5	106.3
在外用膳食品	Picnic Food	104.4	102.3	106.3	110.9
其他食品	Other Food and Food Processing	110.7	104.9	102.7	101.6
烟酒	**Tobacco,Liquor**	**105.3**	**102.8**	**111.5**	**101.0**
烟草	Tobacco	99.9	99.6	100.0	100.1
酒	Liquor	116.4	109.4	131.7	102.7
衣着	**Clothing**	**103.2**	**104.5**	**99.2**	**106.4**
服装	Garments	104.8	103.3	101.6	106.3
男式服装	Men's Wear	106.3	99.8	99.3	100.4
女式服装	Women's Wear	103.6	105.5	102.9	108.6
儿童服装	Children's Clothing	106.1	105.6	104.1	117.6
衣着材料	Clothing Material	103.1	107.1	102.6	102.3
鞋袜帽	Footwear,Socks and Hats	98.8	108.1	91.6	107.1
鞋	Shoes	98.0	108.2	90.7	107.8
袜子	Socks and Stockings	104.0	107.4	100.0	101.8
帽子	Hats	116.3	107.8	100.6	100.3
衣着加工服务费	Clothing Processing	100.0	101.0	100.3	107.0

5-6 续表 1 Continued 1

(上年＝100) (preceding year=100)

指　标	Item	襄阳市 Xiangyang	孝感市 Xiaogan	荆州市 Jingzhou	咸宁市 Xianning
居民消费价格总指数	**Consumer Price Index**	**105.8**	**105.6**	**105.3**	**105.7**
非食品价格指数	**Non-food Price Index**	**102.1**	**103.3**	**102.6**	**103.0**
服务项目价格指数	**Items of Service Price Index**	**101.8**	**103.1**	**103.2**	**102.5**
工业品价格指数	**Industrial Product Pprice Index**	**102.3**	**103.4**	**102.2**	**103.2**
扣除食品和能源价格指数	**Deduction Food and Energy Price Index**	**101.7**	**102.6**	**102.3**	**102.6**
扣除鲜菜鲜果总指数	**Deduction Fresh Vegetables Fresh Fruit General Index**	**105.2**	**105.3**	**105.3**	**105.7**
消费品价格指数	**Consumable Price Index**	**107.2**	**106.6**	**106.3**	**106.9**
食品	**Food**	**114.0**	**110.7**	**111.5**	**111.9**
粮食	Grain	111.9	114.8	114.9	116.3
淀粉	Starches and Tubers	113.4	108.8	100.4	113.7
干豆类及豆制品	Beans and Bean Products	112.2	99.2	101.9	101.1
油脂	Oil or Fat	110.5	103.9	113.7	121.1
肉禽及其制品	Meal,Poultry and Their Products	128.0	120.8	124.8	120.9
食用畜肉及副产品	Edible Domestic Animal's Meat and By-products	137.5	126.9	135.7	124.6
禽	Poultry	116.5	110.6	109.8	117.6
加工肉禽	Poultry Meat Processed Products	106.8	110.9	105.0	110.8
蛋	Eggs	117.5	94.9	116.5	120.3
水产品	Aquatic Products	117.3	116.4	103.2	110.2
鱼	Fish	111.8	115.9	101.2	112.9
其他水产品	Other Aquatic Products	129.7	117.5	107.7	102.2
菜	Vegetables	109.8	104.9	101.0	101.6
调味品	Flavoring	101.8	101.0	103.7	111.7
糖	Sweet	102.1	106.0	103.7	113.2
茶及饮料	Tea and Beverages	100.2	105.3	102.2	105.3
茶叶	Tea	100.0	101.6	106.0	102.1
饮料	Beverages	100.2	106.5	101.0	106.7
干鲜瓜果	Dried and Fresh Melons and Fruits	131.3	126.1	113.7	116.0
糕点饼干	Cake,Cookie,Bread	101.0	98.5	102.0	108.9
液体乳及乳制品	Milk and Its Products	101.9	96.8	103.7	105.5
在外用膳食品	Picnic Food	106.7	107.6	110.7	105.0
其他食品	Other Food and Food Processing	98.9	104.8	108.2	109.9
烟酒	**Tobacco,Liquor**	**100.8**	**108.9**	**102.3**	**102.8**
烟草	Tobacco	100.2	100.0	100.0	100.7
酒	Liquor	101.7	124.3	106.3	107.3
衣着	**Clothing**	**101.3**	**101.5**	**101.2**	**106.7**
服装	Garments	101.7	101.1	101.5	108.1
男式服装	Men's Wear	103.2	101.4	102.7	109.9
女式服装	Women's Wear	100.8	100.7	102.1	106.4
儿童服装	Children's Clothing	100.0	102.1	94.3	108.3
衣着材料	Clothing Material	100.2	110.4	137.0	114.6
鞋袜帽	Footwear,Socks and Hats	100.1	102.2	96.5	102.6
鞋	Shoes	100.1	102.4	95.8	103.0
袜子	Socks and Stockings	100.0	101.0	102.7	101.0
帽子	Hats	102.1	100.0	98.2	100.3
衣着加工服务费	Clothing Processing	100.0	100.0	100.2	107.8

5-6 续表 2 Continued 2

(上年＝100) (preceding year=100)

指　　标	Item	武汉市 Wuhan	黄石市 Huangshi	十堰市 Shiyan	宜昌市 Yichang
家庭设备用品及维修服务	**Household Facilities and Articles**	**103.6**	**102.9**	**102.6**	**101.8**
耐用消费品	Durable Consumer Goods	100.0	100.7	102.9	98.1
家　　具	Furniture	110.4	99.9	100.0	97.8
家庭设备	Household Facilities	95.6	101.2	104.2	98.3
室内装饰品	Interior Decorations	108.0	100.0	103.4	103.3
床上用品	Bed Articles	110.1	117.0	104.0	110.1
家庭日用杂品	Daily-Use Household Articles	106.1	101.7	101.4	103.5
家庭服务及加工维修服务	Household Service and maintenance	108.7	105.9	103.0	107.7
医疗保健和个人用品	**Medic-care and Personal Articles**	**104.3**	**102.7**	**101.6**	**104.0**
医疗保健	Medic-care and health	102.8	102.2	101.2	104.9
医疗器具及用品	Medical Appliances and Articles	100.6	100.9	101.7	102.9
中药材及中成药	Traditional Chines Herbs and Patent Drugs	108.7	106.8	107.9	111.5
西药	Western Medicine	101.2	101.3	98.0	102.4
保健器具及用品	Healthy Appliances and Articles	103.5	100.3	100.5	99.8
医疗保健服务	Medical Care and Health Service	100.0	100.0	100.4	104.3
个人用品及服务	Personal Articles and Services	108.6	104.1	102.6	101.6
化妆美容用品	Making-up Articles	104.4	101.8	100.5	100.3
清洁化妆用品	Health Supplies	102.6	103.0	101.7	101.7
个人饰品	Personal ornaments	107.9	110.0	107.6	104.1
个人服务	Personal Service	119.6	100.0	100.2	99.7
交通和通信	**Transportation and Communication**	**99.6**	**102.1**	**100.2**	**101.4**
交通	Transportation	99.5	104.7	102.7	105.3
交通工具	Transportation Means	100.1	99.7	100.8	98.6
车用燃料及零配件	Fuels and Accessory for vehicles	109.3	109.6	106.7	108.4
车辆使用及维修费	Vehicle Use and Maintenance	100.9	100.0	104.8	103.3
市区公共交通费	City-bus Fares	95.7	112.9	102.5	110.1
城市间交通费	Inter-city Bus Fares	100.8	101.2	102.7	106.4
通信	Telecommunication	99.7	98.6	97.4	96.7
通信工具	Communication Tool	97.9	90.9	82.5	78.8
通信服务	Communication Service	100.0	100.0	100.0	100.0
娱乐教育文化用品及服务	**Recreation,Education,Culture Articles and Services**	**100.3**	**99.9**	**100.7**	**101.4**
文娱用耐用消费品及服务	Durable Consumer Goods for Receational Use	86.4	94.9	96.8	93.9
教育	Education	101.7	100.1	100.8	100.1
教材及参考书	Text Book and Reference Book	102.1	101.2	105.2	100.0
教育服务	Education Service	101.6	100.0	100.2	100.1
文化娱乐类	Cultural and Recreational Articles	101.0	100.5	101.0	104.9
文化娱乐用品	Cultural and Recreational Goods	100.3	100.8	103.1	101.8
书报杂志	Newspapers and Magazines	100.2	100.0	100.3	100.2
文娱费	Recreation Expense	101.5	100.5	100.0	108.6
旅游	Tourism	106.3	103.4	103.8	109.2
居住	**Residence**	**106.0**	**104.5**	**106.6**	**106.2**
建房及装修材料	Building and Decoration Materials	104.2	103.8	102.3	101.2
租房	Tenancy	105.5	105.8	107.0	102.7
自有住房	Housing	109.5	105.7	112.5	112.0
水、电、燃料	Water,Electricity and Fuels	102.4	102.9	101.2	102.4

5-6 续表 3 Continued 3

(上年＝100) (preceding year=100)

指 标	Item	襄阳市 Xiangyang	孝感市 Xiaogan	荆州市 Jingzhou	咸宁市 Xianning
家庭设备用品及维修服务	**Household Facilities and Articles**	**100.5**	**101.9**	**101.2**	**103.3**
耐用消费品	Durable Consumer Goods	100.7	99.3	100.5	101.4
家 具	Furniture	100.0	100.0	101.1	98.9
家庭设备	Household Facilities	101.2	99.0	100.1	102.6
室内装饰品	Interior Decorations	100.0	100.0	100.2	99.5
床上用品	Bed Articles	100.0	110.5	107.6	101.0
家庭日用杂品	Daily-Use Household Articles	100.3	101.6	100.9	105.6
家庭服务及加工维修服务	Household Service and maintenance	100.0	109.6	100.0	111.1
医疗保健和个人用品	**Medic-care and Personal Articles**	**104.9**	**105.5**	**102.7**	**101.2**
医疗保健	Medic-care and health	103.9	105.3	102.8	100.5
医疗器具及用品	Medical Appliances and Articles	99.7	100.8	100.9	99.2
中药材及中成药	Traditional Chines Herbs and Patent Drugs	107.8	122.3	108.6	105.3
西药	Western Medicine	104.0	97.9	100.6	98.7
保健器具及用品	Healthy Appliances and Articles	104.4	114.3	105.7	100.3
医疗保健服务	Medical Care and Health Service	100.0	100.1	100.6	100.0
个人用品及服务	Personal Articles and Services	107.4	105.9	102.6	102.4
化妆美容用品	Making-up Articles	100.3	99.7	**99.7**	100.2
清洁化妆用品	Health Supplies	100.7	101.7	100.6	103.4
个人饰品	Personal ornaments	108.8	105.4	107.5	106.9
个人服务	Personal Service	119.2	117.6	102.1	100.2
交通和通信	**Transportation and Communication**	**101.0**	**101.5**	**102.4**	**103.0**
交通	Transportation	101.8	102.2	104.8	108.8
交通工具	Transportation Means	100.0	100.0	99.9	106.0
车用燃料及零配件	Fuels and Accessory for vehicles	108.6	108.9	109.5	110.9
车辆使用及维修费	Vehicle Use and Maintenance	105.9	113.6	108.2	125.1
市区公共交通费	City-bus Fares	102.1	100.0	99.8	111.1
城市间交通费	Inter-city Bus Fares	100.0	100.8	111.4	103.5
通信	Telecommunication	99.8	100.6	100.0	97.0
通信工具	Communication Tool	99.2	100.0	96.3	84.8
通信服务	Communication Service	100.0	100.7	100.6	100.0
娱乐教育文化用品及服务	**Recreation,Education,Culture Articles and Services**	**100.1**	**100.6**	**101.5**	**100.2**
文娱用耐用消费品及服务	Durable Consumer Goods for Receational Use	100.2	100.0	97.3	97.3
教育	Education	100.0	101.6	100.5	101.0
教材及参考书	Text Book and Reference Book	100.0	102.6	100.0	100.0
教育服务	Education Service	100.0	101.5	100.6	101.2
文化娱乐类	Cultural and Recreational Articles	100.5	100.6	101.2	100.8
文化娱乐用品	Cultural and Recreational Goods	100.0	101.9	100.2	101.0
书报杂志	Newspapers and Magazines	100.0	100.0	101.3	100.0
文娱费	Recreation Expense	101.1	100.0	101.8	101.1
旅游	Tourism	100.0	97.3	109.3	100.0
居住	**Residence**	**104.1**	**105.6**	**104.9**	**104.1**
建房及装修材料	Building and Decoration Materials	99.6	105.4	105.5	105.6
租房	Tenancy	100.0	101.4	100.0	105.2
自有住房	Housing	106.8	107.6	106.0	102.8
水、电、燃料	Water,Electricity and Fuels	106.0	104.4	104.7	104.0

5-7 商品零售价格分类指数(2011年)
Retail Price Indices by Category(2011)

(上年＝100)　　(preceding year=100)

指　　标	Item	全　省 Provice	城　市 Urban Areas	农　村 Rural Areas
商品零售价格总指数	**Retail General Price Index**	**105.6**	**105.1**	**106.2**
食品	**Food**	**112.1**	**111.6**	**112.9**
粮食	Grain	116.0	116.0	115.9
大米	Rice	117.8	117.2	118.5
面粉	Flour	109.7	109.9	109.6
粮食制品	Grain Products	114.0	115.6	112.1
淀粉	Starches	110.5	111.1	109.9
干豆类及豆制品	Bean and Its Products	105.4	105.7	105.0
干豆	Dried Beans	103.2	102.5	103.8
豆制品	Soybean Products	106.0	106.4	105.4
油脂	Oil or Fat	116.0	112.8	119.4
食用植物油	Oil of Plant	116.6	115.3	117.3
植物油制品	Vegetable Oil Processed Product	112.0	111.1	114.4
肉禽及其制品	Meal,Poultry and Their Products	122.6	122.9	122.3
食用畜肉及副产品	Edible Domestic Animal's Meat and By-products	130.1	131.3	128.5
猪肉	Pork	136.8	136.2	137.9
牛肉	Beef	107.8	109.2	106.1
羊肉	Mutton	123.5	123.8	123.4
畜肉副产品	Animal By-products	132.8	135.7	130.4
禽	Poultry	114.4	113.5	114.9
鸡	Chicken	114.7	113.4	115.8
鸭	Duck	113.9	114.6	113.4
肉禽加工制品	Poultry Meat Processed Products	108.1	106.3	111.5
畜肉制品	Domestic Animal's Processed Products	108.1	106.6	110.3
禽制品	Poultry Processed Products	108.2	105.9	113.1
蛋	Eggs	114.5	112.7	117.3
鲜蛋	Fresh eggs	114.7	113.3	117.1
蛋制品	Eggs Processed Products	113.4	109.5	118.3
水产品	Aquatic Products	110.7	110.3	111.1
鱼	Fish	110.0	109.0	111.0
淡水鱼	Fish in Fresh Water	109.0	107.0	111.0
海水鱼	Fish in Sea Water	118.1	121.7	111.8
其他水产品	Other Aquatic Products	112.4	113.0	111.5
虾蟹类	Decapod Crustacean	114.3	113.3	115.8
菜	Vegetables	102.5	100.8	105.0
鲜菜	Fresh Vegetables	101.6	100.2	103.9
干菜及菜制品	Dried Vegetables and Vegetable Products	108.0	107.0	108.7
薯类	Tubers	110.4	108.0	112.7
调味品	Flavoring	105.5	105.6	105.4
盐	Salt	99.5	100.0	99.1

5-7 续表 1 Continued 1

(上年＝100) (preceding year=100)

指 标	Item	全 省 Provice	城 市 Urban Areas	农 村 Rural Areas
酱油	Soy Sauce	106.6	105.7	107.5
醋	Vinegar	108.7	108.8	108.6
味精	Monosodium Glutamate	104.9	102.4	106.9
糖	Sweet	109.3	108.0	110.4
食糖	Sugar	122.6	123.1	122.4
糖果	Candy	104.7	101.8	107.0
巧克力制品	Chocolate Goods	102.1	101.7	102.6
糖制小食品	Sugar-coated food stuff	108.2	109.8	106.6
干鲜瓜果	Dried and Fresh Melons and Fruits	121.0	123.2	117.7
鲜瓜果	Fresh Fruits	123.5	126.3	119.5
干(坚)果	Dried(nut)Fruits and Melon and Fruit Products	114.7	115.8	112.9
糕点饼干面包	Cake,Cookies,Bread	107.2	106.2	108.6
糕点	Cake	109.7	109.6	109.9
饼干	Cookie	107.1	104.6	110.6
面包	Bread	104.8	105.1	104.4
液体乳及乳制品	Milk and Its Products	102.5	102.8	101.7
巴氏杀菌奶或消毒奶	Pasteurized Milk or Milk Disinfection	101.2	101.2	101.2
酸奶	Yogurt	105.7	108.0	101.3
奶粉	Milk Powder	103.8	104.3	102.9
在外用膳食品	Picnic food	107.1	106.4	108.1
主食	Staple Food	108.4	106.9	110.7
炒菜	Fried Dishes	105.8	105.7	106.1
地方小吃	Local Snacks	112.8	112.3	113.4
其他食品	Other Food	104.7	105.1	104.4
饮料、烟酒	**Beverages, Tobacco and Liquor**	**104.0**	**104.5**	**103.5**
茶及饮料	Tea and Beverages	104.6	103.2	105.6
茶叶	Tea	108.4	103.9	110.7
饮料	Beverages	103.0	103.0	103.0
固体饮料	Solid Beverage	100.6	99.4	101.5
液体饮料	Drink Liquids	103.1	103.6	102.7
冷冻饮品	Frozen Drinks	104.9	104.4	105.3
烟草	Tobacco	100.2	100.0	100.5
国产卷烟	Home-made Cigarette	99.7	99.2	100.6
进口卷烟	Imported Cigarette	100.3	100.0	100.6
酒	Wine	109.7	112.7	106.3
白酒	Liquor	112.8	116.1	108.8
葡萄酒	Grape Spending	103.5	103.5	103.6
啤酒	Beer	102.2	104.3	100.4
服装、鞋帽	**Garments, Shoes and Hats**	**103.5**	**102.4**	**105.0**
服装	Garments	104.5	103.4	106.0

5-7 续表 2 Continued 2

(上年=100) (preceding year=100)

指　标	Item	全　省 Provice	城　市 Urban Areas	农　村 Rural Areas
男式服装	Men's Garment	104.6	103.1	106.7
大衣	Overcoat	102.3	101.3	103.6
毛线衣	Knitted Woolen Clothes	102.4	99.4	105.5
夹克衫	Jacket	108.7	108.6	108.8
衬衫	Shirt	104.8	103.8	106.3
T恤衫	T-shirts	100.5	98.6	102.4
裤子	Trousers	104.5	101.2	110.3
西服	Suits	105.8	105.3	106.9
运动衫裤	Sport Clothing	103.1	103.1	103.1
内衣	Underwear	106.0	105.9	106.1
羽绒衣	Down Clothing	104.5	100.2	110.0
女式服装	Women's dress	104.2	103.4	105.5
大衣	Overcoat	103.2	103.6	102.5
毛线衣	Knitted Woolen Clothes	104.9	102.9	108.2
羽绒衣	Down Clothing	103.8	101.2	108.6
套装	Suits	105.3	106.5	103.9
衬衫	Shirt	103.9	105.4	101.7
T恤衫	T-shirts	101.2	100.0	102.9
裙子	Skirt	101.7	100.3	104.2
裤子	Trousers	105.2	103.8	108.3
运动衫裤	Sports Wear	104.7	106.8	102.0
内衣	Underwear	107.0	105.9	108.7
儿童服装	Children's Garment	104.9	104.5	105.5
套装	Suits	100.8	101.2	100.4
裤子	Trousers	109.2	105.8	113.4
裙子	Skirt	109.4	111.8	106.1
鞋袜帽	Footwear,Socks and Hats	101.2	99.9	102.9
鞋	Shoes	100.8	99.4	102.8
男鞋	Men's Shoes	100.4	99.5	101.6
女鞋	Women's Shoes	99.9	98.6	102.5
童鞋	Children's Shoes	104.7	103.9	105.1
袜子	Socks and Stockings	103.3	102.9	103.7
男袜	Men's Socks	104.5	103.6	105.5
女袜	Women's Socks	102.4	102.4	102.3
帽子	Hats	103.1	106.6	101.8
男帽	Man Cap	103.0	105.1	102.3
女帽	Bonnet	103.1	107.7	101.4
其他	Others	100.7	99.7	101.9

5-7 续表 3 Continued 3

(上年＝100) (preceding year=100)

指　　标	Item	全　省 Provice	城　市 Urban Areas	农　村 Rural Areas
领带	Tie	100.7	99.7	101.9
纺织品	**Textiles**	**107.0**	**108.1**	**105.8**
衣着材料	Clothing Material	108.5	108.1	108.7
棉布	Cotton Cloth	112.5	111.4	113.6
棉混纺布	Cotton -chemical Fiber Blended Cloth	107.8	109.6	106.1
化纤布	Chemical Fiber Cloth	105.8	102.8	107.5
毛线	Woolen Threads	106.1	108.0	103.8
床上用品	Bed Articles	107.9	111.1	104.6
被子	Quilts	104.7	105.9	103.0
床上套件	Bed Sets	97.3	95.7	99.6
家用电器及音像器材	**Household Appliances, Music and Video Equipment**	**99.7**	**98.6**	**101.1**
家庭设备	Household Facilities	97.1	94.7	99.7
洗衣机	Washing Machine	104.8	104.5	105.0
电风扇	Electric Fan	99.5	97.4	102.1
电冰箱(柜)	Refrigerator	98.5	97.1	100.5
吸排油烟机	Smoke Exhauster	101.1	100.7	101.9
空调器	Air Conditioner	99.3	99.5	99.1
热水器	Shower Heater	95.6	94.4	98.6
微波炉	Microwave Oven	93.8	91.9	97.1
电炊具	Electric Cooking Utensil	91.8	89.2	96.1
文娱用耐用消费品	Durable Consumer Goods for Recreational	97.1	95.5	99.7
电视机	Television	95.4	94.0	98.1
激光视盘机	Video-disc Player	93.3	91.5	97.2
摄像机	Video-camera	97.8	98.3	97.2
家用音响设备	Home Audio Equipment	99.5	99.7	99.2
便携式音响	Portable Audio	98.4	96.8	99.7
音像器材	Audiovisual Equipment	99.7	99.7	99.6
专业音响器材	Professional Audio Equipment	96.1	91.9	100.0
专业声像器材	Professional Audio-visual Equipment	98.8	98.1	100.0
文化办公用品	**Cultural and Office Goods**	**102.2**	**102.4**	**101.9**
纸张本册	This Paper List	101.0	101.7	99.8
文具	Stationary	95.9	93.7	98.8
电脑及配件	Computers and Accessories	97.7	96.6	100.1
打印机及配件	Printers and Accessories	99.1	96.9	103.6
扫描仪	Scanner	99.9	99.7	100.2
复印机	Photocopiers	98.2	97.5	100.0
电子辞典	Electronic Dictionary	99.2	98.9	99.6
计算器	Calculators	100.1	100.0	100.2

5-7 续表 4 Continued 4

(上年＝100) (preceding year=100)

指　标	Item	全　省 Provice	城　市 Urban Areas	农　村 Rural Areas
教学设备	Teaching Equipment	99.2	99.0	100.0
日用品	**Articles for Daily Use**	**102.6**	**103.0**	**102.2**
日用百货	General Merchandise for Daily Use	102.9	102.4	103.4
自行车	Bicycle	102.6	100.8	104.2
助动自行车	Boosting Bicycle	101.9	99.6	103.9
雨具	Rain Gear	101.6	103.0	100.2
剃须刀具	With Razor	107.6	112.2	101.1
电池	Battery	103.3	103.7	103.0
卫生纸	Toilet Paper	102.9	102.7	103.1
日用杂品	Grocery for Daily Use	103.8	104.6	102.8
茶具	Tea-set	103.7	104.0	103.2
餐具	Cooking-set	105.0	106.8	102.7
厨具	Cook-set	102.9	103.1	102.8
洗涤用品	Wash Articles	103.3	104.4	102.2
洗衣粉	Detergent	102.6	103.2	102.0
肥皂类	Soap	107.7	109.8	105.5
清洁洗涤剂	Clean the Detergent	101.7	102.8	100.4
其他日用品	Other Daily Necessities	100.8	101.2	100.4
儿童玩具	Toy for Children	100.7	101.2	100.2
照明器具	Lighting Utensil	102.8	104.2	100.9
钟表眼镜及配件	Clock and Watch Glasses and Fittings	100.6	100.7	100.4
日用普通饰品	Ordinary Ornaments of Daily Expenses	100.5	101.0	99.9
日用皮革制品	Daily Leather and Fur Products	100.7	100.9	100.6
体育娱乐用品	**Sports and Recreation Articles**	**100.3**	**100.2**	**100.6**
体育用品	Sports Goods	100.2	100.1	100.3
球类	Ball	101.5	102.0	100.8
棋牌	Chess and Card	100.3	100.2	100.4
健身器材	Body-building Apparatus	99.3	98.8	99.9
娱乐用品	Amusement articles	100.5	100.3	100.9
游艺器材	Apparatus of Recreation	100.1	100.3	99.8
乐器	Musical Instrument	100.9	100.2	102.0
交通、通信用品	**Transportation and Communication Appliances**	**97.0**	**97.0**	**97.2**
交通运输机械	Machinery of Communications and Transportation	99.7	99.6	99.9
轿车	Car	99.3	99.3	99.5
客车	Passenger Train	99.8	99.7	99.9
货车	Truck	100.3	100.5	100.0

5-7 续表 5 Continued 5

(上年=100) (preceding year=100)

指　　标	Item	全 省 Provice	城 市 Urban Areas	农 村 Rural Areas
通信器材	Apparatus of Communication	94.3	93.9	94.7
固定电话机	Stationary Telephone	99.8	98.9	100.7
移动电话机	Mobile Telephone	92.9	92.7	93.3
传真机	Fax-machine	99.7	99.5	100.0
家具	**Furniture**	**103.5**	**104.1**	**102.5**
柜	Cupboard	103.9	105.0	101.5
床	Beds	103.9	105.2	102.5
桌	Desks	103.2	104.9	101.0
椅	Chairs	106.3	102.2	111.2
沙发	Sofas	102.0	102.5	101.1
化妆品	**Cosmetic Products**	**101.7**	**101.9**	**101.5**
护肤品	Skin Care Product	103.2	103.4	103.0
美容化妆品	Cosmetics	100.6	100.2	101.2
护发美容品	Hair Care Cosmetics	100.6	100.8	100.2
洗发用品	Shampoo Articles	101.1	101.1	101.2
洗浴用品	Clean the Cosmetics	102.5	103.2	101.3
药物美容用品	Cosmetic Articles of Medicine	102.4	103.1	101.5
金银珠宝	**Jewel of Gold and Silver**	**115.5**	**111.4**	**120.5**
金饰品	Gold Ornaments	122.9	118.4	126.5
银饰品	Silver Ornaments	119.3	117.0	122.0
铂金饰品	Platinum Ornaments	109.1	106.5	112.8
中西药品及医疗保健用品	**Traditional Chinese and Western Medicines and Health**	**104.2**	**104.2**	**104.2**
医疗器具及用品	Edical Appliances and Articles	100.5	101.0	100.2
中药材及中成药	Traditional Chines Herbs	109.7	109.4	109.9
中药材	Chines Herbal Material	120.6	121.0	120.2
中成药	Chines Patent drugs	104.1	104.5	103.5
西药	Western Medicine	101.1	101.3	100.9
抗菌素(抗感染药)	Anti-microbial Drugs	99.6	99.6	99.5
消化系统用药	The Digestive System Drugs	101.4	101.9	100.7
呼吸系统用药	Respiratory Drug	100.2	99.1	101.3
解热镇痛及非甾体抗炎药	Antipyretic and Analgesic & NSAIDs	100.4	102.2	98.2
抗肿瘤药	Anticancer Drugs	99.0	98.6	99.9
激素类药	Hormone Endocrine Function and Regulation of Drugs	101.3	101.4	101.1
心血管系统用药	Circulatory System Administration	102.9	103.2	102.2
中枢神经系统用药	Nervous System Drugs	103.4	101.5	106.1
消毒防腐及创伤外科用药	Specialist drug	104.5	104.4	104.7
泌尿系统用药	Urinary system drugs	100.8	100.3	101.4
维生素类	Vitamin	100.0	99.7	100.7
保健器具及用品	Healthy Appliances and Articles	102.9	103.4	102.1
保健器具	Healthy Appliance	100.4	99.5	101.1
滋补保健用品	Tonic and Healthy Goods	103.7	104.3	102.6

5-7 续表 6 Continued 6

(上年＝100) (preceding year=100)

指　标	Item	全　省 Provice	城　市 Urban Areas	农　村 Rural Areas
书报杂志及电子出版物	**Books, Newspapers, Magazines and Electronic Publications**	**100.8**	**100.5**	**101.4**
教材及参考书	Texts and Reference Books	101.9	101.5	102.5
工具书	Reference Book	100.1	100.0	100.3
教材	Text-book	103.2	103.9	102.4
参考书	Reference Book	101.5	100.0	103.6
教育软件	Educational Software	100.0	100.0	100.0
书报杂志	Newspapers and Magazines	100.3	100.2	100.4
书籍	Books	100.0	100.1	100.0
报纸	Newspapers	100.0	100.0	100.0
杂志	Magazine	101.3	101.0	101.6
电子音像制品	Electronic Audio-video Products	99.2	98.4	100.6
音响光盘和磁带	Audio CD and Tape	99.7	99.4	100.2
计算机软件	Computer Software	97.6	95.5	102.1
燃料	**Fuels**	**110.6**	**110.4**	**111.0**
煤炭及制品	Coal and Its Products	107.5	103.9	110.3
原煤	Coal	108.7	105.8	111.3
煤制品	Coal Products	107.1	103.0	110.0
石油及制品	Oil and Its Products	111.2	111.3	111.2
液化石油气	Liquified Petroleum Gas	111.9	113.1	110.2
管道燃气	Pipeline Gas	106.2	106.4	105.6
汽油	Gasoline	113.3	113.2	113.4
柴油	Kerosene	113.3	113.4	113.3
建筑材料及五金电料	**Building Materials and Hardware**	**104.4**	**104.2**	**104.7**
建筑装璜材料	Building Decoration Materials	104.7	104.1	105.4
木材	Wood	105.2	108.2	102.7
木地板	Wood Floor	101.2	101.1	101.5
钢材	Steel	111.2	111.6	110.8
砖	Brick	105.1	102.7	107.2
水泥	Cement	116.7	114.8	118.4
涂料	Paint	104.1	102.1	105.9
板材	Plywood	103.0	102.7	103.2
玻璃	Glass	103.1	106.5	100.6
粘胶	Viscose	104.5	104.0	104.9
管材	Paint	103.0	103.7	102.2
厨卫设备	Kitchen Equipment	98.7	95.9	102.4
五金电料	Hardware	103.6	104.6	102.2
五金工具	Hardware Tools	103.4	104.8	101.7
电工电料	Electricians and Electric Materials Will Be	102.9	103.3	102.4
水暖器材	Plumbing Equipment	104.6	106.9	101.4

5-8 商品零售价格分类指数
Retail Price Indices by Category

(上年＝100) (preceding year=100)

指 标	Item	2010	2011
商品零售价格总指数	**Retail General Price Index**	**103.1**	**105.6**
食品类	**Food**	**106.1**	**112.1**
粮食	Grain	110.5	116.0
淀粉	Starches and Tubers	100.5	110.5
干豆类及豆制品	Beans and Bean Products	109.3	105.4
油脂	Oil or Fat	104.8	116.0
肉禽及其制品	Meal,Poultry and Their Products	101.9	122.6
食用畜肉及副产品	Edible Domestic Animal's Meat and By-products	101.1	130.1
禽	Poultry	105.1	114.4
肉禽加工制品	Poultry Meat Processed Products	102.8	108.1
蛋	Eggs	107.4	114.5
水产品	Aquatic Products	100.3	110.7
鱼	Fish	99.3	110.0
其他水产品	Other Aquatic Products	103.1	112.4
菜	Vegetables	115.8	102.5
调味品	Flavoring	103.3	105.5
糖	Sweet	109.4	109.3
干鲜瓜果	Dried and Fresh Melons and Fruits	115.1	121.0
糕点饼干面包	Cake,Cookie,Bread	102.0	107.2
液体乳及乳制品	Milk and Its Products	102.1	102.5
在外用膳食品	Picnic Food	103.6	107.1
其他食品	Other Food	102.0	104.7
饮料、烟酒	**Tobacco,Liquor and Articles**	**101.9**	**104.0**
茶及饮料	Tea and Drinks	102.7	104.6
茶叶	Tea	106.3	108.4
饮料	Beverage	101.4	103.0
烟草	Tobacco	100.0	100.2
酒	Liquor	104.4	109.7
服装、鞋帽	**Garments, Shoes and Hats**	**101.0**	**103.5**
服装	Garments	101.1	104.5
男式服装	Men's Wear	101.7	104.6
女式服装	Women's Wear	100.4	104.2
儿童服装	Children's Clothing	101.2	104.9
鞋袜帽	Footwear,Socks and Hats	100.7	101.2
鞋	Shoes	100.7	100.8
袜子	Socks and Stockings	100.9	103.3
帽子	Hats	101.4	103.1
其他	Others	102.3	100.7

5-8 续表 Continued

(上年＝100) (preceding year=100)

指 标	Item	2010	2011
纺织品	**Textiles**	**101.8**	**107.0**
衣着材料	Clothing Material	101.1	108.5
床上用品	Bed Articles	102.1	106.1
家用电器及音像器材	**Electric Household Appliance and Sound Apparatus**	**96.1**	**97.3**
家庭设备	Household Facilities	97.8	99.7
文娱用耐用消费品	Durable Consuming Goods for Entertainment		93.8
音像器材类	Sound Apparatus	98.9	98.4
文化办公用品	**Cultural and Office Goods**	**97.4**	**98.8**
日用品	**Articles for Daily Use**	**100.7**	**102.6**
日用百货	Merchandiles for Daily Use	100.7	102.9
日用杂品	Sundries for Daily Use	102.4	103.8
洗涤用品	Washing and Cleaning Goods	100.1	103.3
其他日用品	Other Daily-use Goods	100.4	100.8
体育娱乐用品	**Sports and Entertainment Goods**	**98.5**	**100.3**
体育用品	Sports Goods	99.4	100.2
娱乐用品	Recreational Goods	97.8	100.5
交通、通信用品	**Traffic and Telecommunication Goods**	**97.2**	**97.0**
交通运输机械	Traffic and Transport Machinery	99.3	99.7
通信器材类	Telecommunication Apparatus	95.2	94.3
家具	**Furniture**	**104.7**	**103.5**
化妆品类	**Cosmetics**	**100.5**	**101.7**
金银珠宝类	**Gold and Silver Jewls**	**116.8**	**115.5**
中西药品及医疗保健用品类	**Chinese and Western Medicines and Health Supplies**	**104.8**	**104.2**
医疗器具及用品	Medical-care Apparatus and Goods	106.4	100.5
中药材及中成药	Chinese Herbs and Patent Medicine	111.6	109.7
西药	Western Medicine	101.1	101.1
保健品及器具	Healthy Devices and Goods	102.5	102.9
书报杂志及电子出版物类	**Books, Magazines and Electronic Publications**	**100.3**	**100.8**
教材及参考书	Texts and Reference Books	100.5	101.9
书报杂志	Newspapers and Magazines	100.5	100.3
电子音像制品	Electronic Audio and Video Products	99.2	99.2
燃料类	**Fuels**	**112.2**	**110.6**
煤炭及制品类	Coal and Its Products	104.4	107.5
石油及制品类	Oil and Its Products	114.4	111.2
建筑材料及五金电料类	**Building Apparatus and Hardwares**	**103.4**	**104.4**
建筑装璜材料	Building Decoration Materials	102.9	104.7
五金电料类	Hardwares and Electrical Apparatus	104.8	103.6

5-9 主要城市商品零售价格总指数(1984-2011年)

Major Cities in Overall Retail Price Index(1984-2011)

(上年=100) (preceding year=100)

年 份 Year	武汉市 Wuhan	黄石市 Huangshi	十堰市 Shiyan	宜昌市 Yichang	襄阳市 Xiangyang	孝感市 Xiaogan	荆州市 Jingzhou	咸宁市 Xianning
1984	104.0	103.1	103.4	100.9	100.4	104.4	103.4	
1985	111.6	112.1	115.1	110.6	109.1	104.7	113.1	
1986	105.8	106.0	102.4	107.8	106.2	105.3	104.5	
1987	108.2	108.6	105.6	107.2	107.0	109.9	110.4	
1988	121.8	122.7	121.4	127.6	120.4	121.0	122.0	
1989	113.9	117.4	111.6	116.7	112.8	116.8	113.9	116.8
1990	102.5	101.2	105.1	103.2	102.3	104.5	103.7	101.8
1991	106.7	107.2	106.6	105.6	105.6	105.6	104.8	104.4
1992	110.0	109.2	108.8	109.9	107.5	102.8	106.6	107.9
1993	118.8	116.7	116.4	119.5	113.1	102.5	114.8	115.6
1994	124.1	122.3	120.4	127.5	123.2	120.4	122.5	127.7
1995	114.0	115.6	117.0	119.1	113.9	119.5	124.6	117.7
1996	106.0	106.6	108.4	106.3	106.6	107.7	106.3	105.9
1997	100.7	100.1	101.2	99.9	101.4	101.4	100.9	101.4
1998	96.2	96.3	96.6	96.3	97.6	97.9	96.9	97.2
1999	93.7	94.7	95.6	99.8	95.3	97.1	96.9	96.4
2000	97.4	96.9	98.0	101.7	97.5	98.7	99.9	97.9
2001	96.0	97.2	97.7	99.9	97.6	99.3	97.9	97.9
2002	97.7	99.0	99.5	102.5	98.8	99.6	98.4	98.4
2003	100.4	100.4	100.6	102.4	99.1	100.0	100.5	101.4
2004	101.0	102.2	102.9	103.6	103.5	103.3	104.1	104.9
2005	100.9	100.6	100.9	102.1	100.3	101.3	101.8	101.8
2006	100.7	100.5	101.3	101.2	100.0	102.3	101.1	101.2
2007	103.0	103.4	104.5	104.8	103.6	102.9	106.3	105.9
2008	105.1	107.0	106.3	105.1	104.7	105.9	106.7	108.0
2009	98.4	98.8	99.9	99.8	98.1	99.5	97.0	98.8
2010	103.1	102.5	103.3	102.1	102.8	103.5	102.0	103.5
2011	105.6	105.5	105.0	105.4	105.7	105.6	105.2	105.9

5-10 主要城市商品零售价格分类指数(2011年)

Major Cities in the Retail Price Index(2011)

(上年=100) (preceding year=100)

指标	Item	武汉市 Wuhan	黄石市 Huangshi	十堰市 Shiyan	宜昌市 Yichang
商品零售价格总指数	**Retail General Price Index**	**104.7**	**105.5**	**105.0**	**105.4**
食品类	**Food**	**110.0**	**111.2**	**113.3**	**114.2**
粮食	Grain	117.2	117.1	112.0	121.6
淀粉	Starches and Tubers	118.1	111.7	94.4	112.1
干豆类及豆制品	Beans and Bean Products	101.7	103.5	115.5	111.8
油脂	Oil or Fat	113.2	114.2	116.5	112.5
肉禽及其制品	Meal,Poultry and Their Products	119.6	123.9	128.0	126.1
食用畜肉及副产品	Edible Domestic Animal's Meat and By-products	126.6	134.3	136.6	132.5
禽	Poultry	112.0	108.5	120.2	119.7
肉禽加工制品	Poultry Meat Processed Products	103.6	106.2	108.7	112.4
蛋	Eggs	111.1	115.8	113.2	111.7
水产品	Aquatic Products	109.9	107.5	110.5	110.0
鱼	Fish	109.6	107.7	113.4	106.7
其他水产品	Other Aquatic Products	110.7	106.9	104.0	117.8
菜	Vegetables	94.5	103.0	102.9	107.4
调味品	Flavoring	107.5	108.7	108.1	101.6
糖	Sweet	109.6	110.3	110.2	105.5
干鲜瓜果	Dried and Fresh Melons and Fruits	123.0	114.9	133.2	118.4
糕点饼干面包	Cake,Cookie,Bread	109.8	111.0	107.8	105.4
液体乳及乳制品	Milk and Its Products	102.6	107.0	99.5	106.3
在外用膳食品	Picnic Food	104.4	102.2	106.3	110.9
其他食品	Other Food	110.7	104.9	102.7	101.6
饮料、烟酒	**Tobacco,Liquor and Articles**	**105.1**	**103.2**	**111.4**	**101.3**
茶及饮料	Tea and Drinks	102.2	103.2	109.2	102.4
茶叶	Tea	105.9	100.3	107.5	102.0
饮料	Beverage	100.5	104.2	109.6	102.6
烟草	Tobacco	99.9	99.6	100.0	100.1
酒	Liquor	116.4	109.1	131.7	102.7
服装、鞋帽	**Garments, Shoes and Hats**	**103.2**	**104.4**	**99.1**	**106.3**
服装	Garments	104.8	103.2	101.6	106.3
男式服装	Men's Wear	106.3	99.5	99.3	100.4
女式服装	Women's Wear	103.6	105.6	102.9	108.6
儿童服装	Children's Clothing	106.1	105.3	104.1	117.6
鞋袜帽	Footwear,Socks and Hats	98.8	108.3	91.6	107.1
鞋	Shoes	98.0	108.4	90.7	107.8
袜子	Socks and Stockings	104.0	107.4	100.0	101.8
帽子	Hats	116.3	107.5	100.6	100.3

5-10 续表 1 Continued 1

(上年=100) (preceding year=100)

指 标	Item	襄阳市 Xiangyang	孝感市 Xiaogan	荆州市 Jingzhou	咸宁市 Xiangning
商品零售价格总指数	**Retail General Price Index**	**105.7**	**105.6**	**105.2**	**105.9**
食品类	**Food**	**114.1**	**110.7**	**111.6**	**111.9**
粮食	Grain	111.9	114.8	114.9	116.3
淀粉	Starches and Tubers	113.4	108.8	100.4	113.7
干豆类及豆制品	Beans and Bean Products	112.2	99.2	101.9	101.1
油脂	Oil or Fat	110.7	103.9	113.7	121.1
肉禽及其制品	Meal,Poultry and Their Products	127.2	120.8	124.8	120.9
食用畜肉及副产品	Edible Domestic Animal's Meat and By-products	138.1	126.9	135.7	124.6
禽	Poultry	116.5	110.6	109.8	117.6
肉禽加工制品	Poultry Meat Processed Products	106.2	110.9	105.0	110.8
蛋	Eggs	117.5	94.9	116.5	120.3
水产品	Aquatic Products	117.1	116.4	103.2	110.2
鱼	Fish	111.8	115.9	101.2	112.9
其他水产品	Other Aquatic Products	130.1	117.5	107.7	102.2
菜	Vegetables	109.8	104.9	101.0	101.6
调味品	Flavoring	101.8	101.0	103.7	111.7
糖	Sweet	102.1	106.0	103.7	113.2
干鲜瓜果	Dried and Fresh Melons and Fruits	132.0	126.1	113.7	116.0
糕点饼干面包	Cake,Cookie,Bread	101.0	98.5	102.0	108.9
液体乳及乳制品	Milk and Its Products	102.2	96.8	103.7	105.5
在外用膳食品	Picnic Food	106.7	107.6	110.7	105.0
其他食品	Other Food	98.9	104.8	108.2	109.9
饮料、烟酒	**Tobacco,Liquor and Articles**	**100.7**	**108.4**	**102.3**	**103.5**
茶及饮料	Tea and Drinks	100.2	105.3	102.2	105.3
茶叶	Tea	100.0	101.6	106.0	102.1
饮料	Beverage	100.2	106.5	101.0	106.7
烟草	Tobacco	100.1	100.0	100.0	100.7
酒	Liquor	101.9	124.3	106.3	107.3
服装、鞋帽	**Garments, Shoes and Hats**	**101.3**	**101.4**	**100.2**	**106.1**
服装	Garments	101.8	101.1	101.5	108.1
男式服装	Men's Wear	103.3	101.4	102.7	109.9
女式服装	Women's Wear	100.8	100.7	102.1	106.4
儿童服装	Children's Clothing	100.0	102.1	94.3	108.3
鞋袜帽	Footwear,Socks and Hats	100.1	102.2	96.5	102.6
鞋	Shoes	100.1	102.4	95.8	103.0
袜子	Socks and Stockings	100.0	101.0	102.7	101.0
帽子	Hats	102.1	100.0	98.2	100.3

5-10 续表 2 Continued 2

(上年＝100) (preceding year=100)

指　　标	Item	武汉市 Wuhan	黄石市 Huangshi	十堰市 Shiyan	宜昌市 Yichang
其他	Others	100.0	100.0	100.0	97.3
纺织品	**Textiles**	**107.6**	**117.8**	**102.6**	**109.8**
衣着材料	Clothing Material	103.1	107.0	102.6	102.3
床上用品	Bed Articles	108.6	121.6	102.6	112.2
家用电器及音像器材	**Electric Household Appliance and Sound Apparatus**	**91.1**	**99.3**	**99.8**	**94.4**
家庭设备	Household Facilities	95.4	100.9	104.3	98.0
文娱用耐用消费品	Durable Consuming Goods for Entertainment	84.8	97.4	93.8	89.4
音像器材类	Sound Apparatus	94.0	100.0	100.1	97.9
文化办公用品	**Cultural and Office Goods**	**95.9**	**98.3**	**102.4**	**100.8**
日用品	**Articles for Daily Use**	**104.8**	**102.5**	**102.7**	**101.6**
日用百货	Merchandiles for Daily Use	104.6	100.2	100.7	99.5
日用杂品	Sundries for Daily Use	108.9	106.2	100.4	102.5
洗涤用品	Washing and Cleaning Goods	107.0	104.7	105.5	102.2
其他日用品	Other Daily-use Goods	101.2	100.8	103.4	103.0
体育娱乐用品	**Sports and Entertainment Goods**	**100.0**	**100.3**	**98.6**	**102.3**
体育用品	Sports Goods	100.2	100.6	97.6	100.8
娱乐用品	Recreational Goods	99.9	99.9	99.3	103.4
交通、通信用品	**Traffic and Telecommunication Goods**	**98.8**	**95.2**	**91.9**	**89.4**
交通运输机械	Traffic and Transport Machinery	99.5	98.8	101.5	99.2
通信器材类	Telecommunication Apparatus	98.1	91.0	81.9	78.5
家具	**Furniture**	**110.4**	**99.9**	**100.0**	**97.8**
化妆品类	**Cosmetics**	**103.9**	**102.9**	**101.2**	**100.7**
金银珠宝类	**Gold and Silver Jewls**	**112.6**	**116.7**	**113.2**	**109.2**
中西药品及医疗保健用品类	**Chinese and Western Medicines and Health Supplies**	**103.7**	**103.0**	**101.8**	**105.2**
医疗器具及用品	Medical-care Apparatus and Goods	100.6	100.9	101.7	102.9
中药材及中成药	Chinese Herbs and Patent Medicine	108.7	106.6	108.3	111.4
西药	Western Medicine	101.2	101.4	98.0	102.4
保健品及器具	Healthy Devices and Goods	103.5	100.3	100.5	99.8
书报杂志及电子出版物类	**Books, Magazines and Electronic Publications**	**99.8**	**100.5**	**102.3**	**100.7**
教材及参考书	Texts and Reference Books	102.1	101.2	105.2	100.0
书报杂志	Newspapers and Magazines	100.2	100.0	100.3	100.2
电子音像制品	Electronic Audio and Video Products	94.4	100.0	100.0	103.4
燃料类	**Fuels**	**109.6**	**110.5**	**106.0**	**110.7**
煤炭及制品类	Coal and Its Products	100.1	100.0	100.0	113.1
石油及制品类	Oil and Its Products	111.1	111.8	106.9	110.4
建筑材料及五金电料类	**Building Apparatus and Hardwares**	**106.1**	**103.6**	**103.6**	**101.8**
建筑装璜材料	Building Decoration Materials	105.2	104.5	103.3	102.1
五金电料类	Hardwares and Electrical Apparatus	108.1	101.1	104.2	101.1

5-10 续表 3 Continued 3

(上年=100) (preceding year=100)

指 标	Item	襄阳市 Xiangyang	孝感市 Xiaogan	荆州市 Jingzhou	咸宁市 Xiangning
其他	Others	100.0	100.0	99.8	104.0
纺织品	**Textiles**	**100.0**	**111.5**	**112.4**	**102.3**
衣着材料	Clothing Material	100.1	110.4	137.0	114.6
床上用品	Bed Articles	100.0	111.9	102.5	95.7
家用电器及音像器材	**Electric Household Appliance and Sound Apparatus**	**100.9**	**99.4**	**99.2**	**99.7**
家庭设备	Household Facilities	101.2	99.0	100.1	102.6
文娱用耐用消费品	Durable Consuming Goods for Entertainment	100.5	100.0	98.4	95.0
音像器材类	Sound Apparatus	100.0	100.0	95.3	100.0
文化办公用品	**Cultural and Office Goods**	**100.0**	**100.0**	**94.5**	**100.5**
日用品	**Articles for Daily Use**	**100.2**	**101.6**	**101.5**	**104.1**
日用百货	Merchandiles for Daily Use	100.5	101.0	101.6	105.4
日用杂品	Sundries for Daily Use	100.0	100.1	101.8	108.7
洗涤用品	Washing and Cleaning Goods	99.4	104.5	101.6	103.5
其他日用品	Other Daily-use Goods	100.7	100.3	100.9	100.7
体育娱乐用品	**Sports and Entertainment Goods**	**99.9**	**100.4**	**99.9**	**105.7**
体育用品	Sports Goods	100.0	100.9	99.8	100.7
娱乐用品	Recreational Goods	99.9	100.0	100.0	111.2
交通、通信用品	**Traffic and Telecommunication Goods**	**99.7**	**100.0**	**98.0**	**92.7**
交通运输机械	Traffic and Transport Machinery	100.0	100.0	99.3	100.1
通信器材类	Telecommunication Apparatus	99.3	100.0	96.4	84.8
家具	**Furniture**	**100.0**	**100.0**	**101.1**	**98.9**
化妆品类	**Cosmetics**	**100.3**	**100.4**	**99.5**	**101.0**
金银珠宝类	**Gold and Silver Jewls**	**106.8**	**100.1**	**113.3**	**119.5**
中西药品及医疗保健用品类	**Chinese and Western Medicines and Health Supplies**	**105.2**	**107.7**	**103.8**	**101.0**
医疗器具及用品	Medical-care Apparatus and Goods	99.7	100.8	100.9	99.2
中药材及中成药	Chinese Herbs and Patent Medicine	107.8	122.4	108.6	105.3
西药	Western Medicine	104.1	97.9	100.6	98.7
保健品及器具	Healthy Devices and Goods	104.4	114.3	105.7	100.4
书报杂志及电子出版物类	**Books, Magazines and Electronic Publications**	**100.0**	**101.2**	**100.5**	**100.0**
教材及参考书	Texts and Reference Books	100.0	102.6	100.0	100.0
书报杂志	Newspapers and Magazines	100.0	100.0	101.3	100.0
电子音像制品	Electronic Audio and Video Products	100.0	100.0	100.2	100.0
燃料类	**Fuels**	**112.0**	**112.5**	**113.1**	**114.7**
煤炭及制品类	Coal and Its Products	107.4	99.1	115.6	122.5
石油及制品类	Oil and Its Products	112.6	114.2	112.7	112.2
建筑材料及五金电料类	**Building Apparatus and Hardwares**	**99.9**	**104.1**	**106.5**	**105.3**
建筑装璜材料	Building Decoration Materials	99.9	106.6	106.5	105.7
五金电料类	Hardwares and Electrical Apparatus	100.0	97.7	106.5	103.8

5-11 农业生产资料价格分类指数(2011年)

Price Indices of Means of Agricultural Production(2011)

(上年＝100)　　(preceding year=100)

指　　标	Item	全　省 Province	城　市 Urban Areas	农　村 Rural Areas
农业生产资料价格指数	**Price Index of Means of Agricultural Production**	**113.5**	**-**	**113.5**
农用手工工具	Agricultural Craft Tool	108.1	-	108.1
饲料	Forage	105.1	-	105.1
混合饲料	Mixed Forage	106.9	-	106.9
其他	Others	102.2	-	102.2
产品畜	Animals for Products	151.5	-	151.5
幼禽家畜	Domestic Animals and Young Poultry	151.5	-	151.5
半机械化农具	Semi-mechanized Farm Tools	105.6	-	105.6
机械化农具	Mechanized Farm Machinery	105.1	-	105.1
农用机械	Agricultural Machinery	105.1	-	105.1
化学肥料	Chemical Fertilizer	116.2	-	116.2
氮肥	Nitrogen Fertilizer	119.5	-	119.5
磷肥	Phosphate Fertilizer	115.3	-	115.3
钾肥	Calcium Fertilizer	105.1	-	105.1
复合肥料	Compounded Fertilizer	114.4	-	114.4
农药及农药械	Pesticide & Its Appliances	104.7	-	104.7
化学农药	Chemical Pesticide	104.9	-	104.9
杀虫剂	Insecticide	106.6	-	106.6
杀菌剂	Disinfectant	105.4	-	105.4
除草剂	Herbicide	99.7	-	99.7
农药器械	Pesticide Apparatus	103.0	-	103.0
农用机油	Oil for Farm Machinery	111.8	-	111.8
其他农业生产资料	Other Agricultural Productions	110.7	-	110.7
农用种子	Seeds for Farm	113.0	-	113.0
其他	Others	104.8	-	104.8
农用薄膜	Agricultural Membrane	106.7	-	106.7
其他	Others	102.3	-	102.3
农业生产服务	Agricultural Production Service	103.9	-	103.9
排灌费	Irrigation Costs	107.7	-	107.7
机械作业费	Machinery Operating Costs	103.5	-	103.5
农业用电	Electricity Consumed	98.5	-	98.5
农业用工	Agricultural Labor	115.7	-	115.7

5-12 分月农业生产资料价格指数(2011年)

(上年同月=100)

指 标	Item	1月 January	2月 February	3月 March	4月 April
农业生产资料价格指数	**Price Index of Means of Agricultural Production**	**107.4**	**108.1**	**110.0**	**111.2**
农用手工工具	Agricultural Craft Tool	102.7	103.6	105.8	105.8
饲料	Forage	105.0	106.1	104.5	103.8
混合饲料	Mixed Forage	103.6	105.1	104.9	104.8
其他	Others	107.4	107.9	104.0	102.3
产品畜	Animals for Products	113.1	117.5	130.3	140.4
幼禽家畜	Domestic Animals and Young Poultry	113.1	117.5	130.3	140.4
半机械化农具	Semi-mechanized Farm Tools	101.6	102.0	101.8	103.3
机械化农具	Mechanized Farm Machinery	103.2	103.9	104.9	105.6
农用机械	Agricultural Machinery	103.2	103.9	104.9	105.6
化学肥料	Chemical Fertilizer	110.7	111.0	113.2	113.7
氮肥	Nitrogen Fertilizer	114.2	115.2	114.4	115.0
磷肥	Phosphate Fertilizer	108.3	107.7	116.9	118.3
钾肥	Calcium Fertilizer	100.1	100.1	102.6	102.3
复合肥料	Compounded Fertilizer	109.9	109.2	112.3	111.7
农药及农药械	Pesticide & Its Appliances	102.1	102.0	103.5	103.9
化学农药	Chemical Pesticide	102.2	102.2	103.7	104.1
杀虫剂	Insecticide	101.9	101.9	106.3	106.4
杀菌剂	Disinfectant	103.9	103.9	100.6	102.7
除草剂	Herbicide	101.5	101.2	100.4	99.3
农药器械	Pesticide Apparatus	101.0	100.3	100.9	102.0
农用机油	Oil for Farm Machinery	105.4	106.2	111.4	112.2
其他农业生产资料	Other Agricultural Productions	113.3	112.5	109.8	110.3
农用种子	Seeds for Farm	117.6	116.1	111.7	112.1
其他	Others	103.7	104.0	105.1	105.7
农用薄膜	Agricultural Membrane	105.7	106.1	108.1	108.4
其他	Others	101.2	101.2	101.0	102.1
农业生产服务	Agricultural Production Service	101.1	101.5	101.9	102.5
排灌费	Irrigation Costs	104.0	104.0	104.0	104.0
机械作业费	Machinery Operating Costs	101.6	101.6	102.4	102.4
农业用电	Electricity Consumed	98.1	98.1	98.1	98.1
农业用工	Agricultural Labor	106.3	108.5	110.3	113.7

Price Indices of Means of Agricultural Production by Month(2011)

(the same month last year=100)

5 月 May	6 月 June	7 月 July	8 月 August	9 月 September	10 月 October	11 月 November	12 月 December
112.7	**116.5**	**117.8**	**117.9**	**117.6**	**116.6**	**113.1**	**112.5**
106.9	108.5	108.9	110.8	110.1	111.7	111.7	110.8
102.7	102.0	104.9	106.0	106.3	107.2	106.5	105.5
104.5	104.5	108.1	108.4	109.3	110.6	109.9	109.0
99.9	98.0	99.7	102.3	101.8	102.0	101.3	100.1
149.5	176.1	176.3	171.8	168.6	164.1	154.6	155.9
149.5	176.1	176.3	171.8	168.6	164.1	154.6	155.9
106.0	106.3	107.2	107.4	108.0	108.3	108.0	107.8
105.2	105.2	105.4	106.0	105.9	106.1	104.7	104.7
105.2	105.2	105.4	106.0	105.9	106.1	104.7	104.7
115.8	120.2	122.7	122.7	121.9	119.5	113.0	111.2
118.4	125.0	128.9	128.9	126.9	122.8	113.9	111.9
116.2	119.0	120.5	119.3	118.9	117.5	111.4	110.0
104.2	105.8	107.2	107.8	107.8	109.3	107.6	107.3
114.5	116.2	116.8	118.1	119.1	117.9	114.7	112.5
104.9	105.8	105.8	105.9	105.7	105.6	105.7	105.6
105.2	106.0	105.9	106.1	105.8	105.7	105.8	105.7
107.3	107.8	107.9	108.6	107.7	107.7	107.7	107.5
105.5	108.3	107.2	106.4	106.4	106.4	106.8	106.7
99.0	98.8	99.0	99.0	99.8	99.7	99.5	99.3
101.4	103.5	104.1	104.1	104.6	104.6	104.9	104.9
112.2	114.6	115.5	115.3	114.7	113.5	110.5	110.2
110.8	110.6	110.5	110.9	110.6	110.3	109.6	109.5
112.8	112.5	112.9	113.6	112.5	112.0	112.3	111.3
105.7	105.6	104.3	104.3	106.0	105.7	103.1	104.9
108.0	107.7	105.5	105.3	108.4	108.0	103.4	106.4
102.6	102.8	102.8	102.8	102.8	102.7	102.6	102.7
103.9	105.0	105.4	105.2	105.0	105.0	104.5	105.5
110.2	111.3	110.2	110.2	110.2	110.2	107.0	107.0
103.7	106.2	105.1	105.1	103.9	103.9	103.1	103.1
98.1	98.4	98.4	98.4	98.4	98.4	98.4	100.3
114.5	115.8	120.4	119.2	119.2	119.2	120.3	120.3

5-13 农业生产资料价格分类指数

Price Indices of Means of Agricultural Production

(上年＝100) (preceding year=100)

指　标	Item	2007	2008	2009	2010
农业生产资料价格指数	**Price Index of Means of Agricultural Production**	**108.0**	**127.2**	**95.3**	**101.9**
农用手工工具	Agricultural Craft Tool	107.7	120.2	101.0	103.6
饲料	Forage	107.2	120.2	96.1	104.3
混合饲料	Mixed Forage	107.2	122.3	95.0	103.0
其他	Others	107.2	116.9	97.9	106.4
产品畜	Animals for Products	158.9	147.9	79.8	97.5
幼禽家畜	Domestic Animals and Young Poultry	158.9	147.9	79.8	97.5
半机械化农具	Semi-mechanized Farm Tools	101.3	107.3	101.0	101.0
机械化农具	Mechanized Farm Machinery	103.4	107.7	99.1	101.8
农用机械	Agricultural Machinery	103.4	107.7	99.1	101.8
化学肥料	Chemical Fertilizer	101.9	141.1	89.2	97.8
氮肥	Nitrogen Fertilizer	101.9	130.2	88.0	100.5
磷肥	Phosphate Fertilizer	99.4	149.4	86.0	96.3
钾肥	Calcium Fertilizer	104.0	164.7	97.7	92.1
复合肥料	Compounded Fertilizer	103.0	157.3	91.1	93.4
农药及农药械	Pesticide & Its Appliances	101.7	104.8	101.2	101.1
化学农药	Chemical Pesticide	101.5	104.7	101.3	101.2
杀虫剂	Insecticide	102.3	104.0	102.1	101.3
杀菌剂	Disinfectant	100.1	103.8	99.8	101.4
除草剂	Herbicide	100.5	108.3	100.4	100.5
农药器械	Pesticide Apparatus	102.7	104.9	100.3	100.3
农用机油	Oil for Farm Machinery	106.4	112.2	96.9	107.4
其他农业生产资料	Other Agricultural Productions	99.6	112.9	111.5	111.1
农用种子	Seeds for Farm	97.8	113.8	116.5	114.9
其他	Others	104.5	110.2	97.6	100.1
农用薄膜	Agricultural Membrane	103.7	107.1	93.9	100.4
其他	Others	105.6	114.4	102.4	99.6
农业生产服务	Agricultural Production Service	107.7	113.0	107.1	104.3
排灌费	Irrigation Costs	104.9	109.1	103.2	100.7
机械作业费	Machinery Operating Costs	106.9	111.2	109.7	105.4
农业用电	Electricity Consumed				
农业用工	Agricultural Labor				

5-14 工业生产者出厂价格分类指数(1990-2011年)
Producer Price Indices for Industrial Products by Category(1990-2011)

(上年＝100) (preceding year=100)

年份 Year	工业生产者出厂价格指数 Producer Price Indices for Industrial Products	轻工业 Light Industry	以农产品为原料 Agricultural products as raw materials	以非农产品为原料 Non-agricultural Products as Raw Materials	重工业 Heavy Industry	采掘 Mining & Quarrying Industry	原料 Raw Materials Industry	加工 Processing Industry	生产资料 Means of Production	生活资料 Consumer Goods
1990	109.0	111.4	113.1	103.1	106.4	103.7	108.6	100.6	106.2	112.1
1991	108.1	102.1			114.2				113.4	102.1
1992	111.0	107.7			113.5				112.6	108.5
1993	125.2	110.5	110.9	108.3	137.0	123.1	148.8	123.5	134.5	111.0
1994	126.2	127.9	131.4	111.1	125.1	113.0	138.5	111.4	124.3	129.3
1995	113.1	121.8	123.2	115.6	106.4	114.9	100.1	113.9	108.4	120.3
1996	102.7	101.1	101.1	101.3	103.8	105.6	103.7	103.7	103.4	101.4
1997	98.7	98.0	98.2	97.0	99.2	97.7	100.4	98.8	98.8	98.5
1998	96.2	95.3	95.5	94.5	97.1	97.4	95.0	99.2	97.0	95.3
1999	97.8	97.3	97.1	96.9	98.3	100.4	97.7	98.6	98.0	97.5
2000	101.6	98.6	97.9	101.3	103.5	114.8	107.8	98.6	103.3	97.6
2001	98.9	97.7	98.2	94.3	99.6	104.0	100.0	98.7	99.4	97.7
2002	98.2	97.7	97.9	95.8	98.4	101.9	99.2	97.5	98.0	98.5
2003	103.5	101.9	103.7	99.6	104.5	118.6	108.9	99.5	104.3	100.8
2004	105.7	105.3	107.4	102.3	106.0	118.1	109.5	102.3	106.4	103.1
2005	104.5	100.9	100.5	101.4	106.5	120.6	109.8	102.9	105.9	99.4
2006	102.9	101.3	100.8	102.3	103.8	115.8	106.0	101.3	103.7	99.9
2007	103.9	104.5	104.8	103.9	103.5	105.9	105.7	102.0	104.0	103.3
2008	106.1	106.0	106.0	105.9	106.2	111.4	108.3	104.4	106.3	105.2
2009	95.6	97.2	97.4	96.8	94.7	81.3	94.1	96.4	94.7	98.9
2010	104.9	103.5	105.3	101.4	105.6	119.2	109.1	101.8	105.8	101.9
2011	106.6	109.6	111.1	104.0	105.5	120.2	106.8	103.7	107.3	104.5

5-15 按工业部门分工业生产者出厂价格指数(1990-2011年)

Producer Price Indices for Industrial Products by Sector(1990-2011)

(上年=100) (preceding year=100)

年 份 Year	冶金工业 Metallurgical Industry	电力工业 Power Industry	煤炭及炼焦工业 Coal Industry	化学工业 Chemical Industry	机械工业 Machine Manufacturing Idustry
1990	113.7	100.8	88.2	102.2	100.3
1991	126.1	100.8	115.5	100.8	98.6
1992	119.2	99.8	111.8	103.9	107.7
1993	166.3	119.1	114.5	105.5	123.0
1994	113.0	176.4	118.6	115.6	109.3
1995	92.7	110.6	119.9	127.4	107.9
1996	102.2	110.3	118.9	105.5	101.6
1997	95.8	112.3	98.4	93.7	100.3
1998	92.4	101.9	95.2	92.7	100.4
1999	96.2	101.3	97.7	95.4	99.0
2000	103.1	103.2	97.8	96.9	98.9
2001	99.0	100.9	113.2	98.1	98.3
2002	97.9	102.3	119.3	99.0	97.0
2003	110.5	104.4	122.3	101.7	98.0
2004	115.8	100.7	118.2	106.3	99.8
2005	108.6	103.6	116.9	107.3	100.7
2006	102.5	102.1	98.2	100.3	102.2
2007	109.7	102.6	104.1	107.1	101.5
2008	112.3	102.4	126.6	110.3	102.7
2009	86.8	103.8	100.6	92.8	97.8
2010	112.3	102.6	108.4	105.0	99.7
2011	107.8	103.1	118.3	108.6	100.0

5-15 续表 Continued

(上年=100) (preceding year=100)

年份 Year	建筑材料工业 Building Materials Industry	森林工业 Timber Industry	食品工业 Food Industry	纺织工业 Textile Industry	造纸工业 Paper Industry
1990	99.7	101.5	119.8	109.9	104.6
1991	104.2	97.9	104.9	100.8	97.1
1992	115.1	106.1	110.9	108.9	100.0
1993	139.6	134.0	117.1	106.1	105.6
1994	107.7	111.7	121.8	142.7	99.9
1995	105.4	91.5	123.6	120.4	150.7
1996	104.3	104.3	105.2	96.5	97.5
1997	98.4	96.6	94.8	104.2	92.6
1998	99.3	96.7	96.9	93.4	93.1
1999	98.8	97.4	98.3	96.3	96.4
2000	98.4	95.6	94.2	104.0	100.1
2001	98.5	94.8	98.4	96.3	100.2
2002	99.0	95.8	100.0	93.2	98.1
2003	100.0	98.4	102.5	106.8	99.3
2004	103.9	100.0	107.8	108.7	99.4
2005	101.7	100.3	101.2	99.6	102.5
2006	105.0	100.3	100.0	102.4	100.2
2007	106.2	104.8	106.4	99.0	99.5
2008	107.9	106.0	108.5	101.6	106.2
2009	99.3	100.1	99.3	96.3	94.5
2010	101.0	101.3	103.2	113.4	101.9
2011	113.5	104.5	109.2	119.0	107.3

5-16 分月工业生产者出厂价格指数(2011年)

(上年同月=100)

类 别	Item	全 年 Annual Year	1 月 January	2 月 February	3 月 March
工业生产者出厂价格指数	**Producer Price Indices for Industrial Products**	**106.6**	**107.2**	**108.0**	**107.3**
#轻工业	#Light Industry	109.6	110.8	112.0	111.7
以农产品为原料	Using Farm Produces as Raw Materials	111.1	113.1	114.2	114.2
以非农产品为原料	Using Non-farm Produces as Raw Materials	104.0	102.3	103.8	102.5
重工业	Heavy Industry	105.5	106.0	106.6	105.8
采掘	Mining and Quarrying	120.2	115.3	115.9	120.4
原料	Raw Material	106.8	108.9	110.5	107.6
加工	Processing	103.7	103.8	104.0	103.8
#生产资料	# Means of Production	107.3	108.8	109.7	108.6
采掘	Mining and Quarrying	120.2	115.3	115.9	120.4
原料	Raw Material	106.8	108.9	110.4	107.4
加工	Processing	106.6	108.3	108.8	108.4
生活资料	Life Material	104.5	103.3	103.9	104.1
食品	Food	108.4	107.2	107.9	108.7
衣着	Clothing	109.1	111.5	112.1	110.4
一般日用品	Articles for Daily Use	108.3	110.6	110.9	110.7
耐用消费品	Durable Consumers' Goods	94.7	91.3	91.8	91.7
按工业部门分	Grouped by Department of Industry				
冶金工业	Metallurgical Industry	107.8	111.7	115.2	111.1
电力工业	Power Industry	103.1	104.8	104.9	103.6
煤炭及炼焦工业	Coal and Coking Industry	118.3	116.8	116.6	117.3
石油工业	Petroleum Industry	120.2	110.2	111.7	117.5
化学工业	Chemical Industry	108.6	110.6	110.7	108.0
机械工业	Machine Buiding Industry	100.0	99.6	99.4	99.7
建筑材料工业	Buiding Material Industry	113.5	113.2	113.6	114.0
森林工业	Timber Industry	104.5	104.0	103.7	103.4
食品工业	Food Industry	109.2	108.2	109.0	109.8
纺织工业	Textile Industry	119.0	131.6	133.8	131.2
缝纫工业	Tailoring Industry	109.0	111.2	111.7	110.2
皮革工业	Leather Industry	107.6	110.9	111.9	112.0
造纸工业	Paper Industry	107.3	110.4	110.8	110.9
文教艺术用品工业	Cultural, Educational and Handicraft Articles	99.9	94.1	95.5	93.4
其它工业	Other Industry	108.3	107.7	107.4	108.9

Producer Price Indices for Industrial Products by Month(2011)

(the same month last year=100)

4 月 April	5 月 May	6 月 June	7 月 July	8 月 August	9 月 September	10 月 October	11 月 November	12 月 December
107.5	**106.9**	**107.3**	**107.3**	**107.4**	**107.1**	**105.9**	**103.8**	**103.2**
112.3	111.8	111.2	110.3	110.0	109.4	107.9	104.7	104.1
114.4	113.8	113.0	111.9	111.4	110.5	108.8	105.1	104.1
104.3	104.6	104.6	104.2	104.8	105.3	104.4	103.0	104.1
105.8	105.2	105.9	106.3	106.4	106.2	105.2	103.4	102.8
122.2	121.9	120.8	122.7	124.5	122.7	121.9	117.2	116.9
106.7	105.6	107.6	108.8	107.4	108.8	106.1	102.8	101.8
104.1	103.7	104.0	103.8	104.5	103.7	103.5	102.7	102.3
108.8	107.9	108.4	108.6	108.1	107.5	105.8	103.5	102.8
122.2	121.9	120.8	122.7	124.5	122.7	121.9	117.2	116.9
106.5	105.4	107.5	108.8	107.4	108.8	106.2	102.8	101.8
109.0	108.1	108.0	107.4	107.2	105.8	104.4	102.8	102.2
104.1	104.3	104.4	104.2	105.4	105.8	106.1	104.3	104.2
108.8	109.4	109.7	109.3	109.2	110.0	108.9	106.2	105.8
111.7	110.8	110.2	109.4	108.4	108.3	108.6	105.6	103.3
109.7	109.8	108.1	108.3	108.5	107.8	107.2	105.4	103.5
91.8	91.9	92.4	92.5	96.5	96.8	99.9	99.9	101.8
107.5	105.9	107.8	110.5	108.6	108.2	105.6	102.5	100.5
104.9	102.0	101.7	101.7	102.0	104.1	103.2	102.0	102.3
116.9	118.1	118.5	119.7	122.0	122.4	120.8	115.5	114.7
120.4	120.5	125.6	127.3	126.5	125.0	122.5	116.6	118.5
109.5	110.5	110.4	109.8	109.7	109.5	107.9	104.6	103.2
99.9	99.5	99.7	99.2	100.3	100.0	100.4	100.7	101.3
115.7	116.1	116.7	117.2	116.7	115.2	112.2	108.1	104.3
103.5	103.9	105.4	105.5	105.3	105.4	105.1	104.3	103.9
110.0	110.3	110.7	110.3	110.0	110.5	109.5	106.5	106.1
132.0	128.3	123.9	119.0	118.4	112.8	107.9	101.3	99.3
111.5	110.7	110.1	109.4	108.2	108.4	108.7	105.6	103.3
110.8	109.0	109.4	106.4	105.9	105.4	104.5	103.1	103.4
108.4	107.6	105.6	108.6	108.1	106.1	105.6	104.0	102.8
99.1	99.8	99.9	100.0	100.1	104.7	104.6	102.1	106.8
108.1	107.4	108.2	106.9	110.9	110.8	108.4	108.6	106.0

5-17 分行业工业生产者出厂价格指数(2011年)

(上年同月=100)

类别	Item	全年 Annual Year	1月 January	2月 February
煤炭开采和洗选业	Coal Mining and Selecting Industry	123.6	122.1	122.8
烟煤和无烟煤的开采洗选	The Bituminous Coal and Anthracite Coals Mining and Dressing	123.6	122.1	122.8
黑色金属矿采选业	Black Metal Mineral Mining and Selecting Industry	114.2	116.5	117.0
铁矿采选	The Iron Mineral Mining and Selecting	107.2	112.1	112.7
其他黑色金属矿采选	Other Black Metal Mineral Mining and Selecting	124.2	122.5	122.8
有色金属矿采选业	Colored Metal Mineral Mining and Selecting	115.9	117.6	116.9
常用有色金属矿采选	The Regular Colored Metal Mineral Mining and Selecting	112.5	115.9	115.0
贵金属矿采选	The Precious Metal Mineral Mining and Selecting	121.6	122.2	122.7
非金属矿采选业	Non-Metal Mineral Mining and Selecting	113.8	110.0	109.2
化学矿采选	Chemical Mineral Mining and Selecting	114.5	100.2	101.1
采盐	Salt Mining	124.5	135.2	140.7
石棉及其他非金属矿采选	Asbestos and Other Non-Metal Mineral Mining and Selecting			
农副食品加工业	Farm and Side-Line Food Processed Industry	114.0	112.6	113.3
谷物磨制	Corn Whetted	114.9	115.0	115.4
饲料加工	Forage Processed	111.2	111.9	112.4
植物油加工	Planting-Oil Processed	112.0	111.6	112.2
制糖	Sugar Made			
屠宰及肉类加工	Slaughtered Meta and Meat Processes	118.0	110.6	111.4
水产品加工	Fishery Product Processed	109.4	105.6	107.4
其他农副食品加工	Other Farm and Side-line Food Processed	119.2	112.4	112.8
食品制造业	Food Manufacture Industry	106.0	106.3	106.2
焙烤食品制造	Baked Food Manufacturing	104.7	104.3	104.0
方便食品制造	Convenient Food Manufacturing	109.6	105.9	106.2
液体乳及乳制品制造	Milk and Dairy Products Manufacturing	101.6	100.7	100.4
罐头制造	Canning	110.0	112.9	112.9
调味品、发酵制品制造	Condiment, Ferment Product Manufacturing	105.4	104.6	106.3
其他食品制造	Other Food Manufacturing	105.3	109.0	107.9
饮料制造业	Beverage Manufacture Industry	104.4	103.9	105.2
酒精制造	Alcohol Manufacturing			
酒的制造	Wine Manufacturing	103.1	104.0	106.3
软饮料制造	Soft Beverage Manufacturing	102.9	101.1	101.6
精制茶加工	Refined-tea Process	113.3	109.7	108.8
烟草制品业	Tobacco Product Industry	100.7	100.2	101.8

Producer Price Indices for Industrial Products by Industry(2011)

(the same month last year=100)

3 月 March	4 月 April	5 月 May	6 月 June	7 月 July	8 月 August	9 月 September	10 月 October	11 月 November	12 月 December
122.4	121.3	124.9	124.6	124.6	127.9	127.7	126.8	119.7	119.0
122.5	121.3	124.9	124.6	124.6	127.9	127.7	126.8	119.6	119.0
116.4	114.0	113.5	114.9	116.3	115.1	115.2	113.7	109.4	108.6
111.6	107.5	106.1	108.4	110.4	108.5	108.2	105.9	99.0	97.8
123.1	123.4	124.3	124.3	124.6	124.6	125.2	125.2	125.2	125.2
118.2	114.2	119.9	121.9	123.1	121.4	115.1	113.0	106.7	104.4
117.3	112.1	117.3	119.3	120.9	117.4	109.2	107.2	101.4	99.1
118.7	122.0	117.4	118.2	120.5	126.0	127.0	124.2	122.3	117.9
112.4	116.1	113.5	111.0	111.9	116.9	116.4	118.2	115.8	114.1
105.8	113.9	110.5	110.8	112.9	120.9	119.9	125.6	127.2	126.3
125.2	126.4	124.5	127.1	132.5	123.0	127.8	113.2	112.9	111.8
114.9	115.4	115.5	117.2	116.0	115.3	115.4	114.3	110.0	109.3
116.7	117.0	117.5	118.1	117.0	115.0	113.9	114.0	110.6	109.5
113.7	114.7	111.6	111.9	111.7	111.2	110.5	110.4	107.8	107.2
115.2	115.5	115.1	117.9	114.3	113.1	113.6	110.7	103.6	103.2
114.0	115.7	116.7	122.6	125.2	126.2	124.2	122.4	114.4	113.8
105.7	106.8	108.9	108.4	106.6	113.7	114.8	111.8	110.6	112.2
114.1	112.3	114.4	116.1	122.1	119.2	126.2	126.1	126.8	126.5
106.9	106.3	106.3	105.2	106.7	106.0	106.6	106.0	104.4	104.8
105.9	104.7	103.9	102.2	106.4	106.6	106.7	105.8	103.2	103.1
108.7	110.2	110.3	110.5	110.5	109.1	111.3	111.5	110.4	110.8
102.1	102.0	102.3	102.3	102.4	101.4	101.4	101.7	101.4	101.5
111.4	109.3	109.4	110.6	110.8	111.1	111.4	110.8	105.1	105.1
106.8	107.0	105.3	106.0	106.3	105.1	105.7	105.4	103.0	103.4
107.5	105.7	106.9	102.5	105.1	104.4	104.6	103.1	103.4	104.4
105.1	105.2	106.3	104.3	104.3	104.9	106.6	104.2	101.9	101.4
104.6	103.8	104.8	101.7	101.8	102.8	106.0	103.0	99.7	99.2
101.7	102.2	104.0	104.0	104.1	104.3	104.2	103.8	102.5	101.7
115.2	118.2	117.6	116.2	115.5	115.1	114.1	110.1	109.8	110.0
100.8	100.6	100.7	100.6	100.7	100.6	100.6	100.8	100.7	100.7

5-17 续表 1

(上年同月=100)

类别	Item	全年 Annual Year	1月 January	2月 February
烟叶复烤	Tobacco Leaves Retroacting	104.8	100.0	100.0
卷烟制造	Cigarette Manufacturing	100.7	100.2	101.9
纺织业	Textile Industry	118.4	130.7	132.7
棉、化纤纺织及印染精加工	Cotton and Chemical Fiber Textile and Printing and Dyeing Refined Processing	119.6	131.7	134.9
麻纺织	Hemp Textile	118.6	125.2	127.1
丝绢纺织及精加工	Silk-textile and Refined Process	120.3	136.1	136.1
纺织制成品制造	Textile Products Manufacturing	117.1	132.9	131.1
针织品、编织品及其制品制造	Knitwear, Knitted Products	101.5	105.3	104.7
纺织服装、鞋、帽制造业	Textile Clothing, Shoe, Hat Industry	109.6	111.7	112.3
纺织服装制造	Textile Clothing Manufacturing	109.7	111.6	112.3
皮革、毛皮、羽毛(绒)及其制品业	Leather, Furriery, Feather and It Products Industry	106.7	108.5	109.6
皮革鞣制加工	Leather Processing	105.1	106.7	106.7
皮革制品制造	Leather Product Processing	109.1	113.4	115.0
羽毛(绒)加工及制品制造	Feather Processing and Its Products Manufacturing	100.7	93.9	96.0
木材加工及木、竹、藤、棕、草制品业	Bamboo, Ratten, Palm and Grass Product Manufacture Industry	104.5	104.1	103.8
锯材、木片加工	Sawn-Material and Wood-plice Processing	103.5	104.3	104.3
人造板制造	Artificial Plank Manufacturing	104.4	103.3	103.1
木制品制造	Timber Product Manufacturing	106.5	109.0	107.7
竹、藤、棕、草制品制造	Bamboo, Ratten, Palm and Grass Product Manufacturing	100.1	100.3	100.2
家具制造业	Furniture Manufacture Industry	105.0	106.6	106.2
木质家具制造	Timber Furniture Manufacture	104.5	103.4	103.4
金属家具制造	Metal Furniture Manufacturing	108.6	109.6	109.6
造纸及纸制品业	Paper Making and Paper Products Industry	107.4	110.4	110.8
纸浆制造	Paper Pulp Manufacturing			
造纸	Paper Making	106.7	112.1	112.3
纸制品制造	Paper Products Manufacturing	108.0	109.0	109.5
印刷业和记录媒介的复制	Painting Industry and Duplication Of Medium Recoder	103.8	102.4	102.4
印刷	Painting	103.9	102.5	102.5
装订及其他印刷服务活动	Binding and Other Painting Service Activity	100.0	100.0	100.0
文教体育用品制造业	Culture, Education and Athletics Manufacture Industry	104.5	103.2	104.4
文化用品制造	Culture Articles Manufacturing	101.0	99.8	102.0
体育用品制造	Arthelitic Articles Manufacturing			

Continued 1

(the same month last year=100)

3 月 March	4 月 April	5 月 May	6 月 June	7 月 July	8 月 August	9 月 September	10 月 October	11 月 November	12 月 December
100.0	100.0	100.0	100.0	100.0	100.0	100.0	119.4	119.4	119.4
100.8	100.6	100.7	100.7	100.7	100.6	100.6	100.7	100.6	100.6
130.3	131.0	127.4	123.2	118.5	117.8	112.4	107.6	101.2	99.3
134.1	135.6	130.5	125.1	120.3	119.9	112.7	107.3	99.6	97.2
121.7	121.1	117.2	114.1	121.6	122.7	116.6	119.4	109.4	108.0
138.4	138.4	126.4	126.2	116.8	115.8	109.2	106.1	105.3	105.3
122.8	121.8	122.4	121.3	114.3	113.0	113.0	108.6	106.5	105.9
104.7	102.5	101.3	102.9	102.5	98.9	98.8	99.4	98.9	98.0
110.7	112.3	111.5	110.7	109.9	109.0	109.1	109.4	106.2	103.7
110.6	112.3	111.5	110.7	110.0	109.0	109.2	109.5	106.3	103.7
110.0	109.7	108.2	108.5	105.9	105.5	105.0	104.2	103.0	103.2
107.5	107.5	109.4	110.0	106.3	104.2	102.6	100.3	100.0	101.0
114.7	112.8	108.9	109.2	106.5	106.9	107.0	106.9	104.8	104.7
97.9	102.4	102.4	102.4	102.4	102.4	102.4	102.4	102.2	102.2
103.4	103.5	103.8	105.4	105.5	105.4	105.3	105.1	104.4	104.0
104.3	104.3	104.2	104.1	102.3	102.0	103.1	103.0	103.0	102.9
102.6	103.0	103.5	105.3	105.7	105.7	105.8	105.4	105.0	104.7
107.7	106.1	106.1	108.4	107.8	107.2	106.0	106.5	103.6	102.3
100.1	100.0	100.0	100.0	100.0	100.0	100.0	100.0	100.0	100.0
104.9	105.2	106.0	105.8	106.0	105.3	105.3	104.5	103.1	101.7
103.5	104.0	105.0	105.4	105.8	105.3	105.8	105.0	104.1	103.3
110.5	110.6	114.0	112.8	111.1	107.9	106.6	107.2	104.1	100.6
111.0	108.4	107.7	105.6	108.6	108.2	106.1	105.7	104.1	102.8
110.3	109.1	107.3	104.4	106.2	107.3	105.4	105.3	101.9	100.4
111.6	107.8	108.0	106.8	110.7	109.0	106.8	106.0	106.1	105.1
102.5	103.4	103.5	103.8	104.5	104.9	105.0	105.0	103.8	103.8
102.5	103.5	103.6	104.0	104.7	105.0	105.2	105.2	104.0	104.0
100.0	100.0	100.0	100.0	100.0	100.0	100.0	100.0	100.0	100.0
104.5	103.9	103.5	103.7	105.7	105.3	105.9	105.0	104.6	104.4
102.2	99.8	99.9	100.4	100.2	101.3	101.3	101.6	101.6	101.6

5-17 续表 2

(上年同月＝100)

类　别	Item	全　年 Annual Year	1 月 January	2 月 February
石油加工、炼焦及核燃料加工业	Petroleum Process, Coking and Nuclear Fuel Processing Industry	116.3	107.5	108.6
精炼石油产品的制造	Refineed Coking Petroleum Manufacturing	116.9	107.7	108.9
化学原料及化学制品制造业	Chemical Material and Chemical Product Manufacturing	109.4	112.6	112.5
基础化学原料制造	Basic Chemical Material Manufacturing	106.8	112.4	108.7
肥料制造	Fertilizer Manufacture	112.1	114.8	116.3
农药制造	Insectcide Manufacture	110.7	118.9	119.3
涂料、油墨、颜料及类似产品制造	Coating, Printing Ink, Pigment and The Similar Products Manufacture	105.6	102.8	105.4
合成材料制造	Compounded Material Manufacture	112.1	118.6	118.3
专用化学产品制造	Specialized Chemical Product Manufacture	106.3	106.6	107.2
日用化学产品制造	Daily Chemical Product Manufacture	108.8	110.9	111.3
医药制造业	Medical Manufacture Industry	105.7	107.7	106.8
化学药品原药制造	Original Medicine of Chemical Medicine Manufacture	108.4	113.3	113.4
化学药品制剂制造	Chemical Medicine Agent Manufacture	111.0	115.5	116.9
中成药制造	Medium Paternt Manufacture	105.3	105.2	105.0
兽用药品制造	Medicine in Herbs Manufacture	99.4	100.0	100.0
生物、生化制品的制造	Biology, Bio-chemical Product Manufacture	100.9	100.3	94.1
橡胶制品业	Rubber Product Industry	118.5	118.9	118.2
轮胎制造	Tire Manufacture	139.1	135.4	135.8
橡胶板、管、带的制造	Rubber Plank, Pipe, Band Manufacture	112.6	117.6	111.5
日用及医用橡胶制品制造	Daily and Medical-purpose Rubber Product Manufacture	119.6	122.5	124.3
橡胶靴鞋制造	Rubber Shoes Manufacture	116.3	138.5	136.6
塑料制品业	Plastic Product Industry	104.7	103.4	105.5
塑料薄膜制造	Plastic Thin Film Manufacture	104.4	104.1	104.3
塑料板、管、型材的制造	Plastic Plate, Pipe Type Manufacture	104.5	105.2	110.8
塑料丝、绳及编织品的制造	Plastic Silk, Rope and Knitted Products Manufacture	103.1	96.1	96.4
塑料包装箱及容器制造	Plastic Packing Box and Container Manufacture	103.2	102.8	102.2
日用塑料制造	Daily Pastic Manufacture	109.8	112.4	116.4
其他塑料制品制造	Other Plastic Manufacture	113.9	119.7	120.3
非金属矿物制品业	Non-metal Mineral Product Industry	112.6	112.4	112.9
水泥、石灰和石膏的制造	Cement, Lime and Gypsum Manufacture	121.8	123.3	123.3
水泥及石膏制品制造	Cement and Gypsum Product Manufacture	110.7	111.0	111.7
砖瓦、石材及其他建筑材料制造	Brick, Stone Material and Other Buildings Material Manufacture	108.8	105.7	106.8
玻璃及玻璃制品制造	Glass and Glass Product Manufacture	102.0	102.1	105.1
陶瓷制品制造	Ceramics Product Manufacture	103.6	102.2	102.2
石墨及其他非金属矿物制品制造	Graphite and Other Non-metal Mineralses Product Manufacture	103.2	106.6	104.6
黑色金属冶炼及压延加工业	Black Metal Coking and Pressint Process Industry	106.4	112.4	114.7
炼钢	Steel Making	104.9	113.0	115.7
钢压延加工	Pressed Steel Processing	109.3	111.8	113.2
铁合金冶炼	Iron-alloy Smeltering	106.6	108.7	112.4
有色金属冶炼及压延加工业	Coloured Metal Coking and Pressint Process Industry	114.1	115.6	127.4
常用有色金属冶炼	General Non-ferrous Metal Coking	111.3	111.3	124.5
贵金属冶炼	Precious Metal Smeltering	154.4	133.7	138.7
有色金属合金制造	Non-ferrous Metal Alloy Manufacture	103.1	104.7	104.8

Continued 2

(the same month last year=100)

3 月 March	4 月 April	5 月 May	6 月 June	7 月 July	8 月 August	9 月 September	10 月 October	11 月 November	12 月 December
112.5	114.6	114.5	122.0	123.8	122.5	122.0	119.4	113.6	115.2
112.9	115.0	115.1	122.9	124.5	123.2	122.7	120.0	113.9	115.7
108.5	110.1	112.0	112.1	111.2	110.9	110.4	108.4	103.7	102.1
104.7	108.1	111.0	112.6	110.3	109.4	108.1	104.1	98.2	95.6
109.7	111.3	113.1	113.4	113.1	113.3	113.8	112.1	108.4	106.8
117.9	115.2	112.4	112.8	111.3	112.0	112.0	102.2	98.1	101.5
105.6	106.0	106.1	106.6	106.2	106.8	105.9	105.4	105.2	105.4
118.9	118.4	121.0	119.7	117.7	115.8	112.9	112.6	91.7	87.7
106.3	107.7	110.3	107.5	107.2	106.8	105.1	106.7	103.1	100.9
110.5	110.5	109.9	109.8	111.1	108.1	108.0	106.4	104.0	106.5
107.0	106.7	106.2	105.8	105.0	104.9	106.4	104.8	104.4	102.8
112.9	112.8	110.5	109.6	109.7	105.1	105.7	104.8	103.1	102.2
115.6	111.3	111.9	111.9	111.5	111.5	111.9	107.3	106.7	102.5
106.9	107.1	105.6	105.2	104.4	103.1	105.8	104.9	105.2	105.6
100.0	99.7	98.7	98.7	98.7	98.7	98.7	100.0	100.4	99.1
98.8	101.0	99.9	105.6	99.0	103.8	103.5	102.2	103.3	100.2
119.4	121.8	120.3	121.0	122.3	120.6	117.7	115.3	114.6	113.1
151.7	154.3	149.4	149.1	150.1	141.7	137.6	130.8	126.5	119.7
107.5	113.6	117.1	117.1	116.3	111.8	110.9	109.7	109.5	110.2
116.7	117.8	117.6	118.7	121.8	122.9	121.2	117.0	117.5	118.5
118.3	120.6	118.3	120.6	120.6	122.4	103.9	104.4	102.1	103.9
103.5	105.5	105.8	105.9	105.7	105.5	105.2	104.6	103.3	102.8
106.2	109.0	107.7	105.9	106.2	103.6	102.9	100.6	100.3	102.3
103.3	104.2	104.0	106.1	103.8	105.2	104.9	103.6	102.3	101.4
96.5	105.5	105.5	106.4	106.4	105.8	105.6	105.6	104.6	104.5
101.5	103.1	103.1	102.4	104.0	103.8	104.1	104.4	103.7	103.5
119.5	110.7	113.4	108.1	110.5	105.6	108.1	106.0	104.9	104.1
123.6	120.7	117.7	114.1	112.9	111.9	109.7	111.0	106.3	102.4
113.2	114.3	115.1	116.3	116.7	115.8	114.2	110.9	107.1	103.3
121.5	124.4	127.3	129.8	129.8	129.0	125.5	118.5	111.6	103.8
112.3	111.4	110.6	111.8	113.2	111.7	111.7	110.8	108.2	104.5
108.1	110.8	110.7	111.1	111.5	110.0	109.7	108.7	106.6	105.8
106.5	105.1	104.9	104.3	105.7	104.0	101.5	97.4	94.0	94.7
102.2	102.2	102.2	103.7	103.7	104.2	105.2	105.2	105.2	105.2
106.9	102.0	101.5	101.9	101.2	103.7	103.8	103.6	103.1	100.6
109.7	104.4	102.1	103.9	107.7	105.9	107.2	106.7	102.9	100.7
107.0	100.6	98.8	101.8	106.0	103.5	107.2	106.2	102.3	99.6
115.3	112.8	108.8	107.7	111.1	111.0	107.0	107.7	104.1	102.5
115.0	108.5	106.8	108.0	106.2	106.4	106.5	103.4	97.2	102.4
120.6	119.0	119.4	124.0	123.8	118.6	113.1	100.5	98.4	95.4
117.1	113.9	117.6	121.9	124.0	116.4	113.5	96.8	93.8	90.5
151.5	174.9	171.3	172.9	171.3	178.2	181.1	145.3	132.1	118.9
100.2	102.4	102.3	101.9	102.3	103.8	103.0	104.1	104.1	103.8

5-17 续表 3

(上年同月=100)

类　别	Item	全　年 Annual Year	1 月 January	2 月 February
金属制品业	Metal Product Industry	102.7	102.5	103.8
结构性金属制品制造	Structural Metal Product	100.4	101.4	103.4
金属工具制造	Metal Tools Manufacture	101.7	101.6	105.2
集装箱及金属包装容器制造	Container and Metal Packing Container Manufacture	105.9	107.6	107.2
金属丝绳及其制品的制造	Metal Silk Rope and Its Product Manufacture	105.9	99.0	100.1
建筑、安全用金属制品制造	Building, Metal Productin Safety Producing Manufacture	101.1	101.3	101.3
不锈钢及类似日用金属制品制造	Stainless Steel and Similar Daily Metal Product Manufacture	101.1	102.2	103.0
其他金属制品制造	Other Metal Product Manufacture	103.1	101.4	102.4
通用设备制造业	General Equipment Manufacture	102.4	101.6	101.0
锅炉及原动机制造	Boiler and Original Motor	101.5	98.0	98.1
金属加工机械制造	Metal Process and Machinery Manufacture	101.1	100.5	100.5
起重运输设备制造	Hoisting Transportation Equipment Manufacture	100.6	100.2	100.2
泵、阀门、压缩机及类似机械的制造	Pump, Valve, Compressor and Its Similar Mechanical Manufacture	104.0	104.2	104.2
风机、衡器、包装设备等通用设备制造	Wind-fanning Machine, Scaling and Packing Equipment	101.1	101.3	101.6
金属铸、锻加工	Metal Foundry, Forging Process	104.9	104.3	104.1
专用设备制造业	General Equipment Manufacture	101.5	102.3	102.0
矿山、冶金、建筑专用设备制造	Ore Mountain, Metallurgy, Building Special Equipment Manufacture	101.9	102.8	103.1
化工、木材、非金属加工专用设备制造	Chemical Engineering, Timber, Non-Metal Processed Special Equipments Manufacture	95.8	97.3	98.3
食品、饮料、烟草及饲料生产专用设备制造	The Food, Beverage, Tobacco and Foddar Production Special Equipments Manufacture	104.6	106.7	104.0
农、林、牧、渔专用机械制造	Agriculture, Forestry Animal Husbandry and Fishery Specific Machinery Manufacture	100.4	97.7	97.7
环保、社会公共安全及其他专用设备制造	Environment Protection, Public Social Secure and Other Specific Equipment Manufacture	103.1	101.6	102.8
交通运输设备制造业	Transportation Equipment Manufacture Industry	98.2	96.9	96.4
铁路运输设备制造	Rail Transportation Equipment Manufacture	103.6	105.9	104.4

Continued 3

(the same month last year=100)

3 月 March	4 月 April	5 月 May	6 月 June	7 月 July	8 月 August	9 月 September	10 月 October	11 月 November	12 月 December
103.1	103.0	102.5	102.4	103.1	104.2	102.2	102.9	101.8	101.3
101.3	100.2	98.9	97.0	99.3	101.3	99.5	101.1	100.8	100.3
101.6	100.5	98.6	102.4	99.4	101.5	102.5	103.1	102.6	101.2
106.6	105.9	105.3	106.5	107.7	107.5	105.7	106.3	102.9	102.4
102.6	108.0	107.9	110.7	111.8	113.6	105.3	105.1	104.3	104.4
101.3	101.2	102.0	101.1	101.4	101.4	101.4	101.2	100.5	99.0
102.1	101.6	101.5	101.4	98.7	100.4	101.5	101.0	99.5	101.0
103.1	102.1	102.1	103.4	103.7	104.0	104.0	104.0	103.7	103.7
102.0	102.8	102.2	102.1	102.6	102.4	102.9	102.9	102.9	103.0
99.9	101.0	101.7	101.8	102.8	102.8	102.9	103.1	103.2	103.0
101.0	101.3	101.5	101.5	101.5	101.4	101.1	101.1	101.0	101.2
100.2	100.2	100.2	100.2	101.1	101.1	101.1	101.1	101.1	101.1
103.8	104.3	103.1	104.0	104.5	104.2	104.2	103.9	103.9	104.0
101.9	100.9	101.0	100.8	101.4	101.2	100.9	100.6	100.7	101.0
104.6	105.8	105.5	104.3	104.2	104.5	105.0	105.5	105.3	105.5
101.8	101.3	101.3	101.3	101.8	101.6	101.1	101.0	100.7	101.4
102.9	102.2	101.9	101.2	103.0	102.4	101.4	100.9	100.7	100.3
94.4	92.9	93.7	94.4	93.8	94.0	95.4	95.6	96.1	104.8
105.6	105.3	105.1	105.9	104.7	105.9	104.7	103.4	102.7	101.3
97.7	97.7	99.3	99.3	99.1	99.2	98.9	105.3	106.3	106.3
103.7	102.5	102.6	103.9	103.8	104.6	104.6	103.7	102.0	101.7
97.2	96.7	96.6	96.9	97.1	99.3	99.3	100.2	100.9	102.0
105.9	103.3	103.8	103.5	100.7	104.2	104.2	104.4	102.4	101.2

5-17 续表 4

(上年同月＝100)

类别	Item	全年 Annual Year	1月 January	2月 February
汽车制造	Vehicle Manufacture	97.5	96.1	95.7
船舶及浮动装置制造	Ships and Floating Equipment Manufacture	105.7	104.4	103.2
交通器材及其他交通运输设备制造	Transportation Equipment and Other Transportations Equipments Manufacture	105.5	100.9	100.0
电气机械及器材制造业	Electricity Machine and Its Equipment Manufacture	104.0	101.7	105.0
电机制造	Electric Engineering Manufacture	106.3	111.2	110.7
输配电及控制设备制造	Electricity Mixed and Control Equipments Manufacture	101.6	99.6	99.8
电线、电缆、光缆及电工器材制造	Wire, Cable, Fiber Optic Cable and the Electric Device Manufacture	111.5	107.1	115.4
电池制造	Battery Manufacture	105.3	99.9	106.6
家用电力器具制造	Electric Power Apparatus Manufacture	98.5	95.7	97.8
其他电气机械及器材制造	Other Electricity Machines and Device Manufacture	103.8	104.2	104.2
通信设备、计算机及其他电子设备制造业	Tele-communication Equipment, Computer and Other Electron Equipment Manufacture Industry	101.2	108.4	105.8
通信设备制造	Tele-communication Equipment Manufacture	101.0	103.7	105.1
雷达及配套设备制造	Radar and Its Equipment Manufacture	100.8	110.1	100.0
电子器件制造	Electronic Appliances	109.5	114.1	113.9
电子元件制造	Electronic Components	105.4	108.4	106.2
其他电子设备制造	Other Electronic Equipment			
仪器仪表及文化、办公用机械制造业	Instrument, Meter and Cultural and Office	96.6	91.7	92.6
通用仪器仪表制造	General Instrument and Meters	98.2	100.6	98.9
专用仪器仪表制造	Special Instrument and Meter	99.6	99.6	100.0
钟表与计时仪器制造	Clock and Timing Instrument	100.4	100.0	100.4
光学仪器及眼镜制造	Optical Instrument and Glasses	99.8	100.2	100.2
工艺品及其他制造业	Handicrafts and Other Manufacture Industry	120.3	116.1	116.6
工艺美术品制造	Handicraft Art Work Manufacture	124.0	118.0	118.7
日用杂品制造	Daily Groceries Manufacture	103.0	106.8	106.8
电力、热力的生产和供应业	Electronic, Thermodynamic Product and Supply Industry	103.3	105.1	105.3
电力生产	Electric Power Production	102.7	101.0	101.3
电力供应	Electric Power Supply	103.7	107.5	107.7
燃气生产和供应业	Fuel Production and Supply Industry	110.0	115.3	116.5
燃气生产和供应业	Fuel Production and Supply Industry			
水的生产和供应业	Water Production and Supply Industry	101.0	100.4	100.4
自来水的生产和供应	Tapping-water Production and Supply	101.0	100.4	100.4
污水处理及其再生利用	Sewage Treatment and Recycled Use	101.7	105.2	105.0

Continued 4

(the same month last year=100)

3 月 March	4 月 April	5 月 May	6 月 June	7 月 July	8 月 August	9 月 September	10 月 October	11 月 November	12 月 December
96.3	95.6	95.5	95.8	96.2	98.7	98.7	100.0	100.6	101.6
106.1	108.3	108.3	108.4	106.0	106.0	105.9	101.8	103.5	106.2
102.7	102.7	103.0	107.8	108.5	107.7	108.5	108.4	107.5	108.2
103.9	104.9	106.4	107.2	105.9	105.0	103.3	101.5	101.5	102.2
112.9	109.2	104.8	104.1	105.4	105.5	104.5	103.1	101.6	104.2
99.9	100.5	100.2	102.0	102.0	102.1	102.5	103.6	103.9	103.0
113.7	114.9	122.2	123.9	117.2	114.1	108.7	101.4	102.8	101.9
106.9	106.7	107.0	106.8	106.8	107.0	106.1	105.4	103.6	101.9
96.0	97.6	99.6	100.7	99.9	99.1	98.0	98.2	97.8	102.0
104.2	104.2	104.2	104.2	104.0	104.2	102.9	102.9	102.6	103.9
104.9	107.8	103.7	103.7	98.2	97.4	96.3	97.4	96.6	96.0
104.2	104.2	101.6	102.8	100.9	100.0	98.2	97.6	97.2	97.6
100.0	100.0	100.0	100.0	100.0	100.0	100.0	100.0	100.0	100.0
114.1	114.3	113.0	112.4	110.7	107.7	106.0	104.4	102.4	103.5
109.4	107.0	108.6	106.3	106.0	107.2	103.2	103.7	102.0	98.3
89.4	95.9	96.6	96.6	96.1	96.1	100.8	100.8	98.8	104.3
96.7	98.1	98.1	98.1	98.1	98.1	98.1	98.1	98.1	98.1
99.8	99.5	99.4	99.0	99.5	99.5	99.2	99.5	99.6	100.0
100.0	99.6	100.4	100.4	100.0	100.8	100.8	100.8	100.8	100.8
100.2	100.2	100.2	100.2	100.2	100.2	98.8	98.8	98.8	100.2
119.7	121.5	118.4	120.9	117.5	128.8	126.7	119.9	121.9	115.8
122.4	126.1	121.9	124.9	120.6	134.6	131.7	123.5	126.1	118.9
107.2	101.4	102.6	102.4	102.8	101.7	102.3	102.2	100.8	99.4
104.0	105.2	102.3	101.8	101.9	102.2	104.3	103.4	102.2	102.3
101.2	101.6	102.5	103.0	103.6	103.6	103.6	103.7	103.6	104.1
105.7	107.4	102.1	101.2	101.0	101.4	104.8	103.3	101.3	101.3
115.0	114.9	115.2	115.2	107.9	106.7	105.5	104.4	104.0	103.0
100.6	100.0	100.6	100.6	100.6	100.6	102.2	102.0	101.9	101.9
100.6	100.0	100.6	100.6	100.6	100.6	102.2	102.0	101.9	101.9
104.8	100.8	100.8	101.3	101.3	101.3	100.1	100.1	100.1	100.0

5-18 分月工业生产者出厂价格环比指数(2011年)

(上月＝100)

类　别	Item	全　年 Annual Year	1 月 January	2 月 February	3 月 March
全部工业品	Total Industrial Products	103.2	100.9	100.8	100.6
#轻工业	#Light Industry	104.1	101.0	101.0	100.4
以农产品为原料	Using Farm Produces as Raw Materials	104.1	101.2	101.1	100.4
以非农产品为原料	Using Non-farm Produces as Raw Materials	104.1	99.9	100.5	100.2
重工业	Heavy Industry	102.8	100.9	100.7	100.7
采掘	Mining and Quarrying	116.9	105.1	101.8	103.0
原料	Raw Material	101.8	101.2	101.3	100.3
加工	Processing	102.3	100.4	100.3	100.7
#生产资料	#Means of Production	102.8	100.9	100.8	100.8
采掘	Mining and Quarrying	116.9	105.1	101.8	103.0
原料	Raw Material	101.8	101.2	101.3	100.4
加工	Processing	102.2	100.5	100.5	100.8
生活资料	Life Material	104.2	100.9	100.6	100.3
食品	Food	105.8	101.4	100.9	100.5
衣着	Clothing	103.3	101.1	100.8	98.9
一般日用品	Articles for Daily Use	103.5	100.7	100.6	99.5
耐用消费品	Durable Consumers' Goods	101.8	100.2	100.1	100.7
按工业部门分	Grouped by Department of Industry				
冶金工业	Metallurgical Industry	100.5	102.4	102.5	100.6
电力工业	Power Industry	102.3	100.5	100.1	100.0
煤炭及炼焦工业	Coal and Coking Industry	114.7	102.1	101.8	101.0
石油工业	Petroleum Industry	118.5	102.9	103.7	104.0
化学工业	Chemical Industry	103.2	100.5	100.4	100.0
机械工业	Machine Buiding Industry	101.3	100.1	99.7	100.6
建筑材料工业	Buiding Material Industry	104.3	100.4	100.3	101.8
森林工业	Timber Industry	103.9	100.7	99.9	100.1
食品工业	Food Industry	106.1	101.4	101.0	100.5
纺织工业	Textile Industry	99.3	101.1	102.0	101.3
缝纫工业	Tailoring Industry	103.3	101.1	100.8	98.8
皮革工业	Leather Industry	103.4	101.2	100.9	100.0
造纸工业	Paper Industry	102.8	100.3	100.5	98.9
文教艺术用品工业	Cultural, Educational and Handicraft Articles	106.8	99.3	100.5	100.0
其它工业	Other Industry	106.0	100.2	99.9	101.2

Prducer Price Chain Index for Industrial Products by Month(2011)

(preceding month=100)

4 月 April	5 月 May	6 月 June	7 月 July	8 月 August	9 月 September	10 月 October	11 月 November	12 月 December
100.9	100.3	100.3	100.0	99.8	99.9	99.9	99.6	100.1
100.9	100.2	100.1	100.2	100.1	100.1	100.0	99.9	100.2
100.8	100.0	100.0	100.3	99.9	100.0	100.1	99.9	100.3
101.5	100.8	100.5	99.8	100.5	100.4	99.7	100.0	100.2
100.9	100.3	100.3	99.9	99.7	99.9	99.8	99.4	100.1
103.3	102.8	98.5	99.6	101.4	99.6	100.4	99.3	101.4
101.3	100.3	100.8	100.3	99.1	99.8	98.9	98.8	99.9
100.5	100.1	100.3	99.8	99.9	100.0	100.3	99.8	100.1
101.1	100.2	100.3	99.9	99.6	99.8	99.8	99.4	100.1
103.3	102.8	98.5	99.6	101.4	99.6	100.4	99.3	101.4
101.4	100.3	100.8	100.4	99.1	99.8	98.8	98.7	99.8
100.8	100.0	100.2	99.8	99.7	99.8	100.3	99.7	100.1
100.4	100.4	100.3	100.2	100.4	100.4	100.0	100.1	100.2
100.3	100.5	100.3	100.7	100.4	100.7	99.9	100.0	100.2
100.7	99.8	100.4	99.8	100.0	100.2	100.2	100.1	101.2
101.3	100.8	99.7	100.1	100.7	100.0	100.1	100.1	99.8
99.9	100.2	100.5	99.6	100.1	100.1	100.0	100.3	100.1
100.4	99.8	100.4	100.7	98.6	99.7	98.4	98.0	99.2
100.2	100.3	100.6	100.1	100.3	100.0	100.2	99.9	100.2
101.4	101.8	101.8	100.1	101.6	100.9	100.8	99.6	100.9
106.0	103.0	99.9	99.7	100.1	99.1	98.1	98.9	102.1
101.5	100.9	100.1	99.9	99.9	100.2	100.7	99.4	99.7
100.3	99.9	100.3	99.5	100.0	100.1	100.3	100.1	100.5
101.0	100.6	100.9	100.2	99.7	99.6	100.3	99.6	100.0
100.2	100.3	100.5	101.1	100.2	100.3	100.3	100.3	100.1
100.4	100.5	100.3	100.7	100.4	100.7	99.9	100.0	100.2
101.5	98.8	98.7	99.3	98.6	97.9	100.5	99.5	100.1
100.7	99.8	100.4	99.8	100.0	100.3	100.2	100.1	101.3
99.0	100.9	100.6	100.5	99.8	99.7	99.9	100.6	100.3
102.4	100.1	100.1	100.9	99.7	100.2	100.1	99.7	99.9
103.6	101.8	100.7	100.1	100.2	100.1	100.1	99.8	100.3
101.2	100.3	101.1	99.4	102.8	100.7	99.0	100.8	99.2

5-19 分行业工业生产者出厂价格环比指数(2011年)

(上月=100)

类 别	Item	全 年 Annual Year	1 月 January	2 月 February
煤炭开采和洗选业	Coal Mining and Selecting Industry	119.0	102.2	101.8
烟煤和无烟煤的开采洗选	The Bituminous Coal and Anthracite Coals Mining and Dressing	119.0	102.2	101.8
黑色金属矿采选业	Black Metal Mineral Mining and Selecting Industry	108.6	108.7	100.4
铁矿采选	The Iron Mineral Mining and Selecting	97.8	99.6	100.5
其他黑色金属矿采选	Other Black Metal Mineral Mining and Selecting	125.2	122.5	100.2
有色金属矿采选业	Colored Metal Mineral Mining and Selecting	104.4	100.8	100.5
常用有色金属矿采选	The Regular Colored Metal Mineral Mining and Selecting	99.1	101.0	100.8
贵金属矿采选	The Precious Metal Mineral Mining and Selecting	117.9	99.9	99.2
非金属矿采选业	Non-Metal Mineral Mining and Selecting	114.1	101.5	99.7
化学矿采选	Chemical Mineral Mining and Selecting	126.3	103.3	100.9
采盐	Salt Mining	111.8	106.2	105.4
石棉及其他非金属矿采选	Asbestos and Other Non-Metal Mineral Mining and Selecting			
农副食品加工业	Farm and Side-Line Food Processed Industry	109.3	101.9	100.7
谷物磨制	Corn Whetted	109.5	101.7	100.8
饲料加工	Forage Processed	107.2	100.6	100.7
植物油加工	Planting-Oil Processed	103.2	102.9	100.6
制糖	Sugar Made			
屠宰及肉类加工	Slaughtered Meta and Meat Processes	113.8	101.6	100.7
水产品加工	Fishery Product Processed	112.2	100.0	101.1
其他农副食品加工	Other Farm and Side-line Food Processed	126.5	104.8	100.5
食品制造业	Food Manufacture Industry	104.8	101.6	100.4
焙烤食品制造	Baked Food Manufacturing	103.1	101.0	100.2
方便食品制造	Convenient Food Manufacturing	110.8	102.7	100.2
液体乳及乳制品制造	Milk and Dairy Products Manufacturing	101.5	100.0	100.2
罐头制造	Canning	105.1	102.5	100.0
调味品、发酵制品制造	Condiment, Ferment Product Manufacturing	103.4	100.5	101.7
其他食品制造	Other Food Manufacturing	104.4	102.2	100.3
饮料制造业	Beverage Manufacture Industry	101.4	100.7	101.5
酒精制造	Alcohol Manufacturing			
酒的制造	Wine Manufacturing	99.2	101.2	102.3
软饮料制造	Soft Beverage Manufacturing	101.7	100.1	100.5
精制茶加工	Refined-tea Process	110.0	99.8	100.6

Producer Price Chain Index for Industrial Products by Industry(2011)

(preceding month=100)

3 月 March	4 月 April	5 月 May	6 月 June	7 月 July	8 月 August	9 月 September	10 月 October	11 月 November	12 月 December
101.5	101.2	103.2	102.6	100.3	102.4	100.6	100.8	99.8	101.2
101.5	101.2	103.2	102.6	100.3	102.3	100.6	100.8	99.8	101.2
100.4	100.2	100.6	100.2	99.8	100.4	100.3	99.3	98.2	100.2
100.5	100.2	100.5	100.4	99.4	100.8	100.1	98.7	96.8	100.3
100.2	100.2	100.7	100.0	100.2	100.0	100.5	100.0	100.0	100.0
103.7	101.5	105.2	100.4	100.5	97.8	99.1	100.2	95.1	99.9
105.1	101.1	103.5	99.5	100.8	96.0	97.9	100.1	94.3	99.5
97.7	104.3	101.4	103.9	100.5	105.0	103.2	100.5	100.0	101.1
103.3	101.7	100.4	100.0	100.2	103.0	100.3	102.8	100.3	100.0
105.4	102.9	101.0	99.1	100.2	105.8	101.4	103.0	100.6	100.3
101.9	92.5	105.4	107.7	99.3	94.1	102.4	95.6	99.9	102.1
101.0	100.5	100.6	101.2	101.1	100.6	100.9	100.3	99.9	100.2
101.7	100.6	100.9	100.8	100.5	100.3	100.1	100.6	100.2	101.0
101.1	100.9	100.0	100.6	100.6	99.7	100.9	101.7	100.5	99.8
99.8	100.2	99.5	100.7	100.3	100.7	100.5	99.3	99.4	99.5
101.3	100.9	100.7	104.6	102.6	101.5	101.0	99.4	98.7	100.0
100.0	101.1	103.3	100.5	99.9	105.5	101.0	99.4	100.1	99.9
101.8	98.4	102.1	100.9	106.5	99.6	105.9	101.1	101.9	100.5
100.6	100.1	100.4	99.7	100.5	99.6	100.3	100.5	100.3	100.7
100.3	100.2	100.0	100.0	100.6	99.5	99.9	100.4	100.3	100.7
102.7	100.6	100.0	100.3	100.0	99.5	102.1	100.4	100.6	101.2
101.1	100.2	100.2	100.1	100.3	99.2	100.1	100.3	99.8	100.0
99.7	100.0	99.9	101.3	100.2	100.2	100.3	101.1	99.7	100.0
99.9	100.2	99.6	100.5	100.3	99.6	99.9	100.1	100.3	100.8
100.0	99.5	101.7	97.7	101.3	99.5	99.6	100.7	100.7	101.2
100.2	100.5	100.6	98.4	100.1	100.6	100.6	98.5	99.9	99.9
98.8	99.6	100.7	97.2	100.2	101.0	101.3	97.2	99.9	99.9
100.0	100.4	100.2	100.1	100.1	100.3	100.0	100.2	100.0	99.8
106.8	104.0	100.6	99.2	99.7	99.5	99.5	99.8	100.1	100.1

5-19 续表 1

(上月＝100)

类　别	Item	全　年 Annual Year	1 月 January	2 月 February
烟草制品业	Tobacco Product Industry	100.7	100.0	101.6
烟叶复烤	Tobacco Leaves Retroacting	119.4	100.0	100.0
卷烟制造	Cigarette Manufacturing	100.6	100.0	101.7
纺织业	Textile Industry	99.3	101.1	101.9
棉、化纤纺织及印染精加工	Cotton and Chemical Fiber Textile and Printing and Dyeing Refined Processing	97.2	100.4	102.2
丝绢纺织及精加工	Silk-textile and Refined Process	105.3	105.0	100.0
纺织制成品制造	Textile Products Manufacturing	105.9	101.9	100.8
针织品、编织品及其制品制造	Knitwear, Knitted Products	98.0	100.5	99.4
纺织服装、鞋、帽制造业	Textile Clothing, Shoe, Hat Industry	103.7	101.1	100.9
纺织服装制造	Textile Clothing Manufacturing	103.7	101.1	100.9
皮革、毛皮、羽毛(绒)及其制品业	Leather, Furriery, Feather and It Products Industry	103.2	101.1	101.1
皮革鞣制加工	Leather Processing	101.0	100.0	100.0
皮革制品制造	Leather Product Processing	104.7	101.9	101.4
木材加工及木、竹、藤、棕、草制品业	Bamboo, Ratten, Palm and Grass Product Manufacture Industry	104.0	100.7	99.8
锯材、木片加工	Sawn-Material and Wood-plice Processing	102.9	100.0	100.0
人造板制造	Artificial Plank Manufacturing	104.7	101.0	99.9
木制品制造	Timber Product Manufacturing	102.3	100.1	99.6
竹、藤、棕、草制品制造	Bamboo, Ratten, Palm and Grass Product Manufacturing	100.0	100.0	100.0
家具制造业	Furniture Manufacture Industry	101.7	100.3	100.1
木质家具制造	Timber Furniture Manufacture	103.3	100.6	100.0
造纸及纸制品业	Paper Making and Paper Products Industry	102.8	100.3	100.5
纸浆制造	Paper Pulp Manufacturing			
造纸	Paper Making	100.4	100.1	100.2
纸制品制造	Paper Products Manufacturing	105.1	100.5	100.7
印刷业和记录媒介的复制	Painting Industry and Duplication Of Medium Recoder	103.8	100.3	100.0
印刷	Painting	104.0	100.3	100.0
装订及其他印刷服务活动	Binding and Other Painting Service Activity	100.0	100.0	100.0
文教体育用品制造业	Culture, Education and Athletics Manufacture Industry	104.4	100.6	100.3
文化用品制造	Culture Articles Manufacturing	101.6	100.0	100.0
体育用品制造	Arthelitic Articles Manufacturing			

Continued 1

(preceding month=100)

3 月 March	4 月 April	5 月 May	6 月 June	7 月 July	8 月 August	9 月 September	10 月 October	11 月 November	12 月 December
98.8	100.0	100.2	100.0	100.1	100.0	100.0	100.1	99.9	100.0
100.0	100.0	100.0	100.0	100.0	100.0	100.0	119.4	100.0	100.0
98.8	100.0	100.2	100.0	100.1	100.0	100.0	100.0	99.9	100.0
101.3	101.4	98.8	98.8	99.3	98.6	97.9	100.6	99.5	100.1
101.2	102.1	98.4	97.9	98.9	98.3	97.3	100.8	99.7	100.2
100.7	100.0	100.0	100.3	99.7	100.3	100.0	99.3	100.0	100.0
101.7	100.1	100.4	101.9	100.1	99.3	100.3	99.6	100.0	99.7
100.0	99.8	98.8	99.7	100.0	98.4	100.0	101.2	100.2	100.0
98.7	100.8	99.9	100.4	99.8	100.1	100.3	100.2	100.1	101.4
98.7	100.8	99.9	100.4	99.7	100.1	100.3	100.2	100.1	101.4
100.0	99.1	100.8	100.5	100.4	99.8	99.7	99.9	100.5	100.3
100.8	100.0	100.7	100.0	101.1	98.5	99.0	100.0	100.0	101.0
99.6	98.4	101.0	100.9	100.2	100.5	100.1	99.8	100.9	99.9
100.0	100.1	100.2	100.5	101.2	100.3	100.3	100.4	100.3	100.1
100.0	100.0	100.0	100.0	101.8	100.0	101.1	100.0	100.0	100.0
99.9	100.3	100.2	100.4	101.4	100.4	100.1	100.4	100.4	100.1
100.6	99.6	100.4	101.3	100.1	100.0	100.5	100.5	100.0	99.9
100.0	100.0	100.0	100.0	100.0	100.0	100.0	100.0	100.0	100.0
100.2	100.3	100.9	100.1	100.1	99.6	100.2	100.1	99.9	100.0
100.4	100.4	101.0	100.4	100.3	99.5	100.5	100.0	100.0	100.1
98.9	102.5	100.1	100.1	100.9	99.7	100.2	100.1	99.7	99.9
100.4	100.5	99.6	100.4	99.9	99.9	100.3	99.7	99.4	99.9
97.6	104.3	100.5	99.8	101.8	99.5	100.1	100.5	100.0	99.8
100.3	100.9	100.2	100.4	100.7	100.4	100.1	100.2	99.7	100.6
100.3	100.9	100.2	100.4	100.8	100.4	100.1	100.2	99.7	100.6
100.0	100.0	100.0	100.0	100.0	100.0	100.0	100.0	100.0	100.0
100.1	100.0	100.0	100.1	102.2	100.2	100.6	100.1	100.0	100.0
100.0	100.0	100.2	99.8	99.7	101.3	100.0	100.6	100.0	100.0

5-19 续表 2

(上月＝100)

类　别	Item	全　年 Annual Year	1 月 January	2 月 February
石油加工、炼焦及核燃料加工业	Petroleum Process, Coking and Nuclear Fuel Processing Industry	115.2	101.7	103.2
精炼石油产品的制造	Refineed Coking Petroleum Manufacturing	115.7	101.7	103.2
化学原料及化学制品制造业	Chemical Material and Chemical Product Manufacturing	102.1	100.3	100.4
基础化学原料制造	Basic Chemical Material Manufacturing	95.6	99.8	98.0
肥料制造	Fertilizer Manufacture	106.8	100.8	101.6
农药制造	Insectcide Manufacture	101.5	100.6	100.4
涂料、油墨、颜料及类似产品制造	Coating, Printing Ink, Pigment and The Similar Products Manufacture	105.4	100.4	102.7
合成材料制造	Compounded Material Manufacture	87.7	98.8	99.7
专用化学产品制造	Specialized Chemical Product Manufacture	100.9	100.1	100.6
日用化学产品制造	Daily Chemical Product Manufacture	106.5	100.3	100.8
医药制造业	Medical Manufacture Industry	102.8	100.8	100.2
化学药品原药制造	Original Medicine of Chemical Medicine Manufacture	102.2	101.0	100.4
化学药品制剂制造	Chemical Medicine Agent Manufacture	102.5	100.7	101.2
中成药制造	Medium Patern Manufacture	105.6	101.4	99.8
兽用药品制造	Medicine in Herbs Manufacture	99.1	100.0	100.0
生物、生化制品的制造	Biology, Bio-chemical Product Manufacture	100.2	100.0	100.1
橡胶制品业	Rubber Product Industry	113.1	101.0	100.5
轮胎制造	Tire Manufacture	119.7	100.1	100.3
橡胶板、管、带的制造	Rubber Plank, Pipc, Band Manufacture	110.2	104.2	102.0
日用及医用橡胶制品制造	Daily and Medical-purpose Rubber Product Manufacture	118.5	100.0	101.4
橡胶靴鞋制造	Rubber Shoes Manufacture	103.9	100.0	98.7
塑料制品业	Plastic Product Industry	102.8	100.6	100.5
塑料薄膜制造	Plastic Thin Film Manufacture	102.3	100.3	100.2
塑料板、管、型材的制造	Plastic Plate, Pipe Type Manufacture	101.4	100.5	100.5
塑料丝、绳及编织品的制造	Plastic Silk, Rope and Knitted Products Manufacture	104.5	100.4	100.3
塑料包装箱及容器制造	Plastic Packing Box and Container Manufacture	103.5	100.6	100.9
日用塑料制造	Daily Pastic Manufacture	104.1	104.2	100.8
其他塑料制品制造	Other Plastic Manufacture	102.4	100.0	101.2
非金属矿物制品业	Non-metal Mineral Product Industry	103.3	100.3	100.4
水泥、石灰和石膏的制造	Cement, Lime and Gypsum Manufacture	103.8	100.0	100.6
水泥及石膏制品制造	Cement and Gypsum Product Manufacture	104.5	101.5	100.2
砖瓦、石材及其他建筑材料制造	Brick, Stone Material and Other Buildings Material Manufacture	105.8	100.5	100.4
玻璃及玻璃制品制造	Glass and Glass Product Manufacture	94.7	98.7	100.8

Continued 2

(preceding month=100)

3 月 March	4 月 April	5 月 May	6 月 June	7 月 July	8 月 August	9 月 September	10 月 October	11 月 November	12 月 December
103.5	105.3	101.8	101.9	100.1	99.8	99.5	97.8	98.4	101.4
103.7	105.4	101.9	102.0	100.1	99.8	99.5	97.6	98.4	101.5
99.4	101.9	101.4	100.0	99.7	99.8	100.0	100.8	98.9	99.4
99.5	103.2	100.9	99.6	98.1	99.2	99.7	100.0	97.5	100.0
99.1	101.6	101.6	101.0	100.4	100.0	100.7	101.7	99.3	98.9
99.0	100.4	100.5	100.6	98.7	100.6	100.0	100.2	100.4	100.1
100.2	100.8	100.1	100.5	100.1	101.0	99.3	99.8	100.0	100.4
100.5	100.4	102.3	98.9	98.3	98.4	98.4	99.7	96.1	95.7
100.0	101.9	102.2	97.9	100.1	100.2	98.8	100.3	99.5	99.4
100.1	100.5	100.0	100.7	102.6	97.7	100.6	100.4	100.1	102.7
100.5	100.7	100.0	100.1	99.9	99.6	100.1	100.7	100.0	100.2
100.3	100.9	99.9	99.8	100.1	98.6	99.7	101.3	99.8	100.3
99.1	101.4	100.5	100.2	99.6	99.9	100.2	100.2	99.8	99.7
102.9	100.2	98.9	100.0	100.0	99.8	100.7	101.1	100.3	100.5
100.0	99.7	99.0	100.0	100.0	100.0	100.0	101.3	100.4	98.7
100.0	100.1	100.0	100.0	100.1	100.0	100.0	100.0	100.0	99.9
103.7	101.9	98.6	100.7	102.0	99.2	103.3	100.3	101.3	100.1
111.6	101.8	97.1	100.2	100.7	94.6	111.8	100.3	101.5	99.5
99.1	102.5	101.1	100.2	100.4	100.1	99.8	99.5	100.8	100.2
100.9	102.3	99.8	100.9	104.5	101.0	103.3	100.0	102.2	100.9
103.2	102.0	98.0	102.0	100.0	101.5	98.6	100.5	97.8	101.8
100.0	100.5	100.1	100.6	100.1	100.2	100.0	100.1	99.9	100.3
100.4	100.8	99.5	99.8	99.9	98.8	99.9	99.9	100.2	102.8
99.1	100.7	100.0	101.2	99.6	100.9	99.5	99.8	100.3	99.4
100.1	100.5	100.4	101.6	99.8	100.0	100.3	100.4	100.2	100.5
100.0	102.4	100.0	99.4	99.5	99.8	100.3	100.2	100.1	100.4
100.1	99.8	99.7	99.8	100.1	99.9	100.4	100.0	99.9	99.5
102.8	97.6	100.9	99.6	100.2	100.4	100.6	101.2	97.0	101.0
101.7	100.9	100.6	100.9	100.2	99.5	99.6	99.9	99.5	100.0
102.8	100.2	101.2	101.4	99.8	99.6	99.0	99.6	99.6	100.0
100.9	100.6	99.8	101.1	101.1	99.4	100.5	100.1	99.3	99.9
101.1	103.0	100.4	100.6	100.0	99.3	100.1	100.2	99.8	100.2
99.9	98.6	100.3	99.6	101.2	99.1	98.9	99.6	98.0	100.0

5-19 续表 3

(上月=100)

类　　别	Item	全　年 Annual Year	1 月 January	2 月 February
陶瓷制品制造	Ceramics Product Manufacture	105.2	102.2	100.0
石墨及其他非金属矿物制品制造	Graphite and Other Non-metal Mineralses Product Manufacture	100.6	100.3	99.5
黑色金属冶炼及压延加工业	Black Metal Coking and Pressint Process Industry	100.7	101.6	102.5
炼钢	Steel Making	99.6	101.5	102.4
钢压延加工	Pressed Steel Processing	102.5	101.8	102.6
铁合金冶炼	Iron-alloy Smeltering	102.4	100.7	101.1
有色金属冶炼及压延加工业	Coloured Metal Coking and Pressint Process Industry	95.4	104.8	104.7
常用有色金属冶炼	General Non-ferrous Metal Coking	90.5	105.2	103.9
贵金属冶炼	Precious Metal Smeltering	118.9	102.0	100.1
有色金属合金制造	Non-ferrous Metal Alloy Manufacture	103.8	100.1	100.1
有色金属压延加工	Non-ferrous Metal Pressing	105.6	104.7	107.3
金属制品业	Metal Product Industry	101.3	100.0	100.9
结构性金属制品制造	Structural Metal Product	100.3	99.5	100.6
金属工具制造	Metal Tools Manufacture	101.2	100.4	103.5
集装箱及金属包装容器制造	Container and Metal Packing Container Manufacture	102.4	99.7	99.8
金属丝绳及其制品的制造	Metal Silk Rope and Its Product Manufacture	104.4	100.2	101.8
建筑、安全用金属制品制造	Building, Metal Productin Safety Producing Manufacture	99.0	100.0	100.0
不锈钢及类似日用金属制品制造	Stainless Steel and Similar Daily Metal Product Manufacture	101.0	101.2	100.8
其他金属制品制造	Other Metal Product Manufacture	103.7	101.4	101.0
通用设备制造业	General Equipment Manufacture	103.0	100.0	99.4
锅炉及原动机制造	Boiler and Original Motor	103.0	99.8	98.8
金属加工机械制造	Metal Process and Machinery Manufacture	101.2	100.1	100.0
起重运输设备制造	Hoisting Transportation Equipment Manufacture	101.1	100.2	99.9
泵、阀门、压缩机及类似机械的制造	Pump, Valve, Compressor and Its Similar Mechanical Manufacture	104.0	100.5	100.8
风机、衡器、包装设备等通用设备制造	Wind-fanning Machine, Scaling and Packing Equipment	101.0	99.8	100.3
金属铸、锻加工	Metal Foundry, Forging Process	105.5	99.9	100.7
专用设备制造业	General Equipment Manufacture	101.4	100.4	100.1
矿山、冶金、建筑专用设备制造	Ore Mountain, Metallurgy, Building Special Equipment Manufacture	100.3	100.1	100.0
化工、木材、非金属加工专用设备制造	Chemical Engineering, Timber, Non-Metal Processed Special Equipments Manufacture	104.8	99.9	101.5
食品、饮料、烟草及饲料生产专用设备制造	The Food, Beverage, Tobacco and Foddar Production Special Equipments Manufacture	101.3	102.3	97.5
农、林、牧、渔专用机械制造	Agriculture, Forestry Animal Husbandry and Fishery Specific Machinery Manufacture	106.3	100.2	100.0
环保、社会公共安全及其他专用设备制造	Environment Protection, Public Social Secure and Other Specific Equipment Manufacture	101.7	100.3	100.6
交通运输设备制造业	Transportation Equipment Manufacture Industry	102.0	100.2	99.9

Continued 3

(preceding month=100)

3 月 March	4 月 April	5 月 May	6 月 June	7 月 July	8 月 August	9 月 September	10 月 October	11 月 November	12 月 December
100.0	100.0	100.0	101.4	100.0	100.5	101.0	100.0	100.0	100.0
102.0	100.5	99.9	100.0	99.3	99.8	100.2	100.3	99.4	99.5
101.5	100.3	100.2	100.4	100.4	98.4	99.5	100.3	96.7	99.1
100.6	100.3	100.3	100.8	101.0	97.8	99.5	100.1	96.4	99.0
103.2	100.5	99.8	99.6	99.3	99.5	99.2	100.6	97.0	99.3
102.2	99.8	100.1	99.8	100.5	100.5	99.6	100.0	99.3	99.0
97.3	100.4	98.0	100.9	102.5	97.6	99.9	90.4	101.5	98.0
96.9	100.6	96.8	101.3	102.9	96.6	99.9	87.6	102.2	97.5
110.8	113.6	99.9	102.2	99.3	105.1	103.4	85.6	102.9	95.4
100.0	99.5	102.3	101.6	100.1	100.4	100.0	100.0	100.0	99.7
97.2	100.4	100.1	100.2	102.1	99.5	99.9	95.1	101.0	98.7
100.7	100.0	100.0	99.9	100.1	100.3	99.9	99.9	99.6	100.0
100.8	100.2	100.1	98.9	100.7	100.2	99.5	100.4	99.8	99.8
98.1	100.0	100.6	100.2	98.6	102.2	101.0	98.4	99.5	98.8
101.3	100.1	99.6	100.9	101.3	100.0	99.0	99.3	100.2	101.2
102.0	100.8	99.9	99.9	100.4	100.0	100.0	99.9	99.3	100.1
100.0	100.0	100.0	99.0	100.0	100.0	100.0	100.0	100.0	100.0
99.1	99.8	99.9	100.0	97.4	101.7	101.1	99.1	99.2	101.7
100.7	99.0	100.0	101.3	100.3	100.3	100.0	100.0	99.7	100.0
101.0	100.8	99.4	100.6	100.7	99.9	100.5	100.2	100.2	100.2
101.7	100.6	99.7	100.4	101.6	100.1	100.0	100.3	100.2	100.0
100.5	100.1	100.0	100.5	100.1	99.9	99.7	99.9	100.0	100.2
100.0	100.0	100.0	100.0	100.9	100.0	100.0	100.0	100.0	100.0
99.7	100.4	100.1	101.5	100.5	100.2	100.1	99.8	100.0	100.3
100.3	100.0	100.1	100.1	100.2	99.9	99.9	99.8	100.2	100.2
100.5	101.4	99.8	100.6	100.5	100.3	100.5	100.8	100.2	100.3
100.3	99.8	100.0	100.3	100.7	99.8	99.9	100.5	99.9	99.9
100.1	99.6	100.1	100.2	102.0	99.5	99.1	100.0	100.0	99.8
100.4	100.0	100.3	100.5	99.7	100.0	101.6	100.3	100.5	100.0
101.5	100.1	100.2	100.4	100.2	99.8	100.2	100.1	99.5	99.7
100.0	100.0	100.0	100.0	100.0	100.1	99.8	106.4	100.0	100.0
100.8	99.0	99.7	100.9	99.7	100.2	100.5	100.6	99.3	100.0
100.5	100.0	100.1	100.2	99.8	100.3	100.0	100.0	100.4	100.5

5-19 续表 4

(上月=100)

类别	Item	全年 Annual Year	1月 January	2月 February
铁路运输设备制造	Rail Transportation Equipment Manufacture	101.2	101.5	99.7
汽车制造	Vehicle Manufacture	101.6	100.1	100.0
船舶及浮动装置制造	Ships and Floating Equipment Manufacture	106.2	100.0	98.8
交通器材及其他交通运输设备制造	Transportation Equipment and Other Transportations Equipments Manufacture	108.2	100.0	100.0
电气机械及器材制造业	Electricity Machine and Its Equipment Manufacture	102.2	100.4	100.1
电机制造	Electric Engineering Manufacture	104.2	99.7	99.9
输配电及控制设备制造	Electricity Mixed and Control Equipments Manufacture	103.0	100.0	99.9
电线、电缆、光缆及电工器材制造	Wire, Cable, Fiber Optic Cable and the Electric Device Manufacture	101.9	102.9	99.7
电池制造	Battery Manufacture	101.9	100.2	100.9
家用电力器具制造	Electric Power Apparatus Manufacture	102.0	98.6	100.0
其他电气机械及器材制造	Other Electricity Machines and Device Manufacture	103.9	104.1	100.0
通信设备、计算机及其他电子设备制造业	Tele-communication Equipment, Computer and Other Electron Equipment Manufacture Industry	96.0	99.9	97.6
通信设备制造	Tele-communication Equipment Manufacture	97.6	98.5	102.4
雷达及配套设备制造	Radar and Its Equipment Manufacture	100.0	100.0	100.0
电子器件制造	Electronic Appliances	103.5	100.6	99.8
电子元件制造	Electronic Components	98.3	98.6	98.5
其他电子设备制造	Other Electronic Equipment			
仪器仪表及文化、办公用机械制造业	Instrument, Meter and Cultural and Office	104.3	98.5	100.6
通用仪器仪表制造	General Instrument and Meters	98.1	98.9	99.9
专用仪器仪表制造	Special Instrument and Meter	100.0	100.0	100.0
钟表与计时仪器制造	Clock and Timing Instrument	100.8	100.0	100.4
光学仪器及眼镜制造	Optical Instrument and Glasses	100.2	100.2	100.0
工艺品及其他制造业	Handicrafts and Other Manufacture Industry	115.8	100.7	99.8
工艺美术品制造	Handicraft Art Work Manufacture	118.9	100.8	99.7
日用杂品制造	Daily Groceries Manufacture	99.4	100.1	100.0
电力、热力的生产和供应业	Electronic, Thermodynamic Product and Supply Industry	102.3	100.5	100.2
电力生产	Electric Power Production	104.1	100.5	100.2
电力供应	Electric Power Supply	101.3	100.4	100.2
燃气生产和供应业	Fuel Production and Supply Industry	103.0	100.3	101.1
燃气生产和供应业	Fuel Production and Supply Industry			
水的生产和供应业	Water Production and Supply Industry	101.9	100.0	100.0
自来水的生产和供应	Tapping-water Production and Supply	101.9	100.0	100.0
污水处理及其再生利用	Sewage Treatment and Recycled Use	100.0	100.0	100.0

Continued 4

(preceding month=100)

3 月 March	4 月 April	5 月 May	6 月 June	7 月 July	8 月 August	9 月 September	10 月 October	11 月 November	12 月 December
100.4	100.0	100.2	99.6	100.4	99.5	100.1	100.2	99.7	99.9
100.3	99.8	100.0	100.3	100.0	100.3	100.1	100.0	100.4	100.3
102.8	102.2	100.2	100.1	97.9	100.0	100.0	100.2	100.4	103.5
102.5	100.0	100.7	104.2	100.7	99.3	100.7	99.9	99.4	100.7
100.9	100.4	100.2	100.0	100.7	99.3	100.3	99.7	99.7	100.6
102.1	100.7	98.7	99.7	100.8	98.2	101.8	100.3	99.5	102.8
100.2	100.1	99.5	101.1	100.7	100.0	100.4	100.8	100.0	100.3
102.7	99.1	99.8	98.2	102.6	99.3	99.5	98.5	99.2	100.6
100.5	100.6	99.5	100.6	100.1	100.2	99.9	99.9	99.8	99.8
101.7	100.2	102.0	100.9	99.3	98.7	100.8	99.5	99.9	100.5
100.0	100.0	100.0	100.0	99.8	100.0	98.8	100.0	100.0	101.3
100.6	101.7	99.4	100.3	94.9	99.5	99.8	102.5	99.7	100.4
100.5	99.7	97.4	101.0	99.2	98.9	99.6	101.5	99.2	100.0
100.0	100.0	100.0	100.0	100.0	100.0	100.0	100.0	100.0	100.0
101.2	100.1	99.9	100.5	100.3	98.9	100.5	100.1	100.0	101.6
100.7	99.4	101.3	99.0	99.1	101.8	99.6	101.2	99.5	99.7
99.6	103.7	102.0	100.5	99.5	100.0	99.8	100.0	100.0	100.2
99.4	99.9	99.9	100.0	100.0	100.0	100.0	100.0	100.0	100.0
100.0	100.0	100.0	100.0	100.0	100.0	100.0	100.0	100.0	100.0
99.6	100.8	100.0	100.0	100.0	100.0	100.0	100.0	100.0	100.0
100.0	100.0	100.0	100.0	100.0	100.0	98.6	100.0	100.0	101.4
101.8	103.7	100.3	103.4	98.7	108.1	100.9	97.1	102.7	98.1
102.1	104.3	100.3	104.0	98.5	109.6	101.0	96.6	103.3	98.0
100.4	100.8	100.0	100.1	99.9	99.7	100.0	100.3	99.4	98.8
99.9	100.2	100.3	100.6	100.1	100.3	100.0	100.2	99.9	100.2
100.2	100.6	100.9	100.5	100.6	100.1	99.9	100.1	99.9	100.5
99.7	100.0	99.9	100.7	99.8	100.4	100.0	100.2	99.9	100.1
99.8	100.5	100.6	100.0	99.7	99.9	100.1	100.4	99.7	100.8
100.3	99.4	100.7	100.0	100.0	99.9	101.6	100.0	100.0	100.0
100.3	99.4	100.7	100.0	100.0	99.9	101.6	100.0	100.0	100.0
100.0	100.0	100.0	100.0	100.0	100.0	100.0	100.0	100.0	100.0

5-20 工业生产者购进价格指数(1990-2011年)

Purchasing Price Indices for Industrial Producers (1990-2011)

(上年＝100) (preceding year=100)

年 份 Year	总指数 General Index	燃料、动力类 Fuel and Power	黑色金属材料类 Ferrous Metals	钢 材 Rolle Steel	有色金属材料和电线类 Nonferrous Metals and Wires
1990	108.4	107.3	111.2		92.1
1991	113.1	116.2	111.3		109.3
1992	110.2	115.0	113.9		110.9
1993	135.5	135.9	165.9	161.4	113.0
1994	116.6	115.5	102.4	102.2	104.2
1995	118.2	109.4	98.6	100.3	130.2
1996	108.4	108.9	101.0	100.5	92.7
1997	100.7	107.6	98.8	99.2	98.7
1998	95.2	96.3	96.4	97.6	96.1
1999	95.6	98.3	95.6	96.4	101.5
2000	105.6	121.4	99.2	100.6	108.8
2001	100.2	103.2	101.6	100.0	94.4
2002	97.7	99.0	99.2	98.2	98.5
2003	108.2	109.0	111.5	108.5	106.2
2004	113.1	109.0	120.6	118.2	117.5
2005	107.0	114.3	106.5	105.1	112.1
2006	104.9	112.2	95.2	96.9	125.3
2007	104.6	104.1	105.7	103.3	109.1
2008	110.9	113.1	119.3	115.4	101.0
2009	93.4	93.4	92.1	92.7	83.3
2010	110.4	115.3	107.2	105.0	124.1
2011	111.5	115.0	110.7	104.1	108.7

5-20 续表 Continued

(上年＝100) (preceding year=100)

年 份 Year	化工原料类 Raw Chemical Materials	木材及纸浆类 Timber and Paper Pulp	建筑材料及非金属矿类 Building Material and Non-metal Ore	其它工业原材料及半成品类 Other Materials and Semi-finished Category	农副产品类 Agricultural Products	纺织原料类 Textile Materials
1990	94.3	101.0	126.2	100.0	119.6	117.0
1991	107.7	105.5	104.0	100.0	115.7	105.8
1992	106.9	97.1	99.5	102.1	100.7	102.7
1993	110.9	115.7	146.4	126.2	104.6	102.7
1994	107.3	103.1	122.7	114.2	138.1	143.2
1995	118.2	112.6	108.0	97.7	159.3	124.3
1996	106.6	95.1	105.7	100.1	124.5	92.1
1997	97.4	103.5	93.8	91.1	100.3	97.7
1998	92.3	98.9	101.1	93.5	93.9	95.1
1999	94.8	102.3	100.7	95.4	86.8	94.8
2000	106.2	104.3	97.4	98.3	97.2	102.4
2001	98.9	96.6	98.7	101.2	99.5	97.5
2002	96.4	96.5	99.3	98.9	92.0	97.7
2003	104.9	100.7	101.0	100.9	115.7	103.0
2004	111.2	107.2	110.0	114.0	113.0	103.6
2005	107.9	102.3	112.3	102.3	96.0	101.4
2006	101.6	103.5	99.4	104.5	103.8	102.0
2007	105.1	106.3	101.9	112.0	98.9	101.4
2008	113.2	108.7	110.3	108.1	105.3	104.4
2009	86.9	91.7	95.5	97.6	99.6	97.2
2010	106.6	105.8	104.2	106.2	106.9	109.5
2011	114.3	106.8	110.0	106.9	108.5	114.5

5-21 分月工业生产者购进价格指数(2011年)

(上年同月=100)

类 别	Item	1 月 January	2 月 February	3 月 March
总指数	**General Index**	**113.2**	**113.7**	**114.0**
燃料、动力类	Fules and Power	114.9	114.3	115.3
黑色金属材料类	Material of Black Metal	116.5	117.7	118.8
#钢材	#Rolled Steel	106.4	107.3	106.5
其它	Other	125.8	127.2	129.9
有色金属材料和电线类	Material of Nof-ferrous Metal Material and Electric Wire	108.7	114.3	111.9
化工原料类	Chemical Material	116.1	116.2	113.6
木材及纸浆类	Wood and Paper Pulp	110.1	109.6	107.9
建筑材料及非金属矿类	Building Material and Non-metal Ore	107.9	108.2	108.0
其它工业原材料及半成品类	Other Industrial Raw Material and Semi-finished Category	107.3	108.1	108.1
农副产品类	Agricultural and Side-line Produces	108.3	108.1	108.7
纺织原料类	Raw Textile Material	124.5	126.3	127.7

5-22 分月工业生产者购进价格环比指数(2011年)

(上年同月=100)

类 别	Item	1 月 January	2 月 February	3 月 March
总指数	**General Index**	**101.8**	**101.9**	**101.5**
燃料、动力类	Fules and Power	102.4	102.4	102.1
黑色金属材料类	Material of Black Metal	103.4	103.0	102.0
#钢材	#Rolled Steel	100.3	101.7	100.6
其它	Other	105.9	103.9	103.0
有色金属材料和电线类	Material of Nof-ferrous Metal Material and Electric Wire	100.4	101.7	100.5
化工原料类	Chemical Material	100.4	100.8	99.9
木材及纸浆类	Wood and Paper Pulp	101.0	99.9	100.7
建筑材料及非金属矿类	Building Material and Non-metal Ore	100.7	100.6	100.7
其它工业原材料及半成品类	Other Industrial Raw Material and Semi-finished Category	100.5	101.1	101.0
农副产品类	Agricultural and Side-line Produces	100.8	100.7	101.2
纺织原料类	Raw Textile Material	101.9	101.8	101.4

Purchasing Price Indices for Industrial Producer by Month(2011)

(the same month last year=100)

4 月 April	5 月 May	6 月 June	7 月 July	8 月 August	9 月 September	10 月 October	11 月 November	12 月 December
112.1	**112.0**	**112.2**	**112.4**	**112.0**	**111.8**	**110.6**	**108.3**	**106.6**
116.0	115.9	115.5	115.8	116.6	116.5	114.6	112.6	111.9
109.6	110.1	108.8	109.8	108.6	109.1	109.4	107.3	104.5
104.6	103.9	104.0	104.1	103.5	104.0	103.2	101.0	100.5
113.9	115.4	112.9	114.5	112.9	113.2	114.7	112.7	107.8
111.0	110.8	114.3	114.8	111.1	108.8	102.3	100.4	98.5
113.4	114.0	116.1	118.1	119.4	117.9	116.0	108.7	104.1
106.9	107.1	106.8	107.4	106.5	106.5	104.9	104.6	103.8
109.6	110.1	111.3	111.4	111.3	112.6	111.6	109.8	108.0
107.3	106.6	107.8	106.2	106.8	107.0	106.4	105.5	105.5
109.3	108.8	110.5	110.0	108.3	107.5	108.4	107.7	106.3
126.0	122.5	117.6	115.4	112.1	111.4	107.4	96.6	94.4

Purchasing Price Chain Indices for Industrial Producer by Month(2011)

(the same month last year=100)

4 月 April	5 月 May	6 月 June	7 月 July	8 月 August	9 月 September	10 月 October	11 月 November	12 月 December
100.8	**100.6**	**100.5**	**99.9**	**100.3**	**100.1**	**99.9**	**99.4**	**99.7**
102.7	101.9	100.1	99.9	100.0	99.7	100.0	99.6	100.5
98.3	100.1	100.7	99.1	101.1	100.5	99.5	98.8	98.2
100.3	100.6	99.8	99.5	100.0	100.3	99.5	98.4	99.4
96.9	99.8	101.4	98.8	101.8	100.6	99.5	99.0	97.3
100.6	98.4	100.6	101.2	99.9	99.9	96.1	100.0	99.3
100.8	100.1	101.3	101.0	100.5	99.9	101.0	99.2	99.1
100.2	100.3	100.8	100.2	100.0	100.5	100.0	100.1	100.2
101.5	101.0	101.2	100.7	100.0	100.8	100.0	100.2	100.4
100.5	100.2	100.9	99.9	100.7	100.6	99.8	99.5	100.5
100.6	100.2	101.0	100.2	100.1	100.2	101.9	99.6	99.6
100.4	97.9	98.3	98.3	97.3	99.4	99.9	98.9	99.0

5-23 武汉市房地产价格指数(2011年)
Price Indices for Real Estate of Wuhan Cities(2011)

(上年同月=100) (the same month last year=100)

指标	Item	1月 January	2月 February	3月 March	4月 April	5月 May	6月 June
新建住宅销售价格指数	**Sales Price Indices of New Houses**	**107.1**	**106.4**	**105.5**	**104.3**	**103.1**	**103.2**
商品住宅	Commercialized Buildings	107.4	106.8	105.8	104.6	103.3	103.4
$90m^2$及以下	$90m^2$ and Below	106.9	106.8	105.9	104.5	103.3	103.4
$90-144m^2$	$90-144m^2$	107.6	107.1	106.2	105.1	103.9	103.9
$144m^2$以上	above $144m^2$	107.8	105.8	104.7	103.3	101.8	101.8
二手住宅销售价格指数	**Sales Price Indices of Second-hand Housing**	**105.8**	**104.7**	**103.1**	**102.3**	**101.6**	**101.7**
$90m^2$及以下	$90m^2$ and Below	105.9	104.7	102.6	101.7	101.3	101.6
$90-144m^2$	$90-144m^2$	105.6	104.5	103.3	102.7	101.9	102.0
$144m^2$以上	above $144m^2$	106.1	105.1	103.8	102.2	101.3	101.3

5-23 续表 Continued

(上年同月=100) (the same month last year=100)

指标	Item	7月 July	8月 August	9月 September	10月 October	11月 November	12月 December
新建住宅销售价格指数	**Sales Price Indices of New Houses**	**103.3**	**103.8**	**103.7**	**103.2**	**102.8**	**102.3**
商品住宅	Commercialized Buildings	103.5	104.0	103.9	103.4	103.0	102.5
$90m^2$及以下	$90m^2$ and Below	103.6	103.9	103.7	103.2	102.7	102.3
$90-144m^2$	$90-144m^2$	104.1	104.7	104.6	104.3	103.8	103.2
$144m^2$以上	above $144m^2$	101.8	102.1	102.0	101.5	101.0	100.6
二手住宅销售价格指数	**Sales Price Indices of Second-hand Housing**	**101.9**	**102.0**	**101.3**	**100.7**	**100.3**	**99.6**
$90m^2$及以下	$90m^2$ and Below	101.8	102.0	101.4	101.1	100.7	99.6
$90-144m^2$	$90-144m^2$	102.2	102.1	101.1	100.9	100.3	99.9
$144m^2$以上	above $144m^2$	101.2	101.6	101.4	99.3	99.4	98.4

5-24 宜昌市房地产价格指数(2011年)

Price Indices for Real Estate of Yichang Cities(2011)

(上年同月＝100) (the same month last year=100)

指　标	Item	1 月 January	2 月 February	3 月 March	4 月 April	5 月 May	6 月 June
新建住宅销售价格指数	**Sales Price Indices of New Houses**	**110.1**	**105.9**	**105.5**	**103.8**	**103.8**	**102.9**
商品住宅	Commercialized Buildings	110.2	106.0	105.6	103.8	103.9	103.0
90m²及以下	90m² and Below	109.7	105.5	105.1	103.4	103.7	102.8
90-144m²	90-144m²	110.2	106.0	105.7	104.0	104.0	103.1
144m²以上	above 144m²	111.0	106.5	105.6	103.7	103.8	102.8
二手住宅销售价格指数	**Sales Price Indices of Second-hand Housing**	**101.9**	**101.8**	**101.5**	**101.2**	**102.9**	**102.9**
90m²及以下	90m² and Below	101.6	101.4	101.2	100.9	102.8	102.8
90-144m²	90-144m²	101.9	101.8	101.5	101.3	103.0	102.9
144m²以上	above 144m²	102.4	102.2	101.8	101.5	103.0	103.0

5-24 续表 Continued

(上年同月＝100) (the same month last year=100)

指　标	Item	7 月 July	8 月 August	9 月 September	10 月 October	11 月 November	12 月 December
新建住宅销售价格指数	**Sales Price Indices of New Houses**	**103.2**	**103.6**	**103.4**	**102.8**	**102.4**	**102.2**
商品住宅	Commercialized Buildings	103.3	103.7	103.5	102.9	102.4	102.2
90m²及以下	90m² and Below	103.0	103.1	103.0	102.6	102.0	101.8
90-144m²	90-144m²	103.4	103.9	103.6	103.0	102.6	102.3
144m²以上	above 144m²	103.2	103.4	103.3	103.0	102.5	102.2
二手住宅销售价格指数	**Sales Price Indices of Second-hand Housing**	**102.9**	**102.8**	**102.7**	**101.7**	**101.0**	**100.9**
90m²及以下	90m² and Below	102.8	102.7	102.6	101.6	100.9	100.9
90-144m²	90-144m²	102.9	102.9	102.7	101.7	101.0	100.9
144m²以上	above 144m²	102.9	102.8	102.7	101.6	101.0	100.8

5-25 襄阳市房地产价格指数(2011年)

Price Indices for Real Estate of Xiangyang Cities(2011)

(上年同月＝100) (the same month last year=100)

指 标	Item	1 月 January	2 月 February	3 月 March	4 月 April	5 月 May	6 月 June
新建住宅销售价格指数	**Sales Price Indices of New Houses**	**109.0**	**109.3**	**108.6**	**107.8**	**106.8**	**106.7**
商品住宅	Commercialized Buildings	109.0	109.3	108.6	107.9	106.9	106.8
$90m^2$及以下	$90m^2$ and Below	110.2	110.3	110.2	109.6	108.6	108.7
$90-144m^2$	$90-144m^2$	108.9	109.1	108.5	107.9	106.9	106.9
$144m^2$以上	above $144m^2$	108.2	108.8	107.5	106.2	105.3	104.9
二手住宅销售价格指数	**Sales Price Indices of Second-hand Housing**	**106.3**	**106.5**	**106.2**	**106.1**	**105.7**	**105.5**
$90m^2$及以下	$90m^2$ and Below	106.8	107.2	107.6	107.4	107.3	107.0
$90-144m^2$	$90-144m^2$	106.4	106.4	106.0	105.9	105.4	105.1
$144m^2$以上	above $144m^2$	106.1	106.0	105.7	105.7	105.1	105.1

5-25 续表 Continued

(上年同月＝100) (the same month last year=100)

指 标	Item	7 月 July	8 月 August	9 月 September	10 月 October	11 月 November	12 月 December
新建住宅销售价格指数	**Sales Price Indices of New Houses**	**106.3**	**105.9**	**105.4**	**105.0**	**104.4**	**102.2**
商品住宅	Commercialized Buildings	106.4	106.0	105.4	105.1	104.4	102.2
$90m^2$及以下	$90m^2$ and Below	108.3	107.9	107.3	106.9	105.3	107.1
$90-144m^2$	$90-144m^2$	106.5	106.0	105.5	105.1	104.8	101.8
$144m^2$以上	above $144m^2$	104.5	104.1	103.6	103.3	102.4	99.0
二手住宅销售价格指数	**Sales Price Indices of Second-hand Housing**	**105.6**	**105.5**	**104.3**	**104.1**	**103.0**	**101.8**
$90m^2$及以下	$90m^2$ and Below	107.1	107.0	105.9	105.7	104.6	103.3
$90-144m^2$	$90-144m^2$	105.3	105.2	104.1	103.9	102.8	101.6
$144m^2$以上	above $144m^2$	105.0	105.0	103.7	103.4	102.3	101.1

5-26 固定资产投资价格指数(2011年)
Price Indices of Investment in Fixed Assets(2011)

(上年同月＝100) (the same month last year=100)

类 别	Item	全 年 Annual Year	一季度 First Quarter	二季度 Second Quarter	三季度 Third Quarter	四季度 Fourth Quarter
总指数	**General Index**	**107.3**	**106.3**	**108.6**	**108.3**	**106.0**
建筑安装工程	Construction and Installation	109.3	108.1	111.2	110.7	107.3
设备、工器具	Purchase of Equipment, Tools & Instruments	100.4	99.6	101.2	99.8	100.8
其他费用	Others	106.6	106.1	105.4	108.0	106.8

5-27 固定资产投资价格指数(1991-2011年)
Price Indices of Investment in Fixed Assets(1991-2011)

(上年＝100) (preceding year=100)

年 份 Year	固定资产投资价格指数 Price Indices of Investment in Fixed Assets	建筑安装工程 Construction and Installation	设备、工器具购置 Purchase of Equipment, Tools & Instruments	其他费用 Others
1991	108.3	106.9	110.4	111.8
1992	117.0	117.9	116.7	111.2
1993	127.4	130.5	119.2	130.2
1994	107.9	106.8	109.3	110.0
1995	105.0	103.5	107.9	106.4
1996	104.0	105.2	101.8	103.4
1997	102.1	102.3	100.4	104.6
1998	100.5	100.5	100.8	100.1
1999	99.5	99.2	99.0	101.0
2000	101.7	103.0	98.9	101.4
2001	100.1	100.6	98.4	100.8
2002	99.8	100.6	97.1	101.2
2003	103.3	105.9	98.1	102.5
2004	106.0	109.2	99.6	104.7
2005	102.2	102.1	100.7	104.5
2006	101.8	101.2	102.0	103.6
2007	104.1	104.9	101.5	104.2
2008	109.4	112.2	102.7	108.2
2009	98.8	96.8	99.0	106.8
2010	104.7	105.9	99.8	106.1
2011	107.3	109.3	100.4	106.6

5-28 农产品生产价格指数(2011年)
Producers Price Indices for Farm Products(2011)

(上年=100) (preceding year=100)

指 标	Item	全年 Annual Year	1季度 1st Quarter	2季度 2nd Quarter	3季度 3rd Quarter	4季度 4th Quarter
总指数	**General Index**	**111.7**	**119.6**	**124.2**	**126.6**	**102.9**
农业产品	Grop products	105.5	127.4	117.1	114.1	96.6
谷物	Cereals	114.9	115.3	114.7	113.9	115.0
稻谷	Rice	115.9	115.5	115.7	120.1	115.1
早籼稻	Early long grained nonglutinous rice	115.1	107.8	110.8	116.3	114.2
中籼稻	Mid long grained nonglutinous rice	117.1	118.0	117.4	124.0	116.0
晚籼稻	Late long grained nonglutinous rice	118.5	111.0		105.4	118.4
小麦	Wheat	111.5	106.5	113.1	109.7	112.7
玉米	Corn//Maize	110.6	112.7	104.3	106.7	113.0
薯类	Tubers	111.0	120.8	107.5	105.7	113.5
红薯	Sweet Potato	121.1	114.3	108.8		127.2
马铃薯	Potato	104.8	128.6	107.2	105.7	92.9
油料	Oil-bearing Crops	117.3	110.1	121.6	115.1	107.7
花生	Peanuts	118.6	111.9	115.5	134.4	118.5
油菜籽	Rapeseeds	118.3	109.3	121.9	114.7	112.9
芝麻	Sesames	103.0	108.1		103.1	94.6
豆类	Beans	103.9	110.6	104.1	100.5	103.9
大豆	Soybean	103.9	110.6	104.1	100.5	103.9
棉花(籽棉)	Cotton	74.8	161.0	139.7	95.7	74.8
生苎麻	Ramie	109.9	106.2	130.7	105.8	96.6
甘蔗	Sugar Cane	119.5	125.0	119.5		
莲子	Lotus Seed	86.2	170.9		93.7	62.6
蔬菜及食用菌	Vegetables and Mushroom	112.2	111.6	110.6	114.1	99.9
蔬菜	Vegetables	116.4	115.3	113.3	114.5	104.0
叶菜类蔬菜	Leaf Vegetables	109.8	108.6	120.0	112.9	104.3
芹菜	Celery	102.1	112.1	125.0	120.2	93.3
油菜	Rape	107.3		116.7	104.7	101.1
菠菜	Spinach	110.8	115.4	126.1		100.6
苋菜	Amaranth	113.4		116.1	96.0	
空心菜	Swamp Morningglory	136.5		135.0	132.2	136.8
小白菜	Chinese white cabbage	118.5	121.8	146.4	134.8	114.4
大白菜	Chinses cabbage	104.1	103.6	94.3	116.5	102.1
普通白菜	cabbage	115.6	122.4	124.7	119.7	104.2
菜心(菜薹)	flowering chinese cabbage	134.6	133.8	120.1		120.2
紫菜薹		109.7	124.5	100.0		98.1
甘蓝类蔬菜	cabbage Vegetables	87.0	112.0	90.9	109.3	82.6
结球甘蓝	Wild cabbage	82.9	88.5	84.0	109.3	81.3
菜花	Cawliflower	118.3	86.4	138.6	134.8	129.2
根茎类蔬菜	Root and Tuber Vegetable	100.8	113.4	94.0	103.1	99.6
白萝卜	Radish	102.3	111.4	94.0	112.9	102.8
胡萝卜	Carrot	122.6	128.3		102.1	100.0
瓜菜类蔬菜	Gourd Vegetable	126.8	110.5	125.4	121.6	111.9
黄瓜	Cucumber	130.1	110.5	125.4	129.4	121.0
冬瓜	White Gourd	104.4			103.2	98.4

5-28 续表 1 Continued 1

(上年=100) (preceding year=100)

指 标	Item	全年 Annual Year	1季度 1st Quarter	2季度 2nd Quarter	3季度 3rd Quarter	4季度 4th Quarter
西葫芦	summer squash	121.6	138.9	117.1		100.0
苦瓜	Balsam pear	106.7		116.1	109.4	104.5
南瓜	Pumpkin	122.9	101.9	84.6	127.8	114.2
丝瓜	Towed gourd	124.9			124.8	107.4
瓠瓜	Bottle gourd	166.7		127.6	168.8	
豆类蔬菜	Garden beans	113.0		108.5	113.7	104.0
扁豆	Lentils	111.3			109.4	108.9
豇豆	cowpeas	114.3		110.9	116.0	105.3
豌豆	Pea	116.0		116.0		
四季豆	Kidney beans	112.9		107.3	112.2	102.9
毛豆	Green soy bean	124.4		114.9	125.6	
蚕豆	Broad bean	114.9		119.0	100.0	
茄果类蔬菜	Eggplant,tomato and chile,etc.	114.1	154.6	107.6	111.8	105.0
茄子	Eggplant	104.9	167.5	120.6	103.3	104.1
青椒	sweetbell	108.0	133.3	99.8	105.9	110.5
西红柿	tomato	118.0	120.6	118.8	117.1	94.8
莴苣及菊苣类蔬菜	Lettuce vegetables	108.2	131.8	102.5	123.7	112.5
生菜	Romaine Lettuce	114.5	107.1	108.2	123.3	117.0
莴笋	Lettuce	108.2	131.8	102.5	123.7	112.5
葱蒜类蔬菜	Onion and Garlic	144.4	106.3	143.0	110.0	98.2
大葱	scallion	109.1	103.5	112.9		
细香葱	shallot	110.9	113.0	120.7	147.7	100.7
大蒜	garlic heat	78.8	75.0	113.0		96.3
蒜苗	garlic bolt	103.2	91.0	111.4		93.6
韭菜	fragrant-flowered garlic	110.5	95.2	111.4	115.0	107.3
水生蔬菜	water vagetable	117.7	123.8	114.3	113.2	113.5
莲藕	lotus root	117.7	123.8	114.3	113.2	113.5
芦笋	Asparagus	115.7	102.3	124.8	125.0	
食用菌	mushroom	101.4	105.9	104.2	110.2	89.0
平菇	oyster mushroom	108.9	105.8	106.7	105.4	111.3
双孢蘑菇	Common Cultivatea Mushroom	111.0	126.6	102.1		114.4
香菇	mushroom	100.4	106.1	104.3	124.8	84.8
黑木耳	black edible fungus	104.1	102.2	103.7	109.6	93.5
水果及坚果	fruits and nuts	121.0	146.0	119.6	118.3	113.7
水果(园林水果)	garden fruits	124.2	146.0	119.6	120.2	117.8
梨	pear	131.7			131.7	

5-28 续表 2 Continued 2

(上年＝100) (preceding year=100)

指标	Item	全年 Annual Year	1季度 1st Quarter	2季度 2nd Quarter	3季度 3rd Quarter	4季度 4th Quarter
柑橘类水果	citrus	126.0	146.0			117.8
柑橘	mandarin orange	125.5	158.6			116.7
橙	orange	128.6	136.6	80.0		127.8
葡萄	grape	107.4			107.4	
巨峰葡萄	Kyoho Grape	121.1			121.1	
瓜类水果	melon	118.9		115.7	119.5	
西瓜	watermelon	119.8		113.7	120.9	124.0
香瓜	muskmelon	108.0		115.7	106.5	
其他水果	other fruits	97.9		121.0	93.6	
樱桃	Cherry	119.8		119.8		
桃	peach	97.9		121.0	93.6	
李子	Plum	115.7			115.7	
核桃	Walnut	84.7				84.7
山核桃	Hickory	62.7	108.0			60.6
茶叶	tea	117.1	104.7	118.8	122.8	122.5
绿茶	green tea	117.1	104.7	118.8	122.8	122.5
中草药材	chinese medicinal materials	81.3	161.7	138.1	95.8	67.8
党参	Tangshen	180.6			188.9	148.3
黄连	rhizome of Chinese goldthread	108.2	100.0	111.1	90.0	
贝母	bulb of Chinese wolfberry	187.3		200.3	159.7	
天麻	tuber of elevated gastrodia	67.2	127.0			66.3
大黄、籽黄	Chinese rhubarb	129.8	124.0	142.9	150.0	126.0
白术	largehead atractyldes	102.8	103.3			102.6
杜仲	Eucommia ulmoides	129.7		142.3	120.2	114.3
茯苓	Fuling	82.4	173.8	133.5	89.1	60.1
云木香	Aucklandia	126.0	128.6	141.7		116.7
厚朴	cortex magnoliae officinalis	135.4		138.8	125.7	125.0
板蓝根	root of commom baphicanthus	120.0	120.0			
黄姜	turmeric	153.0	162.3		107.3	100.0
其他中草药材	others	113.7	112.5	131.5	119.6	107.5
林业产品	Forestry Products	108.4	110.2	106.5	109.6	104.7
苗木类	seedlings	110.0	107.9	121.4		
杉树树苗	China fir	110.0	108.0	134.8		
柏树树苗	Cypress	116.1	123.4	141.0		107.1
松树树苗	Pine tree	107.6	107.7	101.2		120.0
银杏树苗	Ginkgo	120.4	121.3	130.0		115.4
杨树类树苗	Poplar	101.0	109.5	98.0		
樟树类树苗	Camphor	116.4	125.3	115.7	117.5	103.4
其他阔叶乔木树苗	others	117.6	112.6	120.9	106.1	105.7
柑橘树苗	Orange seedlings	120.0	120.0			
桃树苗	Peach seedlings	111.1	111.1			
毛竹苗	mao bamboo	100.0	100.0			
其他灌木树苗	others	116.8	116.8			

5-28 续表 3 Continued 3

(上年=100) (preceding year=100)

指 标	Item	全年 Annual Year	1季度 1st Quarter	2季度 2nd Quarter	3季度 3rd Quarter	4季度 4th Quarter
木材采伐产品	felling and transport of wood	107.6	115.4			102.0
原木	log	107.6	115.4			102.0
红松原木	korean pine	106.4	107.2	105.4	102.9	
落叶松原木	larch	105.9		108.3		103.5
马尾松原木	masson pine	108.3	103.3	128.3	100.0	113.2
薪材	firewood	103.1	100.0	100.5	133.3	
竹材采伐产品	felling and transport of bamboo	108.4	103.1	105.6	109.6	108.0
竹材	bamboo	108.4	103.1	105.6	109.6	108.0
毛竹	mao bamboo	108.4	103.1	105.6	109.6	108.0
畜牧业产品	Animal Husbandry Products	128.9	116.7	143.5	154.9	128.8
活牲畜	Live Domestic Animals	132.7	117.6	150.1	165.4	134.5
猪	Hogs	133.2	117.6	150.8	165.8	135.3
中猪		134.6	114.8	136.2	150.3	139.8
活牛	Cattle and Buffaloes	110.3	113.1	110.6	110.3	111.4
活羊	Sheep and Goats	119.0	118.5	119.6	127.1	122.4
活家禽	Live Poultry	111.2	111.9	115.1	108.1	106.6
活鸡	Chicken	112.3	114.1	108.6	115.1	106.0
活鸭	Duck	110.3	109.9	120.0	104.2	107.4
禽蛋	Poultry Eggs	114.8	110.9	122.7	115.2	110.5
鸡蛋	Chicken's eggs	116.4	111.9	122.7	116.3	111.0
鸭蛋	Duck's eggs	108.6	108.7		111.6	104.5
天然蜂蜜	Natural Honey	120.0		120.0		
渔业产品	Fishery Products	108.4	104.1	111.6	113.6	115.3
淡水养殖产品	Freshwater Aquatic Products	108.4	104.1	111.6	113.6	115.3
养殖淡水鱼	freshwater fish	107.3	104.1	105.3	110.7	115.1
鲤鱼	carp	106.6	105.8	100.3	112.9	123.2
草鱼	grass carp	105.7	101.6	99.4	111.4	113.8
鳙鱼(胖头鱼)	variegated carp	110.2	104.5	129.0	109.6	109.6
青鱼	black carp	117.9	114.4	111.4	110.6	126.0
鲢鱼	silver carp	110.6	107.0	107.7	111.4	121.8
鲫鱼	crucian carp	103.6	100.5	106.4	110.8	114.0
鳊鲂	vream	100.3	98.4	97.8	94.4	115.5
鲶鱼	oriental sheatfish	100.0		100.0		
鮰鱼	catfish	141.5	141.5			
黄颡鱼	Yellow catfish	102.4	102.2	102.2	99.1	106.9
黄鳝	ricefield eel	100.6	94.0	102.8	114.4	114.8
乌鳢	snakehead	98.9	100.0		97.9	
鳖	Turtle	106.0	111.1	101.8	116.6	
其他养殖淡水鱼	other freshwater products	109.6	105.9	103.7	111.7	118.0
淡水养殖虾	freshwater shrimps	134.0	110.3	138.8	139.3	131.0
淡水养殖活河蟹	freshwater crab	105.5	92.9	103.3	115.9	109.1

5-29 分季度农产品生产价格指数

(上年=100)

指　标	Item	2008年			
		1季度	2季度	3季度	4季度
总指数	**General Index**	**134.4**	**129.6**	**121.7**	**98.9**
农业产品	Grop products	114.4	123.9	124.0	98.4
谷物	Cereals	107.2	113.1	115.7	111.5
稻谷	Rice	107.1	113.3	119.5	112.3
早籼稻	Early long grained nonglutinous rice	103.9	112.7	121.5	110.5
中籼稻	Mid long grained nonglutinous rice				
晚籼稻	Late long grained nonglutinous rice	108.8	114.0	116.1	112.8
小麦	Wheat	103.6	112.8	111.5	105.4
玉米	Corn//Maize	114.4	112.3	108.0	102.3
薯类	Tubers	146.5	122.7	114.9	103.3
红薯	Sweet Potato	109.5	100.0		111.7
马铃薯	Potato	156.1	126.6	114.9	98.3
油料	Oil-bearing Crops	133.1	150.1	149.5	104.8
花生	Peanuts	129.8	123.3	122.6	96.6
油菜籽	Rapeseeds	148.2	152.2	150.9	110.3
芝麻	Sesames	138.2	116.3	124.1	113.9
豆类	Beans	120.6	148.9	139.0	108.5
大豆	Soybean	120.6	148.9	143.2	108.2
棉花(籽棉)	Cotton	112.9	110.7	100.6	86.3
生苎麻	Ramie				
甘蔗	Sugar Cane	120.0	79.7		107.7
莲子	Lotus Seed				
蔬菜及食用菌	Vegetables and Mushroom	124.3	109.9	108.5	100.3
蔬菜	Vegetables	124.3	109.9	108.5	100.3
叶菜类蔬菜	Leaf Vegetables	124.6	120.9	118.5	104.6
芹菜	Celery	152.2	101.2		107.8
油菜	Rape		119.2		
菠菜	Spinach	120.4	102.2		105.6
苋菜	Amaranth				
空心菜	Swamp Morningglory				
大白菜	Chinses cabbage	115.6	142.6	119.0	105.7
根茎类蔬菜	Root and Tuber Vegetable	145.5	115.0	104.8	98.8
白萝卜	Radish	129.1	120.2	103.3	104.5
胡萝卜	Carrot	132.7			80.6
生姜	Ginger	183.4			104.7
山药	Chinese yam	136.0	169.3		111.0
瓜菜类蔬菜	Gourd Vegetable	128.0	106.5	107.5	96.6
黄瓜	Cucumber	128.0	106.0	106.1	93.9
冬瓜	White Gourd		100.0	117.6	121.2
苦瓜	Balsam pear			106.3	133.3
南瓜	Pumpkin		105.0	103.8	100.0
丝瓜	Towed gourd		115.8	102.2	87.1
瓠瓜	Bottle gourd		130.7	64.2	
豆类蔬菜	Garden beans		114.0	110.8	91.8
豌豆	Pea		122.9	117.9	106.3
四季豆	Kidney beans		106.7	105.4	87.9
茄果类蔬菜	Eggplant,tomato and chile,etc.		101.2	105.8	108.1
茄子	Eggplant		91.6	112.2	115.0
青椒	sweetbell		107.7	100.2	120.5
辣椒	chili	200.0	121.5	106.5	94.6
西红柿	tomato		108.7	100.7	
莴笋	Lettuce	132.7	120.9	133.3	95.4
葱蒜类蔬菜	Onion and Garlic	141.0	117.5	99.4	113.1
大葱	scallion	117.5		86.8	114.6
蒜苗	garlic bolt	112.0	99.0	200.0	110.2
蒜头	garlic heat		113.4	88.2	100.0
韭菜	fragrant-flowered garlic	153.5	104.8	109.6	121.7
水生蔬菜	water vagetable	127.8	95.7	114.8	117.8
莲藕	lotus root	127.8	95.7	114.8	117.8
食用菌	mushroom	95.5	89.1	89.6	91.6

Producers Price Indices for Farm Products by Quarter

(preceding year=100)

2009年				2010年			
1季度	2季度	3季度	4季度	1季度	2季度	3季度	4季度
94.6	**90.2**	**92.1**	**104.5**	**102.9**	**106.4**	**108.9**	**120.3**
97.7	97.1	94.7	108.2	112.4	112.7	111.8	124.7
108.3	104.2	104.1	103.4	103.8	109.9	110.7	116.1
108.8	106.6	104.9	103.2	103.2	105.6	108.9	116.2
107.0	109.3	102.9	103.8	105.9	105.1	107.5	114.8
109.4	105.7	105.7	103.4	102.5	105.6	109.4	116.0
107.9	109.2	103.9	102.9	103.1	105.9	108.5	116.7
104.8	102.1	103.2	104.3	114.0	114.0	112.4	116.5
94.4	89.7	99.7	107.7	114.8	129.7	119.4	112.4
95.8	105.7	114.4	117.8	109.2	105.4	112.1	125.3
81.7	105.3		107.1	112.0	99.6	104.0	135.6
99.4	105.7	114.4	124.2	108.5	106.4	113.3	119.1
82.0	69.8	68.2	97.7	106.4	110.4	109.0	115.2
79.1	75.9	81.0	99.8	109.7	120.3	119.4	118.6
91.8	69.1	67.4	91.5	103.2	110.4	108.5	109.2
87.0	84.4	94.6	97.9	99.7	96.1	106.4	113.5
89.1	85.5	79.7	88.7	104.9	108.5	112.4	114.8
89.1	85.5	72.4	88.7	104.9	108.5	112.4	114.8
73.6	89.1	105.2	121.0	137.3	131.5	123.5	171.7
							121.1
97.8	135.9		104.1	105.1	121.1		
			110.1			114.2	196.3
100.3	117.0	108.5	108.4	111.2	113.9	121.7	117.0
100.3	117.0	108.5	108.4	111.2	113.9	121.7	117.0
102.3	120.5	106.6	114.1	110.6	108.2	119.0	111.2
98.4	117.6		119.6	114.2	107.3	123.0	52.3
				112.2		108.0	
118.1	109.1		129.6	115.0	103.4		138.0
	101.5	107.0			117.9	97.6	
						196.0	
98.4	146.6	108.7	117.9	102.6	119.3	120.7	108.8
90.8	123.6	98.3	114.7	134.5	106.3	117.9	117.0
101.0	110.0	93.5	113.4	111.1	100.8	118.0	122.5
80.5			118.0	151.6			100.0
95.2			121.8				141.0
109.3			102.9	143.8			139.2
127.9	123.9	110.1	112.0	144.6	126.9	123.1	118.6
127.9	133.9	115.8	112.7	144.6	112.4	123.7	118.3
	145.0	102.6	104.9			138.7	120.8
		98.3	100.0			121.8	122.5
80.0		108.0	106.1			105.8	122.5
	75.2	120.5	128.4		166.7	117.5	130.6
	121.0	114.0			113.4	104.1	
157.8	116.9	103.2	112.8	114.5	120.5	143.1	133.1
	116.1	102.9	107.3		124.2	137.6	134.7
157.8	117.5	103.4	114.3	114.5	117.5	147.2	132.6
	100.3	118.6	111.0	105.6	124.2	116.6	116.3
	99.6	108.0	106.0		133.5	127.9	110.9
85.3	100.4	92.2	99.1		133.0	120.4	126.8
	95.2	106.9	98.1	106.7	116.7	128.6	127.0
	102.7	142.8	121.3	105.6	106.7	97.6	
94.4	106.5	104.2	95.1	104.9	99.2	113.5	131.9
90.0	112.6	112.1	96.7	98.5	130.2	123.8	129.4
104.9	70.7	124.6	102.9	86.4	118.8	132.0	106.6
96.2	133.3	82.6	136.0	161.6	115.9	121.2	103.4
63.8	104.0	109.5		133.3	136.6	123.6	
82.1	104.9	104.0	96.7	105.0	113.7	117.7	129.4
108.0	135.1	113.7	109.7	97.4	92.0	106.7	116.6
108.0	135.1	113.7	109.7	97.4	92.0	106.7	116.6
99.9	100.7	96.3	99.8	107.9	119.3	112.5	116.3

5-29 续表

(上年＝100)

指　　标	Item	2008年			
		1季度	2季度	3季度	4季度
香菇	mushroom	88.3	86.2	86.5	87.7
黑木耳	black edible fungus	129.7	97.2	101.8	107.8
水果及坚果	fruits and nuts	88.7	133.3	119.2	68.7
水果(园林水果)	garden fruits	88.7		116.7	68.7
梨	pear			130.0	102.6
柑橘类水果	citrus	88.7		97.7	68.1
柑橘	mandarin orange	93.2		133.8	83.8
橙	orange	78.6			
葡萄	grape			103.2	
瓜类水果	melon		133.3	121.0	
西瓜	watermelon		133.3	121.0	
香瓜	muskmelon		112.5	125.3	
其他瓜类水果	others			115.8	
桃	peach		99.5	107.6	
茶叶	tea	105.6	105.6	102.0	105.0
绿茶	green tea	105.6	105.6	102.0	105.0
中草药材	chinese medicinal materials	164.0	139.4	125.6	113.7
大黄、籽黄	Chinese rhubarb	100.0	108.0	111.2	
杜仲	Eucommia ulmoides				
茯苓	Fuling		120.1	125.6	111.4
黄姜	turmeric	217.4	245.4		126.0
林业产品	Forestry Products	111.8	118.6	111.7	119.4
木材采伐产品	felling and transport of wood	105.4	119.4	114.2	124.4
原木	log	105.4	119.4	114.2	124.4
落叶松原木	larch	116.1	116.0	96.9	106.7
马尾松原木	masson pine		112.5	119.9	86.7
杉木原条	China fir	105.4	119.9	114.2	124.4
杨树原木	Poplar			109.1	
竹材采伐产品	felling and transport of bamboo	130.6	115.2	102.3	116.2
毛竹	mao bamboo	130.6	115.2	102.3	116.2
畜牧业产品	Animal Husbandry Products	162.6	142.7	117.3	95.4
活牲畜	Live Domestic Animals	133.8		129.5	100.0
猪	Hogs	168.7	155.7	119.5	91.6
中猪		169.4	157.0	119.6	91.2
活牛	Cattle and Buffaloes	134.8		133.3	100.0
活羊	Sheep and Goats	133.0		116.7	
活家禽	Live Poultry	116.1	110.1	110.9	106.3
活鸡	Chicken	116.6	117.1	116.4	103.0
活鸭	Duck	118.9	122.6	93.7	112.0
禽蛋	Poultry Eggs	114.9	107.2	110.8	105.1
鸡蛋	Chicken's eggs	118.1	112.8	112.1	105.6
鸭蛋	Duck's eggs	110.2	100.0	104.3	103.3
天然蜂蜜	Natural Honey		108.8	105.1	114.3
猪鬃	bristles	100.0			
渔业产品	Fishery Products	112.3	118.7	117.8	108.1
淡水养殖产品	Freshwater Aquatic Products	112.3	118.7	117.8	108.1
养殖淡水鱼	freshwater fish	112.3	118.9	118.5	108.1
鲤鱼	carp	113.1	132.4	113.7	103.4
草鱼	grass carp	107.6	127.5	123.8	110.7
鳙鱼(胖头鱼)	variegated carp	102.2		113.3	
青鱼	black carp	119.5			105.4
鲢鱼	silver carp	119.2	118.6	117.8	107.2
鲫鱼	crucian carp	101.9	114.6	110.7	111.7
鳊鲂	vream	108.1	111.1	120.0	109.5
鲶鱼	oriental sheatfish	83.3		100.0	100.2
鮰鱼	catfish				
黄颡鱼	Yellow catfish		111.1		
黄鳝	ricefield eel	113.6	111.0	108.8	106.0
乌鳢	snakehead	109.1			
鳖	Turtle				
其他养殖淡水鱼	other freshwater products	115.5			
淡水养殖虾	freshwater shrimps		116.9	111.8	119.5
淡水养殖活河蟹	freshwater crab				

Continued

(preceding year=100)

2009年				2010年			
1季度	2季度	3季度	4季度	1季度	2季度	3季度	4季度
100.6	100.3	95.8	99.6	107.1	121.4	117.0	117.9
94.9	101.7	98.0	100.7	112.5	113.2	95.2	110.1
72.1		113.9	105.2	119.5		106.5	128.5
72.1		107.7	105.2	119.5		109.8	128.5
		108.8				107.5	
72.1		113.2	105.2	119.5		118.1	128.5
66.7	112.5		117.2	121.3			133.1
77.9			106.1	120.2	113.2		123.6
		149.5				137.0	
		118.1				104.2	
		118.1				104.2	
		102.5				94.8	
		123.6				116.0	
	112.4	97.7			102.0	104.7	
109.8	91.3	101.9	100.2	100.5	117.4	105.0	102.9
109.8	91.3	101.9	100.2	100.5	117.4	105.0	102.9
117.9	117.5	90.9	111.2	154.2	183.2	138.2	126.2
	133.3	110.5			109.1	108.9	
100.0						138.9	
111.9	109.8	90.9	106.0		126.9	138.2	115.7
118.9	118.7		138.9	154.2	107.3		181.3
122.5	101.8	97.7	102.1	104.4	104.5	104.3	115.5
136.1	101.8	100.6	98.5	103.7	103.3	101.8	115.4
136.1	101.8	100.6	98.5	103.7	103.3	101.8	115.4
114.6		92.0	90.1		102.1	101.4	104.0
						102.3	109.9
136.1	101.8	100.6	98.5	103.7	103.4	101.8	115.4
				100.0			
104.5	101.8	91.3	114.0	106.4	109.6	107.7	114.6
104.5	101.8	91.3	114.0	106.4	109.6	107.7	114.6
85.7	74.2	82.6	94.7	92.9	98.9	102.8	110.8
95.5				104.6	104.5	107.1	106.9
83.6	61.6	75.0	90.4	91.1	97.0	102.2	109.5
83.2	60.7	74.5	90.6	91.0	96.9	102.1	109.3
				106.1	104.8		107.0
95.5				103.4	103.3	107.1	106.8
101.3	105.6	102.9	106.9	106.7	102.9	104.2	114.1
100.4	104.0	98.4	103.4	107.8	104.9	105.7	110.8
99.1		91.8	111.1	94.9		94.5	115.3
102.4	106.2	105.3	106.3	109.9	102.2	104.6	114.5
101.5	105.6	105.1	106.2	107.7	100.6	105.5	114.0
103.9	106.8	106.4	106.7	113.1	104.4	100.1	116.0
108.9	122.4	121.6	100.0	100.0	99.9	100.0	109.1
108.6	105.6	102.6	101.7	105.0	98.1	104.4	111.3
108.6	105.6	102.6	101.7	105.0	98.1	104.4	111.3
108.6	105.8	102.4	101.7	105.0	96.8	104.5	111.3
101.7	93.5	105.2	109.1	102.1	94.9	108.7	116.2
113.7	101.9	101.4	99.8	105.0	95.8	104.6	113.4
			104.1	110.6	111.6	101.0	
96.1	89.9	94.4	102.5	110.1	102.8	97.1	108.1
107.4	104.9	103.7	102.7	105.6	95.5	103.9	108.9
106.1	108.2	103.4	99.8	103.5	97.4	106.7	111.7
112.4	106.1		87.9	99.5	100.0		125.0
120.0			91.1	100.0			75.0
	102.3					136.0	
				106.1	108.3	90.0	111.8
114.3	106.7	106.0	104.9	88.5	107.1	114.6	108.9
				106.1			
	69.0	62.2		100.0	97.8		
98.7	111.0			97.8	100.3		
125.0	103.9	104.9			109.0	103.5	
							105.0

5-30 农产品生产价格指数

Producers Price Indices for Farm Products

(上年＝100) (preceding year=100)

指　　标	Item	2006	2007	2008	2009	2010	2011
总指数	**General Index**	**99.5**	**117.0**	**117.0**	**96.3**	**112.3**	**111.7**
农业产品	**Grop products**	**103.6**	**112.3**	**111.3**	**100.0**	**119.8**	**105.5**
谷物	Cereals	104.5	106.5	112.8	103.7	111.4	114.9
稻谷	Rice	102.4	106.9	113.3	104.0	110.9	115.9
早籼稻	Early long grained nonglutinous rice	102.8	105.7	116.3	103.2	107.7	115.1
中籼稻	Mid long grained nonglutinous rice				104.0	111.0	117.1
晚籼稻	Late long grained nonglutinous rice	102.2	107.6	112.4	104.4	112.1	118.5
小麦	Wheat	108.8	104.6	111.7	102.8	112.8	111.5
玉米	Corn//Maize	97.0	111.8	109.1	101.6	115.4	110.6
薯类	Tubers	104.5	117.0	115.3	109.7	114.2	111.0
红薯	Sweet Potato	100.2	112.2	109.4	106.4	122.2	121.1
马铃薯	Potato	106.7	119.1	117.9	111.1	110.7	104.8
油料	Oil-bearing Crops	104.8	134.6	141.4	74.2	110.1	117.3
花生	Peanuts	103.7	120.5	112.6	88.5	115.4	118.6
油菜籽	Rapeseeds	105.3	139.1	150.2	68.7	109.0	118.3
芝麻	Sesames	99.5	120.4	116.5	96.1	110.1	103.0
豆类	Beans	104.9	114.7	126.2	87.6	112.4	103.9
大豆	Soybean	104.9	115.2	125.7	86.1	112.4	103.9
棉花(籽棉)	Cotton	99.2	112.1	90.2	108.3	167.8	74.8
烤烟叶	flue-cured tobacco	102.4	107.4	116.8	108.1	111.6	114.0
晒烟叶	sun-cured tobacco	109.0	123.7	116.8	92.6	98.9	125.0
蔬菜及食用菌	Vegetables and Mushroom	106.2	107.3	109.7	109.0	113.4	112.2
蔬菜	Vegetables	106.2	107.3	109.7	109.0	113.4	116.4
叶菜类蔬菜	Leaf Vegetables	100.9	104.6	117.2	109.3	110.7	109.8
芹菜	Celery	108.3	111.5	127.3	108.6	105.7	102.1
油菜	Rape	100.0	136.7	119.6		110.1	107.3
菠菜	Spinach	105.4	101.8	112.3	117.4	118.9	110.8
苋菜	Amaranth				103.3	111.6	113.4
空心菜	Swamp Morningglory					196.0	136.5
香菜	Coriander						107.2
茼蒿	Chrysanthemum coronarium						104.5
小白菜	Chinese white cabbage						118.5
大白菜	Chinses cabbage	100.5	101.2	113.6	113.9	109.3	104.1
普通白菜	cabbage						115.6
乌榻菜							97.7
菜心(菜薹)	flowering chinese cabbage						134.6
紫菜薹							109.7
甘蓝类蔬菜	cabbage Vegetables						87.0
结球甘蓝	Wild cabbage	96.8	75.0	254.5		106.4	82.9
青花菜	Cawliflower	105.3	102.8	110.5	101.3	107.4	81.4
根茎类蔬菜	Root and Tuber Vegetable	109.2	109.1	113.4	113.3	115.8	100.8
白萝卜	Radish	109.1	103.1	110.1	110.3	115.9	102.3
胡萝卜	Carrot	132.0	111.6	128.6	88.7	142.8	122.6
生姜	Ginger	86.5	96.8	126.2	113.8	141.0	90.4
芋头	taro	117.7	79.7	98.2	102.3		115.5
山药	Chinese yam	126.9	103.2	118.3	104.3	142.5	125.0

5-30 续表 1 Continued 1

(上年＝100) (preceding year=100)

指 标	Item	2006	2007	2008	2009	2010	2011
瓜菜类蔬菜	Gourd Vegetable	102.7	112.5	107.1	112.6	121.6	126.8
黄瓜	Cucumber	101.2	112.6	104.3	118.6	120.4	130.1
冬瓜	White Gourd	97.1	104.0	118.8	108.4	134.5	104.4
西葫芦	summer squash	116.9				130.0	121.6
苦瓜	Balsam pear	110.3	123.5	108.6	98.3	120.7	106.7
南瓜	Pumpkin	101.7	99.7	103.6	105.0	110.3	122.9
丝瓜	Towed gourd	106.0	122.6	100.5	123.2	118.2	124.9
瓠瓜	Bottle gourd	101.3	127.4	130.5	119.7	117.5	166.7
豆类蔬菜	Garden beans	109.0	112.3	110.3	108.8	131.0	113.0
扁豆	Lentils						111.3
豇豆	cowpeas	108.5	111.6	118.7	104.8	130.8	114.3
豌豆	Pea						116.0
四季豆	Kidney beans	109.4	112.7	104.1	111.7	131.1	112.9
茄果类蔬菜	Eggplant,tomato and chile,etc.	106.8	114.4	106.0	113.6	116.9	114.1
茄子	Eggplant	109.5	122.8	106.8	109.0	125.9	104.9
青椒	sweetbell	105.4	112.6	103.1	97.5	127.2	108.0
辣椒	chili	104.3	124.0	100.6	103.4	124.0	117.7
西红柿	tomato	106.4	103.3	108.4	129.4	100.4	118.0
其他茄果类蔬菜	others						111.4
莴苣及菊苣类蔬菜	Lettuce vegetables						108.2
生菜	Romaine Lettuce						114.5
莴笋	Lettuce						108.2
其他莴苣及菊苣类蔬菜	others						141.0
葱蒜类蔬菜	Onion and Garlic	114.1	108.3	112.5	109.3	126.3	144.4
大葱	scallion	112.5	113.4	98.3	106.6	112.9	109.1
细香葱	shallot						110.9
大蒜	garlic heat						78.8
蒜苗	garlic bolt	109.5	97.6	112.1	100.9	131.3	103.2
蒜头	garlic heat	114.2	91.8	97.9	83.1	126.7	113.2
韭菜	fragrant-flowered garlic	119.1	116.0	106.1	102.2	119.0	110.5
洋葱	onion	100.0	141.4	101.1		120.0	112.9
水生蔬菜	water vagetable	106.2	104.0	119.2	110.2	100.2	117.7
莲藕	lotus root	106.2	104.0	119.2	110.2	100.2	117.7
芦笋	Asparagus						115.7
食用菌	mushroom						101.4
平菇	oyster mushroom	107.4	123.8	104.9			108.9
双孢蘑菇	Common Cultivatea Mushroom						111.0
香菇	mushroom						100.4
黑木耳	black edible fungus						104.1
花卉	Flowers and plants						
兰草	Orchid					108.1	
秋海棠	Begonia						142.9
香樟	Camphor			75.0		111.9	
银杏	Ginkgo			105.4			
玉兰				108.5			

5-30 续表 2 Continued 2

(上年＝100) (preceding year=100)

指　　标	Item	2006	2007	2008	2009	2010	2011
水果及坚果	fruits and nuts	97.6	107.4	85.6	103.5	115.5	121.0
水果(园林水果)	garden fruits	100.7	107.4	78.0	100.3	118.0	124.2
梨	pear		115.0	104.0	108.8	107.5	131.7
雪花梨	snowflake pear	99.8	115.0	102.6	108.8		120.7
柑橘类水果	citrus						126.0
柑橘	mandarin orange	100.7	106.5	75.2	99.6	123.0	125.5
橙	orange	106.7	97.8	78.6	88.4	119.6	128.6
葡萄	grape	100.0	100.8	103.3	149.5	137.0	107.4
巨峰葡萄	Kyoho Grape						121.1
瓜类水果	melon	86.2	107.5	121.1	118.1	104.2	118.9
西瓜	watermelon	86.2	107.5	121.1	118.1	104.2	119.8
香瓜	muskmelon	100.0				102.5	108.0
甜瓜	muskmelon	105.0	104.5	121.4	102.5	94.8	
其他瓜类水果	others	109.7	102.4	115.8	123.6	116.0	110.1
其他水果	other fruits	107.4	117.1	104.2	102.4	103.4	97.9
樱桃	Cherry						119.8
桃	peach	107.4	117.1	104.2	102.4	103.4	97.9
李子	Plum			80.0		123.0	115.7
食用坚果	nuts						89.4
核桃	Walnut						84.7
山核桃	Hickory						62.7
栗子	chestnut						89.4
板栗	Chinese chestnut						89.4
白果	Ginkgo						103.5
茶及饮料原料	tea and other beverages	102.1	105.0	104.8	96.8	113.6	117.1
茶叶	tea	102.1	105.0	104.8	96.8	113.6	117.1
绿茶	green tea	102.1	105.0	104.8	96.8	112.9	117.1
中草药材	chinese medicinal materials	96.3	119.9	142.5	113.9	161.5	81.3
党参	Tangshen						180.6
黄连	rhizome of Chinese goldthread						108.2
贝母	bulb of Chinese wolfberry						187.3
天麻	tuber of elevated gastrodia	83.3			123.5	143.3	67.2
大黄、籽黄	Chinese rhubarb	91.2	108.6	107.5	112.0	109.0	129.8
白术	largehead atractyldes						102.8
杜仲	Eucommia ulmoides				100.0	138.9	129.7
茯苓	Fuling	101.1	117.7	118.2	105.7	122.3	82.4
云木香	Aucklandia						126.0
厚朴	cortex magnoliae officinalis						135.4
板蓝根	root of commom baphicanthus						120.0
黄姜	turmeric	103.7	139.5	201.4	119.2	161.2	153.0
麦冬	Ophiopogon japonicus	96.3	104.0	112.5	117.3	201.0	
其他中草药材	others	101.6	97.3	99.4	94.0	122.6	113.7
林业产品	**Forestry Products**	**108.9**	**106.1**	**113.7**	**103.7**	**108.8**	**108.4**
育种和育苗	Breedings and seedlings						110.0
苗木类	seedlings						110.0
杉树树苗	China fir						110.0
柏树树苗	Cypress						116.1
松树树苗	Pine tree						107.6
银杏树苗	Ginkgo						120.4
杨树类树苗	Poplar						101.0
樟树类树苗	Camphor						116.4
桂花树苗	Osmanthus trees						121.5
壳斗科类树苗	Fagaceae						102.6
柑橘树苗	Orange seedlings						120.0
桃树苗	Peach seedlings						111.1
其他果树苗	others						120.7

5-30 续表 3 Continued 3

(上年＝100) (preceding year=100)

指　标	Item	2006	2007	2008	2009	2010	2011
毛竹苗	mao bamboo						100.0
木材采伐产品	felling and transport of wood	106.1	108.9	114.8	105.8	103.6	107.6
原木	log	106.1	108.9	114.8	105.8	103.6	107.6
红松原木	korean pine						106.4
落叶松原木	larch	100.0	96.5	109.2	102.1	103.3	105.9
马尾松原木	masson pine	101.5	89.1	108.8		106.1	108.3
杉木原条	China Fir	106.6	109.9	115.2	106.1	103.7	108.0
其他针叶原木	Other Coniferous						119.7
杨树原木	Poplar			109.1		100.0	99.0
薪材	firewood						103.1
短条及细枝等							85.0
竹材采伐产品	felling and transport of bamboo	116.7	104.1	112.9	104.3	110.2	108.4
竹材	bamboo						108.4
毛竹	mao bamboo	116.7	104.1	112.9	104.3	110.2	108.4
畜牧业产品	**Animal Husbandry Products**	**92.4**	**131.4**	**130.5**	**85.6**	**100.4**	**128.9**
活牲畜	Live Domestic Animals	102.9	106.4	126.9	95.5	105.9	132.7
猪	Hogs	90.0	138.5	137.7	79.4	98.8	133.2
中猪		89.9	139.3	137.1	78.7	99.1	134.6
活牛	Cattle and Buffaloes	102.0	103.1	126.7		106.2	110.3
活羊	Sheep and Goats	105.7	113.9	127.3	95.5	105.3	119.0
活家禽	Live Poultry	96.2	115.1	110.5	102.8	103.0	111.2
活鸡	Chicken	100.4	114.2	114.4	101.4	108.2	112.3
活鸭	Duck	97.5	115.4	110.5	97.7	98.5	110.3
禽蛋	Poultry Eggs	94.6	115.2	109.8	104.6	103.3	114.8
鸡蛋	Chicken's eggs	95.8	113.8	114.1	103.6	103.8	116.4
鸭蛋	Duck's eggs	90.1	116.9	104.3	105.8	102.8	108.6
天然蜂蜜	Natural Honey	127.8	107.8	106.3	109.3	102.9	120.0
猪鬃	bristles			100.0			100.0
蚕茧	Silkworm cocoon	129.9	73.4	99.4	106.6	129.5	
渔业产品	**Fishery Products**	**102.4**	**103.5**	**111.3**	**105.2**	**104.4**	**108.4**
淡水养殖产品	Freshwater Aquatic Products	102.4	103.5	111.3	105.2	104.4	108.4
养殖淡水鱼	freshwater fish	101.7	103.4	111.2	105.1	104.3	107.3
鲤鱼	carp	92.5	105.1	114.8	103.7	106.7	106.6
草鱼	grass carp	100.4	102.2	113.4	106.3	105.8	105.7
鳙鱼(胖头鱼)	variegated carp	94.9	118.0	109.4	104.1	106.5	110.2
青鱼	black carp	106.8	107.7	117.2	96.1	109.5	117.9
鲢鱼	silver carp	102.7	104.8	113.8	106.1	105.7	110.6
鲫鱼	crucian carp	100.1	103.0	107.2	105.4	101.8	103.6
鳊鲂	vream	126.0	103.8	108.7	109.1	101.7	100.3
鲶鱼	oriental sheatfish	93.3	102.3	94.7	96.9	92.4	100.0
鮰鱼	catfish				102.3	136.0	141.5
黄颡鱼	Yellow catfish	93.3	89.0	111.1		105.4	102.4
黄鳝	ricefield eel	114.4	107.0	109.8	107.5	106.9	100.6
乌鳢	snakehead			109.1		106.1	98.9
鳖	Turtle		92.0		67.8	98.9	106.0
泥鳅	loach	109.1	114.4	106.9	107.6	113.2	
其他养殖淡水鱼	other freshwater products	106.6	112.2	115.5	105.9	98.6	109.6
淡水养殖虾	freshwater shrimps	120.9	106.2	112.9	105.5	107.4	134.0
淡水养殖活河蟹	freshwater crab					105.0	105.5

5-31 农产品集贸市场价格(2011年)

单位：元/公斤

指标	Item	1月 January	2月 February	3月 March	4月 April
粮食类	**grain**				
籼稻	nonglutinous rice	2.31	2.34	2.42	2.45
优质籼稻	Good quality nonglutinous rice	2.47	2.50	2.59	2.63
粳稻	round-grained rice	2.50	2.54	2.60	2.64
小麦	Wheat	2.01	2.02	2.04	2.05
玉米	Corn//Maize	2.06	2.07	2.14	2.14
大豆	Soybean	5.76	5.69	5.74	5.70
籼米	Long-grained nonglutinous rice	3.95	3.99	4.16	4.18
优质籼米	Good quality Long-grained nonglutinous rice	4.39	4.44	4.61	4.67
粳米	Polished round-grained rice	4.45	4.60	4.78	4.79
面粉	Flour	3.65	3.68	3.71	3.78
经济作物类	**Economic crops**				
棉花(籽棉)	Cotton	9.91	9.97	10.44	10.05
花生仁	Peanut	10.90	11.04	11.30	11.70
油菜籽	Rapeseeds	4.02	4.00	4.06	4.08
花生油	Peanut oil	15.20	15.20	15.40	15.40
菜籽油	Rapeseed oil	11.70	11.76	11.85	12.00
豆油	Soybean oil	10.57	10.66	10.63	10.63
畜产品类	**Livestock products**				
活猪	Live Hogs	14.37	15.07	14.66	14.94
仔猪	Piglet	18.62	19.42	21.95	24.90
猪肉	Pork	23.81	24.10	24.60	24.31
活牛	Live cattle	16.20	16.35	16.45	16.08
牛肉	Beef	34.65	34.08	34.40	34.20
活羊	Live sheep	19.64	19.66	20.26	20.13
羊肉	Mutton	38.73	38.13	38.83	38.47
活鸡	Live chickens	14.16	13.75	13.56	13.73
鸡蛋	chicken's eggs	10.97	10.50	10.07	9.87
水产品类	**Aquatic Products**				
草鱼	grass carp	12.26	11.55	10.44	10.79
鲤鱼	carp	8.11	7.92	7.73	7.80
链鱼	silver carp	5.87	5.62	4.99	5.20
带鱼	Hairtail	16.43	16.44	16.57	16.11
蔬菜类	**Vegetables**				
大白菜	Chinses cabbage	1.17	1.22	1.22	1.66
黄瓜	Cucumber	5.45	6.35	5.87	5.08
西红柿	tomato	5.30	5.70	6.08	5.52
菜椒	sweetbell	5.40	5.96	8.20	5.06
四季豆	Kidney beans	8.38	9.50	9.63	7.51
水果类	**Fruits**				
红富士苹果	Hongfushi apples	9.80	10.56	10.85	10.62
香蕉	Bananas	6.10	6.71	7.10	8.34
橙子	Oranges	5.73	6.42	6.61	7.08

Rural Market Fairs Prices of Agricultural Products(2011)

(yuan/kg)

5 月 May	6 月 June	7 月 July	8 月 August	9 月 September	10 月 October	11 月 November	12 月 December
2.52	2.54	2.61	2.56	2.55	2.60	2.67	2.55
2.69	2.71	2.77	2.70	2.70	2.72	2.81	2.82
2.73	2.73	2.79	2.78	2.78	2.79	2.89	2.85
1.97	1.96	1.99	2.02	2.06	2.06	2.06	2.07
2.16	2.24	2.23	2.26	2.28	2.26	2.27	2.14
5.66	5.74	5.82	5.84	5.95	5.89	5.80	5.71
4.18	4.26	4.27	4.34	4.36	4.44	4.32	4.41
4.73	4.85	4.89	4.93	4.99	5.01	4.88	4.95
4.89	4.91	4.92	4.90	4.99	4.99	5.10	5.00
3.78	3.81	3.80	3.85	3.94	3.93	3.90	3.93
9.53	9.48	9.36	8.46	7.95	8.00	7.83	7.54
12.35	13.40	13.88	14.60	14.40	13.80	13.54	12.94
4.05	4.32	4.39	4.34	4.38	4.38	4.36	4.43
15.40	15.40	15.90	15.90	16.00	19.50	23.00	23.00
12.01	12.33	12.00	12.28	12.25	12.29	11.91	12.19
10.58	10.67	10.87	11.27	11.42	11.23	11.12	10.92
15.07	17.56	19.16	19.88	20.27	18.37	17.02	16.86
25.83	32.04	33.37	36.59	39.26	36.50	30.15	29.91
24.61	28.67	30.11	31.78	32.67	31.80	29.40	28.80
16.40	18.09	18.49	18.93	19.36	20.24	18.44	19.31
33.50	34.44	35.22	35.89	35.89	36.40	37.10	38.80
20.00	19.15	19.85	20.25	20.75	23.00	23.17	23.29
39.00	39.00	39.67	39.67	39.67	42.20	42.14	44.33
13.66	13.79	13.91	15.06	14.92	15.18	15.06	15.86
10.12	9.96	9.99	10.39	10.92	10.64	10.28	10.13
10.28	11.66	11.60	11.58	11.73	11.54	11.40	11.77
7.64	8.15	8.46	8.41	8.48	8.56	8.54	9.50
5.24	5.90	6.21	6.40	6.27	6.76	5.98	7.07
16.04	17.22	17.72	17.65	17.83	17.69	18.16	18.10
1.78	2.54	2.59	2.09	2.27	2.27	1.79	1.40
4.37	3.62	3.84	3.84	4.22	4.16	4.44	7.56
4.90	3.73	4.34	4.62	4.83	4.82	4.44	5.50
4.50	4.02	4.19	4.19	4.56	4.66	4.55	6.55
6.00	4.88	5.19	5.43	6.64	5.71	6.00	8.94
10.57	10.63	10.93	10.29	9.96	9.56	9.40	9.23
7.52	6.73	5.78	5.33	5.98	6.64	6.30	6.60
7.34	8.00	9.00	8.67	8.00	8.00	8.00	7.67

5-32 农产品集贸市场价格指数(2011年)

(上年同月=100)

指　标	Item	1 月 January	2 月 February	3 月 March	4 月 April
粮食类	**grain**				
籼稻	nonglutinous rice	123.3	123.3	125.1	123.0
优质籼稻	Good quality nonglutinous rice	121.2	121.2	124.6	124.8
粳稻	round-grained rice	124.6	124.6	126.4	123.2
小麦	Wheat	110.4	110.4	110.5	110.0
玉米	Corn//Maize	116.8	116.8	116.1	111.9
大豆	Soybean	129.3	129.3	121.7	117.4
籼米	Long-grained nonglutinous rice	119.1	119.1	123.3	119.7
优质籼米	Good quality Long-grained nonglutinous rice	117.1	117.1	120.6	119.7
粳米	Polished round-grained rice	122.1	122.1	129.6	123.6
面粉	Flour	114.1	114.1	114.4	114.6
经济作物类	**Economic crops**				
棉花(籽棉)	Cotton	152.9	152.9	163.4	156.9
花生仁	Peanut	120.0	120.0	119.1	124.5
油菜籽	Rapeseeds	103.1	103.1	104.8	105.1
花生油	Peanut oil	121.0	121.0	117.3	120.3
菜籽油	Rapeseed oil	127.3	127.3	127.8	130.2
豆油	Soybean oil	111.5	111.5	111.0	113.3
畜产品类	**Livestock products**				
活猪	Live Hogs	116.2	116.2	139.1	152.3
仔猪	Piglet	111.2	111.2	138.4	169.0
猪肉	Pork	112.6	112.6	132.8	140.4
活牛	Live cattle	91.1	91.1	93.0	92.4
牛肉	Beef	104.7	104.7	105.8	108.2
活羊	Live sheep	119.4	119.4	125.6	126.5
羊肉	Mutton	124.1	124.1	120.2	118.0
活鸡	Live chickens	119.7	119.7	111.8	121.1
鸡蛋	chicken's eggs	121.6	121.6	112.1	110.5
水产品类	**Aquatic Products**				
草鱼	grass carp	107.2	107.2	94.3	100.1
鲤鱼	carp	104.5	104.5	102.3	105.4
链鱼	silver carp	98.8	98.8	85.0	89.0
带鱼	Hairtail	119.5	119.5	120.5	115.1
蔬菜类	**Vegetables**				
大白菜	Chinses cabbage	60.3	60.3	55.0	65.2
黄瓜	Cucumber	103.6	103.6	101.6	94.0
西红柿	tomato	100.2	100.2	115.4	100.8
菜椒	sweetbell	115.6	115.6	165.7	88.6
四季豆	Kidney beans	134.7	134.7	128.7	108.5
水果类	**Fruits**				
红富士苹果	Hongfushi apples	152.7	152.7	151.1	137.2
香蕉	Bananas	126.8		133.0	132.7
橙子	Oranges	137.2		128.6	131.0

Rural Market Fairs Price Indices of Agricultural Products(2011)

(the same month last year=100)

5 月 May	6 月 June	7 月 July	8 月 August	9 月 September	10 月 October	11 月 November	12 月 December
124.9	125.7	127.9	127.3	122.8	123.0	117.9	110.7
125.9	126.7	127.8	125.2	122.8	120.7	115.3	114.9
125.0	123.3	125.8	125.6	124.8	121.8	117.1	115.4
105.4	109.0	109.0	108.8	107.6	106.9	103.2	102.4
109.1	111.2	109.3	112.0	112.6	111.6	112.5	103.9
112.0	108.2	108.2	104.7	106.3	105.2	99.5	98.5
119.3	120.5	120.6	120.8	119.5	119.2	110.5	114.6
120.5	122.0	122.2	121.8	122.1	120.6	112.3	114.9
125.1	123.0	123.0	121.0	121.4	119.6	117.2	113.6
113.6	114.4	113.5	114.2	114.8	114.8	107.8	109.0
142.4	140.0	137.8	124.4	107.9	79.3	72.6	72.9
129.2	139.3	144.0	151.8	142.4	134.0	126.2	119.2
106.6	114.7	114.9	111.5	113.0	111.7	107.4	109.5
119.1	118.5	119.3	109.7	110.3	134.5	152.3	151.3
130.2	133.4	128.7	131.4	129.2	123.6	104.3	105.3
114.0	114.9	115.4	121.5	122.0	116.1	105.0	102.9
151.5	176.8	172.0	161.7	155.4	138.2	121.8	121.8
174.9	217.2	208.3	227.8	230.4	212.5	162.5	163.8
143.9	165.8	155.2	154.0	150.3	143.8	126.7	124.4
98.9	109.9	114.0	119.1	118.8	121.0	106.0	110.7
105.9	110.1	110.6	110.8	109.3	110.7	106.0	116.5
122.4	117.3	122.7	125.8	182.8	136.4	128.0	124.5
119.1	119.1	120.2	118.4	118.1	128.5	120.4	124.2
122.5	119.5	113.6	119.5	113.3	112.5	108.7	113.4
112.6	107.0	106.6	106.5	108.6	107.5	99.5	96.8
94.3	107.2	105.5	104.8	107.7	105.1	103.8	102.2
105.3	115.4	115.5	112.0	116.6	114.1	112.1	122.4
91.6	104.1	108.6	109.6	109.2	120.3	110.3	122.3
113.5	121.8	123.6	121.4	120.2	115.4	117.9	116.2
89.9	134.6	92.8	72.0	96.9	97.4	86.9	94.9
114.7	163.2	111.1	103.9	126.0	98.1	98.7	169.5
103.8	115.2	129.3	101.4	103.5	83.0	77.9	111.6
103.2	125.3	130.9	108.8	116.5	113.9	107.6	173.3
89.8	160.4	97.2	97.9	132.8	96.6	108.7	178.4
131.5	129.4	128.5	123.5	113.4	111.9	100.4	98.8
113.9	104.9	97.1	92.0	101.7	127.5	116.2	116.0
118.8	119.2	136.4	129.9	114.3	111.1	130.3	142.5

5-33 农产品集贸市场价格环比指数(2011年)

(上月＝100)

指　　标	Item	1 月 January	2 月 February	3 月 March	4 月 April
粮食类	**grain**				
籼稻	nonglutinous rice	102.3	100.8	102.4	103.1
优质籼稻	Good quality nonglutinous rice	104.3	100.4	101.8	101.3
粳稻	round-grained rice	102.2	101.1	101.7	104.1
小麦	Wheat	102.4	97.9	103.5	101.3
玉米	Corn//Maize	100.9	100.1	104.4	103.9
大豆	Soybean	99.1	99.8	106.1	103.0
籼米	Long-grained nonglutinous rice	100.9	100.7	101.0	103.3
优质籼米	Good quality Long-grained nonglutinous rice	101.7	100.6	101.3	102.0
粳米	Polished round-grained rice	100.6	100.8	100.5	105.0
面粉	Flour	103.4	100.3	101.1	101.7
经济作物类	**Economic crops**				
棉花(籽棉)	Cotton	102.8	98.2	100.3	100.2
花生仁	Peanut	103.0	101.5	102.9	99.1
油菜籽	Rapeseeds	106.0	97.4	101.9	100.1
花生油	Peanut oil	107.4	102.7	101.8	97.5
菜籽油	Rapeseed oil	104.0	100.2	100.7	99.4
豆油	Soybean oil	100.8	100.9	100.1	98.0
畜产品类	**Livestock products**				
活猪	Live Hogs	99.9	94.3	90.4	93.1
仔猪	Piglet	102.5	95.5	99.2	92.9
猪肉	Pork	99.3	94.4	92.8	93.5
牛肉	Beef	102.2	100.9	97.3	97.2
羊肉	Mutton	102.9	103.0	100.4	101.0
活鸡	Live chickens	102.6	105.3	97.4	93.5
鸡蛋	chicken's eggs	102.3	102.0	97.7	99.4
水产品类	**Aquatic Products**				
草鱼	grass carp	107.3	102.5	94.5	97.4
鲤鱼	carp	112.9	100.9	96.6	97.9
链鱼	silver carp	114.7	104.7	94.4	99.5
带鱼	Hairtail	100.9	101.8	98.2	101.8
蔬菜类	**Vegetables**				
大白菜	Chinses cabbage	95.4	124.4	92.1	114.4
黄瓜	Cucumber	98.7	124.9	88.0	93.4
西红柿	tomato	105.8	107.0	93.1	103.8
菜椒	sweetbell	106.4	114.8	92.4	115.4
四季豆	Kidney beans	106.1	117.5	102.2	92.6
水果类	**Fruits**				
红富士苹果	Hongfushi apples	104.8	104.1	107.4	107.9
香蕉	Bananas	110.5	107.0	103.7	117.6
橙子	Oranges	116.0	109.3	112.6	105.1

Rural Market Fairs Price Chain Index of Agricultural Products(2011)

(preceding month=100)

5 月 May	6 月 June	7 月 July	8 月 August	9 月 September	10 月 October	11 月 November	12 月 December
101.1	100.2	100.9	98.7	103.3	101.9	106.8	101.8
101.2	100.1	101.4	99.8	101.7	102.7	108.1	100.6
101.8	101.6	100.2	99.8	100.7	102.8	107.7	100.1
100.1	96.2	101.4	102.0	103.1	100.7	103.2	101.3
103.5	101.3	101.5	98.8	100.6	99.6	99.8	102.2
104.0	105.0	101.4	103.7	100.4	100.0	104.1	99.5
100.5	100.7	100.3	101.4	101.5	102.1	105.1	98.4
100.6	101.3	100.7	101.0	101.2	101.6	104.6	99.1
100.9	102.2	100.2	101.2	101.6	101.5	104.2	101.1
100.9	100.1	100.5	100.7	101.9	99.6	105.8	99.6
104.5	101.1	100.4	100.1	108.3	136.9	106.8	96.0
101.7	100.6	100.2	99.8	105.1	101.9	104.2	101.2
98.0	99.2	101.4	101.8	99.6	101.2	103.5	99.5
101.0	100.5	102.6	108.8	100.0	100.0	104.1	100.7
100.1	100.1	100.9	100.2	101.5	104.9	114.9	101.3
98.9	100.0	101.4	98.5	100.9	103.4	109.4	100.3
101.4	99.8	112.2	110.3	106.1	101.9	105.2	99.0
100.2	99.9	108.6	100.2	106.1	100.8	108.0	98.4
98.7	101.1	112.2	106.4	105.3	101.7	104.9	99.8
100.2	98.9	101.8	101.7	101.5	100.1	101.4	99.9
100.5	100.0	100.8	101.5	100.3	97.7	106.6	102.0
98.3	103.5	106.2	102.9	104.5	102.4	102.7	101.0
100.6	103.6	100.6	104.2	103.1	98.4	104.3	101.3
101.1	99.7	102.1	99.5	98.6	100.8	100.0	104.9
98.0	97.2	103.9	102.4	96.7	103.2	101.6	101.7
97.9	99.1	100.9	102.1	98.3	97.9	96.4	106.6
100.9	100.0	101.4	101.5	102.1	103.3	100.5	101.1
78.0	95.5	147.6	103.9	80.7	99.6	88.4	71.4
70.6	58.3	155.9	106.9	90.5	126.6	106.1	99.1
86.3	68.6	103.7	135.7	102.4	124.4	98.1	86.5
76.4	73.6	99.7	120.3	101.6	104.6	103.4	89.4
96.5	45.5	175.7	103.7	90.3	118.2	93.4	90.8
103.9	102.2	103.5	97.9	105.4	97.3	109.6	99.8
105.1	97.3	92.7	97.5	101.4	88.6	104.0	105.0
114.4	108.7	98.3	101.0	105.0	102.9	85.3	87.5

5-34 农产品集贸市场价格及指数

指　标	Item	1 月 January 价格(元/公斤) Price (yuan/kg) 2008	2009	2010	价格变动 (上月=100) Price Movements (preceding month=100) 2008	2009	2010	价格变动 (上年同期=100) Price Movements (preceding year=100) 2008	2009	2010
粮食类	**grain**									
籼稻	nonglutinous rice	1.7	1.8	1.9	109.6	107.9	100.2	103.3	105.0	102.3
优质籼稻	Good quality nonglutinous rice	1.8	1.9	2.0	108.3	105.7	100.6	103.6	107.7	104.3
粳稻	round-grained rice	1.8	1.9	2.0	108.2	106.6	100.7	101.5	106.4	102.2
小麦	Wheat	1.5	1.6	1.8	107.2	108.2	100.8	101.5	112.9	102.4
玉米	Corn//Maize	1.8	1.6	1.8	117.1	91.1	99.6	109.2	108.6	100.9
大豆	Soybean	5.2	4.6	4.5	143.7	89.7	96.5	104.4	96.2	99.1
籼米	Long-grained nonglutinous rice	2.9	3.1	3.3	106.7	107.7	99.7	100.6	107.4	100.9
优质籼米	Good quality Long-grained nonglutinous rice	3.3	3.5	3.8	106.2	106.3	100.3	100.5	105.9	101.7
粳米	Polished round-grained rice	3.2	3.5	3.6	107.2	108.9	100.0	100.1	104.1	100.6
面粉	Flour	2.7	2.9	3.2	107.2	107.4	100.5	100.5	109.2	103.4
经济作物类	**Economic crops**									
棉花(籽棉)	Cotton	5.8	3.9	6.5	111.8	67.6	99.6	98.5	166.5	102.8
花生仁	Peanut	10.1	8.4	9.1	140.3	82.8	92.9	101.7	108.1	102.9
油菜籽	Rapeseeds	3.7	3.8	3.9	150.8	104.4	105.3	103.1	102.4	106.0
花生油	Peanut oil	13.8	11.1	12.6	132.7	80.3	97.4	102.4	113.2	107.4
菜籽油	Rapeseed oil	11.8	9.9	9.2	142.9	83.9	100.1	109.5	92.8	104.0
豆油	Soybean oil	11.8	9.2	9.5	143.5	77.3	98.8	109.5	103.6	100.8
畜产品类	**Livestock products**									
活猪	Live Hogs	16.3	14.1	12.4	166.8	86.6	104.6	105.4	87.9	99.9
仔猪	Piglet	32.8	20.0	16.7	247.4	61.0	106.0	109.5	83.6	102.5
猪肉	Pork	27.6	23.8	21.2	165.2	86.5	103.0	105.2	88.7	99.3
牛肉	Beef	30.6	33.1	33.1	158.1	108.3	105.9	116.8	99.9	102.2
羊肉	Mutton	27.1	28.8	31.2	148.0	106.4	106.6	111.1	108.5	102.9
活鸡	Live chickens	12.4	12.3	11.8	116.5	99.1	100.0	103.1	96.2	102.6
鸡蛋	chicken's eggs	8.7	8.7	9.0	111.4	99.2	104.3	105.2	104.2	102.3
水产品类	**Aquatic Products**									
草鱼	grass carp	8.6	10.2	11.4	109.9	118.4	105.7	106.3	112.6	107.3
鲤鱼	carp	7.0	7.5	7.8	114.0	108.1	104.5	108.1	102.8	112.9
链鱼	silver carp	4.9	5.6	5.9	116.2	115.9	103.7	107.8	105.7	114.7
带鱼	Hairtail	12.7	13.3	13.8	105.0	104.7	99.3	101.1	103.6	100.9
蔬菜类	**Vegetables**									
大白菜	Chinses cabbage	1.6	1.5	1.9	157.6	96.6	105.3	107.5	127.8	95.4
黄瓜	Cucumber	4.4	5.6	5.3	132.9	125.0	114.9	110.7	94.8	98.7
西红柿	tomato	4.5	5.7	5.3	146.6	125.6	131.8	100.2	93.4	105.8
菜椒	sweetbell	4.5	7.3	4.7	165.6	161.3	150.9	99.8	64.1	106.4
四季豆	Kidney beans	4.9	7.8	6.2	120.2	158.2	138.1	104.0	80.3	106.1
水果类	**Fruits**									
红富士苹果	Hongfushi apples	5.6	6.0	6.4	117.8	108.6	106.2	101.6	106.3	104.8
香蕉	Bananas	4.2	5.1	4.8	107.7	121.4	103.9	103.5	95.1	110.5
橙子	Oranges	4.0	3.8	4.2	108.3	93.1	106.9	114.2	110.8	116.0

Rural Market Fairs Prices of Agricultural Products and Indices

2月									3 月								
价 格 (元/公斤) Price (yuan/kg)			价格变动 (上月＝100) Price Movements (preceding month=100)			价格变动 (上年同期＝100) Price Movements (preceding year=100)			价 格 (元/公斤) Price (yuan/kg)			价格变动 (上月＝100) Price Movements (preceding month=100)			价格变动 (上年同期＝100) Price Movements (preceding year=100)		
2008	2009	2010	2008	2009	2010	2008	2009	2010	2008	2009	2010	2008	2009	2010	2008	2009	2010
1.7	1.8	1.9	101.2	102.2	100.8	111.2	108.9	103.6	1.7	1.9	1.9	99.7	101.5	102.4	111.6	110.8	104.5
1.8	1.9	2.0	102.1	101.1	100.4	110.9	104.8	107.0	1.8	2.0	2.1	100.3	102.6	101.8	111.3	107.1	106.2
1.8	1.9	2.0	101.0	100.6	101.1	109.8	106.2	106.9	1.8	1.9	2.1	101.9	102.3	101.7	112.9	106.6	106.2
1.5	1.6	1.8	100.0	100.2	97.9	106.9	108.4	110.3	1.5	1.6	1.8	102.9	100.7	103.5	110.2	106.1	113.4
1.9	1.6	1.8	105.2	98.3	100.1	119.8	85.2	110.7	1.9	1.6	1.8	101.8	98.5	104.4	123.9	82.4	117.3
5.4	4.6	4.5	103.7	99.1	99.8	149.2	85.8	96.8	5.8	4.5	4.7	108.1	97.0	106.1	161.1	76.9	105.9
2.9	3.1	3.3	100.5	100.7	100.7	106.7	107.8	107.5	2.9	3.2	3.4	100.6	101.4	101.0	108.0	108.8	107.0
3.3	3.5	3.8	100.1	100.0	100.6	106.0	106.2	106.5	3.4	3.6	3.8	100.4	101.6	101.3	107.1	107.5	106.2
3.2	3.5	3.7	100.0	101.0	100.8	108.6	110.0	104.0	3.2	3.6	3.7	100.7	100.9	100.5	108.4	110.3	103.5
2.8	2.9	3.2	103.3	99.3	100.3	109.3	103.2	110.3	2.8	3.0	3.2	100.2	101.2	101.1	110.5	104.3	110.1
5.8	4.1	6.4	99.7	105.0	98.2	111.5	71.2	155.8	5.7	4.2	6.4	99.9	103.1	100.3	110.7	73.5	151.5
10.3	8.2	9.2	101.2	98.1	101.5	140.8	80.3	111.9	10.6	7.8	9.5	102.8	95.0	102.9	142.9	74.1	121.3
3.7	3.8	3.8	100.0	99.2	97.4	160.9	103.6	100.5	4.0	3.8	3.9	108.9	100.0	101.9	162.8	95.1	102.5
14.6	11.1	12.9	105.4	100.0	102.7	141.2	76.2	116.2	14.7	11.0	13.1	101.1	98.8	101.8	143.3	74.4	119.8
12.2	10.0	9.2	103.5	101.0	100.2	148.2	81.9	92.1	13.7	9.6	9.3	111.9	96.0	100.7	169.8	70.2	96.6
12.3	9.2	9.6	103.7	100.8	100.9	148.9	75.1	103.7	13.8	9.1	9.6	112.3	98.5	100.1	169.5	65.8	105.4
16.4	13.1	11.7	100.7	92.9	94.3	170.8	79.9	89.1	16.9	12.2	10.5	103.1	93.2	90.4	182.4	72.2	86.5
35.1	20.0	16.0	106.9	100.0	95.5	262.7	57.1	79.9	38.5	19.7	15.9	109.8	98.5	99.2	291.7	51.2	80.4
27.7	22.2	20.0	100.5	93.3	94.4	166.3	80.3	89.8	27.8	21.4	18.5	100.4	96.1	92.8	172.2	76.8	86.7
31.1	32.0	33.4	101.6	96.4	100.9	157.2	102.8	104.5	30.8	31.7	32.5	98.9	99.2	97.3	158.5	103.1	102.5
27.8	29.3	32.2	102.8	101.8	103.0	149.0	105.3	109.8	27.7	30.0	32.3	99.7	102.4	100.4	148.3	108.3	107.6
12.4	11.5	12.5	100.1	93.8	105.3	112.0	92.9	108.0	13.0	11.8	12.1	104.9	102.3	97.4	122.9	90.6	102.7
8.5	8.4	9.2	96.9	97.2	102.0	103.8	99.5	109.3	8.6	8.5	9.0	101.4	101.2	97.7	108.8	99.3	105.5
8.1	10.4	11.7	94.5	102.4	102.5	101.9	128.2	112.7	8.6	10.9	11.1	105.7	105.0	94.5	112.6	127.4	101.4
6.7	7.3	7.8	95.7	96.6	100.9	105.3	109.2	107.3	6.7	7.4	7.6	100.7	101.5	96.6	114.6	110.1	102.1
4.8	5.4	6.2	99.8	96.3	104.7	115.7	111.8	115.0	5.0	5.3	5.9	103.7	98.1	94.4	120.7	105.7	110.6
12.5	13.1	14.0	98.5	98.5	101.8	104.5	104.7	107.1	12.6	13.1	13.8	100.9	100.0	98.2	105.3	103.8	105.2
1.5	1.3	2.4	96.8	87.1	124.4	149.0	86.8	182.6	1.3	1.5	2.2	88.2	111.8	92.1	136.7	110.2	150.4
5.6	5.0	6.6	126.6	90.5	124.9	146.4	89.3	130.9	4.9	5.2	5.8	87.2	104.3	88.0	113.4	106.8	110.4
5.7	5.1	5.7	126.8	90.7	107.0	147.2	89.9	110.1	4.9	5.3	5.3	85.1	103.6	93.1	120.0	109.4	99.0
6.0	5.6	5.4	133.2	76.7	114.8	151.6	92.9	95.9	6.0	6.1	5.0	99.7	108.9	92.4	120.7	101.4	81.3
6.2	7.2	7.3	126.3	92.6	117.5	115.1	116.0	101.9	6.7	7.1	7.5	108.6	99.4	102.2	126.8	106.1	104.8
5.4	5.9	6.7	96.4	97.7	104.1	114.3	110.1	113.2	5.4	5.6	7.2	101.1	95.0	107.4	116.1	103.5	128.0
4.4	5.0	5.2	104.4	99.2	107.0	96.5	115.4	102.6	4.8	4.9	5.3	109.2	98.3	103.7	100.6	103.8	108.3
4.0	3.6	4.6	98.1	95.0	109.3	106.3	90.2	127.5	4.0	3.8	5.1	102.0	105.5	112.6	110.0	93.3	136.2

5-34 续表 1

指　标	Item	4月 价格(元/公斤) Price (yuan/kg) 2008	2009	2010	价格变动 (上月=100) Price Movements (preceding month=100) 2008	2009	2010	价格变动 (上年同期=100) Price Movements (preceding year=100) 2008	2009	2010
粮食类	**grain**									
籼稻	nonglutinous rice	1.7	1.9	2.0	101.1	100.2	103.1	112.1	109.8	107.5
优质籼稻	Good quality nonglutinous rice	1.8	2.0	2.1	100.0	101.6	101.3	110.7	108.8	106.0
粳稻	round-grained rice	1.8	2.0	2.1	100.4	100.8	104.1	111.3	107.0	109.6
小麦	Wheat	1.5	1.7	1.9	99.0	101.9	101.3	108.8	109.2	112.6
玉米	Corn//Maize	1.9	1.6	1.9	99.1	98.6	103.9	121.8	82.0	123.6
大豆	Soybean	6.1	4.4	4.9	105.4	98.9	103.0	170.2	72.2	110.3
籼米	Long-grained nonglutinous rice	2.9	3.2	3.5	100.8	100.6	103.3	109.5	108.5	109.9
优质籼米	Good quality Long-grained nonglutinous rice	3.4	3.7	3.9	101.3	102.2	102.0	108.4	108.4	106.1
粳米	Polished round-grained rice	3.3	3.6	3.9	100.6	100.9	105.0	108.4	110.7	107.6
面粉	Flour	2.8	3.0	3.3	99.6	100.2	101.7	111.2	105.0	111.8
经济作物类	**Economic crops**									
棉花(籽棉)	Cotton	5.8	4.4	6.4	100.4	105.1	100.2	108.5	76.9	144.6
花生仁	Peanut	11.0	7.7	9.4	104.0	98.9	99.1	145.2	70.5	121.5
油菜籽	Rapeseeds	4.3	3.7	3.9	108.9	97.6	100.1	171.0	85.3	105.1
花生油	Peanut oil	14.8	10.7	12.8	100.7	97.9	97.5	142.4	72.4	119.3
菜籽油	Rapeseed oil	13.7	9.4	9.2	100.5	98.2	99.4	171.6	68.6	97.8
豆油	Soybean oil	13.2	9.0	9.4	95.3	98.6	98.0	160.8	68.1	104.8
畜产品	**Livestock products**									
活猪	Live Hogs	16.9	10.8	9.8	100.2	88.7	93.1	185.9	63.9	90.8
仔猪	Piglet	40.5	16.9	14.7	105.1	85.5	92.9	279.9	41.7	87.4
猪肉	Pork	27.6	19.5	17.3	99.1	91.4	93.5	170.6	70.8	88.7
牛肉	Beef	31.1	31.4	31.6	101.1	98.9	97.2	162.3	100.8	100.8
羊肉	Mutton	27.7	30.3	32.6	99.8	100.8	101.0	160.9	109.3	107.8
活鸡	Live chickens	13.1	11.6	11.3	100.8	98.1	93.5	123.2	88.1	97.9
鸡蛋	chicken's eggs	8.3	8.5	8.9	97.0	99.2	99.4	108.1	101.6	105.8
水产品	**Aquatic Products**									
草鱼	grass carp	10.9	11.3	10.8	127.1	103.0	97.4	145.2	103.3	95.8
鲤鱼	carp	8.2	7.6	7.4	122.0	102.9	97.9	145.6	92.8	97.2
链鱼	silver carp	6.3	5.2	5.8	125.5	97.4	99.5	156.7	82.1	113.0
带鱼	Hairtail	12.9	13.1	14.0	102.7	100.0	101.8	108.1	101.0	107.1
蔬菜	**Vegetables**									
大白菜	Chinses cabbage	1.7	1.9	2.5	129.9	131.3	114.4	119.3	111.4	131.1
黄瓜	Cucumber	4.3	4.4	5.4	86.9	84.6	93.4	129.1	103.9	122.0
西红柿	tomato	4.9	5.0	5.5	101.4	93.6	103.8	136.5	100.9	109.7
菜椒	sweetbell	4.8	5.0	5.7	80.3	81.8	115.4	97.8	103.3	114.7
四季豆	Kidney beans	5.3	5.7	6.9	78.3	80.4	92.6	105.4	109.0	120.7
水果	**Fruits**									
红富士苹果	Hongfushi apples	6.0	6.3	7.7	110.7	112.9	107.9	127.1	105.5	122.3
香蕉	Bananas	5.4	5.5	6.3	113.5	110.7	117.6	124.5	101.3	115.0
橙子	Oranges	4.5	4.6	5.4	110.7	122.5	105.1	103.5	103.3	116.8

Continued 1

5月									6月								
价 格 (元/公斤) Price (yuan/kg)			价格变动						价 格 (元/公斤) Price (yuan/kg)			价格变动					
			(上月=100) Price Movements (preceding month=100)			(上年同期=100) Price Movements (preceding year=100)						(上月=100) Price Movements (preceding month=100)			(上年同期=100) Price Movements (preceding year=100)		
2008	2009	2010	2008	2009	2010	2008	2009	2010	2008	2009	2010	2008	2009	2010	2008	2009	2010
1.8	1.9	2.0	103.6	100.9	101.1	117.0	107.0	107.6	1.8	1.9	2.0	116.8	100.2	100.3	100.8	106.3	107.4
1.9	2.0	2.1	105.1	101.7	101.2	117.1	105.3	105.4	1.9	2.1	2.1	115.1	101.1	100.1	99.5	106.9	104.4
1.9	2.0	2.2	103.6	102.2	101.8	114.6	105.5	109.2	1.9	2.0	2.2	112.7	101.0	101.6	100.5	106.0	109.8
1.5	1.7	1.9	100.8	101.7	100.1	109.2	110.3	110.9	1.5	1.7	1.8	110.9	101.4	96.2	98.2	114.0	105.2
1.9	1.6	2.0	99.5	101.1	103.6	121.1	83.4	126.6	1.9	1.7	2.0	119.1	104.9	101.3	99.5	88.0	122.2
6.2	4.5	5.1	102.4	101.5	104.0	173.7	71.6	113.1	6.6	4.5	5.3	178.1	100.1	105.0	105.7	67.8	118.6
3.0	3.2	3.5	103.4	100.5	100.5	113.3	105.6	109.9	3.0	3.2	3.5	110.9	101.2	100.7	98.9	108.0	109.5
3.5	3.7	3.9	103.6	99.8	100.6	112.4	104.4	106.9	3.5	3.7	4.0	110.5	100.8	101.3	99.2	106.1	107.4
3.3	3.6	3.9	102.8	100.7	100.9	110.8	108.4	107.8	3.4	3.7	4.0	108.3	100.7	102.2	102.5	106.5	109.4
2.9	3.0	3.3	101.4	100.3	100.9	112.2	103.9	112.4	2.8	3.0	3.3	109.7	100.5	100.1	99.0	105.5	111.9
5.7	4.9	6.7	98.3	110.5	104.5	107.3	86.5	136.8	5.7	4.8	6.8	108.4	97.9	101.2	101.1	83.7	141.3
11.0	7.7	9.6	100.2	99.7	101.7	141.0	70.2	123.8	11.0	7.8	9.6	137.5	100.4	100.6	100.0	70.5	124.1
4.5	3.3	3.8	103.9	90.5	98.0	149.8	74.3	113.8	5.1	3.4	3.8	152.5	102.8	99.2	112.8	67.8	109.8
14.6	10.8	12.9	98.4	100.6	101.0	138.0	74.0	119.8	14.4	11.0	13.0	131.6	101.5	100.5	98.4	76.3	118.5
13.0	9.7	9.2	94.3	102.6	100.1	156.7	74.6	95.4	13.2	9.6	9.2	146.8	98.9	100.1	101.7	72.6	96.6
12.7	8.9	9.3	96.5	98.9	98.9	152.6	69.7	104.8	12.4	9.0	9.3	140.0	101.6	100.0	98.0	72.3	103.2
15.3	9.6	10.0	90.3	89.2	101.4	149.7	63.1	103.2	15.2	9.3	9.9	138.0	96.2	99.8	99.3	61.1	107.1
35.6	15.1	14.8	87.9	89.6	100.2	206.2	42.5	97.8	33.7	14.6	14.8	174.6	96.7	99.9	94.8	43.3	101.0
25.9	18.1	17.1	93.9	92.7	98.7	147.6	69.9	94.4	25.3	17.7	17.3	132.3	97.5	101.1	97.8	69.7	98.0
30.3	31.0	31.7	97.5	98.7	100.2	155.0	102.1	102.3	30.3	30.7	31.3	154.2	99.3	98.9	100.0	101.5	101.8
26.6	30.7	32.8	96.1	101.4	100.5	156.5	115.3	106.8	26.6	30.3	32.8	147.8	98.9	100.0	100.0	114.0	108.0
12.8	11.4	11.2	97.6	98.2	98.3	117.2	88.6	98.1	13.0	11.2	11.5	114.9	98.2	103.5	101.5	85.7	103.4
8.4	8.5	9.0	100.5	100.1	100.6	102.7	101.2	106.3	8.6	8.5	9.3	102.4	100.6	103.6	102.5	99.3	109.4
11.1	11.2	10.9	101.6	99.1	101.1	145.7	100.8	97.8	11.2	11.1	10.9	146.3	99.7	99.7	101.4	99.2	97.8
8.0	7.6	7.3	97.3	99.6	98.1	141.3	95.0	95.8	7.6	7.6	7.1	131.3	99.7	97.2	94.7	100.0	93.4
6.5	5.7	5.7	103.2	109.7	98.0	159.3	87.2	100.9	6.5	5.6	5.7	148.9	98.4	99.1	99.5	86.2	101.6
12.8	13.4	14.1	98.9	102.3	100.9	107.2	104.5	105.6	12.8	13.3	14.1	106.2	99.3	100.0	100.0	103.7	106.4
1.6	1.8	2.0	89.7	92.9	78.0	106.8	115.4	110.0	1.7	1.9	1.9	100.5	108.0	95.5	110.9	112.4	97.2
2.2	3.1	3.8	50.9	69.6	70.6	93.9	142.0	123.6	1.6	2.3	2.2	85.7	74.4	58.3	71.9	146.9	96.9
3.7	3.9	4.7	75.1	77.2	86.3	118.5	103.8	122.6	1.9	3.1	3.2	92.3	79.2	68.6	51.8	158.8	106.3
3.6	3.7	4.4	74.3	74.9	76.4	122.2	104.2	116.9	2.3	2.5	3.2	106.1	67.4	73.6	63.1	111.2	127.7
3.3	4.5	6.7	62.9	78.7	96.5	100.5	136.3	148.1	2.4	3.2	3.0	94.7	71.2	45.5	73.4	132.1	94.7
6.1	6.7	8.0	101.7	106.3	103.9	120.1	110.3	119.5	6.0	7.2	8.2	114.1	107.1	102.2	98.4	120.2	114.0
4.9	6.2	6.6	91.3	113.2	105.1	126.2	125.6	106.8	4.8	6.1	6.4	133.2	99.0	97.3	97.2	128.0	104.9
4.2	4.1	6.2	93.1	89.4	114.4	102.2	99.2	149.4	4.8	4.7	6.7	122.7	113.7	108.7	115.8	97.4	142.9

5-34 续表 2

指 标	Item	7月								
		价 格 (元/公斤) Price (yuan/kg)			价格变动 (上月=100) Price Movements (preceding month=100)			价格变动 (上年同期=100) Price Movements (preceding year=100)		
		2008	2009	2010	2008	2009	2010	2008	2009	2010
粮食类	**grain**									
籼稻	nonglutinous rice	1.8	1.9	2.0	102.9	100.5	100.9	116.6	104.1	107.9
优质籼稻	Good quality nonglutinous rice	2.0	2.0	2.2	104.1	99.8	101.4	116.4	102.4	106.1
粳稻	round-grained rice	2.0	2.0	2.2	103.0	100.5	100.2	113.3	103.4	109.5
小麦	Wheat	1.5	1.7	1.8	103.3	97.2	101.4	115.8	107.2	109.8
玉米	Corn//Maize	1.8	1.7	2.0	98.4	100.3	101.5	117.0	89.7	123.6
大豆	Soybean	6.6	4.5	5.4	99.3	100.5	101.4	175.5	68.6	119.6
籼米	Long-grained nonglutinous rice	3.1	3.2	3.5	104.0	100.0	100.3	113.6	103.8	109.8
优质籼米	Good quality Long-grained nonglutinous rice	3.6	3.7	4.0	102.6	100.0	100.7	112.2	103.4	108.2
粳米	Polished round-grained rice	3.5	3.6	4.0	101.4	97.7	100.2	107.9	102.6	112.2
面粉	Flour	2.8	3.0	3.3	100.7	100.0	100.5	110.6	104.7	112.5
经济作物类	**Economic crops**									
棉花(籽棉)	Cotton	5.7	5.1	6.8	99.1	106.8	100.4	107.5	90.2	132.8
花生仁	Peanut	11.3	7.7	9.6	102.4	99.0	100.2	138.8	68.1	125.7
油菜籽	Rapeseeds	5.3	3.5	3.8	104.1	100.6	101.4	156.5	65.5	110.7
花生油	Peanut oil	14.4	10.9	13.3	100.2	99.7	102.6	131.4	75.9	122.0
菜籽油	Rapeseed oil	13.5	9.3	9.3	102.5	97.2	100.9	147.5	68.9	100.3
豆油	Soybean oil	12.4	8.9	9.4	99.9	98.5	101.4	139.4	71.3	106.2
畜产品	**Livestock products**									
活猪	Live Hogs	14.5	10.4	11.1	95.8	111.7	112.2	120.7	71.2	107.6
仔猪	Piglet	32.2	16.2	16.0	95.5	111.2	108.6	167.7	50.5	98.6
猪肉	Pork	25.0	18.5	19.4	98.5	104.7	112.2	117.1	74.1	104.9
牛肉	Beef	30.1	30.9	31.9	99.3	100.4	101.8	146.5	102.5	103.2
羊肉	Mutton	26.2	30.5	33.0	98.3	100.5	100.8	143.3	116.6	108.2
活鸡	Live chickens	12.7	10.9	12.3	97.2	98.0	106.2	114.3	86.4	112.0
鸡蛋	chicken's eggs	8.7	8.3	9.4	101.2	97.6	100.6	105.6	95.9	112.7
水产品	**Aquatic Products**									
草鱼	grass carp	11.2	11.2	11.1	99.8	100.7	102.1	142.5	100.1	99.1
鲤鱼	carp	7.6	7.4	7.3	100.4	97.8	103.9	128.4	97.4	99.2
链鱼	silver carp	6.6	5.5	5.7	101.7	98.4	100.9	149.7	83.4	104.2
带鱼	Hairtail	12.8	13.5	14.3	100.0	101.5	101.4	107.9	105.3	106.3
蔬菜	**Vegetables**									
大白菜	Chinses cabbage	2.0	1.9	2.8	113.9	99.4	147.6	99.5	98.1	144.4
黄瓜	Cucumber	2.0	2.4	3.5	126.9	103.6	155.9	86.8	119.9	145.7
西红柿	tomato	2.6	2.8	3.4	133.9	90.9	103.7	88.6	107.9	121.2
菜椒	sweetbell	2.0	1.9	3.2	89.8	77.1	99.7	80.6	95.5	165.1
四季豆	Kidney beans	3.8	3.1	5.3	155.1	97.8	175.7	109.1	83.3	170.1
水果	**Fruits**									
红富士苹果	Hongfushi apples	6.2	7.3	8.5	103.0	101.0	103.5	113.2	117.8	116.9
香蕉	Bananas	4.6	5.6	6.0	96.7	91.6	92.7	125.5	121.4	106.1
橙子	Oranges	4.4	4.8	6.6	91.2	101.1	98.3	105.8	108.0	138.9

Continued 2

8月									9月								
价 格 (元/公斤) Price (yuan/kg)			价格变动 (上月＝100) Price Movements (preceding month=100)			价格变动 (上年同期＝100) Price Movements (preceding year=100)			价 格 (元/公斤) Price (yuan/kg)			价格变动 (上月＝100) Price Movements (preceding month=100)			价格变动 (上年同期＝100) Price Movements (preceding year=100)		
2008	2009	2010	2008	2009	2010	2008	2009	2010	2008	2009	2010	2008	2009	2010	2008	2009	2010
1.8	1.9	2.0	99.6	98.8	98.7	116.7	103.3	107.8	1.8	1.8	2.1	98.9	98.1	103.3	115.8	102.5	113.4
2.0	2.0	2.2	98.4	98.3	99.8	116.4	102.4	107.6	1.9	2.0	2.2	98.6	98.0	101.7	114.9	101.8	111.7
2.0	2.0	2.2	99.5	99.0	99.8	112.3	102.9	110.3	1.9	2.0	2.2	96.9	99.2	100.7	109.7	105.3	111.9
1.6	1.7	1.9	101.2	99.5	102.0	114.1	105.5	112.5	1.6	1.7	1.9	99.2	101.5	103.1	113.8	107.9	114.2
1.8	1.6	2.0	97.8	99.8	98.8	113.6	91.4	122.5	1.8	1.7	2.0	98.9	100.9	100.6	111.8	93.3	122.2
6.4	4.7	5.6	98.3	105.0	103.7	162.5	73.2	118.2	6.1	4.5	5.6	95.0	95.8	100.4	154.6	73.9	123.8
3.1	3.2	3.6	100.3	100.4	101.4	114.0	103.8	110.8	3.2	3.3	3.6	101.0	100.6	101.5	116.0	103.4	111.9
3.6	3.7	4.0	101.1	101.0	101.0	113.1	103.3	108.2	3.6	3.7	4.1	99.5	99.9	101.2	111.8	103.7	109.6
3.5	3.6	4.0	100.0	100.7	101.2	107.2	103.4	112.7	3.5	3.6	4.1	100.2	100.4	101.6	108.5	103.5	114.0
2.9	3.0	3.4	100.9	99.7	100.7	110.3	103.5	113.5	2.8	3.0	3.4	97.4	100.9	101.9	106.3	107.2	114.7
5.6	5.1	6.8	99.1	99.4	100.1	105.0	90.5	133.7	5.5	5.5	7.4	97.5	108.3	108.3	99.1	100.6	133.7
11.3	7.9	9.6	100.0	102.3	99.8	131.9	69.7	122.5	10.8	8.0	10.1	95.9	101.7	105.1	126.0	73.9	126.7
4.9	3.4	3.9	93.4	99.8	101.8	143.6	70.0	113.0	4.7	3.5	3.9	94.9	102.6	99.6	138.1	75.6	109.7
14.2	10.9	14.5	98.8	99.4	108.8	125.3	76.3	133.4	14.3	10.8	14.5	100.7	99.7	100.0	121.7	75.6	133.8
13.4	9.2	9.3	99.3	99.2	100.2	145.9	68.7	101.3	12.4	9.0	9.5	92.6	98.1	101.5	134.5	72.9	104.8
11.9	8.8	9.3	95.6	99.4	98.5	130.9	74.2	105.2	11.1	8.8	9.4	93.5	99.6	100.9	120.0	79.1	106.6
14.7	11.9	12.3	100.8	115.0	110.3	108.6	81.2	103.3	14.1	12.1	13.0	96.5	102.0	106.1	104.7	85.9	107.4
30.3	17.1	16.1	94.0	105.0	100.2	129.4	56.4	94.1	26.2	18.0	17.0	86.6	105.6	106.1	103.3	68.7	94.6
24.9	20.5	20.6	99.6	110.6	106.4	106.5	82.3	100.9	24.2	20.6	21.7	97.4	100.7	105.3	103.8	85.1	105.5
30.0	31.2	32.4	99.6	101.0	101.7	135.8	104.0	103.8	30.5	31.0	32.9	101.6	99.5	101.5	139.9	101.8	105.9
26.1	30.7	33.5	99.8	100.5	101.5	147.7	117.5	109.2	27.2	30.7	33.6	104.2	100.0	100.3	137.1	112.7	109.6
12.7	11.3	12.6	100.5	102.9	102.9	108.0	88.5	111.9	12.8	11.7	13.2	100.4	103.5	104.5	106.0	91.2	113.0
8.8	8.7	9.8	101.5	105.1	104.2	101.0	99.2	111.8	9.0	8.8	10.1	102.7	100.7	103.1	102.8	97.3	114.4
11.0	11.1	11.1	98.0	98.8	99.5	134.8	100.8	99.9	10.7	10.7	10.9	97.2	97.1	98.6	131.4	100.8	101.4
7.7	7.3	7.5	101.5	99.1	102.4	128.6	95.1	102.6	7.6	7.0	7.3	98.7	95.0	96.7	122.6	91.5	104.5
6.3	5.4	5.8	95.0	98.0	102.1	138.3	86.1	108.6	5.7	5.3	5.7	90.7	98.5	98.3	120.1	93.5	108.3
12.8	13.4	14.5	100.0	99.2	101.5	104.6	104.4	108.8	12.8	13.3	14.8	100.2	99.3	102.1	105.8	103.5	111.8
2.1	2.1	2.9	108.1	108.2	103.9	91.8	98.1	138.8	2.2	2.3	2.3	103.3	111.0	80.7	107.1	105.5	100.9
2.4	2.3	3.7	120.7	98.1	106.9	75.2	97.5	158.8	2.8	2.7	3.4	115.1	116.7	90.5	94.1	98.9	123.2
2.6	3.8	4.6	100.4	137.7	135.7	67.0	147.9	119.5	3.1	4.1	4.7	119.8	107.4	102.4	84.9	132.6	114.0
2.6	2.6	3.9	128.6	133.6	120.3	77.9	99.2	148.6	2.9	3.3	3.9	112.6	126.8	101.6	78.6	111.7	119.1
3.8	3.4	5.5	100.0	109.2	103.7	86.8	91.0	161.5	4.4	4.8	5.0	117.8	141.1	90.3	107.4	109.0	103.3
6.2	6.5	8.3	100.8	89.8	97.9	115.4	105.0	127.4	6.0	6.3	8.8	96.0	97.0	105.4	117.1	106.1	138.3
4.4	5.6	5.8	96.1	99.1	97.5	124.0	125.2	104.3	4.7	5.1	5.9	106.8	92.2	101.4	126.7	108.2	114.7
4.3	5.0	6.7	98.5	105.3	101.0	99.4	115.4	133.3	4.3	4.3	7.0	99.2	86.7	105.0	99.5	100.8	161.5

5-34 续表 3

指标	Item	10月 价格(元/公斤) Price (yuan/kg) 2008	2009	2010	价格变动 (上月=100) Price Movements (preceding month=100) 2008	2009	2010	(上年同期=100) Price Movements (preceding year=100) 2008	2009	2010
粮食类	**grain**									
籼稻	nonglutinous rice	1.8	1.8	2.1	99.6	99.7	101.9	115.1	102.6	115.9
优质籼稻	Good quality nonglutinous rice	1.9	1.9	2.3	99.1	98.6	102.7	114.0	101.3	116.4
粳稻	round-grained rice	1.9	2.0	2.3	100.2	98.0	102.8	110.6	103.0	117.4
小麦	Wheat	1.6	1.7	1.9	99.9	103.9	100.7	111.5	112.3	110.7
玉米	Corn//Maize	1.7	1.8	2.0	95.8	105.7	99.6	106.9	102.8	115.2
大豆	Soybean	5.6	4.2	5.6	91.3	93.8	100.0	134.0	75.9	132.1
籼米	Long-grained nonglutinous rice	3.1	3.3	3.7	99.1	99.6	102.1	114.3	103.9	114.6
优质籼米	Good quality Long-grained nonglutinous rice	3.6	3.7	4.2	98.8	98.0	101.6	110.5	102.8	113.7
粳米	Polished round-grained rice	3.5	3.6	4.2	99.6	99.5	101.5	108.7	103.4	116.4
面粉	Flour	2.8	3.0	3.4	101.3	101.5	99.6	106.8	107.4	112.5
经济作物类	**Economic crops**									
棉花(籽棉)	Cotton	5.2	6.0	10.1	94.5	108.8	136.9	90.7	115.8	168.2
花生仁	Peanut	10.1	8.2	10.3	93.9	102.8	101.9	117.1	80.9	125.6
油菜籽	Rapeseeds	4.1	3.7	3.9	87.3	103.4	101.2	118.0	89.5	107.4
花生油	Peanut oil	13.3	11.0	14.5	93.0	101.5	100.0	113.2	82.5	131.8
菜籽油	Rapeseed oil	11.2	8.4	9.9	90.3	93.2	104.9	120.7	75.2	118.0
豆油	Soybean oil	10.0	8.7	9.7	90.1	99.1	103.4	107.5	87.0	111.2
畜产品	**Livestock products**									
活猪	Live Hogs	12.5	11.8	13.3	88.5	96.8	101.9	95.4	93.9	113.1
仔猪	Piglet	19.9	17.6	17.2	75.8	97.8	100.8	76.4	88.7	97.6
猪肉	Pork	22.8	20.2	22.1	94.0	98.2	101.7	100.4	88.9	109.3
牛肉	Beef	30.3	30.9	32.9	99.3	99.6	100.1	136.3	102.2	106.4
羊肉	Mutton	27.1	30.3	32.8	99.7	98.8	97.7	133.4	111.7	108.4
活鸡	Live chickens	12.6	11.5	13.5	98.8	98.7	102.4	108.0	91.2	117.3
鸡蛋	chicken's eggs	8.8	8.8	9.9	97.0	100.0	98.4	103.2	100.3	112.6
水产品	**Aquatic Products**									
草鱼	grass carp	10.1	10.6	11.0	94.4	98.9	100.8	125.1	105.6	103.4
鲤鱼	carp	7.2	6.8	7.5	94.3	98.4	103.2	117.1	95.5	109.6
链鱼	silver carp	5.3	5.3	5.6	93.5	100.0	97.9	113.7	100.0	106.0
带鱼	Hairtail	13.6	13.3	15.3	106.0	99.8	103.3	110.0	97.4	115.7
蔬菜	**Vegetables**									
大白菜	Chinses cabbage	2.2	2.0	2.3	99.1	85.3	99.6	107.9	90.7	117.8
黄瓜	Cucumber	3.1	2.7	4.2	111.6	100.4	126.6	88.3	89.0	155.2
西红柿	tomato	4.0	4.0	5.8	127.8	96.3	124.4	93.2	99.9	147.2
菜椒	sweetbell	3.0	3.1	4.1	102.0	95.6	104.6	77.3	104.7	130.3
四季豆	Kidney beans	4.9	4.2	5.9	110.1	85.7	118.2	113.2	84.9	142.4
水果	**Fruits**									
红富士苹果	Hongfushi apples	6.0	5.7	8.5	99.7	89.3	97.3	118.3	95.0	150.8
香蕉	Bananas	4.8	4.5	5.2	101.5	87.2	88.6	131.4	92.9	116.6
橙子	Oranges	4.4	4.1	7.2	101.4	95.1	102.9	110.9	94.5	174.8

Continued 3

11月									12月								
价　格 (元/公斤) Price (yuan/kg)			价格变动 (上月=100) Price Movements (preceding month=100)			价格变动 (上年同期=100) Price Movements (preceding year=100)			价　格 (元/公斤) Price (yuan/kg)			价格变动 (上月=100) Price Movements (preceding month=100)			价格变动 (上年同期=100) Price Movements (preceding year=100)		
2008	2009	2010	2008	2009	2010	2008	2009	2010	2008	2009	2010	2008	2009	2010	2008	2009	2010
1.8	1.8	2.3	99.6	100.1	106.8	113.6	103.2	123.7	1.8	1.8	2.3	100.5	100.2	101.8	111.1	102.9	125.7
1.9	1.9	2.4	99.2	100.3	108.1	112.8	102.4	125.3	1.9	2.0	2.5	98.7	100.2	100.6	108.9	103.9	125.8
1.9	1.9	2.5	99.2	99.8	107.7	109.4	103.6	126.8	1.9	2.0	2.5	99.5	100.6	100.1	107.3	104.8	126.1
1.6	1.8	2.0	102.1	100.7	103.2	110.4	110.7	113.4	1.6	1.8	2.0	100.6	101.1	101.3	108.9	111.2	113.6
1.6	1.8	2.0	96.1	100.1	99.8	102.2	107.1	114.8	1.6	1.7	2.1	99.4	99.5	102.2	99.9	107.2	117.8
4.9	4.4	5.8	88.4	104.2	104.1	109.2	89.5	131.9	4.8	4.5	5.8	97.2	101.7	99.5	97.0	93.7	129.0
3.1	3.3	3.9	99.2	100.8	105.1	109.5	105.5	119.5	3.1	3.3	3.8	100.0	100.6	98.4	108.6	106.2	116.9
3.5	3.7	4.3	98.8	100.1	104.6	107.9	104.2	118.8	3.5	3.7	4.3	100.5	100.8	99.1	106.5	104.4	116.9
3.5	3.6	4.4	99.8	100.9	104.2	109.5	104.5	120.2	3.5	3.6	4.4	101.1	100.1	101.1	109.0	103.5	121.4
2.8	3.1	3.6	99.3	100.3	105.8	105.5	108.5	118.7	2.9	3.1	3.6	103.7	101.5	99.6	107.4	106.2	116.5
3.8	6.3	10.8	73.0	105.1	106.8	64.2	166.8	171.0	3.9	6.3	10.3	103.5	100.1	96.0	66.8	161.3	164.0
9.8	8.3	10.7	96.3	100.7	104.2	104.1	84.6	129.9	9.0	8.8	10.9	92.6	106.8	101.2	90.6	97.6	123.1
3.8	3.7	4.1	92.4	100.2	103.5	108.9	97.0	110.9	3.6	3.7	4.0	95.9	100.5	99.5	102.2	101.7	109.8
11.8	11.2	15.1	88.5	101.5	104.1	92.8	94.6	135.2	11.4	11.7	15.2	96.6	104.8	100.7	84.4	102.6	129.9
10.3	8.6	11.4	92.0	101.5	114.9	101.8	83.0	133.6	9.9	8.8	11.6	96.0	103.4	101.3	91.8	89.3	130.9
9.1	9.0	10.6	91.3	103.4	109.4	89.1	98.6	117.6	9.3	9.4	10.6	101.6	104.6	100.3	85.7	101.5	112.7
12.0	11.9	14.0	95.5	101.5	105.2	86.8	99.7	117.2	13.5	12.4	13.8	112.5	103.8	99.0	87.3	92.0	111.8
18.4	17.0	18.6	92.4	96.5	108.0	67.1	92.6	109.2	18.9	16.3	18.3	102.9	96.1	98.4	63.0	86.5	111.8
20.9	20.4	23.2	91.9	100.8	104.9	87.9	97.6	113.7	23.2	21.3	23.2	110.8	104.4	99.8	88.4	92.0	108.7
30.3	31.6	33.4	100.2	102.1	101.4	132.3	104.1	105.7	31.3	32.4	33.3	103.3	102.7	99.9	119.5	103.5	102.8
26.0	29.9	35.0	95.9	98.9	106.6	116.2	115.2	116.9	27.0	30.3	35.7	103.8	101.3	102.0	110.9	112.3	117.7
12.2	11.5	13.9	96.5	100.2	102.7	104.6	94.7	120.2	12.3	11.5	14.0	101.1	100.1	101.0	102.2	93.7	121.3
8.3	8.8	10.3	95.1	99.7	104.3	97.7	105.2	117.9	8.3	8.8	10.5	99.6	100.6	101.3	100.0	106.2	118.6
9.6	10.4	11.0	94.9	97.6	100.0	121.2	108.5	106.0	9.6	10.7	11.5	100.6	102.9	104.9	119.1	110.9	108.1
6.9	6.8	7.6	96.7	99.5	101.6	111.2	98.2	111.9	7.2	6.9	7.8	104.2	100.8	101.7	111.9	95.1	112.9
5.1	5.2	5.4	95.7	98.9	96.4	111.4	103.4	103.4	5.4	5.2	5.8	106.9	98.9	106.6	120.4	95.6	111.6
13.4	13.5	15.4	98.3	101.9	100.5	107.6	100.9	114.1	13.4	13.6	15.6	100.0	100.9	101.1	106.7	101.9	114.3
1.7	2.0	2.1	77.1	102.1	88.4	98.8	120.2	102.0	1.4	2.0	1.5	85.7	100.6	71.4	98.6	141.1	72.3
4.3	4.2	4.5	138.8	153.0	106.1	113.6	98.1	107.7	4.8	5.3	4.5	113.4	127.5	99.1	120.4	110.4	83.7
4.3	4.5	5.7	109.9	113.8	98.1	106.9	103.5	126.9	4.3	5.0	4.9	99.1	111.4	86.5	95.6	116.3	98.6
3.6	3.6	4.2	120.7	115.3	103.4	88.1	100.0	116.9	4.8	4.4	3.8	133.4	121.3	89.4	106.6	90.9	86.1
4.9	5.3	5.5	100.5	127.2	93.4	100.0	107.5	104.6	5.6	5.9	5.0	114.2	111.2	90.8	119.1	104.6	85.4
5.6	5.6	9.4	93.6	99.2	109.6	108.1	100.7	166.5	5.7	6.1	9.3	102.0	109.0	99.8	104.0	107.7	152.4
5.0	4.4	5.4	103.3	98.4	104.0	128.8	88.5	123.2	4.9	4.4	5.7	98.0	99.0	105.0	120.9	89.4	130.7
4.2	3.6	6.1	96.9	87.4	85.3	97.5	85.2	170.6	3.5	3.6	5.4	83.4	100.0	87.5	99.5	102.1	149.3

主要统计指标解释

居民消费价格指数 是反映一定时期内城乡居民所购买的生活消费品价格和服务项目价格变动趋势和程度的相对数，是对城市居民消费价格指数和农村居民消费价格指数进行综合汇总计算的结果。该指数可以观察和分析消费品的零售价格和服务价格变动对城乡居民实际生活费支出的影响程度。

商品零售价格指数 是反映一定时期内城乡商品零售价格变动趋势的一种经济指数。零售物价的调整变动直接影响城乡居民的生活支出和国家财政的收入，影响居民购买力和市场供需平衡，影响消费与积累的比例。因此，该指数可以从一个侧面对上述经济活动进行观察和分析。

城市居民消费价格指数 是反映一定时期内城市居民家庭所购买的生活消费品价格和服务项目价格变动趋势和程度的相对数。该指数可以观察和分析消费品的零售价格和服务项目价格变动对城镇职工货币工资的影响，作为研究职工生活和确定工资政策的依据。

农村居民消费价格指数 是反映一定时期内农村居民家庭所购买的生活消费品价格和服务项目价格变动趋势和程度的相对数。该指数可以观察农村消费品的零售价格和服务项目价格变动对农村居民生活消费支出的影响，直接反映农民生活水平的实际变化情况，为分析和研究农村居民生活问题提供依据。

商品零售价格指数 是反映一定时期内城乡商品零售价格变动趋势和程度的相对数。商品零售价格的变动直接影响到城乡居民的生活支出和国家的财政收入，影响居民购买力和市场供需的平衡，影响到消费与积累的比例关系。因此，该指数可以从一个侧面对上述经济活动进行观察和分析。

农业生产资料价格指数 指反映一定时期内农业生产资料价格变动趋势和程度的相对数。农业生产资料价格指数分为小农具、饲料、产品畜、役畜、半机械化农具、机械化农具、化学肥料、农药及农药械、农机用油、其他农业生产资料十大类。其编制目的是了解农业生产中物质资料投入价格的变动状况，服务于国民经济核算。1994 年以前，农业生产资料价格指数仅仅是商品零售价格指数的一个类别，此后，从商品零售价格指数中分离出来，单独编制。

农产品生产价格指数 是反映一定时期内，农产品生产者出售农产品价格水平变动趋势及幅度的相对数。该指数可以客观反映全国农产品生产价格水平和结构变动情况，满足农业与国民经济核算需要。其中某代表品生产价格指数是通过对全部有出售该产品行为的调查单位的个体指数进行几何平均求得的，类价格指数是通过对其所属的类（或代表品）的价格指数进行加权平均求得的。季度累计价格指数的计算方法与分季指数的计算方法相同。

工业生产者出厂价格指数（PPI） 是反映一定时期内全部工业产品出厂价格总水平的变动趋势和程度的相对数，包括工业企业售给本企业以外所有单位的各种产品和直接售给居民用于生活消费的产品。该指数可以观察出厂价格变动对工业总产值及增加值的影响。

工业生产者购进价格指数 是反映工业企业作为生产投入，而从物资交易市场和能源、原材料生产企业购买原材料、燃料和动力产品时，所支付的价格水平变动趋势和程度的统计指标，是扣除工业企业物质消耗成本中的价格变动影响的重要依据。

目前，我国编制的工业生产者购进价格指数所调查的产品包括燃料动力、黑色金属、有色金属、化工、建材等九大类的近 6000 种产品。

固定资产投资价格指数 是反映一定时期内固定资产投资品及项目的价格变动趋势和程度的相对数。固定资产投资额是由建筑安装工程投资完成额、设备工器具购置投资完成额和其他费用投资完成额三部分组成的。编制固定资产投资价格指数应首先分别编制上述三部分投资的价格指数，然后采用加权算术平均法求出固定资产投资价格总指数。

该指数可以准确地反映固定资产投资中涉及的各类投资品和取费项目价格变动趋势和变动幅度，消除按现价计算的固定资产投资指标中的价格变动因素，真实地反映固定资产投资的规模、速度、结构和效益，为国家科学地制定、检查固定资产投资计划并提高宏观调控水平，为完善国民经济核算体系提供科学的、可靠的依据。

房地产价格指数　是反映一定时期内房地产价格变动趋势和程度的相对数，包括房屋销售价格指数、房屋租赁价格指数、土地交易价格指数和物业管理价格指数。这四套指数的计算方法相似，均采用由下到上逐级汇总的方法。

Explanatory Notes on Main Staistical Indicators

Urban Consumer Price Indices reflect the trend and degree of changes in prices of consumer goods and services purchased by urban households during a given period. It can be used to observe and analyze the impact of price changes in consumer goods and services on wages (in monetary terms) of urban staff and workers, and provide basis for policy-making concerning the living cost and wages of staff and workers.

Retail Ge neral Price Indices reflect the trend and degree of change in retail prices of commodities during a given period. The change in retail prices of commodities directly affects the living expenditure of urban and rural residents, government revenue, purchasing power of residents and the equilibrium of market supply and demand, and the ratio of consumption to accumulation. Therefore, the retail price indexes are useful to analyze the changes of the above economic activities.

Rural Consumer Price Indices reflect the trend and degree of changes in prices of consumer goods and services purchased by rural households during a given period. It can be used to observe the impact of change in retail prices of consumer goods and service prices in rural areas on living expenditure of rural households, and to show the changes in the living standard of peasants. It provides basis for analysis and research on condition of life in rural areas.

Retail Price Indices reflect the trend and degree of change in retail prices of commodities during a given period. The change in retail prices of commodities directly affect the living expenditure of urban and rural residents, government revenue, purchasing power of residents and the equilibrium of market supply and demand, and the ratio of consumption to accumulation. Therefore, the retail price indices are useful to analyze the changes of the above economic activities.

Price Indices of Means of Agricultural Production reflect the trend and degree of changes in prices of means of agricultural production during a given period. Price indices of means of agricultural production are composed of 10 categories including small farm tools, feeds, domestic animals for meat, draught domestic animals, semi-mechanized farm machinery, mechanized farm machinery, chemical fertilizers, pesticides and spraying machinery, fuels for farm machinery and other means of agricultural production. Compilation of these indices helps to understand the changes in prices of input into agricultural production and facilitate the compilation of national account statistics. Before 1994, price indices of means of agricultural production was a sub-category in the in the retail price indices of commodities, and it has been compiled separately since 1994.

Indices of Producers' Prices for Farm Products reflect the trend and degree of changes in producers' prices received by farmers when they sell farm products during a given period. These indices depict the change in the level and structure of producers' prices of farm products of the country and meet the needs of agriculture statistics and national account statistics. The producers' price index of a given product is calculated through geometrical mean of individual indices of all surveyed units who sell such product, and the indices of a product category is obtained through weighted mean of price indices of all products in the category. Method for calculating accumulative quarterly indices is the same as for calculating the distinctive quarterly indices.

Producer Price Indices for Industrial Products (PPI) reflect the trend and degree of changes in general ex-factory prices of all manufactured goods during a given period, including sales of manufactured goods by an industrial enterprise to all units outside the enterprise, as well as sales of consumer goods to residents. It can be used to analyze the impact of ex-factory prices on gross output value and value-added of the industrial sector.

Purchasing Price Indices for Industrial Producers reflect changes in the level and degree of prices paid by industrial enterprises when they purchase production input such as raw materials, fuels and power from the market or from other energy or raw materials producing enterprises. These indices provide an important basis for measuring the material consumption of industrial enterprises after removing the influence of price changes.

At present, close to 6000 products in 9 categories, including fuels and power, ferrous metals, non-ferrous metals, chemicals, building materials, are covered in China for the survey to produce indices for purchasing' prices forindustrial producers.

Price Indices of Investment in Fixed Assets reflect the trend and degree of changes in prices of investment goods and projects in fixed assets during a given period. The investment in fixed assets consists of three components, namely the investment in construction and installation, the investment in purchases of equipment and instrument, and the investment in other items. Price indices of investment in fixed assets are calculated as the weighted arithmetic mean of the price indices of the three components of investment in fixed assets.

Removing the factor of price change in the aggregates of investment at current prices, this indicator shows the changes in the prices of commodities and fees involved in the investment of fixed assets, and can be used to observe the actual size, growth, structure, and efficiency of investment in fixed assets and provides reliable and scientific data for government planning, management, decision-making, and further improving the current national accounting system.

Price Indices for Real Estate reflect the trend and degree of changes in prices of real estate during a given period, including price indices for selling houses and buildings, price indices for leasing houses and buildings and price indices for land transaction. The methods for the compilation of the three sets of indices are similar in that they all use bottom-up approach under which data are reported from lower level to higher level.

六

全国及各省、市、区主要指标

Chapter 6

Main Statistics of Provinces (autonomous regions, municipalities) in the Whole Country

资料整理：周家庆

附录1 全国及各省市区城镇居民家庭人均收入

Per Capita Income of Urban Households by Provinces and Regions

单位：元 (yuan)

地 区 Region	总收入 Total Income		工薪收入 Income of Wages and Salaries		经营收入 Net Business Income		财产性收入 Income from Properties		转移性收入 Income from Transfers		可支配收入 Disposable Income	
	2010	2011	2010	2011	2010	2011	2010	2011	2010	2011	2010	2011
全 国 National	**21033.42**	**23979.20**	**13707.68**	**15411.91**	**1713.51**	**2209.74**	**520.33**	**648.97**	**5091.90**	**5708.58**	**19109.44**	**21809.78**
北 京 Beijing	33360.42	37124.39	23099.09	25161.22	1170.65	1191.29	655.91	696.64	8434.77	10075.23	29072.93	32903.03
天 津 Tianjin	26942.00	29916.04	16780.41	18794.08	931.81	1059.29	333.17	462.28	8896.61	9600.40	24292.60	26920.86
河 北 Hebei	17334.42	19591.91	10566.30	11686.60	1043.72	1836.45	323.97	318.43	5400.43	5750.43	16263.43	18292.23
山 西 Shanxi	16893.00	19666.10	10784.74	13146.47	1044.85	875.24	198.59	274.09	4864.81	5370.29	15647.66	18123.87
内蒙古 Inner Mongolia	19014.24	21890.19	12614.46	14779.08	2013.77	2320.36	432.82	513.36	3953.19	4277.38	17698.15	20407.57
辽 宁 Liaoning	20014.57	22879.77	11712.68	13093.86	1797.82	2285.41	249.59	333.55	6254.48	7166.95	17712.58	20466.84
吉 林 Jilin	16794.45	19211.71	10621.43	12217.09	1363.73	1860.32	163.83	235.31	4645.45	4898.99	15411.47	17796.57
黑龙江 Heilongjiang	15095.55	17118.49	9087.59	10235.04	1266.72	1529.14	102.05	141.26	4639.19	5213.05	13856.51	15696.18
上 海 Shanghai	35738.51	40532.29	25439.97	28550.76	1628.22	1994.12	512.12	633.12	8158.20	9354.29	31838.08	36230.48
江 苏 Jiangsu	25115.40	28971.98	14816.87	17761.58	2519.06	3026.57	471.04	667.06	7308.57	7516.76	22944.26	26340.73
浙 江 Zhejiang	30134.79	34264.38	18313.60	20334.25	3640.87	4383.89	1470.13	1572.34	6710.19	7973.91	27359.02	30970.68
安 徽 Anhui	17626.71	20751.11	11442.43	12915.97	1172.36	1874.45	427.01	569.96	4584.91	5390.73	15788.17	18606.13
福 建 Fujian	24149.59	27378.11	15682.48	17438.81	2135.92	2991.66	1420.84	1752.82	4910.35	5194.82	21781.31	24907.40
江 西 Jiangxi	16558.01	18656.52	10613.83	11654.36	1266.21	1721.84	344.77	471.73	4333.20	4808.59	15481.12	17494.87
山 东 Shandong	21736.94	24889.80	15731.23	17629.40	1703.72	2294.85	490.22	615.69	3811.78	4349.86	19945.83	22791.84
河 南 Henan	17141.80	19526.92	10804.88	12039.24	1478.06	2264.36	222.07	286.02	4636.80	4937.30	15930.26	18194.80
湖 北 Hubei	17572.83	20193.27	11460.49	12622.44	1391.83	1906.73	378.34	357.15	4342.17	5306.95	16058.37	18373.87
湖 南 Hunan	17657.06	20083.87	10782.04	11550.09	1880.90	2674.18	541.11	770.66	4453.02	5088.95	16565.70	18844.05
广 东 Guangdong	26896.86	30218.76	18902.43	21092.14	2666.53	3035.25	956.60	1242.95	4371.30	4848.42	23897.80	26897.48
广 西 Guangxi	18742.21	20846.11	12061.82	13550.16	1474.90	1699.84	576.87	844.91	4628.62	4751.20	17063.89	18854.06
海 南 Hainan	16929.63	20094.18	10957.92	12876.92	1716.74	2158.62	559.76	715.40	3695.21	4343.24	15581.05	18368.95
重 庆 Chongqing	18990.54	21794.27	12738.20	13827.72	1263.20	1779.43	312.64	433.71	4676.51	5753.42	17532.43	20249.70
四 川 Sichuan	17128.89	19688.09	11310.70	12687.29	1198.69	1670.51	378.08	523.24	4241.43	4807.05	15461.16	17899.12
贵 州 Guizhou	15138.80	17598.87	9627.99	10754.45	1174.02	1614.67	213.83	356.41	4122.96	4873.34	14142.74	16495.01
云 南 Yunnan	17478.91	20255.13	10845.21	12416.17	1122.89	1785.61	1162.12	1273.99	4348.70	4779.36	16064.54	18575.62
西 藏 Tibet	16538.98	18115.76	14707.14	15854.97	395.66	486.92	233.04	358.07	1203.14	1415.80	14980.47	16195.56
陕 西 Shaanxi	17064.71	20069.87	12078.35	14051.28	573.19	771.75	187.39	214.18	4225.78	5032.65	15695.21	18245.23
甘 肃 Gansu	14307.28	16267.37	9882.50	11195.26	687.96	914.30	72.23	161.66	3664.59	3996.15	13188.55	14988.68
青 海 Qinghai	15480.81	17794.98	10061.58	11403.97	943.96	1054.60	73.90	78.64	4401.37	5257.77	13854.99	15603.31
宁 夏 Ningxia	17536.78	19654.59	10821.22	12396.71	2238.13	2367.47	189.52	198.48	4287.91	4691.94	15344.49	17578.92
新 疆 Xinjiang	15421.59	17631.15	11327.91	12653.43	1131.78	1412.32	151.94	149.06	2809.96	3416.35	13643.77	15513.62

附录2 全国及各省市区城镇居民家庭人均总支出
Per Capita Total Expenditures of Urban Households by Provinces and Regions

单位：元 (yuan)

地区 Region	总支出 Total Expenditure		消费支出 Total Consumption Expenditure		购房与建房支出 Expenditure on House-purchase and Building		转移性支出 Transferred Expenditure		财产性支出 Property Expenditure		社会保障支出 Social Security Expentiduture	
	2010	2011	2010	2011	2010	2011	2010	2011	2010	2011	2010	2011
全 国 National	**18258.38**	**20365.71**	**13471.45**	**15160.89**	**913.95**	**733.21**	**2134.12**	**2478.96**	**106.89**	**132.62**	**1631.95**	**1860.02**
北 京 Beijing	26920.97	28253.04	19934.48	21984.37	1049.42	387.50	2392.01	2441.34	154.45	123.25	3390.61	3316.57
天 津 Tianjin	24345.19	26344.51	16561.77	18424.09	2331.05	2015.07	2863.00	2920.75	237.69	287.05	2351.68	2697.55
河 北 Hebei	13332.20	15215.52	10318.32	11609.29	781.25	683.34	1243.10	1718.23	31.33	32.86	958.20	1171.79
山 西 Shanxi	13417.16	16442.01	9792.65	11354.30	304.00	721.65	2202.09	2973.44	17.45	22.42	1100.97	1370.20
内蒙古 Inner Mongolia	18074.24	20270.86	13994.62	15878.07	571.78	472.93	2359.44	2619.41	10.27	18.47	1138.12	1281.98
辽 宁 Liaoning	18397.47	20055.99	13280.04	14789.61	970.94	508.41	2063.33	2529.52	96.03	106.97	1987.13	2121.41
吉 林 Jilin	15834.11	16957.82	11679.04	13010.63	1056.97	345.79	1903.47	2384.92	23.29	22.58	1171.19	1193.91
黑龙江 Heilongjiang	14172.82	15932.55	10683.92	12054.19	537.15	406.65	1841.92	2208.67	24.10	29.05	1085.73	1233.96
上 海 Shanghai	32575.05	33778.52	23200.40	25102.14	2643.84	1220.36	3243.95	3779.32	471.95	289.84	3014.91	3386.86
江 苏 Jiangsu	20139.25	23190.67	14357.49	16781.74	1276.13	929.17	2516.90	3055.82	148.21	208.70	1840.51	2215.25
浙 江 Zhejiang	25852.70	29109.35	17858.20	20437.45	2010.99	1322.60	3394.50	4103.67	316.42	478.39	2272.59	2767.24
安 徽 Anhui	16144.52	18830.03	11512.55	13181.46	1082.92	1187.76	1755.82	2291.37	102.70	171.70	1690.52	1997.74
福 建 Fujian	20189.46	22569.32	14750.01	16661.05	903.44	938.26	2361.89	2611.46	189.71	257.60	1984.41	2100.95
江 西 Jiangxi	13922.69	15153.33	10618.69	11747.21	555.09	457.69	1740.93	1845.79	67.79	75.02	940.20	1027.63
山 东 Shandong	17415.98	19341.27	13118.24	14560.67	829.35	644.39	1837.98	2176.99	35.53	55.67	1594.67	1903.52
河 南 Henan	13802.49	15477.17	10838.49	12336.47	523.59	295.99	1349.53	1639.65	33.25	22.47	1057.63	1182.59
湖 北 Hubei	15612.28	18123.42	11450.97	13163.77	651.56	879.03	2113.91	2384.97	34.46	22.65	1361.38	1673.00
湖 南 Hunan	16179.42	18162.77	11825.33	13402.87	455.62	317.82	2954.88	3386.31	41.23	32.72	902.36	1023.04
广 东 Guangdong	24531.01	27126.26	18489.53	20251.82	890.40	1224.18	2565.37	2712.02	212.54	283.36	2373.16	2654.88
广 西 Guangxi	16155.17	17125.96	11490.08	12848.37	1096.63	352.00	2091.81	2090.62	29.23	77.67	1447.43	1757.29
海 南 Hainan	14361.79	16438.95	10926.71	12642.75	681.15	289.23	1629.57	2052.83	12.83	13.69	1111.52	1440.46
重 庆 Chongqing	16964.87	18537.10	13335.02	14974.49	536.23	261.60	1738.55	1856.93	73.03	76.97	1282.03	1367.12
四 川 Sichuan	16181.86	17825.27	12105.09	13696.30	749.12	449.63	1732.85	1981.14	96.75	122.70	1498.04	1575.49
贵 州 Guizhou	13479.37	15558.27	10058.29	11352.88	586.28	756.04	1923.23	2364.36	52.40	88.39	859.17	996.60
云 南 Yunnan	14693.47	16397.44	11074.08	12248.03	430.76	593.96	1867.19	1924.07	93.24	140.49	1228.20	1490.89
西 藏 Tibet	12054.27	12948.85	9685.54	10398.91	101.22	28.05	765.72	690.01	5.24	15.36	1496.56	1816.52
陕 西 Shaanxi	15559.60	18432.53	11821.88	13782.75	624.07	691.81	1885.42	2289.64	32.60	45.32	1195.63	1623.01
甘 肃 Gansu	12551.98	14311.11	9895.35	11188.57	332.75	353.63	1298.01	1568.00	16.95	25.12	1008.92	1175.79
青 海 Qinghai	13604.38	15381.85	9613.79	10955.46	984.93	573.55	1498.17	1756.76	43.91	90.53	1463.59	2005.55
宁 夏 Ningxia	16742.46	18705.06	11334.43	12896.04	1297.86	1417.08	1943.34	2302.29	126.77	163.98	2040.06	1925.68
新 疆 Xinjiang	13980.30	16057.60	10197.09	11839.40	512.66	576.28	1613.04	1658.38	36.24	59.26	1621.27	1924.28

附录3 全国及各省市区城镇居民家庭人均消费支出
Per Capita Consumption Expenditures of Urban Households by Provinces and Regions

单位：元 (yuan)

地 区 Region	消费性支出 Consumption Expenditure		食 品 Food		粮 油 类 Grain and Oil		肉禽蛋水产类 Poutry, Eggs and Quatic Products		蔬 菜 类 Vegtables		调 味 品 Flavoring	
	2010	2011	2010	2011	2010	2011	2010	2011	2010	2011	2010	2011
全 国 National	**13471.47**	**15160.89**	**4804.71**	**5506.33**	**619.16**	**707.62**	**1339.11**	**1576.57**	**501.65**	**527.32**	**63.28**	**68.84**
北 京 Beijing	19934.48	21984.37	6392.90	6905.51	677.59	725.75	1280.71	1446.21	530.94	536.87	108.97	120.90
天 津 Tianjin	16561.77	18424.09	5940.44	6663.31	627.52	707.50	1468.27	1726.67	521.49	555.79	98.08	103.06
河 北 Hebei	10318.32	11609.29	3335.23	3927.26	533.88	619.52	823.57	996.68	403.14	390.51	55.43	60.18
山 西 Shanxi	9792.65	11354.30	3052.57	3558.04	587.07	652.34	579.54	681.21	347.90	352.14	47.78	51.61
内蒙古 Inner Mongolia	13994.62	15878.07	4211.48	4962.40	572.42	655.03	929.51	1120.11	353.14	403.33	54.51	61.18
辽 宁 Liaoning	13280.04	14789.61	4658.00	5254.96	618.20	731.71	1207.91	1407.26	499.40	515.76	75.88	82.16
吉 林 Jilin	11679.19	13010.63	3767.85	4252.85	613.11	683.32	920.60	1009.38	462.56	452.21	66.91	68.53
黑龙江 Heilongjiang	10683.92	12054.19	3784.72	4348.45	670.41	731.96	973.47	1121.50	420.29	441.68	65.21	69.69
上 海 Shanghai	23200.40	25102.14	7776.98	8905.95	885.15	987.27	2071.16	2401.48	622.01	672.39	79.76	85.49
江 苏 Jiangsu	14357.50	16781.74	5243.14	6060.91	612.23	685.79	1556.37	1787.27	568.46	582.89	61.18	66.92
浙 江 Zhejiang	17858.20	20437.45	6118.46	7066.22	605.44	721.57	1644.98	1965.90	543.17	582.55	54.28	61.93
安 徽 Anhui	11512.55	13181.46	4369.63	5246.76	542.67	704.59	1078.82	1372.41	472.44	538.66	42.23	43.21
福 建 Fujian	14750.01	16661.05	5790.72	6534.94	706.83	787.43	2264.95	2504.22	543.68	534.17	67.26	68.23
江 西 Jiangxi	10618.69	11747.21	4195.38	4675.16	627.62	718.74	1260.21	1472.51	581.89	580.69	51.35	51.93
山 东 Shandong	13118.45	14560.67	4205.88	4827.61	541.92	624.25	1136.51	1322.85	401.49	427.02	55.60	62.46
河 南 Henan	10838.49	12336.47	3575.75	4212.76	563.82	640.83	800.12	979.97	373.02	375.92	55.32	59.05
湖 北 Hubei	11450.97	13163.77	4429.30	5363.68	781.87	837.70	1217.08	1488.43	615.32	653.65	68.05	76.33
湖 南 Hunan	11825.33	13402.87	4322.09	4943.89	599.34	700.94	1213.25	1451.16	512.80	558.90	50.63	52.39
广 东 Guangdong	18489.53	20251.82	6746.62	7471.88	697.75	798.04	2382.09	2731.84	615.84	642.09	58.80	62.43
广 西 Guangxi	11490.08	12848.37	4372.75	5074.49	505.24	615.14	1643.60	1960.05	428.87	448.41	38.57	41.84
海 南 Hainan	10926.71	12642.75	4895.96	5673.65	475.91	498.63	2006.58	2510.36	528.01	580.75	45.62	46.54
重 庆 Chongqing	13335.02	14974.49	5012.56	5847.90	612.92	709.92	1435.13	1744.83	559.89	624.99	97.50	110.56
四 川 Sichuan	12105.09	13696.30	4779.60	5571.69	618.71	705.12	1416.01	1748.96	580.03	608.90	98.87	105.69
贵 州 Guizhou	10058.29	11352.88	4013.67	4565.85	526.30	609.63	1027.57	1245.04	457.11	513.14	58.70	64.05
云 南 Yunnan	11074.08	12248.03	4593.49	4802.26	498.43	623.14	1077.80	1195.79	562.90	614.03	46.78	59.07
西 藏 Tibet	9685.54	10398.91	4847.58	5184.18	634.53	690.17	1189.95	1215.10	566.63	600.81	45.92	60.02
陕 西 Shaanxi	11821.88	13782.75	4381.40	5040.47	624.60	688.71	699.27	833.86	443.78	481.61	64.86	79.13
甘 肃 Gansu	9895.35	11188.57	3702.18	4182.47	574.13	618.83	671.64	786.67	437.07	462.58	62.17	67.01
青 海 Qinghai	9613.79	10955.46	3784.81	4260.27	632.14	684.19	859.18	1088.76	405.40	467.77	50.02	62.69
宁 夏 Ningxia	11334.43	12896.04	3768.09	4483.44	552.19	627.22	753.18	928.16	370.71	402.09	47.67	54.91
新 疆 Xinjiang	10197.09	11839.40	3694.81	4537.46	571.82	685.22	972.04	1234.21	363.33	427.51	41.76	49.22

附录3 续表 1 continued 1

单位：元 (yuan)

地区 Region	糖烟酒饮料类 Suger, Tobacco Wine and Other Beverages		干鲜瓜果类 Dried and Fresh Melons and Fruits		糕点、奶及奶制品 Pastry,Milk and Food Service		其他食品 Other Food		饮食服务 Food Service		衣着 Clothing	
	2010	2011	2010	2011	2010	2011	2010	2011	2010	2011	2010	2011
全　国 National	**504.63**	**559.32**	**378.75**	**449.14**	**296.77**	**344.10**	**80.45**	**88.44**	**1020.93**	**1184.97**	**1444.34**	**1674.70**
北　京 Beijing	800.38	838.78	646.29	705.92	591.07	619.00	68.75	79.17	1688.20	1832.90	2087.91	2265.88
天　津 Tianjin	635.04	691.31	539.06	615.62	421.67	454.73	128.83	118.75	1500.49	1689.89	1567.58	1754.98
河　北 Hebei	370.52	424.44	287.33	366.89	228.98	277.33	81.67	102.67	550.71	689.04	1225.94	1425.99
山　西 Shanxi	368.78	417.85	289.15	353.45	239.24	295.69	62.66	75.04	530.45	678.70	1205.89	1461.90
内蒙古 Inner Mongolia	636.14	653.78	339.56	432.46	231.90	272.31	175.72	228.21	918.58	1135.98	2203.59	2514.09
辽　宁 Liaoning	496.99	517.38	455.52	562.50	276.80	306.41	64.70	85.15	962.61	1046.63	1586.81	1854.63
吉　林 Jilin	336.43	378.59	381.68	460.69	164.23	210.51	137.34	110.96	684.98	878.67	1570.68	1769.47
黑龙江 Heilongjiang	319.92	381.14	395.02	459.06	205.26	231.33	64.38	58.12	670.77	853.96	1608.37	1681.88
上　海 Shanghai	885.14	989.41	593.73	695.27	615.42	700.21	99.39	99.23	1925.24	2275.21	1794.06	2053.81
江　苏 Jiangsu	598.22	736.60	382.30	441.46	336.83	398.05	107.13	122.96	1020.42	1238.97	1465.54	1772.06
浙　江 Zhejiang	716.84	790.38	491.58	611.57	329.10	407.91	77.86	81.26	1655.20	1843.14	1802.29	2138.99
安　徽 Anhui	724.51	843.48	286.14	351.57	333.36	378.56	104.18	90.84	785.28	923.45	1225.56	1371.01
福　建 Fujian	476.54	558.17	411.69	468.01	290.92	356.70	44.39	52.72	984.47	1205.27	1281.25	1494.96
江　西 Jiangxi	383.57	392.27	345.92	392.04	257.17	302.70	96.92	103.59	590.73	660.69	1138.84	1272.88
山　东 Shandong	455.18	511.73	403.26	484.14	333.20	372.06	89.00	90.99	789.71	932.11	1745.20	2008.84
河　南 Henan	410.63	449.00	288.11	357.91	250.00	301.80	72.35	95.23	762.39	953.06	1444.63	1706.94
湖　北 Hubei	491.71	647.15	265.53	345.60	241.88	311.51	49.03	70.44	698.83	932.87	1415.68	1677.91
湖　南 Hunan	451.47	466.99	348.30	412.81	200.54	232.74	92.83	114.83	852.93	953.14	1277.47	1499.02
广　东 Guangdong	426.15	454.86	432.64	483.95	344.99	370.62	52.94	56.68	1735.42	1871.36	1230.72	1404.60
广　西 Guangxi	297.27	331.57	329.18	363.02	228.55	276.53	63.39	51.05	838.07	986.88	926.42	1019.34
海　南 Hainan	293.61	277.72	297.01	326.35	230.81	211.52	44.81	38.10	973.58	1183.67	636.14	780.10
重　庆 Chongqing	489.09	533.94	309.52	362.69	307.98	338.21	70.43	71.46	1130.10	1351.30	1697.55	2056.79
四　川 Sichuan	542.48	556.07	323.71	378.78	273.52	310.68	60.61	57.98	865.67	1099.51	1259.49	1483.54
贵　州 Guizhou	494.98	508.79	316.56	375.50	223.44	229.49	88.27	99.50	820.75	920.70	1102.41	1209.88
云　南 Yunnan	610.26	561.81	315.52	353.03	172.85	326.59	64.54	58.24	1244.40	1010.56	1158.82	1587.18
西　藏 Tibet	765.70	800.33	248.62	292.39	348.59	444.57	82.02	151.91	965.62	928.89	1158.60	1261.29
陕　西 Shaanxi	548.65	564.66	393.86	486.65	340.65	394.35	100.16	112.00	1165.56	1399.51	1428.20	1673.24
甘　肃 Gansu	455.66	517.07	327.13	384.88	229.74	264.70	159.19	188.84	785.45	891.89	1255.69	1470.26
青　海 Qinghai	448.32	442.82	308.84	386.02	249.66	261.23	101.02	106.57	730.23	760.23	1185.56	1394.28
宁　夏 Ningxia	441.34	498.32	360.36	454.83	231.57	283.51	107.80	120.43	903.28	1113.98	1417.47	1701.73
新　疆 Xinjiang	291.10	348.39	363.77	462.68	241.61	290.20	59.04	65.47	790.34	974.55	1513.42	1715.94

附录3 续表 2 continued 2

单位：元 (yuan)

地区 Region	服 装 Clothes		衣着材料 Clothes Material		鞋 类 Shoes		其他衣着用品 Other Clothing Articles		衣着加工服务费 Clothes Processing Bed Articles		家庭设备用品及服务 Expenditure for Consumption	
	2010	2011	2010	2011	2010	2011	2010	2011	2010	2011	2010	2011
全 国 National	**1057.11**	**1237.03**	**9.71**	**11.10**	**323.39**	**364.95**	**45.69**	**52.07**	**8.43**	**9.56**	**908.01**	**1023.17**
北 京 Beijing	1458.16	1612.12	12.75	14.19	532.49	551.34	69.24	72.89	15.27	15.35	1377.77	1562.55
天 津 Tianjin	1122.04	1274.91	15.26	13.80	355.95	378.87	63.33	75.26	11.00	12.13	1119.93	1174.62
河 北 Hebei	872.62	1020.03	10.64	11.19	296.26	331.20	41.35	56.69	5.06	6.89	693.56	809.85
山 西 Shanxi	890.15	1094.58	7.04	10.15	264.71	311.48	37.71	38.15	6.27	7.54	612.59	832.74
内蒙古 Inner Mongolia	1615.60	1859.84	6.77	7.20	468.89	528.85	92.68	104.79	19.66	13.41	948.87	1162.87
辽 宁 Liaoning	1104.74	1295.08	11.65	10.90	399.67	459.80	60.53	74.63	10.23	14.23	785.67	929.37
吉 林 Jilin	1115.68	1272.43	8.38	7.30	375.86	414.74	61.04	62.54	9.71	12.46	710.28	839.31
黑龙江 Heilongjiang	1106.45	1194.59	5.22	6.65	422.78	411.35	63.09	56.69	10.83	12.60	618.76	723.58
上 海 Shanghai	1351.82	1558.24	19.38	21.48	355.14	404.20	52.61	53.17	15.11	16.72	1800.19	1826.22
江 苏 Jiangsu	1092.05	1338.75	14.97	18.07	303.36	346.32	44.65	56.55	10.51	12.37	1026.32	1193.81
浙 江 Zhejiang	1397.19	1658.21	16.74	20.56	339.41	396.14	39.31	52.81	9.64	11.26	916.16	1109.42
安 徽 Anhui	858.36	954.30	10.71	11.56	303.44	338.06	42.39	56.89	10.65	10.20	678.75	690.66
福 建 Fujian	990.57	1167.05	5.37	3.26	248.13	281.48	32.60	38.04	4.58	5.13	972.24	1179.84
江 西 Jiangxi	860.89	978.76	8.83	12.53	235.28	247.28	27.86	29.19	5.98	5.13	854.60	914.88
山 东 Shandong	1271.50	1463.71	11.88	10.79	391.33	456.72	61.74	66.38	8.74	11.24	915.00	1013.82
河 南 Henan	1061.35	1265.53	7.35	10.18	329.56	380.26	38.06	41.07	8.31	9.90	866.72	977.52
湖 北 Hubei	1067.18	1259.76	7.42	12.68	299.32	348.92	35.68	48.92	6.09	7.63	867.33	814.81
湖 南 Hunan	946.42	1123.49	8.34	8.70	280.73	313.03	35.49	47.41	6.49	6.40	903.81	940.79
广 东 Guangdong	914.49	1065.71	1.31	2.02	271.77	293.34	37.76	37.99	5.38	5.54	1208.03	1370.28
广 西 Guangxi	699.13	778.29	6.41	8.66	194.01	201.96	23.09	25.11	3.79	5.32	853.59	884.85
海 南 Hainan	504.77	615.59	0.64	0.97	116.99	145.20	11.83	16.12	1.92	2.23	616.33	729.86
重 庆 Chongqing	1249.02	1516.13	8.08	9.76	378.44	458.18	55.52	65.80	6.49	6.92	1072.38	1079.27
四 川 Sichuan	911.65	1099.76	8.44	9.86	279.93	317.50	50.16	46.16	9.31	10.25	876.34	1020.16
贵 州 Guizhou	788.10	853.39	18.62	18.57	258.57	295.36	33.42	38.38	3.70	4.18	673.33	857.55
云 南 Yunnan	840.80	1127.95	8.09	12.83	283.36	411.39	23.96	32.26	2.61	2.75	509.41	570.46
西 藏 Tibet	842.03	873.83	5.47	6.79	287.74	362.00	19.50	14.88	3.86	3.78	376.43	428.03
陕 西 Shaanxi	1035.04	1224.95	12.43	13.10	335.04	380.84	35.98	43.84	9.72	10.50	723.73	914.26
甘 肃 Gansu	889.83	1049.68	16.98	14.01	288.50	332.36	53.56	66.18	6.82	8.03	597.72	660.48
青 海 Qinghai	854.44	1026.26	6.35	7.82	257.03	300.40	59.50	52.10	8.24	7.70	644.01	723.23
宁 夏 Ningxia	1052.31	1265.75	11.94	12.06	306.30	360.30	38.09	49.90	8.82	13.72	716.22	885.36
新 疆 Xinjiang	1073.12	1209.04	16.84	20.38	350.45	404.23	57.96	64.40	15.06	17.89	669.87	791.43

附录3　续表 3 continued 3

单位：元 (yuan)

地区 Region	耐用消费品 Druable Consumer Goods		室内装饰品 Interior Decorations		床上用品 Bed Articles		家庭日用杂品 Family Daily Use Goods		家具材料 Furniture Material		家庭服务 Household Service	
	2010	2011	2010	2011	2010	2011	2010	2011	2010	2011	2010	2011
全　国 National	**394.56**	**423.81**	**27.05**	**26.70**	**75.44**	**88.91**	**339.66**	**402.07**	**11.04**	**8.87**	**60.26**	**72.81**
北　京 Beijing	618.54	737.15	43.17	43.98	103.12	123.67	506.86	532.68	8.37	12.69	97.71	112.38
天　津 Tianjin	628.07	616.71	37.24	46.98	75.91	88.29	318.22	355.55	4.61	6.76	55.87	60.34
河　北 Hebei	353.25	385.79	22.83	24.05	54.90	62.74	214.00	288.97	18.61	8.45	29.96	39.85
山　西 Shanxi	290.27	421.25	17.09	25.15	49.06	72.97	213.46	265.68	5.09	6.56	37.61	41.13
内蒙古 Inner Mongolia	456.22	534.49	33.48	49.72	81.51	99.65	301.35	394.48	30.44	31.67	45.88	52.86
辽　宁 Liaoning	291.11	320.74	22.98	31.43	77.24	91.83	328.76	410.17	7.00	8.74	58.58	66.46
吉　林 Jilin	306.03	315.00	20.19	17.10	57.94	70.16	279.96	377.46	24.56	5.08	21.60	54.51
黑龙江 Heilongjiang	228.42	295.15	14.44	18.51	52.23	55.18	284.20	311.36	11.26	6.43	28.21	36.95
上　海 Shanghai	815.82	743.83	72.02	45.18	132.77	162.33	624.91	714.98	2.51	1.97	152.16	157.94
江　苏 Jiangsu	431.32	475.03	21.80	21.99	90.09	105.04	384.78	485.33	6.87	3.67	91.45	102.75
浙　江 Zhejiang	380.50	395.30	29.67	21.55	90.85	110.88	323.22	446.35	6.47	6.10	85.45	129.24
安　徽 Anhui	301.86	339.24	25.55	32.30	73.91	83.51	220.35	191.91	22.31	6.53	34.77	37.18
福　建 Fujian	426.87	494.47	13.89	19.69	71.19	97.25	360.46	448.41	7.49	6.37	92.34	113.65
江　西 Jiangxi	410.08	379.17	13.17	20.94	62.63	78.66	307.38	376.51	18.55	16.28	42.79	43.32
山　东 Shandong	455.94	499.49	39.13	30.81	68.68	76.69	309.67	356.39	12.07	14.44	29.51	36.00
河　南 Henan	444.66	458.19	20.27	29.69	78.86	111.69	280.96	339.15	10.39	6.72	31.57	32.07
湖　北 Hubei	398.27	317.76	22.49	16.79	59.95	59.74	336.68	369.48	24.43	15.08	25.52	35.96
湖　南 Hunan	379.81	362.01	24.29	17.93	70.87	87.36	363.70	396.18	11.18	8.71	53.96	68.61
广　东 Guangdong	412.48	464.92	29.25	27.63	99.78	96.56	508.90	589.79	5.21	10.33	152.41	181.07
广　西 Guangxi	427.17	388.63	10.42	30.97	63.02	84.73	308.31	334.86	5.47	2.10	39.19	43.56
海　南 Hainan	211.88	261.39	10.91	7.78	37.38	48.59	326.64	375.00	4.31	6.84	25.21	30.25
重　庆 Chongqing	490.55	483.89	47.15	36.96	131.75	118.33	337.28	373.41	24.18	14.29	41.47	52.40
四　川 Sichuan	380.93	421.00	36.91	22.86	64.58	95.21	339.24	419.74	5.13	9.92	49.55	51.43
贵　州 Guizhou	199.59	366.57	18.90	15.94	47.55	64.00	328.44	360.95	24.45	5.40	54.41	44.69
云　南 Yunnan	220.31	230.55	17.13	15.55	43.78	49.13	208.06	231.21	0.94	3.67	19.18	40.35
西　藏 Tibet	75.62	76.01	19.57	19.04	87.35	98.08	178.81	212.82	4.56	12.02	10.51	10.06
陕　西 Shaanxi	288.92	365.93	19.65	21.22	56.66	75.71	329.15	397.72	3.40	5.79	25.94	47.89
甘　肃 Gansu	268.67	267.14	22.02	27.35	49.56	46.91	233.25	272.75	6.48	9.86	17.75	36.46
青　海 Qinghai	266.21	295.37	37.88	36.21	49.02	64.83	255.71	299.60	19.18	8.79	16.01	18.43
宁　夏 Ningxia	318.48	369.99	21.62	41.69	50.94	65.99	288.52	366.32	9.71	4.62	26.94	36.75
新　疆 Xinjiang	259.25	279.89	33.83	44.21	46.50	52.40	296.78	376.02	4.33	4.55	29.19	34.37

附录3　续表 4 continued 4

单位：元　　(yuan)

地　区	Region	医疗保健 Medicine and Medical Service		医疗器具 Medical Equipment		保健器具 Healthful Equipments		药品费 Medicine Expense		滋补保健品 Nourishing Healthful Products		医疗费 Medical Care Expense	
		2010	2011	2010	2011	2010	2011	2010	2011	2010	2011	2010	2011
全　国	**National**	**871.77**	**968.98**	**6.89**	**8.27**	**16.82**	**18.60**	**416.13**	**453.20**	**128.87**	**137.40**	**289.90**	**341.01**
北　京	Beijing	1327.22	1523.32	16.34	16.29	57.11	52.37	604.88	707.24	213.61	207.03	416.71	526.11
天　津	Tianjin	1275.64	1415.39	7.90	6.16	26.93	22.54	637.46	719.11	109.26	137.77	485.28	521.27
河　北	Hebei	923.83	955.95	9.37	5.88	20.06	24.94	454.74	462.81	114.96	99.01	307.39	350.94
山　西	Shanxi	774.89	851.30	13.02	12.43	16.06	16.28	372.25	382.70	71.11	74.00	291.35	357.93
内蒙古	Inner Mongolia	1126.03	1239.36	4.91	8.82	20.63	13.88	458.87	548.10	84.69	86.39	530.06	566.86
辽　宁	Liaoning	1079.81	1208.30	6.13	9.09	24.76	18.19	460.57	479.06	186.84	204.18	391.85	489.99
吉　林	Jilin	1171.25	1108.51	7.06	8.75	10.12	9.76	519.40	484.20	148.97	121.01	472.26	475.92
黑龙江	Heilongjiang	948.44	1082.96	5.15	11.38	11.96	16.52	498.17	593.64	90.86	82.18	335.65	372.78
上　海	Shanghai	1005.54	1140.82	6.22	6.97	28.73	20.93	430.28	485.74	292.98	304.78	239.12	312.81
江　苏	Jiangsu	805.73	962.45	6.13	10.11	14.66	19.42	360.82	415.56	176.91	216.57	232.43	289.31
浙　江	Zhejiang	1033.70	1248.90	7.24	8.09	8.46	11.67	449.68	555.39	288.85	296.48	270.22	367.28
安　徽	Anhui	737.05	907.58	6.22	10.53	14.98	11.18	325.28	443.88	100.05	102.46	274.31	323.06
福　建	Fujian	617.36	773.26	2.06	2.44	7.43	15.41	273.81	319.34	108.76	137.30	217.65	293.49
江　西	Jiangxi	524.22	641.23	0.70	5.00	3.51	11.57	269.71	326.38	54.08	78.65	189.04	214.93
山　东	Shandong	885.79	938.86	6.61	8.18	22.99	33.12	390.18	395.08	158.29	157.85	290.75	329.76
河　南	Henan	941.32	919.83	6.55	3.58	28.31	26.81	479.78	441.48	73.00	75.04	332.22	367.50
湖　北	Hubei	709.58	915.72	10.92	4.68	7.77	13.66	341.70	395.46	57.77	78.28	273.80	408.31
湖　南	Hunan	776.85	790.76	3.85	2.69	7.38	10.04	428.51	454.75	99.95	82.15	231.05	234.81
广　东	Guangdong	929.50	948.18	6.98	14.32	21.99	23.25	441.79	430.70	180.21	212.61	263.80	257.00
广　西	Guangxi	625.45	779.08	7.65	10.10	10.19	11.48	289.46	385.85	70.48	74.34	241.51	292.52
海　南	Hainan	579.89	783.34	0.93	1.17	2.75	6.33	270.97	347.09	48.00	95.90	251.05	320.92
重　庆	Chongqing	1021.48	1050.62	9.19	10.56	15.02	18.68	563.07	491.34	99.81	124.06	320.78	388.83
四　川	Sichuan	661.03	735.26	4.60	8.26	9.53	7.67	354.03	412.76	74.57	69.51	201.75	225.64
贵　州	Guizhou	546.84	578.33	3.07	5.87	5.60	4.67	278.28	287.44	23.37	29.16	227.95	243.16
云　南	Yunnan	637.89	822.41	5.28	7.59	8.71	11.94	344.69	412.58	62.34	58.49	206.71	309.49
西　藏	Tibet	385.63	424.10	5.36	1.48	2.45	3.96	230.51	235.13	77.57	58.90	68.50	118.30
陕　西	Shaanxi	935.38	1100.51	13.57	5.13	14.80	22.05	520.36	606.11	58.24	67.10	323.55	394.62
甘　肃	Gansu	828.57	874.05	6.43	2.47	5.53	13.20	440.89	461.98	50.74	41.28	309.88	336.02
青　海	Qinghai	718.78	854.25	4.79	3.42	16.16	12.94	314.14	393.88	47.46	45.89	326.98	387.98
宁　夏	Ningxia	890.05	978.12	10.50	18.23	14.71	15.97	559.15	588.97	72.27	71.59	228.87	279.17
新　疆	Xinjiang	708.16	912.99	2.78	4.42	9.41	5.78	313.14	381.91	80.96	79.01	298.15	436.87

附录3 续表 5 continued 5

单位：元 (yuan)

地 区 Region	其他 Others		交通和通讯 Transport and Communications		交通 Transport		通信 Communications		教育文化娱乐服务 Education, Culture and Recreation Services		文化娱乐用品 Recreation, and Cultural Facilities	
	2010	2011	2010	2011	2010	2011	2010	2011	2010	2011	2010	2011
全 国 National	**13.15**	**10.50**	**1983.70**	**2149.69**	**1254.80**	**1397.09**	**728.90**	**752.60**	**1627.64**	**1851.74**	**406.96**	**449.55**
北 京 Beijing	18.58	14.29	3420.91	3521.20	2373.07	2482.73	1047.84	1038.46	2901.93	3306.82	833.14	874.97
天 津 Tianjin	8.82	8.54	2454.38	2699.53	1607.17	1749.35	847.21	950.18	1899.50	2116.01	567.58	650.96
河 北 Hebei	17.32	12.36	1398.35	1526.60	875.94	966.11	522.41	560.49	1001.01	1203.99	268.05	313.56
山 西 Shanxi	11.10	7.95	1340.90	1487.66	739.11	880.31	601.79	607.35	1229.68	1419.43	287.64	322.90
内蒙古 Inner Mongolia	26.87	15.31	1768.65	2003.54	1195.58	1374.19	573.08	629.35	1641.17	1812.07	455.95	510.89
辽 宁 Liaoning	9.67	7.79	1773.26	1899.06	1079.86	1181.00	693.40	718.05	1495.90	1614.52	350.12	396.05
吉 林 Jilin	13.44	8.88	1363.91	1541.37	826.17	888.51	537.74	652.86	1244.56	1468.34	263.45	358.23
黑龙江 Heilongjiang	6.67	6.46	1191.31	1363.62	619.70	858.12	571.62	505.50	1001.48	1190.87	229.53	286.89
上 海 Shanghai	8.22	9.60	4076.46	3808.41	2890.85	2502.23	1185.61	1306.18	3363.25	3746.38	1055.87	1054.28
江 苏 Jiangsu	14.76	11.48	1935.07	2262.19	1199.30	1603.90	735.77	658.28	2133.25	2695.52	557.89	655.92
浙 江 Zhejiang	9.25	9.98	3437.15	3728.23	2488.84	2725.79	948.30	1002.44	2586.09	2816.12	530.30	550.69
安 徽 Anhui	16.21	16.47	1356.57	1365.01	732.47	677.96	624.10	687.06	1479.75	1631.28	320.77	374.24
福 建 Fujian	7.65	5.26	2196.88	2470.18	1291.81	1531.17	905.07	939.01	1786.00	1879.02	450.95	516.82
江 西 Jiangxi	7.17	4.70	1270.28	1310.21	733.03	763.55	537.25	546.66	1179.89	1429.30	278.67	317.87
山 东 Shandong	16.97	14.87	2140.42	2203.99	1524.57	1539.95	615.85	664.04	1401.77	1538.44	422.60	457.42
河 南 Henan	21.46	5.42	1374.76	1573.64	813.55	1024.94	561.21	548.70	1137.16	1373.94	344.49	377.10
湖 北 Hubei	17.62	15.33	1205.48	1382.20	706.04	827.81	499.44	554.39	1263.16	1489.67	228.95	272.88
湖 南 Hunan	6.11	6.33	1541.40	1975.50	896.91	1331.53	644.49	643.98	1418.85	1526.10	301.16	319.04
广 东 Guangdong	14.73	10.30	3419.74	3630.62	2248.69	2416.57	1171.05	1214.05	2375.96	2647.94	532.78	565.28
广 西 Guangxi	6.16	4.78	1973.04	2000.57	1330.24	1404.87	642.80	595.70	1243.71	1502.65	389.32	460.30
海 南 Hainan	6.20	11.92	1805.11	1830.80	1177.70	1184.67	627.40	646.13	1004.62	1141.81	226.20	243.81
重 庆 Chongqing	13.62	17.16	1384.28	1718.73	622.97	957.61	761.30	761.11	1408.02	1474.88	343.98	375.94
四 川 Sichuan	16.54	11.42	1674.14	1757.52	933.20	992.78	740.95	764.74	1224.73	1369.47	318.00	317.96
贵 州 Guizhou	8.57	8.03	1270.49	1395.28	606.34	698.37	664.15	696.91	1254.56	1331.43	269.35	323.35
云 南 Yunnan	10.16	22.32	2039.67	1905.86	1360.27	1213.38	679.39	692.47	1014.40	1350.65	246.78	279.94
西 藏 Tibet	1.24	6.33	1230.94	1278.00	569.12	544.29	661.81	733.71	477.95	514.44	144.64	112.61
陕 西 Shaanxi	4.87	5.51	1194.77	1502.44	571.79	818.74	622.98	683.70	1595.80	1857.60	378.36	439.89
甘 肃 Gansu	15.11	19.10	1076.63	1289.80	477.29	605.41	599.33	684.39	1136.70	1158.30	313.37	339.92
青 海 Qinghai	9.25	10.15	1116.56	1293.45	614.17	823.54	502.39	469.91	908.07	967.90	274.94	287.04
宁 夏 Ningxia	4.55	4.18	1574.57	1637.61	1030.01	1041.41	544.56	596.20	1286.20	1441.18	371.16	422.14
新 疆 Xinjiang	3.71	5.00	1255.87	1377.67	742.61	813.19	513.26	564.48	1012.37	1122.18	305.39	326.80

附录3 续表 6 continued 6

单位：元 (yuan)

地区 Region	文化娱乐服务 Education and Cultural Services		教育 Education		居住 Residence		住房 Accomodation		水电燃料及其他 Water, Electricity and Other Fuels		居住服务费 Residental Service Fees	
	2010	2011	2010	2011	2010	2011	2010	2011	2010	2011	2010	2011
全国 National	**559.34**	**652.19**	**661.34**	**749.99**	**1332.14**	**1405.01**	**421.19**	**451.25**	**807.86**	**841.70**	**103.09**	**112.07**
北京 Beijing	1039.90	1260.58	1028.89	1171.28	1577.35	1923.71	642.55	793.50	794.52	961.56	140.28	168.66
天津 Tianjin	579.38	684.20	752.54	780.85	1615.57	1763.44	562.82	700.17	991.60	1002.94	61.14	60.33
河北 Hebei	312.44	366.89	420.52	523.54	1344.47	1372.25	313.26	379.21	954.06	926.01	77.15	67.04
山西 Shanxi	334.22	373.61	607.82	722.92	1245.00	1327.78	334.42	385.33	813.07	867.04	97.51	75.40
内蒙古 Inner Mongolia	540.21	560.78	645.02	740.41	1384.45	1418.60	478.63	468.76	814.18	853.54	91.64	96.29
辽宁 Liaoning	413.43	460.52	732.35	757.94	1314.79	1385.62	310.55	311.32	909.00	981.52	95.24	92.78
吉林 Jilin	316.87	370.97	664.24	739.14	1344.41	1468.29	184.84	327.79	1084.23	1049.90	75.34	90.60
黑龙江 Heilongjiang	243.45	305.28	528.50	598.70	1128.14	1185.96	264.43	291.94	816.73	839.26	46.98	54.76
上海 Shanghai	1139.48	1406.50	1167.89	1285.61	2166.22	2225.68	1214.24	1225.04	773.93	799.57	178.05	201.07
江苏 Jiangsu	743.65	1033.95	831.71	1005.65	1234.05	1187.74	423.43	438.00	722.09	658.50	88.53	91.24
浙江 Zhejiang	821.69	932.80	1234.09	1332.63	1418.00	1518.06	493.48	518.41	846.73	893.93	77.78	105.72
安徽 Anhui	462.10	480.14	696.88	776.90	1229.64	1501.39	472.48	726.87	636.02	661.03	121.14	113.49
福建 Fujian	729.78	733.09	605.27	629.11	1606.27	1661.84	612.43	617.94	871.63	899.52	122.21	144.38
江西 Jiangxi	427.41	500.74	473.81	610.69	1109.82	1114.49	349.00	341.18	715.25	718.26	45.57	55.05
山东 Shandong	372.59	424.19	606.57	656.83	1408.64	1510.84	399.65	420.05	919.71	992.20	89.28	98.59
河南 Henan	396.33	452.24	396.34	544.60	1080.10	1087.08	345.89	381.24	673.51	650.98	60.70	54.86
湖北 Hubei	426.92	525.92	607.30	690.86	1187.54	1172.11	397.56	358.51	706.72	747.25	83.26	66.36
湖南 Hunan	512.22	580.20	605.47	626.86	1182.33	1292.55	319.54	322.78	790.24	871.49	72.55	98.29
广东 Guangdong	1017.79	1153.64	825.40	929.03	1925.21	2005.15	562.43	541.63	1103.53	1176.15	259.24	287.37
广西 Guangxi	399.92	480.54	454.47	561.81	1166.85	1237.91	361.45	441.31	749.36	745.20	56.04	51.40
海南 Hainan	296.75	332.91	481.67	565.08	1103.76	1342.29	298.15	503.73	714.14	746.78	91.47	91.78
重庆 Chongqing	591.61	638.85	472.43	460.09	1275.96	1205.66	460.67	336.25	669.58	729.10	145.70	140.31
四川 Sichuan	471.59	517.32	435.13	534.18	1126.65	1226.14	423.41	405.23	612.32	698.61	90.92	122.30
贵州 Guizhou	491.18	520.72	494.03	487.36	890.75	1102.99	189.61	365.28	637.54	672.77	63.60	64.94
云南 Yunnan	444.63	608.69	323.00	462.02	835.45	827.84	302.11	298.58	473.26	462.21	60.08	67.05
西藏 Tibet	135.10	174.04	198.22	227.79	726.59	781.12	137.00	147.35	560.36	588.38	29.23	45.39
陕西 Shaanxi	465.40	544.49	752.05	873.23	1126.92	1193.81	271.64	291.67	782.49	806.63	72.79	95.50
甘肃 Gansu	345.94	371.36	477.39	447.01	910.34	1139.85	160.42	266.16	689.35	778.84	60.57	94.85
青海 Qinghai	283.40	352.61	349.73	328.25	923.52	1055.15	164.04	273.22	685.35	701.96	74.12	79.96
宁夏 Ningxia	430.64	452.33	484.40	566.71	1181.71	1247.14	319.59	355.66	782.04	799.20	80.08	92.28
新疆 Xinjiang	273.64	280.80	433.34	514.57	898.38	888.16	256.17	200.17	579.77	630.38	62.45	57.61

附录3 续表 7 continued 7

单位：元 (yuan)

地 区	Region	其他商品和服务 Miscellaneous Goods		其他商品 Miscellaneous Goods		服 务 Services	
		2010	2011	2010	2011	2010	2011
全 国	**National**	**499.15**	**581.26**	**316.22**	**380.89**	**182.93**	**200.37**
北 京	Beijing	848.49	975.37	551.03	659.63	297.46	315.75
天 津	Tianjin	688.73	836.82	485.53	643.08	203.20	193.74
河 北	Hebei	395.93	387.40	246.16	254.15	149.77	133.25
山 西	Shanxi	331.14	415.44	185.47	257.57	145.66	157.87
内蒙古	Inner Mongolia	710.37	765.13	493.51	545.12	216.86	220.01
辽 宁	Liaoning	585.78	643.15	344.10	384.92	241.69	258.23
吉 林	Jilin	506.09	562.48	288.41	316.17	217.68	246.32
黑龙江	Heilongjiang	402.69	476.89	242.25	284.15	160.43	192.73
上 海	Shanghai	1217.70	1394.86	890.92	974.68	326.78	420.18
江 苏	Jiangsu	514.41	647.06	318.80	426.32	195.61	220.74
浙 江	Zhejiang	546.36	811.51	338.97	549.98	207.39	261.53
安 徽	Anhui	435.62	467.77	247.23	312.52	188.39	155.26
福 建	Fujian	499.30	667.00	308.65	436.14	190.65	230.86
江 西	Jiangxi	345.66	389.06	218.91	268.70	126.75	120.36
山 东	Shandong	415.55	518.27	299.76	377.11	115.78	141.16
河 南	Henan	418.04	484.76	256.92	309.64	161.12	175.12
湖 北	Hubei	372.90	347.68	228.65	235.60	144.25	112.08
湖 南	Hunan	402.52	434.25	250.99	258.27	151.53	175.98
广 东	Guangdong	653.76	773.17	428.13	490.02	225.62	283.15
广 西	Guangxi	328.27	349.48	209.15	225.54	119.12	123.94
海 南	Hainan	284.90	360.91	186.13	229.06	98.77	131.85
重 庆	Chongqing	462.79	540.63	320.27	364.31	142.52	176.32
四 川	Sichuan	503.11	532.52	248.13	312.54	254.98	219.98
贵 州	Guizhou	306.24	311.57	181.29	207.86	124.95	103.71
云 南	Yunnan	284.95	381.38	182.90	233.71	102.05	147.67
西 藏	Tibet	481.82	527.74	232.58	266.61	249.23	261.12
陕 西	Shaanxi	435.67	500.42	279.98	319.39	155.69	181.04
甘 肃	Gansu	387.53	413.37	268.12	294.18	119.41	119.20
青 海	Qinghai	332.49	406.93	219.77	276.33	112.72	130.61
宁 夏	Ningxia	500.12	521.47	350.49	368.59	149.63	152.88
新 疆	Xinjiang	444.20	493.56	336.56	374.80	107.64	118.76

附录4　全国及各省市区农村居民家庭人均总收入

Per Capita Total Income of Rural Households by Provinces and Regions

单位：元　　(yuan)

地　区	Region	2006	2007	2008	2009	2010	2011
全　国	**National**	**5025.10**	**5791.10**	**6700.70**	**7115.60**	**8119.50**	**9833.14**
北　京	Beijing	9821.30	11106.30	12530.30	13844.90	15119.60	17423.98
天　津	Tianjin	8586.20	9394.70	10424.80	11688.60	13258.40	15649.66
河　北	Hebei	5426.80	6164.00	6905.70	7228.50	8293.90	10046.91
山　西	Shanxi	3992.90	4680.90	5260.60	5496.80	6393.60	7419.90
内蒙古	Inner Mongolia	5802.50	6787.30	8059.20	8403.40	9358.00	11972.52
辽　宁	Liaoning	6521.40	7680.40	9346.40	9912.60	10902.50	13898.12
吉　林	Jilin	5734.10	6609.20	8322.50	8644.00	10085.50	13243.50
黑龙江	Heilongjiang	6238.70	7732.40	9545.50	9385.20	11526.80	14621.83
上　海	Shanghai	9817.50	10951.20	12292.90	13186.50	14777.60	17305.75
江　苏	Jiangsu	7267.40	8111.30	9092.80	9747.00	11138.50	13838.54
浙　江	Zhejiang	9453.90	10825.60	12260.00	13421.90	15366.50	17260.61
安　徽	Anhui	4130.10	4831.80	5769.80	6000.60	6895.60	8469.10
福　建	Fujian	5982.00	6775.40	7655.30	8204.90	8993.10	10769.04
江　西	Jiangxi	4555.90	5346.80	6170.40	6552.70	7468.50	8994.48
山　东	Shandong	6188.50	7150.30	8136.70	8683.80	9877.30	12146.71
河　南	Henan	4459.40	5196.80	5994.40	6414.40	7293.40	8724.61
湖　北	Hubei	4580.80	5365.80	6266.30	6663.10	7699.30	9387.20
湖　南	Hunan	4737.00	5360.10	6200.60	6628.30	7480.40	9141.84
广　东	Guangdong	6292.70	6876.90	7790.90	8264.50	9386.80	11080.22
广　西	Guangxi	3998.20	4586.60	5256.10	5535.20	6181.50	7521.13
海　南	Hainan	4507.10	5136.90	5870.80	6195.80	6904.90	8646.48
重　庆	Chongqing	3814.20	4532.40	5443.70	5798.80	6726.70	8421.52
四　川	Sichuan	4342.80	5097.00	5903.30	6238.50	6982.80	8656.51
贵　州	Guizhou	2799.40	3218.00	3889.70	4050.40	4560.50	5659.58
云　南	Yunnan	3593.60	4215.10	4889.10	5105.30	5837.60	7396.55
西　藏	Tibet	3158.10	3700.70	4085.80	4497.40	5084.10	6137.49
陕　西	Shaanxi	3337.60	3816.20	4483.70	4830.70	5793.60	7044.11
甘　肃	Gansu	3105.80	3340.90	3959.20	4291.00	4771.90	5877.98
青　海	Qinghai	3208.50	3663.50	4177.90	4430.60	5042.20	6491.16
宁　夏	Ningxia	4565.40	5245.20	6173.90	6627.30	7330.80	8388.90
新　疆	Xinjiang	5166.20	6068.80	6688.70	7269.50	8806.90	11590.94

附录5 全国及各省市区农村居民家庭人均总支出
Per Capita Total Expenditures of Rural Households by Provinces and Regions

单位：元 (yuan)

地 区	Region	2006	2007	2008	2009	2010	2011
全 国	**National**	**4485.40**	**5137.70**	**5915.70**	**6333.90**	**6991.80**	**8641.63**
北 京	Beijing	7626.10	8399.50	9732.70	11607.40	11864.10	14503.37
天 津	Tianjin	5812.40	6151.10	6579.50	7462.20	8329.10	10361.12
河 北	Hebei	4251.40	4812.30	5480.50	5619.00	6402.90	8148.91
山 西	Shanxi	3231.00	3860.70	4609.30	4875.80	5566.80	6936.10
内蒙古	Inner Mongolia	5491.50	6485.10	7520.90	8146.50	9114.10	11828.14
辽 宁	Liaoning	5959.40	6922.20	8289.70	9146.20	9604.70	12241.38
吉 林	Jilin	5209.50	6295.40	7867.10	8689.50	9182.40	12715.11
黑龙江	Heilongjiang	6070.30	7631.60	9593.40	9729.20	10982.00	13073.30
上 海	Shanghai	9344.10	10428.80	10844.90	11435.80	11973.90	13458.18
江 苏	Jiangsu	5933.80	6836.80	7484.30	8027.60	9163.60	11939.83
浙 江	Zhejiang	8790.00	9835.70	11219.90	11730.10	13646.60	14875.78
安 徽	Anhui	3762.60	4192.20	5048.30	5378.00	5909.60	7602.86
福 建	Fujian	4910.20	5604.40	6440.40	6850.50	7414.40	8943.97
江 西	Jiangxi	3975.80	4506.00	5040.60	5306.20	5904.30	7280.58
山 东	Shandong	5090.50	5863.20	6697.40	7258.20	7981.00	10298.67
河 南	Henan	3637.70	4212.60	4832.40	5220.10	5767.40	6858.58
湖 北	Hubei	3999.50	4565.40	5402.10	5537.60	6131.20	7971.52
湖 南	Hunan	4503.10	5009.90	5695.00	6024.20	6507.90	8480.51
广 东	Guangdong	5205.30	5585.40	6458.30	6556.20	7199.10	8846.06
广 西	Guangxi	3740.50	4240.00	4734.60	4957.80	5270.80	6792.05
海 南	Hainan	3495.20	3924.30	4438.90	4569.10	5067.50	6511.25
重 庆	Chongqing	3294.00	3756.10	4422.10	4753.30	5495.60	7035.79
四 川	Sichuan	3882.60	4498.90	5154.80	6330.50	6166.40	7641.80
贵 州	Guizhou	2629.50	2960.40	3590.50	3862.80	4350.30	5722.48
云 南	Yunnan	3686.90	4399.70	4923.20	4855.50	5522.90	7000.39
西 藏	Tibet	2713.70	3054.10	2921.90	3304.90	3474.90	3834.18
陕 西	Shaanxi	3486.30	4067.70	4629.90	5245.80	5998.20	7184.19
甘 肃	Gansu	2957.10	3162.90	3784.80	4255.00	4528.50	5932.29
青 海	Qinghai	3170.80	3638.60	4307.60	4626.60	5186.80	6835.12
宁 夏	Ningxia	4358.60	5050.70	6095.00	6411.00	7191.60	8669.94
新 疆	Xinjiang	4758.20	5774.10	6229.90	6847.50	8241.00	11250.23

附录6 全国及各省市区农村居民家庭人均纯收入

Per Capita Annual Net Income of Rural Households by Provinces and Regions

单位：元 (yuan)

地 区	Region	2006	2007	2008	2009	2010	2011
全 国	**National**	**3587.00**	**4140.40**	**4760.60**	**5153.20**	**5919.00**	**6977.30**
北 京	Beijing	8275.50	9439.60	10661.90	11668.60	13262.30	14735.70
天 津	Tianjin	6227.90	7010.10	7910.80	8687.60	10074.90	12321.20
河 北	Hebei	3801.80	4293.40	4795.50	5149.70	5958.00	7119.70
山 西	Shanxi	3180.90	3665.70	4097.20	4244.10	4736.30	5601.40
内蒙古	Inner Mongolia	3341.90	3953.10	4656.20	4937.80	5529.60	6641.60
辽 宁	Liaoning	4090.40	4773.40	5576.50	5958.00	6907.90	8296.50
吉 林	Jilin	3641.10	4191.30	4932.70	5265.90	6237.40	7510.00
黑龙江	Heilongjiang	3552.40	4132.30	4855.60	5206.80	6210.70	7590.70
上 海	Shanghai	9138.70	10144.60	11440.30	12482.90	13978.00	16053.80
江 苏	Jiangsu	5813.20	6561.00	7356.50	8003.50	9118.20	10805.00
浙 江	Zhejiang	7334.80	8265.20	9257.90	10007.30	11302.60	13070.70
安 徽	Anhui	2969.10	3556.30	4202.50	4504.30	5285.20	6232.20
福 建	Fujian	4834.80	5467.10	6196.10	6680.20	7426.90	8778.60
江 西	Jiangxi	3459.50	4044.70	4697.20	5075.00	5788.60	6891.60
山 东	Shandong	4368.30	4985.30	5641.40	6118.80	6990.30	8342.10
河 南	Henan	3261.00	3851.60	4454.20	4807.00	5523.70	6604.00
湖 北	Hubei	3419.40	3997.50	4656.40	5035.30	5832.30	6897.90
湖 南	Hunan	3389.60	3904.20	4512.50	4909.00	5622.00	6567.10
广 东	Guangdong	5079.80	5624.00	6399.80	6906.90	7890.30	9371.70
广 西	Guangxi	2770.50	3224.10	3690.30	3980.40	4543.40	5231.30
海 南	Hainan	3255.50	3791.40	4390.00	4744.40	5275.40	6446.00
重 庆	Chongqing	2873.80	3509.30	4126.20	4478.40	5276.70	6480.40
四 川	Sichuan	3002.40	3546.70	4121.20	4462.10	5086.90	6128.60
贵 州	Guizhou	1984.60	2374.00	2796.90	3005.40	3471.90	4145.40
云 南	Yunnan	2250.50	2634.10	3102.60	3369.30	3952.00	4722.00
西 藏	Tibet	2435.00	2788.20	3175.80	3531.70	4138.70	4904.30
陕 西	Shaanxi	2260.20	2644.70	3136.50	3437.60	4105.00	5027.90
甘 肃	Gansu	2134.10	2328.90	2723.80	2980.10	3424.70	3909.40
青 海	Qinghai	2358.40	2683.80	3061.20	3346.20	3862.70	4608.50
宁 夏	Ningxia	2760.10	3180.80	3681.40	4048.30	4674.90	5410.00
新 疆	Xinjiang	2737.30	3183.00	3502.90	3883.10	4642.70	5442.20

附录7 全国及各省市区农村居民家庭人均经营收入
Per Capita Household Business Income of Rural Households by Provinces and Regions

单位：元 (yuan)

地 区	Region	2006	2007	2008	2009	2010	2011
全 国	**National**	**3310.00**	**3776.70**	**4302.10**	**4404.00**	**4937.50**	**5939.79**
北 京	Beijing	3407.00	3847.50	3785.40	3508.00	3530.70	3845.65
天 津	Tianjin	5031.50	5280.80	5598.90	6510.90	7034.80	7135.01
河 北	Hebei	3637.80	4084.90	4494.00	4489.70	5034.00	5824.26
山 西	Shanxi	2393.40	2822.00	3104.10	3114.00	3615.80	3846.93
内蒙古	Inner Mongolia	4834.70	5576.70	6590.30	6702.50	7460.90	9500.74
辽 宁	Liaoning	4515.50	5394.80	6529.30	6830.10	7383.60	9632.19
吉 林	Jilin	4573.00	5137.80	6611.60	6722.80	7835.00	10574.72
黑龙江	Heilongjiang	5175.20	6399.20	7786.60	7406.00	9175.40	11737.65
上 海	Shanghai	1340.20	1452.80	1450.30	1203.10	1184.90	1884.40
江 苏	Jiangsu	3626.40	4020.10	4428.70	4572.50	5068.00	6305.45
浙 江	Zhejiang	5033.60	5850.30	6596.60	7084.60	8116.30	8909.99
安 徽	Anhui	2719.30	3033.90	3594.60	3640.70	4146.00	5059.63
福 建	Fujian	3549.30	4046.50	4544.20	4769.50	5051.90	5932.58
江 西	Jiangxi	2895.90	3450.70	3954.30	4092.90	4508.70	5414.03
山 东	Shandong	4174.50	4779.30	5339.40	5534.40	6181.30	7590.55
河 南	Henan	3278.80	3721.00	4211.70	4462.00	4968.60	5640.06
湖 北	Hubei	3252.60	3743.40	4288.00	4435.70	5077.00	6134.62
湖 南	Hunan	2899.40	3202.00	3657.30	3697.80	4021.20	4853.98
广 东	Guangdong	2847.40	3023.10	3330.50	3294.90	3606.70	4125.80
广 西	Guangxi	2898.70	3296.70	3715.90	3739.90	4094.30	5175.95
海 南	Hainan	3688.10	4180.40	4685.70	4831.00	5147.90	5942.36
重 庆	Chongqing	2208.50	2563.70	3240.00	3298.30	3646.60	4526.48
四 川	Sichuan	2862.70	3348.60	3760.00	3763.00	4057.00	5126.61
贵 州	Guizhou	1881.10	2116.50	2541.30	2502.60	2674.20	3367.61
云 南	Yunnan	2952.40	3459.20	3908.00	3975.20	4339.10	5567.32
西 藏	Tibet	2125.20	2579.30	2744.50	2913.50	3250.20	4366.40
陕 西	Shaanxi	2265.90	2478.30	2785.90	2921.60	3533.70	3934.27
甘 肃	Gansu	2251.60	2429.40	2766.20	2878.60	3193.80	3778.51
青 海	Qinghai	2208.60	2424.90	2694.80	2725.50	3056.10	3870.55
宁 夏	Ningxia	3444.20	3896.20	4503.30	4656.20	5034.60	5650.76
新 疆	Xinjiang	4737.40	5482.80	5949.10	6444.10	7795.30	9988.44

附录8 全国及各省市区农村居民家庭人均经营费用支出

Per Capita Household Business Expenditure of Rural Households by Provinces and Regions

单位：元 (yuan)

地 区	Region	2006	2007	2008	2009	2010	2011
全 国	**National**	**1242.30**	**1432.70**	**1704.50**	**1700.10**	**1915.60**	**2431.05**
北 京	Beijing	1286.30	1383.50	1531.60	1650.90	1564.20	2182.26
天 津	Tianjin	2094.30	2079.30	2235.50	2662.30	2831.70	2914.85
河 北	Hebei	1400.30	1627.80	1860.30	1827.50	2072.30	2472.21
山 西	Shanxi	689.60	872.40	1018.60	1081.60	1474.50	1522.27
内蒙古	Inner Mongolia	2162.10	2501.30	3064.60	3097.70	3434.40	4677.49
辽 宁	Liaoning	2126.60	2609.20	3386.60	3551.90	3618.80	4833.96
吉 林	Jilin	1792.40	2045.10	2978.60	2966.80	3399.20	5170.65
黑龙江	Heilongjiang	2430.30	3282.90	4309.00	3756.10	4877.00	6363.21
上 海	Shanghai	527.60	667.40	714.30	588.80	570.50	930.40
江 苏	Jiangsu	1193.60	1274.90	1417.30	1411.90	1604.70	2517.55
浙 江	Zhejiang	1678.40	2087.30	2531.30	2876.00	3445.80	3499.61
安 徽	Anhui	973.10	1062.20	1317.60	1240.50	1357.80	1829.46
福 建	Fujian	922.20	1106.40	1255.20	1283.20	1319.60	1636.89
江 西	Jiangxi	951.70	1148.60	1307.90	1297.20	1484.50	1837.69
山 东	Shandong	1571.70	1852.00	2139.40	2165.90	2463.80	3270.25
河 南	Henan	1054.10	1194.50	1377.70	1418.70	1562.50	1838.03
湖 北	Hubei	1071.50	1262.00	1493.00	1489.40	1713.20	2199.08
湖 南	Hunan	1069.90	1150.60	1374.40	1344.30	1464.50	1967.62
广 东	Guangdong	1095.10	1123.30	1267.70	1207.00	1326.60	1517.40
广 西	Guangxi	1120.10	1243.90	1437.40	1406.30	1475.20	2000.09
海 南	Hainan	1100.80	1208.90	1349.50	1279.90	1423.40	1953.92
重 庆	Chongqing	791.10	846.30	1139.10	1097.20	1217.90	1571.89
四 川	Sichuan	1167.90	1368.50	1578.70	1555.10	1654.10	2109.63
贵 州	Guizhou	699.90	723.00	944.60	872.50	871.60	1218.87
云 南	Yunnan	1208.10	1423.90	1611.80	1547.40	1672.10	2308.03
西 藏	Tibet	430.20	572.60	526.90	567.40	555.60	616.82
陕 西	Shaanxi	947.20	1011.60	1181.80	1210.70	1489.40	1725.31
甘 肃	Gansu	849.00	884.50	1096.70	1164.50	1192.40	1625.93
青 海	Qinghai	703.30	795.90	930.80	880.00	898.20	1490.01
宁 夏	Ningxia	1551.20	1769.90	2194.40	2214.20	2244.60	2584.47
新 疆	Xinjiang	2226.80	2630.30	2918.40	3100.90	3800.20	5620.97

附录9　全国及各省市区农村居民家庭人均现金收入
Per Capita Cash Income of Rural Households by Provinces and Regions

单位：元 (yuan)

地　区	Region	2006	2007	2008	2009	2010	2011
全　国	**National**	**4301.90**	**4958.40**	**5737.00**	**6270.20**	**7088.80**	**8638.51**
北　京	Beijing	9643.90	10859.20	12223.70	13496.90	14793.80	17157.94
天　津	Tianjin	8105.80	8960.80	9852.40	11070.60	12509.00	15327.65
河　北	Hebei	4729.10	5371.30	5927.10	6526.50	7248.60	8958.05
山　西	Shanxi	3419.80	4040.30	4496.30	4939.90	5667.40	6396.55
内蒙古	Inner Mongolia	4674.50	5483.20	6399.20	7155.30	7718.20	9750.90
辽　宁	Liaoning	5783.50	6854.00	8449.50	9219.60	9907.70	12855.16
吉　林	Jilin	4712.90	5530.30	7415.90	7977.90	8386.00	10792.71
黑龙江	Heilongjiang	5577.80	6675.20	8419.60	8779.90	10431.00	11716.00
上　海	Shanghai	9592.60	10772.10	12131.50	13022.80	14603.80	17079.43
江　苏	Jiangsu	6544.20	7392.10	8291.90	9019.70	10230.80	13053.37
浙　江	Zhejiang	9093.20	10496.60	11947.80	13133.70	15042.90	16916.78
安　徽	Anhui	3530.00	4092.10	4775.90	5224.70	5959.80	7464.46
福　建	Fujian	5471.80	6136.40	6937.30	7459.00	8270.20	9927.82
江　西	Jiangxi	3807.70	4451.80	5146.20	5627.60	6462.10	7863.24
山　东	Shandong	5636.40	6433.90	7326.80	8057.90	9093.70	11086.16
河　南	Henan	3536.60	4109.40	4807.50	5232.50	5900.00	7318.12
湖　北	Hubei	3793.20	4499.00	5256.30	5718.40	6664.40	8232.92
湖　南	Hunan	3930.30	4455.20	5137.20	5763.20	6433.00	7887.10
广　东	Guangdong	5726.70	6255.70	7078.20	7543.10	8638.60	10262.04
广　西	Guangxi	3254.50	3769.90	4260.40	4537.10	5151.60	6448.80
海　南	Hainan	3912.50	4451.80	4962.50	5411.70	6118.30	8085.58
重　庆	Chongqing	2834.60	3406.00	4173.80	4624.90	5312.90	6963.29
四　川	Sichuan	3367.00	3939.80	4534.20	4978.60	5626.20	7248.74
贵　州	Guizhou	2097.10	2347.30	3013.00	3188.30	3448.30	4439.54
云　南	Yunnan	2664.80	3190.60	3692.30	3876.10	4565.20	5951.34
西　藏	Tibet	2229.10	2576.30	2983.50	3395.80	3652.40	4587.12
陕　西	Shaanxi	2833.00	3300.00	3866.50	4270.40	5032.70	6323.86
甘　肃	Gansu	2401.70	2567.50	2986.30	3517.20	3856.00	4913.98
青　海	Qinghai	2592.60	2905.00	3198.20	3752.60	4096.30	5263.37
宁　夏	Ningxia	3728.60	4316.80	5004.10	5379.90	5879.20	7034.28
新　疆	Xinjiang	4465.30	5248.80	5657.70	6231.80	7517.30	10258.65

附录10 全国及各省市区农村居民家庭人均现金支出

Per Capita Cash Expenditure of Rural Households by Provinces and Regions

单位：元 (yuan)

地 区	Region	2006	2007	2008	2009	2010	2011
全 国	**National**	**3931.80**	**4533.10**	**5257.90**	**5694.80**	**6307.40**	**7984.94**
北 京	Beijing	7555.10	8282.70	9641.90	11522.40	11753.20	14361.31
天 津	Tianjin	5697.50	6036.60	6458.40	7338.10	8211.20	10302.28
河 北	Hebei	3913.50	4456.90	5101.10	5265.60	6011.10	7879.15
山 西	Shanxi	2958.10	3571.20	4280.90	4532.80	5170.00	6522.04
内蒙古	Inner Mongolia	4656.60	5466.30	6399.80	7072.20	8093.00	10422.61
辽 宁	Liaoning	5447.00	6353.20	7626.50	8508.90	8937.50	11667.92
吉 林	Jilin	4754.50	5785.50	7341.00	8129.70	8646.20	11936.74
黑龙江	Heilongjiang	5634.10	7149.80	8966.10	9265.50	10535.60	12534.73
上 海	Shanghai	9137.10	10237.30	10679.60	11261.70	11799.10	13227.39
江 苏	Jiangsu	5397.20	6289.40	6933.80	7467.90	8587.30	11452.53
浙 江	Zhejiang	8523.70	9583.90	10959.90	11472.60	13374.70	14663.03
安 徽	Anhui	3324.60	3732.70	4556.50	4899.20	5377.40	7072.55
福 建	Fujian	4508.70	5115.00	5837.90	6310.00	6868.00	8479.73
江 西	Jiangxi	3350.60	3833.50	4410.00	4675.10	5219.10	6615.08
山 东	Shandong	4712.00	5491.10	6317.40	6886.80	7589.50	9913.74
河 南	Henan	3211.20	3782.60	4404.70	4773.40	5326.90	6557.32
湖 北	Hubei	3267.10	3740.60	4496.90	4723.50	5294.40	7194.75
湖 南	Hunan	3765.50	4245.10	4825.60	5130.90	5567.80	7521.75
广 东	Guangdong	4693.10	5059.40	5844.70	5934.00	6530.90	8231.23
广 西	Guangxi	3121.10	3522.50	3931.70	4146.30	4475.60	5959.49
海 南	Hainan	2953.40	3255.30	3764.30	3879.00	4369.00	6107.31
重 庆	Chongqing	2407.20	2774.50	3355.10	3750.90	4313.90	5909.95
四 川	Sichuan	2941.60	3462.60	4098.90	5217.90	5003.40	6574.72
贵 州	Guizhou	1948.90	2112.30	2701.80	3039.20	3339.50	4659.83
云 南	Yunnan	2763.50	3338.20	3737.40	3781.30	4293.20	5754.31
西 藏	Tibet	1927.90	2175.90	2081.30	2489.90	2622.40	3122.39
陕 西	Shaanxi	3119.20	3670.10	4213.80	4847.60	5562.30	6839.07
甘 肃	Gansu	2327.00	2521.10	3003.40	3540.80	3734.50	5208.06
青 海	Qinghai	2495.20	2920.70	3457.40	3934.90	4333.10	5982.11
宁 夏	Ningxia	3643.80	4306.90	5114.50	5423.50	6129.50	7795.07
新 疆	Xinjiang	4317.60	5290.00	5633.10	6218.90	7464.20	10585.98

附录11 全国及各省市区农村居民家庭人均生活消费支出

Per Capita Living Expenditure of Rural Households by Provinces and Regions

单位：元 (yuan)

地 区	Region	2006	2007	2008	2009	2010	2011
全 国	**National**	**2829.00**	**3223.90**	**3660.70**	**3993.50**	**4381.80**	**5221.13**
北 京	Beijing	5724.50	6399.30	7284.70	8897.60	9254.80	11077.66
天 津	Tianjin	3341.10	3538.30	3825.40	4273.20	4936.70	6725.42
河 北	Hebei	2495.30	2786.80	3125.60	3349.70	3844.90	4711.16
山 西	Shanxi	2253.30	2682.60	3097.50	3304.80	3663.90	4586.98
内蒙古	Inner Mongolia	2772.00	3256.20	3618.10	3968.40	4460.80	5507.72
辽 宁	Liaoning	3066.90	3368.20	3814.00	4254.00	4489.50	5406.41
吉 林	Jilin	2700.70	3065.40	3443.20	3902.90	4147.40	5305.75
黑龙江	Heilongjiang	2618.20	3117.40	3844.70	4241.30	4391.20	5333.61
上 海	Shanghai	8006.00	8844.90	9119.70	9804.40	10210.50	11049.32
江 苏	Jiangsu	4135.20	4786.20	5328.40	5804.50	6542.90	8094.57
浙 江	Zhejiang	6057.20	6801.60	7534.10	7731.70	8928.90	9965.08
安 徽	Anhui	2420.90	2754.00	3284.10	3655.00	4013.30	4957.29
福 建	Fujian	3591.40	4053.50	4661.90	5015.70	5498.30	6540.85
江 西	Jiangxi	2676.60	2994.50	3309.20	3532.70	3911.60	4659.87
山 东	Shandong	3143.80	3621.60	4077.10	4417.20	4807.20	5900.57
河 南	Henan	2229.30	2676.40	3044.20	3388.50	3682.20	4319.95
湖 北	Hubei	2732.50	3090.00	3652.60	3725.20	4090.80	5010.74
湖 南	Hunan	3013.30	3377.40	3805.00	4020.90	4310.40	5179.36
广 东	Guangdong	3886.00	4202.30	4872.50	5019.80	5515.60	6725.55
广 西	Guangxi	2413.90	2747.50	2985.00	3231.10	3455.30	4210.89
海 南	Hainan	2232.20	2556.60	2883.10	3088.60	3446.20	4166.13
重 庆	Chongqing	2205.20	2526.70	2884.90	3142.10	3624.60	4502.06
四 川	Sichuan	2395.00	2747.30	3127.90	4141.40	3897.50	4675.47
贵 州	Guizhou	1627.10	1913.70	2165.70	2422.00	2852.50	3455.78
云 南	Yunnan	2195.60	2637.20	2990.60	2924.90	3398.30	3999.87
西 藏	Tibet	2002.20	2217.60	2199.60	2399.50	2666.90	2741.60
陕 西	Shaanxi	2181.00	2559.60	2979.40	3349.20	3793.80	4491.71
甘 肃	Gansu	1855.50	2017.20	2401.00	2766.50	2942.00	3664.91
青 海	Qinghai	2179.00	2446.50	2896.60	3209.40	3774.50	4536.81
宁 夏	Ningxia	2247.00	2528.80	3094.90	3347.90	4013.20	4726.64
新 疆	Xinjiang	2032.40	2350.60	2691.80	2950.60	3457.90	4397.82

附录12 湖北与全国主要分类价格指数

Consumer Price Indices by Category in China and Hubei

(上年=100) (preceding year=100)

指标	Item	2007 全国平均 National Average	2007 湖北 HuBei	2008 全国平均 National Average	2008 湖北 HuBei	2009 全国平均 National Average	2009 湖北 HuBei
居民消费价格指数	**Consumer Price Index**	**104.8**	**104.8**	**105.9**	**106.3**	**99.3**	**99.6**
食品	Food	112.3	112.6	114.3	115.1	100.7	100.5
粮食	Grain	106.3	108.6	107.0	105.7	105.6	103.6
肉禽及其制品	Meal, Poultry and Their Products	131.7	132.1	121.7	122.5	91.3	92.6
蛋	Eggs	121.8	122.4	104.3	103.5	101.6	99.5
水产品	Aquatic Products	105.1	106.0	114.2	123.3	102.5	103.5
鲜菜	Fresh Vegetables	107.3	106.9	110.7	109.2	115.4	115.6
鲜果	Fresh Fruits	100.1	102.8	109.0	107.3	109.1	108.3
烟酒及用品	Tobacco, Liquor and Articles	101.7	101.5	102.9	103.4	101.5	101.4
衣着	Clothing	99.4	99.8	98.5	97.9	98.0	99.1
家庭设备用品及服务	Household Facilities, Articles and Services	101.9	100.5	102.8	100.8	100.2	100.2
医疗保健及个人用品	Health Care and Personal Articles	102.1	102.2	102.9	103.5	101.2	101.4
交通和通信	Transportation and Communication	99.1	98.9	99.1	100.5	97.6	98.4
娱乐教育文化用品及服务	Recreation, Education and Culture Articles	99.0	98.0	99.3	99.1	99.3	98.9
居住	Residence	104.5	106.2	105.5	106.9	96.4	97.7
商品零售价格指数	**Retail Price Index**	**103.8**	**104.2**	**105.9**	**106.3**	**98.8**	**98.6**
食品	Food	112.3	113.3	114.4	115.8	100.9	100.2
饮料、烟酒	Beverages, Tobacco and Liquor	101.8	101.4	103.4	104.4	101.7	101.9
服装、鞋帽	Garments, Shoes and Hats	99.4	99.8	98.4	97.8	97.9	98.9
纺织品	Textiles	100.2	99.7	100.5	99.6	99.6	99.8
家用电器及音像器材	Household Appliances, Music and Video Equipment	97.4	96.5	96.9	95.2	94.2	92.3
文化办公用品	Cultural and Office Appliances	97.0	98.3	96.8	96.9	96.2	95.4
日用品	Articles for Daily Use	101.1	100.6	103.7	102.5	102.0	101.8
体育娱乐用品	Sports and Recreation Articles	97.4	98.3	97.7	98.2	97.8	97.8
交通、通信用品	Transportation and Communication Appliances	92.7	91.4	93.2	91.7	93.7	92.6
家具	Furniture	101.6	100.6	102.6	98.9	99.7	101.8
化妆品	Cosmetics	100.2	99.7	100.7	99.7	100.8	101.2
金银珠宝	Gold, Silver and Jewelry	107.9	107.2	116.8	119.0	95.6	92.7
中西药品及医疗保健用品	Traditional Chinese and Western Medicines and Health Care Articles	102.0	102.1	103.1	103.8	101.5	101.4
书报杂志及电子出版物	Books, Newspapers, Magazines and Electronic Publications	99.7	99.0	101.5	102.4	105.0	106.1
燃料	Fuels	104.2	104.2	116.0	115.6	92.7	90.7
建筑材料及五金电料	Building Materials and Hardware	105.1	105.3	107.9	108.7	98.4	98.2
农业生产资料价格指数	**Price Index of Means of Agricultural Production**	**107.7**	**108.0**	**120.3**	**127.2**	**97.5**	**95.3**

附录12 续表 continued

(上年=100) (preceding year=100)

指标	Item	2010 全国平均 National Average	2010 湖北 HuBei	2011 全国平均 National Average	2011 湖北 HuBei
居民消费价格指数	**Consumer Price Index**	**103.3**	**102.9**	**105.4**	**105.8**
食品	Food	107.2	105.8	111.8	111.6
粮食	Grain	111.8	110.6	112.2	116.3
肉禽及其制品	Meal, Poultry and Their Products	102.9	102.0	122.6	122.1
蛋	Eggs	108.3	107.8	114.2	113.7
水产品	Aquatic Products	108.1	100.5	112.1	110.7
鲜菜	Fresh Vegetables	118.7	115.2	100.5	100.2
鲜果	Fresh Fruits	115.6	116.4	116.4	124.3
烟酒及用品	Tobacco, Liquor and Articles	101.6	101.5	102.8	104.1
衣着	Clothing	99.0	100.9	102.1	103.6
家庭设备用品及服务	Household Facilities, Articles and Services	100.0	101.4	102.4	102.7
医疗保健及个人用品	Health Care and Personal Articles	103.2	103.2	103.4	103.8
交通和通信	Transportation and Communication	99.6	100.2	100.5	101.1
娱乐教育文化用品及服务	Recreation, Education and Culture Articles	100.6	100.2	100.4	100.5
居住	Residence	104.5	103.4	105.3	105.8
商品零售价格指数	**Retail Price Index**	**103.1**	**103.1**	**104.9**	**105.6**
食品	Food	107.6	106.1	111.9	112.1
饮料、烟酒	Beverages, Tobacco and Liquor	101.7	101.9	103.3	104.0
服装、鞋帽	Garments, Shoes and Hats	98.8	101.0	101.8	103.5
纺织品	Textiles	101.2	101.8	105.7	107.0
家用电器及音像器材	Household Appliances, Music and Video Equipment	96.1	96.1	96.9	97.3
文化办公用品	Cultural and Office Appliances	97.8	97.4	97.6	98.8
日用品	Articles for Daily Use	100.3	100.7	102.3	102.6
体育娱乐用品	Sports and Recreation Articles	98.3	98.5	100.9	100.3
交通、通信用品	Transportation and Communication Appliances	95.6	97.2	96.1	97.0
家具	Furniture	100.1	104.7	102.3	103.5
化妆品	Cosmetics	100.4	100.5	101.3	101.7
金银珠宝	Gold, Silver and Jewelry	114.5	116.8	114.3	115.5
中西药品及医疗保健用品	Traditional Chinese and Western Medicines and Health Care Articles	104.3	104.8	103.9	104.2
书报杂志及电子出版物	Books, Newspapers, Magazines and Electronic Publications	101.3	100.3	100.8	100.8
燃料	Fuels	112.3	112.2	111.1	110.6
建筑材料及五金电料	Building Materials and Hardware	103.5	103.4	105.1	104.4
农业生产资料价格指数	**Price Index of Means of Agricultural Production**	**102.9**	**101.9**	**111.3**	**113.5**

附录13 全国及各省市区居民消费价格指数

Consumer Price Indices by Provinces and Regions

(上年=100) (preceding year=100)

地区 Region	2006 指数 Index	2006 排位 Rank	2007 指数 Index	2007 排位 Rank	2008 指数 Index	2008 排位 Rank	2009 指数 Index	2009 排位 Rank	2010 指数 Index	2010 排位 Rank	2011 指数 Index	2011 排位 Rank
全国平均 National Average	**101.5**		**104.8**		**105.9**		**99.3**		**103.3**		**105.4**	
北京 Beijing	100.9	14	102.4	21	105.1	19	98.5	19	102.4	30	105.6	11
天津 Tianjin	101.5	8	104.2	17	105.4	17	99.0	17	103.5	12	104.9	31
河北 Hebei	101.7	6	104.7	13	106.2	12	99.3	13	103.1	18	105.7	10
山西 Shanxi	102.0	3	104.6	14	107.2	7	99.6	12	103.0	23	105.2	24
内蒙古 Inner Mongolia	101.5	8	104.6	14	105.7	15	99.7	11	103.2	14	105.6	13
辽宁 Liaoning	101.2	11	105.1	10	104.6	21	100.0	10	103.0	23	105.2	26
吉林 Jilin	101.4	9	104.8	12	105.1	19	100.1	9	103.7	10	105.2	23
黑龙江 Heilongjiang	101.9	4	105.4	7	105.6	16	100.2	8	103.9	7	105.8	7
上海 Shanghai	101.2	11	103.2	20	105.8	14	99.6	12	103.1	18	105.2	25
江苏 Jiangsu	101.6	7	104.3	16	105.4	17	99.6	12	103.8	8	105.3	18
浙江 Zhejiang	101.1	12	104.2	17	105.0	20	98.5	19	103.8	8	105.4	16
安徽 Anhui	101.2	11	105.3	8	106.2	12	99.1	16	103.1	18	105.6	14
福建 Fujian	100.8	15	105.2	9	104.6	21	98.2	21	103.2	14	105.3	21
江西 Jiangxi	101.2	11	104.8	12	106.0	13	99.3	13	103.0	23	105.3	22
山东 Shandong	101.0	13	104.4	15	105.3	18	100.0	10	102.9	27	105.0	28
河南 Henan	101.3	10	105.4	7	107.0	8	99.4	14	103.5	12	105.6	12
湖北 Hubei	101.6	7	104.8	12	106.3	11	99.6	12	102.9	27	105.8	8
湖南 Hunan	101.4	9	105.6	5	106.0	13	99.6	12	103.1	18	105.5	15
广东 Guangdong	101.8	5	103.7	18	105.6	16	97.7	23	103.1	18	105.3	19
广西 Guangxi	101.3	10	106.1	3	107.8	5	97.9	22	103.0	23	105.9	5
海南 Hainan	101.5	8	105.0	11	106.9	9	99.3	15	104.8	2	106.1	3
重庆 Chongqing	102.4	1	104.7	13	105.6	16	98.4	20	103.2	14	105.3	20
四川 Sichuan	102.3	2	105.9	4	105.1	19	100.8	4	103.2	14	105.3	17
贵州 Guizhou	101.7	6	106.4	2	107.6	6	98.7	18	102.9	27	105.1	27
云南 Yunnan	101.9	4	105.9	4	105.7	15	100.4	7	103.7	10	104.9	30
西藏 Tibet	102.0	3	103.4	19	105.7	15	101.4	2	102.2	31	105.0	29
陕西 Shaanxi	101.5	8	105.1	10	106.4	10	100.5	6	104.0	6	105.7	9
甘肃 Gansu	101.3	10	105.5	6	108.2	3	101.3	3	104.1	4	105.9	6
青海 Qinghai	101.6	7	106.6	1	110.1	1	102.6	1	105.4	1	106.1	2
宁夏 Ningxia	101.9	4	105.4	7	108.5	2	100.7	5	104.1	4	106.3	1
新疆 Xinjiang	101.3	10	105.5	6	108.1	4	100.7	5	104.3	3	105.9	4

附录14 全国及各省市区商品零售价格指数

Retail Price Indices by Provinces and Regions

(上年=100) (preceding year=100)

地区	Region	2006 指数 Index	2006 排位 Rank	2007 指数 Index	2007 排位 Rank	2008 指数 Index	2008 排位 Rank	2009 指数 Index	2009 排位 Rank	2010 指数 Index	2010 排位 Rank	2011 指数 Index	2011 排位 Rank
全国平均	**National Average**	**101.0**		**103.8**		**105.9**		**98.8**		**103.1**		**104.9**	
北京	Beijing	100.2	16	100.8	22	104.4	21	97.8	17	100.4	31	103.2	31
天津	Tianjin	100.4	14	103.2	18	105.1	17	98.9	12	103.4	10	104.7	23
河北	Hebei	101.5	5	104.1	11	106.7	8	99.0	11	103.1	17	105.0	15
山西	Shanxi	101.2	8	104.2	10	107.2	6	99.1	10	102.3	27	104.9	17
内蒙古	Inner Mongolia	101.4	6	103.6	15	104.7	20	99.5	7	103.0	21	104.9	18
辽宁	Liaoning	101.3	7	104.4	8	105.3	16	99.8	6	103.2	13	105.0	16
吉林	Jilin	101.5	5	103.3	17	106.2	10	99.3	9	104.1	5	104.9	19
黑龙江	Heilongjiang	101.5	5	105.6	2	105.8	13	98.9	12	103.1	17	104.5	28
上海	Shanghai	100.2	16	102.4	20	105.3	16	99.4	8	101.7	28	104.1	29
江苏	Jiangsu	100.8	11	102.9	19	104.9	19	98.9	12	103.2	13	104.6	26
浙江	Zhejiang	100.8	11	103.8	13	106.3	9	98.8	13	103.9	6	105.5	4
安徽	Anhui	100.8	11	104.5	7	106.3	9	99.0	11	103.2	13	105.3	10
福建	Fujian	100.5	13	104.3	8	105.7	14	97.9	17	103.4	10	104.8	20
江西	Jiangxi	101.2	8	104.0	12	106.1	11	99.1	10	102.7	25	104.8	21
山东	Shandong	100.6	12	103.6	15	104.9	19	99.4	8	102.7	25	104.7	24
河南	Henan	100.9	10	104.4	8	107.5	5	99.4	8	103.7	7	105.7	2
湖北	Hubei	101.1	9	104.2	10	106.3	9	98.6	14	103.1	17	105.6	3
湖南	Hunan	101.3	7	104.3	9	105.6	15	98.5	15	103.1	17	105.5	5
广东	Guangdong	101.5	5	103.4	16	106.0	12	96.8	18	103.3	12	105.1	12
广西	Guangxi	100.3	15	104.8	6	107.6	4	98.0	16	103.0	21	106.0	1
海南	Hainan	101.3	7	103.8	13	106.7	8	98.5	15	104.6	1	105.4	7
重庆	Chongqing	101.6	4	103.7	14	105.0	18	97.3	20	101.7	28	104.7	25
四川	Sichuan	101.7	3	105.3	3	105.3	16	100.1	4	103.0	21	104.6	27
贵州	Guizhou	100.9	10	104.2	10	107.2	6	97.6	19	103.0	21	105.5	6
云南	Yunnan	100.8	11	104.4	9	106.1	11	100.1	4	103.6	8	105.1	13
西藏	Tibet	100.2	16	101.7	21	103.9	22	99.5	7	101.0	30	103.7	30
陕西	Shaanxi	101.8	2	105.0	5	106.9	7	99.9	5	103.6	8	104.8	22
甘肃	Gansu	101.2	8	104.4	9	107.9	3	101.8	1	104.6	1	105.4	8
青海	Qinghai	102.0	1	106.0	1	110.6	1	101.6	2	104.3	4	105.4	9
宁夏	Ningxia	101.3	7	104.1	11	108.5	2	99.5	7	103.2	13	105.3	11
新疆	Xinjiang	101.8	2	105.1	4	108.5	2	100.4	3	104.6	1	105.1	14

附录15　全国和36个大中城市居民消费价格指数

Price Indices of Consumer in China and 36 Large and Medium-sized Cities

(上年=100)　　(preceding year=100)

地　区	Region	2006		2007		2008		2009		2010		2011	
		指数 Index	排位 Rank	指数 Index	排位 Rank	指数 Index	排位 Rank	指数 Index	排位 Rank	指数 Index	排位 Rank	指数 Index	排位 Rank
全国平均	**National Average**	**101.5**		**103.9**		**105.7**		**99.2**		**103.1**		**105.3**	
北　京	Beijing	100.9	14	102.4	21	105.1	18	98.5	18	102.4	33	105.6	5
天　津	Tianjin	101.5	9	104.2	13	105.4	16	99.0	15	103.5	11	104.9	31
石家庄	Shijiazhuang	101.8	6	104.3	12	106.7	7	100.3	6	103.0	19	105.7	1
太　原	Taiyuan	101.6	8	104.1	14	107.4	4	99.9	9	103.0	19	105.4	14
呼和浩特	Hohhot	101.7	7	103.7	17	104.6	22	100.1	8	102.6	31	105.5	8
沈　阳	Shenyang	101.8	6	104.5	10	104.4	23	99.9	9	102.9	25	105.4	15
大　连	Dalian	101.4	10	104.0	15	104.4	23	100.2	7	102.7	28	105.4	16
长　春	Changchun	101.3	11	103.7	16	104.4	23	99.8	10	103.6	10	105.5	9
哈尔滨	Harbin	101.1	13	104.1	14	104.7	21	100.2	7	103.7	8	105.6	6
上　海	Shanghai	101.2	12	103.2	20	105.8	13	99.6	12	103.1	18	105.2	25
南　京	Nanjing	101.7	7	103.7	16	106.2	9	100.1	8	104.2	2	105.4	17
杭　州	Hangzhou	101.2	12	103.5	18	104.9	20	98.6	17	103.9	5	104.8	35
宁　波	Ningbo	101.9	5	103.9	16	105.0	19	99.4	13	103.7	8	105.3	23
合　肥	Hefei	100.9	14	105.6	3	106.4	8	99.1	14	102.7	28	105.7	2
福　州	Fuzhou	100.3	17	104.1	123	104.2	25	98.7	16	103.5	11	104.9	32
厦　门	Xiamen	100.8	15	104.6	9	104.9	20	97.3	23	103.0	19	105.2	26
南　昌	Nanchang	101.9	5	104.3	12	106.1	10	99.7	11	103.3	15	105.0	28
济　南	Jinan	100.9	14	103.9	17	105.7	14	100.3	6	102.1	36	105.4	18
青　岛	Qingdao	100.9	14	104.5	10	104.7	21	100.5	4	102.2	34	105.0	29
郑　州	Zhengzhou	101.4	10	105.6	3	106.1	10	99.8	10	103.0	19	104.9	33
武　汉	Wuhan	101.4	10	104.1	13	105.7	14	99.4	13	103.0	19	105.2	27
长　沙	Changsha	101.1	13	104.9	7	105.2	17	99.4	13	102.9	25	105.5	10
广　州	Guangzhou	102.3	3	103.4	19	105.9	12	97.5	22	103.2	16	105.5	11
深　圳	Shenzhen	102.2	4	104.1	13	105.9	12	98.7	16	103.5	11	105.4	19
南　宁	Nanning	102.5	1	104.4	11	108.4	1	98.2	20	102.5	32	105.7	3
海　口	Haikou	101.3	11	104.4	11	105.8	13	99.9	9	104.2	2	105.4	20
重　庆	Chongqing	102.4	2	104.7	8	105.6	15	98.4	19	103.2	16	105.3	24
成　都	Chengdu	101.8	6	105.2	5	104.3	24	100.3	6	103.0	19	105.4	21
贵　阳	Guiyang	101.1	13	105.1	6	107.0	6	97.7	21	102.9	25	105.5	12
昆　明	Kunming	101.6	8	105.8	2	105.8	13	100.8	3	104.2	2	104.9	34
拉　萨	Lasa	100.6	16	103.2	20	106.4	8	101.7	2	102.2	34	105.0	30
西　安	Xi'an	101.6	8	104.7	8	106.0	11	99.7	11	103.5	11	105.6	7
兰　州	Lanzhou	101.7	7	105.3	4	107.2	5	99.6	12	103.8	6	105.4	22
西　宁	Xining	101.8	6	106.4	1	108.2	2	102.2	1	104.5	1	105.7	4
银　川	Yinchuan	101.6	8	105.3	4	107.6	3	99.7	11	103.8	6	105.5	13
乌鲁木齐	Urumqi	100.1	18	104.6	9	107.0	6	100.4	5	102.7	28	104.5	36

附录16 全国和36个大中城市商品零售价格指数

Price Indices of Retail in China and 36 Large and Medium-sized Cities

(上年=100) (preceding year=100)

地区	Region	2006		2007		2008		2009		2010		2011	
		指数 Index	排位 Rank	指数 Index	排位 Rank	指数 Index	排位 Rank	指数 Index	排位 Rank	指数 Index	排位 Rank	指数 Index	排位 Rank
全国平均	**National Average**	**100.7**		**102.6**		**105.3**		**98.6**		**102.5**		**104.5**	
北京	Beijing	100.2	16	100.8	22	104.4	20	97.8	22	100.4	36	103.2	36
天津	Tianjin	100.4	14	103.2	11	105.1	16	98.9	14	103.4	11	104.7	18
石家庄	Shijiazhuang	101.8	3	104.4	3	107.7	4	100.1	4	103.4	11	104.9	12
太原	Taiyuan	100.6	13	102.9	14	107.9	3	99.1	12	102.6	23	104.8	16
呼和浩特	Hohhot	101.6	4	102.7	16	105.4	14	99.9	6	102.6	23	104.7	19
沈阳	Shenyang	101.9	2	103.2	11	105.0	17	97.9	21	102.6	23	105.2	6
大连	Dalian	101.4	6	101.9	21	106.0	10	99.4	10	104.0	3	104.4	25
长春	Changchun	101.5	5	102.1	20	105.6	13	99.6	8	104.6	1	104.8	17
哈尔滨	Harbin	100.3	15	103.7	6	105.3	15	98.5	18	101.9	30	104.4	26
上海	Shanghai	100.2	16	102.4	17	105.3	15	99.4	10	101.7	31	104.1	32
南京	Nanjing	98.9	20	99.9	23	103.7	22	98.7	16	103.5	10	104.2	30
杭州	Hangzhou	100.2	16	103.1	12	106.0	10	98.6	17	103.7	7	104.4	27
宁波	Ningbo	101.8	3	103.3	10	107.1	6	98.8	15	103.9	4	105.7	2
合肥	Hefei	100.6	13	104.6	2	106.3	8	99.8	7	102.1	29	105.1	8
福州	Fuzhou	99.9	17	103.1	12	104.4	20	99.1	12	102.9	19	104.0	34
厦门	Xiamen	100.3	15	103.9	5	104.5	19	97.8	22	102.8	20	104.7	20
南昌	Nanchang	101.9	2	103.5	8	106.2	9	99.4	10	103.0	18	105.2	7
济南	Jinan	100.3	15	102.2	19	104.5	19	98.7	16	101.3	34	104.6	23
青岛	Qingdao	99.7	18	102.7	16	103.9	21	98.6	17	101.4	33	104.5	24
郑州	Zhengzhou	100.9	11	102.7	16	106.0	10	100.3	3	102.7	21	104.9	13
武汉	Wuhan	100.7	12	103.0	13	105.1	16	98.4	19	103.1	17	104.7	21
长沙	Changsha	101.1	9	102.3	18	103.9	21	97.7	23	103.8	6	105.4	3
广州	Guangzhou	101.2	8	102.9	14	105.7	12	96.8	26	103.2	14	105.1	9
深圳	Shenzhen	101.8	3	103.5	8	106.5	7	97.5	24	103.2	14	105.3	5
南宁	Nanning	101.0	10	103.1	12	107.9	3	98.5	18	102.3	28	104.9	14
海口	Haikou	100.6	13	103.4	9	105.6	13	99.2	11	103.7	7	105.0	10
重庆	Chongqing	101.6	4	103.7	6	105.0	17	97.3	25	101.7	31	104.7	22
成都	Chengdu	101.2	8	104.2	4	104.5	19	99.0	13	102.4	27	104.3	29
贵阳	Guiyang	100.3	15	102.8	15	105.4	14	98.2	20	103.2	14	105.0	11
昆明	Kunming	99.7	18	103.4	9	105.4	14	100.0	5	103.6	9	104.9	15
拉萨	Lasa	99.6	19	101.2	21	104.6	18	100.1	4	101.2	35	103.9	35
西安	Xi'an	101.5	5	103.7	6	105.4	14	99.5	9	102.7	21	104.4	28
兰州	Lanzhou	100.3	15	103.1	12	107.2	5	100.5	2	103.9	4	105.4	4
西宁	Xining	102.6	1	105.7	1	110.1	1	102.3	1	104.6	1	106.0	1
银川	Yinchuan	101.3	7	103.6	7	105.9	11	98.5	18	102.5	26	104.2	31
乌鲁木齐	Urumqi	99.9	17	104.6	2	108.7	2	100.1	4	103.4	11	104.1	33

附录17 全国及各省市区工业生产者出厂价格指数(2011年)

Producer Price Indices for Industrial Products by Provinces and Regions(2011)

(上年同月=100) (the same month last year=100)

地区	Region	全年 Annual Year	1月 January	2月 February	3月 March	4月 April	5月 May	6月 June
全国	**National**	**106.0**	**106.6**	**107.2**	**107.3**	**106.8**	**106.8**	**107.1**
北京	Beijing	102.3	101.6	101.3	101.6	102.0	102.6	103.2
天津	Tianjin	103.8	105.2	106.5	106.0	105.6	104.9	104.9
河北	Hebei	107.7	110.1	111.5	110.3	108.0	108.2	109.3
山西	Shanxi	107.5	110.8	110.4	109.9	107.6	107.2	107.4
内蒙古	Inner Mongolia	107.8	106.8	107.8	108.0	107.6	108.0	108.6
辽宁	Liaoning	106.5	106.6	107.1	107.4	107.5	107.4	107.6
吉林	Jilin	105.4	104.3	104.8	105.2	105.4	105.3	105.5
黑龙江	Heilongjiang	112.0	108.2	109.1	112.0	113.2	113.4	113.7
上海	Shanghai	102.9	102.1	102.5	103.2	103.3	103.1	103.7
江苏	Jiangsu	106.2	108.5	109.3	109.0	108.0	107.6	107.4
浙江	Zhejiang	105.0	106.0	106.5	106.6	105.9	105.8	106.2
安徽	Anhui	108.3	109.7	110.2	109.5	109.1	109.4	110.3
福建	Fujian	103.9	104.6	104.8	105.1	104.4	104.4	104.8
江西	Jiangxi	111.3	110.6	112.6	112.4	111.2	113.8	115.5
山东	Shandong	106.0	107.6	108.0	107.9	107.4	106.9	106.6
河南	Henan	107.2	107.6	108.1	108.3	108.0	107.7	108.2
湖北	Hubei	106.6	107.2	108.0	107.3	107.5	106.9	107.3
湖南	Hunan	108.5	108.4	109.3	109.5	109.3	109.4	110.5
广东	Guangdong	103.7	103.3	103.6	103.9	103.7	103.8	104.3
广西	Guangxi	108.5	109.0	109.3	109.4	109.1	109.9	110.2
海南	Hainan	108.8	107.2	108.1	108.9	109.0	109.1	110.2
重庆	Chongqing	103.8	103.0	103.3	103.5	103.7	104.1	104.4
四川	Sichuan	107.3	107.2	107.7	108.0	107.9	108.1	108.1
贵州	Guizhou	105.4	104.3	104.2	104.6	104.4	104.9	105.7
云南	Yunnan	104.7	104.0	104.8	104.8	104.0	104.4	105.7
西藏	Tibet	104.3	106.2	106.5	107.4	104.3	104.6	103.1
陕西	Shaanxi	107.2	106.3	107.1	107.8	108.4	108.4	108.5
甘肃	Gansu	111.0	112.8	113.7	113.5	112.0	112.4	114.1
青海	Qinghai	107.4	105.6	107.9	108.4	107.4	108.9	109.8
宁夏	Ningxia	109.5	109.8	110.2	110.8	110.9	110.7	111.4
新疆	Xinjiang	114.8	112.6	113.1	116.9	117.4	116.9	116.9

附录17 续表 continued

(上年同月=100) (the same month last year=100)

地 区	Region	7 月 July	8 月 August	9 月 September	10 月 October	11 月 November	12 月 December
全 国	**National**	**107.5**	**107.3**	**106.5**	**105.0**	**102.7**	**101.7**
北 京	Beijing	103.3	103.8	103.1	102.8	101.6	101.4
天 津	Tianjin	104.9	104.0	102.9	102.0	100.0	98.7
河 北	Hebei	110.6	109.5	108.2	105.7	101.6	100.1
山 西	Shanxi	108.4	108.9	107.6	106.7	103.9	102.3
内蒙古	Inner Mongolia	109.4	109.5	108.8	107.5	106.0	105.3
辽 宁	Liaoning	107.7	107.4	106.9	105.6	104.0	103.2
吉 林	Jilin	106.9	106.8	106.3	105.9	104.4	103.8
黑龙江	Heilongjiang	115.6	115.7	114.3	112.9	108.2	108.1
上 海	Shanghai	104.1	104.4	103.8	102.6	101.3	100.2
江 苏	Jiangsu	107.4	106.8	105.8	103.8	101.1	100.1
浙 江	Zhejiang	106.4	105.9	105.1	103.7	101.5	100.6
安 徽	Anhui	110.7	110.3	108.8	106.5	103.6	101.9
福 建	Fujian	105.1	104.4	103.9	103.2	101.6	100.8
江 西	Jiangxi	115.8	114.5	112.9	108.9	105.4	102.6
山 东	Shandong	107.1	106.8	106.3	104.6	102.0	101.0
河 南	Henan	108.8	108.7	108.1	106.4	103.8	103.2
湖 北	Hubei	107.3	107.3	107.1	105.9	103.8	103.2
湖 南	Hunan	110.8	110.1	109.5	107.6	104.9	103.0
广 东	Guangdong	104.7	104.7	104.4	103.6	102.5	101.6
广 西	Guangxi	111.3	111.7	110.0	107.1	103.6	101.9
海 南	Hainan	110.4	111.0	111.6	109.6	106.0	104.6
重 庆	Chongqing	104.8	104.8	104.6	104.0	102.8	102.4
四 川	Sichuan	108.7	108.8	108.2	106.9	105.2	103.6
贵 州	Guizhou	106.1	107.1	107.3	106.3	105.2	105.0
云 南	Yunnan	106.7	106.5	106.2	104.5	103.1	102.1
西 藏	Tibet	103.5	103.4	103.2	102.2	104.5	102.6
陕 西	Shaanxi	108.8	109.0	107.7	106.6	104.4	103.7
甘 肃	Gansu	114.9	113.1	111.3	107.7	104.0	102.7
青 海	Qinghai	109.7	110.1	109.2	106.4	103.7	102.4
宁 夏	Ningxia	111.6	111.8	110.7	107.7	104.7	104.0
新 疆	Xinjiang	119.0	119.9	117.5	114.7	108.1	105.7

附录18 全国及各省市区工业生产者购进价格指数(2011年)

Indices of Purchasing Prices of by Provinces and Regions(2011)

(上年同月=100) (the same month last year=100)

地 区	Region	全 年 Annual Year	1 月 January	2 月 February	3 月 March	4 月 April	5 月 May	6 月 June
全 国	**National**	**109.1**	**109.7**	**110.4**	**110.5**	**110.4**	**110.2**	**110.5**
北 京	Beijing	108.4	106.8	107.1	108.7	109.5	109.4	109.8
天 津	Tianjin	109.7	111.5	113.2	113.4	112.2	112.1	112.1
河 北	Hebei	110.9	112.3	113.6	113.4	112.4	111.6	112.9
山 西	Shanxi	108.1	110.7	110.4	110.1	108.9	108.1	108.6
内蒙古	Inner Mongolia	106.1	105.2	105.5	105.7	106.0	106.3	106.3
辽 宁	Liaoning	108.3	109.5	109.7	109.7	109.6	109.1	109.2
吉 林	Jilin	106.1	105.4	106.2	106.1	106.4	106.0	106.7
黑龙江	Heilongjiang	111.1	107.7	108.7	111.8	111.9	112.7	112.8
上 海	Shanghai	107.5	108.7	109.3	109.5	109.7	110.4	108.7
江 苏	Jiangsu	108.9	110.3	111.2	111.4	111.2	110.4	110.3
浙 江	Zhejiang	108.3	110.0	110.2	110.2	109.9	109.6	110.0
安 徽	Anhui	110.8	112.8	112.8	112.8	112.5	111.8	112.4
福 建	Fujian	108.0	108.7	109.5	110.2	109.6	109.1	109.1
江 西	Jiangxi	112.4	113.4	114.4	112.7	112.6	113.5	114.7
山 东	Shandong	109.2	109.9	110.3	110.1	110.4	110.1	110.5
河 南	Henan	110.1	110.4	111.9	112.4	111.3	111.4	112.4
湖 北	Hubei	111.5	113.2	113.7	114.0	112.1	112.0	112.2
湖 南	Hunan	110.8	111.1	112.0	112.2	111.9	112.5	111.9
广 东	Guangdong	107.3	106.6	107.5	107.1	107.8	107.7	108.5
广 西	Guangxi	110.0	111.5	111.8	112.0	111.7	110.4	111.8
海 南	Hainan	115.3	115.6	115.9	117.3	119.3	117.2	119.2
重 庆	Chongqing	105.7	105.2	105.2	105.5	105.4	106.0	106.6
四 川	Sichuan	112.6	112.3	113.0	113.7	113.6	113.8	114.2
贵 州	Guizhou	115.0	112.0	113.6	113.1	113.5	113.5	114.9
云 南	Yunnan	108.0	107.9	108.4	108.8	108.2	108.8	109.1
西 藏	Tibet							
陕 西	Shaanxi	109.6	109.3	109.7	112.1	110.8	110.4	111.2
甘 肃	Gansu	115.1	110.4	111.4	114.2	115.9	117.1	119.0
青 海	Qinghai	107.0	108.4	108.3	108.4	109.4	108.0	106.2
宁 夏	Ningxia	112.8	115.3	114.1	114.0	113.9	113.1	113.6
新 疆	Xinjiang	117.8	115.0	116.1	119.7	121.2	122.2	121.6

附录18　续表　continued

(上年同月=100)　　(the same month last year=100)

地区	Region	7月 July	8月 August	9月 September	10月 October	11月 November	12月 December
全国	**National**	**111.0**	**110.6**	**110.0**	**108.0**	**105.1**	**103.5**
北京	Beijing	110.1	110.1	109.6	108.4	105.7	105.6
天津	Tianjin	112.3	111.6	109.7	106.7	102.5	101.1
河北	Hebei	113.8	112.8	111.6	109.7	104.7	103.3
山西	Shanxi	109.2	109.1	108.6	107.6	104.1	102.9
内蒙古	Inner Mongolia	106.8	107.0	107.0	106.4	105.8	105.6
辽宁	Liaoning	109.9	109.5	109.1	107.4	104.5	102.9
吉林	Jilin	107.2	107.3	107.1	106.6	104.9	103.3
黑龙江	Heilongjiang	114.0	113.4	113.0	111.4	108.0	107.6
上海	Shanghai	109.1	108.9	107.9	104.7	102.8	100.8
江苏	Jiangsu	110.7	110.3	109.3	107.2	103.5	101.3
浙江	Zhejiang	110.3	110.0	108.7	106.6	103.5	101.6
安徽	Anhui	113.3	112.7	111.4	108.8	105.5	103.4
福建	Fujian	109.6	109.4	109.0	107.1	103.5	101.9
江西	Jiangxi	115.2	115.0	114.0	111.6	107.6	105.1
山东	Shandong	110.9	110.5	109.9	108.2	105.4	104.4
河南	Henan	112.7	111.8	110.9	108.0	105.1	104.0
湖北	Hubei	112.4	112.0	111.8	110.6	108.3	106.6
湖南	Hunan	113.3	113.3	112.5	109.7	105.8	104.2
广东	Guangdong	108.5	108.4	108.7	107.2	105.5	104.1
广西	Guangxi	112.1	111.8	110.1	107.8	105.8	104.1
海南	Hainan	118.3	116.1	116.4	112.9	110.0	107.1
重庆	Chongqing	107.3	107.2	106.7	105.9	104.2	103.3
四川	Sichuan	114.4	114.1	114.2	112.9	109.3	106.0
贵州	Guizhou	117.6	118.6	118.0	116.5	115.2	113.2
云南	Yunnan	110.1	109.9	108.9	107.3	104.9	103.6
西藏	Tibet						
陕西	Shaanxi	111.7	111.6	110.2	108.7	105.4	104.6
甘肃	Gansu	118.3	117.9	117.2	116.0	111.3	110.5
青海	Qinghai	106.0	107.1	107.7	106.2	105.2	103.7
宁夏	Ningxia	114.5	113.9	113.7	111.7	109.0	107.2
新疆	Xinjiang	123.2	124.0	120.8	115.9	110.5	105.7

附录19　全国及各省市区工业生产者出厂价格指数

Producer Price Indices for Industrial Products by Provinces and Regions

(上年＝100)　　(preceding year=100)

地　区	Region	2006	2007	2008	2009	2010	2011
全　国	**National**	**103.0**	**103.1**	**106.9**	**94.6**	**105.5**	**106.0**
北　京	Beijing	99.1	99.7	103.3	94.4	102.2	102.3
天　津	Tianjin	100.6	101.5	104.1	92.5	105.1	103.8
河　北	Hebei	100.8	106.9	116.7	89.1	109.0	107.7
山　西	Shanxi	101.0	107.4	122.4	92.0	109.5	107.5
内蒙古	Inner Mongolia	103.0	105.6	112.5	96.2	106.7	107.8
辽　宁	Liaoning	104.1	104.4	110.9	94.0	107.4	106.5
吉　林	Jilin	101.7	102.7	104.9	96.1	105.2	105.4
黑龙江	Heilongjiang	109.9	105.3	114.0	87.4	115.0	112.0
上　海	Shanghai	100.6	101.2	102.2	93.8	102.3	102.9
江　苏	Jiangsu	101.5	102.6	104.6	95.2	107.3	106.2
浙　江	Zhejiang	103.8	102.4	104.3	94.9	106.2	105.0
安　徽	Anhui	103.1	103.6	108.4	92.8	109.0	108.3
福　建	Fujian	99.2	100.8	102.7	95.5	103.2	103.9
江　西	Jiangxi	109.7	106.2	106.4	93.0	115.3	111.3
山　东	Shandong	102.3	103.3	108.6	94.1	107.2	106.0
河　南	Henan	104.3	105.2	112.1	94.9	107.8	107.2
湖　北	Hubei	102.9	103.8	106.1	95.6	104.9	106.6
湖　南	Hunan	104.3	106.1	109.3	94.3	106.9	108.5
广　东	Guangdong	101.4	101.3	103.1	95.8	103.2	103.7
广　西	Guangxi	109.6	104.5	109.0	93.5	112.0	108.5
海　南	Hainan	100.8	102.7	104.5	90.6	107.7	108.8
重　庆	Chongqing	102.2	103.5	105.8	95.5	103.1	103.8
四　川	Sichuan	101.9	103.9	109.3	96.5	105.0	107.3
贵　州	Guizhou	104.3	105.0	112.4	95.1	104.7	105.4
云　南	Yunnan	104.6	105.7	105.8	91.5	108.8	104.7
西　藏	Tibet	106.0	101.1	105.6	98.2	105.8	104.3
陕　西	Shaanxi	109.6	102.9	108.4	96.1	108.7	107.2
甘　肃	Gansu	109.8	105.5	104.9	91.0	115.0	111.0
青　海	Qinghai	109.5	104.2	107.6	91.3	109.3	107.4
宁　夏	Ningxia	106.2	103.7	112.9	93.9	109.1	109.5
新　疆	Xinjiang	114.4	106.3	116.4	85.5	125.3	114.8

附录20 全国及各省市区固定资产投资价格指数(2011年)

Price Indices of Investment in Fixed Assets by Provinces and Regions(2011)

(上年＝100) (preceding year=100)

地 区	Region	固定资产投资 Investment in Fixed Assets	建筑安装工程 Construction and Installation	设备、工器具 Purchase of Equipment, Tools and Instruments	其他费用 Others
全 国	**National**	**106.6**	**109.2**	**101.1**	**104.0**
北 京	Beijing	105.7	109.7	98.9	104.0
天 津	Tianjin	105.7	109.0	99.8	102.1
河 北	Hebei	105.5	107.9	101.6	101.9
山 西	Shanxi	105.5	107.8	101.1	101.7
内蒙古	Inner Mongolia	106.3	108.1	101.9	103.7
辽 宁	Liaoning	106.6	109.1	101.6	104.0
吉 林	Jilin	105.6	108.4	100.9	104.2
黑龙江	Heilongjiang	107.5	109.9	101.1	107.2
上 海	Shanghai	106.5	110.6	99.7	102.7
江 苏	Jiangsu	106.8	110.4	101.2	105.2
浙 江	Zhejiang	107.5	111.4	101.6	103.1
安 徽	Anhui	108.1	111.0	101.9	104.0
福 建	Fujian	106.2	109.4	100.8	102.5
江 西	Jiangxi	108.4	112.1	101.6	106.4
山 东	Shandong	106.8	109.7	101.8	104.9
河 南	Henan	107.4	110.1	102.3	103.0
湖 北	Hubei	107.3	109.3	100.4	106.6
湖 南	Hunan	107.2	108.9	102.7	106.0
广 东	Guangdong	105.5	108.0	100.5	101.8
广 西	Guangxi	106.2	108.7	101.0	103.9
海 南	Hainan	106.4	108.2	101.1	103.3
重 庆	Chongqing	105.9	107.8	101.1	102.5
四 川	Sichuan	105.2	107.1	101.9	102.5
贵 州	Guizhou	105.4	107.5	100.9	102.6
云 南	Yunnan	104.6	106.0	101.2	102.8
陕 西	Shaanxi	105.9	107.9	100.8	102.8
甘 肃	Gansu	104.7	106.7	99.0	103.3
青 海	Qinghai	106.5	107.9	101.5	102.6
宁 夏	Ningxia	107.5	109.1	101.5	102.5
新 疆	Xinjiang	107.1	110.3	98.4	103.7

附录21 全国及各省市区固定资产投资价格指数

Price Indices of Investment in Fixed Assets by Provinces and Regions

(上年＝100) (preceding year=100)

地 区	Region	2006	2007	2008	2009	2010	2011
全 国	**National**	**101.5**	**103.9**	**108.9**	**97.6**	**103.6**	**106.6**
北 京	Beijing	100.4	102.8	107.8	97.1	102.5	105.7
天 津	Tianjin	100.7	102.6	109.2	97.6	102.6	105.7
河 北	Hebei	101.7	103.8	109.6	96.5	103.7	105.5
山 西	Shanxi	101.5	104.1	113.3	98.1	103.7	105.5
内蒙古	Inner Mongolia	103.3	103.8	108.1	98.5	105.4	106.3
辽 宁	Liaoning	102.1	104.3	109.1	97.0	103.3	106.6
吉 林	Jilin	102.2	103.9	107.3	99.4	102.4	105.6
黑龙江	Heilongjiang	102.1	104.5	109.0	97.6	105.2	107.5
上 海	Shanghai	100.1	103.5	107.9	97.0	103.8	106.5
江 苏	Jiangsu	101.2	104.9	110.0	97.7	105.1	106.8
浙 江	Zhejiang	101.5	104.4	109.3	96.7	104.7	107.5
安 徽	Anhui	101.9	105.4	109.4	96.0	105.4	108.1
福 建	Fujian	102.0	105.9	105.9	98.0	103.3	106.2
江 西	Jiangxi	103.2	105.4	110.4	96.1	104.8	108.4
山 东	Shandong	101.8	104.0	107.7	96.9	103.6	106.8
河 南	Henan	101.6	104.6	109.0	96.4	103.5	107.4
湖 北	Hubei	101.8	104.1	109.4	98.8	104.7	107.3
湖 南	Hunan	103.1	105.8	109.9	99.7	104.0	107.2
广 东	Guangdong	100.7	102.4	108.6	96.7	103.0	105.5
广 西	Guangxi	101.2	102.3	107.9	97.9	103.0	106.2
海 南	Hainan	101.0	106.1	113.3	97.7	105.2	106.4
重 庆	Chongqing	101.8	104.2	107.4	97.8	102.1	105.9
四 川	Sichuan	101.7	105.5	110.2	98.3	102.5	105.2
贵 州	Guizhou	102.9	104.7	112.5	100.5	102.7	105.4
云 南	Yunnan	101.1	103.5	108.9	98.1	102.7	104.6
陕 西	Shaanxi	102.6	104.0	109.5	99.3	103.6	105.9
甘 肃	Gansu	104.1	102.8	106.7	101.5	103.5	104.7
青 海	Qinghai	102.4	104.2	110.5	100.9	103.8	106.5
宁 夏	Ningxia	101.3	103.2	109.0	100.2	104.2	107.5
新 疆	Xinjiang	102.2	104.4	111.2	98.0	104.6	107.1

附录22　各省市区企业家信心指数

Confidence Index of Entrepreneur by Provinces and Regions

地　区	Region	2010				2011			
		一季度 First Quarter	二季度 Second Quarter	三季度 Third Quarter	四季度 Fourth Quarter	一季度 First Quarter	二季度 Second Quarter	三季度 Third Quarter	四季度 Fourth Quarter
北　京	Beijing	131.5	130.1	136.7	143.8	134.4	137.8	132.7	123.0
天　津	Tianjin	127.6	125.5	127.7	131.8	129.6	129.4	122.2	121.7
河　北	Hebei	125.4	125.6	127.2	125.1	129.6	125.7	121.9	119.8
山　西	Shanxi	126.9	126.7	124.1	126.8	129.0	127.0	125.0	117.7
内蒙古	Inner Mongolia	146.6	147.5	149.4	144.6	149.5	149.0	151.4	144.0
辽　宁	Liaoning	127.9	130.8	129.9	132.2	129.7	130.3	132.7	120.4
吉　林	Jilin	138.5	138.2	138.9	136.0	144.8	136.7	141.8	137.8
黑龙江	Heilongjiang	133.8	131.9	135.5	134.0	135.0	135.3	132.1	129.9
上　海	Shanghai	134.5	130.7	128.8	135.7	131.3	127.8	121.2	115.4
江　苏	Jiangsu	131.9	130.7	132.7	141.8	132.4	128.7	119.9	111.4
浙　江	Zhejiang	138.3	133.4	134.2	142.1	134.5	127.8	123.7	113.0
安　徽	Anhui	144.0	143.6	146.0	147.3	147.5	140.1	136.8	129.6
福　建	Fujian	132.9	132.1	134.9	140.6	136.7	133.9	130.6	122.7
江　西	Jiangxi	136.9	130.7	135.1	138.9	139.6	135.0	133.5	130.7
山　东	Shandong	137.5	135.4	139.6	140.5	140.7	137.9	132.9	125.4
河　南	Henan	131.0	128.7	132.1	130.2	130.6	127.0	123.9	117.5
湖　北	Hubei	138.8	130.4	132.2	138.6	139.5	127.4	128.5	125.1
湖　南	Hunan	137.8	132.0	133.3	132.2	140.4	134.7	133.7	126.7
广　东	Guangdong	135.2	133.6	137.7	142.8	135.3	130.2	127.0	121.5
广　西	Guangxi	135.2	127.9	131.3	125.1	133.3	129.9	125.1	123.3
海　南	Hainan	137.8	129.8	130.9	127.9	133.5	137.7	130.1	133.4
重　庆	Chongqing	140.3	132.8	133.2	141.5	140.4	129.3	127.6	122.9
四　川	Sichuan	133.4	125.9	129.4	130.9	132.4	127.5	125.1	118.5
贵　州	Guizhou	125.0	125.9	123.7	125.0	126.1	131.8	129.0	127.2
云　南	Yunnan	130.5	125.6	129.8	128.7	135.2	130.6	126.3	123.7
西　藏	Tibet		143.4	138.6	135.3	143.4	132.6	150.5	135.6
陕　西	Shaanxi	137.7	135.5	135.2	138.7	136.4	132.6	128.0	123.0
甘　肃	Gansu	128.3	125.4	127.7	126.0	129.9	130.0	122.9	111.4
青　海	Qinghai	137.1	138.9	131.6	119.6	137.3	136.3	137.3	129.1
宁　夏	Ningxia	132.9	132.1	133.4	131.3	133.6	138.5	137.3	115.9
新　疆	Xinjiang	129.9	132.8	138.4	135.6	143.1	135.9	136.8	129.1

附录23 各省市区企业综合经营景气指数
Overall Climate Index by Provinces and Regions

地区	Region	2010				2011			
		一季度 First Quarter	二季度 Second Quarter	三季度 Third Quarter	四季度 Fourth Quarter	一季度 First Quarter	二季度 Second Quarter	三季度 Third Quarter	四季度 Fourth Quarter
北京	Beijing	133.2	138.1	141.5	141.1	131.6	140.0	139.4	138.8
天津	Tianjin	132.9	132.9	133.3	131.2	126.6	128.7	121.6	123.3
河北	Hebei	121.7	129.2	129.9	126.7	123.1	128.3	127.2	122.9
山西	Shanxi	121.3	122.6	124.5	130.2	126.9	128.1	125.8	123.9
内蒙古	Inner Mongolia	143.2	148.0	150.9	145.3	146.2	148.3	151.0	144.7
辽宁	Liaoning	124.7	133.1	133.5	131.7	129.7	135.7	136.6	127.3
吉林	Jilin	130.1	136.3	139.2	137.8	135.9	140.9	139.9	135.6
黑龙江	Heilongjiang	128.8	131.4	132.7	133.5	132.4	134.8	131.5	128.9
上海	Shanghai	136.2	136.7	137.3	132.8	133.5	133.1	128.9	125.6
江苏	Jiangsu	136.8	139.8	136.1	138.0	136.1	135.2	129.8	120.5
浙江	Zhejiang	134.6	138.6	139.8	138.2	134.1	135.6	133.0	126.0
安徽	Anhui	144.3	145.4	146.9	148.1	145.5	142.2	141.0	137.8
福建	Fujian	130.4	135.9	138.8	137.8	131.7	137.8	132.3	129.3
江西	Jiangxi	130.0	130.8	130.9	138.9	133.1	133.7	133.6	130.6
山东	Shandong	135.7	138.2	138.9	139.1	139.3	139.6	136.2	130.2
河南	Henan	127.6	130.4	130.7	132.6	129.0	126.2	126.8	117.2
湖北	Hubei	131.3	133.2	130.9	139.2	136.1	131.9	128.9	130.2
湖南	Hunan	127.8	128.9	128.8	136.2	131.7	129.0	126.8	125.9
广东	Guangdong	137.6	139.4	142.6	137.7	136.8	136.8	135.2	133.0
广西	Guangxi	124.6	123.0	123.8	133.0	121.8	127.7	120.1	121.4
海南	Hainan	129.2	128.0	131.6	137.3	126.6	122.9	125.7	136.1
重庆	Chongqing	136.1	131.6	130.4	139.8	132.2	130.1	127.0	127.9
四川	Sichuan	127.5	126.4	128.1	132.1	128.1	128.9	125.2	120.6
贵州	Guizhou	117.2	117.1	123.3	125.9	113.2	128.0	124.8	126.3
云南	Yunnan	122.5	120.0	126.5	131.7	126.1	123.2	123.3	120.4
西藏	Tibet		139.2	151.1	134.5	131.7	147.4	151.2	136.0
陕西	Shaanxi	134.4	136.8	134.6	136.8	131.6	135.8	127.0	124.6
甘肃	Gansu	119.1	127.1	125.6	125.4	120.4	132.9	130.2	115.9
青海	Qinghai	118.7	127.4	132.1	135.1	123.5	131.1	146.2	123.5
宁夏	Ningxia	125.0	131.5	132.8	136.3	119.9	132.3	134.2	114.4
新疆	Xinjiang	125.1	132.1	138.8	135.9	131.4	139.9	139.3	130.4

附录24　全国粮食作物播种面积
Sown Area of Grain Crops by Regions

单位：千公顷　(1 000 hectares)

年份 Year	粮食作物播种面积 Sown Area of Grain Crops	稻谷 Rice	小麦 Wheat	玉米 Corn	大豆 Soybean	薯类 Tubers
1949	109959	25709	12515	12915	8319	7011
1952	123979	28382	24780	12566	11679	8688
1957	133633	32241	27542	14943	12748	10495
1962	121621	26935	24075	12819	9504	12171
1965	119627	29825	24709	15671	8593	11175
1970	119267	32358	25458	15831	7985	10717
1975	121062	35729	27661	18598	6999	10969
1978	120587	34421	29183	19961	7144	11796
1979	119263	33873	29357	20133	7247	10952
1980	117234	33878	28844	20087	7226	10153
1981	114958	33295	28307	19425	8024	9620
1982	113462	33071	27955	18543	8419	9370
1983	114047	33136	29050	18824	7567	9402
1984	112884	33178	29576	18537	7286	8988
1985	108845	32070	29218	17694	7718	8572
1986	110933	32266	29616	19124	8295	8685
1987	111268	32193	28798	20212	8445	8868
1988	110123	31987	28785	19692	8120	9054
1989	112205	32700	29841	20353	8057	9097
1990	113466	33064	30753	21401	7560	9121
1991	112314	32590	30948	21574	7041	9078
1992	110560	32090	30496	21044	7221	9057
1993	110509	30355	30235	20694	9454	9220
1994	109544	30171	28981	21152	9222	9270
1995	110060	30744	28860	22776	8127	9519
1996	112548	31406	29611	24498	7471	9797
1997	112912	31765	30057	23775	8346	9785
1998	113787	31214	29774	25239	8500	10000
1999	113161	31283	28855	25904	7962	10355
2000	108463	29962	26653	23056	9307	10538
2001	106080	28812	24664	24282	9482	10217
2002	103891	28202	23908	24634	8720	9881
2003	99410	26508	21997	24068	9313	9702
2004	101606	28379	21626	25446	9589	9457
2005	104278	28847	22793	26358	9591	9503
2006	105068	28938	23723	28463	9304	7877
2007	105748	28919	23831	29478	8754	8082
2008	106793	29241	23617	29864	9127	8427
2009	108986	29627	24291	31183	9190	8636
2010	109876	29873	24257	32500	8516	8750
2011	110573	30057	24270	33542	7889	8906

附录25　全国粮食作物总产量

Total Output of Grain Crops by Regions

单位：万吨　　　　　　　　　　　　　　　　　　　　　　　　　　　　(10 000 tons)

年　份 Year	粮食作物总产量 Total Output of Grain Crops	稻　谷 Rice	小　麦 Wheat	玉　米 Corn	大　豆 Soybean	薯　类 Tubers
1949	11318	4865	1381	1242	509	985
1952	16392	6843	1813	1685	952	1633
1957	19505	8678	2364	2144	1005	2192
1962	15441	6299	1667	1626	651	2345
1965	19453	8772	2522	2366	614	1986
1970	23996	10999	2919	3303	871	2668
1975	28452	12556	4531	4722	724	2857
1978	30477	13693	5384	5595	757	3174
1979	33212	14375	6273	6004	746	2846
1980	32056	13991	5521	6260	794	2873
1981	32502	14396	5964	5921	933	2597
1982	35450	16160	6847	6056	903	2705
1983	38728	16887	8139	6821	976	2925
1984	40731	17826	8782	7341	970	2848
1985	37911	16857	8581	6383	1050	2604
1986	39151	17222	9004	7086	1161	2534
1987	40298	17426	8590	7924	1247	2821
1988	39408	16911	8543	7735	1165	2697
1989	40755	18013	9081	7893	1023	2730
1990	44624	18933	9823	9682	1100	2743
1991	43529	18381	9595	9877	971	2716
1992	44266	18622	10159	9538	1030	2844
1993	45649	17751	10639	10270	1531	3181
1994	44510	17593	9930	9928	1600	3025
1995	46662	18523	10221	11199	1350	3263
1996	50454	19510	11057	12747	1322	3536
1997	49417	20073	12329	10431	1473	3192
1998	51230	19871	10973	13295	1515	3604
1999	50839	19849	11388	12809	1425	3641
2000	46218	18791	9964	10600	1541	3685
2001	45264	17758	9387	11409	1541	3563
2002	45706	17454	9029	12131	1651	3666
2003	43070	16066	8649	11583	1539	3513
2004	46947	17909	9195	13029	1740	3558
2005	48402	18059	9745	13937	1635	3469
2006	49804	18172	10847	15160	1508	2701
2007	50160	18603	10930	15230	1273	2808
2008	52871	19190	11246	16591	1554	2980
2009	53082	19510	11512	16397	1498	2995
2010	54648	19576	11518	17725	1508	3114
2011	57121	20100	11740	19278	1449	3273

附录26 全国及各省市区粮食作物播种面积

Sown Area of Grain Crops by Provinces and Regions

单位：千公顷 (1 000 hectares)

地区	Region	2006	2007	2008	2009	2010	2011	2011年比2010年增长 Increase Rate in 2011 over 2010	
								绝对数 Value	%
全国	**National**	**105067.70**	**105748.40**	**106792.60**	**108985.80**	**109876.10**	**110573.02**	**696.94**	**0.6**
北京	Beijing	219.60	197.50	226.30	226.30	223.50	209.38	-14.09	-6.3
天津	Tianjin	284.30	292.00	293.50	306.60	311.80	310.79	-0.99	-0.3
河北	Hebei	6271.70	6168.20	6158.10	6216.50	6282.20	6286.11	3.91	0.1
山西	Shanxi	2833.30	3028.20	3111.30	3146.70	3239.20	3287.85	48.62	1.5
内蒙古	Inner Mongolia	4936.80	5119.90	5254.50	5424.00	5498.70	5561.50	62.78	1.1
辽宁	Liaoning	3089.70	3127.20	3035.90	3124.10	3179.30	3169.80	-9.50	-0.3
吉林	Jilin	4236.60	4334.70	4391.20	4427.70	4492.20	4545.05	52.81	1.2
黑龙江	Heilongjiang	10525.70	10820.50	10988.90	11391.00	11454.70	11502.93	48.23	0.4
上海	Shanghai	165.50	169.60	174.50	193.30	179.20	186.34	7.16	4.0
江苏	Jiangsu	5110.80	5215.60	5267.10	5272.00	5282.40	5319.20	36.84	0.7
浙江	Zhejiang	1253.20	1219.60	1271.60	1290.10	1275.80	1254.13	-21.70	-1.7
安徽	Anhui	6443.40	6477.80	6561.10	6605.60	6616.40	6621.54	5.12	0.1
福建	Fujian	1226.90	1201.00	1210.30	1231.00	1232.30	1226.79	-5.51	-0.4
江西	Jiangxi	3547.10	3525.30	3578.10	3604.60	3639.10	3650.07	10.94	0.3
山东	Shandong	7109.10	7046.50	6955.60	7030.10	7084.80	7145.82	61.02	0.9
河南	Henan	9455.90	9468.00	9600.00	9683.60	9740.20	9859.87	119.70	1.2
湖北	Hubei	3902.30	3981.40	3906.70	4012.50	4068.40	4122.07	53.70	1.3
湖南	Hunan	4545.40	4531.30	4588.80	4799.10	4809.10	4879.58	70.48	1.5
广东	Guangdong	2466.70	2479.50	2499.90	2538.50	2531.90	2530.43	-1.50	-0.1
广西	Guangxi	3133.20	2984.00	2973.10	3067.50	3061.10	3072.81	11.75	0.4
海南	Hainan	379.10	402.60	421.30	430.40	437.20	430.60	-6.61	-1.5
重庆	Chongqing	2155.50	2195.80	2215.40	2229.50	2243.90	2259.41	15.53	0.7
四川	Sichuan	6455.50	6450.00	6430.90	6419.40	6402.00	6440.50	38.50	0.6
贵州	Guizhou	2836.00	2821.80	2919.60	2984.70	3039.50	3055.56	16.06	0.5
云南	Yunnan	4022.10	3994.50	4095.90	4200.10	4274.40	4326.90	52.50	1.2
西藏	Tibet	171.70	171.80	170.60	169.40	170.20	170.15		
陕西	Shaanxi	3081.30	3099.80	3126.00	3134.00	3159.70	3134.87	-24.83	-0.8
甘肃	Gansu	2598.80	2687.00	2683.00	2740.00	2799.80	2833.65	33.87	1.2
青海	Qinghai	301.60	301.80	272.00	275.70	274.50	279.41	4.90	1.8
宁夏	Ningxia	793.50	856.30	826.20	826.90	844.10	852.44	8.39	1.0
新疆	Xinjiang	1515.40	1379.10	1585.20	1984.70	2028.60	2047.48	18.88	0.9
湖北居全国位次	**Order of Precedence of Hubei in the Country**	**12**	**12**	**12**	**12**	**12**	**12**		

附录27 全国及各省市区粮食作物总产量

Total Output of Grain Crops by Provinces and Regions

单位：万吨 (10 000 tons)

地区	Region	2006	2007	2008	2009	2010	2011	2011年比2010年增长 Increase Rate in 20101over 2010	
								绝对数 Value	%
全国	**National**	**49804.20**	**50160.30**	**52870.90**	**53082.10**	**54647.70**	**57120.90**	**2473.20**	**4.3**
北京	Beijing	109.20	102.10	125.50	124.80	115.70	121.80	6.10	5.0
天津	Tianjin	141.90	147.20	148.90	156.30	159.70	161.80	2.10	1.3
河北	Hebei	2780.60	2841.60	2905.80	2910.20	2975.90	3172.60	196.70	6.2
山西	Shanxi	1024.50	1007.10	1028.00	942.00	1085.10	1193.00	107.90	9.0
内蒙古	Inner Mongolia	1806.80	1810.70	2131.30	1981.70	2158.20	2387.50	229.30	9.6
辽宁	Liaoning	1797.00	1835.00	1860.30	1591.00	1765.40	2035.50	270.10	13.3
吉林	Jilin	2725.80	2453.80	2840.00	2460.00	2842.50	3171.00	328.50	10.4
黑龙江	Heilongjiang	3843.50	3462.90	4225.00	4353.00	5012.80	5570.70	557.90	10.0
上海	Shanghai	111.30	109.20	115.70	121.70	118.40	122.00	3.60	3.0
江苏	Jiangsu	3096.00	3132.20	3175.50	3230.10	3235.10	3307.80	72.70	2.2
浙江	Zhejiang	769.50	728.60	775.60	789.20	770.70	781.60	10.90	1.4
安徽	Anhui	2853.70	2901.40	3023.30	3069.90	3080.50	3135.50	55.00	1.8
福建	Fujian	632.90	635.10	652.30	666.90	661.90	672.80	10.90	1.6
江西	Jiangxi	1896.50	1904.00	1958.10	2002.60	1954.70	2052.80	98.10	4.8
山东	Shandong	4093.00	4148.80	4260.50	4316.30	4335.70	4426.30	90.60	2.0
河南	Henan	5112.30	5245.20	5365.50	5389.00	5437.10	5542.50	105.40	1.9
湖北	Hubei	2099.10	2185.40	2227.20	2309.10	2315.80	2388.50	72.70	3.0
湖南	Hunan	2654.20	2692.20	2805.00	2902.70	2847.50	2939.40	91.90	3.1
广东	Guangdong	1242.40	1284.70	1243.40	1314.50	1316.50	1361.00	44.50	3.3
广西	Guangxi	1427.60	1396.60	1394.70	1463.20	1412.30	1429.90	17.60	1.2
海南	Hainan	161.90	177.50	183.50	187.60	180.40	188.00	7.60	4.0
重庆	Chongqing	808.40	1088.00	1153.20	1137.20	1156.10	1126.90	-29.20	-2.6
四川	Sichuan	2859.70	3027.00	3140.00	3194.60	3222.90	3291.60	68.70	2.1
贵州	Guizhou	1038.00	1100.90	1158.00	1168.30	1112.30	876.90	-235.40	-26.8
云南	Yunnan	1457.60	1460.70	1518.60	1576.90	1531.00	1673.60	142.60	8.5
西藏	Tibet	92.40	93.90	95.00	90.50	91.20	93.70	2.50	2.7
陕西	Shaanxi	1041.90	1067.90	1111.00	1131.40	1164.90	1194.70	29.80	2.5
甘肃	Gansu	808.10	824.00	888.50	906.20	958.30	1014.60	56.30	5.5
青海	Qinghai	99.70	106.20	101.80	102.70	102.00	103.40	1.40	1.4
宁夏	Ningxia	322.40	323.50	329.20	340.70	356.50	358.90	2.40	0.7
新疆	Xinjiang	896.40	867.00	930.50	1152.00	1170.70	1224.70	54.00	4.4
湖北居全国位次	**Order of Precedence of Hubei in the Country**	**9**	**10**	**10**	**10**	**10**	**10**		

附录28　全国及各省市区稻谷播种面积
Sown Area of Rice by Provinces and Regions

单位：千公顷　　　　(1 000 hectares)

地　区	Region	2006	2007	2008	2009	2010	2011	2011年比2010年增长 Increase Rate in 2011 over 2010	
								绝对数 Value	%
全　国	**National**	**28937.90**	**28918.80**	**29241.10**	**29626.90**	**29873.40**	**30057.04**	**183.64**	**0.6**
北　京	Beijing	0.70	0.50	0.40	0.40	0.30	0.23	-0.07	-23.3
天　津	Tianjin	14.10	14.40	15.00	16.00	15.80	14.24	-1.56	-9.9
河　北	Hebei	88.70	84.50	81.50	85.10	79.70	83.02	3.32	4.2
山　西	Shanxi	1.50	1.50	1.10	1.10	1.00	1.02	0.02	2.0
内蒙古	Inner Mongolia	72.00	79.90	97.90	101.80	92.20	89.96	-2.24	-2.4
辽　宁	Liaoning	624.90	660.60	658.70	656.70	677.50	659.60	-17.90	-2.6
吉　林	Jilin	656.30	669.90	658.70	660.40	673.50	691.25	17.75	2.6
黑龙江	Heilongjiang	1992.20	2253.20	2390.70	2460.80	2768.80	2945.55	176.75	6.4
上　海	Shanghai	110.60	109.10	108.60	108.50	108.50	106.08	-2.42	-2.2
江　苏	Jiangsu	2216.00	2228.10	2232.60	2233.20	2234.20	2248.63	14.43	0.6
浙　江	Zhejiang	994.50	954.30	937.50	938.70	923.20	894.77	-28.43	-3.1
安　徽	Anhui	2207.70	2205.20	2218.90	2246.90	2245.40	2230.82	-14.58	-0.6
福　建	Fujian	890.60	868.70	861.20	864.60	854.80	845.34	-9.46	-1.1
江　西	Jiangxi	3239.30	3194.30	3255.50	3282.10	3318.40	3317.71	-0.69	0.0
山　东	Shandong	127.30	130.50	130.70	134.60	128.20	124.54	-3.66	-2.9
河　南	Henan	571.30	600.00	604.70	611.30	628.00	638.00	10.00	1.6
湖　北	Hubei	1975.10	1978.80	1978.90	2045.10	2038.20	2036.16	-2.04	-0.1
湖　南	Hunan	3931.70	3897.20	3932.00	4047.20	4030.50	4066.30	35.80	0.9
广　东	Guangdong	1941.90	1939.00	1946.90	1959.70	1952.70	1940.92	-11.78	-0.6
广　西	Guangxi	2238.10	2126.70	2119.20	2125.00	2094.40	2078.53	-15.87	-0.8
海　南	Hainan	296.40	298.30	310.00	317.70	324.30	318.58	-5.72	-1.8
重　庆	Chongqing	672.30	652.10	673.50	682.00	683.90	686.49	2.59	0.4
四　川	Sichuan	2081.90	2036.20	2035.90	2027.10	2004.50	2007.90	3.40	0.2
贵　州	Guizhou	679.60	676.20	691.10	698.20	695.80	681.49	-14.31	-2.1
云　南	Yunnan	1029.70	990.20	1017.50	1039.80	1021.00	1073.45	52.45	5.1
西　藏	Tibet	1.00	1.00	1.00	1.00	1.00	1.00		
陕　西	Shaanxi	120.90	115.30	124.60	125.30	121.60	120.93	-0.67	-0.5
甘　肃	Gansu	5.30	5.30	5.50	5.70	5.80		-5.80	-100.0
青　海	Qinghai								
宁　夏	Ningxia	88.30	77.00	80.30	78.20	83.20	83.94	0.74	0.9
新　疆	Xinjiang	68.00	71.00	70.80	72.50	66.90	70.59	3.69	5.5
湖北居全国位次	**Order of Precedence of Hubei in the Country**	**8**	**8**	**8**	**7**	**7**	**7**		

附录29 全国及各省市区稻谷产量

Output of Rice by Provinces and Regions

单位：万吨 (10 000 tons)

地 区	Region	2006	2007	2008	2009	2010	2011	2011年比2010年增长 Increase Rate in 2011over 2010	
								绝对数 Value	%
全 国	**National**	**18171.80**	**18603.40**	**19189.60**	**19510.30**	**19576.10**	**20100.09**	**523.99**	**2.7**
北 京	Beijing	0.40	0.30	0.30	0.20	0.20	0.15	-0.05	-25.0
天 津	Tianjin	10.30	10.00	10.50	11.30	11.20	10.72	-0.48	-4.3
河 北	Hebei	51.20	57.60	55.60	57.50	54.20	60.18	5.98	11.0
山 西	Shanxi	0.70	0.60	0.10	0.50	0.50	0.50		
内蒙古	Inner Mongolia	51.80	60.20	70.50	64.80	74.80	77.88	3.08	4.1
辽 宁	Liaoning	426.60	505.00	505.60	506.00	457.60	505.10	47.50	10.4
吉 林	Jilin	487.30	500.00	579.00	505.00	568.50	623.50	55.00	9.7
黑龙江	Heilongjiang	1360.00	1417.90	1518.00	1574.50	1843.90	2062.08	218.18	11.8
上 海	Shanghai	89.70	86.00	89.30	90.00	90.30	88.88	-1.42	-1.6
江 苏	Jiangsu	1778.00	1761.10	1771.90	1802.90	1807.90	1864.16	56.26	3.1
浙 江	Zhejiang	682.40	636.90	660.40	666.70	648.20	649.03	0.83	0.1
安 徽	Anhui	1333.10	1356.40	1383.50	1405.60	1383.40	1387.08	3.68	0.3
福 建	Fujian	499.00	501.00	508.80	515.30	507.90	514.15	6.25	1.2
江 西	Jiangxi	1808.80	1806.40	1862.10	1905.90	1858.30	1950.10	91.80	4.9
山 东	Shandong	105.00	110.20	110.40	112.00	106.40	103.96	-2.44	-2.3
河 南	Henan	404.60	436.50	443.10	451.00	471.20	474.50	3.30	0.7
湖 北	Hubei	1437.90	1485.90	1533.70	1591.90	1557.80	1616.91	59.11	3.8
湖 南	Hunan	2414.50	2425.70	2528.00	2578.60	2506.00	2575.40	69.40	2.8
广 东	Guangdong	1015.90	1046.10	1003.30	1058.10	1060.60	1096.90	36.30	3.4
广 西	Guangxi	1150.10	1112.50	1107.60	1145.90	1121.30	1084.10	-37.20	-3.3
海 南	Hainan	134.20	136.40	143.80	145.90	138.50	145.11	6.61	4.8
重 庆	Chongqing	344.90	491.60	529.40	511.30	518.60	493.50	-25.10	-4.8
四 川	Sichuan	1336.70	1419.70	1497.60	1520.20	1512.10	1527.10	15.00	1.0
贵 州	Guizhou	424.20	449.80	461.10	453.20	445.70	303.93	-141.77	-31.8
云 南	Yunnan	612.90	589.70	621.00	636.20	616.60	668.67	52.07	8.4
西 藏	Tibet	0.60	0.60	0.50	0.50	0.60	0.60		
陕 西	Shaanxi	71.20	73.00	83.10	82.50	81.00	84.50	3.50	4.3
甘 肃	Gansu	4.00	3.40	3.80	3.90	4.10		-4.10	-100.0
青 海	Qinghai								
宁 夏	Ningxia	76.60	60.50	66.40	64.60	70.00	70.76	0.76	1.1
新 疆	Xinjiang	59.30	62.50	41.00	48.30	59.00	60.64	1.64	2.8
湖北居全国位次	**Order of Precedence of Hubei in the Country**	**4**	**4**	**4**	**4**	**5**	**5**		

附录30　全国及各省市区小麦播种面积

Sown Area of Wheat by Provinces and Regions

单位：千公顷　　(1 000 hectares)

地　区	Region	2006	2007	2008	2009	2010	2011	2011年比2010年增长 Increase Rate in 2011 over 2010	
								绝对数 Value	%
全　国	**National**	**23723.40**	**23830.60**	**23617.20**	**24290.80**	**24256.50**	**24270.38**	**13.88**	**0.1**
北　京	Beijing	63.10	41.40	63.90	60.60	61.60	58.14	-3.46	-5.6
天　津	Tianjin	103.40	104.90	107.70	110.20	110.50	112.27	1.77	1.6
河　北	Hebei	2504.50	2412.40	2416.10	2394.50	2420.30	2396.05	-24.25	-1.0
山　西	Shanxi	659.60	712.30	697.40	727.50	728.50	710.13	-18.37	-2.5
内蒙古	Inner Mongolia	483.60	533.40	452.20	528.20	566.20	567.89	1.69	0.3
辽　宁	Liaoning	8.00	12.40	10.30	8.80	7.50	6.90	-0.60	-8.0
吉　林	Jilin	1.10	5.40	5.70	4.10	3.60	3.18	-0.42	-11.7
黑龙江	Heilongjiang	243.50	233.00	238.80	293.10	280.00	297.81	17.81	6.4
上　海	Shanghai	31.40	37.50	44.20	57.60	49.40	59.81	10.41	21.1
江　苏	Jiangsu	1912.70	2039.10	2073.10	2077.60	2093.10	2112.41	19.31	0.9
浙　江	Zhejiang	45.40	49.30	54.30	60.40	66.20	72.63	6.43	9.7
安　徽	Anhui	2307.80	2330.30	2346.70	2355.30	2365.70	2383.00	17.30	0.7
福　建	Fujian	4.80	4.50	4.40	3.80	3.60	2.76	-0.84	-23.2
江　西	Jiangxi	11.80	11.20	10.20	9.90	10.40	10.89	0.49	4.7
山　东	Shandong	3666.60	3629.10	3525.20	3545.20	3561.90	3593.53	31.63	0.9
河　南	Henan	5208.50	5213.30	5260.00	5263.30	5280.00	5323.33	43.33	0.8
湖　北	Hubei	1016.90	1096.30	1000.60	993.40	1000.10	1013.61	13.51	1.4
湖　南	Hunan	13.50	13.60	13.60	28.40	39.20	40.40	1.20	3.1
广　东	Guangdong	1.20	1.00	0.80	0.80	0.90	1.00	0.10	11.1
广　西	Guangxi	3.90	3.90	3.70	4.00	4.20	1.48	-2.72	-64.8
海　南	Hainan								
重　庆	Chongqing	164.80	199.70	189.00	168.20	150.50	138.36	-12.14	-8.1
四　川	Sichuan	1287.20	1316.80	1286.50	1277.50	1265.70	1259.30	-6.40	-0.5
贵　州	Guizhou	243.90	242.70	262.40	262.90	260.80	257.62	-3.18	-1.2
云　南	Yunnan	437.70	426.80	425.00	432.40	428.90	437.90	9.00	2.1
西　藏	Tibet	41.50	40.30	37.30	36.80	37.10	37.60	0.50	1.3
陕　西	Shaanxi	1159.30	1144.60	1140.00	1146.00	1148.90	1136.67	-12.23	-1.1
甘　肃	Gansu	958.50	982.10	903.50	963.90	879.70	861.60	-18.10	-2.1
青　海	Qinghai	151.80	154.00	104.40	104.10	101.00	94.03	-6.97	-6.9
宁　夏	Ningxia	250.30	233.70	204.30	218.50	211.40	202.10	-9.30	-4.4
新　疆	Xinjiang	737.20	605.80	735.80	1153.90	1120.00	1077.98	-42.02	-3.8
湖北居全国位次	**Order of Precedence of Hubei in the Country**	**8**	**8**	**8**	**9**	**9**	**9**		

附录31 全国及各省市区小麦产量

Output of Wheat by Provinces and Regions

单位：万吨 (10 000 tons)

地 区	Region	2006	2007	2008	2009	2010	2011	2011年比2010年增长 Increase Rate in 2011 over 2010 绝对数 Value	%
全 国	**National**	**10846.60**	**10929.80**	**11246.40**	**11511.50**	**11518.10**	**11740.09**	**221.99**	**1.9**
北 京	Beijing	30.00	20.40	32.70	31.00	28.40	28.39	-0.01	0.0
天 津	Tianjin	49.90	50.60	52.50	54.00	53.20	54.20	1.00	1.9
河 北	Hebei	1189.70	1193.70	1221.90	1229.80	1230.60	1276.12	45.52	3.7
山 西	Shanxi	227.10	220.20	253.00	211.10	232.20	240.30	8.10	3.5
内蒙古	Inner Mongolia	172.20	175.60	154.00	171.20	165.20	170.94	5.74	3.5
辽 宁	Liaoning	3.10	5.30	4.90	4.50	3.70	3.70	0.00	0.0
吉 林	Jilin	0.30	1.60	1.80	1.00	1.20	1.34	0.14	11.7
黑龙江	Heilongjiang	93.00	68.80	89.50	116.30	92.50	103.80	11.30	12.2
上 海	Shanghai	11.30	14.60	18.20	22.10	19.30	24.11	4.81	24.9
江 苏	Jiangsu	901.60	973.80	998.20	1004.40	1008.10	1023.15	15.05	1.5
浙 江	Zhejiang	15.70	18.40	21.20	23.20	24.70	27.02	2.32	9.4
安 徽	Anhui	1039.00	1111.30	1167.90	1177.20	1206.70	1215.70	9.00	0.7
福 建	Fujian	1.60	1.50	1.50	1.10	1.00	0.80	-0.20	-20.3
江 西	Jiangxi	2.00	2.00	1.90	1.90	2.10	2.19	0.09	4.3
山 东	Shandong	2013.00	1995.60	2034.20	2047.30	2058.60	2103.92	45.32	2.2
河 南	Henan	2936.50	2980.20	3051.00	3056.00	3082.20	3123.00	40.80	1.3
湖 北	Hubei	311.10	353.20	329.20	331.70	343.10	344.78	1.68	0.5
湖 南	Hunan	2.90	3.20	3.20	6.40	9.90	10.20	0.30	3.0
广 东	Guangdong	0.30	0.30	0.20	0.20	0.20	0.30	0.10	50.0
广 西	Guangxi	0.60	0.60	0.50	0.60	0.60	0.21	-0.39	-65.0
海 南	Hainan								
重 庆	Chongqing	47.60	61.10	58.20	51.70	45.90	42.39	-3.51	-7.7
四 川	Sichuan	443.60	451.70	426.80	423.30	427.70	436.00	8.30	1.9
贵 州	Guizhou	45.10	47.90	42.80	44.50	24.80	50.38	25.58	103.1
云 南	Yunnan	93.00	91.20	83.10	92.30	46.00	98.87	52.87	114.9
西 藏	Tibet	26.50	26.50	25.80	24.60	24.30	24.91	0.61	2.5
陕 西	Shaanxi	390.10	359.10	391.50	383.10	403.80	410.90	7.10	1.8
甘 肃	Gansu	260.70	237.40	268.10	261.10	250.90	247.50	-3.40	-1.4
青 海	Qinghai	59.40	61.40	42.00	39.00	37.30	35.36	-1.94	-5.2
宁 夏	Ningxia	83.30	61.60	64.10	73.60	70.30	62.98	-7.32	-10.4
新 疆	Xinjiang	396.20	341.30	406.50	627.20	623.50	576.64	-46.86	-7.5
湖北居全国位次	**Order of Precedence of Hubei in the Country**	**9**	**8**	**9**	**9**	**9**	**9**		

附录32　全国及各省市区玉米播种面积
Sown Area of Corn by Provinces and Regions

单位：千公顷　　(1 000 hectares)

地　区	Region	2006	2007	2008	2009	2010	2011	2011年比2010年增长 Increase Rate in 2011 over 2010	
								绝对数 Value	%
全　国	**National**	**28463.00**	**29477.50**	**29863.70**	**31182.60**	**32500.10**	**33541.67**	**1041.57**	**3.2**
北　京	Beijing	135.80	139.00	146.20	150.80	149.80	140.51	-9.29	-6.2
天　津	Tianjin	150.90	162.20	159.80	165.90	168.90	169.01	0.11	0.1
河　北	Hebei	2799.90	2862.60	2841.10	2950.50	3008.60	3035.78	27.18	0.9
山　西	Shanxi	1260.40	1270.50	1378.60	1451.20	1548.90	1646.71	97.81	6.3
内蒙古	Inner Mongolia	1916.70	2012.50	2340.00	2451.20	2485.60	2669.64	184.04	7.4
辽　宁	Liaoning	1983.10	1998.60	1884.90	1964.10	2093.00	2134.60	41.60	2.0
吉　林	Jilin	2880.70	2853.70	2922.50	2957.20	3046.70	3134.22	87.52	2.9
黑龙江	Heilongjiang	3305.10	3883.60	3593.90	4010.20	4368.40	4587.40	219.00	5.0
上　海	Shanghai	3.90	3.90	3.60	4.20	4.40	4.21	-0.19	-4.3
江　苏	Jiangsu	378.20	391.20	398.50	399.80	403.70	414.34	10.64	2.6
浙　江	Zhejiang	22.00	23.60	25.90	27.00	27.30	30.94	3.64	13.3
安　徽	Anhui	623.20	710.40	705.10	730.70	761.10	818.82	57.72	7.6
福　建	Fujian	33.30	34.70	37.00	37.90	40.10	42.58	2.48	6.2
江　西	Jiangxi	14.80	15.50	15.60	16.10	18.20	25.65	7.45	40.9
山　东	Shandong	2844.40	2854.20	2874.20	2917.30	2955.30	2995.87	40.57	1.4
河　南	Henan	2751.70	2779.20	2820.00	2895.40	2946.00	3025.00	79.00	2.7
湖　北	Hubei	431.90	436.30	470.40	507.30	531.40	549.66	18.26	3.4
湖　南	Hunan	196.10	220.20	241.30	282.00	293.00	327.10	34.10	11.6
广　东	Guangdong	118.80	132.80	143.40	166.70	162.30	173.13	10.83	6.7
广　西	Guangxi	516.30	490.40	489.70	534.60	538.60	565.88	27.28	5.1
海　南	Hainan	16.30	17.60	17.40	18.70	21.00	23.54	2.54	12.1
重　庆	Chongqing	440.50	453.70	455.60	459.10	461.90	466.93	5.03	1.1
四　川	Sichuan	1291.70	1330.50	1323.80	1334.40	1355.40	1363.10	7.70	0.6
贵　州	Guizhou	734.90	731.20	734.60	751.50	781.10	787.79	6.69	0.9
云　南	Yunnan	1251.20	1282.10	1325.80	1354.20	1417.80	1409.00	-8.80	-0.6
西　藏	Tibet	3.40	3.30	4.00	4.00	4.20	4.15	-0.05	-1.2
陕　西	Shaanxi	1129.80	1154.00	1157.60	1164.00	1182.40	1177.80	-4.60	-0.4
甘　肃	Gansu	517.70	492.00	557.20	657.80	835.50	838.73	3.23	0.4
青　海	Qinghai	1.90	2.30	2.10	5.30	12.30	20.47	8.17	66.4
宁　夏	Ningxia	182.50	206.00	208.50	215.10	223.40	231.10	7.70	3.4
新　疆	Xinjiang	526.10	529.80	585.50	598.40	653.80	728.00	74.20	11.3
湖北居全国位次	**Order of Precedence of Hubei in the Country**	**18**	**18**	**17**	**17**	**17**	**17**		

附录33 全国及各省市区玉米产量

Output of Corn by Provinces and Regions

单位：万吨 (10 000 tons)

地 区	Region	2007	2008	2009	2010	2011	2011年比2010年增长 Increase Rate in 2011 over 2010	
							绝对数 Value	%
全 国	**National**	**15230.00**	**16591.40**	**16397.40**	**17724.50**	**19278.11**	**1553.61**	**8.8**
北 京	Beijing	76.50	88.00	89.80	84.20	90.34	6.14	7.3
天 津	Tianjin	85.10	84.30	88.70	92.70	94.38	1.68	1.8
河 北	Hebei	1421.80	1442.20	1465.20	1508.70	1639.64	130.94	8.7
山 西	Shanxi	640.40	682.80	654.30	766.00	854.60	88.60	11.6
内蒙古	Inner Mongolia	1155.30	1410.70	1341.30	1465.70	1632.13	166.43	11.4
辽 宁	Liaoning	1167.80	1189.00	963.10	1150.50	1360.30	209.80	18.2
吉 林	Jilin	1800.00	2083.00	1810.00	2004.00	2339.00	335.00	16.7
黑龙江	Heilongjiang	1442.00	1822.00	1920.20	2324.40	2675.78	351.38	15.1
上 海	Shanghai	2.50	2.10	2.40	3.00	2.78	-0.22	-7.3
江 苏	Jiangsu	197.30	203.00	216.20	218.50	226.17	7.67	3.5
浙 江	Zhejiang	10.00	11.10	11.70	12.20	14.59	2.39	19.6
安 徽	Anhui	250.00	286.60	304.70	312.70	362.58	49.88	16.0
福 建	Fujian	11.80	13.60	14.60	15.20	16.62	1.42	9.4
江 西	Jiangxi	6.40	6.60	7.30	8.40	10.49	2.09	24.9
山 东	Shandong	1816.50	1887.40	1921.50	1932.10	1978.67	46.57	2.4
河 南	Henan	1582.50	1615.00	1634.00	1634.80	1696.50	61.70	3.8
湖 北	Hubei	205.10	226.40	244.10	261.00	276.20	15.20	5.8
湖 南	Hunan	116.30	128.00	159.90	168.10	188.50	20.40	12.1
广 东	Guangdong	59.20	63.50	74.70	72.10	78.94	6.84	9.5
广 西	Guangxi	204.10	207.20	225.20	208.70	244.72	36.02	17.3
海 南	Hainan	7.00	7.00	8.00	9.10	10.30	1.20	13.2
重 庆	Chongqing	234.20	246.00	244.50	251.60	257.00	5.40	2.1
四 川	Sichuan	602.80	637.00	643.00	669.00	701.60	32.60	4.9
贵 州	Guizhou	357.10	391.20	405.20	415.40	243.71	-171.69	-41.3
云 南	Yunnan	498.60	529.60	542.70	613.00	598.22	-14.78	-2.4
西 藏	Tibet	1.70	2.20	2.60	2.80	2.75	-0.05	-1.8
陕 西	Shaanxi	493.90	483.60	526.10	532.20	550.70	18.50	3.5
甘 肃	Gansu	242.70	265.40	312.60	390.40	425.60	35.20	9.0
青 海	Qinghai	1.30	1.80	4.30	10.70	15.19	4.49	42.0
宁 夏	Ningxia	146.60	149.90	156.40	165.80	172.43	6.63	4.0
新 疆	Xinjiang	393.70	425.30	403.40	421.60	517.67	96.07	22.8
湖北居全国位次	**Order of Precedence of Hubei in the Country**	**17**	**17**	**17**	**16**	**15**		

附录34 全国及各省市区粮食作物单位面积产量

Output of Grain Crops Per Hectare by Provinces and Regions

单位：公斤/公顷 (kg/hectare)

地区	Region	2006	2007	2008	2009	2010	2011	2011年为2010年百分比(%) Per Centum in 2011 over 2010(%)
全国	**National**	**4740.00**	**4743.00**	**4951.00**	**4871.00**	**4974.00**	**5165.89**	**3.9**
北京	Beijing	4972.00	5168.00	5543.00	5514.00	5177.00	5815.74	12.3
天津	Tianjin	4991.00	5039.00	5074.00	5097.00	5123.00	5207.05	1.6
河北	Hebei	4434.00	4607.00	4719.00	4681.00	4737.00	5047.00	6.5
山西	Shanxi	3616.00	3326.00	3304.00	2994.00	3350.00	3628.51	8.3
内蒙古	Inner Mongolia	3660.00	3537.00	4056.00	3654.00	3925.00	4292.93	9.4
辽宁	Liaoning	5816.00	5868.00	6128.00	5093.00	5553.00	6421.54	15.6
吉林	Jilin	6434.00	5661.00	6467.00	5556.00	6328.00	6976.83	10.3
黑龙江	Heilongjiang	3652.00	3200.00	3845.00	3821.00	4376.00	4842.77	10.7
上海	Shanghai	6725.00	6439.00	6628.00	6296.00	6608.00	6544.49	-1.0
江苏	Jiangsu	6058.00	6006.00	6029.00	6127.00	6124.00	6218.53	1.5
浙江	Zhejiang	6141.00	5975.00	6099.00	6117.00	6041.00	6232.20	3.2
安徽	Anhui	4429.00	4479.00	4608.00	4647.00	4656.00	4735.31	1.7
福建	Fujian	5158.00	5288.00	5390.00	5417.00	5371.00	5484.23	2.1
江西	Jiangxi	5347.00	5401.00	5473.00	5556.00	5371.00	5623.97	4.7
山东	Shandong	5757.00	5888.00	6125.00	6140.00	6120.00	6194.24	1.2
河南	Henan	5406.00	5540.00	5589.00	5565.00	5582.00	5621.27	0.7
湖北	Hubei	5379.00	5489.00	5701.00	5755.00	5692.00	5794.49	1.8
湖南	Hunan	5839.00	5941.00	6113.00	6048.00	5921.00	6023.78	1.7
广东	Guangdong	5037.00	5181.00	4974.00	5178.00	5200.00	5378.33	3.4
广西	Guangxi	4556.00	4680.00	4691.00	4770.00	4614.00	4653.50	0.9
海南	Hainan	4271.00	4408.00	4355.00	4358.00	4126.00	4366.93	5.8
重庆	Chongqing	3750.00	4955.00	5205.00	5101.00	5152.00	4987.59	-3.2
四川	Sichuan	4430.00	4693.00	4883.00	4976.00	5034.00	5110.78	1.5
贵州	Guizhou	3660.00	3901.00	3966.00	3914.00	3659.00	2869.85	-21.6
云南	Yunnan	3624.00	3657.00	3708.00	3754.00	3582.00	3867.90	8.0
西藏	Tibet	5381.00	5464.00	5570.00	5343.00	5360.00	5508.67	2.8
陕西	Shaanxi	3381.00	3445.00	3554.00	3610.00	3687.00	3811.01	3.4
甘肃	Gansu	3109.00	3067.00	3312.00	3307.00	3423.00	3580.54	4.6
青海	Qinghai	3305.00	3518.00	3743.00	3724.00	3716.00	3699.22	-0.4
宁夏	Ningxia	4063.00	3778.00	3985.00	4120.00	4224.00	4210.85	-0.3
新疆	Xinjiang	5915.00	6287.00	5870.00	5804.00	5771.00	5981.50	3.6
湖北居全国位次	**Order of Precedence of Hubei in the Country**	**11**	**10**	**9**	**7**	**8**	**10**	

附录35　全国及各省市区稻谷单位面积产量

Output of Rice Per Hectare by Provinces and Regions

单位：公斤/公顷　　　　(kg/hectare)

地　区	Region	2006	2007	2008	2009	2010	2011	2011年为2010年百分比(%) Per Centum in 2011 over 2010(%)
全　国	**National**	**6280.00**	**6433.00**	**6563.00**	**6585.00**	**6553.00**	**6687.32**	**2.0**
北　京	Beijing	6232.00	6154.00	6818.00	6316.00	6333.00	6521.74	3.0
天　津	Tianjin	7321.00	6969.00	6997.00	7018.00	7093.00	7528.09	6.1
河　北	Hebei	5770.00	6810.00	6815.00	6751.00	6805.00	7248.86	6.5
山　西	Shanxi	4762.00	4163.00	1228.00	4386.00	4423.00	4901.96	10.8
内蒙古	Inner Mongolia	7192.00	7537.00	7204.00	6365.00	8115.00	8657.42	6.7
辽　宁	Liaoning	6827.00	7645.00	7676.00	7705.00	6754.00	7657.67	13.4
吉　林	Jilin	7425.00	7464.00	8790.00	7647.00	8441.00	9019.90	6.9
黑龙江	Heilongjiang	6827.00	6293.00	6350.00	6398.00	6659.00	7000.66	5.1
上　海	Shanghai	8109.00	7883.00	8223.00	8297.00	8328.00	8378.58	0.6
江　苏	Jiangsu	8024.00	7904.00	7937.00	8073.00	8092.00	8290.19	2.4
浙　江	Zhejiang	6862.00	6674.00	7045.00	7102.00	7021.00	7253.60	3.3
安　徽	Anhui	6038.00	6151.00	6235.00	6256.00	6161.00	6217.82	0.9
福　建	Fujian	5603.00	5767.00	5908.00	5960.00	5942.00	6082.16	2.4
江　西	Jiangxi	5584.00	5655.00	5720.00	5807.00	5600.00	5877.85	5.0
山　东	Shandong	8247.00	8441.00	8449.00	8321.00	8294.00	8347.52	0.6
河　南	Henan	7082.00	7275.00	7328.00	7378.00	7503.00	7437.30	-0.9
湖　北	Hubei	7280.00	7509.00	7750.00	7784.00	7643.00	7940.98	3.9
湖　南	Hunan	6141.00	6224.00	6429.00	6371.00	6218.00	6333.52	1.9
广　东	Guangdong	5231.00	5395.00	5153.00	5399.00	5431.00	5651.44	4.1
广　西	Guangxi	5139.00	5231.00	5227.00	5392.00	5353.00	5215.71	-2.6
海　南	Hainan	4528.00	4572.00	4641.00	4593.00	4270.00	4554.90	6.7
重　庆	Chongqing	5130.00	7538.00	7860.00	7497.00	7583.00	7188.79	-5.2
四　川	Sichuan	6421.00	6973.00	7356.00	7499.00	7544.00	7605.46	0.8
贵　州	Guizhou	6241.00	6652.00	6672.00	6490.00	6405.00	4459.79	-30.4
云　南	Yunnan	5952.00	5955.00	6103.00	6119.00	6039.00	6229.17	3.1
西　藏	Tibet	6020.00	5500.00	5204.00	5200.00	6020.00	6000.00	-0.3
陕　西	Shaanxi	5891.00	6332.00	6668.00	6582.00	6662.00	6987.32	4.9
甘　肃	Gansu	7571.00	6458.00	6908.00	6878.00	7050.00		-100.0
青　海	Qinghai							
宁　夏	Ningxia	8678.00	7862.00	8268.00	8250.00	8416.00	8429.61	0.2
新　疆	Xinjiang	8716.00	8812.00	5793.00	6665.00	8812.00	8590.45	-2.5
湖北居全国位次	**Order of Precedence of Hubei in the Country**	**9**	**9**	**7**	**5**	**8**	**8**	

附录36　全国及各省市区小麦单位面积产量
Output of Wheat Per Hectare by Provinces and Regions

单位：公斤/公顷　　(kg/hectare)

地　区	Region	2006	2007	2008	2009	2010	2011	2011年为2010年百分比(%) Per Centum in 2011 over 2010(%)
全　国	**National**	**4572.00**	**4586.00**	**4762.00**	**4739.00**	**4748.00**	**4837.21**	**1.9**
北　京	Beijing	4758.00	4931.00	5124.00	5118.00	4610.00	4883.04	5.9
天　津	Tianjin	4826.00	4825.00	4872.00	4903.00	4814.00	4827.65	0.3
河　北	Hebei	4750.00	4948.00	5057.00	5136.00	5085.00	5325.93	4.7
山　西	Shanxi	3443.00	3091.00	3628.00	2902.00	3188.00	3383.89	6.1
内蒙古	Inner Mongolia	3561.00	3292.00	3406.00	3241.00	2918.00	3010.05	3.2
辽　宁	Liaoning	3875.00	4236.00	4786.00	5114.00	4933.00	5362.32	8.7
吉　林	Jilin	2727.00	2876.00	3140.00	2439.00	3473.00	4213.84	21.3
黑龙江	Heilongjiang	3820.00	2952.00	3748.00	3969.00	3303.00	3485.44	5.5
上　海	Shanghai	3613.00	3900.00	4120.00	3838.00	3897.00	4031.10	3.4
江　苏	Jiangsu	4714.00	4776.00	4815.00	4834.00	4816.00	4843.51	0.6
浙　江	Zhejiang	3462.00	3731.00	3903.00	3850.00	3730.00	3720.00	-0.3
安　徽	Anhui	4502.00	4769.00	4977.00	4998.00	5101.00	5101.56	0.0
福　建	Fujian	3300.00	3332.00	3330.00	2930.00	2840.00	2883.38	1.5
江　西	Jiangxi	1735.00	1768.00	1853.00	1922.00	2031.00	2011.02	-1.0
山　东	Shandong	5490.00	5499.00	5770.00	5775.00	5780.00	5854.74	1.3
河　南	Henan	5638.00	5717.00	5800.00	5806.00	5838.00	5866.63	0.5
湖　北	Hubei	3059.00	3222.00	3290.00	3339.00	3430.00	3401.51	-0.8
湖　南	Hunan	2148.00	2353.00	2353.00	2254.00	2526.00	2524.75	0.0
广　东	Guangdong	2500.00	3000.00	2892.00	2857.00	2826.00	3000.00	6.2
广　西	Guangxi	1557.00	1534.00	1351.00	1500.00	1357.00	1418.92	4.6
海　南	Hainan							
重　庆	Chongqing	2888.00	3058.00	3080.00	3072.00	3051.00	3063.40	0.4
四　川	Sichuan	3446.00	3430.00	3318.00	3314.00	3379.00	3462.24	2.5
贵　州	Guizhou	1850.00	1972.00	1631.00	1693.00	952.00	1955.59	105.4
云　南	Yunnan	2125.00	2137.00	1954.00	2135.00	1072.00	2257.82	110.6
西　藏	Tibet	6394.00	6572.00	6899.00	6681.00	6553.00	6625.00	1.1
陕　西	Shaanxi	3365.00	3137.00	3434.00	3343.00	3515.00	3614.96	2.8
甘　肃	Gansu	2720.00	2417.00	2967.00	2709.00	2852.00	2872.56	0.7
青　海	Qinghai	3914.00	3986.00	4026.00	3749.00	3693.00	3760.50	1.8
宁　夏	Ningxia	3328.00	2634.00	3136.00	3367.00	3327.00	3116.27	-6.3
新　疆	Xinjiang	5375.00	5634.00	5525.00	5435.00	5567.00	5349.26	-3.9
湖北居全国位次	**Order of Precedence of Hubei in the Country**	**21**	**17**	**20**	**17**	**16**	**18**	

附录37 全国及各省市区玉米单位面积产量

Output of Corn Per Hectare by Provinces and Regions

单位：公斤/公顷 (kg/hectare)

地区	Region	2006	2007	2008	2009	2010	2011	2011年为2010年百分比(%) Per Centum in 2011over 2010(%)
全国	**National**	**5326.00**	**5167.00**	**5556.00**	**5258.00**	**5454.00**	**5747.51**	**5.4**
北京	Beijing	5368.00	5507.00	6018.00	5954.00	5621.00	6429.44	14.4
天津	Tianjin	5283.00	5246.00	5275.00	5349.00	5490.00	5584.28	1.7
河北	Hebei	4817.00	4967.00	5076.00	4966.00	5015.00	5401.05	7.7
山西	Shanxi	5284.00	5040.00	4953.00	4508.00	4945.00	5189.74	4.9
内蒙古	Inner Mongolia	5896.00	5741.00	6029.00	5472.00	5897.00	6113.70	3.7
辽宁	Liaoning	6109.00	5843.00	6308.00	4904.00	5497.00	6372.62	15.9
吉林	Jilin	7072.00	6308.00	7127.00	6121.00	6578.00	7462.77	13.5
黑龙江	Heilongjiang	4590.00	3713.00	5070.00	4788.00	5321.00	5832.89	9.6
上海	Shanghai	6854.00	6410.00	5882.00	5755.00	6659.00	6603.33	-0.8
江苏	Jiangsu	5208.00	5042.00	5093.00	5406.00	5412.00	5458.56	0.9
浙江	Zhejiang	4262.00	4229.00	4290.00	4310.00	4455.00	4715.58	5.8
安徽	Anhui	4296.00	3519.00	4065.00	4170.00	4109.00	4428.08	7.8
福建	Fujian	3337.00	3410.00	3687.00	3843.00	3793.00	3903.67	2.9
江西	Jiangxi	4129.00	4109.00	4207.00	4531.00	4642.00	4089.67	-11.9
山东	Shandong	6150.00	6364.00	6567.00	6587.00	6538.00	6604.66	1.0
河南	Henan	5603.00	5694.00	5727.00	5643.00	5549.00	5608.26	1.1
湖北	Hubei	4718.00	4700.00	4814.00	4812.00	4912.00	5024.92	2.3
湖南	Hunan	5110.00	5282.00	5305.00	5670.00	5737.00	5762.76	0.4
广东	Guangdong	4517.00	4455.00	4425.00	4481.00	4443.00	4559.58	2.6
广西	Guangxi	3845.00	4162.00	4231.00	4212.00	3875.00	4324.59	11.6
海南	Hainan	3749.00	3980.00	4007.00	4248.00	4323.00	4375.53	1.2
重庆	Chongqing	4552.00	5162.00	5401.00	5324.00	5446.00	5504.04	1.1
四川	Sichuan	4282.00	4531.00	4812.00	4819.00	4936.00	5147.09	4.3
贵州	Guizhou	4582.00	4884.00	5325.00	5392.00	5318.00	3093.59	-41.8
云南	Yunnan	3820.00	3889.00	3994.00	4007.00	4323.00	4245.71	-1.8
西藏	Tibet	5015.00	5030.00	5572.00	6343.00	6540.00	6626.51	1.3
陕西	Shaanxi	4037.00	4280.00	4178.00	4520.00	4501.00	4675.67	3.9
甘肃	Gansu	4222.00	4932.00	4763.00	4752.00	4673.00	5074.34	8.6
青海	Qinghai	7407.00	5808.00	8738.00	8190.00	8702.00	7420.62	-14.7
宁夏	Ningxia	6966.00	7115.00	7191.00	7271.00	7422.00	7461.13	0.5
新疆	Xinjiang	7161.00	7431.00	7264.00	6741.00	6448.00	7110.85	10.3
湖北居全国位次	**Order of Precedence of Hubei in the Country**	**17**	**20**	**20**	**19**	**21**	**21**	

附录38 全国及各省市区棉花产量

Output of Cotton by Provinces and Regions

单位：万吨 (10 000 tons)

地 区	Region	2007	2008	2009	2010	2011	2011年比2010年增长 Increase Rate in 2011 over 2010	
							绝对数 Value	%
全 国	**National**	**762.36**	**749.19**	**637.68**	**596.10**	**659.69**	**63.59**	**10.7**
北 京	Beijing	0.20	0.14	0.08	0.00	0.05	0.05	100.0
天 津	Tianjin	9.31	8.29	7.09	6.30	7.06	0.76	12.1
河 北	Hebei	72.47	73.73	60.46	57.00	65.34	8.34	14.6
山 西	Shanxi	11.51	10.67	8.40	6.90	6.67	-0.23	-3.3
内蒙古	Inner Mongolia	0.36	0.29	0.12	0.10	0.23	0.13	130.0
辽 宁	Liaoning	0.21	0.24	0.10	0.10	0.07	-0.03	-30.0
吉 林	Jilin	0.05	0.52	0.20	0.50	1.21	0.71	142.0
黑龙江	Heilongjiang							
上 海	Shanghai	0.25	0.32	0.26	0.40	0.36	-0.04	-10.0
江 苏	Jiangsu	34.75	32.60	25.53	26.10	24.68	-1.42	-5.4
浙 江	Zhejiang	2.57	2.82	2.81	2.90	3.11	0.21	7.2
安 徽	Anhui	37.42	36.35	34.60	31.60	37.80	6.20	19.6
福 建	Fujian	0.07	0.00	0.03	0.00	0.01	0.01	100.0
江 西	Jiangxi	12.76	11.19	12.51	13.10	14.29	1.19	9.1
山 东	Shandong	100.09	104.06	92.12	72.40	78.46	6.06	8.4
河 南	Henan	75.00	65.08	51.75	44.70	38.24	-6.46	-14.5
湖 北	Hubei	55.73	51.34	48.05	47.20	52.58	5.38	11.4
湖 南	Hunan	24.42	24.66	21.20	22.70	23.58	0.88	3.9
广 东	Guangdong							
广 西	Guangxi	0.21	0.20	0.21	0.20	0.23	0.03	15.0
海 南	Hainan							
重 庆	Chongqing							
四 川	Sichuan	1.67	1.55	1.49	1.40	1.46	0.06	4.3
贵 州	Guizhou	0.06	0.09	0.09	0.10	0.11	0.01	10.0
云 南	Yunnan							
西 藏	Tibet							
陕 西	Shaanxi	8.98	10.07	8.58	6.90	6.74	-0.16	-2.3
甘 肃	Gansu	12.94	12.32	9.54	7.60	7.60	0.00	0.0
青 海	Qinghai							
宁 夏	Ningxia							
新 疆	Xinjiang	301.27	302.57	252.42	247.90	289.77	41.87	16.9
湖北居全国位次	**Order of Precedence of Hubei in the Country**	**5**	**5**	**5**	**4**	**4**		

附录39　全国及各省市区油菜籽产量

Output of Rapeseeds by Provinces and Regions

单位：万吨 (10 000 tons)

地　区	Region	2007	2008	2009	2010	2011	2011年比2010年增长 Increase Rate in 2011 over 2010	
							绝对数 Value	%
全　国	**National**	**1057.26**	**1210.17**	**1365.71**	**1308.20**	**1342.56**	**34.36**	**2.6**
北　京	Beijing							
天　津	Tianjin							
河　北	Hebei	1.59	3.48	3.00	2.90	3.02	0.12	4.1
山　西	Shanxi	0.58	0.89	0.69	0.60	0.59	-0.01	-1.9
内蒙古	Inner Mongolia	20.75	20.21	22.38	22.40	24.02	1.62	7.2
辽　宁	Liaoning	0.11	0.12	0.08	0.10	0.08	-0.02	-24.2
吉　林	Jilin							
黑龙江	Heilongjiang	0.11	0.10	0.29	0.20	0.13	-0.07	-34.4
上　海	Shanghai	3.28	3.29	3.09	2.00	1.64	-0.36	-18.1
江　苏	Jiangsu	109.46	112.81	121.69	112.40	105.25	-7.15	-6.4
浙　江	Zhejiang	27.19	35.34	37.02	33.30	33.59	0.29	0.9
安　徽	Anhui	129.92	140.27	157.77	133.70	122.78	-10.92	-8.2
福　建	Fujian	1.24	1.26	1.46	1.50	1.59	0.09	6.0
江　西	Jiangxi	41.71	51.63	60.96	63.80	66.66	2.86	4.5
山　东	Shandong	2.52	2.67	3.07	2.70	2.19	-0.51	-18.9
河　南	Henan	85.91	97.07	93.07	88.90	77.32	-11.58	-13.0
湖　北	Hubei	193.30	214.89	236.51	232.60	220.39	-12.21	-5.2
湖　南	Hunan	91.01	109.93	153.37	166.60	181.96	15.36	9.2
广　东	Guangdong	0.87	0.76	0.79	0.80	0.79	-0.01	-0.8
广　西	Guangxi	1.26	1.03	1.34	1.50	1.61	0.11	7.2
海　南	Hainan							
重　庆	Chongqing	23.19	26.54	30.95	34.20	35.14	0.94	2.7
四　川	Sichuan	152.51	189.42	199.91	205.20	214.37	9.17	4.5
贵　州	Guizhou	64.36	60.38	70.40	51.60	71.81	20.21	39.2
云　南	Yunnan	15.70	24.64	41.41	26.00	51.84	25.84	99.4
西　藏	Tibet	5.21	6.01	5.77	5.80	6.33	0.53	9.1
陕　西	Shaanxi	27.37	33.35	35.63	37.30	38.36	1.06	2.8
甘　肃	Gansu	23.32	28.55	33.11	33.20	33.14	-0.06	-0.2
青　海	Qinghai	27.74	34.80	36.20	33.70	32.69	-1.01	-3.0
宁　夏	Ningxia							
新　疆	Xinjiang	7.02	10.67	15.72	15.10	15.18	0.08	0.5
湖北居全国位次	**Order of Precedence of Hubei in the Country**	**1**	**1**	**1**	**1**	**1**		